대원불교
학술총서

13

대원불교
학술총서

13

불교심리학의
새로운 지평

. . .

New Horizons In
Buddhist Psychology

. . .

모리츠 키(Maurits G. T. Kwee) 편집
이성동 · 김태수 옮김

. . .

운주사

발간사

오늘날 인류 사회는 4차 산업혁명을 통해 완전히 새로운 세상을 맞이하고 있습니다. 전통적인 인간관과 세계관이 크게 흔들리면서, 종교계에도 새로운 변혁이 불가피하게 되었습니다. 이런 상황에서 대한불교진흥원은 다음과 같은 취지로 대원불교총서를 발간하려고 합니다.

첫째로, 현대 과학의 발전을 토대로 불교를 현대적으로 재해석할 필요가 있습니다. 불교는 어느 종교보다도 과학과 가장 잘 조화될 수 있는 종교입니다. 이런 평가에 걸맞게 불교를 현대적 용어로 새롭게 이해할 수 있도록 하려고 합니다.

둘째로, 현대 생활에 맞게 불교를 이해할 필요가 있습니다. 불교가 형성되던 시대 상황과 오늘날의 상황은 너무나 많이 변했습니다. 이런 변화된 상황에서 부처님의 가르침을 제대로 이해할 수 있도록 하려고 합니다.

셋째로, 불교의 발전과정을 종합적으로 이해할 필요가 있습니다. 북방불교, 남방불교, 티베트불교, 현대 서구불교 등은 같은 뿌리에서 다른 꽃들을 피웠습니다. 세계화 시대에 부응하여 이들 발전을 한데 묶어 불교에 대한 총체적 이해가 가능하도록 하려고 합니다.

대원불교총서는 대한불교진흥원의 장기 프로젝트의 하나로서 두 종류로 출간될 예정입니다. 하나는 대원불교학술총서이고 다른 하나는 대원불교문화총서입니다. 학술총서는 학술성과 대중성 양 측면을

모두 갖추려고 하며, 문화총서는 젊은 세대의 관심과 감각에 맞추려고
합니다.

　본 총서 발간이 한국불교 중흥에 조금이나마 기여할 수 있기를
바랍니다.

불기 2568년(서기 2024년) 1월

(재)대한불교진흥원

붓다가 중점적으로 통찰한 것은 인간의 괴로움과 곤경은 관계에서 오는 것이며, 그것은 탐욕(탐), 증오(진), 무지(치)라는 3독에 뿌리를 두고 있다는 것이다. 특히 무지는 자아나 영혼에 대한 환상과 신의 존재에 대한 환상을 말한다. 이 사회적 비전은 2,600년 전과 마찬가지로 오늘날에도 유효하다. 탐욕이 세계 금융위기의 근본 원인이고 증오가 세계 테러의 근본 원인이라는 것을 부인할 수 없기 때문이다. 요령과 지혜가 부족해 상호작용하는 관계를 통해 자신의 행위를 수정하는 방법을 알지 못한다면 최종 결과는 괴로움(苦, Duhkha; 두려움, 분노, 슬픔, 우울, 조기 사망)이다. 상호작용 가운데서 발생하는 업(karma)은 의도적인 행동으로 정의하며, 그것이 바람직하지 않은 방향으로 행해질 경우, 괴로움을 초래한다. 반대로 바람직한 방향으로 작용할 때는 협동적 행위와 대인관계에 영향을 줄 수 있는 "의미 있는 생각 및 관계적 행위"에 해당한다. 붓다는 스스로 자신을 담론과 대화를 통해 업의 변환을 다루는 사람, 즉 **업에 대해 설하는 자**(kammavadin)라고 칭했다. "불교 공감 탐구(Buddhist appreciative inquiry)"는 인지, 행동, 의지에 따른 동기부여 요인을 감지하고 변화시키는 의미 있는 시나리오를 다룬다. 이는 사람들이 사랑의 친절, 공감적 연민, 공유된 기쁨의 사회적 명상을 통해 평정 속에서 행복을 구현하여 건전함을 행사함으로써 불건전한 반사회적 정서를 근절하게끔 한다.

"업의 변환"을 지향하는 협동 수행은 "새로운" 불교심리학 관점으로 붓다의 가르침(Dharma), 증거 기반 개입의 공동 배치, 사회구성의 메타 심리학을 체계적으로 통합한다.

붓다는 그의 발자취를 따라 구도하는 사람들에게 맹목적으로 그를 따르지 말고 '스스로를 등불(의지처)로 삼으라(自燈明)'고 촉구했다. 불도 수행(the path)에는 붓다가 인간에게 준 선물이 확고하게 내장되어 있다. 그것은 마음챙김이 '깨달음'의 기초를 구성하고 '비아'를 향한 해체 과정으로 간주되는 12가지 명상 계열이다.[1] 비기초주의[2]적 "공한 자아"는 그 자체로 목표가 아니라 **관계적 상호존재**(Relational Interbeing)의 사회적 재구성을 위한 리셋 포인트(우리는 이미 존재하고 있음)이다. 지난 30년 동안 불교 수행 중 하나인 마음챙김은 다양한 형태로 서양의 건강 전문가, 기업 코치, 멘토/교사 사이에서 유행했다. 마음챙김에 기반한 중재는 주의, 자각 및 집중(attention, awareness, and concentration)을 슬기롭게 촉진한다. 그렇지만 **4가지 고귀하게 하는 실재들**(4-Ennobling Realities, 사성제)[3]에서 다루는 업, 즉 대인관계를 개선하여 괴로움에서 벗어나도록 하는 통찰력 배양을 경시했다.

---

1 *역주: 이 책의 편집자 키(Kwee)는 '12가지 명상 계열'이라는 용어를 사용한다[이후 역주는 *로 표시하고 제1장부터는 역주를 본문 속에 (*)로 표기한다].

2 *다르마의 특성상 어떠한 형이상학 실체, 존재론적 기초, 인식론적 정당성을 요청 또는 전제하지 않는다는 점을 고려하여, "non-foundationalism"을 "비기초주의"로 번역한다.

3 *이 책에서는 사성제(사성제, Āryasatya)의 'ārya'를 '고귀한(noble)'이나 '성스러운' 진리라는 형용사가 아니라 '고귀하게 하는(en-nobling)'이라는 동명사로 의역하고 있다.

이것은 상호 연관성(연기)에 대한 진실한 이해를 통해 해탈적 공성에 이를 수 있는 붓다의 인과관계 가설에 내재되어 있다. **8중 균형 수행** (8-Fold Balanced Practice; 팔정도)[4]과 긴밀히 연계된 마음챙김은 지금 여기, 명료함, 집중에서 일어나는 일에 순수한 주의를 기울이는 것 이상이다. 또한 그것(마음챙김)은 사회적 명상을 확장하면서 관계에 따른 업의 변환과 균형적 상호작용에 대한 통찰력 있는 성찰을 요구한 다. 전체론적 마음챙김(wholistic mindfulness)을 옹호하는 아시아 불교 심리학자들은 마음챙김을 기반으로 하는 연구 결과를 과소평가하지 않는다. 하지만 다르마의 핵심인 연기와 업을 완전히 무시한 접근 방식으로, 환원주의적이며 단편적인 '불교의 아류' 접근법을 일종의 서구적 유용이라고 반박한다. 그럼에도 불구하고 불교심리학의 대부 파드마시리 드 실바(Padmasiri de Silva)는 다음과 같이 말했다. "두통을 없애기 위해 마음챙김을 알약 상태로 바꾸는 것은 무해하지만, 불교 수행을 중심으로 심리 시스템을 구축하는 것은 중차대한 임무이다."

실제로 이번 판에서 목표로 하는 것은 불교 수행을 중심으로 심리 시스템을 구축하는 것이며, 이것은 **전문 분야에 통달한 20명** 저자들의 논문 24편을 포괄한다. 이 다채로운 책의 기고자들은 불교 문헌에 정통하고 최고 수준의 역량을 지닌 임상의, 코치, 교사들이다. 이 책의 핵심과 일관된 요소는 심리학과 관련된 경전을 부각하고 **아비달 마**의 기초 심리학에 기반한 개념을 사용하여 각 장의 불교심리학을 심화한 데서 찾을 수 있다. 다르마를 친사회적 생활 방식으로 옹호하면

---

4 *이 책에서는 8정도를 '8중 균형 수행'으로 설명한다.

서 모든 저자는 세속적 형식과 탈신화 내용을 특징으로 하는 범불교심리학을 지지한다. 이 불교심리학은 붓다를 마법의 기적을 행하는 전지전능한 구세주로 보지 않는다. 또한 열반을 형체가 있는 낙원이라거나, **사후**에 윤회하기 위한 저 너머에 있는 천국이라고 약속하는 갈망적 투사(craving projections)를 반박한다. 2,600년의 역사에 걸친 불교심리학은 고대, 고전, 현대, 포스트모던의 4시기로 분류된다. '구' 불교심리학을 탐구한 후, 새로운 불교심리학은 '초월적 진리'를 폐기하고 메타 비전인 사회적 구성을 포용하는 몸과 말과 마음이 통합된 사회–임상–신경심리학으로 공식화되고 정의된다. 이것은 불교가 종교라는 틀에서 벗어난 주요한 움직임이며, 21세기에 올바른 다르마(불법)를 전파하기 위한 효율적 수단으로 심리학을 포함하는 지속인 패러다임의 변화를 강조한다. 공통점을 융합하고 유사점을 정확히 지적하며 차이점을 확인하는 이 작업은 불교심리학의 현 동향에 대한 비판적 평가이다. 그것은 또한 붓다의 가르침에 따라 **관계적 방식**으로 일상의 실존적 괴로움을 다루기 위한 포괄적인 로드맵을 수용한다. 이 책은 또한 이 선집의 틀을 제공하는 **관계 불교**라고 하는 포스트모더니즘적 해석에서 절정을 이룬다.

감사의 말

이 선집은 전 세계 여러 지역의 많은 동료와 벗들의 도움으로 만들어졌다. 그들은 모두 이 선집의 한 장章의 저자 또는 공동 저자이다. 한편 이 작업의 사회적 구성의 기초에는 저자뿐 아니라 다른 많은 이들도 포함되어 있다. 우선 편자는 편자의 스승, 동료, 친구 몇 사람에 대해 언급하고자 한다. 고 앨버트 엘리스, 고 마이클 마호니, 아놀드 라자루스, 케네스 거겐, 유타카 하루키가 그들이다. 편자는 통합의 정신으로 그들의 지적 유산 중 일부를 계승할 수 있게 해준 것에 대해 감사를 표한다. 편자는 그것을 고따마 붓다(기원전 5세기), 나가르주나(2세기), 바수반두(4세기) 및 기타 여러 스승의 가없는 가르침과 결부시킨다. 이 책에 한 장씩 기고해 준 스리랑카의 많은 훌륭한 저자들의 협력에 깊이 감사드린다. 편자가 스리랑카 불교 연구 협회에 소속된 많은 뛰어난 학자들과 접촉할 수 있었던 것은 고 파드말 드 실바 덕분이다.

　이 책을 편찬·편집하는 동안 심리학의 온유한 동지이자 담마의 충실한 동반자인 파드말(Padmal)이 갑자기 세상을 떠났다. 그가 떠나기 불과 몇 주 전, 파드말은 손글씨로 마지막 수정 사항을 편자에게 보냈다. 그의 죽음은 공허함을 남겼다. 모범적인 불교도, 불교심리학의 선구자, 인지 행동 치료의 현명한 스승은 이제 더 이상 없다. 편자는 불교의 길을 함께 걸었던 동반자 파드말에 대해 생생히 기억한다. 우리는 암스테르담, 도쿄, 베이징, 몬트리올에서 서로의 교제를 즐겼고 웨스트 대학교(University of the West)에서 개최하는 학술대회에 함께 참석할 계획이었다. 1990년부터 우리는 일본 임상 명상을 대표하는 그룹으로서, 2000년에 임상 명상을 위한 트랜스컬처 학회(TSCM)로 변모한 신체, 심리 및 영적 웰빙 연구를 위한 다국적 네트워크(Transnational Network for the Study of Physical, Psychological & Spiritual Wellbeing)에 속해 있었다. 파드말은 TSCM의 이사회에서 근무했다 ⟨http://transcultural.meditation. googlepages.com⟩. 그에게는 다양한 주제에 관한 수백 권의 출판 업적이 있었을 것이다. 불교심리학은 그중 하나에 불과하지만, 그에게 소중한 것이었다⟨www.inst.at/trans/15Nr/ 03_8/kwee_intro15.htm⟩. 편자는 이번 판의 한 장을 포함하여, 그의 여섯 개의 장을 이전에 편집된 책에 포함할 수 있는 특권을 가졌다. 그의 기고는 내부자들에게 널리 읽혔고 매우 큰 영향력을 끼쳤다. 이로 인해 그는 아르헨티나 부에노스아이레스에 있는 플로레스 대학교의 명예교수가 되었다. 이 글을 쓰는 동안 파드말의 아내 도나 바산타(Dona Vasantha)와 그의 자녀들이 떠오른다. 자녀들이 느낄 슬픔과 공허함은 우리보다 비할 수 없이 클 것이다.

이 선집은 새로운 불교심리학을 사회적으로 구성하는 불교인 관계 불교에서 정점을 이루는 사회구성주의 관점에서 본 심리학에 관한 TSCM의 여섯 번째 책이자 불교심리학의 두 번째 책이라는 점을 언급하면서 감사의 말을 줄이겠다. 이 책은 이전에 출간된 『불교심리학의 지평: 실천, 연구 및 이론(Horizons in Buddhist Psychology: Practice, Research & Theory)』(2006; Taos Institute Publications)의 속편이자 한층 심화된 책이다. 편자는 이 작업을 완성하는 데 관여한 모든 이, 특히 저자, 컨설턴트 편집자 루스 네일러(Ruth Naylor) 및 아상가 틸라카라트네(Asanga Tilakaratne), 함께 읽으면서 예리한 논평을 해준 아트 드 브륀(Aat de Bruijn), 지속적 지원을 아끼지 않은 사랑스러운 마르야 키-탐스(Marja Kwee-Taams)에게 감사드린다. 마지막으로 지속적으로 후원을 제공한 "스띠틴 심리치료와 불교(Stichting Psychotherapie en Boeddhisme)", 폴 반 데어 벨데(Paul van der Velde), 아드 반 리쇼우트(Ad van Lieshout)에게 감사드린다. 편자의 마음 깊숙한 곳에서 우러난 **자애심**을 담아 모든 분들께 감사드린다.

모리츠 키(Maurits G.T. Kwee), 프로젝트 관리자

서문

유타카 하루키(Yutaka Haruki), Ph.D.
일본 동경 와세다 대학 심리학 명예교수,
임상 명상 횡문화 협회의 창립자, 세계 예술과 과학 협회 회원

사람들은 세계가 국경 없는 시대에 들어섰다고 말한다. 확실히 정보는 국가의 경계를 넘어 이동하고 모든 국가의 경제는 국제적 규모로 움직인다. 상호 의존 정책을 따르지 않는 한 어떤 국가도 자립 경제를 유지하는 것이 어렵게 되었다. 이러한 상황에서 세계가 하나라는 생각이 널리 받아들여지고 있는 것 같다. 또 이 하나됨은 앞으로 더욱 확고해질 것으로 보인다. "세계가 하나"라는 것은, 세계가 동질적이라는 것을 의미하는가? 언어의 측면에서 이러한 점을 생각해 본다면 명확한 개념을 얻을 수 있을 것이다. 영어가 세계 공통어로 남을 것이라는 데는 의심의 여지가 없다. 공통 언어를 사용함으로써 우리는 서로 잘 소통하고 지식을 공유할 수 있기 때문에 이것은 매우 중요하다. 세계는 그런 방향으로 움직이는 것처럼 보인다. 그러나 그것은 다른 모든 언어가 손상받고 소멸하는 대신 하나의 공통 언어만 있으면 좋다는 것을 의미하는가? 언어는 국가 및 문화와 밀접하게 연관되어 있다. 예를 들어 일본어로 "시부이(しぶい, 澁い)"라는 단어가 있다. 일본에서는 배우의 뛰어난 연기를 칭찬할 때 "그녀/그의 연기는 시부이(차분하고 조용하며 세련된)"라고 말한다. 원래 시부이는 쓴맛(입이

마비될 정도로 쓴맛)을 의미한다. 떫고 톡 쏘는 이 맛은 일본 감을 먹을 때 나는 맛이다. 우리는 화려하거나 현란한 연주가 아니라 조용하고 세련되고 능숙한 연기를 할 때 이 표현을 쓴다. 이것에 꼭 맞는 영어 표현은 없는 듯하다. 한 언어를 채택하여 다양한 언어들을 잃는다는 것은 개별 국가의 고유한 문화 정신을 잃는다는 것을 의미한다. 지나간 역사에서 많은 형태의 영적 문화가 그렇게 사라졌을지도 모른다.

다양화가 삶의 형태의 발전에 기여한 것처럼 영적인 풍요로움은 통일이 아니라 다양화를 통해 얻을 수 있다. 세계에서 국가 간 경계가 사라진다는 것은 상호교류의 활성화와 새로운 다원화 문화의 창출을 의미할 수 있다. 즉, 반드시 하나의 문화가 다른 문화를 장악하고 통일되며 단조로운 문화를 만들어 낸다는 의미는 아니다. 그렇게 되면 문화의 탈선과 파괴로 이어질 것이다. 문화적 다양성이 불균형을 지나치게 강조하고 교류를 중단하기보다는, 차이에 대한 존중을 이상적으로 육성한다. 그만큼 다른 문화와 교류하는 것은 또 다른 문화의 창출과 함께 자신의 문화를 풍요롭게 하는 것이다. 이것은 공통성을 내포하는 과정이며, 이 공통성을 찾고 발견하는 것이 가장 중요하고 가치 있는 일일 것이다. 공통점을 발견하는 기쁨 없이는 교류가 있을 수 없다. 그러한 공통성은 단순히 문화적 유추(analogy)가 아니라 표면 아래 깊숙이 어딘가에 있는 문화적 상동성(homology)이다. 개념적으로 공통성은 메타 이론의 일부로서 추상화의 초상위 단계에 자리 잡고 있다. 어떤 종류의 이론이라도 다양성이라는 면에서는 단조롭고 파괴적일 수 있다. 예컨대 우리 모두 인간이라는 단순한 사실을 발견한다면 "횡문화적"이라는 의미가 대단한 힘을 얻게 될 것이다.

서양 문화와 동양 문화의 차이에 대해서는 이미 여러 가지가 지적되었다. 여기에서 필자는 불교 명상, 특히 선종에서 수행되는 명상을 예로 들어 명상에 관한 몇 가지 문제를 다루고자 한다. 선 명상의 본질적 측면은 몸의 자세를 엄격하게 통제해야 한다는 요구이다. 특히 신체적 힘을 가하지 않고 등을 곧게 펴고 앉는 자세가 요청된다. "왜 그런 겁니까?"라고 질문할 수도 있다. 신체 생리학적 연구 결과, 등을 구부리고 구부정하면 우울한 기분에 빠지거나 악화되는 경향을 보이게 되지만, 등을 곧게 펴면 긍정적인 기분을 불러일으킨다고 한다. 앞서 윌리엄 제임스(William James)도 이러한 점을 지적한 바 있다. 분명 신체 반응은 기분과 밀접한 관련이 있다. 이러한 이유로 척추를 곧게 펴는 것이 중요하다. 또한 호흡은 선 수행의 중요한 요소로 강조된다. 왜냐하면 말할 필요도 없이 호흡은 생명에 필수적이기 때문이다. 동시에 호흡은 마음과 깊은 관련이 있다고 생각된다. 선은 이러한 가정에 바탕을 두고 있다. 동양 사상에 따르면 "몸과 마음"은 분리될 수 없고 서로 연관되어 있다. 더욱이 모든 살아있는 인간은 호흡을 기반으로 기능한다. 마음은 반드시 몸과 연결되고 몸은 반드시 마음과 관련된다. 서구의 영성에서는 자신의 자세나 호흡법을 알 필요가 없다. 이것은 서양과 동양의 생각이 어떻게 다른지에 관한 한 가지 예일 뿐이다. 이러한 다름에도 불구하고 이 차이 뒤에 숨어 있는 공통점은 무엇일까? 한편 명상의 심층적 이해를 위해서는 메타 이론적 시각도 도움이 될 수 있다.

여기 서구문화와 불교문화의 큰 차이로 자주 지적되는 자아의 문제가 있다. 서양인들은 자아가 부서지기 어렵고 계속해서 존재한다고 주장하는 반면, 불교도들은 자아가 존재하지 않으며 특히 선은 무아 상태에 도달하는 것을 목표로 한다고 주장한다. 몸과 마음을 예로 들어 두 가지 접근 방식의 차이점에 대해 논의해 보자. 무엇인가로 몸을 맞으면 통증이 느껴진다. 그 고통은 나의 것이며 그 누구의 것도 아니다. 이것은 내 몸이 존재한다는 확실한 신호이다. 하지만 내 몸은 어디에서 왔을까? 나는 그것을 창조하지도 않았고 그것이 저절로 생겨나게 하지도 않았다. 내 몸은 부모님이 잉태하여 우유, 고기, 야채 등의 영양분을 섭취함으로써 유지되었다. 내 몸은 내가 만든 것이 아니다. 우유를 마시면 소의 생명이 내 몸으로 옮겨지고, 고기를 먹으면 가금류가 내 몸의 일부가 된다. 야채를 먹음으로써 식물이 내 몸에 통합된다. 그렇기 때문에 내 몸의 어떤 부분도 순전히 "내 것"이라고 주장할 수 없다. 깨지기 어려운 '신이 주신' 원소처럼 존재하는 자아와 불가분의 원자처럼 '자존하는' 자아 사이에는 뚜렷한 차이가 있다. 자기 자신에 대한 감각이 다른 사람과 다를 수 있듯이 여기에서 논의되는 차이는 자기 존재의 "원인"이다. 이러한 자기에 대한 개념의 차이에서 비롯된 문화적 차이는 뿌리 깊으며 문화적 다양성의 원인이 된다. 난해한 메타 이론에 대한 공통성을 추적하는 것도 불교의 자아를 이해하는 데 중요하다. 자아를 강물에 형성된 소용돌이라고 상상해 보자. 둑에 서서 강물을 바라보면 큰 소용돌이와 작은 소용돌이, 강한 소용돌이와 약한 소용돌이의 차이를 분명히 알 수 있다. 소용돌이와 같은 다른 자아가 존재한다. 그러나 소용돌이의 진정한 본질은 무엇인가? 소용돌이는 강의 역동적인 힘에 의해 발생하므로 그 성질은 다름 아닌 강의 흐름이다. 소용돌이는 강의 흐름에서 분리될 수 없다. 자아는 존재하며 그 진정한 본성은 세상의 역동성과 분리할 수 없다. 공동의 세계와 분리된 자아는 인위적으로 존재할 뿐이다. 흐름이 멈추면 소용돌이는 사라지고 물의 흐름과 함께 다시 나타난다.

불교심리학의 새로운 지평이라는 무대에서 다양한 민족의상을 입은 연기자들이 펼치는 '임상 명상'이라는 공연을 서로 다른 문화적 배경을 가진 관객들이 함께 감상하고, 자신들이 무언가 공통점을 갖고 있다는 사실을 발견하는 기쁨을 함께한다는 것은 정말 대단한 일이다.

서문

모리츠 키(Maurits G.T. Kwee)
타오스 연구소(Taos Institute) 창립 협력자
아르헨티나 부에노스 아이레스, 플로레스 대학 명예교수
프랑스 "불교심리학과 관계 불교" 회장

붓다의 역사성은 보편적으로 인정되지만, 정확한 연대에 대해서는 만장일치된 의견이 없다. 예를 들어 스리랑카에서는 기원전 483년에 붓다가 열반에 들었다고 믿고 있지만 미얀마에서는 기원전 543년이라고 추정한다. 티베트에서는 기원전 835년으로 추정하지만, 중국에서는 기원전 11세기를 받아들인다. 인도의 전통은 기원전 1793년 또는 1807년까지 이어진다. 이러한 다양한 견해를 차치하고서, 전 세계 4억 명의 불교도 모두 붓다에 대한 탐구를 싯다르타(세상의 모든 소원이 성취된 사람) 이야기에서 그 기원과 시작을 찾는다. 그의 환경은 상대적인 물질적 사치로 편안한 삶을 누리면서 일하고 있는 현대인의 상황과 유사하다. 여기서 말하는 고따마(Gautama)는 지구가 평평하다고 여겨졌던, 현재로부터 약 100세대를 거슬러 올라간 철기시대에 가장 세련된 삶을 영위했던 사람이기도 하며, 지구(gau)상에서 가장 승리한(tama) 사람이라고 할 수 있는 사람이다. 그의 성姓인 샤카(자애함)는 역사적인 "깨달은 자"(붓다)가 반드시 지녔을 또 다른 고귀한 성품을 암시한다. 이 책의 주제는 샤카무니 ─ 자비로운 정적 상태의 자애를

가리키는 별칭인 샤카족 성자(무니muni) − 라는 사람 자체에 대한 것이
아니라 그의 가르침, 즉 다르마(산스크리트어) 또는 담마(빠알리어)의
심리학적 내용에 대한 것이다. 산스크리트어는 잠부드위빠
(Jambudvipa, 고대인도)의 상위계층이 사용하던 식자층 언어인 반면,
빠알리어는 붓다가 사용했을 가능성이 가장 높은 방언方言인 마가다
어에 가까운 언어이다. 이것은 붓다인 고따마 싯다르타의 메시지가
사람들의 마음에 이를 수 있다면, 어떤 언어로도 다르마를 가르칠
수 있음을 예증한다. 이 책에서 제안된 언어는 사회구성주의 심리학의
언어이다.

담마는 붓다의 "중도"를 말하는데, 이는 고행과 방종 사이의 중간지
대를 유지할 뿐만 아니라 상주론과 단멸론 사이의 중간지대를 의미한
다. 붓다는 그 대신 영원한 신의 존재(유신론)와 신의 비존재(무신론)
모두를 부정했다. 이로써 사람들로 하여금 비유신론의 명상적 "공함"
속에서 자비, 연민, 기쁨, 평정을 가득 채우면서 매일, 관계적 성질을
수행하게끔 했다. 붓다는 자신이 예언자라고 주장하거나 사람들에게
예경하도록 하지 않았다. 도그마 대신 공함을 제창하였음에도 불구하
고 붓다는 종종 모세, 예수, 모하메드와 같은 아브라함계 인물 목록으
로 분류된다. 하지만 붓다는 이 저명한 신앙인의 범주에 속하지 않는다
는 것이 편자의 소박한 견해이다. 근본적으로 다르마는 다신론인
브라흐마니즘에 대응하여, 설사 모든 신 개념을 "유일한 것"으로 격상
시킨다 하더라도, 그것을 망상으로 간주한다. 표현적 유사성은 유전
적 차이를 은폐한다. 보드카와 물은 맛보기 전까지는 똑같아 보인다.
다르마는 천신의 종교가 아니라 끊임없이 변화하며 앞으로 나아가는

사회구성론이다.

　함께 대화할 신 없이 불교의 길을 걷는 여행자가 된다는 것은 참으로 외로운 일이다. 일사병과 **신기루**가 만연하고 그 결과 신의 망상에 빠질 가능성이 있는 사막의 외로움과 달리 붓다는 천상의 성스러운 소라는 환상의 피난처를 구하지 않았다. 반대로 그는 모든 동료 인간에게 혜택을 주기 위해 실존적 괴로움(Duhkha)을 끝내는 열쇠를 찾을 때까지 스스로 극도로 힘들고 참혹하며 외로운 환경에 전적으로 직면하고 머물렀다. 비이원적 성격을 지닌 이 열쇠는 영(공함)의 개념이 고대 그리스 수학자들에게 있었던 것과 같이 말로 표현할 수 없는 것이다. 불행하게도 우리는 이 핵심을 이해하기 위한 언어적 기반이 부족하다. 따라서 이 책에서 "공"이라는 심리적 리셋 포인트 및 명상 수행을 전반적으로 강조하는 데 많은 단어가 필요하다. 그러므로 붓다의 제자들에게 그 길은 외로운 여행의 길이었다. 그래서 급진적인 선불교 수행자들은 길가에서 붓다를 만나면 (이미 열반에 들었기 때문에 단순한 이미지나 선언어적 개념에 불과한) 그 붓다를 죽이라고 충고했다. 어떤 스승들은 불상에 소변을 보거나 불경으로 똥을 닦으라고 말한다. 이것은 다르마가 추상과 개념이 아니라 자신과 인류를 향상하기 위한 일상의 경험적 수행이라는 점을 강조하기 위한 것이다. 이러한 우상타파적인 조언은 무엇을 의미하는가? 붓다의 연기론적 인과론(지각할 수 있는 모든 것의 비독립적 발생, 절정, 가라앉음, 소멸)이 어떻게 신에 대한 피난처와 집착을 쓸모없고 불필요한 것으로 만들 수 있는가? 현대 심리학으로서의 다르마는 종교나 철학으로서의 다르마를 배제하는가? 삶의 의미는 무엇인가? 우리는 어디서 와서 어디로 가는가? 죽음 이후의 삶은 있는가? 부활과 환생의 차이는 무엇인가? 이런저런 복잡한 의문들은 원대한 탐구를 요구한다. 이 책은 "기반 없는 공함"을 향한 붓다의 급진적 해체를 탐구하고, 사회구 성의 포스트모던 심리학 관점에서 세계의 불교 재구축에 수행자들을 초대한다. 우리가 이 도전적인 과제에 성공했는지, 여부는 독자 여러 분의 판단에 달려 있다.

출발에 앞서 이 책을 읽기 위한 지침을 제시하고자 한다. 우선 첫 장을 읽기를 권한다. 이 장은 일종의 횃불로 작용할 수 있다. 이 장은 이 선집의 다른 모든 장에 상호 참조가 되며 새로운 불교심리학 의 기반이 되는 장이다. 각 장은 이 주요 장에서 제기된 다양한 주제를 심화한다. 다양한 분야의 많은 전공자들이 이 작업에 접근할 수 있도록 하기 위해 산스크리트어와 빠알리어는 최소한으로 사용하였다. 그러 나 몇몇 용어는 애매함을 피하고 타당성을 배가하기 위해 주의 깊게 빠알리어나 산스크리트어를 사용했다. 산스크리트어 용어는 대승 경전을 가리키며, 빠알리어 용어는 상좌부 경전을 가리킨다. 이 책 전체에 걸쳐 산스크리트어 다르마는 상좌부 불교, 금강승, 탄트라 불교 모두 포함하여 불교 가르침 총체를 나타내기 위해 전체적으로 적용된다는 점에 주의하기 바란다. 다르마라는 용어가 어떤 의미를 가리키는지는 의심의 여지가 없을 것이다. 그러나 빠알리어 용어 담마는 전적으로 상좌부 경전을 지칭한다. **숫따**(suttas, 빠알리어)와 **수뜨라**(sutras, 산스크리트어)의 원천인 붓다의 다양한 교설(니까야 Nikayas)과 관련하여 각 장에서는 자체 약어를 사용한다. 모든 약어는 앞에서 한 번 사용한 경우에만 사용된다. 각 저자가 특정 교설을 언급하는 구체적인 경전 인용 방식은 각 저자의 학문적 배경을 존중하여 편집 시 손을 대지 않았다. 따라서 어떤 저자는 일련의 제목 목록(책의 말미에 모아둠)을 참고문헌으로 부가하고, 어떤 저자는 주(note)를 사용하며, 또 다른 저자는 주와 참고문헌을 혼합해서 사용하고 있다. 마지막으로 영국식 표기가 우선시 되지만, 미국 저자들의 표기는 그대로 유지했음을 밝혀둔다.

저와 함께 이 "새로운 지평"에 함께 착수한 나의 **동료 여행자들**, 즉 고故 Padmal de Silva, Ruth Naylor, Asanga Tilakaratne, Ven. Soorakkulame Pemarathana, Marja Kwee-Taams, Ven. Guang Xing, Paul van der Velde, David Kalupahana, Pahalawattage Premasiri, Tilak Kariyawasam, Yakupiyage Karunadasa, Zhihua Yao, Bill Mikulas, Paul Fleischman, Padmasiri de Silva, Ven. Sik Hin Hung, Aung Myint, Lobsang Rapgay, James Austin, Yutaka Haruki, Kenneth Gergen을 대신하여 독자들이 선지식과의 교류(고귀하게 하는 우정)에서 통찰 어린 독서 체험을 갖기를 바란다.

머리말

케네스 거겐(Kenneth J. Gergen)
타오스 연구소 회장
미국 스와스모어 대학 선임 연구교수

사회과학자는 동서양 문화의 주요 차이점을 집단주의와 개인주의라는 측면에서 특징짓는 것을 좋아한다. 동양 문화는 자신이 속한 집단에 높은 가치를 두는 반면, 서양 문화는 개인의 자유를 중시한다. 확실히 문화적 차이는 우리가 구분 짓는 것보다 항상 더 복잡하지만, 대다수 사람들은 그러한 견해에 일말의 진실 이상이 있다는 데 동의할 것이다. 불교 수행이 서구 명상 수행자와 신도에게 흡수되는 방식으로 확대되어 드러나는 것이 바로 이것이다. 예컨대 정신건강 분야에서 한 개인의 문제는 본질적으로 심리적 성격을 띠고 있다는 오랜 가정이 있어 왔다. 따라서 치료는 억압을 제거하고 자기 수용을 강화하며 개인의 인지를 재구성하는 등 다양하게 진행된다. 불교 수행은 정신적 변화를 가져오는 것으로 볼 수 있기 때문에 이 전통에 자연스럽게 다가갈 수 있다. 따라서 선불교도들은 명상을 "무념"의 경지로 들어가는 것으로 간주하는 반면, 서구의 치료자와 연구자들은 개인의 "마음챙김(mindfulness)" 상태에 초점을 맞춘다. 대중적인 시각에서 서구인들은 오랫동안 자기 계발 관행을 받아들였다. 대중매체는 매일 자조自助, 자존감, 승리하는 성격 계발 등에 관한 조언을 제공한다. 불교 수행은 자제력향상, 불안 감소, 평정을 불러일으키는 수단을 제공하는 것처럼 보이기 때문에 다시 이 전통으로 분류할 수 있다. 그러나 동양 전통에서는 이렇듯 자아에 골몰하게 되면 그러한 수행은 반드시 실망을 불러오게 마련이라고 본다. 우리는 불교 수행에 관한 서구 문헌에서 상호존재(inter-being), 상호 의존적 발생 또는 무한한 연결을 지닌 인드라망에 대한 강조를 거의 찾아 볼 수 없다. 또한 불교 수행의 관계적 결과, 즉 타인에 대한 관용, 함양, 연민적 지향에 대한 전반적인 관심도 없다.

이 책에서는 불교 수행이 상호관계의 개선과 밀접하게 연결되어 있다는 것을 보여주고자 한다. 이러한 관계에 대한 강조는 여러 형태를 취한다. 이 책의 일부 기고자들은 불교 수행이 사회적 선에 기여하는 방식에 관심을 보인다. 즉 자기 계발을 넘어 공동생활을 위한 불교 전통과 실천의 파급 효과에 관심이 있다. 어떤 이는 본질적으로 "타인을 위해" 수행한다. 다른 저자들의 경우, 불교 수행이 문화적 전통에서 자라나는 방식에 관심이 있다. 따라서 이러한 수행에 들어가는 것은 자기 이익을 위해 "간단히 삼키는 알약"이라기보다 한층 미래지향적으로 관계 안에서 서로 영향력을 주고받는 전통에 참여하는 것으로 간주된다. 또한 다른 저자들은 스승과 제자 또는 임상의와 고객 간의 관계 및 효과적인 실습을 수행하는 데 필요한 대화에 참여하는 것에 중점을 둔다. 어떤 사람은 홀로 수행하는 것처럼 보일 수 있지만 그러한 수행에는 항상 자신을 가르친 분의 흔적이 수반된다. 우리는 결코 혼자일 수 없다.

마지막으로 우리는 불교 수행의 보다 우주론적 함의를 강조하는 다양한 저자들을 만나게 된다. 특히 중요한 것은 모든 존재의 궁극적인 상호의존감이다. 이 민감성은 여러 가지 방식으로 표현된다. 작은 규모에서는 마음/정서/몸/행동의 통합성을 말하는 다양한 장에 나타난다. 이렇게 요소를 세분화하여 인과관계가 있는 것으로 취급하는 것은 (서구 전통에서 흔히 행해지는 것처럼) 오해의 소지가 있고 완전히 참여하는 관행에 해로울 수 있다. 또한 다른 장에서는 불교 수행에 참여하는 것이 관계에 몰입하고 관계로 들어가는 것을 준비하는 방식임을 탐구하며, 따라서 포괄적인 연결 감각을 표현한다. 또는 하루키 박사가 서문에서 밝힌 바와 같이 "자아는… 세계의 역동성과 분리할 수 없다."

우리는 또한 이 작업의 지휘자인 모리츠 키 박사의 지혜와 재능에 감사해야 한다. 무엇보다 그는 이러한 역학관계와 이것이 불교의 미래에 어떤 의미를 가질 수 있는지 잘 알고 있다. 그 자체로 완성된 굳어버린 이론이나 수행은 위험하다. 그것은 활력과 참여를 유지하는 관계의 지속적이고 새로운 과정에서 단절된다. 그래서 키 박사는 뛰어난 선견지명으로 오랜 전통과 현대 지적 세계의 최첨단 아이디어 사이의 연결고리를 찾아냈다. 사람들은 점점 더 정신, 도덕, 합리성 또는 객관성에 관계없이 우월성 경쟁으로 인한 극심한 괴로움에 시달리고 있다. 그러면서도 다중 진리, 대화 및 협동 수행이라는 새롭게 떠오르는 개념에 내재된 잠재성을 동시에 실현할 수 있다. 이러한 발전과 공명하는 불교의 흐름을 탐구함으로써 불교 전통이 활성화될 뿐만 아니라, 지혜와 통찰력이 인류의 복지에 관한 논의와 발전에 한층 잘 기여할 것이다. 키 박사가 이처럼 소중한 작업을 수행함으로써 시너지효과를 촉진한 것에 대해 감사를 표한다.

편자의 개인적 희망은 이러한 복합적인 노력을 통해 모든 전통이 이러한 상호 탐구의 기쁨을 공유하는 세상을 향해 최소한 한 걸음이라도 나아갔으면 하는 것이다. 이러한 세계는 진실로 관용, 보살핌, 자비가 충만한 세계이고, 따라서 불교의 소중한 목표가 실현될 것이다.

타오스 연구소 출판물의 온라인 주문은 다음을 사용하십시오.

www.taosinstitutepublications.net

자세한 정보는 전화로 문의하세요: 1-888-999-TAOS, 1-440-338-6733

이메일: info@taosinstitute.net

일러두기

1. 이 책은 *New Horizons In Buddhist Psychology: Relational Buddhism For Collaborative Practitioners*, edited by Maurits G.T. Kwee (Chagrin Falls: Taos Institute Publications, 2010). 영문판의 우리말 번역이다.
2. 산스끄리트어(Skt.) 빠알리어, 티베트어(Tib.)에 대한 로마나이즈 발음 표기는 특정 경우를 제외하고는 영어식 표기를 사용한 본서의 표기 방식에 따라 장음, 특수문자 등의 표기 없이 영어식 로마나이즈로 통일하였다.
3. 원서에 없는 역자 보충은 본문 속 괄호에 윗 *기호를 앞에 붙였다. 예: (*고따마)
4. 원서에서 이탤릭으로 강조한 표현은 번역문에서 굵은 글씨로 강조하였다.
5. 22인의 23편 논문에서 보이는 서로 다른 용어 선택이나 기입 형식은 그 문맥과 특성을 훼손하지 않는 한도 내에서 가급적 통일하였다.

개요

붓다의 가르침(Dharma: 법)의 순수한 메시지는 다차원적이고 다학
제적인 특성과 다양한 민족, 시대 및 환경 변화의 필요와 요구에 유
연하게 적응하고 조정할 수 있는 능력 때문에 오랜 기간 살아남을
수 있었을 것이다. 이 개념은 종교, 철학 또는 과학처럼 보일 수 있
는 다르마가 실제로는 피드백/피드 포워드 과정을 통해 배우고 변
화하는 개방적이고 살아있는 관계 시스템임을 시사한다. 이와 같은
특성이 다르마가 다양한 문화에 통합되고 뿌리를 내리면서 그 가르
침의 독특하고 희석되지 않은 특성을 보존할 수 있게끔 하는 것들일
수 있다. 표면적으로는 그 표현 형태가 완전히 다르고 문화마다 다
른 것처럼 보이지만 공성과 상호연계성이라는 핵심 메시지는 원칙
적으로 변화하지 않은 것으로 보인다.

　다문화 다르마를 추구하는 데 있어 사회구성의 현대 심리학으로
서의 다르마는 21세기 세속 사회에서 택할 수 있는 훌륭한 대안이
다. 심리학으로서의 다르마는 종교나 철학으로서의 다르마를 보완
하며 형이상학에 알레르기가 있거나 형이상학을 시처럼 이해하기
어려운 것으로 보는 이들에게 합리적 대안이 될 수 있다. 지난 2,600
년 동안 우여곡절을 겪으면서, 종교와 철학으로 전파되었던 다르마
는 성공적으로 살아남아 세계적으로 성장했다. 하지만 과학적 언어

가 지배하는 오늘날 종교와 형이상학만으로는 부족할 수 있다. 이러한 이유로 오래된 흐름의 다르마가 그 유용성 면에서 더 살아있다고 할 수 있을 것이다. 다르마는 괴로움(苦, Duhkha), 즉 실존적, 감정적 고통이 어떻게 발생하고 어떻게 소멸할 수 있는지를 세세하게 다룬다. 깨달음과 통찰을 통해 괴로움을 멈추게 하는 것, 그것이 다르마의 **존재 이유**다. 이런 측면에서 다르마는 심리학이라고 할 수 있을 것이다. 이 책을 편집한 주요 목적은 메타 수준에서 정신생활을 관계로 간주하는 심리학으로서의 다르마가 불선한 정신 상태에 갇힌 사람들이 자기 문제를 해결하도록 돕는 것이다. 본 편집자는 독자, 학자, 학생, 임상의, 코치, 교사, 심리학자, 비심리학자 등 광범위한 청중이 참여하여 "집단 간" 문제를 연계할 수 있기를 바란다. 대다수 심리학자는 다르마에 대해 거의 알지 못하며, 특히 불교학자들은 자신이 익숙하지 않은 종교 언어를 사용할 때 뻐딱한 시선으로 다르마를 대한다. 가능한 한 많은 독자에게 다가가기 위해, 본 서론은 현재 가장 중요한 틀인 심리학의 범위, 폭과 깊이를 명확히 하는 것을 목표로 한다. 본 탐구는 다음과 같은 질문을 중심으로 한다. "새로운" 불교심리학이란 무엇인가?

아비담마(Abhidhamma)의 "오래된" 불교심리학(상좌부[Theravada] 교단의 세 번째 정경)과 "새로운" 불교심리학은 모두 생체/정신/사회(Bio/Psycho/Social) 시스템 모델(Kwee & Holdstock, 1996)이라는 주류 의료 패러다임에 상응하는 신체/언어/마음(Body/Speech/Mind)의 불교적 구성을 견지한다. 이러한 전체적 삼분법을 바탕으로 볼 때, "새로운 불교심리학"은 제3(신체/생체), 제2(언어/사회), 1인칭 (마음/정신) 연구 방법을 통합한 사회구성주의 사회-임상-신경-심리학이라고 할 수 있다. 새로운 불교심리학은 독자가 다양하게 해석하도록 여지를 남김으로써 다르마의 절대 권위를 인정하지 않기 때문에 종교와 철학으로 해석되는 다르마의 범주에서 벗어난다. 따라서 이 책은 다르마를 종교라고 주장한 루이 드 발레 뿌생(Louis de Vallée Poussin, 1869~1939) 및 철학 시스템이라고 주장한 표도르 체르바츠키(Fyodor Stcherbatsky, 1866~1942) 전통에서 탈피한다. 두 학자 모두 대승 경전의 전문가였지만, 여기서 따른 전통은 캐롤라인 폴리 리즈 데이비스(Caroline Foley Rhys Davids, 1857~1942)의 것이다. 그녀는 스리랑카의 상좌부(Theravada) 경전 작업을 진행했으며 초기불교에서 심리학적 내용을 인식한 최초의 학자였고 다르마를 심리학 범주에 포함시킨 최초의 학자였다. 다르마를 심리학 범주에 포함시킨 내용은 그녀의 기념비적 저작, 『불교심리학: 빠알리어 문학의 마음의 분석과 이론에 대한 탐구』(1914)에 반영되어 있다. 리즈 데이비스와 파드마시리 드 실바, 데이비드 칼루파하나와 파드말 드 실바의 거대한 업적과 함께하는 것은 영광이다. 논리 실증주의를 기둥으로 하는 강단 심리학자는 심리학이 주로 심리와 행위에 관한 연구라고 생각한다. 전통적으로 심리학자의 프로젝트는 행동을 감정, 동기, 지각, 주의, 인지, 학습 등의 기능으로 이해하는 것이다. 이 "오래된 흐름의" 심리학은 행동을 개별 기관의 고립된 마음의 기능으로 설명하려고 한다. 그러나 본 편집자는 인간의 마음을 사회적으로 구성된 것으로 보는 관계적 관점을 수용한다. 개인의 마음뿐만 아니라 참되고 실제적이며 이성적이라고 여겨지는 모든 것은 "연기"(pratityasamutpada) 관계에서 나온다는 점에서 "관계 불교"(Relational Buddhism)라고 할 수 있다.

이 책의 기본 구상은 마음이 자족적인 것이 아니라 사람들 사이에서 작용한다는 불교의 이해와 일치한다. 이 구상은 실천에 영향을 미친다. 수행이 아니라면 불교심리학은 존재할 이유가 없다. 관계에 대한 불교의 관심은 자애, 연민, 기쁨이라는 사회적 명상을 배양하는 데 중점을 둔다. 이는 협력적 대화를 통해 보다 합리적인 지점을 찾아내기 위한 의사소통 행위로서, 타당하다고 생각되는 태도들이다. 불교 수행은 인간의 상호연계성을 방해하는 관계적 독(탐욕[탐], 증오[진], 무지[치])의 제거를 목표로 한다. 심리적 괴로움은 상호연계성에 대한 무지로 인해 탐욕과 증오로 가득 찬 비합리적 관계에 바탕하고 있다는 것이 붓다의 주요 통찰이다. 오늘날 세계가 직면한 신용 위기의 근본 원인이 탐욕이고 지구상의 모든 사람을 위협하는 테러리즘의 근본 원인이 증오라는 것은 부인할 수 없는 사실이기 때문에 오늘날 이러한 이해는 그 어느 때보다 유효하다. 우리가 지식 및 지혜를 사람들과의 관계 속에서 올바로 풀어내지 못한다면 두려움, 분노, 슬픔, 우울증 또는 조기 사망을 맞이하게 될 것이다. 붓다는 업, 즉 관계적 의미와 대인관계 활동을 의미하는 의도적 행동을 다룸으로써 지혜를 실천했다. 업은 신체/언어/마음(Kamma Sutta)을 통해 표현된다. 붓다가 설파한 연기와 인과설은 자아를 자족적인 것이 아니라 여러 관계로 구성되어 있다고 가르친다. 그러므로 인간 삶에 대한 공동체적 견해를 요구한다. 불교의 비전은 "상호존재"(Heart Sutra), "관계적 존재"(거겐), 그리고 이 둘의 합체인 "관계적 상호존재"에 반영된 협동적 실천 및 반성적 협의와 일치한다. "나는 네트워크화 되어 있다. 그러므로 나는 존재한다."는 거겐(Gergen)의 격언은 심리과정이 개인 안에서 생성되거나 소멸하는 것이 아니라 사람 사이에 있다는 견해를 지지한다.

명상에서 내면에 주목하면 우리는 어디에나 있는 관계를 볼 수 있고, 내면의 자아는 밑바닥이 "공한" 사회적 구성물이다. 마음챙김은 실험 제어 및 경험 데이터의 문제가 아니라 일반적 신뢰성을 얻기 위해 반복 측정을 허용하고 관계 경험에 기반한 이론을 생성할 수 있는 정성 임상적 N=1 연구이다. 불교심리학은 현실적 상황을 파악하는 것(본체론)에 초점을 두기보다는, 개인이 받아들이거나 표현되는 삶에서 어떻게 신뢰할 수 있는 지식을 수집할 것인가(인식론)에 관한 것이다. 즉, 불교심리학은 각자의 경험에 기반하므로 말로 전달하기 어려울 수 있지만, 이 또한 객관적으로 파악해야 한다. 인식할 수 있는 모든 의미 있는 것들은 학습되어야 한다. 타인과 자아라는 개념은 언어적 창조물일 뿐이다. 자아는 독립적으로 존재하지 않고 다른 사람과 관계 맺을 때마다 다르게 자리매김한다. 나는 아버지에게는 자식이 되고 자식에게는 어버이가 되며, 버스를 타면 승객이 되고 일터에서는 일꾼이 된다. 이처럼 자아라는 것은 다양한 관계 속에서 지속적으로 상호작용하며 그때마다 재구성되는 존재이다. 그러면서도 나-나를-나의 것/자아(I-me-mine/self)라는 생각이 끊임없이 이어진다. 이처럼 나는 타인과의 대화를 통해 내장되고 구축된 수많은 잠재적 자아를 내포하고 있다. 내가 나 자신에 대해 말할 때 일관성과 연속성을 유지해야 하는데, 이러한 정체성을 자아라고 생각한다. 이러한 자아, 정확히 말해서 자아라는 단어는 하나의 단일한 목소리가 아니라, 다양한 사람의 다양한 소리(多聲)를 포함하고 있다. 일종의 "다중존재"이다.(Gergen, 2009) 나 자신은 언어와 담론 바깥에 존재하지 않기 때문에 내면의 자아도 고정된 자아도 없다. 실재적/내재적 자아가 성립할 수 없으므로 자아는 공하다. 이 시점에서 다르마와 사회구성 심리학이 병합된다. 그렇다면 이 견해는 개인의 책임이 없다는 것인가? 오히려 그 반대다. 독립적으로 존재할 수 없고 상호 영향을 주고받는 관계적 존재이기 때문에, 지금 여기에서 공성을 추구하는 과정에서 적지 않은, 아니 더 많은 사회적 책임에 직면할 수밖에 없다.

따라서 새로운 불교심리학은 임상의, 코치, 교사의 협동과 실천을 강조한다. 이는 관계 지향(Anderson, 2008; 〈www.taosinstitute.net〉)에 뿌리를 두고 이하 사항을 주창한다.

(1) 회의론: 붓다는 당대의 제도화된 믿음 체계에 반대하는 무신론적이고 회의적인 자유사상가였다. 그는 뿌리 깊은 전통이나 초월적 지식, 보편적 진리로 여겨지는 것들을 당연하게 여기지 않고 의문을 제기했다. 스승의 가설과 사전 이해, 편견이

있는 이론, 또는 사회적 기준을 맹신하기보다는, 각 특정 상황에서 어떤 것이 건전하고 건전하지 않은지 스스로 검토한다. 따라서 스스로 지식에 대해 겸손한 상태를 유지하면서 변화하는 세상을 받아들이고 자기비판에 열린 자세로 대처하여 이해의 폭을 넓힌다. 어떤 것도 절대적 지식이 될 수 없음을 깨닫고 대화를 통해 새로움을 학습하고 삶의 독특함을 받아들인다.

(2) 특수주의-상대주의: 붓다는 지나친 일반화를 피하고 특정한 사람, 현지 문화, 특정 언어 및 환경에 맞게 불법을 전파함으로써 다르마가 시간에 따라 반복해서 재창조되는 것을 허용하는 방편(Upaya)을 주창했다. 수행자는 다른 사람의 가능성을 제한하는 것을 금지한다. 대화에 참여하고 경청하고 응답함으로써 살아있는 경험에 대한 다른 설명, 의미와 이해를 공개적으로 접하게 된다. 구체적이고 실질적이며 변하지 않는 유용한 지식을 전파하기 위해서는 우선적으로 특정 공동체에 대한 지역/향토의 배경지식을 활용하는 것이 중요하다. 그들이 받아들이고 이해할 수 있어야 의미 있는 활동을 기대할 수 있고 그에 따른 결과를 얻을 수 있다.

(3) 상호작용론: 이해와 통찰은 관계 형성 과정에 필수적이다. 관계를 해치는 독은 대인관계에서 발생한다. 실존적 오류는 심리적 통찰력 부족에서 생겨나며, 우리 자신의 외부에 있는 마魔와 신성을 보는 것과 같은 환상과 망상을 초래한다. 사회 담론에서 언어를 통해 생성된 다르마는 다양한 문화와 역

사에 스며들어 있다. "불교에서 보는 현실"은 형태와 내용을 끊임없이 창조, 유지, 전환하는 공동체 구성원 간의 해석적 상호작용 과정이며, 따라서 고정되거나 확정적이지 않고 유동적이다. 다르마는 남에게 강요되어서는 안 된다. 그것은 한 사람으로부터 다른 사람에게 전달되는 것이 아니라 사람들 사이의 "공간"에서 발생한다.

(4) 연결주의: 존재한다는 것은 연결된다는 것이고(코르집스키 Korzybski), 또 우리는 연결되어 존재한다.(거겐) 때문에 우리는 언어적, 비언어적 표현을 통해 상호 연결된다. "균형 잡힌 말"은 8중의 균형 잡힌 수행(팔정도)에서도 주목해야 하며, 이것은 신체와 마음을 연결하는 것과 관련된다. 언어는 우리가 자신과 대화하고 다른 사람과 의사소통하는 복잡한 과정인 사회적 상호작용의 산물이다. 단어는 지식, 통찰력 및 이해를 창조하는 매개로, 우리가 말할 때, 그리고 우리가 말하는 방식에 따라 의미를 갖게 된다. 내담자나 학생은 상호 변환하는 파트너십에서 촉매 역할을 하는 임상의, 코치 또는 교사와 의견을 교환한다. 이러한 과정을 통해 유의미한 행동 변화를 기대할 수 있다.

이 책은 관계적 상호존재의 결실이다. 불교심리학과 사회구성의 융합을 상징하는 이 용어는 자아에 대한 전통적 관점을 초월한 메타 심리학적 틀을 의미하기도 한다. "다중 관계의 공통 교차점"(다중

존재)으로서의 자아는 그 속성이 공하다. 왜냐하면 이 "존재"는 상호 작용하는 사람들 사이에 위치하기 때문이다. 은유로 화려하게 말하면, 관계적인 것의 기능으로서의 이 선집은 불교와 사회구성주의 찬송가 악보에서 여러 음색으로 노래하는 합창단의 조화로운 소리와 같다. 새로운 불교심리학은 명쾌한 산물이 아니라 진행 중인 작업이자 지속적으로 구성 중인 과정이다. 비트겐슈타인에 따르면 용어는 특정 언어의 구성 부분에서 그 의미를 끌어온다. 결국 의미는 문법과 구문의 일관된 규칙과 단어 집합의 맥락에 따라 결정된다. 따라서 언어적 의미는 한 정신의 산물이 아니라 상호존재의 공동체적 행위를 통해 존재하게 된다. 우리는 마음챙김을 통해 개념화된 것과 대인관계에서 감각/정서적으로 느끼는 것을 말로 표현하고 전달한다. 불교도들은 몸/마음의 전체적인 개념과 기본적으로 스토리텔링에 사용되며 그 다리인 (언어적, 비언어적) 말에 흥미를 느낀다. 이와 관련하여 표현할 수 없고 "말이 없는" 감정을 이야기하곤 한다. 여기서 말은 불교 관용구에는 존재하지 않는 개념인 감정과 거의 동등한 것으로 보이며, 탐욕, 증오 또는 자애, 연민, 기쁨 등으로 암시될 경우, 그것은 관계적인 것이지, 독립적 행위자의 유아론적 실체가 아니다. 따라서 불교심리학에서는 "내적 느낌"으로서의 감정을 타인과의 관계 및 자신과의 관계라는 관계 속에서 본다. 후자의 경우 신체/마음을 연결하고 연계하기 위해 감정을 고려할 수 있다. 새로운 불교심리학의 통합적 입장에서 자기 언어/자기 대화를 통해 "개인 속의 이야기"를 수정하는 것이다. 이 이야기를 정서적/감정적 차원에서 지속하는 것은 치유의 단계이다. 이 단계는 일반적으로 현실에 대해 깊이 있는 이야기를 나눔으로써, 관계에서 문제가 발생했음을 찾아내고 보다 나은 방향으로 변화하도록 행동한다.

붓다에 따르면 명상을 보완하는 "대화 요법", "고귀한 우정"의 대화가 이러한 치유를 돕는다. 특히 롤 모델에 따른 지도는 진행 과정에 대한 회의감, 자신감 부족과 같은 경로의 걸림돌인 "장애물"에 대한 독백을 처리하고 극복하는 것을 의미한다. 붓다는 『공空에 대한 긴 경(Mahasunnata Sutta)』에서 사람들이 다음과 같은 것을 깨닫도록 훈계했다.

> 정념으로부터의 자유, 소멸, 고요함, 최상의 지혜, 깨달음, 열반으로 이끌지 않는 이야기는 즐기지 않겠다. 즉 왕, 도적, 신하에 대한 이야기, 군대, 위험과 전쟁, 음식과 음료, 옷, 침상, 화환, 매연, 친척, 자동차, 마을, 도시, 지방, 여자와 포도주, 거리와 우물의 소문, 조상, 하찮은 다양한 일, 세계와 바다의 기원, 일어난 일과 일어나지 않은 일, 이러한 유사한 이야기는 즐기지 않겠다. … 하지만 열반에… 기여하는 이야기…, 즉 검소한 생활, 지족, 한거, 재가자들과 교제하지 않음, 정진, 계, 삼매, 통찰지, 해탈, 해탈지견에 대한 이야기, 그런 이야기는 즐길 것이다.

위 내용은 거겐(Gergen, 2009)의 "결핍 담론(deficit discourse)"과 일치한다. 이는 문제적 사유를 중심으로 긍정적인 가능성을 구성하거나 평가하기보다는 억제하는 것이다. "변환적 대화(transformative dialogue)"는 당사자를 분리하는 장벽을 허물고 관계를 육성하고 향상시키는 대화를 촉진한다.

　새로운 불교심리학은 모든 상호관계에서 발생하는 감정-사고-행동-정서(feeling-thinking-doing-emotions)에 대한 분석을 기반으로 업을 변화시키는 것에 관한 것이다. 업의 인과관계는 붓다에 의해 비독립성(non-independence), 상호 의존성(Interdependence) 또는 공동의존(codependence)에서 인간 경험이 일어나며 정점에 도달하고 소멸하는 연기로 가정된다. 나-나를-나의 것/자아 자신에 집착-취착-갈망하지 않고, 그 자체가 목표가 아니라 '긍정'적 감정 계발의 시작점인 공성을 경험함으로써 부정적 감정은 근절되게 된다. 붓다 당시, "심리학"과 "심리학자"는 분명 학문이나 주제로 존재하지 않았다. 붓다는 그의 활동 시기에 "자신이 탐욕, 증오, 무지라는 그 불건전한 근본 원인(hetu)을 밝히는 업의 스승이라고 스스로 선언한 역할, 즉 업을 말하는 자(karmavadin)로 알려져 있었다. "깨달은 이(붓다)"는 대인관계 맥락에서 경험적 사건의 조건적 관계, 원인/기능, 이유/동기를 드러냈다. 그는 도덕성을 증가시키는 행동에 필요한(Swaris, 1997) 노력(viriya)을 불러일으키는 데 전념하는 업에 물들지 않는 행위(kiriya)의 스승이었다. 붓다가 관계에서 업과 관련된 의도적/의미 있는 느낌-생각-행동에 높은 가치를 부여했기에, 상호행위에서의 증거 기반 개입이라는 오늘날의 임상 관행과 결합되어 업 변환 및 관계 불교라는 용어가 만들어질 수 있었다.

사실상 이 선집은 7개의 주제로 구성된 23개의 서로 연계된 장에서 제시한 협동적 실천과 사회구성에 대한 증언이다. 각 부의 구성은 다음과 같다.

붓다의 추구: 실존적 괴로움 완화,

공동 구성의 방편으로서의 다르마,

무의미하지 않되 공한 붓다의 자아심리학,

불교 방식으로 마음 탐구하기,

확장되는 서양의 불교심리학,

불교 노선에 따른 정신 치료의 마음챙김 문제,

자아 없는 대화를 통한 업 변환을 향하여.

이 책은 **새로운 불교심리학의 사회적 구성**에 대한 서론적 장으로 시작하여 **관계 불교**에 대한 장으로 끝난다.

1장 새로운 불교심리학의 사회적 구성

모리츠 키(Maurits G.T. Kwee)

서론

이 장에서는 다르마(Dharma)에 대한 사회구성주의 관점(social constructionist view)을 제시하고 현대 응용심리학으로서의 불교심리학을 포괄적으로 설명하고자 한다. 범汎 불교적인 순수한 원칙과 핵심 가르침에 기반을 둔 "새로운" 불교심리학은 **아비담마**(Abhidhamma) 라고 하는 "오랜" 불교심리학을 넘어 진전하고 있다. 새로운 심리학이 라는 의미는 "사회–임상–신경–심리학(social-clinical-neuro-psychology)"을 의미한다. 이것은 붓다의 신체/언어/마음(Body/Speech/Mind paradigm) 패러다임과 그 맥을 같이한다. 사회구성의 메타 심리학은 "비아(not-self)"와 "공(emptiness)"이라는 "초월적 진리"의 공한 성질을 강조하고 "비아"와 "공"을 확증하는 "관계적 존재(Relational Being)"를 설명함으로써 『**화엄경**(Avatamsaka Sutra)』에서 예시된 많은 부분과 크나큰 유사성을 보인다. 사회구성주의 접근법은 탈식민지적 관점을 지지한다. 탈식민지적 견해는 다르마를 천신 종교(sky-god religion)로 보는 전통적 견해와 "자아성(selfness)"이라는 형이상학적 철학을 공한 것으로 수정하는 견해이다. 불교심리학에서 공은 그 자체가 목표가 아니라 조화로운 관계를 위한 자비와 보살핌(자애와 기쁨을 통한)에서 비롯된 유의미한 행동을 위한 리셋 지점(reset-point)이다. 과거의 불교 종파를 깊이 존중하면서도 대승/금강승–탄트라승의 우주론은 현실적인 접근을 선호하는 사람에게는 그 유용성이 이미 상실된 낯설고 시대착오적인 것으로 비추어진다. 다르마의 비세속적인 속성을 탈피하고 다르마를 사회구성주의 심리학으로 제시하기 위해서는 비트겐슈타인의 새로운 언어 게임에서 말하는 일상 언어로 불교의 많은 핵심 용어를 재해석해야 한다. 이 게임은 불교 경전에서 말하는 관계성의 정신과 잘 어울리는 새로운 단어와 문구를 채택하게끔 한다. 여기서 상정된 새로운 불교심리학은 당분간 21세기 세속 사회에 충분히 기여할 수 있을 것으로 보인다. 다르마를 종교와 형이상학에서 관계의 심리학으로 전환하려면 이 선집에서 시도하는 바와 같은 철저하고 정교한 탐색이 필요하다.

일종의 심리학으로서 다르마

붓다 가르침의 심리적 내용(다르마)은 붓다의 교설에 담겨 있다. 『께왓따 숫따(Kevatta Sutta)』(DN 11)에 따르면 붓다는 현세(a this-worldliness)에 대해서는 설법했지만 내세(an other-worldliness)는 설명하지 않았고, 영원한 "모든 것"이나 단멸적인 "무無"를 구하는 자들을 만족시키지 않았다. 그 대신 붓다는 중도, 즉 "모든 것도 아니고 무도 아닌

것"을 지켰다. 그는 궁극적 진리를 공식화하는 것을 거부했다. 이것이
마음이 어떻게 작동하는지에 대한 이해나 생로병사의 감정적 파급
효과로 인한 심리적 고통인 실존적 괴로움(둑카)으로부터의 해탈로
이어지지 않기 때문이다. 붓다는 "고전적인 대답하지 않은 질문(*무기
無記)"으로 유명하다. 예를 들어 "세상(이 우주)은 영원한가, 아니면
유한한가? 또는 양자 모두인가, 아니면 양자 모두 아닌가?", "자아와
신체는 동일한가, 다른가, 또는 둘 다인가, 아니면 둘 다가 아닌가?",
"붓다는 사후에 존재하는가, 존재하지 않는가, 또는 둘 다인가, 아니면
둘 다가 아닌가?" 등이 그것이다. 붓다에 따르면 이러한 형이상학적
질문을 즐기게 되면 추측에 따른 종교적, 형이상학적 논쟁을 야기하게
되어 괴로움에서 해방되지 못한다.(『설명하지 않음 경(Avyākata-saṁyut-
ta)』(SN 44) 이러한 추론에 따라 교의(dogma), 신조, 신념 및 기적(칼루
빠하나, 9장 참조)은 거부된다. 영혼, 윤회, 환생도 마찬가지이다.
왜냐하면 이러한 모든 것은 확증될 수도, 부정될 수도 없기 때문이다.
『깔라마 숫따(Kalama Sutta)』(AN.3:66)는 이러한 자유로운 질문 정신
을 잘 보여준다.(Byrom, 2001)

깔라마들이여, 그대들은 소문으로 들었다고 해서, 대대로 전승되
어 온다고 해서, '(소문에) 그렇다 하더라'고 해서… 성전에 써
있다고 해서, 또는 논리, 추론, 사색하여 얻은 견해와 일치한다고
해서… 유력한 사람이 한 말이라고 해서, 또는 '이 사문은 우리의
스승이다'라고 해서 그대로 따르지는 말아야 한다. 원하는 기이한
것이 신 또는 다른 원하는 존재에 의해 보장받는 것이라고 해서…

오랫동안의 관습 또는 가정이 옳다고 하기에… 명성이나 권위가 있다고 해서… 그가 스승이라고 해서 믿으면 안 된다.

따라서 다르마는 자유로운 탐구의 원리, 실천의 모음이지 맹목적 신앙과는 아무런 상관이 없고, 신성한 인격이나 신격에 고백하지 않는 일련의 관행이다. 붓다의 교설을 일종의 가설假說로 받아들인다면 다르마는 증거에 입각한 연구 조사 방법을 제안하는 것으로 볼 수 있다. 붓다의 승가는 학문적이며 서구적 의미에서 종교적이지 않다.

다르마가 브라흐마니즘(힌두이즘이라는 식민지적 명칭으로 더 잘 알려져 있음)에 대한 무신론적(non-theistic) 반응, 다신론에 반대하는 변증법적 반反명제(anti-thesis)라는 역사적 사실을 상기해 보자. 비非신론이기 때문에 다르마는 통상적 의미에서의 종교적 관습에 관여하지 않는다. 신은 전혀 문제가 되지 않는다. 비신론이라는 것은 유신론도 무신론도 아니며 심지어 중간의 그 무엇도 아니라는 의미이다. 그 대신 다르마는 공空함이라는 해방 경험을 가져다준다. 따라서 다르마는 영지주의(신은 알려질 수 있음)도 불가지론(신은 증명될 수 없음)도 아니다. 말하자면 신은 "관심사가 아니다." 희석되지 않은 불교의 가르침은 붓다가 종교를 세우지 않았고, 자신이 신적/전지적 현현(顯現: 메시아, 구원자 또는 예언자)이라고 선언하지 않았으며, 어떤 신이나 다른 외부적 힘에서 영감을 얻지 않았음을 설파한다. 브라흐마니즘에 대한 그의 비판에서 붓다는 상당히 유머러스했다. 『삼명경(Tevijja Sutta)』(DN 13)에서 브라만 와셋타(Vasettha)는 붓다와 창조주인 브라흐마와의 합일에 대해 논쟁했다. 붓다는 브라흐만에게 그나 그의 스승, 7대 위까지 그의 스승의 스승이 브라흐만을 본 적이 있는지 물었다. 와셋타가 없다고 하자 붓다는 상대방의 논리를 이름, 외모, 안색, 키, 거주지, 또는 혈통도 모른 채 가장 아름다운 소녀를 찾아 사랑하기로 결정한 사람의 행동에 비유하여 논평했다. 나아가 붓다는 종교의식을 금했다. 그는 결코 제자들에게 기도하라고 가르치지 않았고 숭배받기를 바라지도 않았으며, 깨어 있지만 오류가 있을 수 있는 인간 외의 어떤 것도 주장하지 않았다. 가장 유력한 추측은 붓다가 자신의 가르침이 "불교"라는 것이 되어서 21세기에도 현존할 것이라는 사실을 모른 채 인간적 불확실성과 함께 살아갔다는 것이다.(Guang, 2장 참조)

이후 후기 불교에서 전개된 형이상학적 관심에도 불구하고 붓다는 우주론적인 질서에 관심이 없었다. 그는 거의 전적으로 인간 존재의 무상함 및 불완전함이라는 실존적 문제를 해결하는 방법을 알고자 하는 탐구에 전념했다. 붓다의 설법은 다음 인용문에서와 같이 이 세상의 정신으로 숨 쉬고 있다. "지각과 생각을 갖는 이러한 6자 크기의 살아있는 몸에 세계가 있고 세계의 생멸이 있다."(AN 4, MN 1, SN 2) 분명히 세계란 저 너머의 세계(철기시대인 붓다의 시대에는 세계가 평평하다고 생각했음)가 아니라 모든 데이터가 감각의 문을 통해 들어오는 정신 내부의 세계를 의미한다. 다음 인용문에서 붓다가 형이상학, 우주론, 존재론을 거부했다는 것을 분명히 볼 수 있다.

눈과 형태, 귀와 소리, 코와 냄새, 혀와 맛, 몸과 물질, 마음과 그 대상… 누군가가 만약 이런 "모든 것"을 제쳐두고 다른 "모든 것"을 주장한다면 그것은 단지 말뿐일 것이고… 그 자신의 능력의 한계를 넘어서는 것이다.〔『일체경(Sabba-sutta)』〕(SN 35:23)

『범망경(Brahmajala Sutta)』(DN 1)에서 붓다는 베다의 설명을 다시 위치 지워 세계의 기원에 대한 베다 신화를 바로잡았다. "모든 존재의 근원인 브라흐마"는 "신성한 것"의 연기에 대해 무지함을 드러냈다는 것이다. 이렇듯 붓다는 브라만들과 경쟁하면서 그들이 갖는 신에 대한 망상을 거부했다.

위의 예에서 볼 수 있듯이 니까야(숫따의 모음, 붓다의 설법)에 기록된 다르마의 심리적 내용은 범汎 불교적인 순수한 세속적 핵심 개념, 용어 및 주제에 포함된다. 이러한 예는 모든 교파에서 분명히 인정하고 있으며 상좌부(캄보디아, 라오스, 미얀마, 스리랑카, 태국에서 수행되는 "장로들의 가르침") 및 대승(중국, 일본, 한국, 베트남에서 수행되는 "위대한 바퀴")의 특정 지역 교리를 넘어선 것이다. 여기에는 금강승(부탄, 몽고, 시킴, 시베리아, 티베트에서 수행되는 "금강처럼 단단한 바퀴")이 포함된다. 니까야는 모든 종파가 인정하는, 모두에게 공통된, 범불교적인 핵심 통찰을 담고 있다. 이 통찰은 어느 누구라도 명상 연구와 수행을 통해 얻을 수 있는 것이다. 〈표 1〉에 이 주제들을 열거해 두었다. 그중 일부는 아래 "언어화(Languaging)" 단락에서 자세히 설명하겠다.

표 1. 불교심리학에서 범불교적인 세속적 핵심 개념과 주제

---

(1) 사성제, (사회적 구성으로서) 4가지 고귀하게 하는 실재들

(2) 팔정도, 8가지 균형 잡힌 (협동적) 수행

(3) 온(마음이나 자아의 심리적 양태: 느낌–생각–행동)

(4) "공"의 "궁극적 비아"와 일상의 삶을 위한 "임시적 자아"

(5) 업의 개념: 의도적/의미 있는 생각–느낌 및 수반되는 행동

(6) "**다르마**": 가장 작은 "경험 단위"("지각할 수 있는 것" 및 "알 수 있는 것")

(7) "육감": 마음챙김 자각을 하는 동안 다르마를 지각하는 마음의 눈

(8) 열반 체험: 불선한 생각–정서(affect)가 사라진 상태/특질(state/trait)

(9) 삼독: 탐욕, 증오, 자아 환상과 신의 망상에 대한 무지

(10) 무량심: 자비, 연민, 기쁨을 증강하는 사회적 명상

(11) 삼법인, 즉 3가지 "존재의 경험적 표식": 무상, 고, 무아

(12) 양태의 연기: 심리적 인과관계 가설

(13) (관찰하고 지켜보는) 마음챙김을 일반적인 요소로 하는 12가지 명상

(14) 마음챙김의 기초: 신체/감정과 마음/생각의 동요

(15) "**조건**(빳타나patthanas; *Paṭṭhāna 조건 관계)": 느낌–생각–행동을 연결하는 24가지 기능 조건과 관계

　불교 전통은 공에 대한 가르침을 문화적으로 해석하는 것을 허용한다. 그러한 까닭에 영혼, 영혼의 윤회와 환생 그리고 다른 비불교적 개념과 같은 형이상학적 돌연변이(metaphysical atavism)가 대승과 금강승의 뒷문을 통해 들어와 다르마를 오염시켰을 수 있으며, 심지어 상좌부 종파에서도 마찬가지였다.(콘쯔Conze, 1980) 또 공의 가르침은 무지한 대중뿐만 아니라 마술, 기적, 형이상학, 의식, 전능함을 믿는 데 익숙한 미신적인 사람에게도 영합할 수 있었다.(카리야와삼

Kariyawasam, 8장 참조) 박식한 독자는 다르마를 교육하고 전파하는 능숙한 수단인 **방편선교**(Upayakaushalya; 또는 방편, Upaya)를 알고 있다. 방편선교는 다르마가 다양한 청중들의 지역 관습에 적응하고 순응함으로써 수많은 시대와 문화를 넘어 꽃 피울 수 있도록 도왔다. (반 데어 벨데Van der Velde, 5장 참조) 공에 도달하는 적절한 수단으로 다르마를 문화와 시대에 맞게 드러내는 이러한 방법론 때문에 서구 학자들은 처음 불교에 접했을 때 금강승에서 아브라함식 종교 유형을, 대승에서 철학을, 상좌부에서 심리학을 본 것이다. 역설적으로 이렇게 **파고 들어가 해석한** 사례 중 어떤 것도 그 자체로 잘못된 것은 아니다. 서로 다른 사람들에게 서로 다른 접근법을 제공하기 위해 지속적으로 함께 존재해야 하는 것으로 보인다. 하버마스(Habermas) ⟨www.signandsight.com/features/1714.html⟩가 관찰한 바와 같이, 수십 년간의 세속화 이후에도 종교적 정서가 여전히 크게 남아 있고, 탈세속화 사회에서도 종교적 정서가 기반을 되찾고 있다는 점을 고려하면 더욱 그렇다. 그럼에도 불구하고 필자는 비신론적 관점에서 다르마의 한 패러다임인 종교와 철학은 그 유용성을 넘어섰다고 생각한다. 필자는 스스로를 "세속적"이라고 생각하는 21세기 사람들에게 심리학이 가장 적합한 방편이라고 주장한다. 이 주장은 심리학이 다른 분야보다 더 진리에 가깝다는 것을 의미하지는 않는다. 중요한 것은 실제적인 성과이다.

"새로운" 불교심리학을 향하여

서구 문명과 접한 이후 다르마는 정확히 속하지 않는 범주, 즉 종교와 철학으로 형성되었다. 이후 다르마는 일종의 윤리 체계, 삶의 방식의 철학(쁘레마시리Premasiri, 7장 참조) 및 인지 행동 임상 심리학(P. 드 실바P. de Silva, 4장 참조, 키와 키-탐스Kwee & Kwee-Tamms, 20장과 21장 참조)으로 더욱 진화되어 갔다. 다르마를 심리적 통찰에 기반을 둔 **생활방식**으로 보는 것은 그렇게 당연한 것이 아니다. 이러한 관점을 채택하려면 다르마를 종교나 형이상학으로 개념화하는 것에서 최첨단 사회구성 심리학으로 패러다임을 전환하는 것이 필요하다.(키 및 탐스Kwee & Tamms, 2006)

불교심리학은 오랜 과거의 배경을 갖고 있지만 불교심리학 그 자체의 역사는 짧다. 대략 네 가지 시기로 나눌 수 있다. 고대, 고전, 현대, 포스트모던 시기가 그것이다. **고대** 시기는 심리학이라는 용어가 알려지지 않은 철학적 심리학의 단계이다. 붓다의 설법으로 시작되는 이 시기는 붓다 사후 초기불교 문헌의 세 가지 정경 가운데 하나가 된 **아비담마**(Abhidhamma)로 기록된 철학적 성찰로 이어졌다. 이보다 "더 깊은" 가르침은 4세기까지 무명 학자들이 집필했지만, 미완결 상태로 남아 후대 학자들이 계속 발전시켜 나간 것으로 보인다. **고전** 시기는 윌리엄 제임스(William James, 1842~1910)와 캐롤라인 리스 데이비즈가 이정표를 세웠다. 미국 심리학 창립자인 제임스(1890)는 심리학이 다르마에 내재되어 있음을 인식하고, 업의 개념을 인지 정서적 의도와 명백한 행동의 (상호) 작용으로 처음 인정한 사람

중 하나였다. 그는 1903년 하버드 객원 강연에 스리랑카 출신의 연로한 비구, 다르마빨라(Bhikkhu Dharmapala)를 초청하고, 온蘊들(심리적 양태)에 대한 강의 내용이 향후 25년간 모든 사람이 공부하게 되는 심리학이 될 것이라고 선언함으로써 심리학의 새로운 지평을 열었다.(구루지 Guruge, 1965) 제임스는 다르마를 바탕으로 "의식의 흐름", (다르마에서 "비이원적"이라고 불리는) "순수" 경험, "완전히 자신의 주인이 되는" 명상의 기능적 가치에 대해 썼다. 명상의 기능적 가치는 누구나 지속적이고 반복적으로 주의집중을 기울이게 되면 완전히 "깨어 있고", 또 **"콤포스 수이(compos sui)"**(자신의 지배자가 됨)가 될 수 있다는 것이다. 캐롤라인 리즈 데이비스는 현재 원문 **빠알리어에서 처음으로 번역된 기원전 4세기 불교 심리 윤리 요강서 『아비담마 삐따까(Abhidhamma Pitaka)』의 첫 번째 책,** 「입문 에세이」와 「노트」가 **포함된 『담마상가니(Dhammasangani; 의식상태 또는 현상의 개요서)』**에 서 **아비담마**의 심리적 내용을 언급했다. 그녀는 특히 **다르마들**, 즉 체험의 가장 작은 단위들의 목록을 열거했고, 이것들을 "황량한 뼈들의 계곡(dry valley of bones)"이라고 표현했다. 그녀는 1914년 자신의 책에서 "불교심리학"이라는 용어를 처음 사용했다. 당시 불교심리학이 고풍 심리학에서 과학적 학문으로 패러다임을 전환한 것은 19세기 서구 심리학이 종교적, 철학적 접근을 탈피한 발전과 유사하다. 이러한 움직임은 1879년 빌헬름 분트(Wilhelm Wundt)의 심리학 실험실 개설과 같은 과학 심리학의 공식적인 출범으로 특징 지워진다.

고전적(1세대 불교심리학자) 또는 "구(old)" 불교심리학에서 **현대 불교심리학**(2세대 불교심리학자)으로 이동하는 다음 단계는 심리학

저널, 책의 장(book chapters) 및 이하 두 권의 책에 있는 수많은
논문들에서 다루고 있다. 두 권의 책이란 드 실바(M.W.P de Silva)의
『불교심리학 서론(An Introduction of Buddhist Psychology)』(1979, 2005
개정판, 13장 참조)과 깔루빠하나(Kalupahana)의『불교심리학의 원리
들(The Principles of Buddhist Psychology)』(1987, 3장 참조)을 말한다.
이 저서들은 주로 상좌부 담마(Theravada Dhamma), 즉 "장로들의
빠알리 가르침"을 언급하지만, 제2차 세계대전 이후 대승불교 전통의
다른 저자들 또한 현대 불교심리학에 중요한 역할을 담당했다. 이
흐름을 선도한 가장 대표적 인물은 다이세츠 테이타루 스즈키(Daisetz
Teitaru Suzuki, 1870~1966, 선불교 입장)와 쵸감 트룽파 린포체(Chögyam
Trungpa Rinpoche, 939~1987, 티베트 불교, 금강승 입장)이다. 정신 치료
관점에서 접근한 사람은 칼 융(Carl Jung, 1875~1961), 아브라함 매슬로
우(Abraham Maslow, 1908~1970), 앨런 와쯔(Alan Watts, 1915~1973),
에리히 프롬(Erich Fromm, 1900~1980)이었다. 매슬로우(1950년대)는
다르마의 긍정적 심리학을 높이 평가했지만, 프로이트(1865~1939)는
불교 명상을 병리적인 것, 즉 "자기애적 원시주의(narcissistic primitiv-
ism)"와 "유아적 무력감(infantile helplessness)"으로의 퇴행, 심지어
"자기 유도적 긴장증(self-induced catatonia)"으로 취급했다.(알렉산더
Alexander, 1931) 이제 이러한 견해는 뒤바뀌었다. 오늘날의 **시대정신**
(Zeitgeist)은 다르마와 정신 치료를 연결하는 것을 선호한다.(예를
들어 Wallace & Shapiro, 2006; Sugamura, Haruki, & Koshikawa, 2007;
Naylor, 15장 참조; Sik, 19장 참조)

인지 신경과학자 프란시스코 바렐라(Francisco Varela, 1946~2001)

는 심리학자에 국한되지 않으며, 14대 달라이 라마가 진두지휘하는 대규모 과학자 그룹의 일원이다. 달라이 라마는 "의학, 신경과학, 심리학, 교육, 인간 발달을 이끌고 알릴 수 있는 마음의 명상적이고 자비롭고 엄격한 실험 및 체험 과학의 창출"을 꾸준히 고취하고 있다. 1987년 이래 2년마다 모임을 갖는 그의 "마음과 생명연구소(Mind & Life Institute)"⟨www.mindandlife.org⟩는 현재 "정서적 균형 함양" 연구 프로그램에 매진하고 있다. (에크만 등 P. Ekman, et al.) 이사회에는 데이비슨(R. Davidson), 골만(D. Goleman), 카밧-진(J. Kabat-Zinn)이 포함된다. 카밧-진(2003a)은 1979년부터 다양한 만성 및 쇠약 질환을 가진 수천 명의 환자에게 적용된 8주간의 외래 환자 훈련인 "마음챙김 기반 스트레스 감소(Mindfulness-Based Stress Reduction)" 기법을 고안했다. 그 후 지지자들은 예컨대 "마음챙김 기반 인지 치료(Mindfulness-Based Cognitive Therapy)", "마음챙김 기반 재발 방지(Mindfulness-Based Relapse Prevention)", "마음챙김 기반 식이 자각 훈련(Mindfulness-Based Eating Awareness Training)" 등을 개발했다. 또한 리네한(M. Linehan)의 변증법적 행동 치료(Dialectical Behavior Therapy)와 헤이즈(S. Hayes)의 수용 및 전념 치료(Acceptance and Commitment Therapy) 등도 불교의 마음챙김 명상을 받아들이고 있다. 그리고 다른 사람(예를 들어 정신분석가 엡스타인(M. Epstein)과 신경학자 오스틴 (J. Austin), 22장 참조)과 잘 알려지지 않은 그룹들도 불교심리학의 진전을 위해 헌신하고 있다. 예를 들어 임상 명상을 위한 횡문화 연구 협회(the Transcultural Society for Clinical Meditation[1]) 설립자 하루키 (Y. Haruki) 명예교수⟨http://transcultural.meditation.googlepages.com⟩

같은 분을 들 수 있다.

후자의 그룹은 다르마와 심리학을 연결하는 모든 증거 기반 자료를 통합하고자 시도하면서 **포스트모던**(postmodern) 또는 "새로운" 불교심리학을 고취한다.(키 Kwee, 거겐 Gergen, 코시카와 Koshikawa, 2006) 이 장은 3세대 불교심리학자의 이러한 입장에서 씌어졌다. 본질적으로 우리는 불교의 우빠야(Upaya, 방편) 전통에 따라 다르마를 사회구성 심리학(social constructivist psychology), 임상심리학(clinical psychology), 신경심리학(neuropsychology)으로 '번역하는' 것을 목표로 한다. 우리는 3인칭의 '객관적' 수준에서 본 **신경심리학** 입장에서 불교 개념과 수행의 신경과학적 상관물을 찾고 있다. 우리는 '설명(erklären, explaining)'의 맥락에서 1950년대에 카사마쯔(A. Kasamatsu), 히라이(T. Hirai), 아키시게(Y. Akishige)와 같은 일본 신경생리학자들이 시작했고 현재 활발하게 추진되고 있는 불교심리학 용어로 산재하는 신경과학 지식을 의미 있게 연결하려고 시도한다.

이러한 작업은 1950년대 일본 신경심리학자, 예컨대 카사마쯔(A. Kasamatsu), 히라이(T. Hirai), 아키시게(Y. Akishige)가 처음 시도했고 최근에는 달라이 라마의 "마음과 생명연구소"에 참여한 학자 및 기타 학자들(예컨대 켈리 Kelly, 2008; 한손 Hanson, 2009)이 열정적으로 탐색하고 있다. 특히 오스틴(Austin, 2006)이 선불교 관점에서 신경과학

---

1 "임상적(Clinical)"이 의미하는 바는 상호 협동적 치료와 변형적 대화라는 맥락 안에서 정서적 괴로움을 줄이고 나아가서 건강과 웰빙을 추구하는 개별화된 접근법을 말한다. 여기서는 상호소통의 커뮤니케이션에서 볼 수 있는 "내용" 의미와 "관계" 의미를 구별하는 "이중 듣기(double listening)" 기법이 사용된다.

연구를 검토했다. 불교적 관점의 신경심리학은 다음과 같은 주제에 관심이 있다. 1. 습관적 반응에서 "자유의지"보다 "하지 않을 자유"에 대한 EEG 연구(리벳 Libet, 2004), 2. (이식된 뇌-컴퓨터 인터페이스를 통해) 마음의 연결이 커서를 움직여 행동하게끔 명령할 수 있음을 보여주는 신경 보조물(예컨대 TV 리모컨을 통제하거나 작동하게 하는 것; 도노휴 Donoghue가 **네이처** *Naure* 지에 발표한 것, 442, 2006, pp.109∼222), 3. 신경가소성 및 역동적 뇌 회로 측면에서 붓다의 여섯 번째 감각에 대한 연구(예컨대 바렐라 Varela, 라쇼 Lachaux, 로드리케즈 Rodriguez, 마르티네리 Martinerie, 2001), 4. "나를 정의하는 것 me-definers", 자아 및 "비아(not-self)"의 신경 영상(인지자 없는 지각; 말라하 Malach, 하렐 Harel, 챨라미쉬 Chalamish, 피쉬 Fish, 2006), 5. 긍정적 감정에 특화된 깨달음의 신경학적 연관물, 아마도 좌측 편도체와 연결된 좌측 전두엽 영역에 대한 연구(데이비슨 Davidson, 카밧-진 Kabat-Zinn, 쉬마허 Schmacher, 로젠크란쯔 Rosenkranz, 뮐러 Müller 등, 2003), 6. 노화와 관련된 피질 비박화非薄化 상쇄에 대한 연구(라자르 Lazar, 커 Kerr, 바써만 Wasserman, 그레이 Gray 등 2003) 등이다. 자비에 대한 신경심리학적 연구도 행해졌다.(드루카 DeLuca, 2005, ⟨http://fearlessheart.com⟩) 명상과 의식의 신경과학에 대한 개요는 루츠(Lutz)와 둔(Dunne), 그리고 데이비슨(2007)의 연구를 참조할 수 있다. 흥미로운 연구 결과에도 불구하고 현재 불교 사회구성주의 관점은 "객관적 과학"에 기초한 어떤 진리 주장에도 신중한 입장을 취한다. 이성과 감정에 대한 뇌 스캐닝 기술로 축적된 피질 데이터가 통상적 추측을 넘어 인간 마음의 연구에 새로운 장을 열 수 있는지에 대해서는 여전히 의문이 있다.

그러나 이러한 신중함이 좋은 방향으로 뇌의 재회로화를 연구하는 학자들의 사기를 떨어뜨리는 것은 아니다.

1인칭 "주관적" 수준의 탐구로서의 **임상심리학**은 증거 기반 접근법, 즉 실증적 증거를 최대한 적용한 방법 연구 결과를 통해 진행할 필요가 있다. 현재까지 정신보건 임상의와 기업 웰빙 코치가 실시한 인지 행동 개입이 가장 효과적이고 효율적인 치료 범주에 속한다.(버틀러 Butler, 챕먼Capman, 포만Forman, 벡Beck, 2006) 그들의 평가 및 개입방법은 그 근거가 다르마에 근거하고 명상 **방식**(modus operandi)이 인지 행동 원칙과 일치하는 개념을 사용한다. 점차 일반화되고 있는 명상 적용 방식 개념은 미쿠라스(Mikulas, 1978), 드 실바(De Silva, 1984), 키(Kwee, 1990)가 선구적으로 개척한 것이다. 우후죽순처럼 쏟아져 나온 여러 출판물에도 불구하고 최근에야 인지 행동 심리학으로서 다르마에 대한 체계적이고 간결한 설명이 제시되었다.(키와 탐스Kwee & Taams, 2006; 드 실바De Silva, 4장 참조; 미쿠라스Mikulas, 14장 참조; 랍게이Rapgay, 18장 참조) 이것은 "마음챙김 기반 인지 치료"(Segal, Williams, & Teasdale, 2001; Ma & Teasdale, 2004; Kenny & Williams, 2007; Kuyken, Byford, Taylor, Watkins, Holden, et al., 2008)에 대한 연구에서 촉발되었다. 서구에서는 분트가 실험실을 열었을 때 공식적으로 철학에서 심리학으로의 도약이 이루어졌지만, 다르마는 2005년 스웨덴에서 벡(A.T. Beck; 인지 치료의 "원조" 설립자)이 인지 치료 제5차 국제회의와 동시에 개최된 제9차 구성주의 세계 대회(회의 내용에 대해서는 탐스와 키 참조, 2006)에서 14대 달라이 라마와 역사적 회합을 했을 때 분트의 실험실 개설과 유사한 상징적 도약을 이룬 것으로 보인다. 이 획기적인 최고위 만남에서 두 이론, 즉 인지치료와 다르마의 패러다임 융합이 일어났고 이것은 불교심리학에 관한 광범위한 일련의 심포지엄에서 지속적으로 제기되어 주류 심리학자와 인지 행동 임상가가 전적으로 받아들이게 되었다. 이런 압도적인 경향은 제임스가 예측한 것보다 101년이나 후에 일어났다. 그러나 이보다 10년 전에 "인지 행동 치료의 또 다른 원조"인 전설적인 고故 앨버트 앨리스(Albert Ellis)의 합리적 정서 행동 치료(Rational Emotive Behaviour Therapy)가 다르마에 대한 충성 선언(allegiance)을 했을 때는 아무도 이것을 주의 깊게 보지 않았다.(Kwee & Ellis, 1998; Christopher, 2003; Whitfield, 2006) 다르마와 인지 행동 치료의 접점에 대해서는 키와 키-탐스가 20장과 21장에서 자세하게 언급할 것이다. "긍정심리학 (Positive Psychology)"이라는 새로운 경향은 불교 수행의 개입 결과에 대한 많은 연구 결과를 낳기 시작했다. 예를 들어 자애(loving-kind-ness; Fredrickson, Cohn, Coffey, Pek, & Finkel, 2008; Hutcherson, Seppala, & Gross, 2008), 자비(compassion; Gilbert & Procter, 2006), 행복과 기쁨 (happiness and joy; Lyubomirsky, 2008)에 대한 연구를 들 수 있다.

사회심리학(social psychology)으로서 2인칭의 "상호 주관성" 수준의 탐구에서 우리는 "초월적 진리(Transcendental Truths)"는 없으며 실재와 사실은 물론 실존적 고통의 대부분이 인간에게 있다고 주장하는 사회구성 관점(Social Construction viewpoint)을 채택한다. 포스트모던 관점에서 우리는 실재를 일정한 지역 문화의 공동체적 합의(commu-nity consensus)로 본다. 여기서 과학과 모든 종류의 권위는 상대적인 것으로 간주된다. 이러한 "이해(verstehen; understanding)"의 틀에서

다르마를 천신天神 종교로 규정하는 서구문화 지배하의 낡은 언어학
(linguistics)을 폐기하고, 현재 다르마에 적용되는 몇 가지 핵심 용어를
재개념화할 필요가 있다. 거겐(1999)이 선언한 것처럼 사회구성주의
는 다음과 같이 주장한다. "나는 네트워크에 연결되어 있다, 그러므로
나는 존재한다." 전체적으로 인간은 그 마음이 일반적으로 전前 합리적
(어린이 같은), 비합리적(어리석은), 합리적(과학적) 수준에서 기능하
지만, 탈합리/지혜의 수준에서는 거의 작동하지 않는 "생화학적-감
각적-운동적-사고적-정서적-관계적-구성물"이다.

  이러한 지혜 덕분에 우리는 존재한다는 것이 "상호존재 한다(inter
be)"는 것을 의미하며 행동하는 것은 상호작용하는 것이라는 사실을
알 수 있다. 지혜로 인해 우리는 인간성의 편재적이고 보편적인 상호
연결성을 이해할 수 있다. 태어날 때부터 사회적 그물망에 내던져진
우리는 자족적(self-contained)일 수 없다. 우리는 상호 영향을 주고받
는 대인관계적 의미를 떠나 어떤 것도 생각할 수 없다. "사적인 세계"조
차도 불가분의 네트워크로 캡슐화된다. 우리는 요람에서 무덤까지
상호 연관되어 있다.(p.36) 그러한 메타 시각(metavision)은 각각의
교차점에서 서로 무한히 반사하고 상호 침투하는 거울/존재를 갖는
매트릭스인 "인드라의 보석망(Indra's Jewel Net)"(『화엄경』, 클리어리
Cleary, 1993)으로 잘 묘사된다. 이 비전에서 진리는 항상 잠정적이며,
특정 그룹에 의해 언어적으로 공동 구성되고 의미의 춤 속에서 협의된
다. 같은 맥락에서 실재(reality)는 과학이 밝힌 것처럼 "더 나은" 구성으
로 대체되면서 앞으로 나아갈 뿐인 문화 구속적 내러티브로 간주된다.
결국 그것은 계시된 진리/실재를 발견하는 것이 아니라 (의미가 부여

된 것으로서) 구성된 진리/실재를 발견하는 것이라는 입장이다. 즉, 불교의 해탈은 관계적 사건(relational event)이다.

쿤의 패러다임 전환

윌리엄 제임스에서 유래된 종교와 형이상학에서 심리학으로의 거대한 움직임은 패러다임 전환이라고 불러도 좋을 만한 주요한 전환점이었다. 쿤(Kuhn, 1962)에 따르면 패러다임 전환은 기존 관점이 새로운 관점으로 변화할 때 일어난다. 쿤 이전의 학자들은 과학적 사유의 역사를 여러 세대에 걸친 지식의 축적, 즉 느리고 진보적이며 진화적인 축적으로 보았다. 쿤은 과학의 역사가 자연적 진보의 발전이 아니라 데이터를 처리하고 진실을 밝히지 않고 결과를 설명하는 경쟁적인 방법 사이의 일련의 장기적 갈등을 반영한다고 주장한다. 따라서 다윈의 이론은 라마르크의 이론에서 성장했으며 아인슈타인의 상대성 물리학은 뉴턴 고전 물리학의 확장이었다. 심리학의 경우, 1950~60년대에 정신 연구의 핵심을 관찰 가능한 행동으로 보는 사람들과 인지를 연구의 중심에 두고 비행동적 관점으로 보는 사람들 사이에 상충된 입장이 있었다. 현재의 사회구성적 메타 비전에서는 인지 및 행동적 접근을 궁극적인 유리한 지점이 아니라 "원자적"으로 본다. 현재까지 로켓 과학이나 종교적 신념은 우리를 진리에 더 가깝게 만들지 못했다.

같은 맥락에서 다르마의 2,600년 역사 동안 공성에 도달하기 위한 상충된 방법을 통해 몇 가지 패러다임 전환이 일어났다. 다르마는 형태를 변형하고 외래문화의 관례를 채택함으로서 세월의 참화 속에서도 살아남았다. 앞서 언급한 바와 같이 불교는 상황에 따라 다르마를 능숙하게 전파하기 위해 교수법을 슬기롭게 활용하는 우빠야(방편) 덕분에 존속했다. 다르마는 다양한 사람들을 수용하기 위해 공의 핵심 가르침에서 벗어나지 않으면서 환경에 동화되고 적응함으로써 변화하는 시대와 사람들에 적응할 필요가 있었다. 기원전 6세기에 붓다는 자신의 다르마의 존재 이유인 괴로움(苦)의 소멸을 위해 유의미한 행동인 명상적 삶을 시작했다. 기원전 4세기부터 기원후 5세기까지 다르마는 상좌부에 의해 **아비담마**(Abhidhamma)에 설명된 삶의 철학으로 발전되었다. 상좌부 불교는 경전 **띠삐따까**(Tipitaka, 삼장三藏)를 지닌 18개의 불교 종파 중 유일하게 현존하는 전통이다. 이 삼장은 **성경**의 10배 분량인데 구전으로 전해 내려오다가 기원전 1세기경 문자로 기록되었다. 이러한 발전과 부분적으로 겹치면서 기원전 1세기부터 7세기까지 다르마는 "종교적" 특성을 지닌 형이상학적 가르침이 되었다. 오늘날까지 지속적으로 대승불교를 따르는 12개 종파는 초기불교 종파 신도들을 "원시적"이라고 폄하하고 그들을 "소승론자," "소승"주의자라고 불렀다. 두 가지 위대한 대승의 하위 전통인 딴뜨라야나(Tantrayans, 성스러운 경전의 바퀴, 4개 종파에서 수행됨)를 포함하는 바즈라야나(Vajrayana, 금강승)는 4세기부터 13세기까지 발전했다. 이들은 신과 같은 인물, 주술/신앙 의식, 추정되는 초자연적 현상을 강조한다. 다르마 내에서 이러한 두 가지 변형 단계 각각은 쿤이 말하는 거대한 패러다임 전환이다. 이러한 전환의 근저에는 심지어 한 학파 내에서도 다르마를 해석하고 공을 성취하는 방법에 대해 경쟁적인 지적 사유와 불일치가 있다.

대승 운동 내에서 두 번째 붓다라고도 알려진 나가르주나(Nagarju-ra, 2세기)와 그의 추종자들, 그리고 세 번째 붓다라고도 알려진 바수반두(Vasubandhu, 4세기)와 그의 지지자들 사이에 거대한 지적 갈등이 지속되었다. 그들은 수 세기 동안 그들의 생각을 놓고 평화롭게 싸웠지만 오늘날까지 갈등을 해결하지 못했다. 나가르주나와 그의 중관학파는 **아비담마**와 바수반두의 유가행파(yogacara) 사이에 자신들을 위치지우고, 기원전 1세기에서 4세기에 걸쳐 다양한 익명의 불교학자들이 집필한 『반야심경(Perfection of Wisdom)』에 기반을 둔다. 이 경전들은 완전한 공성의 제로 포인트에 도달하기 위한 파격적인 "오직 공(emptiness-only)"이라는 합리적 가르침을 자세히 설명한다. 유가행파에서는 "오직 공"의 이론이 제자들로 하여금 너무 공에 치중하게 한다고 상세히 설명하면서 소위 "여래장(Buddha Womb)" 경전을 기반으로 "오직 마음(mind-only; 유심)"이라는 교리를 가르친다고 설명한다. 여래장 경전 또한 기원전 1세기부터 4세기에 걸쳐 익명의 학자들이 저술한 것이다.[2] 유가행파는 공에 대해 긍정적이고 은유적/시적인 접근법을 사용하면서 여래장을 상세히 설명한다. 이에 따르면 여래장에서는 불성, 불신佛身, 천상의 붓다들이 나오고 이것들은 우주론적

---

2 모든 상좌부 빠알리 경전(suttas)과 대승 산스크리트 경전(sutras)은 기원전 1세기부터 4~5세기에 걸쳐 신도들의 공동체에 머물고 있던 익명의 저자들에 의해 집필되었다. 경전들은 붓다의 가르침을 말하고 있다. 그러나 대승 경전은 등장 시기와 이전의 구전이 없다는 점을 고려하면 설법 형태로 기록되어 있다 하더라도 붓다가 말한 것을 그대로 적었다고 할 수는 없다. 상좌부 빠알리 경전들은 4세기 동안 구전을 통해 내려온 것들이다.

판테온을 이룬다. 그러나 명상(요가yoga) 수행(짜라cara)도 강조하는 요가수행자들은 범불교 기본 이론인 공성을 결코 버리지 않았다. 이 접근 방식은 유가행 전통에 속하는 선불교에서도 분명하게 보인다. 대승 경전은 방대해서 『성경』의 50배에 달한다. "불교 법륜(붓다의 가르침, Dharmachakra)의 전통 지혜에 따르면 모든 극단의 균형을 이루는 붓다의 중도에서 시작하여 세 가지 법륜의 굴림이 있다. 우선 모든 삼독을 제거하는 『반야심경』과 나가르주나의 체계화된 부정, 즉 '무아(non-selfness)'라는 **부정의 길**(via negativa)이 있다. 이 길은 제자들을 **진공의 공포**(horror vacuum)와 자기만족적인 공의 열반에 빠뜨릴 수 있기에 유가행파가 주장하는 **긍정의 길**(via positiva)이 함축된 "여래장" 사상으로 뒷받침된다. 이러한 긍정의 길에서 우주론적으로 자애, 자비, 기쁨과 같은 존중받는 자질은 성스러움이 된다. 특히 바수반두의 이복형제 아상가(Asanga)(유가행파의 유심학파, Yogacara Cittamatra/Mind school)는 신성한 의식을 옹호했다. 초월과 형이상학을 믿도록 허용하여 잠재적인 추종자 가운데 온순한 사람들을 유혹한 것은 지배적인 브라만교와의 차별화 부족으로 13세기 인도에서 다르마의 쇠퇴를 촉진했을 가능성이 높다.

따라서 다르마의 역사에서 쿤의 패러다임 전환뿐만 아니라 헤겔의 변증법적 역학도 볼 수 있다. 만약 나가르주나의 **부정의 길**이 테제이고 바수반두의 **긍정의 길**이 안티테제라고 한다면 그 종합은 무엇인가? 바수반두의 유가행 유식학파(Yogacara Vijnavada/consciousness school)에는 디그나가(Dignaga, 6세기)와 다르마끼르띠(Dharmakirti, 7세기)와 같은 학자도 속해 있었고, 이들은 추론적 지식, 논리, 명증/비명증의 이론들도 다루었는데 이것들은 일종의 개략적 심리학을 서술한 것이었다. 그들은 또한 **주체**(subject: 지각자/사유주체, the perceiver/conceiver)와 **대상**(object: 지각대상/사유대상, the perceived/conceived)에 관한 비이원론의 인식론적 종합을 제시했다. 이에 관해서는 〈표 2〉를 참조(또한 21장의 표 2 참조)할 수 있다. 사회구성주의와 현재의 불교 관점에서 보면 이러한 이원론은 변명의 여지가 없다. 즉 세상 사물의 상호관계는 그렇게 인식하기에는 너무 많이 얽혀 있다. 여기에 해체 과정의 장점이 있다.

표 2. 중관과 유가행 종합의 사분면

유가행 ＼ 중관	기능적인/잠정적인 실재(언어의 공간)	궁극적/불사의 실재 (비언어적 공간)
주체: 6가지 감각을 통한 외부세계의 지각자/사유주체	1. 싸마타 명상 고요	3. 위빳사나 명상 연기
대상: 지각 대상/사유 대상, 6번째 감각을 통한 내적 세계	2. 싸마디 경험 열반	4. 공 체험 공함

바수반두의 지각적 인식론(perceptual epistemology)과 여덟 가지 의식[여섯 가지는 오염된 감각적인 것, 제7식은 자아에 대한 것(I-me-mine/self)(이원적), 제8식은 거울(비이원적) 의식이다(야오Yao, 12장 참조)]을 고려하고, 이것을 나가르주나의 이론, 즉 붓다의 **임시적 - 기능적/조건 지워진** 실재(provisional-functional/conditioned reality)와 **궁극적 - 불사의/비조건화된** 실재(ultimate-deathless/unconditioned reality)와

결합하면 종합이 가능해진다. 집주인이라는 기능적 실재는 우리 삶을 편안하게 만드는 이름, 여권/신분증 또는 자아를 갖는다. 단 그것들이 갖는 갈망, 욕심, 집착이라는 어두운 측면은 싸마타의 고요한 명상을 통해 없어질 수 있다. 이로써 평정, 자애로 이어져 외부의 자극에도 불구하고 삼매의 흐름을 통해 결국 평정한 열반에 도달한다. 붓다 또는 아라한(Arahant)은 비언어적 공간에서 스스로 내부의 적을 제거한 사람인데 이들의 궁극적 실재는 통찰 명상(insight meditation; 위빳사나Vipassana)을 통해 성취된다. 이 명상에서는 "사물을 **있는 그대로 본다**.(Seeing Things As They Become)" 즉 연기법 속에서 감정–행동–사유의 동시적이면서 계기적인 일어남과 사라짐을 본다. 이 과정은 공성(순야따Sunyata)을 향한 해체에 이르게 되고(플라이쉬만Fleischman, 16장 참조), 이러한 공성의 체험은 그 자체가 목적이 아니라 자애, 자비, 기쁨의 균형 잡힌 수행을 통해 재구축을 하기 위한 리셋 포인트이다.

바수반두의 인식론적 심리학은 다르마의 중도적, 부정적, 긍정적 방식을 통합하는 데 실패했지만, 이러한 노력은 해체와 재구축의 사회적 인식론에 도달하는데 도움을 주어 포스트모던 사회구성주의를 형성할 수 있게 되었다. 사회구성주의에 기반을 둔 불교심리학은 일종의 종합을 제시할 수 있다.

(1) 인간의 감각기관(sensorium)을 확장하여 6번째 감각(마음의 눈mind's eye)을 포함하는 것으로 "경험적(empirical)"이라는 용어를 재정의: 이것은 비이원적으로 다르마들(경험의 가장 최소

단위들)의 의식으로서 자각을 알아차리는 뇌의 능력이다.(까루
나다싸karudanasa, 11장 참조) 이렇게 뇌의 분지들(projections)을
지각하는 능력과 "초지각(meta-perception)" 능력〔여섯 가지 감
각기관 각각의 경험 자료들을 개별적으로 또한 그 상호 연관성을
지닌 것으로 지각하는 것〕은 "마음의 눈"이 갖는 신경생리학적
상관물을 구성하는 것일 수 있는 "사회적 뇌", 뇌의 회로 및
피질 통합을 의미한다.

(2) **다르마들**〔여기서는 "지각할 수 있는 것(perceivables)", "상상할
수 있는 것(imaginables)", "알 수 있는 것(knowables)", "기억할 수
있는 것(memorables)", 꿈, 환상/망상으로 정의됨〕을 사회적 구성으
로 **재조망**(re-visioning): 이것들은 해당 공동체에서 동의하는
경우에만 "실재적(real)"이다.(예컨대 중국 불교도의 실재하지 않는
관음보살에 대한 지각) 붓다가 **다르마들**의 무상함을 강조했다면
나가르주나(2세기)는 그 다르마들의 "무아성(non-selfness)"을
지적했고, 아상가(4세기)는 그 "초월성"을, 바수반두(4세기)는
그 "비이원성"을, 그리고 거겐(Gergen, 21세기)은 불교의 보편적
(ubiquitous-pervasive) 공성을 확증하는 **다르마들**의 사회적으로
구성된(무주無住, non-abiding) 성질을 강조한다.

(3) 불교 문헌을 사회구성주의 사회-임상-뇌과학-심리학으
로 재구성함으로써 다르마(the Dharma)를 **재생**(re-generation):
다르마와 강단 심리학 사이의 한 세기 이상의 교류를 바탕으로

이 운동은 "새로운 수레"를 의미하는 **네오야나**(Neoyana)라는
새로운 이름을 부여받을 만하다. 이 새로운 불승佛乘은 세속
청중을 위한 삶의 방식으로 응용 증거 기반 심리학의 우빠야를
사용함으로써 종교와 형이상학으로부터 이탈한다. 네오야나는
종교적, 형이상학적 언어방식(languaging)에서 파생된 몇 가지
주요 개념, 용어 및 주제들을 사회적으로 재구성할 필요가 있다.

통합적인 심리학이 축소와 소멸이라는 테제와 부가와 확대라는
안티테제를 종합하고, 또 다르마를 중도로 개편할 것인지는 아직
미지수다. 불교의 문화 과학적 혁명과 패러다임 전환이 이미 시작되었
다는 사실은 부인할 수 없지만, 여전히 논의의 여지가 있고 논쟁
중에 있다. 최근의 이러한 변화의 대부분은 14대 달라이 라마 덕분이
다. 그의 엄청난 노력의 정신은 다음과 같은 예리한 주장에서 읽을
수 있다. "만약 붓다의 가르침과 현대 과학의 발견이 서로 모순된다면
붓다의 가르침은 폐기해야 한다."(보스턴 글로브, 9/17/03) 포스트모던
관점에서 보면 달라이 라마는 인류가 뇌 내부를 볼 수 있도록 도와주지
만, 이는 실재의 또 다른 지도일 뿐 "모든 것이 되고 모든 것을 끝내는
것"이 아닌 현대적 실재관을 표현한다. 드 실바(M.W.P de Silva; 개인적
으로 의견 교환, 2008)는 "과학은 불교 개념의 신뢰성과 타당성을 높일
수 있지만 깨달음은 과학 없이 성취될 수 있다"고 설득력 있게 말했다.
사회구성주의 입장에서 보면 세계에 대한 지식은 수동적인 방식으로
획득되는 것이 아니라 세계와의 협동적 참여를 통해, 그리고 세상에
대한 인식에 의미를 부여함으로써 얻어진다. 따라서 의미는 우리가

만들어 내는 것이다.

다르마와 사회구성(Dharma and Social Construction)

사회구성은 대인관계 메타수준(meta-level)에서 "언어(speech)"의 연구 대상이 개인이 아니라 사람들의 상호작용 네트워크라고 주장함으로써 다르마에 비견된다.(거겐과 호스킹Gergen & Hosking, 2006) 실재는 유아론적 문제가 아니라 소통하는 사람들 사이의 내러티브 구성(narrative construction)이기 때문에 한 공동체에서는 "실제"일 수 있지만 다른 공동체에서는 "비실제적"일 수 있다. 예를 들어 정신분석이나 인본주의 심리학에 대한 과학적 설명은 인지 행동 치료의 국지적 경계(parochial boundaries) 내에 있는 것과 다르다. 유용한 이론으로서 사회구성주의 견해는 "관계적 존재(Relational Being)"(거겐Gergen, 2000, 2009)를 탄생시켰다. 이 개념은 『반야심경』의 구전 전통에서 이미 "상호존재(Interbeing)"(티히Thich, 1998)로 알려져 있다. 여기서는 두 가지 전통의 융합을 나타내기 위해 "관계적 상호존재(Relational Interbeing)"로 부르기로 한다. 이 용어는 실체가 없는(non-foundational) "사회적 자아(social self)"를 나타낸다. 자아가 공하다는 것은 불교의 **탁월한** 심리학적 명제이다. 현재까지 뇌 속에 상주하는 "난쟁이 자아(homunculus)"의 존재를 확증하는 어떠한 증거도 없다. 명백히 지각하는 자 없이 지각하고, 느끼는 자가 없이 느끼고, 행동하는 자 없이 행동하고, 생각하는 자 없이 생각한다는 것, 즉 "기계 속 유령이 없다는 것(no ghost in the machine)"이다. 사회구성주의는 포스트모던 불교의 가르침에 기인한 것이 아니라 사회 심리학 이론에서 나온 것이지만, 자아에 대한 설명과 초월적 진리를 거부하는 점을 고려하면 포스트모던적인 불교 가르침으로 볼 수 있다. 또한 "친사회적이라는 것은 충분히 영적인 것이다."(sic, 원문 그대로)라고 설명함으로써 "현세적(this-worldly)" 입장은 다르마에서 가장 반대하는 정신, 영혼, 자아의 존재를 시사하는 "내세"의 영성을 반박한다.

유연하고 새로운 수행을 추구하는 사람에게 사회구성주의라는 새로운 지평을 시작하는 것은 설레는 일이다. 이 관점에서 초월적 진리와 절대적 실재는 문화 역사적 이야기로 간주된다.(키, 거겐, 코시카와, 2006) 사회구성주의 메타 심리학의 입장은 다음과 같다.

(1) 신체–정신을 분리하는 데카르트 유형의 지식에 도전한다. "나는 생각한다."가 아니라 "나는 연결되어 있다. 그러므로 나는 존재한다."(거겐)

(2) 절대적 진리로서 합리성, 검증가능성, 객관성에 기반한 "실재"에 대한 설명(사회구성주의 설명도 포함)에 회의적이다.

(3) "실재"의 영원함과 초월적 진리(과학, 윤리 및 종교적 신념)의 불변성에 의문을 제기한다.

(4) 공동의 메타 과정(meta-processes)은 "영원하고/무한한 진리"가 아니라 특정 공동체에서 이해할 수 있는 공동 구성을 가져온다고 주장한다.

(5) 경험적 데이터를 사회적으로 구성되고 조작되며, 경험주의자들이 가정하듯, 변치 않는 기반이 없는 지역적 합의에 기초한

것으로 간주한다.

(6) 주체에 **대한** '영원한 진리'를 추구하지 않고 즉각적인 사회적 행동으로 사람과 **함께하는** 질적 연구를 강조한다.

(7) 양적 연구 결과를 버리지 않고, 실증주의 과학을 '절대적 진리'가 아니라 '실재'에 대한 관련 서사(relevant narrative)로 간주한다.

(8) 인지 행동 개입과 같은 증거 기반 결과를 의미와 동시에 발생한 행동의 얽힘으로 받아들인다.

사회구성주의와 불교심리학은 모두 해체되고 재구성된다. 그것들은 습관적으로 "지속적인 진리"로 받아들여지지만 실제로는 사회적으로 구성되는 (상주성 또는 단일한 자아와 같은) 당연하게 여겨지는 환상과 동일화하지 않고 투명하게 함으로써 해체한다. 심지어 이 비상주성은 "과학적 사실"에도 적용된다. 지암바티스타 비코(Giam-battista Vico, 1668~1744)는 **"그것들은 모두 인간이 만든 것이다**(verum ipsum factum)"라고 말했다. 환상을 해체하기 위해서는 언어 자체의 환상적 특성을 비판적으로 검토해야 한다. 언어는 잠정적 실재의 모습을 창출하지만, 경험 가능하되 말로 표현할 수 없는 궁극적인 공함을 온전히 표상하거나 표현할 수 없다. 언어는 대인관계 목적에 봉사하는 사회적 구성물, 수단, 또는 대인관계를 위한 지도로 이해되어야 한다. 해체는 해방 효과[조건화와 직해直解주의(literalism)의 자동적 틀에서 벗어남]가 있지만 여전히 재구성의 실천이 필요하다. 재구성을 위해서는 이제 일상의 현실이 관계와 상호작용 네트워크에 어떻게 의존하는지 지속적으로 살펴볼 필요가 있다는 것이 분명해졌다. 이것과 "관계적 상호존재"의 과정과 잠재력에 대한 통찰로부터 타인을 인정하고 수용하는 사회구성적 실천이 나온다. 타인을 수용한다는 것이 "나쁜" 행동을 인정한다는 의미는 아니다. 두 분야 모두 관계에 대한 관심을 가장 훌륭한 가치로 본다. 불교의 배려는 붓다 이후 100세대에 걸친 명상 수행인 사회적 명상으로 운용된다. 이것은 사랑 어린 자애, 공감적 자비, 함께 기뻐함의 핵심 영향이 세상에 충분히 퍼질 때까지 평정한 일상에서 이러한 가치를 근본적으로 적용하여 무한히 증식시키는 것을 목표로 한다.

사회구성을 통합함으로써 현재의 불교심리학은 『**화엄경**(Avatam-saka Sutra, Flower Garland Sutra, "불태佛胎"경)』(1~3세기)을 강조한다. 이 경에 대한 숭배는 중국에서 시작되어 오늘날에도 계속되고 있다. 일본에서는 **케곤**(Kegon, 華嚴, けごん)으로 알려져 있다. 경전 명칭을 추종하여 7세기에 법장法藏에 의해 혁신된 **화엄**종(Hua-yen 또는 "화엄" 학파)은 경전의 이름을 따서 명명되었으며 사회구성주의에 부합하는 개념을 수용하므로 여기서 관심의 초점이 된다. 이 경전은 지혜와 광명을 탐색하는 왕자 수다나(Sudhana, 선재동자)의 여정을 일종의 "다이아몬드가 박힌 하늘의 루시(Lucy in the sky with diamonds)"에 대한 설명을 통해 논하면서 형이상학적 영역이 공하다고 기술한다.[3] 왕자는 붓다가 되기 위해 (자기) 계발 여정을 시작했다. 그는 발달의 단계, 원칙 및 준수해야 할 미덕을 상징하는 53명의 스승과 친구의

---

3 이 이야기는 『화엄경』의 39번째 및 마지막 권에서 볼 수 있다. 또한 이것은 저자가 태어난 자바섬 보로부두르(Borobudur)의 대다수 석벽에 묘사되어 있다.

도움을 받았다. 그는 인생이 가르침이며 브라만에서 왕, 노예, 상인, 바보, 선원, 의사, 매춘부, 어린이, 동물에 이르기까지 그가 만난 모든 사람으로부터 배웠다는 것을 알게 되었다. 그가 배운 것은 면밀한 마음챙김에서 시작하여 자비, 자애, 기쁨, 평정, 마음의 순수성 등에 이르기까지 다양하다. 결국 그는 더 이상 성불하거나 성불하지 않으려고 애쓰지 않았다. 그는 가파른 산에 높이 걸려 있는 "보석 탑"을 가리키는 한 스승을 만남으로써 순례를 끝맺었다. 그는 위험한 여정 후에 탑에 도착했다. 그곳에서 그는 관대함으로 가득 찬 방을 발견했다. 그리고 그의 몸이 행복을 발산하는 동안 존재와 사건의 상호 의존에 대한 시야가 밝아졌다. 그는 우주 만물의 상호침투를 경험하고 "인드라의 보석 그물(Indra's Jewel Net)"을 보았다. 이것은 그물이 교차할 때마다 보석의 반사면이 보석에 나타나는 이미지를 상호 반영하여 자신의 빛이 다른 사람의 일부가 되고 그들의 빛을 사신의 일부로 받아들이는 그물이다. 따라서 인드라의 그물은 모든 사물의 **무한한** 상호 연관성을 상징한다. 이 사사무애事事無礙 현상은 탑의 가장 높은 방으로 "하나가 전제로, 모두가 하나로" 들어가는 입구였으며, 그곳에서 그는 마침내 빈방으로 밝혀진 궁극적인 지혜를 발견했다. 우주는 빈 거품이다. 수다나는 그의 여정을 끝내고 남은 생애를 동료 인간에 대한 자비로운 봉사에 바쳤다.(클리어리Cleary, 1993) 명백한 이유로 "인드라의 보석 그물"이라는 "보편적 매트릭스" 은유는 사회구성주의 자들에게 호소력이 있다.

존재의 상호 의존성은 기원전 528년 붓다가 보리수 아래에서 깨달았을 때의 놀라운 비전이었다. 그는 이 깊은 통찰에 기초하여 **연기**

(pratityasammutpada)로 알려진 인과 가설을 공식화했다. 이것은 **다르 마들**(dharmas)의 비독립적, 상호 의존적 또는 상호 의존적 발생, 생성, 절정, 쇠퇴 및 소멸, 감정, 행동, 사고 및 관계적 상호존재 (Relational Interbeing)라는 가장 작은 개별 경험을 지칭한다. 불교도와 사회구성주의자는 인간 기능의 이러한 복잡다단함이 대인관계에 내재되어 있지 않은 경우, 양태들의 정신을 "원자적", "요소적"인 것으로 식별한다. 인간 행동은 그 본질상 상호 의존되어 있기에 상호작용의 필요성에 의해 시작되고 발생한다. 행동하는 것은 상호작용하는 것이다. 불교적 관점에서와 마찬가지로 거겐(1999)은 이원적인 "안-밖"/ "자기-타자"를 사회적으로 "함께 구성된(co-constructed)" 자아로 대체했고 이로써 필연적으로 설명적 개체로서의 내재적 개별 자아를 거부했다. 걸림 없는 상호 정체성 침투로 인해 각 개인은 다른 개인과 연기로써 상호 연결된다. 한 개인의 변화는 모든 상호관계의 상대적인 변화를 가져온다. 사회적 영역에서 우리 자신의 외부를 보면 우리는 내적 세계의 거울을 본다. 마찬가지로 사적 세계를 내적으로 살펴보면 (면벽 수행에서와 같이) 우리는 모든 곳에서 사회적인 것을 본다. 또한 우리가 방에서 홀로 춤을 추고 있다고 하지만 사회적 차원은 여전히 편재한다. 우리는 서로 복잡하게 얽혀 있기 때문에 사적인 것조차 사회적 구성물이라고 결론짓는 것이 안전하다. 그러한 시각에서 우리는 모두 대인관계의 메타 질서 아래에 포함된다. 이 메타 비전은 실재를 합동 작업이자 상호 책임으로 보는 관점을 필요로 한다.

사회구성주의와의 밀월관계는 단순히 안구 뒤에 존재하는 것이 아니라, 사람 사이에 존재하는 관계적 상호존재를 중심으로 한다. 상호작용에 초점을 맞추면 이분법적 '너-나'가 공함 속에서 무너지고 부서진다. 관계적 상호존재는 붓다 심리학의 핵심인 고립된 자아의 공함을 필요로 한다. 개인이 독립적인 행위자가 아니라 관계의 표현이라는 견해를 지지하는 현재의 "관계 불교"라는 "새로운" 불교심리학은 개인의 순수한 사적 영역이 공하다고 간주한다. 사적인 생각조차도 언어의 역사와 오래 지속된 관계에서 나오기 때문에 유아론적일 수 없다. 관계적 관점은 심리생리학(psychobiology)을 버리지 않고 붓다가 주장한 것처럼 생물-심리-사회적 체계(Bio-Psycho-Social system), 또는 신체/언어/마음(Body/Speech/Mind)을 지닌 존재로서 인간에 대한 청사진을 완성한다. 관계적 상호존재와 그 언어는 신체도 마음도 아닌 구성원들의 만남과 대화 속에 있다.(거겐과 거겐, 2004) 관계적 상호존재가 되려면 구성원들이 춤을 추듯이 함께 움직여야 한다. 따라서 관계적 상호존재만이 존재하는 것이 아니라 실재도 존재하게 된다. 양자 모두 사회 집단이 생각하는 것에 의해 규정된다. 다시 말해 실재는 유아론적인 것이 아니다. 그것은 신체나 마음 안에 있는 것이 아니라 사회적 경험 속에 존재한다. 2+2=4 또는 우리가 동의한다면 5와 같을 수 있다. 따라서 실재는 의사소통하는 사람들 사이에서 구성되며 한 공동체에서는 '실재'로 간주되지만 다른 공동체에서는 '비실재'로 간주될 수 있다. 공동체 너머에는 엄청난 침묵이 있다. 실재는 잠정적이며 사람들이 언어적으로 공동 구성한 것이고, 의미의 춤 속에서 협의된다. 과학으로 밝혀진 경우에도 데이터는 합의에 따라 생성된 상태로 남아 있으므로 인위적이고 상호 주관적이며 상대적이다. 과학과 그 산물조차도 불가분의 시공간과 문화에 묶여 있다. 과학자들에 의해 고안된 그것들은 앞으로 수정되고 더 나은 구조로 대체될 내러티브이다. 실제로 그러한 일은 다르마(the Dharma)가 종교와 형이상학에서 심리학으로 전환하는 과정에서 일어나고 있다.

'언어화(Languaging)'와 불교심리학

"만약 네가 이것을 막대기라고 부른다면 긍정하는 것이고, 막대기라고 부르지 않으면 부정하는 것이다. 긍정과 부정을 넘어서 너는 이것을 무엇이라고 부를 수 있는가?"(대혜종고大慧宗杲, Tahui, 12세기) 이것은 선의 명칭인 **공안**으로 더 잘 알려진 일종의 "법리法理적 사례"로서 깨달음을 위한 유용함이 입증된 것이다. 공안이란 이성이나 언어로 풀 수 없는 역설적 수수께끼이다. 언어와 말은 관계 속에서 세계와 삶의 형식을 잠정적으로 맵핑(mapping)하는 도구이다. 이론은 세상이 "실제로" 어떤지 말해주지 않는다. 그것은 관계에 참여하기 위한 발판이다. 그러므로 불교심리학의 언어를 포함하여 언어의 사회구성적, 대인 관계적, 게임적 특성을 인식하는 것이 중요하다.(거겐과 호스킹 Gergen & Hosking, 2006) 우리는 자신이 살고 있는 지역 문화를 벗어날 수 없기 때문에 우리가 체계적으로 생각하는 모든 것은 다성적 내러티브(多聲的, polyvocal narrative)이다. 종교, 형이상학, 또는 심리학으로서의 다르마도 마찬가지이다.

비트겐쉬타인(Wittgenstein, 1953; 사회구성주의는 비트겐쉬타인 이론에 상당히 많이 의존하고 있음)은 그의 저작에서 사회구성을 많이 사용했으며 단어는 언어 게임의 사용에서 의미가 파생된다고 주장했다. 단어 자체에는 본질적인 의미가 없다. 의미는 공동체 구성원들의 대화식 사용을 통해 개인적으로가 아니라 사회적으로 구성된다. 따라서 언어 게임의 관점에서 절대적인 의미는 없다. 결과적으로 과학 자체는 언어적, 사회적인 만큼 과학적이다. 종교로서의 다르마(the Dhamma)는 일군의 단어들에 종교라는 언어 게임을 적용한다. 각 단어는 언어 게임 내에서의 사용을 통해 그 의미가 추출되고 그 지점에 상응하는 신념과 태도가 발생한다. 동일한 의미에서 철학으로서의 다르마(a Dharma)는 철학적 용어를 사용하고, 그것이 짜인 정서와 행동의 구조를 포함하면서 철학의 언어 게임 규칙을 고수한다. 다르마를 심리학으로 보기 위한 현재의 명제는 심리학의 규칙, 정서, 행동의 언어 게임을 적용한다. 이 단어들은 심리학적 방식으로 실재를 개념화하는 데 도움이 되는 도구이다. 심리학으로서의 다르마는 최상의 게임이 되고자 노력한다.

이러한 설명이 갖는 실제적인 함의는 무엇인가? 심리학의 언어 게임이 21세기 세속적인 사람들에게 가장 적합하다는 명제에 동의한다면 다르마(the Dhama)가 심리학으로 발전, 전개되는 것을 방해하는 종교적, 형이상학적 관용구를 변화시키는 것이 시급하다. 그러나 **이것은 종교적 또는 형이상학적 해석을 침묵시키거나 심리학이나 관계 불교가 우월하다고 선언하는 것이 아니라, 다르마의 새로운 우빠야를 창조적으로 구성하는 것을 축하하는 것이다.** 불교 용어가 갖는 종교적, 형이상학적 의미를 잊고, 대신 심리적 의미를 채택하고 새로운 용어를 배우는 것은 힘든 일이다. 비트겐슈타인 언어 게임의 일련의 규칙에 따라 불교심리학자들은 적어도 13개의 핵심 단어와 개념에 대한 새로운 해석을 얻고자 시도할 수 있다.(목록은 완전하지 않음) 즉, (1) 다르마(Dharma), (2) **사성제**(네 가지의 고귀하게 하는 실재들, 4-Ennobling Realities), (3) **팔정도**(여덟 가지 균형 잡힌 수행, 8-Fold Balancing Practice), (4) 괴로움, (5) 열반, (6) 업, (7) 오온, (8) 마라(Mara), (9) 마음챙김(Sati), (10) 깨달음의 지혜(보리菩提, Bodhi), (11) 아라한(Arahant), (12) 비구(Bhikkhu), (13) 윤리가 그 목록이다. 개념과 견해에 집착하지 말라는 붓다의 훈계(소락쿠라메Soorakkulame, 6장 참조)에 따라 다음의 설명은 다른 기슭에 도달했을 때 버려야 할 뗏목과 같은 것이다.

(1) 다르마는 서구에 상응하는 용어가 없다. 이것은 제사를 드리는 종교나 초자연적이거나 신성한 것을 언급하는 신앙이 아니다. 또한 정확히 철학, 형이상학, 존재론, 인식론, 논리학, 윤리학, 정치학, 미학에 관한 신념 체계도 아니다. 19세기 서구에서 급조한 부디즘(깨달음-주의, Buddh-ism)에는 빠알리어 또는 산스크리트어에 상응하는 것도 없다. 호기심 많은 식민 학자들이 다르마의 의미를 파악하려고 노력했을 때, 그들은 낯선 구원론이라는 그들 자신의 언어 게임 내에서 편리한 범주를 찾았다. 이러한 ─주의가 암시하는 지시대상은 유럽 중심적인 부디즘(Buddhism)이라는 불운한 용어로 다르마를 변형시켜, 공함과 명상에 뿌리를 둔 삶에 해를 끼치며 종교적, 형이상학적 함축을 전달한다. 따라서 관계 불교와 같은 포괄적인 용어(a container term)를 사용하지 않고 이 단어를 계속 사용할 경우, 잘못된 서구적 의미론으로 이어질 수 있다. 또 대문자 다르마(Dharma)는 경험의

가장 작은 단위인 기억, 꿈, 환상 및 망상을 포함하는 "인지할 수 있는 것들(perceivables)" 및 "알 수 있는 것들(knowables)"을 나타내기 위해 이탤릭체(*번역문에서는 그냥 굵은 글자로 표기)로 입력되는 소문자 **다르마**(dharma)와 구별되어야 한다. 이러한 **다르마**는 형식과 내용이 변할 수 있는 변화무쌍한 다양성을 나타내는 경험의 가장 작은 단위를 지칭한다.

(2) 사성제(Four Noble Truths) 대신, **네 가지 고귀한 실재**라는 표현을 사용한다. 진리는 맹목적 신앙의 냄새를 동반하는 단어이다. 반면 다르마(the Dharma)는 자유로운 탐구 정신을 불어넣는다. 명사가 파생된 빠알리어 삿짜(sacca)는 실제로 실재(reality)를 의미할 수 있다. 문맥에 따라 진실(Truths)에 대한 다음과 같은 대안도 가능하다. 즉 질문, 조사, 탐색, 가설, 가정, 명제, 경험, 데이터 또는 사실이 그것이다. 더욱이 통상적 형용사인 신성한(adjective noble) 대신, 고귀하게 하는(gerund ennobling)이라는 동명사가 선호된다. 다르마를 수행한다고 해서 공작이나 백작이 되는 것은 아니다. 오히려 삶의 불만족과 괴로움을 소멸하기 위해 법문(the Dharma talk)에 천착하면서 역경에 용기 있게 맞서는 내적 과정을 통해 해탈할 수 있다. 심리학으로서의 다르마(the Dharma)는 다음 네 가지 문제를 중심으로 확인할 수 있다. 또는 반증 가능한 경험과 더 만족스러운 새로운 관행을 바르게 언급할 수 있다. 즉 실존적 괴로움이 있는가? 원인이 되는 요인은 무엇인가? 탈출구가 있는가? **팔정도**는 효과적인가? 가 그러한 문제이다.

(3) **팔정도**는 중도로서 괴로움을 소멸하는 과정에서 균형을 잡는 행위를 가리킨다. 따라서 도의 8가지 수행(관점, 의도, 말, 행위, 생활,

노력, 마음챙김, 주의)이 얽혀 있음을 나타내는 "균형 잡힌(balanced)"이
라는 수식어가 "바른(right)"이라는 수식어보다 선호된다. 다르마의
심리학적 관점은 이러한 도정에서 사람들이 공을 깨달을 수 있도록
안내하고 상담하는 것을 말한다. 분명히, 올바르다는 것은 틀리지
않고 옳다는 것을 의미한다. 이것은 이원론적이고 편향된 용어이기
때문에 "균형 잡힌"이 붓다가 다르마라고 부른 중도의 길을 걸어가는
사고방식을 더 잘 표현하는 용어이다. "균형 잡힌"은 상대주의적인
평정심을 반영한다. 불교심리학에서 죄(sin)는 절대적인 잘못이나
저 너머에 가야 할 지옥이 없기에 거부되는 개념이다. 또한 도덕은
거겐의 사회구성주의 관점에서 볼 때 "협동 수행의 비기초주의 도덕",
즉 머리에서가 아니라 관계 속에서 발생하는 과정으로 보기 때문이다.
불교심리학도 사회구성주의도 무 도덕적(a-moral)이거나 허무주의적
이지 않다. 양자 모두 도덕적 행동주의(moral activism)를 인정하지만
(키Kwee, 23장 참조), 초월적인 도덕의 토대라는 주장에는 의문을
제기한다.

(4) 고(苦, 둑카Duhkha)는 영어로 괴로움(suffering)으로 번역된다.
느슨하지만 그 자체로 잘못된 번역은 아니다. 특히 대인관계 상의
불만족이나 불평으로 인해 발생하는 괴로움은 모든 곳에 편재하고
존재 자체에 내재하지만, 종교적 벌이나 희생이 아니다. 그것은 삶의
무상함, 즉 생로병사, 그리고 자신이 간절히 원하는 것을 타인에게서
얻지 못하는 인간의 주어진 조건으로 인해 발생한다. 삶은 불완전하고
견뎌야만 하는 잠식된 불균형으로 가득 차 있어서 "편하지 않은(질병
의)" 과정이다. 불완전은 불안정, 불안, 다음 순간에 가져올 일에

대한 동요를 일으킨다. 인간 운명의 고뇌는 피할 수 없지만 잠식된 정신적 불균형으로 인한 괴로움에서 해방되는 내적 자유는 가능하다. 해방되지 못한 결과는 괴로움, 분노, 불안정, 고뇌, 불안, 혐오, 불편, 절망, 두려움, 좌절, 애도, 비탄, 불행, 고통, 슬픔, 눈물 또는 스트레스의 상태에 갇히는 것이다. 괴로움은 그러한 정동적 에피소드의 재발 또는 "재탄생"과 함께 스스로를 영속화하고 증대하며 순환적(윤회, Samsara)으로 될 가능성이 있다. 역경을 만나면 일상이 순조롭게 돌아가지 않는다. 즐겁고 행복하더라도 다음 순간 무엇이 초래될지는 불확실하다.

　(5) 열반(Nirvana)〔nir(부정의 un을 말함)와 vana(얽매임, binding)〕은 저 너머에 있는 낙원이 아니라 윤회의 굴레를 끊는 정신적 차분함의 상태나 특성이다. 열반은 뜨거운 각성 상태가 다시 일어날 때는 일시적 상태이지만, 그것이 상대적으로 오래 지속되면 하나의 성향이 된다. 열반은 **세 가지 독**, 즉 **무명**–갈애와 그 인지적/정서적/감정적 행동– 대인 관계적 파급 효과인 **탐욕과 증오에 대한 집착이 소멸된** 논리적 결과이다. 탐욕은 불안(부족에 대한 두려움)과 슬픔(상실에 대한 슬픔)에 내재하는 반면, 증오는 분노(타인 비난)와 우울(자기 비난)에 내재되어 있다. 또한 열반은 불선한 정동이 사라질 때 발생하는 미소 짓는 만족과 고요한 공함을 가리킬 수 있다. 행복은 수행 도정에서 일어나는 부수적 현상이고, 필연적으로 **역경 속에서 발생한다.**(chaironic) (키, 2010a) 열반은 아브라함 종교의 초기 선지자들(early translators)이 말하는 낙원과 같은 내세의 천국이 아니다.(띠라까라뜨네Tilakaratne, 10장 참조)

(6) 업(Karma)은 심상, 인지, 정동/정서와 함께 나타나는 의미 있는 의도이며, 상호작용에서 생성되고 관계적 행위로 표현된다. 선행과 악행에 대한 설명으로서 브라만교적 카르마와 운명, 처벌, 보상으로서의 아브라함적 해석과 혼동이 있다. 다음의 교훈적인 일화는 불교의 입장을 명확히 해준다. 521년 보리달마(Bodhidharma)는 다르마의 위대한 후원자인 양무제를 방문했다. 많은 복덕을 지은 황제는 자신의 관대함으로 인해 얻은 공덕이 무엇인지 물었다. 그 답은 "아무것도 없다."는 것이었다. 황제는 놀라서 다르마의 지고의 본질이 무엇인지 물었다. 대답은 "광활한 공함, 신성한 것은 없다"는 것이었다. 마지막으로 그는 "당신은 누구인가?"라고 물었다. 달마는 비아를 언급하면서 "모른다."고 말했다. 그러나 공함이 끝이 아니다. 우리는 공유된 문화와 개인의 역사에서 나오는 의미의 "다중 우주"에 살고 있으며 함께 대안을 만들어 역기능적인 삶을 버릴 수 있다. 세상에 대한 우리의 이해는 상호작용과 복잡하게 관련되어 있다. 그리고 우리는 자신이 참되고 실제적이고 정통하고 현명하다고 생각하는 것에 따라 행동한다. 이러한 평가는 불교도들이 이것이 없다면 세상에서 행할 가치가 거의 없을, 의미에 대한 **필수조건**(conditio sine qua non)인 관계에서 생성된다. 거겐(2009)의 주장을 달리 표현하면 의미의 세계는 상이하고 상충할 수 있지만 이들이 상호작용할 때 창의적인 가능성이 발생할 수 있으며 새로운 관계 방식과 결과가 발생할 수 있다. 관계를 돌봄으로써 소외되고 공격적이며 파괴적 갈등의 가능성을 줄이거나 변형시킬 수 있다. 관계를 돌보라는 불교의 명제는 업에 대한 현실적 이해이지만 신념을 형성하지는 않는다.

따라서 그것은 참도 거짓도 아니며 해방적인 삶의 접근 방식이다. 새로운 의미로는 업을 변화시키는 협동 수행자(Karma-transforming collaborative practitioner)들이 필요하다.

(7) 일반적으로 무더기 또는 더미로 번역되는 **오온**(5-Skandhas)은 다음과 같은 BASIC(Behaviour-Affect-Sensation-Imagery-Consciousness) 양태를 나타낸다. 즉 행동(Behaviour) (**루빠**rupa, 신체적인), 정동(Affect) (**삼스까라**samskara, 동기적인), 감각(Sensation) (**웨다나**vedana, 지각적인), 표상/인지(Imagery/Cognition), (**산냐**samjna, 개념적인), 의식/자각(Consciousness/Awareness, **위즈냐나**vijnana, 알아차리는)이 그것이다. 이러한 심리적 양상은 생물학적 과정과 대인관계 맥락에서, 연기의 흐름 속에서 움직인다. 그것들은 잠정적 자아를 이루고, 집착과 애착의 습관에 지배된다. 궁극적인 차원에서 이 나-나에게-나의 것/자아는 공하며, 물화된 추상화로서의 특성을 이해할 때 명백하다. BASIC 공함은 기계 속에 유령이 없고 윤회가 없음을 의미하는 것에 상응하는 영혼이 없음을 의미하고 정서적 에피소드의 일상 주기의 재생만 남을 뿐이다. 온蘊들은 다르마가 비아의 실제적 심리학이라는 사실에 대한 증언으로서 불교의 "모든 것"으로 알려져 있다. 서양에서는 사회적으로 구성된 대화적, 서사적 자아만이 불교의 근거 없는 자아와 양립할 수 있다. 이 자아는 언어적으로 구축된 개념으로서 대화적 관계에만 존재하는 공한 것이다. 지식과 언어가 공동-관계적이고 생성-변형적(generative-transformative)이라는 핵심 전제를 기반으로 공함은 어디에나 존재한다.

(8) 문자적 주석을 버리면, 악마 마라와 다양한 영역(界)은 내적

상태와 관계적 입장의 정신적 투사로 간주된다. 마라는 깨달음의
네 가지 내면의 적을 상징한다〔죽음에 대한 공포, 자아/영혼에 대한 환상,
신과 천상의 존재에 대한 망상, "6개의 영역(육도六道)"〕. 이것들은 붓다가
극복한 것들이다. 심리학적 관점에서 마라는 붓다를 유혹하는 유혹적
인 악마로 해석되지 않을 뿐만 아니라 개별 영역들 또한 다른 세상의
존재나 유형의 장소로 해석되지 않는다. 따라서 "신"은 지복-자부심으
로, "반신(demi-gods)"은 시기-투쟁으로, "동물"은 탐욕-무지로, "지
옥"은 증오-분노로, "굶주린 악귀"는 갈망-집착으로, "인간"은 한편으
로는 의심-집착으로, 다른 한편으로는 깨달음-열반에 대한 은유적
표현으로 나타난다.

   (9) **사띠**(Sati) 또는 마음챙김은 협의의 의미로는 주의를 기울이고
집중하고 깨어 있는 것을 말하지만 광의의 의미로는 주의(사띠sati),
자각(삼빠자냐sampajanna),[4] 집중(쟈나jhana), 불방일(압빠마다appa-
mada; 『압빠마다 숫따(Appamada Sutta)』)을 모두 포함한다. 빠알리
경전에 의하면 후자의 개념은 또한 붓다의 마지막 말씀인 "**압빠마데나
삼빠데타**(appamadena sampadetha)"에서 찾을 수 있다. 즉 마음챙김,
또는 오히려 선한 것〔3독에 오염되지 않는 것, 즉 사무량심四無量心, 브라흐
마위하라Brahmaviharas〕을 위해 자각적 식별(결택)로써 노력한다는 의
미이다.

   이것의 의미는 마음챙김 또는 오히려 선한 것이 무엇인지〔삼독에
오염되지 않는 것, 즉 사무량심을 알아차리면서 판별하는 것에 노력하

---

4 삼빠자냐는 무상의 자각, 요해, 이해, 앎, 판별을 의미하기도 한다.

는 것이다. 마음챙김에 대한 서구적 해석은 비판단적 태도를 강조한다. 이는 의미 있는 의도적 행위(업력, Karma)와 그 결과(과보: 위빠까 vipaka) 초래되는 불/건전성에 대해 주의 깊게 성찰하는 내재적 측면을 명시적이고 의도적으로 배제함으로써 마음챙김의 고유한 측면에 대해 일종의 편향된/비불교적 태도를 낳는다. 마음챙김에 대한 비불교적 수행은 다르마의 핵심인 연기의 본질적인 통찰로 이끌도록 의도되거나 고안된 것이 아니다. 불교 수행자에게 이 통찰은 괴로움을 치료하기 위한 **필수불가결한 조건**이다.(마인트Myint, 17장 참조)

(10) **보디**(bodhi)라는 용어는 깨어 있음, 즉 잠들지 않음을 의미한다. 그러나 그것은 일반적으로 '깨달음'으로 번역된다. 이것은 이성의 빛과 시대를 초월한 진리에 대한 확고한 믿음을 특징으로 하는 모더니즘의 시작을 나타내며 18세기 서양 '계몽주의 시대'와 연관되어 있는 듯한 오해를 불러일으키는 유럽 중심 용어이다. 계몽의 시대는 근대의 시작이고 이성의 빛과 영원한 진리에 굳건한 신념을 특징으로 하는 시기이다. 근대는 실증주의 과학의 우월성을 강조하는 데카르트의 생각을 옹호한다. 이에 반해 **보리**(菩提, Bodhi)는 "깨어 있음과 마음챙김"을 의미하는 'budh'라는 어근에서 비롯된 것으로서 자아 개념과 신 개념에 미혹되지 않는다는 뜻이다. 다르마는 앎과 진심 어린 이해로 빛을 비추고, 명료하게 하거나 실제 '깨닫게' 할 수 있다. **보리의** 잠재력은 모든 사람에게 내재되어 있으며 금을 광석에서 분리하는 제련 과정에서와 같이 단순히 드러내기만 하면 되는 것이다.

(11) 아라한은 자신의 "내면의 적"을 극복하고 다르마의 깊은 의미를 이해하기 위해 깨어난 사람이다. 비아의 이유와 방법을 깨달은

아라한은 타인들이 괴로움을 종식할 수 있도록 자비롭게 도울 수
있다. 아라한은 신성함으로 소명을 받은 성자와 동일시되는 경우가
있다.

(12) 빅수(Bhikshu) 또는 빅수니(Bhikshuni)는 기독교의 수도승이
나 수녀와 다르다. 그들은 탁발로 삶을 "영위한다." 그리고 경전을
외우고 공부하고 명상하면서 일생을 보낸다. 경전을 읽고 다르마를
다음 세대에 전하기 위해 평생 노력을 경주하는 그들은 불제자 또는
자칭 전문가들이다. 자유로운 탐구 정신을 기르는 불교 신도들은
어느 누구의 절대적 권위를 인정하지 않는다. 그들은 해탈의 도정에서
자신의 경험에 의존한다.

(13) 우리는 **불교 윤리학**(Buddhist ethics)이라는 용어와 관련해
회의적일 필요가 있다. 윤리학은 도덕 원칙과 규칙의 체계를 가리키는
서양 철학에서 유래한 용어이기 때문이다. 규칙에 얽매이지 않는
불교의 도덕에는 윤리학이 없다.(키온Keown, 2005) 이러한 견해는
사회구성주의 "협동 수행의 비기초주의 도덕성"과 일치한다. 불교와
사회구성주의 수행은 서로 다른 대인관계 가치와 동기, 그리고 다양한
공동체 행동에 기초한 윤리를 다시 개념화한다. 관계없는 도덕은
없다. 따라서 성찰적 협상과 변혁적 대화에서 관계적 과정 자체에
초점을 맞춘다. 이 개념은 붓다가 전생에 거짓말과 살생을 했다고
주장하는 『**자따까**(Jataka)』 이야기의 우화에서 예시된다. 분명히 로빈
훗의 도덕성은 보안관의 도덕성과는 다르다. 그러나 불교도는 업보의
책임을 회피하지 않고 몸(살인, 절도, 비행), 말(거짓말, 이간/가혹한
말/잡담), 마음(시기, 해로운 의도, 그릇된 견해)의 관계적 도덕을 피하고,

관대함, 미덕, 절제. 통찰, 노력, 관용, 정직, 결의, 자애, 평정과 같은 대인관계 수행은 포용했다. 절대주의/상대주의를 넘어선 이러한 이해는 엄격한 것에서 관용적인 권리에 이르는 폭넓은 범위의 도덕을 제공한다. 하나의 승가 안에서조차 수용할 수 있는 것에 대해 다양한 목소리가 있다. 다양한 관계는 서로 다른 도덕을 생성한다. 초월적 진리를 주장하는 도덕이 인간의 안녕에 해롭다고 주장하는 불교의 윤리적 입장은 실용적이고 실제적이다. 따라서 불교심리학은 일련의 규칙이 아니다. '해야 할 것과 하지 말아야 할 것'이라는 절대적 체계와는 달리 붓다가 무엇보다 우선시한 것은 자유로운 탐구였다.

비종교적/비형이상학적 다르마(A non-religious/non-metaphysical Dharma)

다르마를 파악하기 위해 200년 전의 유럽 해석가들은 다르마에 서구적 또는 아브라함적 개념 틀을 부가했다. 그들의 식민지적 가정은 번역상 왜곡되거나 손실된 의미와 확실치 않은 기반과 의미에 근거한 해석을 산출했다. 서면 텍스트에 남아 있는 이러한 추론, 불일치 및 허위는 오늘날까지 지속된다. 앞에서도 언급했지만 가장 놀라운 사실은 '불교(Buddhism)'와 동일한 어떤 것이 실제로 존재하지 않음에도 불구하고, 그리고 아마 이런 사실 때문에, 다르마가 여전히 여러 다양한 파생물을 지닌 '-주의(ism)'로 간주되고 있다는 점이다. 다르마를 일종의 천신 종교로 보는 선입견은 다르마가 내적 성장에 관한 것이라는 말을 들어본 사람들에게 인지부조화를 일으키는 흔한 선입견으로 보인다.

그러나 우빠야로 인해 다르마는 놀라울 만큼 탄력적이다. 그것은 공함의 가르침으로서 일종의 신이 없는 종교, 일부 사람들이 말하는 무신론적 종교일 수도 있지만, 자기 계발의 철학이자 자기 발견에 대한 심리적 탐구일 수도 있다. 다르마는 참으로 내적 자유를 실천하기 위해 공존하는 이 모든 것이 될 수 있다.

'현실적인' 붓다가 하늘에 떠다니는 존재라는 혼란스러운 주장은 대승 신도들에 의해 부가되었으며, 필자 또한 이 전통에 속해 있기에 존중하는 전통이기도 하다. 2,000년 이상 대승불교는 붓다를 천상의 존재로 가르쳤고 이로 인해 불행히도 많은 사람이 다르마를 숭배의 종교로 믿게끔 전개되었다. 대중을 이끌기 위해 종교라는 방식으로 회유하는 것은 위대한 방편의 계책이었다. 이런 계책으로 인해 한때 활기 없던 다르마를 다시 활성화하는 데 어느 정도 기능할 수 있었다. 이러한 계략을 사용하는 것은 그 사람의 업의 의도에 따라, 즉 선한 동기라면 허용되었다. 예를 들어 아버지가 아이들을 구출하기 위해 장난감과 과자를 가지고 불타는 집에서 아이들을 유인하는 것처럼 『법화경』은 사람들을 해탈시키기 위해 거짓말을 허용한다. 따라서 독실한 사람, 온유한 사람, 무학인 사람을 기본적으로 공한 다르마로 인도하기 위해 초월적 세계를 엿볼 수 있는 과장된 우주론과 비현실적 만신전(pantheon)을 유지하는 수단은 대승, 금강승, 딴뜨라승의 승인을 받았다. 인간이 본질적으로 호기심을 갖는 주문, 마술, 환생에 대한 동떨어진 믿음을 통합함으로써 다르마는 어디에나 만연해 있는 공성과 대립하면서 종교적, 형이상학적, 우주론적 교리에 갇히는 위험한 상황에 놓인다. 이러한 교리는 21세기의 세속적 환경에서 그 효용성이 상실되어 버렸다. 이 우주론은 일부 서구인들의 비의祕儀에 대한 호기심을 충족시킬 수 있지만, 그 시적인 아름다움을 제외하고는 중세의 미신적 체계를 믿을 명확한 이유가 없다. 필자는 우주가 5단계 기억법으로 표현되는 우주 언어 게임을 언급하고 있다. 주제와 테마의 예시는 〈표 3〉에 나와 있다.

표 3. 공함을 배경으로 한 신성의 대승 우주론

불성 의미:	비로자나 빛나는	아촉여래 차분한	보생여래 보물에서 태어난	아미타여래 무한한 빛	불공성취여래 무적의
종족의 이름	다르마	바즈라	라뜨나	파드말	까르마
색	흰색	푸른색	노란색	붉은색	초록색
위치	중앙	동쪽	남쪽	서쪽	북쪽
요소	허공	물	땅	불	바람
만트라	옴Om	훔Hum	뜨람Tram	흐리Hrih	아Aah
자세	가르침	엎드림	줌	명상함	두렵지 않음
상징	챠크라	번개	보석	연꽃	행동
온	식	색	수	상	행
양태	앎/의식	몸/물질	느낌/지각	판단작용/인식	욕구/의도
의식	붓다의식	기억의식	자아의식	여섯째 의식	5 감각의식
자각	공함	거울 비춤	조화	식별	동반
괴로움	무지	증오	자만	탐욕	질투
영역	동물들	지옥 존재	신들	아귀들	반신들
보살	보현보살	금강보살	보장보살	관음보살	Vishvapani
의존자질	자애	기쁨	평정	자비	우애
이동수단	사자	코끼리	말	공작	가루다

배우자	Vajradhat visvari	Locana	Mamaki	Pandara	Syamatara

대승-유가행학파와 금강승/딴뜨라승에서 승인된 이러한 전통은
5명의 천상보살(붓다가 될 자)에 둘러싸인 5명의 천상의 붓다(불성들)
를 숭배한다. 이는 이에 도달하고자 노력하는 심리적 특성에 대한
은유이다. 불성을 낳은 불태(佛殆, buddhawomb)가 모든 중생에 스며
들어 있고 붓다의 신체가 모든 우주에 편재한다고 말하는 것은 틀림없
는 신화이다. 이것은 설명 수단으로서 문자 그대로는 믿을 수 없는
무한한 아름다움을 가진 의미 있는 이야기를 담고 있다. 누군가 이러한
우주론적 신화를 가공적인 허구로 밝히고, 감히 신성한 보배를 버리고
이것들을 공성(sunyatha)으로 다시 녹일 수 있다면 이러한 신화는
피안에 도달한 후 버리는 뗏목으로 사용할 수 있다는 희망이 있다.
염려되는 바는 사람들이 나무만 보고 숲을 보지 못하고, 기만적인
자성적 존재를 숲에 전가하고 덤불 속에서 길을 잃을 수 있다는 것이다.
그러한 허황되고 실체가 없는 생각은, 모든 사람이 달성할 수 있는
현실적 깨달음에 대해 가르쳤고 형이상학을 명백히 거부한 붓다를
피난처이자 평범하고 오류가 있는 인간으로 보는 개념을 훨씬 넘어선
다. 불교 전승에서는 붓다가 사후에 존재하는지, 존재하지 않는지,
존재하기도 하고 존재하지 않기도 하는지, 존재하지도 않고 존재하지
않는 것도 아닌지 말할 수 없다고 한다. 종교와 형이상학은 공의
심리학으로서의 다르마(a Dharma)와 양립할 수 없다.

사람들을 연결하기보다 분리하는 경향을 조장하는 종교는 포스트

모던 시대 지구촌에 강요된 전근대적 종족주의의 잔재처럼 보인다. 물론 불교심리학은 종교나 형이상학과 마찬가지로 하나의 칸막이이기도 하지만, 서구인에게 더 잘 맞는 심리학이다. 필자의 소박한 견해로는, 그것은 또한 일상생활에서 명상 수행을 경험할 때 자애, 자비, 기쁨을 통해 사람들을 연결하는 횡문화적 교량이 될 수 있는 고유 능력을 지닌 심리학이다. 다르마를 심리학으로 재창출하는 것은 신화적 장애물로 작용하는 많은 천신 이미지와 문화적 의식으로부터 다르마를 해방시킨다. 나아가 전통을 존중하지만 이를 넘어서는 관계 불교의 네오야나(신승新乘; 새로운 시대의 다르마를 위한 새로운 수단)를 필요로 한다. 이것은 신체/언어/마음의 사회-문화-뇌과학-심리학 사회구성주의로 정의되고 응용, 증거 기반 및 통합에 기반한 새로운 불교심리학으로 칭할 수 있다. 21세기의 세속적 사람들에게 적절하게 봉사할 수 있는 불교심리학을 갖추기 위해서는 아직 해야 할 일이 많다. 이러한 새로운 재편성에서 다양한 문화 배경을 지닌 많은 사회가 혜택을 보기를 희망한다. 이 개편은 절대적 진리(the Truth)를 신앙하는 것이 아니라 괴로움을 종식시키기 위한 지속적 탐구의 또 다른 잠정적 단계로 간주될 수 있다.

제1부

붓다의 추구: 실존적 괴로움 완화

광싱(Guang Xing)은 2장에서 붓다의 심리적 초상을 신격으로 묘사하는 것이 아니라 일상생활에서 경험하는 괴로움을 경감시키는 것을 주목적으로 삼은 불완전한 인간으로 묘사한다. 그의 설명은 개인의 신성, 숭배, 교리, 마술, 맹목적 믿음을 떨쳐버리는 붓다의 태도(관계적 입장)와 실용성, 자신감, 관용, 분노, 유머와 같은 붓다의 성격 특성(습관적 관계 성향)을 다루고 있다. 붓다는 언어적으로 구성된 것으로(심리학의 언어를 포함할 수 있는 현지 언어의 보급을 지지함으로써), 승가에서 발전된 것으로(승가에서 승가 생활의 계율에 적응함으로써), 자유로운 탐구를 즐기는 실천으로 '초월적 진리'를 해체하고 관계를 재구성하는(자애, 연민, 기쁨으로) 법을 지시함으로써 포스트모던 사회구성의 본질을 인식하는 천재성을 지니고 있었던 것으로 보인다. 붓다는 우리에게 안구 뒤와 두 귀 사이의 머릿속을 들여다보라고 촉구하면서도, 종종 눈에 띄지 않는 업의 상호작용 및 다른 사람과의 상호행동에 초점을 둘 때 더 나은 세상이 될 수 있다는 사실을 동시에 일깨워 주었다. 붓다는 마음이 연기에서 생겨난다는 것을 스스로 익히도록 영감을 주어, 마음을 유아론적 실체라기보다는 사회적 구성물로 개념화했다.

3장에서 칼루파하나는 가장 관련성 높은 세 가지 불교심리학 개념인 심, 의, 식을 탐구함으로써 불교철학 심리학의 기초를 놓는다. 유감스럽게 이러한 개념은 과거에 심리학 전공자가 아닌 일부 불교학자들에 의해 동의어로 잘못 해석되었다. 붓다의 설법에 대한 심리학적 해석은 이 말들이 사실 세 가지 다른 의미를 지니고 있음을 나타낸다. 독자들이 혼란스러워하는 이유 중 하나는 이런 어휘의 의미가 '마음'에 귀속되어 있기 때문이다. 서양 심리학에서 마음은 정신상태(psyche)와 등치되지만 법, 즉 불교심리학에서 마음은 사람의 '마음'을 의미할 뿐만 아니라 여섯 번째 감각기관을 의미할 수도 있다. 이것은 신비한 것이 아니라 고유한 내부-신체/언어/마음 세계의 촉지 할 수 있는 현상을 감지하고 지각하는 미묘한 능력을 지닌 기관의 기능을 나타낸다. 다른 감각기관과 그 기능(눈/시각, 귀/청각, 코/후각, 입/미각, 피부/촉각)과 마찬가지로 불교의 육감(여섯 번째 감각기관) 또한 십중팔구는 '감촉할 수 있는' 감각기관, 즉 뇌 회로이고, 이 감각기관은 내부적으로 보고, 살피고 알아차리고 참여하고 관찰하고 보고 목격할 수 있으므로 '마음의 눈'이라고 불릴 수 있다.

4장에서 이 선집에서 따뜻하게 추모하는 파드말 드 실바(Padmal de Silva)는 상좌부(Theravada)의 초기불교 가르침과 인지 행동 치료(CBT) 간의 연계를 선도함으로써 이러한 토대를 더욱 강화한다. 선택적인 설명에서 저자는 인지 행동 치료의 실천과 이론에 대한 장로들의 상좌부 가르침에서 파생된 '오랜' 불교심리학의 잠재적 가치와 몇 가지 주요 측면을 탐구한다. 특히 그는 동기부여(즉 인간의 갈망), 지각 및 인지 영역에서 불교 가르침의 몇 가지 부가적인 핵심 심리학 개념을 논의하고 행위 변화, 예방 및 긍정적 정신 보건과 관련된 다른 전략뿐만 아니라 일부 불교 명상 수행에 초점을 둔다.

2장 역사적 붓다:
심리적 분석

광싱(Guang Xing)

서론

일반적으로 고대 인도인은 신비한 민족이었다. 왜냐하면 그들은 깊은 사색과 자아의 귀일을 통해 마하브라마(대브라흐마) 신, 혹은 인류의 지력과 이해를 초월한 절대적, 궁극적 실재와의 통일이나 인정을 모색했기 때문이다. 그러나 역사적 붓다인 고따마 싯다르타는 그들과 사뭇 달랐다. 그는 지고무상한 신의 존재를 믿지 않았다. 그런 면에서 그는 공자孔子와 매우 비슷했다. 그의 제자 자로가 죽음에 대해 물었을 때 공자는 "자네는 삶을 알지 못하면서 죽음을 어떻게 아는가?"라고 대답했다. 스미스가 지적했듯이 붓다는 아리안족이 아니라 몽골 인종에 속할 수도 있다.[1] 스미스는 브라만 시대 이전의 네팔에는 오늘날의 구르카족과 같은 산악인들이 거주했는데, 이들은 혈통 상 몽골족이라

---

1 V.A. Smith, 1958, 47.

고 주장하면서 붓다 탄생지 룸비니 주변 지역의 대략적인 종족 지도를
제시했다. 불교 연구 초기부터 이 주제에 대한 논의가 있었지만 명확한
결론에 도달하지는 못했다. 불교 경전에 붓다가 아리안이 아니라는
견해를 뒷받침하는 몇 가지 관점이 있다는 지적이 나온다. 이 가설의
정확성에 대한 뚜렷한 증거를 확정하기 위해서는 심화 연구가 필요하
다. 많은 학자는 그들의 저작에서 고따마 붓다가 인류 역사상 가장
위대한 인물 중 하나라고 인정하면서 고따마 붓다에 대한 경탄과
존경을 표현한다. 그가 인류에게 전하는 메시지에 담긴 직관적 지혜는
세월이 흘러도 변함이 없다. 푸쉐(Foucher)가 말했듯이,

　… 붓다가 열반한 지 거의 2,500년이 지난 후에도 그에 대한
　기억은 여전히 매우 생생하다. 분명히 세상의 괴로움이 지속되는
　한-그리고 그것은 세상만큼 오래 지속될 것이다. 치료책을 찾는
　데 일생을 바친 위대한 영혼의 의사에 대한 기억은 지평선의
　밝은 빛처럼 지속될 것이다.[2]

리스 데이비스(Rhys Davids) 또한 초기 담마가 초기불교도들의 역량
을 훨씬 뛰어넘을 정도로 독창적이었으며, 그의 긴 경력을 마치기
전에 고따마 자신이 불법을 완전히 정립하고 명시했을 가능성이 매우
높다는 것을 정확하게 지적했다.[3] 우리는 불교 경전을 읽을 때 "경전들
이 그의 창의성으로 가득 차 있음"을 반드시 알아차릴 것이다.[4] 이

2 A Foucher, 1964, 243.

3 T.W. Rhys Davids, 1881, 150.

장에서는 전 세계 불교학자가 최고층의 불교 문헌이고 창시자의 실제 언명을 포함하고 있을 것으로 인정되는 여러 학파의 경(Agamas)과 율장(Vinayas)의 한역뿐만 아니라 빠알리 니까야와 율장을 사용하여 역사적 붓다의 성격을 분석할 것이다.

붓다의 마음가짐

(1) 붓다는 모든 형태의 신적 능력을 거부하고 그 어떤 신성도 주장하지 않았다

저명한 불교학자 라훌라(Rahula)가 지적했듯이, 모든 종교의 창시자는 자신이 어떤 신이라고 주장하거나 다른 형태로 신으로 변신하거나 그의 사도로부터 영감을 받았다고 주장한다.[5] 붓다는 어떤 외부 권력이나 대리인으로부터 어떤 형태의 영감도 받았다고 주장하지 않는 유일한 스승이다. 붓다는 자신의 모든 성과를 인간의 노력과 지혜 덕분으로 돌리기 때문에 종교의 창시자라기보다 비아非我 심리학의 창시자에 가깝다. 그러므로 그는 누구에게도 단지 그를 믿음으로써 구원된다고 약속하지 않았다. 대신 그는 자신의 제자들에게 스스로의 노력을 통해 해탈을 이루라고 권했다. 왜냐하면 그는 개인의 의지력을 인정했기 때문이다. 나아가 붓다는 모든 형태의 신의 힘을 거부하고 청정과 염오는 자신에게 달려 있으며 아무도 다른 사람을 정화할 수 없다고 공언했다.[6] 게다가 그는 자신이 모든 것을 안다고 주장하지

---

4 R.F. Gombrich, 1996, 65.

5 W. Rahula,1990, 1.

도 않았다.

붓다의 성취 및 업적과 관련하여, 『성구경(聖求經, Ariyapariyesana)』 (*Wh 198)과 『삿짜까긴경(Mahasaccaka Sutta; *Mahāsaccakasutta)』(MN 36)의 두 가지 경전이 있는데, 이는 깨달음을 추구하는 붓다의 노력에 관한 것이다.[7] 그의 구도 과정에 대한 설명에 따르면, 고따마 붓다는 먼저 알랄라 깔라마(Alara Kalama)와 웃따까 라마뿟따(Uddaka Rama-putta) 두 스승의 지도 아래 명상을 배우고 수행했다. 그러나 그는 그들의 가르침과 명상에서 실존적 문제에 대한 해결책을 찾을 수 없었다. 그 후 붓다는 죽음에 직면할 정도로 극단적인 금욕 생활을 했지만, 여전히 목표를 달성할 수 없었다. 그 후 붓다는 어린 시절의 명상 체험을 회상했다. 고행을 버린 후, 그는 자신의 길을 간다. 이에 보리수 아래에서 명상을 하고 마침내 **스스로의** 노력으로 붓다가 되었다. 이러한 기술에서 붓다는 결연히 보리수 아래에 앉아 있을 때 심지어 인간의 삶에 대한 그의 법에 도달하도록 돕거나 계시하거나 영감을 준 신이나 성령과 같은 어떤 지고무상의 존재도 언급하지 않았다. 그 대신 고따마 붓다는 그의 개인적인 노력과 직관으로 깨달음을 얻었다.

혹자는 붓다가 어떤 신비주의와 관련이 있을 수 있는 악마(魔) 마라와의 싸움 후에야 깨달음을 얻었다고 주장할지 모른다. 그러나

---

6 *Dhammapada*, verse No. 165.

7 *Ariyapariyesana Sutta*, No. 26과 *Majjhima Nikaya*의 *Mahasaccaka Sutta*, No. 36; *Ariyapariyesana Sutta*에 대응하는 한역은 *Madhyamagama*, No. 204 sutra의 한역에서 볼 수 있다. CBETA, T01, No. 26, 775c4-778c8.

초기불교 문헌에서 마라는 세속적인 매력과 인류의 마음속에 있는
악한 생각, 예를 들어 불만, 굶주림, 갈증과 갈망 등을 포함하는
번뇌를 나타낸다. 여기에는 신비한 것이 없다. 『숫따니빠따(Suttani-
pata)』의 「정진의 경(Padhāna Sutta)」은 보리수 아래에서 깨달음을
얻기 위한 붓다의 노력과 마라와의 싸움을 설명한다.[8] 경은 다음과
같이 기술한다.

> 감각적 쾌락은 당신의 첫 번째 군대이다. 불만은 두 번째라고
> 불린다. 당신의 세 번째는 배고픔과 갈증이다. 네 번째는 갈애이
> 다. 나태와 혼침은 다섯 번째이다. 여섯 번째는 두려움이라고
> 한다. 일곱 번째는 의심이다. 위선과 고집은 여덟 번째이다.
> (*Stn.436-437)

따라서 붓다가 맞서 싸운 것은 인간의 연약함이지 신비한 것이
아니다. 그의 싸움에 대한 이 설명에는 어떠한 외부의 초자연적 힘도
언급되지 않는다.

『앙굿따라 니까야(Anguttara Nikaya)』의 한 구절에 대해 일부 학자는
고따마가 심지어 자신이 인간이라는 사실조차 부정했다고 주장한다.[9]

---

8 K.R. Norman, 2001, 51-53.
9 A ii, 36-38. 한 브라만이 붓다에게 자신이 데바인지, 간답바인지, 야차인지,
  아니면 인간인지 물었다. 붓다는 모든 것을 부정하고, 그가 이러한 중생으로서의
  생의 원인인 번뇌(asavas)를 멸했고 뿌리째 뽑았기 때문이라고 말했다. 따라서
  그는 "아름답고 사랑스러워 물에도 더럽혀지지 않는 연꽃처럼, 나는 세상에도
  더럽혀지지 않는다. 그러므로 브라만아, 나는 붓다다."라고 말했다.

그러나 같은 구절에서 우리는 그가 인간, 데바(deva, 천신), 간다르바
(Gandharva, 천상의 존재), 야차(Yaksa, 악마), 모든 번뇌(아사바)를 없애
고 인간으로 다시 태어나게 하는 원인과 근원인 모든 염오(루漏, asava)
를 제거했기 때문에 자신이 사람이 아니라 붓다라고 선언한 것임을
알 수 있다. 그는 자신이 세상에 태어났고 자랐고 극복했고 세상에
오염되지 않은 채 살았다고 공언했다. 그래서 그는 영적으로 다섯
가지 존재의 세계를 초월했다. 이런 초월은 순전히 정신적 상태이지
존재하는 물리적 상태가 아니다. 바로 이러한 영적 체험과 성취 때문에
고따마 붓다는 일반적인 세속 인간보다 위대하고 고귀하게 머물렀다.
그렇다고 그가 이 경험 세계에서 멀리 떨어져 있었다는 것을 의미하지
는 않는다. 오히려 그는 다른 모든 사람과 마찬가지로 이 세상에서
태어나고 자라고 생활하고 공부했지만, 세간의 정념에 휘둘리지는
않았다.

고따마 붓다(Gautama Buddha)는 인간적 노력으로 깨달음을 얻었기
때문에, 단지 그를 믿기만 하면 괴로움과 슬픔으로부터 구원받는다고
약속하지 않았다. 그래서 그는 모든 형태의 신성한 능력을 거부하고
개인의 의지력만을 인정했다. 그러므로 불교 문헌은 신이 세계와
인간을 창조하였다는 것에 반대한다. 『자타카(Jataka)』는 "만약 신이
전 세계의 삶, 즉 영광과 고난, 선과 악을 설계했다면 인간은 그의
의지의 도구일 뿐이며 신만이 책임이 있다."[10]라고 말했다. 또 다른
논점은 악의 존재에 근거한 것이다. 즉 "만약 범천이 전 세계의 주재자

---

10 *Jataka*, V. 238.

이고 만물을 창조한 자라면, 왜 그는 온 세상에 화를 명하사, 온 천하를 즐겁게 하지 않고, 왜 이 세상을 불공평, 기만, 거짓과 자만으로 가득 차게 했는지, 또는 그가 정의를 신장할 수 있었음에도 불의를 정했으므로 만유의 신은 악한 것인지"에 관한 것이다.[11] 붓다는 전능한 힘을 완전히 거부했기 때문에 종종 자신을 내과 의사에, 그의 가르침을 의학에 비유했다.[12] 심지어 불법에 귀의하는 것도 붓다의 제자가 된 것을 선언한 것이지, 구원이나 영적 성취를 보장한 것이 아니다. 그래서 가나까 목갈라나(Ganaka Moggallana)가 **그의 가르침을 받은 모든 사람이 그들의 목표에 도달했느냐고 물었을 때 붓다는, 여래는 길을 인도할 뿐이기 때문에** 그의 제자 가운데 가르침에 따라 부지런히 수행한 자는 궁극적 목적인 열반에 이르되, 따르지 않은 자는 그러지 못할 것이라고 말했다.[13] 그러므로 심지어 열반 직전에도 붓다는 제자들에게 법에 의지하고 다른 누구에게도 의지하지 말라고 권고했다. 그들은 스스로 노력하고 스스로 해탈을 이루어야 했다.[14] 고따마 붓다가 설한 단순하고 실제적인 해탈의 길, 팔정도八正道는 모든 문명사회

---

11 *Jataka*, VI. 208.

12 M ii, 260. T2, 105a-b. 여기서 고따마 붓다는 자신을 의사에 비유하고, 괴로움의 첫 번째 성스러운 진리를 질병으로, 두 번째 성스러운 진리를 병의 원인으로, 세 번째 성스러운 진리를 고에서 벗어나는 것으로, 네 번째 성스러운 진리를 처방으로 비유했다.

13 M iii, 6; T1, 652c; *Dhammapada*, 276절, "너 자신이 노력해야 한다. 깨달은 자는 스승일 뿐이다. 이 수행도에 들어가 명상을 하는 이들은 마라의 속박에서 벗어나게 된다."

14 D ii, 100-101.

에서 훌륭한 삶에 대한 설명으로 받아들일 수 있는 것이다.[15] 이 길에는 어떤 신비롭거나 의례적인 것이 없다. 대신 개인의 의지력과 활동을 강조한다. 한 개인은 자기 운명의 선장이다. 자신이 한 모든 일에 책임을 진다. 붓다는 인류에게 횃불을 든 사람일 뿐이다.

전지전능을 주장한 자이나교의 창시자, 니간타 나따뿟따(Nigantha Nataputta)와 같은 당대의 다른 스승들과 달리, 붓다는 전혀 그런 주장을 하지 않았다. 「왓차곳따 삼명경」(Tevijjavacchagotta Sutta, *MN 71)에서 **사문** (고행승) 왓차곳따(Vacchagotta)는 붓다에게 다가가 그의 전지함에 대한 사실을 명확히 하고자 했다. 붓다는 단호하게 말했다.

왓차야, 이렇게 말하는 자들은 내가 하는 말을 하지 않고 사실에 어긋나는 말로 나를 잘못 전하는 것이다.[16]

가르침은 붓다 자신의 경험에 기초한 것이다. 이 점은 후에 다시 논의할 것이다.

(2) 덕행과 본보기로 인도하는 붓다는 인격숭배를 조장하지 않았다

비록 붓다는 비구들의 공동체인 승가에서 지도자로 여겨졌고, 전적으로 담마를 공부하는 학자 및 모든 다른 제자들이 그들의 생활과 수행에서 어떤 종류의 문제가 발생할 때마다 그에게 와서 해결책을 구했지만,

---

15 Sir Charles Eliot, *Hinduism and Buddhism*, part I, 145.

16 Bhikkhu Nanamoli, 587-8.

붓다는 그와 관련된 어떤 종류의 개인숭배도 조장하지 않았다. 『대반
열반경(Mahaparinibbana Sutta)』에 따르면, 아난다는 붓다 열반 직전에
승가에 마지막 분부를 내려줄 것을 요청했다. 붓다가 말하기를,

> 비구 승가를 이끌어야 할 사람이 자신이라고 생각하거나 승가가
> 자신에게 의존하고 있다고 생각하는 사람은 비구들에게 최종적
> 지시를 내릴 것이다. 그러나 아난다여, 여래에게는 '비구 승가를
> 이끄는 사람이 바로 나'라거나 '승가가 나에게 의존하고 있다'는
> 생각이 없다. 그런데 비구 승가에 여래가 어떤 지시를 내린단
> 말인가?[17]

그러면서 붓다는 아난다에게 조언했다.

> 그러므로 아난다여, 너희 자신들을 위한 섬이 되거라, 너희 자신들
> 을 위한 피난처가 되어, 외부 피난처를 찾지 말라. 법(담마)을
> 너의 섬으로 삼고, 법을 너의 피난처로 삼고 다른 피난처를 찾지
> 말라.[18]

또 다른 경우에 붓다는 비구들이 스승을 잃을 것이라고 생각했을

---

17 D ii, 100. 이 구절은 또한 『대반열반경(Mahaparinirvana Sutra)』의 세 가지 한역본:
T1, No. 1, 15a; 5, 164c9-13; 6, 180a18-b2에서 발견된다. 따라서 그것은
인도의 모든 초기불교 학파가 공유하는 공통 전통에서 내려온 것임에 틀림없다.
18 Ibid.; *'dipa'를 섬이 아니라 등대로 번역하는 경우도 많다.

때 비슷한 충고를 했다.

아난다여, 내가 설한 법과 율은 나의 열반 후 그대의 스승이 될
것이다.[19]

이렇듯 붓다는 열반 전에 자신이 승가의 지도자라고 생각조차
하지 않았기 때문에 자신의 역할을 맡을 후계자를 지명하지 않았다.
이는 또한 왓사까라(Vassakara)가 아난다에게 붓다가 후계자를 지정했
는지, 여부를 물었을 때 아난다가 부정적으로 대답한 것으로 『맛지마
니까야(Majjhima Nikaya)』의 「고빠까 목갈라나 숫따(Gopaka Moggala-
na Sutta)」에 반영되었다.[20] 붓다는 그의 생시에 단 세 벌의 가사와
발우鉢盂만 가지고 단순한 생활을 하는 그의 제자나 다른 **사문들**과
같았다. 그래서 붓다를 한 번도 만난 적이 없는 사람은 처음 만났을
때 그를 알아보지 못했다. 뿍꾸사띠(Pukkusati)가 바로 그런 사람이었
다. 그는 붓다를 처음 만났을 때, 오랜 대화 끝에야 비로소 그를
알아보았다.[21] 아누룻다(Anuruddha)의 공원 관리인과 붓다의 다른
두 제자도 그를 알아보지 못하고 공원에 들어가지 말라고 요구했다.[22]

---

19 D ii. 154. 이 구절은 4종류의 『대반열반경』 한역본에서 발견된다. T1, No.
　1, 26a; 5, 172b; 6, 188a; 7, 204b-c. 따라서 그것 역시 모든 학파가 공유하는
　공통된 전통에서 내려온 것임에 틀림없다.

20 M iii. 9. 이 경전에 대응하는 *Madhyamagama*의 한역에도 발견되며 같은 질문과
　대답도 있다. CBETA, T01, No. 26, p.654, a19-25.

21 M iii. 238-247.

22 M i. 205-6.

이 모든 사건은 붓다가 어떤 형태의 특권도 누리지 않고 단순한 삶을 사는 소박한 사람이었음을 보여준다.[23]

다음으로 붓다는 자신이 승가의 지도자라고 생각하지 않았을 뿐만 아니라 자신의 가르침이 유일한 "진리"라고 생각하지 않았다. 이것이 바로 붓다 열반 이후, 불교 경전이 점차 증가하는 이유이다. 붓다는 어떤 견해에 대한 집착도 일종의 속박이며 올바른 이해를 방해한다고 생각했다. 그래서 붓다가 제자들에게 연기의 가르침을 설명했을 때, 그들은 그것을 보고 분명히 이해했다고 말했다. 붓다는 그들에게 다음과 같이 조언했다.

비구들이여, 비록 이 견해는 순결하고 밝지만, 여러분들은 그것을 고수하고 소중히 여기고 소유로 여기면 안 된다. 그러면 여러분은 (내가) 전수한 불법이 마치 뗏목과 같이 건너기 위한 것이지, 고수할 목적이 아님을 이해하게 될 것이다.[24]

다른 경전에도 그의 교설에 관해 같은 견해가 나타나 있다.

비구들이여, 가르침이 뗏목과 같다는 것을 이해하는 그대들은

---

23 어떤 경전에서는 붓다가 많은 무리와 함께 여행하셨다고 하기도 하지만, 모든 사람의 공양을 구하는 것은 매우 어렵기 때문에 이상해 보인다. 아마도 붓다는 소수의 제자들과 함께 이동했을 것이다.

24 M i, 260. 번역은 Bhikkhu Nanamoli(1995), 352-3에서 약간의 수정과 함께 차용했다.

법(dhamma)도 버려야 하거늘, 하물며 법이 아닌 것들(adhamma)
이야 말해서 무엇하겠는가.[25]

바로 이 생각은 대승교도들에 의해 법공法空으로 간주되는데, 이는
『금강경』과 『법화경』 등 대승 경전에서 가르치는 중요한 교의 중
하나이다.

붓다의 가르침에 대한 이러한 태도는 초기 인도 불교 학파의 기원과
교리에 대한 왓수미트라(Vasumitra)의 논저에도 반영되어 있다. 설일
체유부는 "여래의 모든 설법이 정의로운 법을 설한 것은 아니다.
… 세존도 진리와 상응하지 않는 말을 하고… 붓다가 설한 경전은
그 자체로 완벽하지 않다. 붓다 자신도 어떤 불완전한 경전이 있다고
말했다."[26]라고 선언한다. 이곳의 생각은 위와 것과 완전히 같지 않지
만, 분석적인 태도는 똑같다. 그래서 한마디로 붓다는 그의 제자와
추종자들이 그를 숭배해야 할 신이나 일종의 최고 지도자라고 생각할
여지를 주지 않았다. 붓다는 지도권 계승의 위험을 예견하고 승가가
계율에 기술된 대로 투표로 지도자를 선출할 수 있도록 민주적 제도를
확립했다.

(3) 붓다는 독단적인 태도를 갖지 않고 마음이 열려 있었다
대다수 종교에는 일종의 엄격한 규칙과 규정이 있다. 유대 기독교
전통에서 십계명은 하나님이 시내산(Mt. Sinai)에서 모세에게 내려

---

25 M i, 134-5.

26 Vasumitra, 52.

준 것이기 때문에 신성한 기원으로 여겨진다.[27] 따라서 이러한 계명을 어기면 신으로부터 형벌을 받게 된다. 유사하게 바시스타(Vasista)의 법규와 자이나교의 『아짜랑가경(Acaranga Sutra)』과 같은 힌두교도 고대 법전의 규칙은 종교적 교설과 함께 잇달아 실시되었다. 이 종교 법률들은 신의 뜻을 표현하기 위해 만들어졌다. 그러나 법을 제정한 붓다 자신이 신이 아니었기 때문에 불교 계율(Vinaya)은 어떤 신성한 기원도 제시하지 않는다. 하루 한 끼에 대한 다음 규칙의 예는 비나야 규칙이 어떻게 만들어졌는지 보여준다.

비구들이여, 나는 한 끼만 먹는다. 그렇게 함으로써 나는 질병과 괴로움에서 벗어나 건강과 힘과 편안한 생활을 누린다. 비구들이여, 자, 한 끼 식사를 하라. 그렇게 함으로써 그대들도 질병과 번뇌에서 벗어나 건강과 힘, 안락한 생활을 누리게 될 것이다.[28]

모든 계율(Vinaya) 규칙은 경우에 따라 점진적으로 제정되었다. 하지만 붓다는 건의에 대해 개방적인 태도를 가지고 있었고 **승가 구성원들이 제기한 어떠한 관련 계율의 요구도 시종 고려하여 수요, 시간, 환경 및 환경의 변화에 따라 기존 계율을 수정하거나 개정하는** 데 주저하지 않았다. 비나야 규칙과 기타 사항에 대한 붓다의 관대하고 실천적인 태도는 다음의 예에서 볼 수 있다.

---

27 *The Bible*: Ex 20.

28 M i, 437-440. 번역은 나나몰리의 번역, *The Middle Length Discourse of the Buddha*에서 차용했다: *이는 나나몰리의 『맛지마 니까야』에 대한 번역이다.

첫째, 아마 가장 중요한 것은 붓다 열반 직전 아난다에게 한 조언일 것이다.

그는 아난다에게 말했다. "필요하다면 아난다여, 승가는 내가 없을 때 소규와 부차적 규칙을 폐지할 수 있다." 이 조언은 상좌부 『열반경(Mahaparinibbana Sutta)』과 율장(Vinaya), 『장아함경(Dirgha-gama)』의 『대반열반경(Mahaparinirvana Sutra)』 한역, 그리고 화지부 (Mahīśāsaka), 대중부(Mahasanghika), 법장부(Dharmagupta), 설일체유부(Sarvastivada), 근본설일체유부(Mulasarvastivada), 삼윳타바스투 (Samyutavastu) 및 심지어 『비나야 마뜨리까경(Vinaya Matrka Sutra)』[29] 과 같은 다른 학파의 율장에서도 모두 발견되기 때문에 매우 중요하다. 그것은 계율(Vinaya) 및 기타 문제에 대한 붓다의 자유주의적 태도를 보여준다. 이는 불법이 인도에서 아시아 다른 지역과 현재 세계의 기타 지역으로 성공적으로 전파될 수 있었던 결정적 이유 중 하나이다. 자이나교도 불법과 함께 기원전 6세기에 인도에서 일어났지만 사실상 여전히 인도에 국한되어 있다. 주된 이유 중 하나는 자이나교도가 비폭력 수행에서 극단에 치우쳤기 때문이다. 붓다는 임종 시 소규와 부차적 규칙에 대해 이러한 조언을 했을 뿐만 아니라, 그의 일생 동안 부차적 규칙에 대해 개방적인 태도를 보였다. 그는 비구들에게

---

29 D ii, 154; Pali Vinaya Cullavagga, xi, 286. Book of Discipline, v. 398. *Maha-parinirvana Sutra*, T1, 26a28-9 한역 및 Mahisasaka Vinaya, T22, 191b3-4; Mahasanghika Vinaya, T22, 492b4-5, c7; Dharmaguptaka Vinaya, T22, 967b11-13; Sarvastivada Vinaya, T23, 449b13-4; Mulasarvastivada Vinaya Samyutavastu, T24, 405b3-5 및 *Vinaya Matrika Sutra*, T24, 818b3-4.

말했다.

비구는 도덕법칙을 충분히 준수하고 적절히 정신을 집중하고, 적절히 통찰력을 얻기 위해 노력한다. 그가 어떤 소규나 부차적 준수 사항을 범할 수 있다 해도 어쨌든 그는 그것들에서 벗어날 것이다. 왜 그런가? 나는 결코 그가 그것들 때문에 부적격해졌다고 선언하지 않는다. 왜냐하면 그는 깨달은 생활의 기초, 깨달은 생활의 구성요소를 엄격히 준수했기 때문이다. 그는 도덕이 확립되어 있으며, 수행 규칙을 통해 수행함으로써 자신을 훈련한다. 이런 사람은 세 가지 속박을 부숨으로써 예류자(흐름에 든 자, stream-winner)이고, 불환자(욕계로 돌아오지 않는 자)이고, 확신을 가진 자이며, 깨달음이 예정된 자이다.[30]

그러나 붓다의 제자 중 한 명인 데바닷따는 붓다의 개방적 태도에 만족하지 않고 다음의 다섯 가지 조항을 모든 비구의 의무로 삼으라고 요구했다. 붓다는 그렇게 하지 않았지만, 그렇게 생각하는 사람이 이 규칙을 따르는 것을 허용했다. 우기에 나무 아래에서 자는 것 외에 데바닷따의 다섯 가지 원칙은 비구가 생명이 존속하는 동안 숲에 거주해야 하고, 시주를 구하며, 누더기 가사를 입고, 나무 아래 머물며, 생선이나 고기를 먹지 않아야 한다는 것이다.[31] 더트(Dutt)가

---

30 A I, 231. 번역은 우드워드(Woodward), *The Book of the Gradual Sayings*, Vol. I, 211에서 차용했다.

31 Pali Vinaya, iii, 171; ii, 196-197; Sarvastivada Vinaya, T23, 265a13-4.

지적한 바와 같이, 데바닷따는 더욱 엄격한 규율의 옹호자였고 이 다섯 가지 원칙은 자이나교와 마찬가지로 모두 엄격한 금욕적 관행이다.[32] 붓다는 이 다섯 가지 조항이 그 당시 비구들 사이에서 일반적인 수행이었기 때문에 모든 제자의 선택적 수행으로 삼는 것을 반대하지 않았지만, 그것들을 모든 비구들에게 의무화하지도 않았고 일생 동안은 더더구나 아니었다.[33] 다시 말해서, 붓다는 이러한 수행에 대한 데바닷따의 융통성 없는 태도를 거부했다. 이러한 태도는 불법과 승가의 발전을 제한할 수 있기 때문이다. 붓다는 이러한 수행이 해탈로 이어지지 않다는 것을 스스로의 경험을 통해 알고 있었기 때문에 **고행은 실제로 중요한 마음보다 지나치게 몸을 중시한다고 비판했다.** 사실 이런 금욕주의는 대부분 실존적 문제에 대한 해결책으로써 이해나 통찰을 모색하는 것과 무관하다. 반대로 곰브리치(Gombrich)가 지적하듯이, 금욕주의는 인도 사상의 또 다른 한 가닥, 즉 모든 악의 뿌리는 지나친 열망이며 구원은 이러한 열망을 근절하고 더 이상 어떤 애호와 혐오도 갖지 않는 데 있다는 전통과 더 밀접하게 연결되어 있다.[34]

데바닷따 추종자들은 적어도 7세기 말까지 남아 있었고 중국 순례승 의정義淨은 그들의 삶을 이렇게 기록했다.

---

[32] S. Dutt, 1945, 6-7.

[33] 데바닷따(Devadatta)가 제안한 것은 『맛지마 니까야』의 「삿자까 긴 경(Maha-saccaka Sutta)」에 보고된 대로 사문(Śramaṇa) 그룹 사이에서 일반적 관행이었다. M I, 238.

[34] R.F. Gombrich, (1994) 44.

〔데바닷따 추종자들〕은 큰 사원 없이 촌락에 홀로 거주하며 시주를 구하고 청정한 행동을 한다. 〔그들은〕 조롱박을 그릇으로 사용하고 그 색깔이 말린 뽕나무 잎〔갈색〕과 비슷한 겉옷이 두 가지뿐이며 응유는 먹지 않는다.[35]

그러나 의정 이후의 어떤 문헌에서도 그들에 대한 언급이 없다. 이것은 인도인들의 고행 수행에 대한 사랑이 그들에게 토양을 제공했기 때문에 붓다가 제자들을 위한 선택사항으로 그러한 수행을 허용했지만, 강제는 아니었음을 시사한다. 그러나 데바닷따의 추종자들은 오늘날까지 살아남지 못했으며 이는 아마도 계율 수행에 대한 그들의 교조적 태도 때문일 수 있다.

다음 예에서도 비나야에 대한 붓다의 자유롭고 개방적인 태도를 알 수 있다. 왓지뿟타(Vajjiputtas) 출신의 한 비구는 그가 250개의 규칙을 2주에 암송하는 것을 참을 수 없다고 말했다. 그러자 붓다가 그에게 말했다. "비구여, 그대는 높은 가치, 높은 생각, 높은 통찰력이라는 세 가지 세부 사항에 대한 훈련을 견딜 수 있겠는가?"[36] 그러자 비구는 긍정적으로 대답했고 붓다는 그에게 말했다.

그리고 비구, 더 높은 도덕, 생각, 통찰력에 정통하면 정욕, 악의, 망상을 버리게 될 것이다. 이것들을 버리면 아무 잘못도 하지 않고 사악한 길도 가지 않을 것이다.

---

35 T24, 495c. Mulasarvastivada Vinaya.

36 A I, 230.

둘째, 붓다의 언어에 대한 방침도 그의 자유롭고 열린 태도를 반영한
다. 빠알리 율장『건도부(*Khandhaka)』「소품(쭐라왁가, Cullavagga)」
[*승가 내에서 생길 수 있는 위반에 대한 규칙과 절차 및 비구들의 에티켓과
의무를 기록한 규율에 관한 율장(Vinaya-pitaka)]에 따르면, 붓다의 제자
가 된 두 브라만 형제가 있었다. 그들은 목소리가 좋고 대화의 전문가였
다. 그들은 붓다에게 다양한 이름, 씨족과 사회 계층의 비구들이
다양한 가문출신으로서 붓다 자신의 관용구와 언어를 사용하지 않아
붓다 말씀을 오염시켰다고 말씀드렸다. 그들은 붓다의 말씀을 산스크
리트어로 번역하기를 원했다.[37] 그러자 붓다가 그들을 꾸짖으며 말했
다. "비구들이여, 나는 그대들이 각자 자신의 언어로 붓다의 말을
배울 수 있도록 허락한다."[38] 여기에서 "그의 언어"는 두 가지 방식으로
해석될 수 있다. 즉, 붓다의 언어 또는 제자들의 언어로서 말이다.
그러나 우리가 다른 학파에서 번역된 비나야의 한역을 보면 제자들이
붓다의 언어가 아닌 자신의 방언과 언어로 붓다의 말씀을 배운다는
것이 분명하다.[39]

---

37 어떤 학자는 붓다의 말씀을 산스크리트어로 번역하고 싶다고 생각하는 반면
  다른 학자는 미터법에 대해서만 생각한다. 이 이야기는 여러 학파의 계율 문헌에
  서 찾을 수 있다. *Vinaya Matrika Sutra*(비나야 마뜨리카 수뜨라), T24, p.822;
  Dharmaguptaka Vinaya(법장부 계율), T24, p.955; Mahasassaka Vinaya(대중부
  계율), T22, p.174; Sarvastivada Vinaya(설일체유부 계율), T23, p.274; Mulasa-
  rvastivada-Nikaya-Vinaya-Samyuktavastu(근본설일체유부 계율 삼윷타바스투),
  T24, p.232.

38 Cullavagga, V. 33.1.

39 *Vinaya Matrika Sutra*, T24, 822a; Dharmagupta Vinaya, T22, 955c; Mahasassaka

여기서 붓다는 어떤 언어도 유일한 신성한 언어로 만들고 싶어 하지 않았고 그의 모든 제자들에게 그것을 배우도록 요구하지 않았다 는 것이 매우 분명하다. 그렇지 않다면 붓다 가르침의 전파가 제한될 것이다. 『비나야 마뜨리카 수뜨라(Vinaya Matrika Sutra)』에서 말하듯 이, 붓다는 비구들에게, "나의 가르침은 수사학을 강조하지 않는다. 내 말은 교리가 오해되어서는 안 된다. 그 적용성에 따라 어떤 국민도 이해할 수 있는 언어로 가르쳐야 한다."[40]라고 말했다. 따라서 중점은 언어가 아니라 붓다의 가르침에 대한 이해에 있다. 이것은 또한 붓다의 실천적 태도를 반영한다. 붓다는 교조적인 태도가 없이 상당히 개방적 이어서 좋은 제안이 있으면 무엇이든 받아들였다. 예를 들어 일부 재가신도들은 다른 규칙들이 우기에 곤충을 밟아 우연히 죽이지 않도 록 규정했기 때문에, 비구들도 우기에 여행하지 않고 특정 장소에서 안거해야 한다고 제안했다. 그래서 붓다는 비구들이 우기에 안거를 위해 머물러야 한다는 규칙을 제정했다. 많은 비나야 규칙은 방금 설명한 방식으로 제정되었으며, 심지어 상황의 변화나 비구 또는 재가신도의 건의로 인해 여러 차례 변경되거나 수정되었다.

또 다른 예로, 붓다는 비구들이 두 손으로 시주를 받는 것, 가사를 제대로 입지 않고 거처를 떠나는 것, 비 오는 날 나무 속 깊은 곳에서 쉬는 것, 불필요한 물건을 정사(靜舍, 거처)에 보관하는 것, 세속적 즐거움을 누리는 것, 코끼리 고기를 먹는 것을 금지했다.[41] 마찬가지로

Vinaya, T22, 174b; Sarvastivada Vinaya, T23, 274a; Mulasarvastivada Vinaya Samyutavastu, T24, 232b-c.

40 *Vinaya Matrika Sutra*, T24, 822a15-23.

붓다는 범죄자, 채무자, 노예의 수계를 금지했다. 다른 수정 사항은 비단 가사 허용, 지바카 코마라바짜(Jivaka Komarabhacca)의 요청에 따른 다섯 가지 질병 중 하나를 앓고 있는 자의 출가 금지,[42] 멘다카(Mendaka)의 요청에 따른 식사 초대 수락에 대한 것이었다. 위사카 미가라마타(Visakha Migaramata)의 요청으로 여성 비구인 비구니의 알몸 목욕을 금지하는 규칙, 매춘부와 같은 장소에서 목욕하는 것을 금지하는 규정이 완화되었다. 개인적 은인을 받아들이는 것에 대한 제재는 아나따삔다까(Anathapindaka)의 요청으로 완화되었다. 붓다는 또한 빔비사라 왕의 요청에 따라 규칙을 제정해 국가의 일부 요구 사항을 준수했다. 예를 들어 전사는 수계를 받는 것이 허용되지 않았다. 아난의 개입으로 여성 입회를 허용하고 고타미(Gotami)의 요청에 따라 목욕에 관한 대다수 규칙을 제정하는 등, 비구나 비구니의 제안에 따라 많은 규칙이 발전, 형성된다.

붓다의 열린 마음은 제자들을 남김없이 가르치는 그의 방식에서도 드러난다.[43] 붓다의 가르침은 경직되지 않았고 해탈에 필요한 모든 것을 가르쳤다. 그래서 그의 제자들, 사리뿟따와 목갈라나와 같은

---

41 징 인(Jing Yin)의 미출판 박사논문, *The Vinaya in India and China-Spirit and Transformation*, 2002, p.84에서 인용. 구체적 논의로는 제2장 "The Spirit of the Vinaya"의 제2절 *The ethos of the Vinaya* 안의 "The Buddha and the Vinaya" 참조.

42 5대 질병은 나병, 종기/습진, 백선, 결핵, 간질이다. Dharmagupta Vinaya, T22, 808c2-809a8; Sarvastivada Vinaya, T23, 152b9-c12; Theravada Vinaya, I:72 -73.

43 A i, 283. D ii, 100.

위대한 자들뿐만 아니라 비구니들이 좋은 설법을 할 때마다 자비로운 마음으로 설법을 허용하곤 했다. 그래서 빠세나디(Pasenadi)가 비구니 케마가 꼬살라왕에게 한 설법을 붓다에게 말씀드리자, 붓다는 이를 듣고 "그대가 나에게 물어도 나는 그대에게 같은 대답을 하겠소."[44]라고 말했다. 붓다의 개방적 태도는 재산을 사용하는 방법에 대한 그의 가르침에서도 볼 수 있다. 그는 가족과 친구를 부양하고 공덕을 쌓는 것 외에도 지방 신과 신령에게 공물을 바치는 데 사용할 것을 조언했다.[45] 이러한 열린 태도 덕분에 담마는 그것이 전파된 곳이면 어디든지 지방 신을 수호신으로 받아들였다. 예를 들어 스리랑카, 태국, 중국의 지역 신들은 모두 중요한 수호신으로 받아들여져 신도의 삶에서 중요한 위치를 차지해 왔다.

(4) 붓다는 교육적인 가르침을 사용하고 마법과 기적을 멀리했다

라훌라가 말한 바와 같이 붓다는 많은 기적적인 힘을 갖고 있었다. 경전에 따르면 그는 그의 활동 기간에 많은 기적을 행했다.[46] 그렇지만 아버지가 보지 않도록 야사(Yasa)를 숨긴 기적과 깟사빠 3형제를

---

44 S iv, 374.

45 『앙굿따라 니까야(*Anguttara Nikaya*)』의 *Pattakamma Sutta*(A, ii, 67-8)와 *Panca-karipada Sutta*(A, iii, 45)는 붓다가 평신도들에게 다음 다섯 가지에 재산을 쓰라고 조언했다고 언급한다. (1) 자신, 가족 및 피부양자 부양, (2) 친구 및 동료와 나눔, (3) 미래의 불행에 대비한 투자, (4) 5중 헌금: a. 친척에게, b. 손님에게(접대에서), c. 고인에게(공덕을 바침으로써), d. 정부에(즉, 세금 등), e. 신들에게(자신의 믿음에 따라), (5) 영적 스승과 유덕한 비구들에의 공양.

46 *Encyclopedia Britannica*, Gotama Buddha.

개종시키는 일련의 기적[47] 등 이러한 대부분의 기적들은 깨달은 이후 그의 젊은 시절에 행해졌다. 그러나 붓다는 나이가 들면서 기적에 대한 태도를 바꾸었고 더 이상 기적적인 힘을 가장 중요하게 여기지 않았다. 기적과 마법에 대한 그의 태도는 다음 경전에서 볼 수 있다.

첫째, 『께왓따경(Kevaddha Sutta)』에서 께왓따(Kevaddha)라는 붓다의 재가신도 제자가 그에게 사람을 인도하기 위해 기적을 행해달라고 요청했지만, 그는 그렇게 하지 않았다. 대신 붓다는 신비적 기적, 투시의 기적, 교육의 기적 등 세 가지 기적이 있다고 했다. 이 세 가지 중에서 붓다는 교육의 기적을 가장 좋아했는데, 교육은 어떤 다른 수단을 쓰지 않고 듣는 이의 마음에 직접 호소하여, 신앙이 아닌 이해를 통해 설득시키기 때문이다. 처음 두 종류의 기적에 대해 붓다는 그것들을 좋아하지 않는다고 말했다.

… 나는 신비한 기적과 투시술을 행하면서 위험을 감지했기 때문에 그것을 싫어하고 혐오하며 부끄러워한다.[48]

신비한 기적의 무용성을 설명하기 위해 붓다는 기적을 행할 능력이 있는 그의 한 제자의 이야기를 들려주었다. 비구는 한 가지 물음에 대한 답을 찾기 위해 그의 마법을 사용하여 다른 하늘로 날아가 하늘의 존재들에게 물었지만 그들은 그의 질문에 답할 수 없었다. 마침내

---

47 Vinaya Mahavagga, i, 15-34. The Book of Discipline, iv, 24-46.

48 D i, 213-4. 번역은 리스 데이비드(Rhys David)의 『붓다의 대화(Dialogues of the Buddha)』에서 약간 수정하여 차용했다. I, 278-9. 이탤릭은 필자의 것이다.

그는 가장 높은 하늘로 날아가 마하브라마에게 질문했고 마하브라마
는 그의 손을 잡고 구석으로 데려가 그런 질문에 가장 잘 대답할
수 있는 사람은 붓다라고 말했다. 그래서 붓다가 전하고자 한 것은
마법의 힘으로는 어떤 문제도 해결할 수 없다는 것이었다.『장아함경
(Dirghagama)』의 한역에도『께왓따경(Kevaddha Sutta)』의 세 가지 기
적에 대해 동일하게 설명한다.[49]

　이러한 태도는 붓다가 브라만인 상가라바(Sangarava)에게 3대 기적
을 설하는『상가라바경(Sangarava Sutta)』에도 반영되어 있다. 붓다는
상가라바에게 처음 한 쌍의 기적은 그 본성상 환상이고 마지막 기적은
스승의 말을 들은 후에 더 훌륭하고 탁월하다고 말했다.[50] 그래서
우리는 붓다가 제자들에게 추종자들을 얻기 위해 물리적 기적을 행하
는 것을 허락하지 않았고 더 나아가 이에 관한 승가의 계율을 제정했음
을 알 수 있다.

　비구들이여… 신통의 기적을 사람에게 보여서는 안 된다.
　누구든지 그것을 보여준다면 위법 행위이다.[51]

　붓다는 이 점에 대해 애매하게 말하지 않았다. 그는 재가신도 앞에서
기적을 과시하는 것을 존경받는 여성이 대중 앞에서 속옷을 보여주는
것에 비유했다.[52]

---

49 Dirghagama, Sutra No. 24.

50 A iii, 169-71.

51 Cullavagga, V. 8. 번역은 The Book of Discipline, V. 152를 사용했다.

『신통 사기꾼 경(Pātika Sutta)』(*DN 24)과 『장아함경(Dirghagama)』의 한역에는 수낙캇따(Sunakkhatta)와 붓다의 대화에 대해 같은 설명을 하고 있고, 이는 기적에 대해 논의한 또 다른 문헌이다. 붓다의 제자인 수낙캇따는 붓다가 그를 위해 기적을 행하지 않았기 때문에 승단을 떠났다고 한다.[53] 붓다는 기적을 행하든 행하지 않든 담마를 가르치는 목적은 수행자를 완전한 고의 소멸로 이끄는 것이라고 말했다. 즉, 기적을 행하는 것은 고의 소멸과 관련이 없다. 그래서 붓다는 그렇게 하는 것을 좋아하지 않았다. 이 내용은 『빠띠까경』에서도 발견된다.[54]

『사문과경(Samaññaphala Sutta)』(*DN 2)은 여섯 가지 상위 지식의 유형을 명시한다.[55] 그것들은 (1) 초자연적 능력(신족통), (2) 천이통, (3) 타심통, (4) 숙명통, (5) 천안통, (6) 모든 루漏의 소멸(누진통)이다. 이 여섯 가지 지식 유형은 오름차순이며 모든 고의 소멸에 대한 지식은 붓다, 독각불, 아라한 세 사람만이 얻을 수 있는 가장 높은 지식이다. 처음 세 가지는 세간적이며 마지막 세 가지는 출세간적인 것이므로 여섯 번째 지식을 얻어야 비로소 해탈한다. 처음 두 종류의 기적, 신족통(신비한 불가사의)과 타심통에 대한 내용은 『께왓따경(Kevaddha Sutta)』에 언급되어 있다. 나머지는 첫 번째와 세 번째 고급 지식에 속한다. 다시 말해서 그것들은 낮은 수준의 지식이고 어느 정도 집중력이 있는 사람이라면 누구나 달성할 수 있다. 그러나

---

52 Cullavagga, V. 8; The Book of Discipline, V. 151.

53 D iii, 2-4.

54 Dirghagama, Sutra No. 15.

55 Digha Nikaya, Sutta No. 2 및 sutra No. 27.

122 제1부 붓다의 추구: 실존적 괴로움 완화

반드시 강조해야 할 것은 여섯 번째 지식을 얻어야만 해탈을 얻을
수 있다는 것이다. 그러므로 붓다는 기적을 행하는 것을 좋아하지
않았다. 첫째로 기적은 본성상 환상이며 해탈과 관련이 없고, 둘째로
세간적 문제이기 때문이다. 붓다는 지식의 본질에 대한 깊은 이해로
인해, 그의 일생 동안 교육의 "기적"을 사용했고, 마을에서 도시에
이르기까지 불법을 설했다.

(5) 붓다는 믿음이 아니라 이해와 사상의 자유를 강조했다

라훌라는 붓다가 가르친 것이라는 책의 첫 장에서 이 점을 매우 잘
토의했는데 논의의 목적을 위해 여기서 간략히 요약하겠다. 심리학과
마찬가지로 일부 대승학파를 포함한 대다수 종교와 달리 담마는 믿음
위에 세워진 것이 아니다. 초기불교 문헌에 따르면 붓다의 중점은
"보고", 알고, 이해하는 것에 있지 믿음이나 신념에 있지 않다. 불교
경전에는 일반적으로 믿음이나 신념으로 번역되는 **삿다**(saddha)라는
단어가 있지만, 그것은 믿음 자체가 아니라 신념에서 나오는 확신이
다. 그러므로 붓다는 『검증자경(査察經, Vīmaṁsakasutta)』(*MN 47)에
서 제자들에게 스승의 참된 가치와 그들이 따르는 가르침을 충분히
확신할 수 있도록 스스로를 살펴보라고 했다.[56] 따라서 종교가 이해하
는 믿음이나 신념은 담마와 거의 관련이 없다.

　붓다 교설에 따르면, 믿음, 특히 맹목적인 믿음은 사람이 괴로움에
서 벗어나 최고의 목표인 열반을 얻는데 도움이 되지 않는다. 붓다는

---

56 M i, 319-20. Madhyamagama(마드야아가마)에 내용은 같지만 표현이 약간 다른
　이 경전의 한역이 있다.

다음과 같이 말했다.

비구들이여, 내가 말하노니 염오와 불청정의 소멸은 아는 자와 보는 자를 위한 것이지, 알지 못하고 보지 못하는 자를 위한 것이 아니다.[57]

사실 무명과 함께 갈애와 증오는 담마에서 괴로움의 근원으로 간주된다. 그래서 무실라(Musila)라는 붓다의 제자가 아라한과를 얻었을 때 그는 다른 비구에게 이렇게 말했다.

친구 사비타여, 헌신도, 믿음도, 좋아함도, 애호도, 성향도, 소문도, 전통도 없이, 명백한 이유를 생각하지 않고, 견해에 대한 사색을 즐김이 없이, 나는 유(有, 생성)의 소멸이 열반임을 알고 본다.[58]

그래서 라훌라(Rahula) 존자가 말하기를,

이것은 항상 믿음의 문제가 아니라 알고 보는 문제이다. 붓다의 가르침은 '와서 보라(에히빠시카 ehi-passika)'는 것으로서 자격이 있으며, 당신이 와서 보도록 초대하지만 와서 믿으라고 초대하지는 않는다.

---

57 S iii, 152.

58 S ii, 117.

불교 문헌에서 흔히 볼 수 있는 깨달음을 얻은 사람에 대한 표현은
다음과 같다.

> 티끌도 때도 없는 다르마의 눈이 일어났다니… 그는 다르마를
> 보았고, 다르마를 얻었고, 다르마를 알았고, 다르마를 꿰뚫어보
> 고, 법에 들어가 의심을 넘어섰고, 흔들리지 않고… 그래서 그는
> 올바른 지혜로 그것을 있는 그대로 본다.[59]

붓다는 맹신과 미신이 사람을 해탈과 고의 끝으로 인도하지 않는다
고 비판하곤 했다. 한 무리의 브라만들이 붓다에게 와서 베다에서
말한 대로 브라흐마와 합일하는 방법을 토론할 때, 붓다는 그들에게
세 가지 베다에 정통한 스승이나 7대에 이르는 스승이 브라흐마를
보았는지 물었다. 그들은 아니라고 답했다. 그러자 붓다는 "마치
여러 맹인들이 서로 붙어 있는 것과 같으니 첫째도 보지 못하고,
중간도 보이지 않고, 나중도 보지 못하는 것과 같다."[60]라고 말했다.
이 비유는 "맹목적 믿음이 사람을 어디에도 이끌지 못한다."라는 붓다
의 통찰력을 분명히 보여준다. 그래서 붓다는 사슴 공원에서 다섯
제자에게 말씀하셨을 때 자신의 깨달음을 다음과 같이 말했다. "눈이
생겨났고 지식이 생겨났고 지혜가 생겨났고 학문이 생겨났고 빛이
생겨났다."[61] 심지어 붓다가 전수한 불법도 그의 경험과 직관적 지혜에

---

59 S v, 423; iii, 103; M iii, 19.
60 D i, No. 13 *Tevijja Sutta*.
61 S v, 422.

근거한 것이다. 다른 스승들 및 신앙이나 전통, 논리적 추론에 기초한
철학 등과 관련하여 『범망경(梵網經, Brahmajāla Sutta)』(*DN 1)에서
논의된 바와 같이, 그는 다음과 같이 말했다.

> 비구들이여, 이는 심오하고, 깨닫기 어렵고, 이해하기 어렵고,
> 고요하고, 달콤하고, 단순한 논리로 이해되지 않고, 미묘하고,
> 지혜로운 사람만이 이해할 수 있는 다른 것들로, 여래가 스스로
> 깨닫고 직면하여 제시한 것이다. 그리고 이것들과 관련하여 진리
> 에 따라 여래를 올바르게 찬양하고자 하는 자가 말해야 하는
> 것이다.[62]

따라서 붓다를 떠난 제자인 수낙캇따가 붓다가 초자연적인 힘이
아니라 추리력에 근거해 교리를 가르쳤다고 했을 때, 붓다는 그의
가르침이 (순수한 지적 능력에 기반한 것이 아니라) 자신의 (마음에서
정한) 경험에 근거하고 있다는 점을 주장해 왔기 때문에 매우 불편했던
것 같다.[63] (*『사자후의 긴 경』, *MN12)

라훌라(Rahula)가 지적했듯이, 붓다에 따르면 인간의 해탈은 신의
자애로운 은총이나 그 어떤 외부의 힘에 의거하여 그가 순종하는
선행에 대한 보상으로서가 아니라 그 자신의 다르마에 대한 깨달음에
달려 있기 때문에 생각과 탐구의 자유는 필수적이다.[64] 따라서 잘

---

62 D i, 12ff. 각 학파의 교설과 사상에 대한 논의가 끝난 후 경전에서 같은 구절이
  여덟 번 반복된다.

63 M i, 68. *Mahasihanada Sutta.*

알려진 『깔라마경(Kalama Sutta)』(*AN 3.65)에 설명된 대로 붓다가
허용한 탐구의 자유는 종교사를 포함한 의미와 가치의 역사에서 전대
미문의 일이다.

깔라마들이여, 그대들이 의심하고 혼란스러워하는 것은 당연하
다. 미덥지 못한 일에 의심이 생겨나기 때문이다.
깔라마들이여, 소식이나 전통이나 소문에 이끌리지 말라. 성전의
권위, 단순한 논리나 추론, 이유가 그럴듯함을 고려, 사변적 견해
의 즐거움, 유력한 인물인 것 같아서, 또는 '이분은 우리의 스승'이
라는 생각에 이끌리지 말라. 그러나 오 깔라마들이여, 어떤 것은
불건전하고 그르며 나쁘다는 것을 스스로 알게 되면 그것을 포기하
라… 그리고 어떤 것이 건전하고 좋은 것임을 스스로 알게 되면
그것을 받아들이고 따르라.[65]

붓다는 일생동안 이런 자유 탐구의 원칙을 옹호했고 그의 제자들이
깨달음을 추구하도록 격려했다. 그러므로 『짱끼경(Caṅkīsutta)』(*MN
95)에서 붓다는 브라만들에게 진리에 도달하는 방법을 알려 주었다.

여기 비구인 바라드바자(Bharadvaja)는 어떤 촌락이나 마을에 의지
해 살고 있을지도 모른다. 집주인이나 집주인의 아들이 그에게
가서 세 가지 상태에 대해 탐문한다. 탐욕에 기초한 국가에 대해,

64 W. Rahula, 1990, 2.
65 W. Rahula, 1990, 2에서 인용.

증오에 기초한 국가에 대해, 망상에 기초한 국가에 관해서가 그것이다.[66]

심지어 열반 불과 몇 분 전에도 붓다는 제자들에게 자신의 가르침에 대해 어떤 의문이 있는지 묻고, 후에 이러한 의문을 해결할 수 없어서 안타깝게 생각하지 말고 이 의문에 대해 질문하라고 여러 번 요구했다.

붓다의 인격

(1) 붓다는 실천적 스승이었다

붓다의 가장 두드러진 특징은 실용주의로, 인간의 괴로움을 없애는 데 유용한 것만 가르치고 형이상학적 문제는 다루지 않았다. 그는 형이상학적 질문이나 사변적 견해는 순전히 토론이나 지적 호기심을 위한 것이기 때문에 이에 대해 토론하는 것을 좋아하지 않았다. 그는 사실 모든 형태의 교리를 무시했고 『지워 없앰 경(Sallekha Sutta)』(*MN 8)에 기록된 붓다의 말씀처럼, 어떤 견해도 고수하거나 집착하거나 애착하지 않았다. 붓다가 설하기를,

> … '우리는 우리의 견해를 고수하여 굳게 거머쥐지 않고, 그것을 쉽게 놓아버릴 것이다'라고 이렇게 지워 없앰을 실천해야 한다.[67]

---

66 M ii, 171-2.

67 M i, 43.

붓다의 생애 동안 인도는 처음으로 정치적 안정을 경험했다. 그 이전에는 이러한 생각과 표현의 자유를 들어본 적이 없었다. 이러한 개방된 정치 환경 속에서 다양한 철학자와 사문들이 나타나 삶과 주변 세계에 대한 사상과 이론을 전파했고, 왕들은 음식을 제공하고 토론을 하고 집회를 개최하는 등 다양한 방법으로 그들을 지원하고 때로는 조언을 구하기도 했다. 우주가 유한한지 무한한지와 같은 잘 알려진 10가지 고전적인 답변되지 않은 질문은 토론과 토론 내용에 대한 전형적인 예이다.[68] 이러한 토론은 대개 논쟁과 쟁론으로 이어졌다. 가장 오래된 담화 모음 중 하나인 『숫따니빠따(Suttanipata)』에서 우리는 많은 구절을 접하게 된다.

어떤 사람은 최고라고 부르고 다른 사람은 최하라고 부르는 교리 중에서 올바른 설명은 무엇인가? 이 모든 [사람]은 스스로를

---

68 붓다가 대답하지 않은 10가지 고전적 질문(무기)은 "(1) 우주가 영원한가, (2) 영원하지 않은가, (3) 우주가 유한한가, (4) 무한한가, (5) 영혼이 육체와 같은가, 또는 (6) 영혼과 육체는 각각인가, (7) 여래는 사후에 존재하는가, 또는 (8) 사후에 존재하지 않는가, 또는 (9) 그는 (동시에) 존재하기도 하고, 존재하지 않기도 하는가, (10) 그가 (동시에) 존재하지 않기도 하고, 존재하지 않는 것도 아닌가?"이다. D i, 187-8; M i, 157, 426, 282; S iii, 213sq, 258; iv, 286, 391; v, 418. 그러나 『중론송(Madhyamakakarika)』 22, 2에서 나가르주나는 14가지로 말했다. 그것들은 다음과 같다: (1) 세계가 (a) 영원한가, (b) 영원하지 않은가, (c) 또는 양자 모두인가, (d) 또는 양자 모두 아닌가, (2) 세계는 (a) 유한한가, (b) 또는 무한한가, (c) 또는 양자 모두인가, (d) 또는 어느 것도 아닌가, (3) 여래는 (a) 사후에 존재하는가, (b) 존재하지 않는가, (c) 또는 양자 모두인가, (d) 또는 양자 모두 아닌가, (4) 영혼이 육체와 동일한가, 다른가?

전문가라고 부른다. 자신들의 교리가 실로 우월하고, 남의 교리가
열등하다고 한다. 따라서 그들은 논쟁을 벌인다. 그들은 각자
자신의 의견이 진실이라고 말한다.[69]

이러한 형이상학적 질문은 추측으로 해결할 수 없다. 각 사문이
그녀/그 자신의 견해와 관점에 집착하고 있다. "그래서 그들은 논쟁에
들어가 (그들 간에) 쟁론을 벌인다. 그들은 '상대방은 전문가가 아니라
바보다'라고 말한다."[70]

고따마 붓다는 그러한 논쟁의 위험과 헛됨을 깨닫고 그들의 토론에
참여하지 않았다. 그의 견해로는 이러한 토론이 삶의 문제로부터의
자유와 해방으로 이어지지 않기 때문이다. 그러므로 붓다는 그의
승단 조직을 지켰고, 어떤 명확한 대답도 하지 않았으며, 방랑자
말룽끼야뿟따(Malunkyaputta)가 이 10가지 고전적 질문을 그에게 던졌
을 때 침묵을 지켰다. 그는 이러한 질문들이 깨달은 삶과 아무 관련이
없다고 대답했다. 이러한 질문에 대해 어떤 의견을 가지고 있든 여전히
괴로움이 있다. 그래서 붓다가 말했다. "… 괴로움의 소멸이 바로
이생에 있음을 선언한다."[71] 붓다는 수행자 왓차곳따(Vacchagotta)가
사변적 견해를 지니고 있는지 여부를 물었을 때 같은 의견을 밝혔다.[72]

---

69 Sn. Verse Nos. 903, 904. 번역은 Norman, *The Group of Discourses*, 118을
사용했다.

70 Sn. Verse No. 879.

71 M i, 426-430의 *Culamalunkyaputta Sutta*; T1, 804a; 917b.

72 *Aggivacchagotta Sutta*, M i, 485.

붓다는 사변이란 그가 오온의 기원과 소멸을 보았기 때문에 버린 것이라고 말했다. 이와 같이 그는 어느 것에도 집착하지 않음으로써 해탈했다. 왜냐하면 법의 목표는 자신을 보편화함으로써 달성되는 것이 아니라 자아 개념을 완전히 포기함으로써 달성되기 때문이다. 라모뜨가 지적한 바와 같이 이는 붓다가 해결책을 몰랐기 때문이 아니라, 이러한 형이상학적 문제에 관한 어떤 논의도 구원에 쓸모없고 올바른 이해를 해치며 마음을 혼란스럽게 할 가능성이 있다고 생각했기 때문이다.[73]

붓다는 자신의 가르침을 제시하는 데 있어 똑같이 실용적이었고 목표와 관련된 아이디어를 드러내는 데만 국한시켰다. 그는 바다에 소금의 맛이 있는 것처럼, 그의 가르침에도 하나의 맛, 곧 구원의 맛이 있다고 선언했다.[74] 스승으로 활동한 45년간, 붓다는 해탈에 관한 가르침만을 가르쳤고, 열반에 이르게 했고, 종종 주변 생활의 구체적인 예를 들어 가르침을 설했다. 한번은 붓다가 꼬삼비의 심사빠 숲에 계실 때 제자들에게 자신이 가르친 것은 손에든 잎사귀만큼과 같고 가르치지 않은 것은 숲 전체의 잎사귀만큼과 같다고 다음과 같이 설명했다. "그리고 왜 나는 그대들에게 (내가 아는 전부를) 말하지 않았는가? 그것은 유용하지 않기 때문에… 열반으로 이어지지 않기 때문이다. 그래서 나는 그런 것들을 말하지 않았다."[75] 붓다가 현존하는 존재의 소멸, 파괴, 절멸을 가르친다고 거짓되게 비난받았

73 Lamotte, 1988, 48.

74 A iv, 201; tr. F.L. Woodward, vol. IV. 139.

75 S v, 437.

을 때, 그는 명시적으로 말했다. "비구들이여, 과거와 현재 모두, 내가 가르치는 것은 고와 고의 소멸이다."[76] 이렇듯 붓다가 우려한 것은 매우 실제적이었다. 인간의 고와 고의 제거, 그 이상도 이하도 아니다. 다시 붓다의 마지막 제자인 수밧따(Subhadda)가 와서 여섯 명의 큰 스승 중에 누가 그들의 주장대로 특별한 지혜(신통지)를 가졌는지 물었을 때, 붓다는 "그만하면 됐다! 그들이 그들 자신의 주장에 따라 최상의 지혜를 가졌든 그렇지 않든 이 문제는 그대로 놓아두자. 수밧따여, 나는 너에게 담마를 가르칠 것이다. 경청하라."[77] 라고 말했다. 이어서 붓다는 팔정도와 그 과보를 설명했다. 그는 6명의 스승 중 누가 그들의 주장에 진실하고 누가 그렇지 않은지 설명하는 데 시간을 허비하지 않았다. 방랑자 우다인(Udayin)이 붓다에게 다른 스승들의 전지적 주장에 대해 물었을 때, 동일한 실용주의 정신이 『사꿀루다이 짧은 경(Cūḷasakuludāyisutta)』(MN79)에 다시 나타난다. 붓다는 그에게 이렇게 말했다.

과거와 미래의 문제는 제쳐두자. 나는 그대에게 법을 가르칠 것이다. 저것이 존재하므로 이것이 있게 된다. 저것이 일어나기 때문에 이것이 생긴다. 그것이 없으면 이것은 일어나지 않는다. 그것의 소멸로부터 이것이 그친다.[78]

---

76 M i, 140.

77 D ii, 150-1.

78 M ii, 32. 또한 A iv, 428에서 한 브라만이 붓다에게 일체지에 대해 물었을 때 붓다가 말했다. "됐네, 브라만! … 누가 진실을 말하고 누가 거짓을 말하는가?

이렇게 붓다는 사물이 어떻게 작동하는지, 어떻게 작용하는지에만 관심이 있었고 명백히 알 수 없는 사물이 어떻게 시작하는지에 대해서나 사물의 궁극적 시초에는 관심이 없었다.

붓다의 초기 근본 교설인 인간의 괴로움의 존재에 관한 사성제에서 엄밀히 말하면 열반이라고 하는 3번째 고귀한 명제는 갈애, 증오, 무지(환상/망상)의 제거에 관한 것이다. 다시 말해서 체험적 관점에서 볼 때 열반은 최고의 행복이므로 이생 자체에서 얻을 수 있는 것이다. 그래서 윤회가 없다고 해도 열반은 여전히 의미가 있다. 붓다의 생애 동안, 많은 제자들이 아라한과와 열반을 얻었다. 붓다는 주로 인간의 괴로움을 없애는 데 관심을 두었기 때문에 사람이 의미 없는 말을 하면서 귀중한 시간을 허비하는 것을 좋아하지 않았고 제자들에게 다르마에 대해 토론하거나 밤낮으로 부지런히 수행하라고 조언하곤 했다. 초기 경전에서 우리는 고행자들과 방랑자들이 모여 다양한 세속적 주제를 논의했다는 기술을 자주 접하게 된다.[79] 그러나 고따마 붓다는 제자들이 함께 모였을 때 두 가지 일을 하라고 조언했다. 하나는 다르마에 대해 토론하거나 "고귀한 침묵"을 유지하는 것이다.[80]

순리에 맡기게! 나는 그대에게 법을 가르칠 것이다, 브라만. 듣게, 주의를 기울이게, 내가 말해 주겠소."

79 M i, 513-514. 그 목록에 대한 구절은 "왕, 강도, 장관, 군대, 위험, 전투, 식품, 음료수, 의류, 침대, 화환, 향수, 친척, 차량, 마을, 마을, 도시, 국가, 여인들, 영웅, 거리, 우물, 죽은 자, 하찮은 일, 세계의 기원, 바다의 기원 등이다." 또 M ii, 1-2; 23; 29-30; iii, 113; D iii, 36 참조.

80 M i, 161. T1, 775c-776a. MA는 두 번째 선정과 기본 명상 주제를 모두 "고귀한 침묵"이라고 지적한다. 두 번째 선정을 얻을 수 없는 사람은 기본 명상 주제에

미가라(Migara)의 어머니 집에 머물고 있던 많은 비구들이 어떤 경우에 경솔한 말을 하고 어리석었을 때, 붓다는 목갈라나에게 그들을 진정시키는 마술을 하라고 요청했다.[81] 팔정도의 하나인 바른말(正語)은 거짓, 이간질, 거친 말, 잡담이라는 네 가지 말을 피하는 것이다.[82] 특히 붓다는 데바닷따(Devadatta)에 관해서도 헐뜯는 것을 좋아하지 않았다. 목갈라나는 일단의 수행자들로부터 데바닷따가 승가를 인수하려는 악한 소원을 품고 있다는 소식을 듣고 붓다에게 그것에 대해 말했다. 그러자 붓다가 말했다. "목갈라나여, 말을 삼가라, 지금이라도 어리석은 사람은 자신을 배반할 것이다."[83] 붓다는 사람이 근거없이, 정당한 이유 없이 그를 칭찬하는 것을 좋아하지 않았다. 경전에서, 사리불은 고따마 붓다가 과거와 미래의 붓다를 능가하는 불가사의 한 분이라고 칭찬했다고 한다. 그러자 붓다가 책망하여 이르되,

그대는 어찌 그리 경솔한가! 여래가 살아있는 동안 현재의 붓다도 알지 못하는데 어찌하여 과거와 미래의 여래에 대해 말할 수 있는가?[84]

그래서 고따마 붓다는 모든 사변적 견해와 이론을 초월하여 세상에

주의하여 고귀한 침묵을 유지하는 것이 좋다.

81 S v, 270.

82 M i, 288; 179-180; 345; iii, 49.

83 A iii, 122.

84 S v, 159-160.

서 쓸데없는 논쟁을 하지 않았다. 그는 실용주의자였다. 그래서 그는 기존의 견해에 반대하는 어떤 철학도 의도적으로 공식화하지 않았다. 불교철학은 붓다의 실용주의의 "예기치 않은 결과"이다. 그는 "이 모든 견해를 보고도 붙잡지 않았고 고의 소멸을 구해 내적 평안을 얻었다."[85]라고 말했다.

(2) 붓다는 자신감 있고 단호하며 관대했다

초기불교 문헌은 붓다가 어떤 어려운 상황에서도 침착함과 자제력을 보이며 자신감과 관용이 뛰어난 사람임을 보여준다. 붓다는 자신이 말한 것과 가르친 대로 행동하고, 실천했기 때문에 확신을 갖고 있었다. 그는 제자들에게 자신을 탐구하여 그들 안에 확고한 확신을 심으라고 요청하기까지 했다. 그런데 많은 명문 마가다 귀족들이 세존의 인도 아래 깨달음의 생활을 하게 되자, 붓다가 마가다인 들에게 자식을 낳지 못하게 하고, 과부와 가정을 파괴했다는 소문이 퍼졌다. 붓다는 욕하는 이들에게 다음과 같이 답해야 한다고 제자들에게 가르쳤다. "진실한 담마에 의해 인도되는 참으로 위대한 영웅들이여, 담마가 이끄는 지혜로운 자를 누가 질투하겠는가?"[86] 따라서 붓다가 가르친 것, 즉 담마는 그가 경험하고 그에 따라 행동한 심리적 현실이다. 그래서 그의 제자 중 일부가 그에게 마가다를 떠나라고 요청했지만, 붓다는 그들에게 소문이 7일 이내에 끝날 것이라고 말했고 소문은 그가 예측한 대로 사라졌다.

---

85 Sn. verse No. 837.

86 Mahavagga, I. 24. I. B. Horner, *The Book of Discipline*, part 4, 56-7.

붓다의 확신은 경전에 분명히 나타나 있다. 예를 들어 붓다는 삶의 문제에 대한 해결책을 찾기 위해 6년 동안 고행을 했지만 소용이 없어 결국 단념했다. 이때 다섯 명의 동료가 그를 떠났다. 그는 버려진 채 혼자 남았지만 실망하지 않았다. 그런 절박한 상황 속에서 붓다는 군건한 의지와 결단력으로 끈질기게 버텼고 마침내 목적을 달성했다. 데바닷따가 그의 암살을 계획했을 때, 붓다는 그를 걱정하고 보호하려고 했던 그의 제자들에게 붓다를 죽이는 것은 물리적으로 불가능하기 때문에 불안해하지 말라고 말했다고 한다. 그래서 데바닷따가 붓다를 세 차례 살해하려 했을 때, 붓다는 묘사된 대로 침착하게 맞서고 모든 상황을 비극에서 평화로 바꾸었다.

붓다는 처음부터 다른 사람과 논쟁을 시작하거나 도전하지 않았다. 그들이 와서 그에게 도전했을 때 비로소 그는 자신감과 선의로 그들과 이야기하기 시작했다. 붓다는 실용적이었고 이러한 논쟁을 무의미하다고 여겼지만, 그들이 그에게 도전했을 때 그는 그러한 토론에 참여하곤 했다. 그는 일반적으로 인내, 노력 및 성실함으로 점차 토론을 자신의 가르침에 대한 교설로 전환했다. 그는 자신 있게 토론과 대화에서 반대자들의 도전에 직면했다. 그들의 계획적이고 사려 깊은 질문에 대한 그의 대답은 재치가 넘쳤고, 경전에서 보여주듯이 거의 적의 함정에 빠지지 않고 패배시켰다. 오히려 점차 상대를 자신의 논리로 이끌었고, 그 결과 심지어 반대자가 개종하여 집을 떠나 그의 밑에서 수행하는 경우가 왕왕 있었다. 때로는 상대방에게 자신의 삶과 경험을 이야기하기도 했다. 방랑자 삿짜까(Saccaka)의 경우도 마찬가지였다. 그는 "많은 사람이 성자로 여기는 논쟁가이자 영리한 연설가"였다.[87]

그는 자신이 붓다를 위아래로 흔들고 이길 수 있다고 자랑스럽게
붓다에게 도전했다. 그러나 그가 마침내 붓다를 만났을 때 그들의
토론은 예상치 못한 방향으로 흘러갔고, 삿짜까는 패배했다. 마지막
으로 그는 붓다가 심지어 자신에게서 모욕적인 말을 듣고 무례한
말투의 공격을 받았을 때도 어떠한 분노, 증오 또는 비통함도 보이지
않고 침착했다고 인정했다.

자이나교 지도자인 니간타 나따뿟따는 붓다를 물리치기 위해 제자
들을 여러 번 보내 여러 가지 딜레마로 붓다와 논쟁을 벌였다. 그는
우빨리(Upāli), 아바야(Abhaya) 왕자, 아시반다까뿟따(Asibandhaka-
putta)와 같은 뛰어난 제자들을 보냈지만, 그들 모두 붓다와 토론을
마친 후에 패했고 붓다 가르침을 따르는 제자가 되었다.[88]

붓다는 세상을 악으로 여기지 않고, 사람이 무지하여 악을 행한다고
생각했기 때문에 관용적이었다고 한다. 그러므로 그는 결코 사람을
죄인이라고 꾸짖지 않고 그저 어리석은 사람으로 여기고, 선의로
반대자들이나 박해자들과도 대화를 나누며 그들을 도우려고 애썼다.
화를 내는 일이 거의 없었고 사람이 욕을 해도 불쾌해하는 일이 거의

---

[87] M i, 237. Majjhima Nikaya, No. 35와 36에는 붓다와 방랑자인 삿짜까(Saccaka)
간의 논쟁과 토론에 관한 두 개의 경전이 있다. 삿짜까는 패했지만 승가의
일원이 되지 않았다. 그는 여전히 자신을 '성인'으로 여겼다.

[88] 우빨리의 논쟁은 Majjhima Nikaya No. 56의 『우빨리경(Upali Sutta)』에서 찾아볼
수 있다. 아바야(Abhaya) 왕자의 토론은 Mi, 392-396에 있다. 아시반다까뿟따
(Asibandhakaputta)의 논쟁은 S iv, 322ff에 있다. 한역에 따르면, 자이나교 스승인
나따뿟따는 고따마 붓다가 날란다(Nalanda)에 왔을 때 아시반다까뿟따를 두
차례 보내 고따마 붓다와 논쟁을 벌이게 했다. T2, 230b-232b.

없었으나 평소에는 차분하고 고요한 상태였다. 니간타 나따뿟따의 평신도 추종자 중 우빨리(Upāli)는 위에서 언급한 것처럼 부유한 집주인이었으며 논쟁에서 패하자 붓다에게 자신을 평신도 제자로 받아 달라고 간청했다. 붓다는 그에게 잘 알려진 사람이기 때문에 결정을 내리기 전에 한 번 더 생각하라고 조언했다. 이에 우빨리는 붓다의 관용을 더욱 확신하게 되어 세 차례 간청을 했고 마침내 승낙을 받았다. 그런 다음 붓다는 그에게 전과 같이 이전 스승에게 계속 공양하고 존경할 것을 요청했다.[89] 자이나교의 평신도인 장군 시하(Siha)가 제자가 되었을 때 같은 관용의 정신이 『앙굿따라 니까야(Anguttara Nikaya)』에도 나타난다.[90]

　초기 경전에는 붓다가 자신감과 관용을 가지고 학대와 박해를 당했고, 심지어 박해자들까지 설득하여 결국 그들이 제자로 된 것을 보여주는 사례가 많이 있다. 바라드와자(Bharadvaja) 형제들이 온갖 무례하고 가혹한 말로 붓다를 모욕했을 때 붓다는 침묵하고 동요하지 않았다.[91] 그들이 저주를 마치자, 붓다는 조용히 그들에게 말을 걸어 제자로 삼았다. 브라만이 자신에게 다가오고 있는 붓다에게 "거기 멈춰라 까까중, 거기 멈춰라 금욕자여, 거기 멈춰라 불가촉천민(추방자)이여."라고 말했다. 그는 조용히 그와 대화를 나누고 무엇이 불가촉천민을 구성하는지 말했다.[92] 브라만은 붓다의 가르침과 불가촉천민

89 M i. 372-387.
90 A iv, 179-188. 같은 경전이 『마하박가(Mahāvagga)』 IV. 31에서도 발견된다.
91 S i, 161-3.
92 Sn. *Vasala Sutta*, 1. 7.

에 대한 새로운 해석을 듣고 기뻐하며 그에게 풍성한 음식을 공양했다.
붓다는 사상사에서 전대미문의 관용을 지닌 관용의 스승이었다. 그의
무조건적인 인내는『법구경』의 세 구 3, 4, 5에 분명히 나타나며,
그는 무저항을 적의와 증오를 멈추게 하는 수단으로 설명했다. 그는
제자들에게 마음속에서라도 악한 생각과 나쁜 의도를 품어서는 안
된다고 가르쳤다. 그는 관용을 가르쳤을 뿐만 아니라 관용을 직접
실천했다.[93]

초기불교 문헌에서 붓다가 그의 반대자들에 의해 중상을 당한
것에 관한 두 가지 사건이 있는데, 그것들은『소부 비유경(Apadana)』
에서 붓다의 과거 업보의 잔여 결과인 뿝바깜마삘로띠(Pubbakamma-
piloti, 과거 업 잔고)로 설명된다.[94] 첫째, 다른 승가의 고행자인 아름다
운 여성 친차마나비카(Cincamanavika)는 동료 고행자들로부터 붓다의
신뢰를 훼손하도록 설득 당했다. 왜냐하면 그들은 붓다의 인기로
인해 자신들의 이익이 줄어든다는 것을 알았기 때문이다. 그녀는
그녀의 몸에 나무 원반을 묶어 붓다에 의해 임신한 척하고 붓다가
많은 대중에게 연설하는 곳으로 왔다. 그녀의 비난은 곧 거짓임이
밝혀졌고 청중들에게 쫓겨났다.[95] 두 번째 이야기는『자설경(Udana)』

---

93 *Dhammapada*, No. 3. "그는 나를 학대하고 때리고 패배시키고 강탈했다."
　그러한 생각을 품은 자는 증오가 가라앉지 않는다. No. 4. "그는 나를 학대하고
　때리고 이기고 강탈했다." 그러한 생각을 품지 않는 자는 증오가 가라앉는다.
　No. 5. 이 세상에서 증오는 증오를 통해 끝나지 않는다. 오직 자비를 통해서만
　그것은 멈춘다. 이것은 영원한 법칙이다.

94 Apadana, i, 299-301.

95 Apadana, i, 299-301, 7-9절; Jataka, iv, 187f.; Dhammapada commentary,

2장 역사적 붓다 **139**

에 다른 승가의 여성 수행자 순다리(Sundari)가 동료 수행자들에게
설득되어 붓다와 그의 제자들을 모욕했다는 이야기가 기록되어 있다.
그녀는 붓다가 머무는 제따와나를 찾아 저녁을 묵고 아침에 떠났다.
며칠 후, 이단 고행자들은 몇몇 악당을 고용하여 순다리를 죽이고
제따와나 근처의 쓰레기 더미 아래 그녀의 시신을 숨겼다. 이 사실이
왕에게 보고되자 수색을 하여 그녀의 시신이 발견되었다. 그녀의
동료 수행자들은 도시의 거리를 돌아다니며 "석가 비구들의 행위를
보라"고 외쳤다.[96] 모두 경전에 기록되어 있는 이 두 사건에서 붓다는
역시 화를 내는 기색이 없이 침착하고 자제력을 유지했다.

　심지어 임종 시에도 붓다는 근심과 낙담이 없이 용감하게 죽음을
맞이했다. 그는 자신의 스승이 열반할 것이라는 사실에 많이 괴로워하
고 울고 있는 아난다를 위로했다. 붓다는 그에게 이렇게 말했다.

　그러면 아난다여, 그대가 슬퍼한들 무슨 소용이 있겠는가? 태어났
　고 존재했고 형성된 모든 것은 부서지기 마련인 법이거늘, 그런
　것을 두고 '절대로 부서지지 말라'고 한다면 그것은 있을 수 없는
　일이다. 그런 경우란 존재하지 않는다![97]

---

iii, 178f.; Itivuttaka commentary, 69.

96 *Udana*, iv, 8; Udana commentary, 256ff; Dhammapada commentary, iii, 474f.;
　Samyutta commentary, ii, 528f.; Jataka, ii, 415f.; 및 Apadana, i, 299-301,
　4-6절. 맛지마 니까야 주석에 따르면, 이것은 파세나디(Pasenadi) 왕이 아난다에
　게 몇 가지 질문을 했던 『맛지마 니까야』의 「바히티카경(Bahitika Sutta)」(*MN
　88)에서도 언급된다.

97 D ii, 144. 영역은 『붓다의 대화(*Dilogues of the Buddha*)』(ii, 159)를 사용했다.

붓다는 열반에 드는 순간에도 자신의 죽음에 대해 괴로워하지 않고 남을 위로하는 데 관심을 가졌다. 이것은 정말로 붓다의 용기와 자비를 부각시키는 일이다.

(3) 붓다의 감정과 분노

비록 그가 반대자들과 심지어 박해자들에게도 꽤 인내심이 있었지만, 붓다는 그의 원칙과 주요 교설에 대한 오해와 잘못된 표현을 용납하지 않았다. 삼장(Tipitaka; 상좌부 정경)의 몇 가지 사례는 붓다가 제자들이 자신의 교설을 오해하고 잘못 해석할 때 불편함을 느꼈고 심지어 책망하기까지 했음을 시사한다. 담마가 붓다의 위대한 발견이고 평생의 업적이자 고통 받는 세상에 대한 메시지였기 때문에, 그는 부주의로 담마를 잘못 전하는 자신의 비구를 용납하지 않았다. 특히 그들의 임무가 이 메시지를 미래 세대에게 전달하는 것이었을 때 더욱 그러했다. 어부의 아들인 사띠(Sati)가 좋은 예이다. 그는 (오온에 대한) 스승의 뜻을 식이 육체로부터 살아남아 다음 생에 다른 형태를 취한다고 잘못 이해했다. 이 말을 듣고 붓다는 이렇게 질책했다.

어리석은 자여, 그대는 내가 누구에게 그런 식으로 법을 가르쳤다고 알고 있는가? 어리석은 자여, 나는 많은 설법에서 조건 없이는 식의 발생도 없기 때문에 식이 연기적으로 일어난다고 말하지 않았는가? 그러나 어리석은 자여, 그대는 잘못된 이해로 우리를 잘못 대변했고 그대 자신을 망치고 많은 허물을 쌓는구나.[98]

---

[98] M i, 258.

전직 독수리 조련사였던 아릿타(Arittha)는 법을 잘못 이해한 것과 비슷한 방식으로 붓다의 책망을 받은 또 다른 비구였다. 붓다는 그가 어리석고 타인을 오도한다고 비난했다.[99] 주석은 다음과 같이 설명한다. 홀로 명상하던 상태에서 아릿타는 비구가 여성과 성관계를 맺는 것이 아무런 장애가 되지 않는다고 결론을 내렸고, 따라서 이것이 승단 규율에 의해 금지되어서는 안 된다고 주장했다.[100] 그들은 교육을 전혀 받지 않았기 때문에 철학적 차원에서 붓다의 가르침을 이해하는 데 어려움을 겪었다. 그러나 근본 교설과 근본적 수행에 관한 두 가지 주제는 담마를 이해하는 데 중요하다. 따라서 붓다는 개인적 감정으로 그들을 꾸짖었던 것으로 보인다.

이 두 가지 경우에는 붓다가 화를 냈다고 주장할 수 있지만 그가 데바닷따에 관해 말한 것은 그가 최소한 그 단어의 문자적 의미에서 (더 나은 단어가 부족하여) 연민심에 의해 "화가 났음"을 암시한다. 데바닷따는 음모를 꾸미고 승가의 지도력을 이어받기를 원했고 붓다가 살아있는 동안 승가를 자신에게 넘겨달라고 요청했다. 붓다가 말했다: "나는 심지어 사리불과 목갈라나에게도 승단을 넘겨주지 않을진대, 사악한 자여, 내가 가래침을 뱉을 너에게 넘겨주겠는가?"[101]

---

99 M i, 132.

100 이것은 붓다의 The Middle Length Discourse of the Buddha, 미주 249에 언급되어 있다.

101 *Vinaya*, ii, 188. T22, 592b에서도 발견됨;『다사바나와라 율장(Dasabhanavara Vinaya)』(T23, 258b),『근본설일체유부 율장(Mulasarvastivada Vinaya)』(T23, 701 c),『근본설일체유부 율장 상가베다바스투(Mulasarvastivada Vinaya Samghabhe-davastu)』(T24, 169b). 이 사건은『아바야라자꾸마라경(*Abhayarajakumara Sutta*;

『앙굿따라 니까야(Anguttara Nikaya)』에서 아난다가 데바닷따(Deva-datta)에 관해 문의할 때, 우리는 다음과 같은 붓다의 말씀을 발견한다.

> 그리고 아난다여, 내가 데바닷따에게서 좋은 법을 보았을 때까지,
> 비록 그 크기가 머리카락을 뺄 만큼일지라도 좋은 법을 보았을
> 때까지 나는 "데바닷따는 길을 잃었고 지옥에 태어날 것이며 용서
> 받을 수 없다"고 선언하지 않았다. 그렇지만 내가 머리카락을
> 뺄 만큼도 좋은 법을 보지 못했을 때 나는 그렇게 선언했다.…[102]
> (*AN 6.62)

동일한 언명이 『에콧따라아가마(Ekottarāgama)』의 한역(*『증일아함경增壹阿含經』)에서도 발견된다.[103] 이 언명은 거의 틀림없이 분노에 의해 동기가 부여된 저주와 다르지 않다. 데바닷따 사건은 자신의 승가에서 비구이자 제자로서 데바닷따가, 붓다가 많은 노력을 들여 수립한 승가를 분열시키려 한 시도가 어느 정도 성공을 거두었기 때문에 붓다의 삶에서 쓰라린 경험이었다. 그러므로 데바닷따가 언급될 때마다 붓다는 그에 대해 악의를 가진 나쁜 사람으로 이야기하곤

Abhayarājakumārasutta)』(*MN 58; M i, 393)에도 언급되어 있다. 인용문의 센스와 의미는 비록 단어와 표현이 약간 다르지만, 이 모든 학파와 전통의 계율에서 기본적으로 동일하다. 이것은 그것이 역사적 성격을 띠고 있음을 시사하는 것으로 보인다.

[102] A iii, 401. 이 번역은 *The Book of the Gradual Sayings*, III, 287에서 차용한 것이다.

[103] T2, 567a-c.

했다.

승가는 붓다의 말씀을 세상에 전파하는 수단이었다. 고따마 붓다는 생애의 마지막 몇 년 동안 자이나교 승려들에게 일어난 일을 보았기 때문에 승가의 분열에 대해 매우 우려했다.[104] 붓다의 피를 흘리는 것이 붓다의 색신(붓다의 생물학적 신체)을 해치는 것인 한편, 승가의 분열은 법신(교설의 은유적 체)의 파괴로 설명되었다.[105]

이 외에도 『대반열반경(Mahāparinibbāṇa Sutta)』에는 붓다가 아름다운 장소와 사물에 대한 감사의 감정을 나타내는 것을 설명하는 두 가지 사례가 있다. 첫 번째 사건은 웨살리(Vesali)의 릿차위(Licchavis of Vesali 또는 Vaisali, Skt)가 다양한 색상의 옷을 입고 다양한 종류의 장신구로 장식된 마차를 타고 붓다께 다가갔을 때였다. 고따마는 제자들에게 이렇게 말했다.

오 비구들이여, 삼십삼천(Tavatimsa)의 신들을 아직 본 적이 없는 비구들은 릿차위들(Licchavis)의 이 회중을 보거라. 이 리차위들의 이 회중을 잘 살펴 보거라. 그대들은 릿차위의 회중이 삼십삼천을 닮은 것을 보게 될 것이다.[106]

---

104 *Samagama Sutta*(M ii, 243-244)에 따르면, 붓다는 그의 마지막 몇 년 동안, 자이나교 비구들이 스승 사후 스승의 교설에 대한 견해와 이해가 달랐기 때문에 갈라섰던 것을 목격했다.

105 T27, 601c-602a.

106 D ii, 96. 번역은 *The Dialogues of the Buddha*, II, 103에서 차용했다.

두 번째 사건은 붓다와 아난다가 웨살리 걸식 여행에서 돌아온 후에 발생했다. 붓다는 아난다에게 다음과 같이 말했다. "아난다여, 웨살리는 얼마나 아름다운 곳이고, 우데나(Udena) 신사와 고따마카 (Gotamaka) 신사는 얼마나 매력적인 곳인가.···"[107] 이 두 가지 사건은 한역 『대반열반경』에서도 언급된다.[108] 이 문헌들은 붓다가 다양한 방식으로 감정을 표현했음을 시사한다. 감사하는 마음이 고따마 붓다의 연민을 나타낸다면 분노는 분명히 그의 인간적인 면을 나타내는 것이다. 붓다는 적어도 정의상 탐욕, 증오, 무지의 3독을 제거한 사람이기 때문이다. 이러한 사건은 붓다의 정서적, 인간적 측면을 드러낸다.

(4) 붓다는 유머러스했다

붓다는 토론과 대화에서와 같이 연설에서 매우 유머러스했다. 따라서 위에서 언급한 바와 같이 『왓차곳따 삼명경(Tevija Sutta)』(*DN 13)에서 와셋타(Vasettha)라는 브라만은 창조주인 브라흐마와의 합일에 관한 베다의 가르침에 대해 붓다와 토의했다. 붓다는 그에게 자신이나 그의 스승, 또는 7대까지 거슬러 올라가는 스승의 스승이 브라흐마(범천)를 본 적이 있는지 물었다. 와셋타는 아니라고 답했다. 그러자

---

107 D ii, 102. 번역은 *The Dialogues of the Buddha*, II, 110에서 차용했다. 이는 또 Samyutta Nikaya, v, 258에도 언급되어 있다.

108 릿차위들(Licchavis)에 대한 찬사는 네 가지 한역판(T1, 13c, 164a, 179b, 194b) 모두에 언급되어 있지만, 웨살리(Vesali) 도시에 대한 찬사는 T1, 165a, 180b의 두 곳에만 있다.

붓다는 이것은 마치 한 여인을 보면서 사랑하지만, 그 이름도, 거처도, 피부색도, 키가 큰지 작은지, 브라만인지 수드라의 후손인지 알지 못하는 사람과 같다는 등으로 유머러스하게 지적한다.[109]

『께왓따경(Kevaddha Sutta)』[110]은 붓다가 들려주는 또 다른 유머러스한 이야기를 들려준다. 붓다의 제자 중 초능력을 가진 한 제자가 한 가지 질문에 대한 답을 찾고자 다른 하늘로 날아갔다. 그러나 그곳의 모든 신들은 그의 질문에 대한 답을 모른다고 그에게 말했다. 그래서 마침내 그는 창조주, 모든 것을 보는 분이므로 대브라흐마(대범천)에게 가기로 결정했다. 그러나 비구가 처음 두 차례 대브라흐마에게 같은 질문을 했을 때 그는 이렇게 말했다.

형제여, 나는 대브라흐마, 최고, 전능자, 전지자, 통치자, 만물의 주, 통제자, 창조주, 만물의 으뜸, 각자의 자리에 임명하고, 옛적부터 항상 계신 이, 현재와 미래의 모든 것의 아버지이노라![111]

비구가 세 번째로 그에게 물었을 때, 대브라흐마는 그의 팔을 잡고 한 곁으로 인도해서 그를 옆에 두고 말했다.

형제여, 브라흐마를 수행하는 범천의 이 신들은 내가 볼 수 없는

109 Di i, No. 13 *Tevijja Sutta*. 이 경은 또한 Dirghagama, no. 26의 한역에서 찾아볼 수 있다. 같은 이야기가 T1, 105c04에 있다.

110 *D11.

111 110. D i, 221-2. 번역은 『붓다의 대화』, I, 282를 사용했다.

것도, 이해하지 못한 것도, 깨닫지 못한 것도 없는 그러한 자로
믿고 있소. 그러므로 나는 그들 앞에서 아무 대답도 하지 않았소.
형제여, 땅, 물, 불, 바람의 네 가지 큰 요소가 어디에서 멈추고
흔적도 남지 않는지 나는 모르오. 그러므로 형제여, 당신이 세존을
두고 뛰쳐나와 밖에서 이 질문에 대한 답을 찾는 것은 잘못되었고
나쁩니다. 당신은 지금 돌아가시오. 세존께 가서 그에게 질문을
드리시오. 그리고 세존께서 설명해 주시는 대로 호지하시오.[112]

이 이야기에서 붓다는 두 가지를 보여주었다. 첫째, 신통은 문제
해결에 쓸모가 없어서 붓다는 위에서 지적한 대로 그것을 사용하는
것을 좋아하지 않았다는 점이다. 둘째, 베다에 따르면, 대브라흐마는
"최고 존재, 전능자, 전지자, 통치자, 만유의 주, 통제자, 창조주,
만유의 으뜸, 현재와 미래의 모든 것의 아버지"이다. 그러나 그는
비구가 묻는 질문을 알지 못했기 때문에 그를 밖으로 데려가 "진실"을
말했다는 사실이다. 『사량경(思量經, Anumana Sutta)』은 "비구는 항상
반성해야 하고, 악한 생각, 더러운 생각, 또는 불건전한 마음 상태를
지니고 있는지 여부를 자기 내면에서 검토해야 한다."고 가르친다.
그가 가지고 있다면, 그는 모든 것을 버리고 행복하고 기쁘게 살
수 있도록 노력해야 한다는 것이다. 이것을 붓다는 맑고 밝은 거울로
자신을 바라보는 여인에 비유했다. 그녀는 얼굴에 얼룩이나 흠이
있으면 그것을 제거하려고 노력하고 얼굴에 얼룩이 보이지 않으면
행복해 한다.[113]

---

112 Ibid.

『앙굿따라 니까야(Anguttara Nikaya)』에서 붓다는 비구들에게 어머니와 아버지는 브라흐마로 숭배하고 숭상해야 한다고 설했다.[114] 이것은 브라만교의 창조 배경과 대조해 볼 때 매우 유머러스하다. 중생이 있는 세계는 마하브라흐마에 의해 창조되었을 터이다. 붓다가 가장 말하고 싶었던 것은 브라흐마를 숭배하고 공경하는 대신 부모를 공경하는 것이 낫다는 것이다. 왜냐하면 여러분을 창조한 것은 브라흐마가 아니라 여러분의 부모이기 때문이다.

결어

위 논문에서 필자는 고따마 붓다에 대한 다음과 같은 잠정적 결론에 도달한다. 당시의 다른 인도 사문 스승들과 달리 붓다는 모든 형태의 신성을 거부했을 뿐만 아니라, 자신의 가르침을 전파하고 다른 사람과 대화할 때 마법과 속임수를 사용하는 것을 싫어했다. 붓다는 맹목적 믿음이 아니라 교육과 이해를 강조했다. 그의 유일한 목표는 설득을 통해 삶에 내재하는 괴로움을 없애는 것이었다. 인격의 심리학에 뿌리를 둔 이 실용적이고 개방적이며 이성적이지만 진심에서 우러나고 무의미하지 않은 붓다의 심적 태도는 제자들, 후대 비구와 다른 신도들에게 영향을 미쳤다. 언젠가 붓다는 비구들에게 이렇게 말했다.

---

113 M i, 99.

114 A. I. 131. 이 구절은 Itivuttaka, No. 106; *Samyuktagama, T2, 404a.

[비구들이여] 나아가라, 많은 사람의 유익을 위하여, 많은 사람의
행복을 위하여, 세상에 대한 자비에서, 신과 인간의 선과 이익과
행복을 위하여 가거라. 두 사람이 한길로 가지 않도록 하라. [비구
들이여] 처음도 훌륭하고 중간도 훌륭하고 끝도 훌륭하며 정신과
문체 모두에서 훌륭하게 법을 설하라.[115]

붓다의 마음 태도와 성격은 결국 붓다의 말씀을 세상에 널리 알리는
데 크게 기여했다. 그의 회복력과 적응력으로 붓다는 시간이 지남에
따라 지역 전통과 다양한 국가의 문화와 양식에 동화될 수 있는 능력을
지닌 가르침을 창조했다. 2,500년이 넘는 세월이 흐른 지금, 담마는
시간의 파괴를 견뎌낼 수 있음이 증명되었다고 할 수 있다. 담마는
오늘날에 이르기까지 고따마 붓다와 그 제자들의 천재성에 힘입어
아시아를 넘어 오늘날의 포스트모던 시대에도 부활하고 있다.

---

115 Mahavagga 19-20.

3장 불교심리학의 기초

데이비드 칼루파하나(David J. Kalupahana)

서론[1]

초기 설법에서 사용된 세 가지 용어로 붓다의 심리학적 사색의 근본적인 측면이 설명될 수 있다. 본래 초기 설법에서 불교심리학 전체를 설명하는 이 세 가지 용어 각각은 수백 가지의 다른 심리학적 개념이 포함될 수 있기에 근본적 측면이라고 한다. 그것은 심(citta, 心), 의(mana), 식(vijnana)이다. SN(2.94-)에는 이 세 가지 심리학적 현상의 본질과 인간의 삶과 관련된 고통으로부터 해방되기 위해 치유해야 하는 방식을 설명하는 두 개의 짧은 교설이 포함되어 있다. 형이상학적 이상주의를 정당화하기 위해 잘못 해석되기도 하지만, 이 두 교설의 엄청난 중요성을 고려하여 필자는 이 논의를 그중 첫 번째 교설의 전체 번역으로 시작할 것을 제안한다.

---

1 빠알리어 텍스트에 대한 참조는 런던 빠알리어 텍스트 협회의 판본에 의한 것이다.

(1) 나는 이렇게 들었다. 한때 세존은 제타의 정원에 있는 사왓띠에 거주하고 계셨는데… 그때 세존은 〔비구들〕에게 "〔비구들이여〕!"라고 말했다. "예, 세존이시여." 〔비구들이〕 대답했다. 세존은 이렇게 말했다.

(2) "〔비구들이여〕 배우지 못한 범부(*영문 individualist를 '범부'로 번역한다.『상윳따 니까야』 2권「배우지 못한 자 경(Assutavā-sutta)」(SN 12:61),「바다경(Samudda-sutta)」(S35:228) 등에서 '배우지 못한 범부'로 풀이하는 불전 번역의 일반 용례를 따름)도 4대四大로 이루어진 이 몸에 대해 혐오스러워하고, 탐욕이 빛바래고 벗어나려 할 것이다.

(3) 그 이유는 무엇인가? 비구들이여, 4대로 이루어진 이 몸이 활기찰 때도 있고 의기소침할 때도 있고, 받을 때도 있고 내려놓을 때도 있는 것을 보기 때문이다. 그러므로 배우지 못한 범부는 4대로 이루어진 이 몸에 대하여 혐오스러워하고, 탐욕이 빛바래고 벗어나려 하는 것이다.

(4) 비구들이여, 그러나 배우지 못한 범부는 '마음'이라고도 하고, '마노(意)'라고도 하고, '식識'이라고도 부르는 이것에 대해서 혐오할 수 없고, 탐욕이 빛바랠 수 없고 벗어날 수 없다.

(5) 그 이유는 무엇인가? 〔비구들이여〕 배우지 못한 범부는 오랫동안 그것을 '이것은 내 것이다. 이것은 나다. 이것은 나의 자아이다'라고 움켜쥐고 내 것으로 삼고 취착했기 때문이다.

(6) 비구들이여, 배우지 못한 범부는 차라리 4대로 이루어진 이 몸을 자아라고 할지언정 '마음'을 자아라고 해서는 안 된다.

(7) 그 이유는 무엇인가? 〔비구들이여〕 이 4대로 이루어진 이
몸은 1년 동안 남아 있고, 2년 동안 남아 있고, 3년 동안 남아
있고, 4년 동안 남아 있고, 5년 동안 남아 있고 10년 동안 남아
있고 20년 동안 남아 있고 30년 동안 남아 있고 40년 동안 남아
있고 50년 동안 남아 있고 100년 동안, 더 오랫동안 남아 있다.
비구들이여, 무엇이든 '마음', '마노', '식'이라고 부르는 이것은,
낮이건 밤이건 생길 때 다르고 소멸할 때 다르기 때문이다.

(8) 〔비구들이여〕 원숭이가 숲속을 헤매면서 이 가지를 잡았다
놓아버리고 다른 나뭇가지를 잡는 것과 같다. 〔비구들이여〕, 그와
같이 무엇이든지 '마음'이라고도 하고, '마노'라고도 하고, '식'이라
고도 부르는 이것은, 낮이건 밤이건 생길 때 다르고 소멸할 때
다르다.

(9) 비구들이여, 거기에서 잘 배운 성스러운 세존의 제자는 **연기**에
대한 발생을 따라 잘 숙고한다. '저것이 있을 때 이것이 생긴다.
저것이 일어나면 이것이 생긴다. 저것이 없을 때 이것은 없다.
저것이 소멸할 때 이것이 소멸한다.' 예를 들어 무명을 조건으로
의도적 행위들이, 의도적 행위들을 조건으로 식이… 이와 같이
이 괴로움의 전체 무더기가 발생한다.

(10) 무명이 남김없이 빛바래어 소멸하기 때문에 의도적 행위들이
소멸하고, 의도적 행위들이 소멸하기 때문에 식이 소멸하고…
이와 같이 이 괴로움의 전체 무더기가 소멸한다.

(11) 이와 같이 비구들이여, 잘 배운 성스러운 세존의 제자는
색(물질)을 싫어하고, 수(느낌)를 싫어하고, 상(인식)을 싫어하고,

행(의향)을 싫어하고, 식(의식)을 싫어한다. 염오하면서 탐욕이 빛바래고, 탐욕이 빛바래므로 해탈한다. 해탈하면 해탈했다는 지혜가 있다. '태어남은 다했다. 청정범행은 성취되었다. 할 일을 다해 마쳤으며 다시는 어떤 존재로도 돌아오지 않을 것이다.'라고 꿰뚫어 안다.[2] [*「배우지 못한 자 경(Assutavā-sutta)」(SN 12:61), 각묵, 대림스님 번역 참조]

붓다는 명칭이 사용될 때마다 어떤 현상을 지칭함에 있어서 그것은 형이상학적으로 실제 존재하는 실체로 이해되는 경향이 있음을 상당히 잘 인식하고 있었던 것으로 보인다. 그러한 실체는 흔히 경험과/또는 설명을 넘어 존재하는 것으로 인식된다. 검토 중인 세 가지 용어에 대해서도 마찬가지이다. 이러한 관점을 피하기 위해, 붓다는 "생각한다"(SN 5.418, 또한 3.151), "마음에 둔다"(MN 1.292)라는 동사형을 사용했고, 특히 '의식'의 경우에는, 의식하는 기능에 불과하다는 아이디어를 강조하기 위해 "의식하고 있다, 의식하고 있다, 그러므로 친구들, 그것을 '의식'이라고 부르는 것이다."(MN 1.292)라고 말했다.

---

2 이것은 문자 그대로의 번역이다. 그것을 문자 그대로 만드는 이유는 우리가 그것을 관용적 영어로 번역하려고 하면 교설의 중요한 측면을 잃어버리기 때문이다. 따라서 그 방식을 강조할 필요가 있었다. 생각, 마음 및 의식이라는 용어가 설명된다. 그것들은 따옴표 안에 배치된다. 따라서 동의어가 아닌 별도의 개념에 대한 참조로 이해될 수 있다. 이것은 나중에 자세히 논의될 것이다.

마음(Citta, 心)

『범망경(Brahmajala-suttanta)』에 따르면, 마음(心)의 가장 중요한 측면 중 하나는 붓다 이전 인도에서 유행했던 많은 형이상학적 관점을 형성하는 데 도구가 된다(DN 1.28-38)는 것이다. 논리와 탐구(MN 1.29)의 결과인 이론은 마음에 직접 기반을 두고 있기 때문에 제쳐두기로 하자. 더 흥미로운 것은 이러한 형이상학자 중 일부가 자신의 형이상학적 추측을 정당화하기 위해 비범한 능력이나 더 높은 형태의 지식에 의존했다는 것이다. 다음은 정형구이다.

여기에서 일부 수행자들과 브라만들은 노력과 정진, 명상 및 적절한 반성을 거쳐 그러한 마음의 집중을 성취하고, 마음이 집중될 때, 예를 들어 한 생, 두 생, 세 생, 네 생, 다섯 생, 열 생, 스무 생, 삼십 생, 사십 생, 오십 생, 백 생, 십만 번의 생, 다양한 만 번의 생, 다양한 십만 번의 생과 같이, 다양하게 확립된 이전 거처를 기억한다. "거기서 나는 그런 사람, 이름, 씨족, 계급이었고, 그런 음식을 먹고, 그런 행복과 괴로움 및 그러한 삶의 기간을 경험했다. 그는 그곳에서 세상을 떠났고, 나는 여기서 태어났다." 그리고 그는 특징과 내력을 지닌 전생의 다종다양한 거처를 기억한다. 그는 이렇게 말했다. '자아와 세계는 영원하고, 메마르고, 똑바로 서 있고, 기둥처럼 안정되어 있으며, 이 생물들은 이리저리 뛰어다니고, 돌아다니고, 실제로 영원처럼 존재한다.'(MN 1.13-14)

숙명통에 관해 전통적인 불교 이전의 관조들이 제시한 것으로 추정되는 위의 진술과 그 설명을 붓다가 제시한 다음 진술과 비교해 보자.

그는 이와 같이 그의 마음이 집중되고, 정화되고, 깨끗해지고, 흠이 없고, 장애가 사라지고, 부드럽고, 유연하고, 안정되어 안정에 도달할 때, 그의 마음을 전생을 기억하는 지혜로 향하게 한다. 그는 다양하게 확립된 이전 거주지, 이전 거처를 기억한다. 예를 들어 한 생, 두 생, 세 생, 네 생, 다섯 생, 열 생, 스무 생, 서른 생, 마흔 생, 오십 생, 백 생, 수십만 생, 수많은 파괴의 시대(겁劫), 수많은 진화의 시대(겁), 수많은 파괴와 진화의 시대(겁) 등이다. "나는 그곳에 그러한 이름, 종족, 계급이었고, 그런 음식을 먹었고 그러한 행복과 괴로움, 그리고 그러한 수명의 한계를 경험했다. 그는 그곳에서 세상을 떠났고 내가 이곳에서 태어났다. 그곳에서 또한 나 역시 그런 이름을 가지고 그런 종족이었으며 그런 음식을 먹고 그런 행복과 괴로움을 겪었고 그런 수명을 가졌다. 그는 그곳에서 세상을 떠났고, 나는 여기서 태어났다." 그리고 그는 특징과 내력을 지닌 전생의 다종다양한 거처를 기억한다.(MN 1.81)

두 구절은 숙명통에 대한 설명으로 매우 유사하다. 단지 전통 인도 철학자에 의해 주창된 이론인 숙명통이 마침내 영구적이고 영원한 자아와 세계에 대한 개념으로 이어진다고 가정하는 첫 번째 단락의 결론만 다르다. 그러나 기억 자체에 대한 설명은 그러한 결론에 대한 여지를 허용하지 않는다. 붓다의 숙명통에 대한 설명은 절대적 동일성에 대한 개념을 피하기 위해 신중하게 표현된 것으로 보인다. 여기에서도 붓다는 한 문장 내에서 주체를 섞는 다소 특이한 언어구조를 제시한다. 따라서 다음과 같은 문장이 나온다. "그는 거기에서 떠나, 나는 여기에서 태어났다."³ 이렇게 기억을 묘사함으로써, 붓다는 생존에 대한 비동일성 이론을 제시하고 있다.

두 번째 단락의 또 다른 중요한 측면은 관조자가 숙명통을 진전시키는 방향으로 그의 마음을 이끌고 향한다는 것이다. 일반적으로 인간의 생명의 기원과 지속성, 그리고 우주에 관련된 형이상학적 입장을 너무 멀리 가정하는 것으로 생각되지만, 초기의 설법에서 동일한 회상을 묘사하는 또 다른 구절은 다음과 같다: "실제로 그는 그곳과 그곳에 도달하며, 감각기능이 존재하는 경우에만 목격자는 적절성에 이른다."(MN 1.494-496, AN 3.17-19)⁴ 이 다소 난해한 언설은 목격자가 감각기능을 갖는 것이 적절하다는 점을 나타내는 것으로 이해할 수 있다. 이는 마음이 감각기능이라는 형태의 제동장치가 없다면, 경험을 넘어 검증할 수 없는 실체의 존재를 가정하게 될 수 있다는

---

3 텍스트 편집자는 3인칭 단수인 문장의 첫 번째 부분의 주어와 문장의 두 번째 부분의 동사가 1인칭 단수인 점을 이해하는 데 어려움을 겪고 있는 것으로 보인다.

4 필자의 번역 "~때마다"에 유의하시오; *역자 주: 이 주는 전통 인도철학에서 감각기관과 관계없이 항상 존재하는 목격(관조)자를 실체로서 전제하는 것과 달리, 붓다가 말한 목격(관조)자는 감각기능에 따라 경험한다는 차이를 나타내려는 설명으로 보인다.

것을 의미한다. 이 감각기능들은 마음에 대한 절에 포함된 표에서 언급된다.

반성과 관찰은 마음과 관련된 활동으로 간주된다. 반성은 과거를 성찰하는 과정이며, 관찰은 탐구의 지평을 넓히기 위한 것이다. 마음의 작용을 잘 알고 있던 붓다는 관조자들에게 이러한 과정의 추구를 자제하라고 권고했다. 그는 아마도 이 두 가지 과정이 우주의 기원과 범위에 대한 추측으로 이어지는 과정이라고 느꼈을 것이다. 따라서 이러한 방법을 통해 얻을 수 있는 모든 정보를 수집한 후, 관조자는 세 번째 예비 관조 단계에서 이 두 가지 수행을 일시적으로 중단한다. 첫 번째 단계에서 도덕적 상태의 달성과 경험 대상에 대한 감정적 몰두를 억제함과 동시에 관조자는 문자 그대로 '자세히 관찰하기'인 '고찰'의 단계를 달성할 수 있다. 그것은 단지 후에 관조자가 더 높은 형태의 지식을 발전시키는 방향으로 마음을 기울일 수 있는 상태에 도달하는 것이다.

마음의 억제가 인식론적 문제에서 중요하다 할지라도 어떤 형태의 도덕적 실천의 영역에서는 놀랍게도 마음을 억제하지 않는 것이 필수적인 것으로 간주된다. 따라서 모든 사람에게 자애와 연민을 베풀 때 마음의 한계를 버려야 한다.(SN 2.173; 3.31) 일반적으로 세상은 마음에 의해 인도되며, 따라서 '좋은' 또는 '나쁜'(SN 1.39)에 대한 힘을 강조하는 것으로 느껴진다.

마음 개념에 대한 또 하나의 다소 만연한 오해가 해명될 필요가 있다. 이것은 마음이 본래는 빛이 있지만, 우연적 요소에 의해 오염된다는 견해이다. 교설의 진술은 다음과 같다.

비구들이여, 이 마음은 빛이 나지만 그것은 참으로 우연적 염오에 의해 더럽혀진다. 배우지 못한 범부는 어떻게 된 것인지 알지 못한다. 그러므로 나는 배우지 못한 범부에게는 마음의 계발이 없다고 말한다. 〔비구들이여〕, 이 마음은 우연적인 염오에서 벗어난다. 잘 배운 세존의 제자는 그것이 일어난 대로 안다. 그러므로 내가 말하노니 잘 배운 세존의 제자에게는 마음의 계발이 있느니라."(SN 1.10)

본래 밝은 마음을 소유하는 것과 올바른 함양과 계발의 결과 마음을 빛나게 하는 것은 다른 것이다. 첫 번째는 마음이 자연적으로 순수하다고 가정하는 초월적 이상주의자의 믿음을 나타낸다. 그러나 원문은 본래 밝음이 아니라 단순히 밝음을 나타낸다. 두 번째는 인간의 노력으로 마음이 순수하고 빛날 수 있다고 생각하는 실용주의자의 관점이다. 붓다가 채택한 것은 바로 이 후자의 관점이다. 사실, 그는 마음을 금광석, 문자 그대로(AN 3.16) "〔무언가가〕 생겨나는 형태"에 비유했다. 금광석은 금이 아니라 다른 원소들이 많이 섞여서 빛을 내지 않는 것이다. 그것을 제련하고 씻어서 순금으로 만들어야 귀중한 금 장신구를 만들 수 있다. 마찬가지로 마음이 유연하고 빛나고 유연하여 깨달음과 해탈의 성취에 활용되기 위해서는 적어도 다섯 가지 장애를 정화해야 한다.

마노(Mano, 意)

마음과 달리 마노(意)는 항상 감각 지각 능력의 범주에 포함되었다. 앞에서 언급했듯이 감각기능들은 때때로 검증 가능한 경험 대상에서 멀어지는 성향이 있는 마음을 견제하는 수단으로서 매우 중요하다. 눈, 귀, 코, 혀, 몸(또는 피부), 마음(또는 뇌)의 여섯 가지 내부 기능과 물질 형태, 소리, 냄새, 맛, 대상 및 아이디어를 지각하는 여섯 가지 외부 기능이 포함된다.(MN 1.111-112) 빠알리어 텍스트 협회의 『빠알리어 사전』 편집자들은 하나의 감각기능 아래 감각과 대상이 모두 포함된 아이디어를 표현할 하나의 영어 용어를 찾는 데 어려움을 겪었다. 가장 좋은 영어 용어는 "관문" 또는 "감관의 문"이다. 필자는 감각/지각 기능을 나타내는 우리의 익숙한 번역을 계속 사용하겠다.

다섯 가지 물리적 감각기능들은 각각의 대상이 있지만, 모두 의근에 의존하는 반면, 마음은 다른 모든 감각기능의 대상을 경험할 때 자신의 대상을 가진다.(1.295) 대상에 대한 감각기능들의 이러한 관계는 초월적 인식의 대상에도 적용되어야 한다. 왜냐하면 감각기능들은 초월적 인식 대상에도 효과적인 기반을 제공할 것이기 때문이다. 우리는 도표 형식으로 그것들을 나타낼 수 있다.(아래의 감각기능과 대상 도표 참조) 붓다에 따르면 감각기능들은 연기의 원리로 작용하며 이것이 모든 경험 현상이 작동하는 중심해석이다. 자주 인용되는 『맛지마 니까야』(MN)의 진술(1.111-112)은 다음과 같이 내부 및 외부 감각기능의 일상적으로 제한되지 않는 감각 경험 과정을 설명한다.

친구여, 눈과 물질 형태에 의거하여 시각 의식이 일어난다. 세 가지의 만남은 접촉이다. 접촉에 의존하여 느낌이 생긴다. 우리가 느끼는 것을 우리는 인식한다. 우리가 인식하는 것을 우리는 숙고한다. 우리가 숙고하는 것은 집착을 야기한다. 과거, 미래, 현재에 걸쳐 눈으로 알 수 있는 물질적 형태에 대해, 집착을 야기하는 것, 인식에 대한 집착과 그것으로부터 비롯된 관념은 우리를 압도한다.

다른 다섯 가지 감각기능들에 대해서도 동일한 설명이 반복된다. 이러한 진술에서 우리는 느낌이 일어날 때까지의 과정을 설명하기 위해 연기(의존적 발생)의 원리가 적용됨을 발견한다. 감성적인 면이 인간의 삶을 사로잡는 것은 바로 이 단계다. 이것을 서술에서 표현하기 위해 의존이라는 수동형의 언어는 그 자체로 뜻에 영향을 미치지 않으면서 자신의 개념을 쉽게 하는 능동형 언어 표현으로 대체된다. 그러나 인식 과정이 계속됨에 따라 자아 개념은 영속적이고 영원하다고 생각되는 형이상학적 실체로 성장한다. 이러한 방식으로 자아 중심적인 자아에 대한 환상적 믿음과 이와 관련된 모든 집착이 생성된다.

감각기능의 제어는 그러한 집착의 발생을 제거하기 위한 것이다. 마가다의 빔비사라 왕과 토론하는 과정에서 붓다는 이러한 제어를 다음과 같이 설명한다.

오, 대왕이시여, 비구가 어떻게 감각기능들을 잘 지키겠습니까?

여기서 대왕이시여, 비구는 눈으로 형상을 볼 때 그 전체 표상을 취하지 않으며, 또 그 세세한 부분상도 취하지 않습니다. 눈의 기능이 제어되지 않으면 탐욕과 싫어하는 마음과 같은 악한 성향이 유입됩니다. 따라서 그는 먼저 눈의 감각기증을 제어하여 눈의 감각기능을 보호하고 눈의 감각기능을 잘 단속하기에 이릅니다.

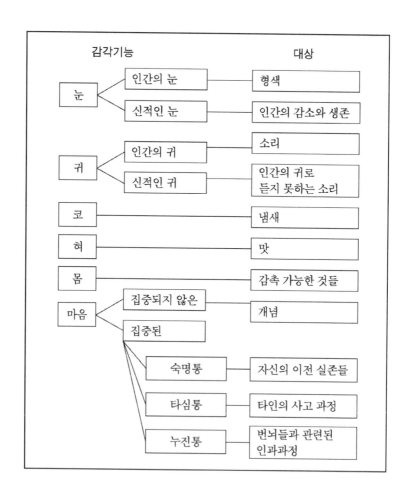

이것은 다른 외부 기능뿐만 아니라 내부 기능과 관련하여 반복된다.(DN 1.70) 필자는 이미 "고찰(consideration)"이라고 불리는 사색의 상태에서 달성되는 지적인 집착과 감정적 몰두의 소거에 대해 언급했다. 필자는 다른 곳에서 이러한 다양한 명상 단계에 대한 상세한 설명을 제시했다.[5] 이는 비범한 형태의 지식을 성취하기 위해 마음을 향할 수 있을 정도로 마음이 발달했기 때문이다. 따라서 그것들을 신비로운 것으로 낙인을 찍고 감각 경험의 제한된 형태와 완전히 구별할 이유는 없다. 빠알리어 가르침에서 인정되는 초월적 인식은 다음과 같다.

(1) 신족통(psychokinesis): 지식의 형태가 아니라 능력인 신통 행위(Psychokinesis). 관조하는 동안 "의지의 힘"의 다양한 표현으로 구성된다.〔『청정도론(Visuddhimagga)』405〕

(2) 천이통(Clairaudience, 투청력): 일반 청각 기능의 범위를 훨씬 넘어 멀리 떨어져 있어도 소리를 인지하는 기능. 정도와 깊이 모두에서 청각적 지각의 확장은 다른 방법으로는 추론할 수 없는 특정 상관 현상을 직접 지각할 수 있게 한다.

(3) 타심통(Telepathy): 다른 사람의 마음 기능뿐만 아니라 일반 상태를 이해하게 하는 텔레파시.

(4) 천안통(Retrocognition): 자신의 과거사를 지각하는 능력. 이 능력은 기억에 의존하며 이생의 과거뿐만 아니라 인간의

---

5 필자의 *History of Buddhist philosophy*, Honolulu: The University of Hawaii Press, 1992, pp.36~43을 보라.

진화 발전에서 상당히 강렬한 인상에 대한 정보를 불러온다. (5) 숙명통(Clarivoyance, 예지력, 투시), 다른 요인 중에서도 자신 스스로의 행위에 의해 조건 지워진 삶의 과정에서 방황하는 다른 존재의 죽음과 생존에 대한 지식. 이러한 형태의 지식에 대해 주목해야 할 흥미로운 점은 자신의 기억에 의존하는 숙명통과 달리, 수집할 수 있는 정보는 그 존재의 죽음과 생존의 순간에 대한 것이라는 점이다. 따라서 현재분사를 사용하는 붓다의 설명은 "중생이 태어나고 그 행위에 따라 움직이는 것을 본다."는 것이다. 숙명통과 함께 이 신통력은 자신과 다른 존재의 생존을 하나의 종種으로 확인할 수 있게 한다.

따라서 붓다는 당대의 인식론적 이론에 대한 비판을 제시한 후 경험주의의 한 형태, 즉 서구 세계에서와 같이 엄격하게 감각적 경험에 국한되지 않고 초월적 마음의 지각을 통해 수집된 관찰에 의한 정보도 포함하는 경험주의를 받아들였다. 이것은 『일체경(Sabba Sutta)』(SN 4.15)이라고 불리는 짧지만 매우 중요한 교설에 간결하게 언급되어 있다. 특히 경험주의에 대한 불교 이론의 본질을 결정하는 데 있어 이 교설의 중요성을 생각하여 여기 완전한 인용을 제시한다.

나는 이렇게 들었다. 한때 세존이 사왓띠 제타의 정원에 계셨을 때, … 그때 세존이 〔비구들〕에게 말했다: "오, 〔비구들이여〕!" 〔비구들〕이 대답했다. "네, 세존이시여." 세존은 이렇게 말했다. 들어보라. 비구들이여, 무엇이 **일체**인가? 눈과 물질의 형태, 귀와 소리, 코와 냄새, 혀와 맛, 몸과 감촉, 마노와 법. 이것들을 일체라고 한다. [비구들이여], '나는 이 **일체**를 버리고 다른 **일체**를 선포하겠다'고 말하는 사람은 [자신의] 말로만 떠벌리는 것일 뿐이다. 그러나 질문을 받으면 그는 대답할 수 없을 뿐만 아니라 더 크게 곤혹스러울 것이다. 그 이유는 무엇인가? 경험의 범위를 벗어났기 때문이다."[6]

이 설법은 의심할 여지없이 붓다 교설에서 감각기능들의 의의를 뒷받침하는 가장 좋은 증거이다. 육감으로서의 마음(또는 오히려 대뇌피질)의 인식론적 의미에 더하여, 그것은 또한 심리학으로서 불교의 가르침을 확증하는 데 중요한 역할을 한다. 나는 『법구경(Dhamma-pada)』[7]의 구조에 기초하여, 후기 불교도가 『바가바드기따(Bhagavad-gita)』(약 기원전 200년)에 대한 응답으로 편찬했다는 충분한 증거를 이미 제시했다. 그러나 그 구절은 초기 설법에서 추출되어 논쟁의 구조에 맞게 배열되었다. 그러므로 이런 명제 자체는 붓다 자신의 것으로 추정할 수 있다. 『법구경』 편집자들이 마노에 부여한 중요성은 텍스트의 앞의 두 단락에서 뚜렷하게 알 수 있다.

---

6 한역 판본은 대담자로 Janussoni(성문승으로 오해되고 잘못 번역된)라는 브라만을 소개한다. Takakusu, J., & Wanatabe, K.(Eds.). (1924-1929) 참조. Tokyo: Taisho Shinshu Daizokyo Kanko Kai, 1924-1929, 2. 91a-b. 사실 빠알리어의 다른 설법에 따르면 야눗소니는 붓다에게 와서 온갖 형이상학적 질문을 하는 사람이다.
7 *Dhammapada*. Lanham: University Press of America, 1986 참조.

(1) 경험은 의(mano)에 의존해서 발생하고 마음에 의해 지배되며 마음이 만든 것이다. 나쁜 마음으로 말하거나 행동하면 반드시 괴로움이 따라온다. 마치 수레가 황소의 발을 뒤따르듯이.
(2) 경험은 마음에 의존해서 발생하고 마음이 지배하고 마음이 만든 것이다. 깨끗한 마음으로 말하거나 행동하면 행복이 떠나지 않는 그림자처럼 따라온다.

이것은 행복이나 불행에 이바지하는 삶이 주로 인간 마음의 본성과 상태에 근거한다는 것을 의미한다. 모든 감각기능의 중심에 있는 마음은 붓다의 심리학적 마음 이론과의 관련성을 보여준다.

의식(Viññāna, 識)

의식은 인격의 필수적인 부분이다. 설법에서 우리는 다섯 가지 요인(심리적 양상)으로 분석된 인격을 볼 수 있다. 그것은 색(물질, rupa), 수(느낌, vedana), 상(여섯 가지 지각, 인식, sanna), 행(의향, 이미지, sankhara) 및 식(의식, vinnana)이다. 이것은 설법에서 매우 즐겨 사용되는 분석이다. 그것은 실체적이거나 영구적이거나 영원한 자아(atman)의 부재를 증명하기 위해 고안된 것이기 때문에 즐겨 사용된다. 각각의 요소를 취하여, "내 것이 아니다. 그는 내가 아니다. 그는 나의 자아가 아니다."(AN 1.284-285; 2.171, 202, etc.[8])라고 말해진다.

---

8 첫 번째 문장에서는 각각의 다섯 가지 요인을 지칭하기 위해 중성 단수를 사용하였음에 주목하시오. 반면에 두 번째와 세 번째 문장에서는 "나"와 "자아"를 지칭하기

그 요소를 있는 그대로 인식하는 사람은 가장 먼 거리(화살)를 쏘는 전사에 비유된다. 다섯 가지 요소는 사람이 쏠 수 있는 가장 긴 거리를 나타내므로 범위는 넓지만 제한적이다. 그러나 영원하고 영원한 자아를 믿는 사람의 경우와 같이 무한한 것은 아니다. 그에 반해 다섯 가지 요소로 이루어진 인격은 유한하여 영원하지 않다.(anatman) 무상 개념과 관련될 수 있는 소멸 개념을 피하기 위해, 그것은 종종 변형의 성질을 지닌 것으로 한정되어 그 연속성이 강조된다.(SN 2. 274; 3. 8, 107-108; 4. 7 이하, 25, 34, 40, 67 이하)

다섯 가지 요소는 별개의 요소가 아니라 통합된 요소이다. 그것들은 연결되어 있고 함께 협력하여 기능한다. 그렇지 않으면 완전한 인간은 없을 것이다. 육체(rupa, 色)는 인간 성격의 물리적 기초이다.(심리학적으로 행동으로 나타남) 신체적 근거 없이 정신적 인격이 있을 수 있다고 생각하는 사람은 착각이다.(SN 3.53, 55, 58) 느낌(受)은 특히 행복(sukha), 괴로움(dukkha), 무덤덤함이라는 세 가지 특성에서 성격의 정서적 구성요소와 감정적 내용을 설명한다. 현대 심리학 용어로 이 양식은 두려움, 분노, 슬픔, 기쁨, 사랑, 우울증의 정동 장애, 이완 및 침묵의 고요한 상태와 같은 기본 감정에 관한 것이다. 지각(想)은 성격의 감각 양식을 나타낸다. 그것은 대부분 인지와 복잡하게 연결되어 있다. 이 용어는 실용주의를 표현한다. 지각의 성격은 "조합되어 알려진" 것을 의미하기 때문이다. 다시 말해서 그것은 앎과 무관한 것도 아니고 순수한 정신적 조작도 아니다. 오히려

때문에 남성 대명사를 사용하였다.

그 사람이 제시한 정보를 바탕으로 정리하여 하나의 관문이나 여섯 가지 감각기관의 문(六觀門)의 조합으로 들어온 것이다.

마음이 순수하게 인지하도록 훈련하는 것은 명상적 자각의 목표 중 하나이다. 의향(行)은 인간 행동의 긍정적 측면을 나타낸다. 그것들은 형이상학자가 상정한 "의지" 개념을 대체한다. 의향들은 그 자체로 인간의 이익에 따라 좌우된다. 의욕은 일반적으로 의도, 업에 대한 관련 개념(의도적 행동), 또는 실제로 의지, 선택의 목표를 달성하기 위해 행동하겠다는 약속을 나타내는 개념을 나타낸다. 마지막으로 의식(識)은 단지 인지활동일 뿐만 아니라 살아있는 인격으로서의 인간의 연속성을 설명하는 것이다. 이는 의식이 기억(DN 1.134)에 뒤이어 기능하고 인상을 되살릴 수 있고 이전 경험에서 필터링 된 정보를 불러올 수 있기 때문이다. 의식의 중요성은 물질의 형태가 4대 요소(물, 흙, 바람, 불)에 의존하고 감정, 감각 지각 및 사유 의도는 접촉에 의존하지만, 의식은 심신적 개체(명색, nama-rupa)로서의 개인의 전체 인격에 대한 인지에 의존한다(SN 1. 101-102)는 붓다의 주장에서 더 자세히 설명된다.

앞서 간략하게 언급한 의식의 두 가지 기능을 더 자세히 논술해야 한다. 첫 번째는 인간 지식과의 관련성이고 두 번째는 인격의 사후 존재와의 관계이다. 감각기관과 그 대상의 활동이 각각의 의식 형태를 이끌지 않는 한, 어떤 지식이나 이해도 없을 것이라는 점에 유의할 수 있다.(SN 2. 72-75) 이와 같이 6근六根과 6경六境에 상응하여 우리가 알 수 있는 6식六識을 발견하게 되는데, 즉 안식, 이식, 비식, 설식, 신식, 의식이 그것이다. 의식의 인식론적 가치는 위대한 지혜를 갖는

것에 관해, 붓다의 제자 중 지도자인 사리뿟따(Sariputta)가 진술한
내용에서 한층 잘 드러난다.(AN 1. 23) 비구의 질문에 대해 사리뿟따는
의식과 지혜 사이에 차이가 없다고 주장했다. 그것들 사이의 유일한
차이점은 지혜는 계발되어야 하고 의식은 철저히 관찰되어야 한다는
것이다.(MN 1. 293) 즉, 의식의 본성을 이해하고 그 지식에 따라
행동하면 깨달은 자가 된다는 뜻이다. 사람이 의식을 이해하는 것을
어렵게 만드는 것은 무엇인가?

　이것은 우리를 인격의 연속성을 결정하는 요소로서 의식의 두
번째 기능으로 이끈다. 한 차례의 경험 기간 동안 뿐만 아니라 이전의
경험에서 현재에 이르기까지 그 연속성이 느껴질 때마다 깨어 있지
않은 사람은 그것이 과거에서 현재로 이어지는 하나의 동일한 의식이
라는 결론에 도달하기가 매우 쉽다. 앞서 언급한 바와 같이, 명상자도
그러한 잘못된 결론에 도달할 수 있다. 이것이 불교 이전 전통의
일부 명상자들이 영원하고 불변하는 자아가 있다는 결론에 도달했던
이유이다. 따라서 우리는 어부의 아들인 비구 사띠의 유명한 이단을
접하게 된다.(MN 1. 256-271) 붓다에 따르면, 사띠는 작동하고 움직이
는 것은 바로 이 동일한 의식이지 다른 것이 아니라는 견해를 견지했
다.(MN 1. 256-257) 어떤 비구들이 이것을 붓다에게 보고하자, 붓다는
사띠를 불러 평소와 같이 이 의식이 무엇을 의미하는지 물었다. 사띠는
이런 곳에서 좋은 행동과 나쁜 행동의 결과를 경험하는 사람이라고
대답했다. 붓다는 사띠가 그러한 견해를 붓다 자신의 가르침에 귀속시
킨 것에 대해 책망하고, 다양한 방식으로 의식이 일어나는 것에 대해
이야기했으며, 그 순간의 인과적 조건 없이는 의식이 일어나지 않는

것임을 강조했다. 붓다는 이를 의식이 어떻게 조절되고, 어떻게 순간
순간 사람을 조절하는지에 대해 상세한 설명을 하는 기회로 삼았다.

　필자가 다른 곳에서 언급했듯이,[9] 그것은 단지 붓다가 인간들에게
동물과 같은 감정과 태도를 포함한 네 가지 운명으로 윤회할 수 있다는
점을 주지시켜 행복에 유익한 삶을 받아들이도록 유도하고자 한 것이
었다. 말 그대로 동물로 다시 태어나는 실제 사건에 대해서는 설한
바가 없었다. 실제로, 붓다는 더 큰 동물 중 일부가 특정 사건을
결합할 수 있는 사고 과정과 같은 것을 가질 수 있다는 것을 인정했음에
도 불구하고 동물이 의식을 지닌다고 주장한 적은 없었다. 이것이
때때로 동물의 본능이라고 불리는 것을 설명할 수 있는가? 이것은
의식의 가장 중요한 특징, 즉 의식에 대한 올바른 이해가 어떻게
깨달음과 해탈로 이어질 수 있는지 알려준다. 만약 어떤 사람이 의식에
대한 적절한 이해를 통해 경험 세계에 대한 감정적 개입을 없앨 수
있다면 그 사람은 동시에 끌림, 혐오, 혼란/무지를 제거할 것이다.
이것은 현재를 살면서 달성하는 깨달음이고 해탈이며 "유여열반의
요소"(『여시어경(Ittivutaka)』 38)라고 한다. 의식이 연기적으로 일어났
다는 깨달음이 내세에 존재할 조건을 없애고 이러한 조건도 사라지면
그 사람은 죽을 때 의식이 확립되지 않은 상태로 죽는다고 한다.(SN
1.120-122, 3.119-124) 이것이 "유여열반의 요소"(Ittivutaka 38)이다.
이것이 의식이 불교의 궁극 목표인 속박과 괴로움, 또는 해탈과 행복에
기여하는 방식이다.

---

9 필자의 *Karma and rebirth*, Dehiwela, Sri Lanka: Buddhist Cultural Center, 2006, pp.70~83 참조.

맺음말

마음(심), 의, 의식(식)에 대한 위의 설명은 후기 불교도나 비 불교 형이상학자 중 일부에게는 받아들여지지 않았다. 그들은 붓다의 중도를 형이상학적 관념론으로 공식화하는 데 관심이 있었다. 이것은 분명 바수반두(Vasubandhu)의 『성유식론(Vijnaptimatratasiddhi)』에 대한 자주自註에 있는 첫 두 구절의 의도이다. 필자는 그 기원이 다소 의심스럽다고 생각한다. 두 구절이 실베인 레비(Sylvain Levi)가 편집한 원본 산스크리트어 판본에 나오지 않기 때문이다. 결과적으로 레비는 한역과 티베트어본에서 산스크리트어를 재구성해야 했다. 이것은 텍스트가 이 두 언어로 번역되기 이전에 바수반두 작업의 원 구절이 삭제되고 새로운 단락이 삽입되어 나중에 한문과 티베트어로 번역되었음을 의미한다. 여기서는 형이상학적 관념론자들의 견해를 명확하게 표현하고 있기 때문에 첫 번째 단락의 영역만 제공한다. 필자는 이 용어를 관념이라고 번역하는데, 왜냐하면 그것이 원인 동사에서 파생된 명사형이고, 관념은 의식을 알게 하는 것이기 때문이다.

대승에는 삼중의 기본적 세계에 대한 단순 관념이 확립되어 있다. 그것은 다음 논의 [속의 명제]에 기초한다. "정복자의 아들들이여, 그것은 마음뿐, 즉 삼중의 기본적 세계이다." "심, 의, 식 및 관념은 동의어이다." "마음뿐"은 [타인과] 연관되도록 의도되었다. "뿐"이란 대상을 부정하기 위한 것이다.(Levi, p.3 참조)[10]

---

10 Levi, S.(Ed.).(1925). *Vimsatika Vijnaptimatratasiddhi*. Paris: Libraire Ancienne

"마음뿐"은 아마도 4세기 또는 그 이전으로 소급되는 매우 극단적인 이상주의 문헌인 『능가경(Lankavatatara Sutra)』의 사례를 생각나게 할 것이다. 그러나 4세기 이래 『유식이십론(Vimsatika)』에 대한 자주自註의 다른 곳에서 바수반두는 그러한 의미를 전달하는 진술을 하지 않았다. 흥미롭게도 『유식삼십송(Trimsika)』에 대한 바수반두의 자주도 사용할 수 없게 되었다. 그 대신 바수반두를 형이상학적 이상주의자로 만드는 데 관심을 가진 6세기 저자 스띠라마띠(Shiramati)의 주석이 남아 있다.[11] 이에 따라 붓다의 도에 대한 형이상학적 견해는 대승불교 전성기에, 그리고 중국과 히말라야 지역으로의 전파에서 가장 우세하게 되고 영향력을 행사하게 되었다.

Honoré Champion.

11 필자의 *The principles of Buddhist psychology.* Albany: State University of New York Press, 1987, p.192ff 참조.

4장 불교심리학:
실용적 및 이론적 측면 탐색

파드말 드 실바(Padmal de Silva)

서론

초기불교 상좌부 문헌은 빠알리어를 사용했기 때문에 번역상의 문제를 지닌다. 빠알리어는 현재 구어가 아니며 다음과 같이 구성된다.

A. 원래 붓다가 가르친 것에 대한 표준으로 일반적으로 받아들여진 불교 경전은 그의 열반 직후 편찬되었고 기원전 1세기에 저술되기 시작했다. 그것은 3개의 "바구니", 즉 장(pitaka)으로 구성되어 있다. 붓다의 가르침 여정 전반에 걸쳐 다양한 경우에 대한 설법을 담고 있는 경장(Sutta Pitaka), 일생을 거쳐 법을 연구하고 수행하는 남녀 비구와 비구니를 위한 규율 규칙이 들어 있는 율장(Vinaya Pitaka), 기원전 250년경 다른 두 장의 자료보다 늦게 현재 형태로 최종화되고, 고도로 체계화된 철학적, 심리학적 분석을 담고 있는 논장(Abbidhamma Pitaka)으로

구성된다.

B. 5세기 말까지 현재 형태로 작성된 경전에 대한 초기 빠알리어 주석: 여기에는『수망갈라빌라씨니(Sumangala-Vilasini)』[DN에 대한 주석(*『디가 니까야』에 대한 붓다고사Buddhaghosa의 주석)은 *The Splendor of the Highest Blessing*으로 영역됨],『빠빤짜수다니』 (*Papancasudani*, MN에 대한 주석),『담마빠다-아타까따(Dham-mapada-atthakatha)』(『법구경』에 대한 주석)와 같은 주요 텍스트가 포함되며 이것들은 모두 스리랑카에서 편집되었다.

C. 주석 및 해석 작업으로 가장 잘 설명되는 같은 시기의 다른 빠알리어 문헌: 초기 설명 및 해석 텍스트에는 다른 것들 가운데,『위숟디막가(Visuddhimagga)』[붓다고사의『청정도론(The Path of Purification)』(5세기)],『밀린다빵하(Milindapanha)』(1세기 이래의, 또는 이후의 **밀린다왕문경**) 및『네띠빠까라나(Nettippakarana)』 (**담화해석 방법 안내**, 2세기 또는 1세기)가 포함된다.

폰 히뉘버(Von Hinüber, 1996)는 빠알리어 경전 및 관련 텍스트에 대한 전체적 설명을 제공한다. 상좌부에 대한 설명은 곰브리치 (Gombrich, 1988)를, 다른 불교 학파에 대한 논의는 뤼트(Reat, 1994)를 참조할 수 있다.

전체 빠알리어 경전(Pali Canon)과 대부분의 주석 및 해설 작업은 영어로 번역되어 런던의 PTS(빠알리어 텍스트 협회)에서 출판되었으며, 최근에는 다른 출판사에서도 출판되었다. 그러나 영어 판본은 종종 번역 및 해석 문제에 시달린다. 예를 들어 **둑카**(Dukkha, 산스크리트어 Duhkha)라는 용어는 많은 사람에 의해 "고苦"로 번역되었다. 이 번역은 고가 모든 존재를 특징짓는 것으로 기술되어 있기 때문에 불교의 가르침을 본질적으로 비관적인 것으로 묘사되게 했다. 일부 저자는 "불만족", "부조화" 및 "고통스러움"과 같은 대체 번역을 사용했다.(예: Gunaratna, 1968; Mathews, 1983) 이것들 중 어떤 것도 정확한 번역을 제공하지 않았다. 그중 라훌라(Rahula, 1967)는 그 용어를 번역하지 않은 채로 둔다. 또 다른 예는 **빠빤짜**(papanca, 산스크리트어 prapanca)라는 용어이다. 몇몇 학자(예: Kalupahana, 1987)는 이것을 "집착"으로 번역했다. 『PTS 영어사전』(Rhys Davids & Stede, 1921~1925)에서도 이 단어를 "집착"으로 번역하지만, 이것은 (정신병리학에서 불안 장애라는 특정한 의미 때문에) 문제가 있는 번역이다. **빠빤짜**는 불교심리학의 핵심 용어로 "장애", "희론 성향" 및 "상상력"으로 다양하게 번역된다. 이 주제는 이후 단락에서 다시 다룰 것이다.

지금 분명히 해야 할 것은 번역 문제가 상좌부 교설이나 다른 고대의 사고 체계를 이해하는 데 장애가 될 수 있다는 것이다. 이 장의 자료는 오직 빠알리어 텍스트 원문에서 가져온 것이다.

붓다의 가르침

불교심리학에 관심을 가지기 전에 빠알리어로 전해지는 가르침에 대해 약간의 소개를 할 필요가 있다. '알다' 또는 '이해하다'를 의미하고 문자 그대로 '깨달은 자'를 의미하는 어근 "budh"에서 유래된 명칭을 지닌 '붓다'는 기원전 563년부터 483년까지 인도 북부의 히말라야 산맥 기슭에 살았다.(붓다의 생애에 대한 훌륭한 설명은 Kalupahana & Kalupahana, 1982 및 Schumann, 1989 참조. 유용한 간략한 설명은 Guruge, 1999 참조) 붓다의 주요 가르침은 '사성제'에 포함되어 있으며 절대적으로 믿어야 할 어떤 것으로서 일반적으로 '진리'로 이해되는 것이 아니라 '고귀한 자'의 정리定理를 가리킨다.(담마의 주요 신조에 대한 보다 완전한 논의로는 Guruge, 1999 및 Rahula, 1967 참조) 즉,

(ⅰ) 삶은 "괴로움(苦)"으로 특징지어지며 불만족스럽다.(Dukkha)

(ⅱ) **괴로움**(Dukkha)의 **원인**(Samudaya)은 갈애 또는 갈망(과도한 욕망) (Tanha)이다.

(ⅲ) **괴로움**은 갈애나 갈망의 소멸 또는 제거를 **통해** 끝낼 수 있다.(Nirodha) 이것이 **열반**의 상태이다. 그리고

(ⅳ) 팔정도라고 불리는 이 소멸을 달성하는 **방법**(Magga)이 있다.

팔정도는 한편으로는 감각적이고 사치스러운 삶의 극단을 피하고 다른 한편으로는 엄격한 자기 고행의 삶을 피하기 때문에 중도라고도 한다. 팔정도는 바른 견해, 바른 생각, 바른 말, 바른 행동, 바른 생활, 바른 노력, 바른 마음챙김, 바른 집중이다. 이 길을 따라 삶을 영위하는 사람은 세속적 집착을 버리고 결국 '완성'된 상태로 설명할

수 있는 **아라한** 상태를 성취하기를 원한다. '**아라한**(Arahant)'이라는
단어는 문자 그대로 "가치 있는 자(존경받을 만한 자)"를 의미한다.(그는
그녀/그의 '내적인 적'을 물리쳤으므로 존경받을 만한 가치가 있다) 이 상태는
열반의 성취를 나타낸다. 붓다의 다른 주요 가르침은 영속적이고
불변하는 자아의 부정(비아, anatta)과 사물의 무상함 또는 일시성에
대한 관념(무상, anicca)을 포함한다. 불교의 가르침은 또한 신 개념을
배제한다. 우주를 다스리고 제공하는 창조주나 지고무상의 존재는
없다. 따라서 영원한 신의 형태로든 불변의 우주나 불변의 영혼의
형태로든 가르침에는 절대주의가 없다.

  세속적 삶을 포기하지 않고 **열반**을 향한 즉각적인 탐구에 전념하는
대다수 평신도들에게 붓다는 건전하고 실용적인 사회 윤리를 제공했
다. 그들에게는 타인의 권리를 존중하고 주변 사람에게 의무를 다하면
서 절제와 중용으로 특징지어지는 삶을 살 것을 권했다. 그러한 절제되
고 의무적인 삶은 궁극적 해탈 목표를 위한 필수 전제 조건일 뿐만
아니라, 그 자체로 목적으로 간주되었다. 예를 들어 붓다는 평신도들
에게 술을 마시지 않도록 충고했다. 왜냐하면 알코올의 탐닉은 부의
손실, 사회적으로 난처한 행동 성향, 불필요한 다툼, 명예실추, 건강
악화 및 종국에 정신 착란과 같은 명백한 나쁜 영향을 초래할 수
있기 때문이다.(『교계싱갈라경(Singalovada Sutta)』(DN III) 이렇듯 경험
적이고 실용적인 방법은 붓다 가르침의 윤리적 입장의 두드러진 특징
이다. 불교 윤리에 대한 자세한 고려 사항은 하비(Harvey, 2000)와
칼루파하나(Kalupahana, 1995)를 비롯한 여러 출처에서 얻을 수 있다.

담마의 심리학: 이론

심리학자들의 불교 가르침에 대한 관심과 흥미가 점차 증가하고 있다. 이는 불교 가르침이 많은 심리학을 담고 있기 때문일 것이다. 일부 경전 문헌과 후기 저작은 명확하게 이론화된 심리학의 예이며, 기타 많은 부분 또한 심리학 가설과 관련성에 대한 많은 자료를 제공한다. 예를 들어 **아비담마**(Abhidhamma)는 인간의 행동과 마음에 대한 고도로 체계화된 심리학적 설명을 포함하며, 그중 한 번역인 『담마상가니(Dhammasangani)』라는 책은 1900년에 처음 출간될 때 번역자인 캐롤라인 리스 데이비스가 『**불교심리윤리학 매뉴얼**(A Buddhist Manual of Psychological Ethics)』이라는 제목을 사용했다. 불교 수행과 생활 방식은 심리 변화의 측면에서 많은 것을 포함한다. 아라한 상태의 궁극적인 개인 목표는 주요 심리 변화를 반영하고 요구한다. 이 목표를 달성하는 데 이르는 길인 팔정도에는 심리적(예: 바른 생각과 바른 이해)으로만 설명할 수 있는 단계가 포함된다. 목표는 본질적으로 자신의 노력을 통해 달성할 수 있으므로 가르침이 사람의 생각과 행동에 대해 많은 것을 말해 주는 것은 놀라운 일이 아니다. 앞에서 언급했듯이, 아무도 신에게 청해서 자신을 구할 수 없다. 붓다도 제자들에게 목표를 달성할 수 있게끔 보장할 수 있다고 설하지 않았다. 반면 붓다는 그가 오직 길을 제시하는 스승일 뿐이고, 목표 달성의 실제 임무는 개인의 노력에 달려 있다고 분명히 말했다. (KN의 일부인) 『법구경(Dhammapada)』에서 많이 인용되는 구절은 다음과 같다. "해야 할 일은 반드시 스스로 완성해야 한다. 깨달은 자는 방법만 전수할 뿐이다."

다음 절에서는 담마의 일부 주요 심리학적 측면을 고려한 후, 몇 가지 기본 개념, 즉 동기, 지각과 인지를 설명할 것이다.

동기

불교심리학 논의에서 가장 논리적인 출발점은 아마도 동기 이론일 것이다. 무엇이 사람의 행동을 이끄는가? 인간 행동의 원동력은 무엇인가? 깨닫지 못한 자의 행동은 앞 절에서 언급했듯이 괴로움이나 "불만족"의 원인으로 간주되는 **갈애**(tanha)나 갈망에 의해 지배되고 움직인다고 한다. 갈애는 다음의 세 가지 기본 형태로 나뉜다. **오욕락에 대한 갈애**(kama tanha, 欲愛, 감각적 욕망에 대한 갈애), **존재에 대한 갈애**(bhava tanha, 有愛, 자기 보존에 대한 갈애) 및 **소멸에 대한 갈애**(vibhava tanha, 無有愛, 자기 소멸에 대한 갈애, 예: SN V)가 그것이다.

일부 저자들은 불교 가르침의 이 세 가지 주요 충동을 각각 리비도, 자아, 죽음(thanatos, 타나토스)에 대한 프로이트의 개념과 비교했다.(M.W.P de Silva, 1973, 1978, 2005) 프로이트 이론에서처럼 이러한 동기 해석은 전형적인 환원주의, 즉 모든 행동은 근본적으로 소수의 기본 동력을 갖는 것으로 간주될 수 있다. 비록 갈애가 "괴로움"의 근원으로 여겨지지만 **갈애**라는 용어가 부정적 의미로만 사용되는 것은 아니다. 불교 문헌에는 "고"의 소멸을 위한 갈애를 계발할 수도 있다고 인정되는 여러 사례가 있다. 따라서 **갈애**는 바람직한 힘의 형태를 취하거나 바뀔 수 있다. 예를 들어 해설 문헌 『네띠빠까라나

(Nettippakarana)』는 다음과 같이 말한다.

> 여기서 갈애는 두 가지 종류가 있는데, 선한 것과 선하지 못한 것이다. 불선한 종류는 만족스럽지 못한 세속적 존재를 동반하는 반면, 선한 종류는 갈애를 버리게끔 한다.

아마도 차이는 욕망과 과도 욕망 간의 구별일 것이다. 동기에 대한 진일보한 분석에서 담마는 불건전하거나 바람직하지 않은 행위를 초래하는 세 가지 요소를 식별한다. 이것들은 **탐**(raga, 열망 또는 욕심), **진**(dosa, 증오 또는 악의), **치**(moha, 망상 또는 잘못된 믿음)(예: AN I, AN II)이다. 모든 불건전한 행위는 일련의 근본적 뿌리에서 비롯된 것으로 간주된다. 사실, 텍스트는 이것을 "뿌리"(mula)라고 명시적으로 언급한다. 그것들은 **불선 뿌리**(akusalamulas), 불건전하거나 유익하지 않은 뿌리라고 불린다. 이것이 항상 의식 수준에서 작동하는지 여부는 명확하지 않다.

다른 한편, 분명히 무의식적인 특정 요인도 행동을 결정하는 역할을 한다. 여기서 언급된 요인 중 하나는 "잠재적 성향", "잠재적 편견", "소인" 및 "잠재 성향"으로 번역되는 **수면**(anusaya, *隨眠)이다. PTS 사전은 이러한 의미가 "항상 나쁜 의미"라고 덧붙인다.(Rhys Davids & Stede, 1921~1925, p.44) 용어 자체(anu+si에서 눕거나 휴면 상태로 있음)는 이러한 요소가 무의식적인 요소임을 나타낸다. 이는 과거 경험을 통해 획득한 성격의 일부이자 부분인 기질적 요인이기 때문에 일시적 심리 상태가 아니라는 것이 분명하다. 또 그것들이 자신의 행동에 영향을 미치고 "괴로움"의 악순환이 지속하는 데 기여한다는 것도 분명하다. 보통 일곱 가지 유형의 **잠재성향**(anusaya)이 언급된다. SN V의 목록은 다음과 같다. 감각적 쾌락을 추구하는 성향, 분노하는 성향, 추측하는 성향, 의심하는 성향, 자만하는 성향, 지속적인 존재 또는 성장을 갈망하는 성향 및 무지의 성향이 그것이다. 행동에 영향을 미치는 다른 한 그룹의 명백한 무의식적 요소는 **아사바**〔asavas, 번뇌, 갈망, 산스크리트어 asrava(*āsrava), 루트 'sru'에서 흐름(漏) 또는 스며듦〕이다. **아사바**라는 용어는 루漏, 편향, 염오 및 구취로 번역되었다. 이것들은 마음이 더 높이 상승하지 않게끔 영향을 미치는 요인이다. 그것들은 마음을 "취하게" 하고 "혼돈하게" 한다고 한다.(Rhys Davids & Stede, 1921~1925, p.115) 그것들은 태도를 물들이고 통찰력을 방해한다. 자기 계발을 위한 노력 가운데 그것을 절제해야 하고, 이는 통찰력, 감각의 억제 등을 통해 성취된다. 루는 다양한 요인에서 발생하는 것으로 설명된다. 관능, 공격성, 잔인성, 신체 및 개성이 그중 한 가지 설명이다.(DN II) 다른 목록에는 무엇보다 이득, 손실, 명성, 평판 및 악의가 포함된다.(AN IV)

선하고 건전한 행동을 하려는 동기는 일반적으로 부정어(a-)를 덧붙여 표현된다. 가장 일관된 설명은 **무탐**(araga, 열정 없음이나 열정의 부재), **무진**(adosa, 증오 없음이나 증오의 부재) 및 **무치**(amoha, 망상 없음이나 망상의 부재)를 불건전한 행동의 뿌리(AN I)의 반대인 선행의 뿌리로 설명하는 것이다. 때때로 그것들은 명확히 포기(caga), 자애(metta) 및 지혜 또는 이해(panna) (AN III)라는 긍정적 용어로 설명된다. 사람들은 대립물과 싸우고 극복하기 위해 이런 것들을 계발하기 위해 노력해야 한다고 명시되어 있다.

또한 불교 문헌은 "기만요소"(vancaka dhamma)라고 하는 특히 흥미로운 동기 측면을 언급한다. 그것들은 사실상 무의식적인 동기로 볼 수 있다. M.W.P. 드 실바(M.W.P. de Silva, 1978)는 그것을 "위장된 욕망"이라고 칭했다. 본질적으로 불건전한 정신 상태는 건전한 정신상태의 위장을 통해 나타나 행동으로 이어질 수 있다. 『네띠빠까라나(Nettippakarana)』의 주석과 같이 빠알리 텍스트에 기반한 상세한 분석이 찬다비말라 존자의 싱할라어 출판물에서 제시되었다.(Chandavimala, 1994) M.W.P 드 실바(M.W.P de Silva, 1978, p.64)는 이 현상에 대한 다음과 같은 설명 가설의 예를 제시했다.

신앙심이 깊은 유부남은… 아름답지만 극심한 빈곤에 시달리는 여성에게 매력을 느낀다. 그는 이 빈곤한 여성을 동정하지만, 사실 그의 동정은 그녀의 빈곤 상태보다 그녀에 대한 사랑 때문이다. 열정은 동정이라는 겉모습으로 받아들일 수 있는 형태를 취할 수 있다.

저자는 이어서 다음과 같이 말한다.

이것은 매우 미묘한 메커니즘이며 자신을 그것으로부터 지키기 위해서는 많은 진솔한 자기 성찰과 자기비판이 필요하다.

지각과 인지(Perception and Cognition)

지각은 12개의 **관문** 또는 **처**(ayatana)를 기반으로 하며, 그중 여섯
가지는 다섯 가지 감각기관에 마노, 또는 "내적 감각"으로 구성되며
나머지 여섯 가지는 이들 각각의 대상이다.(SN II) **마음**(mano)의
상태는 특별하다. 그것은 다른 감각 대상을 반영하는 능력을 지니고
있으므로 이러한 방식으로 모든 감각 활동과 연결된다.(Kalupahana,
1987) 감각기관과 그 대상의 각 조합은 특정한 **의식**(vinnana)으로
이어진다. 예를 들어 시각의식은 눈과 물질의 형상 때문에 생긴다.
각 양식의 쌍에 의식이 추가되면 **계**(dhatus) 또는 **요소**라고 하는
18가지 인식 요소를 얻는다. 이를 〈표 1〉에 표시했다. 감각기관과
대상, 의식(예컨대 눈, 물질 형상, 시각 의식)이 만나 접촉(촉)을 이루고,
이 촉 때문에 느낌(수)이 생기고, 느끼는 것을 지각한다고 말한다.
(MN I)

표 1. 인지(Cognition)의 18가지 요인

감각	기관	대상 의식
눈	물질	시각 의식
귀	소리	청각 의식
코	냄새	후각 의식
혀	맛(미각)	미각 의식
몸	감촉물	촉각 의식
마음(mano)	심적 대상	심적 의식

이것은 인식이 어떻게 발생하는지에 대한 매우 직접적 설명이다. 그러나 불교의 설명은 여기서 그치지 않고 계속된다.

한 사람이 지각하는 것에 대해 그는 추론한다. 추론하는 것은 희론(papanca)으로 변한다. 희론으로 변하는 것은 이로 인해 과거, 미래, 현재에 속하는 눈으로 식별할 수 있는 물질적 형상에 의문을 제기한다.…(MN I)

희론(papanca)이라는 용어가 번역자에게 특별한 어려움을 주는 단어의 예로 이전에 인용했던 것을 기억할 것이다. 이 구절에서는 동사 형태 'papanceti'를 사용했다. 따라서 감각 인식 과정의 마지막 단계는 희론이다. 인지와 관련된 다양한 맥락에서 이 용어를 조사한 결과 위딱까(일으킨 생각; vitakka, 추론)의 결과이기 때문에 이 용어가 과정 중 더 거친 개념적 측면을 가리킨다는 것을 보여준다. 일단 대상이 지각되면 초기에 그것에 대해 사유하고, 그 다음이 희론(papanca)이다. 이 맥락에서 이것은 생각의 확산 성향을 의미하는 것으로 보는 것이 가장 적합하다. 그 결과 그 사람은 더 이상 통제하는 지각자가 아니라 이러한 희론 성향이 낳은 개념에 공격을 받는 자로 된다. 그 사람은 개념과 언어적 관습에 사로잡혀 있다. 지각은 이처럼 생각의 자발적 증식으로 인한 왜곡과 현란한 수사에 취약하다. 이 희론은 탐(tanha, 갈애), 만(mana, 자만심), 견(ditthi, 교의, 또는 완고하게 견지된 견해)과 관련이 있다고 한다.(Maha Niddesa, I) 그것들은 모두 "나"와 "내 것"의 개념과 연결되어 있다. 이것은 자아가 감각 지각 영역에 침입했다는 것을 상징한다. 불교심리학에서 자아는 없지만 (atta, Sanskrit atman), 자아에 대한 망상은 모든 행동에 영향을 미친 다.(*Sutta Nipata*)

아라한 상태

개인 계발의 목표 중 하나는 깨달음을 얻지 못한 이의 기능 특징인 각종 요소의 왜곡을 받지 않고 현실을 있는 그대로 볼 수 있도록 하는 것이다. **아라한** 상태에 도달하는 주요 측면은 사람의 지각을 이러한 왜곡된 영향에서 해방시키는 것이다. 한 사람이 '완성' 상태에 도달하면 그의 지각은 더 이상 왜곡되지 않으며 대상에 대한 직접적인 평가가 가능해진다.

이 점에서 아라한 상태와 그 성취를 고려하는 것이 적절할 것이다. 불교도의 종교적 목표는 "괴로움" 주기의 끝을 상징하는 이 상태에 도달하는 것이다. 이것은 훈련된 행위(sila), 집중(samadhi)으로 상징 되는 진지한 명상 노력, 그리고 그러한 노력을 통해 얻은 지혜(panna) 를 포함하는 개인 계발 과정을 요구한다. 그러나 누군가를 아라한이라 고 하는 것은 무슨 뜻인가? 문헌에는 아라한에 대한 묘사가 많다. 예를 들어

> **아라한**은 번뇌(cankers; āsava, 漏)를 소멸했고, 청정한 삶을 살았 고, 해야 할 일을 마쳤고, 짐을 내려놓았고, 행복을 얻었고, 삶의 속박을 깨고 완전한 앎을 통해 해탈했다. 그는 무심, 출리, 무해,

갈애의 소멸, 집착의 소멸, 미혹되지 않음(*비망상, 어리석음의 소멸)(AN III)의 여섯 가지 일에 힘썼다.(AN III)

심리학적 용어로 **아라한**의 행동은 탐·진·치라는 공통된 기본 동기에서 비롯된 것이 아니다. 그러나 그 사람은 기쁨이나 긍정적인 감정을 얻을 수 있다. 그는 모든 이에게 **자비심**(metta)과 **연민심**(karuna)을 가지고 있다. 그는 어떤 것에도 탐닉하지 않고 행동을 자제한다. **아라한**이 범할 수 없고 범하지 않는 아홉 가지 행동 기준이 나열된다. 살인, 절도, 성적 접촉, 거짓말, 재물의 안락 향유, 욕망(탐)·증오(진)·미혹(치) 및 두려움으로 인한 일탈(AN IV)이 그것이다. 그들은 스승과 고문으로서 사회에 공헌하고 동료들에게 부담이 되지 않는다. **아라한**의 특성에 대한 자세한 논의는 카츠(Katz, 1982)를 참조할 수 있다.

앞에서 **아라한** 상태에 도달하려면 행위 절제와 명상 노력에 기초한 개인 계발이 필요하다고 지적했다. 이것은 명상이 불교 텍스트에서 중요한 위치를 차지하는 이유를 설명한다. 많은 경전의 논의 외에, 붓다고사 『청정도론(Visuddhimagga)』의 상당 부분 또한 이 주제에 대해 상세히 고찰한다. 명상에 대한 빠알리어 단어인 **바와나**(bhavana)가 어원적으로 "발달" 또는 "배양"을 의미한다는 것은 중요하다. 상세한 논의는 예컨대 아날라요(Analayo, 2003)나 솔-레리스(Sole-Leris, 1986) 등의 여러 자료에서 볼 수 있다. 특히 하비(Harvey, 1997)는 상좌부 불교 명상의 심리학적 측면에 대해 명쾌하게 논의했다. 이 주제에 관한 충분한 영문 자료가 있기에 여기서는 몇 가지 간단한 평론만 하겠다.

불교심리학의 몇 가지 치료적 측면

불교의 개인 계발은 명상을 통해 실현된다. 두 가지 형태의 명상이 처방된다. 첫 번째는 **싸마타**(고요)라고 하고 다른 하나는 **위빳사나**(통찰)라고 한다. 비록 후에 한층 다양한 형태의 명상 형식이 개발되었는데 그중에는 다양한 티베트의 명상 기법과 선 기법이 포함되었지만 **싸마타**와 **위빳사나**는 최초기의 불교 기법을 나타낸다. **싸마타** 식 명상은 다른 일부 고대인도 수행체계에도 존재하지만, **위빳사나**는 유일하게 불교에서 발전한 것임에 주목해야 한다.(Rahula, 1967)

　싸마타(Samatha)라는 단어는 "고요" 또는 "침정沈靜"을 의미한다. **싸마타** 명상은 점진적으로 더 높은 수준의 고요와 정적을 특징으로 하는 의식 상태에 도달하는 것을 목표로 한다. 그리고 고요함은 두 가지 측면을 가지고 있다. (a) 가능한 가장 높은 집중의 성취, 그리고 (b) 모든 심리 과정의 점진적 침정이 그것이다. 이것은 점점 더 집중된 주의집중을 통해 이루어진다. 마음은 모든 외부와 내부 자극에서 점차 멀어진다. 결국 순수하고 분산되지 않은 의식 상태에 도달할 수 있다. **싸마타** 명상 과정은 특정 대상에 마음을 집중하려는 노력으로 시작하여 **선정** 또는 정신적 몰입이라고 불리는 일련의 상태를 통해 체계적으로 진행된다.〔붓다고사의 『청정도론(Vissudhimagga)』〕

　위빳사나 또는 통찰 명상도 적당한 대상을 사용하여 주의력을 집중하는 훈련으로 시작된다. 그러나 이 과정에서 분산되지 않은 초점을 유지하도록 일정 수준의 집중에 도달하게 되면 지속적으로 안정적이고 세심한 주의력으로 모든 감각과 심리 과정을 매우 상세히 관찰할수 있다. 이 명상을 통해 수행자는 자신의 활동에 대한 초연한 관찰자가된다. 이 관조의 대상은 신체, 감각, 심리 상태 및 각종의 도덕적,지적 주제와 같은 "심적 대상"의 네 가지로 분류된다. 목표는 모든현상에 대한 완전하고 즉각적인 자각 또는 마음챙김 자각을 달성하는것이다. 이것은 결국 모든 사물과 존재의 무상에 대한 완전하고 분명한인식으로 이어진다고 한다.(MN I, SN V)

명상의 이점

이 두 가지 유형의 명상 훈련을 적절하게 수행하고 계발하면 집중능력이 향상되고, 주의가 산만해지지 않으며, 변화와 자신 주변의혼란에 대한 관용이 향상되고, 신체적, 심리적 반응에 대해 더 예리한인식과 더 큰 경계가 생긴다고 한다. 그리고 더 일반적으로 그것들은또한 더 큰 평온이나 고요함을 가져올 것이다. 완성이라는 궁극적목표를 달성하려면 일반적으로 일련의 장기간에 걸친 체계적 명상을위한 규칙적 훈련과 행동상의 엄격한 제약이 요구되지만, 모든 진지하고 지속적인 수행자들은 명상의 한층 더 세속적인 이점을 활용할수 있다. 삶의 질을 향상시키기 위해 "마음챙김 명상"이 어떻게 사용될수 있는지에 대해서는 반테 헤네폴라 구나라타나(Bhante Henepola Gunaratana, 1993)가 매우 잘 설명한 바 있다.

오늘날의 관점에서 볼 때, 불교 명상 기법은 특정한 심리적 이점을 얻기 위한 도구로 볼 수 있다. 주로 명상은 한층 현대적인 이완 기법에 필적하는 스트레스 감소 전략으로서의 역할을 한다. 현대 임상 심리학 및 정신의학에 따르면 명상은 이러한 방식으로 유용한 효과를 산출할 수 있다.(예: Kwee, 1990; Shapiro, 1982; West, 1987) 명상에 수반되는 심리적 변화에 대한 연구에 따르면, 평온이나 이완 상태를 나타내는 몇 가지 변화가 발생하는 것으로 나타난다.(Woolfolk, 1975) 여기에는 산소 소비량 감소, 심박 수 감소, 호흡속도 및 혈압 감소, 혈청 젖산 수치 감소, 피부 저항력과 혈류 증가가 포함된다. 이러한 말초 상의 변화는 일반적으로 교감 신경의 흥분성 저하에 상응한다. 또한 뇌파 패턴에서 볼 수 있는 바와 같이, 특정한 중추 상의 변화도 있다. 명상과 관련된 이러한 생리적 변화의 혼합을 벤슨(Benson, 1975)은 "이완 반응"이라고 불렀다. 흥미롭게도 붓다 자신은 오늘날 우리가 임상 문제라고 부르는 것에 대해 명상을 옹호했다. 예를 들어 그는 명상이 수면장애를 없애고 통증을 조절하는 한 가지 방법으로 사용되어야 한다고 보았다.(Vinaya Pitaka I, SN V)

통증 조절을 위한 마음챙김 명상의 활용에 대해 간략히 설명할 필요가 있을 것이다. 널리 인용된 논문에서 카밧-진(Kabat-Zinn), 립워스(Lipworth) 및 버니(Burney, 1985)는 10주간의 스트레스 감소 프로그램으로 마음챙김 명상 훈련을 받은 만성 통증 환자 그룹에서 통증 관련 증상이 눈에 띄게 줄었다고 보고했다. 명상 훈련을 받지 않은 환자의 대조군 그룹은 이러한 개선을 보이지 않았다. 이 전략을 선택하여 통증을 치료하는 이유는 다음과 같다.

통증 지각의 경우, 시시각각 발생하는 실제적 1차 감각과 통증에 수반된 생각을 세심하게 주시하고 구분하여 **독립된** 사건으로 구별함으로써 통증 체험에 대한 독립적인 관찰을 배양할 수 있다.(Kabat-Zinn, et al., 1985, p.165)

또 다른 논문에서 카밧-진(1982)은 통증을 통제하기 위해 마음챙김 명상을 사용하는 원리를 더 자세히 설명했다. 그는 마음챙김 명상이 어떻게 사람으로 하여금 감각이 발생할 때, 그것들을 피하려고 하는 대신 그것들에 집중하게 하는지 보여주었다. 그것은 심리적 사건의 영향을 받지 않은 있는 그대로의 신체적 감각을 식별하는데 도움이 된다. 이런 "분리"는 한 사람의 전반적인 통증 체험을 개변시키는 효과가 있다. 인용하자면,

통각 신호(감각)는 줄어들지 않을 수 있지만 통증 체험, 상해, 괴로움의 정서적, 인지적 구성요소는 감소한다.(p.15)

바로 이러한 감각에 대한 분리된 관찰은 수행자가 마음챙김 명상을 통증 조절에 특히 적합한 전략으로 만드는 데 도움을 주는 것이다. 사실 불교 텍스트에 언급된 마음챙김 명상을 통해 통증을 조절하는 내용은 바로 이 점을 지적한다. 예컨대 붓다의 개인 비서인 아난다 존자는 시리왓다(Sirivaddha)라는 병든 집 주인을 방문한 적이 있다고 한다. 환자로부터 통증이 심하고 더 심해지고 있다는 말을 들었을 때, 아난다는 그에게 마음챙김 명상을 권했다. 마찬가지로 붓다는

투병 중에 있는 두 명의 비구, 목갈라나와 깟사빠를 직접 방문해서 각각 마음챙김 명상을 하도록 조언했다고 기록되어 있다. 이러한 명상을 사용하는 기본 원리 면에서 아마도 가장 인상적이고 분명한 것은 아누룻다(Anuruddha) 존자에 대한 묘사일 것이다. 그는 병으로 인해 심한 고통 속에 있었다. 그런데 그를 방문한 많은 비구들은 그가 평온하고 느긋하다는 것을 발견하고 어떻게 "분명히 있을 고통스러운 느낌이 그의 마음에 영향을 미치지 않는지" 물었다. 그는 "제 마음이 마음챙김의 확립에 잘 머물렀기 때문입니다. 그렇기 때문에 제게 오는 괴로운 느낌은 제 마음에 아무런 영향을 미치지 않습니다."라고 답했다. 여기에는 명상이 고통의 정신적 측면을 줄이거나 "차단"할 수 있다는 의미가 담겨 있다. 신체적 감각은 온전하게 유지될 수 있지만 주관적으로 느끼는 통증에 대한 취약성은 감소된다. 위의 설명은 모두 『상윳따 니까야』(SN Ⅳ)에서 가져온 것으로, 다른 구절에서는 이 입장을 아주 분명하게 명시하고 있다.

훈련되지 않은 범부는 육신의 고통을 당하면 근심하고 한탄하며… 심란하다. 그러나 잘 훈련된 제자는 고통스러운 신체 감각에 접하면 울지 않고, 슬퍼하지 않고, 탄식하지 않으며… 심란하지 않다. … 범부는 고통스러운 신체 감각에 접하면… 울음을 터뜨린다. … 그는 육체적 감각과 정신적 감각이라는 두 가지 종류의 감각을 경험한다. 그것은 마치 사람이 한 화살에 맞은 후 두 번째 화살에 맞은 것과 같다. 그는 두 개의 화살의 통증을 느낀다. 훈련되지 않은 범부는 이와 같이 고통스러운 신체 감각에 접하면 신체적인 것과 정신적인 것의 두 가지 감각을 경험한다. 그러나 잘 훈련된 제자는 고통스러운 신체 감각에 접했을 때 울지 않는다. … 그는 정신적 감각이 아닌 육체적 감각이라는 한 종류의 감각만을 느낀다. 그것은 마치 어떤 이가 한 화살에 맞았지만 두 번째 화살에는 맞지 않은 것과 같다. 그는 화살 하나의 고통만을 느낀다. 이와 같이 잘 훈련된 제자는 고통스러운 육체 감각에 접하면 오직 한 가지 느낌, 육체의 고통만을 느낀다.

이 해석적 기술에 담긴 고통에 대한 견해는 명확하다. 신체적 통증의 감각은 일반적으로 두 번째 통증과 같은 심리적 관련요소를 수반한다. 마음챙김 훈련을 받은 제자는 신체적 감각을 있는 그대로 보고 심리적 고통에 영향 받는 것을 허용하지 않는다. 따라서 그의 경험은 신체 감각의 지각에만 국한된다. 바로 이러한 통증에 대한 묘사는 위에서 언급한, 고통에 시달리는 사람에게 마음챙김 명상에 참여하라고 조언하는 실례에 대한 이론적 근거를 제공해 준다.

기타 행동 변화 전략

상좌부 불교 문헌에는 명상 외에도 붓다와 그의 제자들이 사용하고 추천한 광범위한 행동 변화 전략이 포함되어 있다. 비교적 최근에 들어서야 현대 연구자들은 담마의 이러한 측면을 탐색했고 고작해야 최근 25년간 이러한 전략이 현대 행동 치료 및 인지 행동 치료에서 이미 정립된 몇 가지 기술과 매우 유사한 것으로 논의되고 강조되었다.(예: P. de Silva, 1984) 미쿨라스(Mikulas, 1981, 2002)도 행동수정에 대한 전반적 접근 방식과 불교 가르침의 대략적 유사점을 논의했다. 미쿨라스가 강조한 몇 가지 유사점은 다음과 같다. 즉, 변하지 않는 자아나 영혼 관념의 거부, 관찰 가능한 현상에 주목하기, 테스트 가능성에 대한 강조, 인식을 위한 기술 강조, 특정 신체 반, 곧 '지금 바로 여기에서 살기' 강조, 가르침과 기술의 전파 등이다. 이러한 광범위한 유사성과 담마에 일반적인 경험주의/체험주의 태도를 고려할 때, 초기불교 가르침에서 특정한 행동 변화 기법이 사용되고 권장된 것은 놀라운 일이 아니다. 그 경험주의/체험주의적 접근은 『깔라마경』(AN I)에 나타난다. 여기서 붓다는 한 무리의 탐문자에게 어떤 소문, 권위나 순수 논증도 받아들이지 말고 경험과 경험이 검증할 수 있는 것만 받아들일 것을 권고한다. 이것은 또한 자신과 타인의 안녕에 도움이 되는 행위가 그 자체로 자신의 목표로서의 중요성을 인식하는 불교의 실용적 사회 윤리에 완전히 부합된다. 자신과 타인의 행동 변화는 모두 특정 기법의 영향을 받는다.

문헌에서 발견되는 행동과 인지 행동 전략의 범위는 광범하다. 이러한 전략에는 다음 사항이 포함된다. 점진적 노출과 상호 억제를 통한 두려움 감소, 바람직한 행동을 촉진하기 위한 보상의 사용, 행동 변화를 유도하기 위한 적절한 행동 모델링, 바람직하지 않은 행동을 제거하기 위한 자극 제어 적용, 사회적 기술 훈련, 자가 모니터링 연습, 주의를 산만하게 하고, 전환/중단하고, 양립할 수 없는 생각과 원치 않는 침입에 장기간 노출된 침투된 생각의 제어, 불쾌한 자극 측면이나 불쾌한 반응 결과에 강렬하고 은밀하게 집중하여 전자에 집착함을 줄이고 후자를 제거하기, 차등적 방법을 사용하여 타인에 대한 적극적 감정 배양, 행동 통제에 외부 신호 사용, 응답 비용을 이용하여 바람직하지 않은 행동 제거 촉진, 가족 구성원을 행동 변화 프로그램 수행에 참여시키기 등등. 이러한 전략은 원본 텍스트에도 실례를 제공한 이전 출판물(P. de Silva, 1984, 1986, 2001)에서 자세히 고찰했기 때문에 여기서는 상세한 논의를 제시하지 않겠다.

MN의 『사유를 가라앉힘 경(Vitakkasanthana Sutta)』은 제자에게 원하지 않는 침습적 사고를 처리하기 위한 다섯 가지 다른 기술을 제공한다. 특히 명상 노력을 방해하고 불교도에게 주요 문제가 될 수 있는 그러한 원치 않는 침습적 사고에는 몇 가지 전략이 권장된다. 이것들은 위계적 방식으로 이루어져 있는데 진전된 단계에서 실패하면 이전의 단계로 돌아가서 다시 시도한다.

(1) 상반되거나 호환되지 않는 생각으로 전환한다: 첫 번째는 원치 않는 생각과 반대되는 생각과 관련된 대상에 대해 숙고하는 것이다. 이것은 원치 않는 인식이 열정이나 정욕과 관련되어 있다면 무욕을 증장시키려고 생각해야 함을 의미한다. 그것이 악의와 관련이 있다면 자비심을 조장하는 무언가를 생각해야 한다. 그리고 그것이 미혹이나 혼란과 관련된 것이라면 명확성을 촉진하는 것을 생각해야 한다. "목수가 굵은 못을 가는 못으로 빼는 것과 같이" 원치 않는 생각과 호환되지 않는 생각으로 전환하는 이 훈련은 원치 않는 침입을 제거하는 데 도움이 된다고 한다.

(2) 유해한 결과를 숙고하라: 그러나 원치 않는 생각이 계속 떠오른다면 그 생각의 위험성과 결점을 숙고하는 것, 즉, 유해한 결과를 고려하는 것이 좋다. 이것은 "장식을 좋아하는 젊은 남녀가 목에 뱀의 사체를 발견하면 화를 내고 역겨워하고 즉시 제거하는 것과 같이" 문제 되는 생각을 없애는 데 도움이 될 것이다.

(3) 무시하고 주의를 분산시키라: 이것도 실패하면 원치 않는 생각을 무시하는 기술이 권장된다. 한 가지는 주의를 기울이지 않으려고 노력하는 것이다. 보고 싶지 않은 시각적 대상을 보지 않기 위해 눈을 감거나 다른 방향을 보는 사람처럼, 원치 않는 인식대상에 주의를 기울이지 않기 위해 주의를 분산시키는 각종 행위를 통해 주의하지 않도록 하는 것이 좋다. 여기에는 자신이 배운 교리 구절을 회상하고, 실제적인 구체적 대상에 집중하고, 일부 상관없는 신체 활동에 참여하는 것이 포함된다.

(4) 원인 제거에 대해 숙고하라: 여전히 문제가 지속되면 추가 전략이 권장된다. 이는 대상이 되는 생각의 원인의 제거나 중지를 숙고하기 위함이다. 이는 분주하게 걷는 사람이 "나는 왜 분주하게 걷고 있는 걸까?"라고 자문한 후 그의 걸음을 반성하고 멈춰선 후에 자신이 서 있거나 앉아 있는 등을 숙고하는 비유로 설명된다.

(5) 강력한 노력으로 통제하라: 이 전략도 실패하면 강제로 마음을 억제하고 지배하는 다섯 번째 방법이 옹호된다. 이러한 노력의 사용은 "약한 사람을 붙들고 압박하는 강한 사람"에

비유되며, "특정 부분의 마음의 노력을 이용하여 다른 부분을 통제하는 것이다."

불교 텍스트에 이러한 기술이 존재하는 의의는 다양하다. 첫째, 불교는 자기 계발 과정을 통해 궁극적인 종교적 목표를 달성하는 각자의 노력에만 관심이 있는 것이 아니라는 사실을 반영한다. 이는 자신과 동료 존재의 이익과 행복을 위한 심리 문제의 일상 관리 면에서도 그 자체로 목표로서 제공할 무언가가 있음을 보여준다. 그러므로 이러한 기술은 한 사람이 인격 발달과 최종적인 **아라한** 상태를 목표로 하는 삶에 진력하든 그렇지 않든 모두 적용된다. 둘째, 이러한 기술은 명확한 행동 및/또는 인지 행동이기 때문에 정의가 명확하고 사용하기 쉬우며 경험에 따라 검증할 수 있다. 사실 불교의 방법은 효과적인 전략을 찾을 때까지 다양한 전략을 시도하는 것이다. 셋째, 이러한 기술은 자신에게도, 타인을 돕는 데에도 적용된다. 텍스트에는 이 두 가지 유형의 사용에 대한 많은 실례가 있다. 위에서 언급했듯이, 깔라마에 대한 붓다의 조언은 이 방법(AN I)을 반영하고 구현한다.

소문이나 전통이나 스승의 평판 때문에 어떤 것을 진실이라고 받아들이지 말라. 자신이 볼 수 있는 것을 유효한 것으로 받아들이라. … 이것은 선하고 저것은 선하지 않으며, 이것은 흠이 없고 저것은 비난받을 만하며, 이것은 안녕과 행복에 도움이 되고 저것은 괴로움과 질병이 있게 된다고 스스로 알게 되면 이것을 그대의 수행으로 선택하고 저것을 버리도록 하라.

사실 붓다 자신의 깨달음 추구는 이 길을 따랐다. 당시에 사용할 수 있는 방법과 가르침을 시도한 후에 그는 모든 방법을 거부했다. 왜냐하면 그런 모든 방법은 자신을 목표로 이끌지 못했기 때문이다.

치료를 위한 불교 전략의 적합성

불교 명상 수행 및 기타 행동 변화 전략은 현재의 치료 실천과 뚜렷한 관련성을 가진다. 명확하게 정의된 광범위한 기술을 일반적인 심리적 문제에 사용할 수 있다. 일부 전략은 현대의 인지 행동 기법과 매우 유사하며, 이는 많은 인지 행동 기법이 최근 임상 시험의 초점이 된 까닭에 이제 그 타당성과 유용성이 동양과 서양의 의미 모두에서 분명히 확립되었음을 의미한다.(Butler, Chapman, Forman, & Beck, 2006) 또 하나의 강력한 이유는 지금까지 현대 요법에 대응하지 않았던 불교 전략에 대해서도 임상 실험 연구 방법을 통해 실증적으로 검증할 수 있는 강력한 사례들이 있다는 것이다. 그것들이 임상 시험을 통해 서구 맥락에서 유효함이 밝혀진다면 현재 치료사가 사용할 수 있는 기술 목록에 효과적으로 융합할 수 있다.

또한 이미 가치 있는 이러한 기술은 서구의 불교 단체의 내담자를 대상으로 한 치료에서 특별한 가치를 가진다고 할 수 있다. 다른 문화 배경의 내담자 집단에 서구 과학에서 유래한 방법을 사용할 때 발생하는 문제 중 하나는 제공된 기술이 다른 문화 집단과는 어울리지 않을 수 있다는 것이다. 따라서 쉽게 받아들여지지 않거나, 허용되는 경우 치료 지침을 받아들이는 정도가 낮을 수 있다. 많은 저자들도 치료 및 상담과 관련된 이러한 문화적 어려움을 충분히 인식했다.(예: Mikulas, 2002) 다른 한편, 비록 사용되고 제공된 기술이 서구 심리학 계통의 한 구성요소를 형성할 수 있음에도, 이것이 내담자의 가정 문화사에서 수용된 생각 및 관행과 유사하다는 것이 증명된다면 치료 사는 고객이 규정을 준수하고 성공하게끔 하는 더 큰 기회를 갖게 된다. 여러 곳에서 불교 단체와 함께 스트레스 감소 전략으로 명상 기법을 사용하는 것이 이러한 현상의 한 예이다. 대표적인 예는 스리랑 카 캔디(Kandy)의 정신과 환경에서 불교 명상을 활용하는 것이다.(P. de Silva & Samarasinghe, 1998) 미쿨라스(Mikulas, 1983)도 또 다른 불교 국가인 태국에서 행동 교정에 대한 생각과 기법이 호평을 받았음을 지적했다.

예방작용

불교심리학의 진일보한 적용은 예방 분야에 있다. 예방 또는 심리적 장애의 예방은 정신 보건의 주요 측면이다.(참조: Albee, 1982; Caplan, 1964) 이 안에는 불교 내담자 층이나 다른 사람들에게 활용할 수 있는 많은 이론 범위가 있다. 몇몇 불교 기법은 특정 종류의 심리 장애를 예방하는 데 잠재적 역할을 하는 것으로 보인다. 예를 들어 명상 훈련은 사람이 평온과 평정에 도달할 수 있는 능력을 향상시키고 현대 생활에서 피할 수 없는 수많은 스트레스에 대한 내성을 향상시키 는 데 도움이 된다. 다시 말해서 사람은 스트레스와 좌절의 심리적 영향에 대해 어느 정도 면역력을 가질 수 있다.[마이켄바움(Meichenbaum)의 스트레스 예방 접종 훈련, 1985 참조) 스스로 행동을 조절하는 능력과 기법은 잘 정리되어 있다.(Baumeister & Vohs, 2004) 담마가 권장하고 제안하는 전반적 자기 계발도 일부 예방 조치를 제공할 수 있다. 예를 들어 물질적인 것들과 주변 사람에게 강한 애착을 갖지 않도록 자신을 훈련시킨다면 그는 이상 반응과 쇠약의 비탄 반응을 포함하여 손실로 인해 발생하는 심리적 고통과 장애에 쉽게 영향 받지 않을 것이다. 불교에서 볼 수 있는 명상 수행 및 기타 몇몇 개인 계발 노력은 잠재적으로 삶에 대한 전망과 반응 패턴을 발전시켜 삶의 문제에 더 잘 대처하면서 쇠약해질 가능성이나 기능 장애 기회를 최소화하는 데 도움을 줄 것이다. 이러한 종류의 1차 예방은 확실히 탐구 가치가 있다.

많은 불교사상과 실천은 2차 예방과도 관련이 있다. 2차 예방은 문제가 나타나기 시작하자마자 조기에 개입하여 문제가 더 심각한 문제로 바뀌는 것을 방지한다. 또 극복된 장애의 재발을 피하기 위한 노력, 즉 추가적 사태를 예방하기 위한 노력도 포함한다. 2차 예방의 가장 현대적 예는 우울증 병력이 있는 사람의 재발을 예방하는 방법으로 마음챙김 명상을 사용한 현대 심리학자들의 작업에서 나온 것이다. 시걸(Segal), 윌리엄스(Williams) 및 티즈데일(Teasdale, 2002)은 대규모 임상 시험의 결과를 보고했다. 이 실험에서 마음챙김 기반 인지치료(Mindfulness-Based Cognitive Therapy)는 그룹 환경에서 수행되었고 재발 병력이 있는 재활 우울증 환자의 재발을 예방할 수 있는 유망하고 비용효능이 높은 심리 접근 방식으로 나타났다. 이것은 많은 수(145명)의 환자가 참여한 대규모 다중센터 연구였다. 왜 마음챙김 명상은 이런 상황에서 응용되는가? 시걸과 동료들이 지적했듯이, 증대된 마음챙김은 부정적 생각, 감정, 신체적 감각의 재발 관련 패턴을 감지하여 맹아 단계에서 제거할 수 있게끔 하기에, 우울증 재발 예방과 관련이 있다. 이 밖에 이런 때 일종의 마음챙김 처리 모드에 들어가면 사람으로 하여금 재발 과정을 촉진할 수 있는, 상대적으로 "자동적인" 반추 사고 패턴에서 벗어나게 할 수 있다.(Segal, et al., 2002) 이러한 매우 인상적인 실증 연구는 주요 임상 분야에서 불교의 관련성을 입증하고 2차 예방을 돕고 촉진한다. 마(Ma)와 티즈데일(2004)의 유사반복 연구에서 이 결과를 확증할 수 있다. 잘 통제된 임상 연구에서 예방을 목적으로 한 특정 불교 전략을 사용하여, 이 방면에서 분명 아직 해야 할 새로운 일이 많다.

그러한 면에서 M.W.P 드 실바(M.W.P de Silva, 2005)를 참조하는 것이 유용하다. 그는 불교사상이 어떻게 긍정적인 정신 보건에 중대한 기여를 할 수 있는지에 대해 귀중한 토의를 제공했다. 관련 분야는 현실 지향, 자아에 대한 태도, 자아 인식, 자발적 통제와 자율성, 민감하고 만족스러운 관계를 형성하는 능력, 심신 융합을 포함한다. 불교의 가르침은 이러한 모든 분야에서 긍정적인 정신 보건을 촉진할 수 있다. 여기서 중점은 담마가 심리적 장애를 치료하고 예방하는 데 도움을 줄 수 있는 개념과 전략을 제공할 뿐만 아니라 긍정적인 정신 보건과 전반적인 심리적 웰빙을 적극적으로 증진하기 위한 틀을 제공한다는 점이다.

결론

이 장은 상좌부 불교 교리의 몇 가지 심리학적 측면을 중점적으로 소개하였다. 불교심리학은 인간 행위와 경험에 대한 상세한 이론적 설명과 개인 계발의 실제 조치를 수반한 인지 변화 전략을 포함한다. 그것들은 치료 측면과 심리적 장애 예방 측면 모두에서 오늘날의 정신 보건 치료와 관련이 있다. 그 밖에 불교심리학은 긍정적인 정신 보건 증진에 크게 기여할 수 있다. 오늘날 심리학과 관련 분야의 많은 학자는 불교 가르침의 강력한 심리학적 내용을 인정하고 있다. 특히 치료적 관점에서 불교심리학에 대한 심화된 연구가 오늘날 세계 여러 지역에서 진행되고 있다. 심리학으로서의 불교 가르침에 대한 증대되는 연구는 많은 새로운 가능성을 열어줄 것이다.

제2부

공동 구성(communal construction)의 방편으로서의 법

5장에서 반 데어 벨데(Van der Velde)는 끊임없이 변화하는 환경에서 다르마를 재발견하는 혁신과 생존역량으로서의 **방편선교(Upayakaushalya)**가 본질적으로 다르마에 내재되어 있고 이미 붓다 자신이 전파하고 있다고 지적한다. 이것이 다르마가 종교, 철학, 삶의 방식, 그리고 이 책과 같은 21세기 사회구성주의 "사회 임상신경심리학"으로 해석되고 전환될 수 있는 이유이다. 다르마는 시간의 질곡을 견딜 수 있었다. 이것은 불교 특유의 숙련된 방법을 채택하여 제자들의 문화와 지식배경에 따라 그 가르침을 조정했기 때문이다. 특히 다르마는 이런 모든 것에 공통되는 사건이다. 다르마의 의미가 '예나 지금이나' 변함없다는 의미는 특히 붓다의 이야기를 서술하고 다시 이야기하는 배경을 이룬다. 붓다의 이야기에서 한 사람의 독특한 삶의 경험과 관련된 새로운 이야기가 나온다. 따라서 이야기는 결국 일종의 교설적 은유이다. 즉 의사, 해탈한 자 등으로 붓다에 대해 스토리텔링 할 뿐만 아니라, 최종적으로 하나의 견해와 경로로 될 수도 있다. 그것은 인간의 본성, 우리의 의도적인 상호행동 및 우리의 "자아"의 과정에 대한 이해로 이어지는 사건의 조직, 구성, 통합 및 해석에 도움이 된다. 자아는 기껏해야 대화 관계에만 존재하는 언어적으로 구성된 개념이다. 이러한 공동체적으로 구성된 대화 서사적 자아, 즉 "사회구성주의" 자아는 불교의 비본질적이고 "공한" 자아에 대한 견해와 매우 잘 상응한다.

뻬마라타나(Pemarathana)의 6장은 방편의 주요 특징을 설명한다. 다르마는 개념과 견해에 집착하지 않는다. 말과 이미지는 말로 표현할 수 없는 명상체험을 대신할 수 없다. 붓다는 연기, 비아, 친사회적 행위를 깨달아가는 과정에서 모든 생각과 언어의 상대적, 실용적 가치를 인식했다. 마음의 연기 속에서 인식과 통찰력은 마음의 활동을 다루는 지침을 제공한다. 이 지침에는 집착하지 말라, 심지어 붓다의 교설에도 집착하지 말라는 훈계가 포함된다. 붓다의 연기를 관통하는 차원은 지식과 의미 맥락의 기초로서, 시간을 초월한 사람 간의 사회적 교류 및 끊임없는 대화와 협상을 통한 공동체 건설을 강조한다. 이것은 사상, 신념 및 태도와 관련하여 개별 저자에게서 지식과 의미의 기원을 찾으려는 시도에서, 상호관계에서 "다중 저자"라는 관점으로 자유롭게 이동한다는 것을 의미한다.

쁘레마씨리(Premasiri)의 7장은 다르마가 요소들로 구성된 복잡한 시스템이라고 주장한다. 붓다의 깨달음과 해탈에 기초한 종교, 철학, 심리학의 저자는 "병든 마음"을 위한 삶의 방식이자 심리학으로서 다르마를 제안한다. 즉, 다르마는 원칙적으로 절대적인 선과 악에 대한 형이상학이나 엄숙한 규칙의 여지를 남기지 않는 치유법이다. 이러한 생활방식은 계율에 기초하지 않은 불교 윤리에 의해 지도된다. 불교도는 기본적으로 맹목적인 추종자가 아니라 무신론을 따르는 자유사상가이기 때문이다. 불교의 도덕관은 실용적이며, 가장 중요한 것은 경험적 고통을 끝내고 공동체의 행복을 증진시키는 수단이라는 데 있다. 이러한 관행은 맥락적/관계적 상호 의존성에서 비롯되며 생성적 변환 언어 과정을 통해 불확실한 결과를 갖는 것이다.

이는 거겐(Gergen, 2009)의 "공동적 실천의 비본질적 도덕"과 일치하며, 이 도덕은 "어떤 일이든 가능하다"는 도덕적 상대주의가 아니라 공동 책임과 책임성을 다루는 윤리이다. 불교 윤리는 절대적이고 고정된 객관적 규칙이 아니라 전 세계와 지역적 맥락에서 함께 수행되는 공동 활동이다. 따라서 로빈 후드의 도덕은 보안관의 도덕과 다르다는 것을 이해할 수 있다.

5장 붓다의 전기, 우빠야, 나바야나

폴 반 데어 벨데(Paul J.C.L. van der Velde)

서론

불교의 다르마는 통일체가 아니다. 그것은 '하나의 종교'나 '철학'이 아니다. 그렇기 때문에 불교라는 용어는 잘못된 명칭이다. 표면적으로는 공통점이 거의 없는 수많은 학파가 존재하고, 존재해 왔다. 더욱이 오늘날에는 다르마가 과연 종교인가, 철학인가, 생활 방식인가 등의 논쟁이 벌어지고 있다. 심지어 그것을 '세속종교'로 규정하는 것을 들을 수도 있다. 이것은 인도 원어에서 종교나 철학이라는 단어를 찾는 것이 매우 어렵기 때문에 놀라운 일이다. 다르마(Dharma), 다르샤나(Darshana) 등의 말이 있는데 이는 서양 종교 개념에 가깝지만 '종교'와 같지는 않다. 그것들은 '종교'와 비슷할 수 있지만, 다르마는 '불교를 믿는 것'에 관한 것이 아니라 어떤 형태로든 '다르마를 수행하는 것'에 관한 것이다. 그러나 모든 형태의 불교 다르마에는 공통적으로 두 가지 측면이 있다. 그중 하나는 붓다의 생애사와 연결되어 있고, 다른 하나는 붓다가 의미한 바를 확실히 알고 있다는 주장이다.

다르마는 항상 붓다의 생애와 연결된다. 우리는 이 연계를 단순히 다양한 불교사상 학파 내에서만 찾을 수 있는 것이 아니다. 많은 개인과 수행 불교도 또는 다르마에 매력을 느끼는 사람이라면 이 관계를 강조할 것이다. 학파가 서로 매우 다르기 때문에 신도들이 서로를 불교도로 인정하지 않을 수도 있다. 그러나 붓다의 삶에는 항상 연결고리가 있다. 붓다의 생애는 존재의 이상적 완성으로 여겨진다. 이와 같이 모든 불교도가 공통으로 지니는 패러다임은 붓다의 생애이다. 이 틀 외에도 불교사상의 각 흐름 속의 모든 학파는 붓다가 실제로 의미하고 제자들을 가르친 것으로 추정되는 것에 직접 접근할 수 있다고 주장한다. 일부 학파는 단순히 다른 학파가 틀렸다고 말할 것이다. 다른 학파는 더 조심스럽게 다르마의 변형이 있을 수 있음을 인정한다. 또 다른 학파에서는 그들의 가르침이 이전의 모든 것을 포괄한다고 주장할 수 있다. 대다수 학파는 다음과 같이 주장한다. 그들의 수행은 붓다의 삶의 역사에서 특정 순간과 다시 연결될 수 있다. 예를 들어 선은 붓다가 깟사빠에게 꽃만을 보여주신 꽃 설교와 연결된다. 이 사례는 말 없는 무언의 가르침을 전파하는 전통의 기초를 형성한다. 많은 학파에서 명상 수행을 붓다의 삶과 연결한다. 예를 들어 부다가야의 마하보디(Mahabodhi) 사원 근처에서 연꽃 꽃잎 모양의 돌로 된 명상의 길을 찾을 수 있다. 걷기 명상을 하는 학파는 이 특별한 수행을 붓다 자신이 깨달음 전후 몇 주 동안 수행한 것으로 추정되는 행위와 연결한다. 전해지는 바에 따르면, 붓다는 이 길을 따라 걷기 명상을 수행했다.

진정한 불교 가르침은 어디로 향하는가?

전승에 따르면 첫 번째 불교 결집은 붓다의 **반열반**(최종 열반, 사망) 직후 지금은 라지르로 알려진 인도 비하르(Bihar)의 라지기르(Rajgir) 에서 열렸다. 까샤빠(Kashyapa)의 지도하에, 499인의 아라한, 존경받 을 만한 자격이 있는 깨달은 비구들이 모임에 참여했다. 그때 우빨리는 승가를 위한 계율(*율)을 읊었고, 아난다는 붓다의 설법(*경)을 암송 했으며, **아비담마**('상위 교설': *론)가 공개되었다. 전설에 따르면 후자 는 붓다가 모친에게 가르친 강의로 구성되어 있다. 아라한들은 사리불 을 통해 이것을 알게 되었다. 붓다의 모친이 붓다 탄생 얼마 후 사망했 기 때문에 붓다는 그녀를 가르치기 위해 석 달 동안 매일 하늘로 올라갔다고 전해진다. 그는 그 기간 동안 ("33천의 하늘에 남자 신격" 으로 머물렀던) 모친에게 행한 가르침을 매일 한 번 사리불에게 전하기 위해 내려왔다. 전통이 전하듯이, 상좌부는 저 첫 번째 결집에서 암송되었고, 온전하고 순수하게 현재까지 전해 내려온 **율장**, **니까야** 및 **아비담마**에 기반한 그들의 빠알리 문헌들을 통해 원시 그대로의 가장 권위 있는 붓다 교설에 직접 접근할 수 있다고 주장한다.

대승 전통에 따르면, 아라한들이 라지기르에서 낭송하는 동안 라지 기르 부근 독수리 봉 그리드라쿠타(Gridhrakuta, 영취산)에서는 동시에 보살들의 결집이 있었다. 독수리 봉은 붓다가 청중에게 설법하기 위해 오르곤 했던 높은 바위로, (2세기에 살았던) 나가르주나에 따르 면 라지기르 남쪽에 위치한 비말라스바바바(Vimalasvabhava)라고 불 리는 인근의 다른 봉우리이다. 이 결집은 형이상학적 인물들로 가득 차 있기 때문에 비현실적인 분위기를 풍긴다. 결집의 주재자는 사만타바드라(Samantabhadra, 普賢)였다. 바즈라파니(Vajrapani)는 대승 경전을 암송하고 마이트레야(Maitreya, 彌勒)는 율장을 담당했다. 만쥬슈리(Manjushri, 文殊)는 논장을 암송했다고 한다. 사리불은 이 형이상학적 보살 한가운데에 있었다고 전해지고 있으며, 이것은 우리가 예컨대 『반야심경』에서 관세음보살이 사리불에게 강설할 수 있었던 내용을 찾을 수 있는 이유이다. 이 경들은 이미 사리불의 생애 동안, 따라서 라지기르 결집 이전에도 암송했다고 추측할 수 있다. 사리불(그리고 마하마우드갈라야나, 목건련)이 붓다보다 먼저 **반열반**에 들어갔다고 기록되어 있기 때문이다. 이미 불교사 최초기에 시작된 것으로 알려진 산스크리트 대승 경전에 기초하여 대승불교는 가장 권위 있는 불교 가르침에 직접 접근할 수 있다고 주장한다. 이 경전은 산스크리트어로 기록된 붓다의 '설법'(하지만 아마 붓다 사후 아라한들에 의해 만들어졌을 것)으로 구성된다.

금강승 전통(Vajrayana: 대승의 확장)은 또한 소위 테르마(Terma) 경전을 통해 붓다의 원 다르마에 접근할 수 있다고 주장한다. 이것은 붓다가 일생 동안 가르쳤거나 필사본으로 전한 것으로 추정되는 텍스트이지만 그의 일생 동안 사회는 아직 이러한 특정 메시지에 대한 준비가 되어 있지 않았다. 그래서 그는 강의를 하되 돌 속에 감추거나, 실제로 영원히 사는 신비한 뱀에게 가르치거나, 천녀와 같은 다른 초자연적 생물에게 가르쳤다. 문자는 나중에 시간이 무르익었을 때 뱀(신화에 나오는 나가르주나)이 계시하거나 놀라운 주술사들에 의해 발견되었다. 유명한 두 주술사는 8세기 스와트, 티베트, 부탄에 살았던 빠드마삼바바(*Padmasambhava, c. 8~9 CE)와 부탄에 살았던 뻬마 링빠(Pema Lingpa, 1450~1521)였다. 뻬마 링빠는 부탄에서 많은 테르마를 발견했다고 한다. 신화에 따르면 이 중 몇몇은 천녀가 개발한 것으로 하나의 기호가 천 가지 의미를 지닐 수 있는 경이로운 칸드로마(Khandroma) 문자로 쓰여 있다. 필자는 2000년 부탄에 있을 때 뻬마 링빠가 발견한 것으로 추정되는 한 테르마 텍스트를 보았다. 그것은 단순히 티베트어로 작성되었지만 칸드로마(Khandroma)로 작성된 것으로 보이는 짧은 텍스트였다. 인쇄본은 여러 해석으로 인해 상당한 분량을 지녔다. 마찬가지로 빠드마삼바바(Padmasambhava)는 수많은 텍스트를 발견하고 테르마를 발견한 그의 두 아내 만다라바(Manda-rava)와 예쉐 초걜(Yeshe Tsogyal)에게 몇 가지 비밀 메시지를 가르쳤다. 대승(Mahayana)과 금강승(Vajrayana)은 모두 붓다가 전한 원 메시지에 접근할 수 있다고 주장한다. 이러한 모든 전통은 붓다의 원 메시지를 청중, 시간 및 환경에 맞게 조정했다. 그 구상은 붓다 시대에 가르침을 받았고 수 세기 후 전달하기에 적합하지 않은 것으로 간주된 가르침을 대체하기 위해 가르침을 개발하는 것이었다. 역사적 붓다의 경우, 특정 시간에 어딘가에서 가르침을 시작해야 했다. 그러나 새로운 상황에 적응하려면 원래의 본질에 기초한 새로운 가르침이 필요하다. 대승 금강승에서 그것들은 정확히 '새로운' 것으로 제시되지 않는다. 그것들은 상이한 문화를 지닌 새로운 나라의 새로운 사람들에게 다르마를 전달하는 데 가장 필요한 새로운 시대에 발견되었을 뿐이다. 분명 그 발견은 이 새로운 가르침의 본질이 붓다의 가르침임을 사람들에게 확신시키는 방편(upaya) 이야기이다. 사실 모든 가르침은 방편이

다. 이것은 숙련된 수단이며 변화하는 외부 조건에 대한 법의 조정이
다. 선교방편으로서 그것들은 '항상 사실인 것은 아닌' 관습이다.
다르마의 가르침이 새로운 상황의 관습에 대한 조정이라는 이 사상은
나가르주나가 주창한 것이다.

다르마와 서쪽

다르마에 매력을 느끼는 현대인들은 자신들의 관심 대상이 오늘날의
불교가 아니라고 말하는데 그 이유는 오늘날의 불교가 온갖 미신,
교리, 의례를 가진 "종교"이기 때문이라고 말하곤 한다. 그들이 원하는
것은 이른바 '붓다의 근본 다르마'라고 하는 것이다. 이것은 종교가
아니다. 그것은 해탈 또는 치유의 방법이다. 이에 관한 다소 오래된
예는 알렉산드라 데이비드 닐(Alexandra David Neel, 1868~1969)로,
그는 당시 변질된 것으로 간주된 티베트 불교 가르침에 대한 관심
때문에 종종 공격을 받았다. 티베트 불교 가르침은 그 후 "라마교"라고
불렸고 크게 눈총을 받는 대상이 되었다. 알렉산드라 데이비드 닐은
자신이 관심을 기울이는 것은 라마에 관한 것이 아니라 매우 존경받
는 붓다의 독창적인 가르침에 관한 것이라고 주장했다.(Lopez, 2002,
p.xxxiii)[1] 다른 유명한 예는 1875년 신지학회를 창립한 마담 헬레나
블라바츠키(Madame Helena Blavatsky)와 올코트(Olcott) 대령이다. 둘
다 아시아 문화에 위협이 된다고 여겼던 기독교 선교사들의 영향력에

---

1 Lopez Jr., D. (2002). *Modern Buddhism, readings for the unenlightened.*
   London: Penguin.

대항하여 다르마를 수호하기 위해 아시아로 여행을 떠났다.(Lopez, 2002, pp.xiv~xv) 인도에 도착하자 그들은 힌두교로 개종했다. 올코트는 스리랑카로 향했고 그곳에서 초기불교 다르마를 받아들였다. 그러나 블라바츠키와 올코트 모두 당시의 불교 가르침이 근본 다르마의 타락 형태라는 생각을 항상 지녔다. 붓다의 본 메시지는 무수한 형태의 미신과 온갖 시대에 뒤떨어진 의식 아래 숨겨져 있었다. 그래서 올코트는 스리랑카에서 자신의 불교 『교리문답』을 저술했는데, 처음에는 승가의 열렬한 환영과 승인을 받았다. 올코트가 캔디(Kandy)에서 숭배되고 있는 붓다의 유명한 치아가 단지 사슴뿔의 한 조각일 뿐이라고 공공연하게 주장하자 그는 싱할라(Singhala, 스리랑카) 승가의 반대에 부딪치게 되었다. 그의 『교리문답』 승인이 철회되었다.(Lopez, 2002, p.xix) 그러나 올코트는 자신의 생각을 결코 바꾸지 않았다. 그는 그 치아를 진실로 받아들이지 않았다. 그 치아가 신성하다고 여겨지는 까닭은 붓다가 교화한 언설이 제자들의 귀에 닿기 전에 먼저 들었던 것이기 때문이다. 서양 불교도는 아시아의 다르마가 미신과 의식으로 가득 차 있기 때문에 종교라고 말할 것이다. 본질적인 법이 온갖 전통과 종교적 관습으로 더럽혀졌다는 말을 종종 듣게 될 것이다. 아시아에서는 이러한 관행이 전통의 일부라고 간단히 말할 수 있다. 그것들은 일상생활에서 수행되는 살아있는 아시아 다르마의 일부이다. 현재로서는 이것이 동양의 고대 전통으로서의 다르마보다 서양인이 갈망하는 것과 더 관련이 있다고 말할 수 있다. 따라서 다르마에는 많은 역설이 있다.

원래 불교의 가르침은 해탈의 도였고 지금도 그렇다. 고정된 베다의식의 목표가 급속히 매력을 잃어가고 있었던 후기 우파니샤드 시대인 붓다 시대에는 많은 스승들이 있었다. 많은 이들이 베다 가르침들의 운용을 의심했고 너무 현실적인 베다 종교의 정적 삶의 목표에 대한 대안을 모색했다. 19세기 말에 올코트와 블라바츠키는 다르마를 "신조"가 아닌 진지한 철학으로 생각했다.(Lopez, 2002, p.xv) 더욱이 다르마는 과학적이라고 했다. 그것은 인간의 추론과 자연 과학에 따른 것이었다.(Lopez, 2002, p.xv) 그러나 우리는 그들이 여기에서 북아시아와 동아시아의 대승불교 수행이 아니라 붓다의 원 다르마라고 생각하는 다르마에 대해 말하고 있다는 것을 명심해야 한다. 올코트와 블라바츠키는 이러한 것들이 붓다의 순수 가르침을 종교와 미신으로 타락시키고 오염시킨 것으로 간주했다. 그러나 **아비담마**의 가르침조차도 단순히 인간의 마음이 작동하는 방식에 대한 가상의 모델로 간주되어서는 안 된다. 대신 그것들은 마음이 절대적으로 무엇에 관한 것이며 그것이 실제로 어떻게 기능하는지를 교조적인 풍취로 설명하는 것으로 간주되어야 한다.

그렇지만 지난 수십 년 간 우리는 서구에서 불교의 가르침이 종교가 아니라 철학이나 비교조적인 생활 방식으로 간주된다는 것을 본다. 따라서 많은 불교 학파는 모든 가르침이 관습적(임시적 및 상대적)임을 인정하지만 특정 시간과 장소에서 특정 개인이나 집단을 가르치는 맥락에서만 유효하다는 것을 알 수 있다. 비록 그것이 다르마의 경전 부분을 언급한다 할지라도 한 때 '참'인 것이 다음 순간 반드시 '참'인 것은 아니다. 최근 달라이 라마는 또 다른 아이디어를 개진했다. 그는 그것을 향수하기 위해 다르마로 개종할 필요가 없다고 여러 차례에 걸쳐 말했다. 다른 저자인 데이비드 브라지어(David Brazier)는 모든 세계 종교의 신봉자 중에는 불교도가 있다고 말했다. 따라서 다르마는 괴로움의 세계에서 벗어나 하나의 종교와 종교적 정체성으로, 무신론적 종교로, 철학과 삶의 철학으로, 과학으로, 이제 가장 최근에는 모든 세계 종교에서 발견되는 마음의 상태와 영적 성향에 빠져 있는 것처럼 보인다. 요즘은 불교 신도가 이상적으로 발달한 개인으로 여겨지게 된 것 같다.

위에서 언급했듯이 많은 아시아 언어가 종교, 철학, 삶의 방식, 신앙에 대해 다른 단어를 사용하지 않는다는 점에서 이 점은 더욱 놀랍다. 이러한 구분은 산스크리트어나 빠알리어에는 존재하지 않는다. 그러나 불교 전통 내에서 말할 때 이러한 말은 우빠야(Upaya), 선교 수단에 능숙함(방편선교)일 뿐이라고 간주될 것이다. '원본'에 다시 초점을 맞추는 것은 전체 불교 전통의 일부이다. 방편 선교 형태로 실제 다르마를 발견하는 것은 방편 선교의 한 형태이다. 이러한 재조명의 일부는 개인적 고통에 대한 본질적 경험을 확인하고 붓다의 탐구를 발견하는 것일 수 있다. 붓다의 이상적 패러다임 및 체험과 개인의 고통 체험 간의 연결은 불교의 정체성을 획득하고 다르마와 연결하는 데 필수적이다. 괴로움은 세상에서 살아 움직이는 요소이고 다르마도 그렇다. 완전히 활성화되기 위해서는 두 가지 경험이 상호작용하고 깨달음을 향해 나아가야 한다. 어떤 면에서는 모든 존재가 『자타카(Jataka)』의 은유적 서사 안에서 살고 있으며, 종국에는 모든 존재가 언젠가는 부다가야의 땅에 닿아 각자의 마라를 물리칠 것이다. 현재 사람들이 사는 삶은 『자타카』에 서술된 대로 붓다가 통과한

수많은 삶 중 하나와 같다.(아래 참조) 이 세상은 결국 열반을 경험하게
될 지혜를 계발하는 곳이다.

　붓다가 자신 이전에 다른 많은 붓다들이 발견한 것을 발견한 것처럼,
우리 각자는 그가 발견한 것을 발견하게 될 것이다. 이것은 합리적
원리이다. 따라서 다르마는 출신 성분과 관계없이 성찰하는 순간,
늘 각자의 삶의 역사와 연결되어 있다. 대승 전승에서 다르마를 깨닫는
순간은 보살의 자비나 보살의 자비를 불러일으킬 수 있는 과거에
쌓아온 업보에 따라 달라진다. 가장 큰 죄인이라도 언젠가는 이렇게
다시 태어나서 다르마를 만나리라. 현대 불교 문헌에서 보살은 영적인
존재가 아니라 우리 가운데 테레사 수녀나 달라이 라마처럼 모범적이
고 이상적 인간으로 살고 있는 혈육과 같은 존재라는 생각을 발견할
수 있다. 형이상학적 보살의 이상은 모든 사람이 언젠가는 깨달음에
이르게 될 것이라는 것을 의미한다. 이 이상은 심지어 대량 살인자나
전범, 집단 학살을 저지른 사람들까지도 포함한다. 불교도는 이러한
사람들이 부정적 업보가 소멸하기 전에 큰 고통을 지닌 채 수백만
번의 삶을 영위할 것이기 때문에 그들을 안타깝게 여기라는 조언을
받는다. 붓다조차도 "죄"를 지었으며, 그 죄로 인해 고따마 싯다르타로
살 때 괴로움을 겪었다고 전해진다.(Strong, 2001, pp.32~34)[2]

---

2 Strong, J.S. (2001). *The Buddha, a short biography*. Oxford: Oneworld.

나바야나(Navayana): 새로운 수레

일찍이 1930년대에 J.E. 엘람(J.E. Ellam) 대위와 1950년대에 인도의
달리트(Dalit) 출신 전 법무장관 B.R. 암베드카(B.R. Ambedkar)가 제
시한 나바야나(Navayana)라는 용어는 최근 서구와 서구화된 문화
속에서 발전해 왔고 계속 발전하고 있는 다르마를 지칭하는 데 사용된
다. 이는 역사의 현시점에서 한 부분을 차지하는 문제와 대화하면서
근대, 특히 서구에서 발전하는 불교사상과 실천을 말한다. 나바야나
는 아시아 전통과 서양 현대 불교사상 간의 상호작용의 결과이며,
그 과정이 한창 활발히 진행되고 있기에 아직 만들어지고 있는 중이다.
세 가지 주요 수레(Theravada, Mahayana 및 Vajrayana) 또한 계속 역동적
으로 발전하고 있지만 무엇보다 서구에는 이 수레가 상당히 정적이라
는 생각이 있는 것 같다. 그렇지만 실제로는 그렇지 않다. 이와 관련하
여 태국의 위대한 혁신가 고故 붓다다사(Buddhadasa) 비구를 기억할
수 있다. 우리는 하나의 지구촌에 살고 있기 때문에 서구와의 상호작용
에서 탄생한 새로운 발전의 개념, 가르침 및 사상이 아시아로 되돌아가
그곳에서 새로운 전개를 시작하기 위해 길을 찾고 있다. 여기에서도
나바야나라는 이름은 불교사상의 4번째 위대한 수레를 나타내기
위해 사용된다. 나바야나라는 용어를 사용할 때 염두에 두어야 할
한 가지는 그것이 불교의 다양한 사상 흐름에 대한 이름이라는 점과
자신을 나바야나 불교도(나바야닌)나 그러한 것으로 지칭하는 '새로운'
불교도가 거의 없다는 점이다. 따라서 나바야나는 불교도들 자신이
거의 사용하지 않는 외부 시각의 용어이다. 이것은 전통적인 불교도가

자신을 식별하기 위해 널리 사용하는 다른 세 가지 수레의 이름과 상당히 다르다. 대부분 우리는 서구의 새로운 불교도가 자신들을 스승들의 학파에 속한다고 지칭하는 것을 발견한다. 이러한 가르침 속에서 새로운 수레의 전형적인 특징을 찾을 수 있다. 그러나 나바야나라는 용어를 사용한다면 일부 불교도의 반대에 부딪힐 수 있다. 다른 저자들은 "neo"가 산스크리트어 "nava"에 대한 라틴어이고 두 단어가 인도 유럽어 동족어라는 점을 제외하고는, 문자 그대로 나바야나와 동일한 네오야나(Neoyana)를 선호한다. 또 다른 사람은 네오 젠(Neo Zen)과 같은 용어를 선호한다. 필자는 네오 젠이라는 용어는 우선 중국과 일본의 과거 학파를 지칭하기 때문에 범위가 너무 제한적인 데 반해, 나바야나라는 단어는 산스크리트어 단어의 합성어이고 아시아 전통에 충실한 것으로 본다.

대다수 나바야나 불교도는 서구에서 찾을 수 있다. 아시아 불교도는 일반적으로 자신이 아시아에서 볼 수 있는 불교 수행 흐름에 속한다고 말한다. 서구(미국, 유럽, 호주, 뉴질랜드)에 거주하며 불교도로 자라난 사람 대다수는 아시아에서 온 이민자들이다. 불교도로 성장한 서양 출신의 불교도는 거의 만나지 못할 것이다. 어떤 이유에선가 서양 출신의 불교도는 성인이 되어 불교 다르마에 매력을 느낀다. 그들 중 일부는 스스로를 불교도(또는 "불교로 개종한")라고 부르고, 다른 일부는 불교도를 자처하지 않으면서 다르마를 옹호한다. 이것은 아마 마음의 평화를 경험하고 자비를 베풀고 자애롭기 위해 불법으로 개종할 필요가 없다고 주장하는 달라이 라마와 같은 주요 불교 주창자들과 관련이 있을 것이다. 더욱이 위에서 논의한 바와 같이 일반적으로 서구의 다르마는 종교로 간주되지 않는다. 그것은 오히려 삶의 방식, 철학 또는 삶에 대한 태도 등으로 간주된다. 우리는 철학이나 삶에 대한 태도가 아니라 종교로 개종한다. 그렇지만 다르마는 원래 그렇게 명시되지 않았음에도 종교적 특징을 띤다. 많은 경우, 나바야나 불교도는 수행에서 매우 절충적이다. 어쨌든 동남아의 티베트 금강경, 일본 선, 동남아의 상좌부 위빳사나 기법을 조합하는 것은 문제가 되지 않는다. 반면, 전통적 학파에서처럼 다른 학파의 가르침이 단순히 잘못된 것이라는 생각을 주장하고 키우는 나바야나 불교도도 만날 수 있다.

다르마와 전기

서구 불교도가 다르마로 전향하는 단계는 대개 자신의 전기 내러티브의 맥락을 논리적으로 확장하는 것이다. 새로운 불교도는 내면의 성장이나 '영적' 발전을 위한 탐구를 언제 어디서 시작했는지에 대한 설명을 듣게 될 것이다. 그 사람은 자신의 인생의 한 순간에 불교 메시지를 접했고 그것에 매력을 느꼈다. 다르마는 끝이 열린 자전적 내러티브 구성의 일부이기 때문에 그것이 그 사람의 마지막 발달 단계가 될 것이라고 말하기는 어렵다.

　붓다의 전기 이야기는 이상적인 삶의 이야기이다. 그것은 불완전과 삶의 괴로움을 끝낼 수 있는 치유의 통찰력과 다르마 지혜를 추구하는 것이다. 붓다의 생애사는 고따마 싯다르타 왕자로서의 생애뿐만 아니라 열반에 이르는 긴 여정으로 구성되어 있다. 전통에 따르면, 고따마는 깨달음을 얻은 날 밤에 숫도다나 왕의 아들로서 마지막 생을 마감하기 전의 모든 "전생"을 기억했다. 그러던 중 "세상의 악마" 마라로부터 추구를 포기하라는 도전을 받았다. 마라는 그에게 열반에 대한 그의 권리를 증언할 수 있는 사람이 누구인지 물었다. 그러자 붓다는 자신의 "전생"의 중요성을 자각하고 자신의 모든 공덕에 대해 증언해 달라고 요청하며 땅을 만졌다. "대지의 여신"이 나타나 마라의 군대를 무찔렀다. 이와 같이 붓다는 자신의 전생을 기억했지만, 이 모든 것을 제자들에게 말하지는 않았다. 그는 어려운 상황에서만 자신의 전생에 대해 이야기하는 것을 택했다. 사실 그는 바로 지금 이 순간 열반과 해탈의 길을 선택할 수 있기 때문에, 과거를 너무 많이 불러일으키려는 생각을 금했다.

과거와 표면상의 '전생'을 연구함으로써 우리의 현재 괴로움에 대한 답을 찾는 것은 아무 소용이 없다. 모든 일에는 원인이 있고 이 원인에도 원인이 있다는 것을 우리 모두 알고 있다. 해탈의 길은 원인의 사슬을 끊는 데 있다. 따라서 현재 행위가 추가적인 반응을 불러일으키는 원인이 되지 않도록 해야 한다. 붓다는 전생에 대해 말하는 것이 우빠야로서 현재 가르침의 일부일 때만 기꺼이 과거에서 원인을 찾고자 했다. 그렇지 않으면 전생에 대한 지식이 기술에 대한 집착과 나태한 행동으로 이어질 수 있다. 또 다른 함정은 변명의 여지가 있다는 것이다. 불행한 과거에서 비롯된 결점 때문에 현재 상황에 대해 아무것도 할 수 없다고 말할 수도 있다. 그래서 붓다가 탄생 설화를 선택한 이유가 후대에 전승되는 것이다. 또한 동일화가 행해진다. 자타카에서 역할을 하는 각 인물은 붓다의 마지막 생애인 고따마 싯다르타 왕자와 동일시된다. 따라서 자타카는 한 사람이 해탈을 위해 애쓰는 이상적인 본보기일 뿐만 아니라 존재하는 전체 집단이 결국 인간으로 발전하는 방식을 보여주는 예시이기도 하다. 그들 각각은 —그들의 덕행으로 인해— 깨달은 스승 가까이에서 표면상 누차 "다시 태어남"을 거듭했기 때문에, 그들은 결국 그와 가까운 동료로서 거의 모두 깨달음에 이르렀다. 그를 죽이려 했던 붓다의 사악한 사촌인 데바닷따는 결국 "지옥"에서 다시 태어났다. 따라서 자타카는 붓다를 둘러싼 사람들의 이상화된 삶의 일대기의 전체 집합으로 구성된다.

따라서 유덕한 행위는 이생에서 지금 당장은 아니더라도 이번 생 바로 후에 이어지는 많은 생 가운데 하나에서 깨달음에 이르게 될 사람 및 가까운 재생의 결과를 항상 낳는다는 결론을 내릴 수 있다.[3] 처음부터 깨달음까지의 붓다의 삶의 일대기는 사실 전체 승가의 심리 치유 과정의 가능성에 대한 은유이다. 그 속에서 붓다가 걸어온 삶의 회수는 종종 상당히 많은 것처럼 보일 수 있다. 하지만 영원과 괴로움에 비하면 한정적이다. 붓다는 완성 과정을 거친 후, 완전히 다른 모습으로 나타난다. 전통에 따르면 그는 32개의 특징적 신체 표식, 이른바 32상(相, Lakshanas)을 보였으며 80개의 보조 표식인 종호(鍾皓, Upalakshanas)로 완성과정을 마무리했다. 그는 이미

---

3 나바야나(Navayana)의 사유 흐름에 대한 전형적인 예는 다음과 같다. "생"과 "재생"이 문자 그대로 받아들여져야 하는지 아니면 심리학적 은유로 받아들여져야 하는지, 예를 들어 "지옥"(분노)과 같은 정서적 에피소드의 생명이나 수명으로, 그리고 감정의 재탄생으로 받아들여야 하는지에 대한 질문이다.

태어날 때 이러한 특성을 지니고 있었고 왕자 탄생 후 부친의 궁정에 소환된 위대한 선견자들은 이 신체의 흔적 덕분에 그의 놀라운 본성을 알아볼 수 있었다고 한다. 열반이 의미하는 바를 깨닫는 순간 그의 피부는 황금빛 색조, 광채를 나타내다가 최종 열반으로 넘어가려고 할 때에야 사라졌다고 종종 말해진다. 그의 치유 과정은 그가 살아있는 붓다인 연등불(Dipankara)을 처음 만났을 때 시작되었고, 세상의 불완전성과 괴로움, 그리고 괴로움을 소멸하는 방법을 밝혀 깨달음에 이르렀을 때 최종적인 결과에 이르렀다. 일부 자료에 따르면 그는 자신의 "이전" 존재에서 한 분이 아니라 연속된 많은 붓다를 만났다.(Strong, 2001, pp.20~21) 이것은 깨달음으로 가는 길이었으며, 그의 어머니를 방문하기 위해 "33천"으로 가는 신비적 여행과 같은 다른 줄거리도 있다. 이는 어머니가 붓다를 낳은 지 7일 만에 세상을 떠남으로써 붓다를 "이상적인 치료사"로 전환시킨 에피소드들이었다. 그는 그곳에 있었고, 모든 것을 경험했으며, 더욱이 모든 것을 기억했다. 어떤 이들은 그러한 치료를 시각화함으로써 붓다가 "33천"을 방문하는 것이 그토록 어린 나이에 어머니를 잃은 충격적인 상처를 의심할 여지없이 치유한 심리적 경험으로 간주한다.

이러한 괴로움을 경험한 붓다는 치유자의 이상적 본보기였다. 그는 스스로 상처와 치유를 겪었다는 바로 그 이유 때문에 궁극의 치유자이다. 적어도 그의 전기는 우리에게 이 점을 알려준다. 물론 붓다의 삶의 일대기는 '개략적인 일대기'이고 실제 역사에 관한 한, 확실하지 않다. 붓다를 상상하는 일이 많다는 것은 '실제로 일어난' 역사가 아니라 '함께 살아가는' 역사라고 할 수 있다. 비록 거의 모든 아시아 불교도가 고대의 기적으로 가득 찬 전기에서 전해지는 붓다 생애 기록의 실제 역사적 가치를 의심하지 않지만 말이다. 스스로 치유과정을 거쳤기 때문에 그는 현명한 의사(bhisaja)가 되었다. 그의 다르마는 가장 완성된 약이며 약의 왕(Bhaisajyaraja)이다. "모든 삶"을 살았기 때문에, 그는 육체적 정신적 괴로움의 모든 경험을 알고 있다. 세계에 대한 그의 분석은 숙련된 의사의 것이다. 괴로움이라는 질병이 있다. "갈애(tanha)" 또는 "갈망(trsna)"이라는 질병의 원인이 있다. 질병의 원인은 제거할 수 있다.("nirodhana") 그리고 팔정도라는 다르마의 약이 있다. 『싸운다라난다(Saundarananda)』[4]에서 붓다는 그의 이복형제 난다(Nanda)가 자신의 궁극적 치유가 그의 형이 개발한 수행의 길에 달려 있다는 것을 깨닫자(난다는 처음에 이 길을 걷지 않으려 했던 마음을 버렸을 때 통찰을 얻었다), 난다에게 자신의 4구 분석(four-partite analysis)을 제시했다.(*Saundarananda*: XVI)[5]

(41) 그러므로 괴로움이 병인 것처럼 괴로움의 진리를 생각하고, 악행(dosha)에 질병의 원인이 있고, 그것을 멈추게 하는 진리에 궁극의 건강이 있고, 도道에 약이 있다고 생각하라.

---

4 이 글에서 필자는 때때로 이 텍스트를 언급한다. 이것은 붓다의 이복동생인 난다의 시적 전기이다. 이 텍스트는 약 2세기에 살았던 불교 저술가 아슈바고샤(Ashvaghosha, 馬鳴)가 산스크리트어로 창작한 것이다. 이 텍스트는 난다가 그의 형제의 다르마로 개종하는 내용을 기술했다. 이 글에서 인용한 번역은 존스톤(Johnston, 1928)의 판본에 기반한 필자의 번역이다.

5 Johnston, E.H.(Ed. & Tr.).(1928, 1975). *The Saundarananda or Nanda the fair*. Lahore: Oxford University Press.

(42) 그러므로 행위가 괴로움을 초래함을 이해해야 하고, 같은 행위에서 악행(dosha)이 나온다는 점도 이해해야 하며, 행위를 피하는 것이 해독제임을 알고, 회피가 길이라는 것도 알아야 한다.

붓다의 본래 치유력은 그의 제자들에 의해 현재까지 내려왔기에 전해진 가르침 그대로 살아있다. 불교 전통은 붓다의 실제 존재가 그의 유물과 붓다 존재를 대신하기 위해 만들어진 형상과 다르마에 살아있는 것처럼, 가르침이 살아있다고 말한다. 많은 이야기는 한 인격이 어떻게 아라한으로 발전했는지 뿐만 아니라 붓다가 위에서 언급한 우빠야와 같은 기술적 수단을 어떻게 다루었는지 보여준다.

불교 우주론에 따르면, 존재는 여섯 가지 영역에서 "다시 태어날" 수 있다. "신들의 영역"(예: 자부심)에서 삶은 완벽할 것이며 모든 경험은 영광될 것이다. 그러나 신으로서, 그는 어떤 괴로움도 경험하지 않을 것이며 괴로움은 불교적 발전의 주요 원인 중 하나이다. 천국에서의 삶 이후, 천국에서는 자신의 행위에 대한 마음챙김이 부족하다는 단순한 사실 때문에 "반신半神의 영역"(예: 질투) 또는 가장 깊은 "지옥의 영역"(예: 증오) 중 하나로 몰락할 수 있다. 지옥에서는 삶이 고통스럽다. 춥고 뜨거운 지옥이 있다. 추운 지옥에 있으면 뜨거운 지옥을 간절히 그리워하고 그 반대도 마찬가지이다. 많은 불교 기록에서처럼 비록 축생이 매우 똑똑하고 지능적일 수 있지만 "동물 영역"(예: 무지)에 태어난 사람은 환상/망상에 의해 선동될 수 있다. 많은 자타카에서 붓다 자신은 동물로 다시 태어났고 그의 제자들, 부모 및 기타도 마찬가지였다. "아귀 영역"(예: 탐욕)에서의 삶은 괴로움과 욕망에 관한 것이며 성난 악마 중 하나로서의 삶도 그렇다. 의심의 여지없이 불교 전통에서는 인간으로 태어나는 것이 가장 운이 좋은 것으로 간주된다. 뛰어난 지능과 탁월한 기억력을 지닌 인간으로서 궁극의 경험에 도달하는 것이 이상적인 탄생이다. 인간으로 다시 태어나면 행복과 괴로움의 극명한 대조를 경험하고 이러한 대조 경험으로 존재가 무엇인지 깨닫게 될 것이다. 인간 지능의 도움에 힘입어 과거에 일어난 일을 회상하는 기억을 배경으로 무슨 일이 일어나고 있는지 이해할 수 있다. 사람은 언젠가 죽을 것이라는 것을 알고 있고 시간의 흐름을 알고 있다. 그 사이에 인간이 어떤 것인지 경험하고 열반을 경험할 가능성이 있다.

사람으로 다시 태어나면 살아있는 붓다를 만나는 것이 가장 큰 영향을 미친다. 살아있는 붓다를 만나는 사건이 이상적인 패러다임으로 발전한다. 많은 신심 있는 불교 신도들은 어려운 명상 수행도에서 깨어나고 나서 더 이상 애쓰지 않는다. 대신 그들은 고덕한 업을 쌓음으로써 차세의 붓다가 지상에 출현하자마자 지상에 태어나기 위해 여러 천상계 중 하나에 다시 태어나기를 희망한다. 살아있는 붓다의 가르침을 들으면 열반을 경험하기가 매우 쉽다. 보살이 되겠다는 진정한 결심을 하거나 살아있는 붓다 앞에서 열반을 지향하는 마음을 표명하기만 하면 이것은 강력한 언명이 된다. 『싸운다라난다(Saundarananda)』 V의 다음 구절을 보자.

(48) 마치 의사가 환자에게 억지로 약을 주어 기분이 좋지 않은 것과 같으니, 내가 너희에게 말한 것과 같이 기분이 좋지 않을

수 있지만 그 본질은 참되어 복에 이르게 한다.

(49) 그러므로 이 행운의 순간이 있는 한, 죽음이 다가오지 않는 한, 그대들의 행복에 마음을 능숙하게 집중하고, 그대들의 젊음이 있는 한, 마음을 체계적인 수행(yoga)에 집중하시오.

그러므로 인간으로 태어나는 것이 가장 유익하다. 몸으로 체현된 것(화신)은 불결할 수 있고, 몸은 "창자, 벌레, 더러움으로 가득 찬 얇은 가죽 가방"으로 이루어질 수 있지만 인간으로서의 화신은 위에서 언급한 지성과 기억을 의미하여 열반을 가능하게 한다. 더욱이 붓다 또한 인간으로 살 때 과거의 여러 붓다를 만나기도 했고 그 앞에서 깨달음을 결단하여 인간으로서 깨달았다.

현대의 다르마에서 가장 중요한 것은 붓다의 생애뿐만이 아니다. 또한 오늘날 다르마를 신봉하는 사람은 자신의 삶의 역사와 달라이 라마나 틱낫한과 같은 오늘날의 스승들의 삶의 역사를 비교해볼 수 있다. 그들은 어떤 면에서 원래의 가르침과 역사적 붓다의 대변자로 간주된다. 그러므로 그들을 만나고 그것과 더불어 자신의 삶과 존경받는 모범의 삶 사이에 유추를 구성하는 것은, 그것이 우리가 사는 자타카 이야기임을 강조하는 것이다. 불교 다르마의 가치와 의미를 발견하는 과정에서 종종 자신의 체험을 터득한 살아있는 불교 스승과의 실제 만남과 자주 연결되는 것은 한 사람의 생활을 남다르게 한다. 따라서 불교 다르마의 가치를 발견하는 것은 논리적 단계가 될 수 있다.

편리한 수단(방편)의 현명한 사용

방편의 현명한 사용, 즉 **방편선교**에 대한 성찰은 무엇보다 대승의 가르침에서 찾아볼 수 있다. 그것은 환자의 질병에 맞게 치료를 조정하는 의사처럼 바로 제자들에게 다르마를 조정하는 것을 말한다. 다르마는 주로 가르침 형태로 존재하기 때문에, 또 다양한 삶의 역사의 일부이기 때문에 오늘날 우리가 알고 있는 다르마는 셀 수 없는 방편의 결과라고 말할 수 있다. 나가르주나의 중관학파에서는 붓다의 설법이 무엇보다 관례였다고 말한다. 모든 메시지가 특정한 최초의 말과 행동에서 시작되듯이 붓다도 어떤 최초의 단어와 최초의 표현으로 그의 최초 가르침을 시작했다. 이런 관점에서 볼 때 '사성제四聖諦'도 예외는 아니며, 시간이 지나면서 하나의 관례로 된 것이다. 상좌부, 대승, 금강승과 현재의 나바야나 네오야나의 기원인 법의 바퀴를 굴린 것은 모두 방편으로 볼 수 있다. 붓다와 보살은 수없이 많은 방편을 마음대로 사용할 수 있으며 특정 제자에게 법을 조정하는 총명한 능력을 지니고 있다.

붓다가 아직 자신이 살던 당대 사회가 받아들이기에 충분한 준비가 되어 있지 않은 특정 가르침을 숨겼다는 신화적 이야기는 눈에 띄는 방편의 예이다. 또 다른 예는 은유적 치유로, 이를 통해 붓다는 제자들과 실제 연결된다. 더 나아가 이 제자들은 그의 '환자' 또는 '내담자'가 되었으며, 이런 개념은 붓다를 먼저 진단을 내리고 이어서 각 개인에 맞는 치료계획을 설계하는 '임상치유사', 의사 또는 심리 치료사처럼 보이게 한다. 다르마에서는 제자들의 특질에 대한 이런 진단 분석과 치료 조정을 방편이라고 한다. 붓다는 신속한 가르침과 그의 독특한 **방편선교** 처리에 의해 제자들의 이해를 증진시키는 탁월한 솜씨로 유명하다. 더 넓은 의미에서 방편은 다르마가 특정 제자뿐만 아니라 특정 시간, 문화와 사회에도 조정되어야 함을 의미할 수도 있다. 이처럼 새로운 상황에 맞게 원래의 가르침을 조정해야 할 때, 우리는 다르마에서 수많은 전통적인 열린 가능성을 찾는다. 그러나 모든 경우에 치료 내용은 동일하게 유지된다. 이것이 바로 다르마이다. 다르마는 오랜 세월에 걸쳐 발전해 온 다양한 형태와 모습을 지닌 "약"이다. (중요한) 메시지는 환자를 절대 프로크루스테스의 침대에 눕혀서는 안 된다는 것이다. 해독제는 특정 질병, 질병에 걸린 사람, 변화하는 상황에 맞게 지속적으로 조정되어야 한다.

불교 전통에는 두 가지 중요한 방편이 있다. 그것은 어떤 행위, 심지어 "기적"일 수도 있고, 다르마를 가르치는 것일 수도 있다. 붓다가 한 설법 중에 까샤빠에게 꽃을 보여준 행위는 우빠야라고 부를 수 있다. 붓다가 동생 난다와 함께 천국으로 떠난 신화적인 여행도 우빠야라고 할 수 있는데, 그 목적은 천녀를 보여줌으로써 육욕과 세속적 정욕에서 마음을 분산시키기 위한 것이었다.『사운다라난다』(XIII)에서는 붓다의 우빠야 치료에 대해 다음과 같이 묘사하고 있다.

(3) 세존은, 어떤 사람에게는 미묘한 말로, 어떤 사람에게는 우렁찬 소리로, 어떤 사람에게는 이 두 가지 방법을 써서 인도했다.

(4) 진흙에서 나왔지만 순수하고 더러움이 없으며 반짝거리는 금처럼 설령 그것이 진흙 속에 놓여 있다 하더라도 더러움에

물들지 않는다.

(5) 물에서 기원하여 물속에 머무는 연꽃잎처럼, 그리고 그것이 물 위에 있건 물 아래에 있건, 그것은 다른 것에 물들지 않는다.

(6) 이와 같이 아라한은 세상에 태어나 세상을 기쁘게 하는 일을 해도 그 지위와 순수성 때문에 세상의 외형(다르마들)에 물들지 않는다.

(7) 그가 충고를 하는 순간, 그는 한순간 구속력 있고, 방기하고, 우호적이며, 가혹한 방식으로, 이야기하거나 집중하는 방식으로 하지만, 그것은 치유 때문이지 자신이 그렇게 느끼기 때문이 아니다.

(8) 그리고 그는 그 위대한 연민으로 특정한 몸의 형태를 취했다. "나는 어떤 식으로든 고통 받는 중생을 구원하리라!" 왜냐하면 아라한은 중생들에 대해 그만큼 큰 연민을 경험했기 때문이다.

따라서 붓다는 제자들에 대한 대우를 조정하고 예를 들어 그 순간 기분이 좋지 않다고 해서 제자들에게 엄하게 가르치지 않는다. 그리고 붓다가 기분이 좋지 않다면 그것은 방편이다.…

방편선교는 붓다의 가르침 중 일부가 언뜻 모순되거나 불투명해 보이는 것을 설명하는 개념이기도 하다. 이러한 모순은 제자의 독특한 성격이나 붓다가 개인화된 메시지를 전달하는 그룹(개인 또는 그룹이 적절한 이해가 부족할 수 있음)의 특성 때문에 발생한다. 방편은 심지어 가끔 작은 거짓말을 암시할 수도 있지만, 그 의도가 고통 받는 환자를 돕기 위한 것일 경우에만 해당한다. 임상 치료와 마찬가지로 치료의 경우 역설적이게도 치료로 인해 발생하는 고통이 처음에는 질병보다 더 심할 수 있다. 감각적인 정욕에 중독된 난다의 정욕을 없애기 위해 붓다가 처음에 그 정욕을 강화한 것처럼 말이다. 여기서도 붓다의 행위를 숙련된 의사의 행위로 비유하고 있다. (*Saundarananda*; X)

(42) 한 사내가 더러운 옷을 빨 때, 처음에는 소다수로 더욱 더러워지게 해서 빠는 것과 같이 현자는 더 많은 불결함을 발생시키려는 것이 아니라, 이 불결함을 종식시키기 위해 그를 더욱 악한 정욕으로 끌어들였다. 마치 몸에서 질병을 쫓아내려고 하는 의사가 그의 병을 내쫓기 위해 처음에 환자를 더 고통스럽게 하려는 것과 같이, 바로 그러한 방식으로 현자는 어떤 이의 격정을 종식시키기 위해 더 강한 정욕을 일으킨다.

따라서 방편이라는 개념에는 네 가지 의미가 있는 것으로 보이며, 거기에 필자는 다섯 번째 의미를 추가하고자 한다.

(1) 특정 진단에 따라 고통받는 사람에 대한 다르마 치료의 조정

(2) 특정 시대 특정 사회에 대한 다르마의 조정

(3) 역사적 붓다의 청정한 가르침에 있는 명백한 모순을 설명하는 원리

(4) 변화하는 조건이 조정된 가르침 방식을 필요로 함에 따라, 붓다 사후 다르마에 있는 명백한 모순을 설명하는 원리

(5) 지역 양식, 도덕, 예절 및 관습이 더 큰 불교 전통에 통합될
수 있게 해주는 개념

따라서 방편은 항상 본질적으로 가르침 자체에 존재하는 혁신적인
힘이다. 설사 다르마가 심리학적 과학과 실천으로 변모하였다 하더라
도 다르마의 변화 그 자체는 새로운 일이 아니다.

결론

우리가 전 세계에서 알고 있는 다르마는 방편의 결과라고 할 수 있다.
그러므로 그것이 종교로 간주된다면 그럴 수 있다. 종교로 간주되지
않고 철학이나 생활 방식으로 간주되어야 한다면 그럴 수도 있다.
다르마에 '신'은 없지만 설령 '유신론적인' 다르마라도 상상할 수 없는
것은 아니다. 이것이 반드시 최종적 해탈을 위한 길이라면 이렇게
볼 수 있다. 그러나 두 가지 기본요소를 유념해야 할 것이다. 즉,
붓다의 역정과 연결되어야 하고, 그 형태가 어떻든 원 가르침인 청정한
다르마와 연결되어 있어야 한다. 이 두 가지 경우, 메시지는 비록
심리학으로 포장되더라도 바로 다르마일 뿐이다.

다르마에 관심이 있는 서양인 대다수는 그들 개인 서사의 일부로서
붓다에게 매력을 느낀다. 예를 들어 어떤 이는 다음과 같이 말한다.
"저는 먼저 로마가톨릭 신자로 성장했습니다. 학생으로서 페미니스트
가 되었고, 나중에 전 세계 환경 운동에 합류했습니다. 네팔을 여행한
후 영성 문제에 참여하다가 불교를 알게 되었어요." 또 왜 다르마가

매력적으로 평가되는지도 들을 수 있다. 시속에서 말하듯, 다르마는 지옥을 부정하고, 교의와 처벌하는 신이 없으며, 남녀에게 평등한 기회를 제공해 준다고 한다. 또한 다르마는 많은 종교와 달리 신체를 경시하지 않는다. 그것은 많은 면에서 해방적인 것으로 간주된다. 심지어 동성애 불교 운동도 있다. 의심의 여지없이, 다르마가 심리 치료와 안락사, 동물 권리 등과 같은 윤리 문제에 관여하는 것은 확실히 어려운 도전이다. 사실 일부 철학 계에서 다르마는 이미 적절한 행위를 위한 일련의 특정 권장 사항을 확정하는 윤리 체계가 되었다. 또한 다르마는 최신 과학적 발견에 부합하며, 무엇보다 심리학과 인지 신경 과학을 따른다.

우리는 다르마가 종교, 철학, 생활 방식, 심리학, 요법 또는 기타 그 어떤 것이라고 할 수 있지만, 이러한 특징은 아시아에서 볼 수 있는 실천과는 거리가 멀다. 아시아의 대다수 지방에서는 남성과 여성이 전혀 동등하게 존중되고 있지 못하며, 흔히 인체는 매우 불결한 것으로 생각된다. 동양의 신심 있는 신도에게 '천국'과 '지옥'은 분명 우주론적인 '현실 저 너머'에 존재하며, 업은 일종의 상이나 징벌로서 사람들에게 목적지로 가는 입장권을 제공한다. 다르마에 대한 여러 해석이 가능하며 **방편선교** 원칙으로 인해 개인은 지구상 어디에 살든 독특한 접점을 찾을 수 있다.

끝으로, 불교의 가르침은 아시아의 어디에 전파되든 항상 현지 종교나 철학 사상 및 문화 전통과 혼합되었다. 그러므로 '순수한 다르마'는 존재하지 않는 것으로 보인다. 비록 여러 학파에서 **이런** '순수함'을 지니고 있다고 주장하지만 말이다. 만약 한 학파가 자신이

전하는 것이 순수한 가르침이라고 주장한다면 다른 모든 학파도 순수성을 주장할 동일한 권리가 있다. 심신 치유는 줄곧 불교 가르침의 일부분이었다. 다르마는 고통의 주요 원천인 괴로움(둑카), 즉 존재에 구현된 불완전함에 대한 탁월한 약의 역할을 하기 때문이다. 붓다를 본보기로 삼아 불교의 목표는 괴로움을 완전히 소멸하는 것이다. 이것이 비이성적인 갈애와 그에 수반되는 행위, 즉 움켜쥠과 집착하는 행위의 소멸이라는 열반 체험이다. 그래서 그와 같이 명시되어 있다.

6장 증식되는 개념과 견해에 대한 초기불교의 통찰

수라쿨라메 페마라타나(Soorakkulame Pemarathana)

서문

상좌부의 지식에 대한 분석은 개념(분석적 추론의 추상적 용어)과 견해 (세계가 작동하는 내부 이미지)에 기반한 인지의 심리적 기원에 대한 특별한 통찰력을 제공한다. 이 분석은 인지하는 사람이 다양한 방식으로 감각 경험을 구성하도록 이끄는 마음의 증식하는 인지 성향에 주목한다. 따라서 입력되는 특정 감각(예컨대 봄이나 들음)을 개념화하고 시각화하는 것은 현실을 지각하는 아이디어를 가정하고 구성하는 기초 역할을 한다. 구성된 생각의 수단, 내용 및 목표는 필연적으로 사회적으로 기원한다. 감각 과정은 세심하게 처리하더라도 인지-정동 성향으로 인해 특수한 영향을 받게 된다. 개인의 감정 성향은 지각된 세계에 대한 인식에 영향을 줄 수 있고, 그 반대 상황이 일어날 수도 있다. 다르마는 지각된 대상과의 **감각적 접촉**(phassa)을 주요 기초로 삼고, 이를 바탕으로 조작된 개념과 견해를 야기하는 대상에 대한 편향된 추론으로 이어진다. 그러므로 그릇된 생각이나 불건전한 생각에 대한 모든 관찰이나 수정은 마음챙김 사건 사슬의 이 지점을 인식하는 데서 시작하는 것이 좋다.

『범망경(Brahmajala Sutta)』("모든 것을 포용하는 그물에 대한 완전한 지혜"에 관한 교설)에서 독자들은 과거와 미래에 대한 인식뿐 아니라 그것이 어떻게 생겨났는지, 그리고 그것이 포함하고 있는 내용에 주의를 기울일 수 있다.[1] 가장 중요한 것은 붓다가 이 경문에서 그것에 집착하거나 그 어떠한 다른 믿음에도 집착하지 말 것을 권고했다는 것이다. 집착은 깨어남을 방해하는 탐욕, 증오, 무지의 세 가지 독에 의해 영속화되기 때문이다. 이 가르침에서 특별한 점은 붓다 역시 제자들이 "무한하지도 않고 유한하지도 않아야 하지만 무한하지 않지도 않고 유한하지 않지도 않아야 한다."라는 가르침과 같은 불교 가르침을 옹호해서 그것에 집착하는 것을 목표로 삼았다는 데 있다. 해탈 가능성을 최대화하기 위해 자유로운 탐구를 선호하는 사람과 반대로, 어떤 신앙이나 종교의 신자도 연못의 물고기처럼 어부들의 신념 그물망에서 헤엄친다.

신념은 태도와 마찬가지로 의도적/인지적 행위 활동인 업을 영속시키는 습관적 반응 양식이다. 신념과 태도는 모두 '축약된 감정'이다. 어떤 대상이 순간적으로 (재)인식되고 인지(논리적 개념 및 상상적 견해)를 증식시키는 특정 감각 및 정서적 느낌을 불러일으킬 때,

---

1 상좌부 담론인 『범망경(*Brahmajala Sutta*)』(D. I.1)은 과거(18)(상주론, 우주, 절대주의, 인과관계를 가리키는 믿음)와 미래(44)(사후 지각, 단멸론, 열반)에 대한 계율과 62가지 "비합리적인" 믿음(ditthi)에 대해 논의한다.

지각된 접촉에서 믿음이 생긴다. 시간이 지남에 따라 신념은 한 사람의 내부세계에서의 사건을 개념과 견해를 통해 유발하는데, 이 둘은 통상적으로 그리고 결국 습관적으로 생각을 평가한다. 기억도 일종의 신념을 불러일으킬 수 있다. (믿음에) 집착하는 것은 심리적 괴로움을 초래하는 업력의 악순환을 초래하고 갈망과 탐욕의 끊임없는 재생을 초래한다. 이것은 일상적 수행에서 제거되어야 한다. 이 수행에서 소멸은 감각 접촉의 조건화된 성질, 방금 설명한 대로 조건화에서 발생하는 후속적인 변화, 습관이 발생하는 방식에 대한 이해를 발달시키는 데 달려 있다.

어떤 태도는 우리로 하여금 외부세계 사건에 대한 감지를 통해 습관적인 정동 충동이나 감정을 갖게 할 뿐, 자신이 습관적으로 평가하는 생각(개념과 견해)을 의식하지 못하게 한다. 이것은 외부 사물이 한 사람의 감정의 원인이라는 인상을 초래한다. 습관적 반응 양태로서 신념과 태도는 즉각 같은 습관적인 감정/감정적 느낌을 일으키는데, 이러한 느낌은 매우 강하고 강렬하여 제거하기 어려울 수 있다. 그 습관적 경향 때문에 대다수 사람은 그것들을 거의 의식하지 못한다. 자신의 느낌, 생각, 행동 습관을 마음챙김 함으로써 무지와 갈망을 없애지 않는 한, 탐욕/집착, 증오/집착이라는 감정적 독은 일종의 자동적인 자기 영속 순환에 빠지게 된다. 이러한 순환은 보통 알아차리기 어려우며, 열반을 향한 수행의 길에서 제거하기 어렵다.

마음의 증식 성향

빠알리어에 전해지는 상좌부(Theravada) 초기불교 가르침인 담마
(Dhamma)는 감각 경험을 인지적으로 조직화하는 마음의 구성적 역할
을 강조한다. 이로써 생각, 개념, 견해, 태도 및 신념을 언제 어디서나
빠른 속도로 증식시키는 마음 능력인 마음의 증식하는 성향을 인식하
고 강조한다. 초기불교에서 감각 과정에 대한 분석은 원시 감각 데이터
가 어떻게 이원론적 주관–객관 사고방식에서 각종 정신적 식별과
인지적 범주화를 통해 이루어졌는지 지적한다. 심(尋, vitakka)과 희론
(papanca)이라고 불리는 감각 과정, 인지 사건 및 활동에 대한 상좌부
분석은 마음의 복잡한 과정을 나타낸다. 심尋이 지각된 감각 대상에
대한 초기 추론을 말하는 반면, 후속 인지적 사건인 희론은 개념과
견해(sanna)를 통해 지각된 대상에 대해 사고와 추론을 증식시키는
마음의 성향을 나타낸다.

마음의 '행위 활동'의 흐름에서 경험의 가장 작은 단위인 이산적인
인지적 미세 사건을 담마(법)라고 한다. 마음의 증식 성향의 영향으로
감각 지각은 초기에 긍정적, 부정적 또는 중립적 경험으로 평가되고
이후 적극적으로 처리된다. 즉 감정, 사고, 행동의 다양한 채널을
통해 흐르면서 감정적 행위나 업보 행위와 같은 심리적 표현이 된다.
감각 입력의 연속적 산물로 형성되는 생각은 의식의 흐름 속에서
자발적으로 생겨나고 지속적인 인지과정(papanca sanna sankha)을
통해 증식하며 자신의 삶을 주도하기 시작하므로 그것들을 통제해야
한다.

다음의 일화는 심적 증식의 순간을 보여준다.

한 남자가 자신의 방에 그림을 걸고 싶어 한다. 그는 못을 가지고 있지만 망치는 없다. 이웃에게 하나가 있으므로 그는 그것을 빌리기로 결정한다. 그러나 그는 의심하기 시작한다. "그가 거절하면 어떻게 될까? 어제 그는 인사를 하지 않았다. 그는 서두르는 것처럼 보였거나 아마도 가장한 척만 했을 것이다. 그가 나를 싫어한다면? 나는 그에게 잘못을 저지르지 않았다. 누군가 나에게 도구를 빌리고 싶어 한다면 나는 즉시 빌려 줄 것이다. 그는 왜 그렇게 못할까? 동료 인간이 어떻게 그런 단순한 요청을 거절할 수 있을까? 그와 같은 사람은 공공의 해충이다. 그는 망치를 가지고 있기 때문에 내가 그에게 의존한다고 생각한다. 지겹다!" 남자는 화를 내며 옆집으로 달려가 벨을 울린다. 이웃 사람이 문을 열자 그는 소리쳤다. "썩은 망치는 그대로 두세요!"

함정은 '내'가 이 모든 생각을 하고 있다는 것이다. 그리고 이것들은 '나'의 생각이기 때문에 깨어나지 않고 몽상 상태에 있는 '나'는 무지한 상태에서 그것들이 실재라고 가정한다. 마음은 잘못된 '자아' 의식에서 문제를 확산시키는 성향이 있고 사고의 자기반영성 때문에 타인과 자신을 추론할 때 '인지 기능 장애'를 깨닫는 것은 당연한 것이 아니다. 따라서 왜곡, 구체화, 이분화, 서술 또는 과장의 결과, 잘못 추상화할 수 있다. 만약 자동/습관적으로 개성화된 방식으로 작용한다면 역기능적 사고와 이로부터 생겨난 원치 않는 느낌 및 자아에 대한 환상적

인식이 확산되어, '잠정적으로는' 유용하지만 (공성 또는 비아를 보는 다르마를 배울 때) '궁극적으로는' 유용하지 않은 조건화된 인격 특성으로 될 수 있다.

다르마는 개념과 견해가 심리적 경험 흐름을 이해하는 데 필요한 '장치'이지만 경험 흐름을 파편으로 줄이는 것을 의미하지는 않는다고 지적된다. 이것들은 '실제' 또는 '진실'에 대한 내용을 부과하기 때문에 단순한 도구로 사용되지 않는다. 경험은 흐름 속에서 다가올 때마다 인지를 통한 구성과 증식으로 한정된다. 구성된 개념과 견해는 타당하다고 여겨지는 관념인 동일성과 차이와 같은 이원론적 개념으로 부여된다. 심리학적으로 말하자면 우리는 이것들을 무상의 세계에서 얼어붙은 실체, 구체화로 간주한다. 그런데도 무지로 인해 절대적이고 경직된 동일성, 경험으로 발전하여 마치 영원한 세계에 사는 것처럼 집착하게 될 수 있다. 인지적 앎은 증식된 개념과 견해로 현실을 부당하게 동일시하는 이러한 과정에 내장되어 있다.

초기불교도는 더 나아가 이러한 종류의 개념과 견해의 동일시가 경험에 대한 이론화로 전환하는 성향이 있다는 것을 보여주었다. 그들은 더 나아가 이러한 이론의 구성이 개인적 경험에 기초하고 이를 뒷받침하기 위해 행해진다고 주장한다. 사람은 특정 경험에서 어떤 패턴이나 부분을 선택하고 특정 개념과 견해를 구성한 다음 감각 경험에 대한 독특한 이론을 형성한다. 증식, 즉 이러한 개념과 견해를 투사함으로써 개념화되고 이론화된 감각 경험은 원래 지각된 것이 아니라 '현실' 또는 '진리'가 된다.[2] 따라서 인지적 지식은 추상적인 본성 때문에 특정 부분이 전체라고 주장하는 전체를 대표하는 **일부**

(pars pro toto)의 결함이 있다. 이러한 왜곡된 앎은 코끼리에 대한 자신의 한정된 경험을 통해 코끼리를 충분히 표현하려는 붓다의 유명한 장님의 비유에 예시되어 있다.[3]

바로 이 결함은 사변적 형이상학적 이론을 언급하기 위해 빠알리어 교설에서 사용되는 **아디웃띠빠다**(adhivuttipada)라는 용어에 함축되어 있다. 이 용어는 문자 그대로 "과대평가"를 의미한다.[4] 형이상학적 이론을 과장된 것으로 묘사하는 것은 초기불교가 개념과 견해를 받아들였음을 보여준다. 이것들은 두 가지 의미에서 과장된 표현으로 간주되는 듯하다. 하나는 특정경험의 단편을 경험할 수 없음에도 체험할 수 있는 전체 사물로 과장하는 것이다. 다른 하나는 이후 사유의 거대 범주나 유형으로 나타나는 개념과 견해에 대한 추가적 평가이다. 이러한 인지적 지식의 한계는 절대 긍정과 절대부정의 이중성에 대한 논의에서 드러난다. 다르마는 다음과 같은 두 진술을 존재론적 주장의 양극단으로 간주한다.[5] "모든 것이 (절대적 의미에서) 존재한다."(sabbam atthi)라는 주장과 "아무것도 (절대적 의미에서) 존재하지 않는다."(sabbam natti)라는 주장이 그것이다. 전자는 상주론(sassatavada)을, 후자는 단멸론(ucchedavada)을 나타낸다. 놀

---

2 『범망경』(D I 22)과 『마하까마위방가경(*Mahakamma Vibhanga Sutta*)』(M III 211)은 많은 사상가들이 그들의 경험을 세계에 투사하고 이를 실재의 지위로 끌어올림으로써 견해와 이론을 형성했다고 지적한다.

3 Udana Pali III, 2.

4 D.J. Kalupahana, *A history of Buddhist philosophy*. New Delhi: Motilal Banarsidass, 1994, p.30에서 제시됨.

5 S II 17, S II 20, S II 76.

랍게도 세상은 이러한 극단적 견해 중 하나에 의존하고 있다는 것이다. 한때 붓다는 까짜야나에게 다음과 같이 말했다.

까짜야나(Kaccayana)여, 이 세상〔속인들〕은 대부분 이원성에 기초한다. 즉 '존재(有)'라는 개념과 '비존재(非有)'라는 개념이 그것이다.[6]

초기불교의 가르침은 이 두 극단의 상호 대립에 대한 비판적 대응으로 등장한 것으로 보인다. 그래서 그것은 반복적으로 설해지고 있다.

… 어떤 이러한 극단도 따르지 않으면서, 붓다는 그의 교설을 중도로 가르친다.[7]

위 문장에서 사용된 두 가지 중요한 용어는 추상 명사, 즉 "존재(is-ness; atthita)"와 "비존재(is-less-ness; natthita)"이다. 이러한 용어는 추상적 실재론자가 존재와 비존재를 인식하게끔 한다. 그러므로 비구 보리(Bhikkhu Bodhi)는 다음과 같이 말한다.

이러한 해석을 고려할 때, 이 두 용어, 즉 atthita와 natthita를 단순히 '존재'와 '비존재'로 번역하고, 〔종종 행해지는 것처럼〕 붓다가 모든 존재론적 개념을 본질적으로 무효로서 거부한다고

---

6 S II 16.

7 S II 16, S V 421.

주장하는 것은 오해를 불러일으킬 수 있다. 불경에서 붓다의 설법,
예를 들어 『뿌파경(Puppha Sutta)』(S III 139)은 붓다가 필요할 경우,
명확한 존재론적 의미를 지닌 선언을 주저하지 않았음을 보여준
다. 현재 구절에서 atthita와 natthita는 동사 atthi와 natthi로
구성된 추상 명사이다. 따라서 잘못된 것은 존재와 비존재 그
자체의 귀속이 아니라 그러한 추상화에 내포된 형이상학적 가정
이다.[8]

우리의 인지적 앎은 일반적으로 절대적 존재와 절대적 비존재
개념에 내장되어 있다. 이 내장된 맥락 안에서 '현실'의 실제 흐름을
이해하는 것이다. 또 인지적 앎, 즉 견해, 개념, 이론은 개인을 관념의
수준, 즉 지나치게 추론하는 수준에 묶는 지성화의 습관을 낳는 경향이
있다. 추론을 우선순위에 두는 것은 일상적인 일의 실제 상태에 대한
실제적 참여를 방해하는 관념적 안일함을 유발할 수 있다. 관념적
안일함의 성향은 붓다의 독화살(*Culamalunkya Sutta*)[9]에 맞은 사람의

---

8 Bhikku Bodhi, *The connected discourses of the Buddha*. Boston: Wisdom
   Publications, 2000, p.734.
9 독이 든 화살에 꽂힌 사람의 비유는 다음과 같다. 말룽끼야뿟따(Malunkyaputta)라
   는 남자가 독이 짙게 묻힌 화살에 부상을 입었고 그의 친구와 동료들은 그의
   치료를 위해 외과 의사를 데려왔다고 가정하자. 그 남자는 이렇게 말했다. "내가
   그와 그가 사는 마을이나 마을의 키와 피부색을 알 때까지, 나에게 상처를 준
   활줄이 섬유소인지 갈대인지 힘줄인지 대마인지 나무껍질인지, … 나에게 상처를
   준 활이 장궁인지 석궁인지, 나에게 상처를 준 화살이 발굽이 있는 것이든지
   굽은 것이든지 가시가 있는 것이든지 알 때까지 나는 외과의사가 화살을 뽑도록
   하지 않을 것이다." 말룽까뿟따여, 만일 누군가가 이렇게 말한다면, "붓다가

비유에 반영되어 있다. 마음의 증식 성향에 크게 좌우되는 인지적 앎은 실제 일상 업무 상태에 잠정적으로 대응하기 위한 지적 조작과 추측을 나타낸다. 여기서 잠정적이라는 것은 실용주의를 의미한다. 그것이 어떤 목표라도 달성할 수 있다면 그 생각은 "올바른" 것으로 선언된다. **싼냐**(Sanna) 또는 인지(개념적 논리와 상상적 견해)는 초기 감각 데이터에 대한 지속적 증식 반응의 결과, 감지자의 마음에 형성되는 것이다. 또 이런 것들은 차례로 후속 감각 경험에 영향을 미친다. 그것들은 감지자 내부에서 '관습적 개념 틀'을 형성하고 지속적으로 응용되면서 한 개인의 감각 경험에 대한 구성을 결정한다. 일상 업무의 실제 상태에 관한 우리의 임시적 인지 지식은 대체로 세계를 개념화하고 바라보는 이 습관적인 틀에 내장되어 있다. 비아를 이해하고 궁극적인 공을 가늠하기 위해서는 깊은 명상과 다르마에 대한 명상이 필요하다.

내적 충동과 심리적 투사

초기불교도는 인간 마음의 심층적인 부분도 연구했다. 이 심층적인

나에게 세상이 영원한지, 영원하지 않은지, 유한한지 또는 무한한지, 영혼이 육체와 같은지 아니면 다른지, 깨달은 자가 사후에 계속 존재하는지 존재하지 않는지 알려줄 때까지 나는 붓다 아래서 고귀한 삶을 영위하지 않을 것이다."라고 하는 이 모든 것은 여전히 그 남자에게 알려지지 않았고, 그 사이 그는 죽을 것이다. *Culamalunkya Sutta* (*M I* 427)에서 축약. Nanamoli Thera와 Bhikkhu Bodhi (Tr.), *The middle length sayings of the Buddha*, Kandy, Sri Lanka: Buddhist Publication Society, 1995, pp.534~536.

부분은 개념과 견해를 통해 문화적으로 전파되는 일상적인 사회 기능을 위한 인지적 앎의 구성을 지배했다. 이 부분의 발견은 이론적 사색의 기초가 되는 심리적 동기와 정신적 성향을 밝혀냈다. 사람은 부분적으로 각종 '내적 충동'에 기초하여 실제상황에 관한 이론을 임시로 정형화한다. 이것들은 개인적인 것이고 무엇보다 감각적(예: 배고픔이나 갈증과 같은 욕망), 인지적(예: 기대와 같은 개념 또는 백만장자가 되는 것과 같은 이미지) 또는 정서적(예: 분노나 두려움과 같은 감정)인 것일 수 있기 때문에 항상 유효하거나 '실제'일 수는 없다. 언어 사용과 일반적으로 수용되는 개념과 견해를 통해, 이론적 구성(내용과 함의를 통해)은 정의에 따라 인간관계에서 조건화되고 학습되는 것이기 때문에 개인화되고 사적이지만 사회적인 것이지, 유아론적인 것이 아니다.

경험적 현실의 본질을 이해하려는 심리학적 시도는 이러한 내적 충동에 의해 쉽게 영향을 받거나 유도되거나 잘못 인도될 수 있다.(예: 배고픈 사람은 어디서나 식당을 볼 수 있음) 사람은 화가 나면 독을 느낄 수도 있다. 옷이 필요한 사람은 옷이 여기저기 널려 있는 것을 볼 수도 있다. 이런 작업 배후의 심리 기제를 '투사'라고 한다. 우리는 생각함(생각을 품음과 봄)과 느낌(지각함과 감정을 드러냄)을 통해 세계에 있는 **편견을 해석한다.** 더욱 어려운 것은 무상하고 과정적인 세계에서 사람들은 판에 박힌 것으로 추상적 동일시를 투사하는 성향이 있다. 이를테면 "그는 빵 한 덩이를 훔친 잘못할 수 있는 인간이다." 대신 "그는 어제 빵을 훔친 도둑이다."라고 말하는 예를 들 수 있다. 뒤 표현보다 앞 표현이 동정을 느끼게 하는 것을 충분히 이해할 수 있다.

동일시하려는 인간 사유의 이러한 특정 성향도 서구 학계의 주목을 받고 있다. 예를 들어 스테빙(Stebbing)은 다음과 같이 주장한다.

> 인간의 마음에는 변화를 통해 지속되는 어떤 것이라는 의미에서 동일한 것을 추구하는 깊게 뿌리박은 성향이 있는 것으로 보인다. 즉 근본적인 실체, 항구적인 물건, 실체에 대한 탐색, … 따라서 과학에서 실체 이론의 인기 (등이 그것이다.)[10]

만약 그렇다면, 과학 이론은 영속성의 오류를 불러일으키는 경험적 현실과 관련하여 상대적 불변성의 기반을 구축하기 위해 노력한다고 할 수 있다. 이러한 환기는 로켓 과학에만 적용되는 것이 아니라 일상적인 번거로움을 처리하는 데에도 적용된다. 잠정적이고 기능적이며 일상생활에 편리한 불변의 기반을 얻으려는 한 가지 방법은 외부세계와 내부세계에서 현실을 경험할 때 "균일성"을 찾는 것이다. 시각화와 상상은 함께 기능하여 감각, 감정과 행동 성향을 결합하여 균일성을 형성한다. 결국 이러한 공조 과정을 통해 일상생활의 실제 상황에 대한 '이론'을 형성하게 된다. 이것은 생존을 위한 인간의 진화적 전략일 뿐이며, 일상의 경험을 이해하려는 실용적인 심리학적 노력일 뿐이지, 실재의 존재론적 본질을 꿰뚫는 연구 프로그램이 아니다.

일상생활에 대처하는 이론은 비록 계산된 것이지만 추측적인 수단

---

10 Stebbing L S, *A modern introduction to logic*, London: Methuen., 1945, pp.404~405.

이며, 인간은 외부나 내부 신호에 뒤이은 감각 사건에 직면할 때
이러한 수단을 통해 예측 가능성을 확보하려고 애쓴다. 아이러니하게
도 초기불교도는 이론적 사색을 관념의 영역에서 증식된 결과로 여겼
다. 개념과 견해는 앞서 설명한 **희론**의 가장 대표적인 사례로 꼽힌다.
그것은 역설적으로 보인다. 왜냐하면 그러한 이론을 정형화하는 것은
평범한 마음의 자연스럽고 억제되지 않은 증식 성향에 대항하기 위해
시간이 지남에 따라 개별적 경험 사례를 통합하여 대응하기 위한
것이었기 때문이다. 이 통합된 정형구는 감각 사건에서 경험적 의미를
만드는 데 관여할 때 희론에 내재한 혼돈된 경향에서 추상적 인지
질서를 구성한다. 무르티는 다음과 같이 주장한다.

> 내적으로 증식할수록 현실 상황에서 멀어질수록 … 감각 대상을
> 개념화하면 할수록 그것은 그렇지 않게 된다.〔생각하는 사람은
> 실제 모습과 거리가 멀다〕그리고 여기에 그것의 거짓, 그 미성숙한
> 기만 현상이 있다.[11]

초기불교 관점에서 볼 때, 우리는 이론화할 때마다 내적 충동과
그 투사의 심각한 영향과 제약을 받는다. 인지 증식은 그것들에 의해
지배되기 때문이다. 조건화는 사고를 왜곡할 뿐만 아니라, 이론,
개념, 견해, 태도, 신념, 심지어 '지각적 인식'까지도 추상적 특성으로
인해 사물의 '있는 그대로의' 방식을 표현할 수 없다. 조건화는 가능할

---

11 T. R. V. Murti, *The central philosophy of Buddhism*, London: George Allen
   & Unwin, 1955, p.125.

244 제2부 공동 구성의 방편으로서의 법

경우, 붓다가 가르친 대로의 말이 아니라 증식하는 성향의 내적 평정이나 침묵을 특징으로 하는 정념正念적 마음챙김으로 가장 가깝게 묘사된다.

내면의 충동이 개념과 관념의 구성에 영향을 미친다는 통찰력을 가지고 있으면 어떤 이론도 사물에 대한 '순수한 객관적' 설명으로 간주될 수 없다. 오히려 이러한 관점에서 보면 실재의 본질을 특정 방식으로 이해하기 위한 처방전으로 볼 수 있다. 무르티는 나가르주나의 중관학파를 해석할 때 이 주제를 다루고 있다. 중관학파는 공성을 강조하는 2세기 대승학파이다. 만물은 자성/본질(svabhava)이 없으며 그것들이 발생하는 조건/원인을 제외하고는 고유의/독립적 실체가 없다. 그는 다음과 같이 평한다.

철학은 사물에 예시된 여러 패턴 중에서 특정 패턴을 선택하여 모든 비율로 과장하고 무한대로 보편화한다. 이렇게 선택되고 보편화된 패턴이나 개념은 칸트가 말한 것처럼 이성의 이념이 된다. … 하지만 부지불식간에 우리는 이성을 보편화하여 평가의 준칙으로 삼는다. 비록 순진하게 사실에 대한 설명으로 언명되지만 철학 체계는 사물에 대한 평가이거나 사물을 특정한 방식으로 관찰하기 위한 처방이다.[12]

여기서 제기하고자 하는 문제는 무엇이 특정 패턴이나 관점을 선택하게 만드는가 하는 것이다. 선택을 결정하는 것은 무엇인가?

---

12 *Ibid*, note 11.

담마는 선택이 한 사람의 내재적인 충동 유형에 가장 부합하는 내재적 사물에 의해 동기화된다고 가정한다. 우리는 사물에 예시된 여러 가지 패턴 중에서 자신의 내적 충동 패턴에 가장 적합한 패턴을 선택한 다. 이러한 방식으로 개념과 견해는 특정 내적 충동에 대응하고 '충족' 할 수 있도록 조작되고 공언된다.

　상좌부는 실존적 욕구라고 부를 수 있는 충동에 대해 상당한 관심을 보인다. 그리고 그들은 이러한 욕구가 존재와 그것을 넘어선 것에 관한 다양한 이론을 생성하는 데 어떤 역할을 하는지 평가하고자 한다. 상좌부는 특히 형이상학 문제에 관한 철학 이론도 다양한 실존적 문제를 제기하는 내적 충동에 대한 반응으로 등장한다고 지적한다. 두드러진 '실존적 충동'은 다양한 '갈애'(tanha, 문학적 의미의 갈증)로 이해될 수 있다. 갈애는 세 가지 과정, 즉 감각적 쾌락에 대한 갈애, 존재에 대한 갈애, 비존재에 대한 갈애로 인식된다. 이러한 실존적 충동과 형이상학적 견해 사이의 연결을 논의하면서 보디 비구 (Bhikkhu Bodhi)는 다음과 같이 적절하게 말한다.

　갈애가 견해와 관련하여 어떻게 조건으로 기능하는지 정확하게 탐구하면 다양한 유형의 갈애가 다양한 철학적 견해를 공식화하는 데 도움이 될 것임을 알 수 있다. 인간의 가장 강력한 갈애는 존재에 대한 갈애이다. … 지속하는 존재에 대한 갈망을 충족시키 기 위해 우리는 우리 존재의 근간이 불멸한다는 상상을 공언하도록 견해를 조작한다.[13]

---

13 Bhikkhu Bodhi, The Buddha's survey of views. In K. Dhammajoti, et al.(Eds.),

대다수 사람들은 단지 경험적 증거가 이렇게 보이기 때문만이
아니라, 오히려 '믿으려는' 욕망에 의해 부추겨지기 때문에 어떤 형이
상학적 존재의 근간을 믿는다. 불교 입장에서 보면 존재에 대한 갈애는
미래의 삶에서 자아의 영원한 존재를 투사하는 형이상학 이론의 가장
근저에 있다. 자야틸레케(Jayatilleke)는 이와 관련하여 다음과 같이
서술한다.

> 따라서 영혼과 실체에 대한 믿음은 우리의 언어 습관에 그 기원이
> 있을 뿐만 아니라 그것을 믿고자 하는 우리의 갈망에도 뿌리를
> 두고 있다.[14]

비록 단멸론과 종류는 매우 다르지만, 형이상학적 실체와 상주론을
거부하는 반대 견해조차 과도하게 욕망하는 충동에 의해 추진되고
동기가 부여된다. 보디 비구는 비존재에 대한 갈애가 어떻게 감각적
쾌락에 대한 갈애와 관련이 있는지 적확하게 설명한다.

> 감각적 쾌락에 대한 갈망이 가장 두드러질 때, 그것은 임종 시
> 몸이 부서지면 자아가 소멸한다고 주장하는 단멸론으로 이어질
> 수 있다. 이 입장은 감각적 쾌락에 관한 구속되지 않는 방종을

Recent researches in Buddhist studies. Hong Kong: Chi Ying Foundation,
1997, p.54.

14 K.N. Jayatilleke, *Early Buddhist theory of knowledge.* London: George Allen
& Unwin, 1963, p.382.

허용하기 때문이다. 비존재에 대한 갈애는 우리가 갈망하는 단멸의 현실을 공언하는 견해를 위협한다. 가장 단순한 형태는, 개인적 좌절과 박탈 결과인 이러한 갈애가 임종 직후에 소멸하고자 하는 소망을 낳는 것이다.[15]

불교 관점에서 보면 상주론과 단멸론 모두 존재하며 실존적 충동으로 연료를 공급받는 것이다. 이 두 이론 간의 상호 대립은 종종 빠알리어 교설에서 "우산 이론"으로 언급되며, 대다수 다른 이론이 여기에 의존한다. 이 두 가지 대립되는 철학은 인간 마음의 동요를 나타내는 것으로 볼 수 있다. 까루나다싸(Karunadasa)는 명시적으로 다음과 같이 말한다.

상주론(sassatavada)과 단멸론(ucchedavada) 사이의 상호 갈등은 정신적 존재론과 유물론적 존재론 사이의 끊임없는 갈등일 뿐만 아니라 인간 마음에서 두 가지 뿌리 깊은 욕망 사이의 진동을 나타낸다.[16]

결론적으로 비인지적 요인, 즉 행동 동기를 유발하는 정서적 또는

---

15 Bhikkhu Bodhi, The Buddha's survey of views. In K. Dhammajoti, et al.(Eds.), *Recent researches in Buddhist studies*. Hong Kong: Chi Ying Foundation, 1997, p.56.

16 Y. Karunadasa, The Buddhist critique of Sassatavada and Ucchedavada. *The middle way*, Vol. 74:2, 1999, p.69.

감정적 성격의 느낌과 기분이 이론, 개념, 견해, 태도 및 신념의 형성을 크게 좌우한다고 결론을 내리는 것이 안전하다. 인지적 앎은 내적 충동의 심리적 투사에서 나타나는 인격의 비인지적 요소에 내장되어 있는 것으로 간주된다. 비록 순진하게 말하자면, 이는 사실에 대한 묘사이지만 철학적이든 심리학적이든 모든 이론은 사물에 대한 평가이며 통상 특정 방식으로 사물을 보기 위한 처방이다. 붓다는 불교를 포함한 어떤 이론에도 집착하지 말고, 오히려 현세에서 진행되는 일상적인 괴로움을 종식시키기 위해 건전한 것과 불건전한 것을 직접 체험하고 찾아내라고 권고했다.

자아관에 얽혀서

방대한 문헌으로서 초기불교 분석은 결국 인지적 앎의 기원의 핵심, 특히 그 자체의 이론화의 핵심을 건드린다. 가설적 개념과 견해 해석의 거대한 혼란은 영속하는 상주하는 자아가 존재하지 않는다는 특정한 대체 이론에서 비롯된다. 그것은 '자기중심적 관점'을 다양한 잘못된 견해를 일으키는 핵심으로 인식한다. 그것의 이론화는 마음이 자아 개념을 무비판적으로 받아들이는 것을 바탕으로 하는 일반 감각 경험 수준에서 시작된다. 처음에는 감각 경험이 일어날 때 편리한 장치로 가상의 '경험자'를 가정한다. 이 부과된 일차적 개념은 감각 경험에서 발생하고 정동적/감정적 본성에 의해 촉진되는 뒤이은 인지 증식으로 강화된다. 그리고 개념과 견해의 인지 수준에서 충분히 결정화되고 정당화된다. 따라서 악순환이 반복되고 '나'라는 정체성에 대한 잘못

된 개념이 이해된다. 바로 이점이 이후의 감각 과정 등의 기초를
이룬다. 나나난다(Nanananda)는 이러한 조작되고 추상적이며 실체화
된 자아와 "동일시"하는 뿌리 깊은 잠재 성향을 가리켜 다음과 같이
말한다.

> 평범한 세속인의 관점에서 볼 때, 감각 경험의 총합 뒤에 대리인
> 또는 멘토로서의 자아가 있다. 그 실재는 논란의 여지가 없는
> 자명한 경험적 사실로 쉽게 인정된다. 심지어 철저한 자기 성찰이
> 끝나면 그는 종종 "cogito, ergo sum"(나는 생각한다. 그러므로 나는
> 존재한다)라는 데카르트의 결론에 동의하고 싶은 유혹을 받는다.[17]

까루나다싸는 이러한 '자기 동일시'가 다르마에서 견해의 기원의
핵심으로 제시된다는 사실을 분명히 보여준다.[18] 그것은 물질-신체적
행동 또는 심리적 감각-정동-인지체험 또는 형이상학적 경험을 통한
'자기 동일시'를 통해 자아의 본성과 세계와의 관계에 관한 다양한
이론을 조작하게 된다. 동일시 과정은 초기불교 담론의 아래 구절과
같이, 다음의 세 가지 방식으로 표현할 수 있다.

> 가르침을 받지 못한 사람이 접촉에서 비롯된 감각에 사로잡힐
> 때, "이것이 내 것이다"라는 생각이 그에게 일어나고, "나는 있다"라
> 는 생각이 그에게 일어나고, "이것이 내 자신이다"라는 생각이

---

17 Y. Karunadasa, *op. cit.* p.71.

18 S III 46.

그에게 일어난다.[19]

주어진 경험의 구성요소를 기반으로 하는 선택이 있고, 물리적이든 형이상학적이든 "이것은 나의 것"(etam mama), "나는 ~이다"(eso-ham) 및 "이것은 나의 자아"(eso me atta)라고 동일시된다. 경험에서 주어진 형이상학적 또는 물리적 구성요소와 절대적 의미의 자기 동일시가 있을 때, 우리는 그 구성요소가 주장되는 성질에 따라 구성된 자아 개념을 인식하게 된다. 만약 어떤 형이상학적 실체와 동일시된다면, 우리는 (불변하고 영원함과 같은) 그 개념의 특성을 소위 '자아'에 귀속시킨다. 까루나다싸는 유물론에서 '자아'를 신체와 동일시한다고 설명한다. 따라서 신체의 붕괴와 함께 이른바 '자아'도 소멸된다. 그는 다음과 같이 결론을 내린다.

그러나 불교 가르침의 맥락에서 중요한 것은 자기 동일시하는 대상의 영속성이나 무상함이 아니라, 자기 동일시라는 바로 그 사실이다. 따라서 불교도는 상주론(sassatavada)과 유물론 또는 단멸론(ucchedavada)을 두 종류의 자아 이론(atmavada)으로 본다.[20]

이러한 최초의 자기 동일시의 오류가 있으면 사람이 자아의 본성과 세계와의 관계를 숙고할 때마다 결국 방대한 (형이상학적) 이론이

---

19 Y. Karunadasa, *op. cit.* p.71.

20 Y. Karunadasa, *op. cit.* p.71.

구축되게 된다. 따라서 일상적 지식은 일상생활에서 일시적으로 작용하지만 결과적으로 자신의 영속적 삶에 대한 관념과 동일시할 필요성을 만족시키는 자아 인식이나 이미지에 대한 잘못된 믿음에 내장되어 있다.

개념과 견해의 화용론

앞에서 논의한 견해, 개념 및 이론에 대한 비판적 평가를 통해, 초기불교도들이 모든 사고를 잔류물 없이 파괴했는지, 그리고 그 근거는 무엇인지에 대해 질문할 수 있다. 이것은 열반과 괴로움의 종식에 관한 붓다의 '거대 이론'에도 적용되는가? 불교사에서 단다빠니 (Dandapani)라는 사람이 자신이 공언한 '이론'을 이해하려고 붓다에게 질문한 사례가 있었다. 붓다는 자신이 모든 이론과 성향을 종식시켰다는 것 외에는 선언할 이론이 없다고 단호하게 대답했다.[21] 그것은 다음과 같이 상세히 명시되어 있다.

> 여섯 가지 촉의 기반의 기원과 소멸, 충족, 위험, 도피를 진실로 알 때, 이 모든 견해를 초월한 깨달음에 이르게 된다.[22] …
> 성자는 모든 견해를 버리고 이 세상에서 모든 철학적 견해를 떨쳐 버린다.[23] …

---

21 D. I. 45.

22 S Verse 787.

23 S Verse 794.

성자는 이론을 정형화하지도 제공하지도 않는다. 그들은 "이것이
최상의 청정"이라고 말하지 않는다. 애착(취)의 속박을 버리면
이 세상 어디에도 애착(취)이 형성되지 않는다.[24]

일부 독자들에게는 역사적으로 붓다의 청정한 말씀에 가장 가깝고
현재까지 유일하게 현존하는 초기불교 가르침인 상좌부가 개념과
견해의 완전한 파괴를 조장하는 것처럼 보일 수 있다. 개념과 견해에
의존하지 않는 것은 철학과 종교를 포함한 모든 이론적 사변을 내포하
는 개념과 견해를 완전히 부인하는 것으로 간주될 수 있다. 여기서
어떤 이론이나 관점을 비난하는 것이 아니라는 점을 지적해야 한다.
오히려 그것은 이론이나 견해가 어떻게 만들어지는지 설명한다. 즉
그것이 어떻게 만들어지고(구조), 마음에서 어떻게 유지되며(과정),
드러나는지(업 행위), 그래서 그 인식이 건전하다는 것을 기술한다.
　이후의 대승불교도는 이론과 견해에 대해 이와 유사한 체계적인
비판을 했다. 나가르주나는 초기불교도의 사고방식을 강조하는 철학
이론과 견해를 유사하게 평가했다. 변증법적 접근을 통해 그는 각
이론과 견해의 내적 결함을 드러냈다. 무르티는 중관학파 체계에
대한 해석에서 나가르주나의 시도는 감정에 기초한 편견의 개념과
견해가 감각 경험에 부여한 인위적 제한과 우발적 왜곡을 제거하려는
것이었음을 보여주었다. 계속해서 그는 다음과 같이 시사한다.

---

24 T.R.V. Murti, *The central philosophy of Buddhism*, London: George Allen
　& Unwin, 1955, p.128.

중관학파 방언은 단독으로 또는 조합하여 취해진 반대를 모두 거부함으로써 이성에 내재된 갈등을 제거하려고 시도한다. 모든 견해를 거부하는 것은 현실을 이해하는 이성 능력을 거부하는 것이다. 실재는 생각을 초월한다. 견해의 거부는 긍정적 근거나 다른 견해의 수용에 근거하지 않는다. 그것은 전적으로 각 견해에 내재된 내적 모순에 기초한다. 논리적 수준에서 중관 방언의 기능은 순전히 부정적이고 분석적이다.[25]

그러므로 다시 말해서, 불교 분석에서 강조점은 이론적인 오류나 불완전성을 지적하는 것이 아니라 오히려 이론화 자체와 그에 따른 고수를 야기하는 인간 정신의 더 깊은 수준을 드러내는 데 있다. 최종 분석에서는 사고 자체가 그 근원에서 다루어진다.

입력된 감각에 의해 촉발된 마음은 자신이 기뻐하는 이론을 확산시키는 경향이 있다. 결과적으로 우리는 이러한 생각에 매달리고 그것을 '진리'로 취급하지만, 그 근저에는 무지가 우세하다. 둘째, 사람은 이러한 이론을 확증하기를 갈망하며 다른 신념이나 태도에 혐오감을 느낄 수 있다. 그러한 불건전한 마음 상태는 종종 각양각색의 대인관계 갈등으로 이어진다. 불교의 조언은 이것들이 단지 인식, 개념 및 견해, 현실 표상의 임시적 다양성일 뿐이며, 그것들을 미지의 궁극적 '진리', 즉 공으로 보는 것이 아님을 자각하라는 것이다. **희론**을 멀리하고 건전한 마음을 확보하기 위해, 마음챙김 명상이 그 처방약이 된다. 이 해독제는 감각 경험의 관찰 수준에 머물면서 어떤 생각이 문제와

---

25 *Ibid.* p.160.

불건전한 생각을 일으키고 어떤 생각이 온전하고 건전한지 마음챙김
으로써 **희론**을 차단한다. 이를 위해서는 뒤로 물러서서 거리를 두고,
관찰하고, 주목하고, 인정하고, 분리하고, 싸우거나 다른 어떤 형태의
생각에도 들지 않는 것이 요구된다. 따라서 마음이 모든 방향으로
불가피하게 흐르는 것이 완화되어 자신의 뇌 기능의 주인이 될 수
있다. 이 과정 동안 현재 순간에 머무르면, 감각, 생각, 느낌 또는
행동을 자아로 식별하려는 마음의 경향을 차단할 수 있다. 결국 마음은
결국 마음은 길들여진다. 즉, 깨달음, 비아, 열반(불건전한 감정의
소멸)이 임박했다.

　　중도의 길을 걸었고 지금도 걷고 있는 초기불교도들은 그 어느
곳에서도 생각을 파괴하거나 결과적으로 **모든** 이론과 견해를 거부할
것을 권장하지 않는다. 그들은 나가르주나(2세기)와 마찬가지로, 일
단 이러한 유용한 도구의 목적이 달성되면 결국 예외 없이 모든 이론과
견해를 거부하고 버려야 한다고 주장한다. 반면 그들의 분석은 내적
충동과 함께 인지(개념, 견해 또는 이론)의 통합 기능을 드러낸다. 이러
한 내부 영향과 왜곡 가능성에 대해 알고 있어야 한다고 제안할 뿐이다.
비록 인지는 속이는 힘을 갖고 있고 경험을 분석하고 설명할 때 인지에
의해 좌우될 수 있지만, 개념과 관점에 절대적 가치를 부여하지 않고
욕구로 가득 찬 충동의 함정에 빠지지 않은 채 인식하는 것은 우리
각자에게 달려 있다. 혹자는 "모든 이론은 초월되어야 한다"는 주장
자체가 하나의 관점이라는 비판을 다시 제기할 수도 있다. 중관학파는
이론에 대한 비판 자체가 이론이나 견해가 될 수 없다고 주장한다.

이론 비판은 이론이 아니다. 비판은 이론이 무엇인지, 이론이
어떻게 구성되어 있는지에 대한 인식에 불과하다. 이것은 새로운
이론의 제기가 아니다. 명제를 부정하는 것은 더 이상 입장이
아니다. 변증법은 분석으로서 새로운 것을 강요하지 않는다. 그것
은 추가하거나 왜곡하기보다는 드러낸다. … 이론이 무엇인지에
대한 지식은 그 자체가 이론이 될 수 없다.[26]

초기불교도는 여러 층위의 답을 제시한다. 다르마는 애초에 모든
이론과 견해가 본래 공함을 볼 수 있도록 모든 이론이 초월되어야
한다는 이론을 갖는 것을 허용한다. 그러나 모든 개념과 견해를 무차별
적으로 폐기하는 것은 권장하지 않는다. 오히려 다르마는 최종적으로
모든 이론과 이론화하는 모든 경향을 초월하는 점진적 전략을 권장한
다. 생각과 사유의 실용적, 상대적 가치를 인식하고, 궁극적 가치를
부여하지 않으면서도 이를 활용할 수 있도록 하는 것이다.

결어

개념과 견해는 인간 마음 안에 깊이 뿌리박혀 있기 때문에 그 무용성에
대한 지적 경각심은 필요하지만 충분하지 않다. 반성적 인식이 제한되
어 있고 지적 수준에 국한되어 있는 한, 그것은 단지 일종의 메타적
관점(meta-view)의 한 형태일 뿐이다. 그것은 모든 견해를 남김없이

---

26 Bhikkhu Nanananda, *Concept and reality*, Kandy, Sri Lanka: Buddhist Publi-
cation Society, 1971, p.83.

버려야 한다는 내면화된 자기 성찰의 이론적 관점이다. 나나난다
(Nanananda)는 다음과 같이 설명한다.

> 변증론자는 때때로 자신의 지적 우월감에 대한 콤플렉스가 생길
> 수 있으며… 모든 윤리를 바람에 던지고 자신이 이미 진리에
> 도달했다는 믿음에 빠져 들어 자신을 진정시킬 수 있다.[27]

상좌부 전략은 지적으로나 실존적으로나 개념, 견해, 성향을 초월
하는 것을 목표로 한다. 상좌부가 주목하는 것은 기본적으로 개념의
이론적 오류나 모순, 그리고 양립할 수 없는 견해에 관한 것이 아니라,
그것들이 왜곡된 감각 경험을 낳아 해탈을 방해한다는 데 있다. 그러므
로 단지 개념과 견해의 고유한 결함을 지적으로 이해하는 것만으로는
불충분하며 초기불교 수행의 기본 원리를 충족시키지 못할 것이다.
 붓다의 중도 자체는 수행 단계를 개괄하는 인지적 정형화에 의존하
며, 이러한 정형화는 신중하고 초연하게 사용해야 한다. 이것이 바로
견해에 대한 비판적인 평가 후에도, 불교의 바른 견해가 모든 불교
수행의 시작점에 등장해 무지를 대치하는 이유이다. 이는 점차 개념과
견해를 넘어 공空으로 나아가라는 권고와 일맥상통한다. 불교도는
바른 견해를 수행의 선구자로 삼아, 절대 가치를 부여하거나 집착하지
않으면서도 인지전략과 이로 인한 언어구조를 사용할 수 있을 것이다.
앞서 언급했듯이 인간은 사회적으로 구성된 인식의 지배를 받는데,
이런 인식은 절대적이지 않고 단지 의사소통을 위한 도구일 뿐이다.

---

27 M III 234(필자의 번역).

그것들은 절대적 가치가 아니라 상대적이고 실용적 가치를 지닌다. 이 점에서 적절한 언어 사용에 대한 초기불교의 지침을 고려하는 것은 언어 개념과 견해를 다루는 실제적 태도와 접근 방법을 이해하는 데 도움이 된다. 『숫따니빠따』 및 기타 사례에서는 다음과 같이 기술되어 있다.

> 지역 방언의 사용을 고집해서는 안 되며 통용되는 용어 사용을 무시해서도 안 된다.[28]

언어를 대하는 이런 방식은 "갈등을 야기하는 길"(aranapatipada)이 아니라 "평화의 길"(saranapatipada)로 여겨진다. 그러한 입장에는 극단주의와 냉담한 태도에 대한 초탈이 있다. 언어는 단지 사회적으로 구성된 공한 통상적 관습으로 구성되어 있으며, 붓다는 그것에 집착하지 않고 사용한다. 그러므로 일상생활과 수행에서 탐구를 추구하지 않고 붓다의 말에 집착하는 것은 현명하지 못하다.

---

28 D I 202.

7장 불안한 마음의 치료를 위한 삶의 방식으로서의 불교철학

파탈라와타지 프레마시리(Pathalawattage D. Premasiri)

서론

불교 가르침(다르마)이 종교인지 철학인지 심리학인지에 대한 질문이 자주 제기되어 왔다. 이 질문에 대한 일부의 대답은 그것이 전적으로 종교라는 것이다. 다른 사람들은 다르마가 종교가 아니라 철학이라고 주장한다. 또 다른 사람은 붓다가 주로 인간의 마음에 대해 가르쳤기 때문에 다르마가 심리학이라고 주장한다. 비트겐슈타인 후기 저술에서 주창된 철학적 방법을 발전시키고 적용한 현대 영어권 세계에서 가장 영향력 있는 철학 학파에 따르면, 다르마는 철학으로 간주될 수 없다. 붓다의 가르침에는 전통적인 의미로서의 "철학"으로 간주될 수 있는 특정 요소들이 있다고 주장할 수 있다. 다르마를 철학 분야 안으로 수용하는 것에 대한 한 가지 주요 반대는 전통적인 서양철학 방식이 엄격한 논증 방법을 특징으로 한다는 것이다. 그러한 방법이 붓다 초기 교설의 특징은 아니다. 이런 방식은 초기 붓다의 가르침에는

특징적이지 않지만, 다른 비불교 학파와의 상호 작용에서나 그리고
법(dharma)의 범주 안에서 도덕적 차이가 발전하면서 뒤이어 발생한
불교 교리의 발전에서 확인할 수 있다. 여러 불교 사상 학파가 이러한
교리적 발전을 대표했으며, 그들은 자신의 이념적 입장을 확립하고
옹호하기 위해 논쟁했다. 불교 전통 전체를 역사적 발전의 여러 단계에
따라 살펴보면, 다르마를 상당히 복잡한 현상으로 간주하는 것이
더 합리적이고 현실적이다. 종교, 철학 또는 심리학과 같은 단일
범주로 엄격하게 구분할 수 있다는 것은 부당한 일반화의 측면에서만
가능하다. 우리가 일반적으로 다르마라고 인식하는 것에는 이러한
모든 요소가 재현되어 있다. 다르마는 복잡하고 다면적이기 때문에
서구의 범주에 명확하게 포함될 수 없다. 불교의 이러한 복잡성과
다면성은 초기불교의 가르침에 내포되어 있다. 이 복잡함과 다면적인
불교의 성격은 상좌부 전통의 빠알리 니까야라고 알려진 경전의 상당
부분에 나타나는 초기불교 가르침에 내재되어 있다.

삶의 방식으로서의 철학

종교와 철학이라는 용어는 서양에서 기원했기에 동양어에서 정확한
대응어를 찾을 수 없다는 점을 먼저 지적할 필요가 있다. 이러한
용어의 의미는 고정되거나 균일하게 유지되지 않았다. 한때 서양의
대다수 사상가들에게 특정 형태의 유신론, 즉 조물주와 최고의 신성한
율법 제정자를 포함하지 않는 종교는 상상할 수 없는 것처럼 보였다.
하지만 오늘날 대부분의 서양인들은 불교와 자이나교가 조물주 개념

을 인정하지 않지만, 종교 체계로 간주될 수 있음을 인정한다. 철학도 마찬가지이다. 오늘날 대다수 서양 철학자들은 플라톤, 스피노자 또는 버클리와 같은 전통 철학자의 체계에 포함된 사변적 요소를 진정한 철학적 사고의 일부를 구성하지 않는 것으로 생각한다. 현대 서구 사상에서는 인간의 지식을 세분화하고 더 엄격하고 경직된 방식으로 사고함으로써 종교, 철학 및 과학 사이에 날카로운 경계를 설정하는 경향이 증가하고 있다. 동양에서는 철학과 종교 사이에 그렇게 뚜렷한 구별이 없으며 흔히 하나의 통합된 체계로 존재해 왔다는 지적이 자주 나온다. 이것은 베단타(Vedanta)와 상키야(Samkhya)와 같은 다른 많은 인도 사상 유파처럼 다르마의 기원과 발전의 후기 단계에 모두 그러했다. 불교 사상의 경우 철학적, 종교적 특성이 애초부터 혼재되어 있었다. 처음에 순전히 종교로 시작된 기독교 사상의 경우, 기독교 이전 그리스 사상인 플라톤과 아리스토텔레스의 전 기독교 그리스 사상에서 사용된 논증과 이성적 방법을 통해 철학이 중세의 신학적 사변으로 들어갔다.

불교의 다르마는 기원전 5세기 인도의 지식인들 사이에서 우주의 본성과 무상한 괴로움과 죽음으로 특징지어지는 인간의 곤경에 관심이 많던 시기에 시작되었다. 붓다 당시 대다수 사상가는 이러한 문제에 대한 전통적 설명과 관습적으로 권장되는 생활방식에 환상을 품지 않았다. 이를 배경으로 붓다의 독자적인 사유체계는 새로운 지식 경로를 개척하고 새로운 생활 모식을 처방하려고 시도했다. 붓다 자신은 자신의 노력을 통해 자기 경험을 일깨웠다고 주장한 당대 많은 지식인 중의 한 사람이었다. 이 사상가들은 자신들의 경험이 모든 이성적 존재에게 중요한 의미와 혜택을 준다고 생각했다. 그만큼 특정 실재에 대한 독창적인 통찰력을 발견했다는 붓다의 주장은 당대의 다른 종교적 스승, 사상가 및 현자들이 주장한 다양한 경쟁적 주장의 맥락 안에서 이루어졌다.

인도에서 붓다와 그의 동시대 사람들이 주장한 세계관을 설명하는 데 사용된 용어는 **다르샤나**(darsana)로서 이 용어는 오늘날 영어 단어 '철학'에 해당한다. 이 용어는 drs, "to see"라는 동사 어근에서 파생된 것으로 신성하고 초자연인 것에 대한 특정 신념, 삶의 이상과 목표, 규정된 윤리 규범체계 및 수행을 위한 준칙과 관련된 세계관을 나타내는 데 사용되었다. 하지만 또한 관능주의 윤리를 옹호하는 소박하고 단순한 물질주의적 삶의 관점도 있다. 인도 전통에 친숙한 용어로 **담마**(dhamma) 또는 **다르샤나**(darsana)라고 불리는 빠알리 니까야(Pali Nikayas)에 표현된 붓다 가르침의 핵심은 서양 전통에도 친숙한 의미에서 철학으로 인식될 수 있다.

2,500년 이상에 걸친 철학으로 알려진 학문의 긴 역사 속에서 다양한 철학하기 방식이 식별될 수 있음을 인식한다면, 가장 초기 형태의 다르마는 주로 "삶의 방식으로서의 철학"으로 기술될 수 있는 철학하기의 주요 방식 가운데 하나에 상응한다. 누스바움(Nussbaum)은 이러한 철학하기 방식에 주의를 환기하면서 다음과 같이 말한다.

실제적이고 연민 어린 철학, 즉 인간의 가장 깊은 수요를 해결하고 가장 절박한 곤혹에 맞서고 인간을 비참함에서 더 큰 번영으로 이끌기 위해 존재하는 철학이라는 개념은 철학이 세계와 어떤

관계가 있는지 알고 싶어 하는 철학자에게 헬레니즘 윤리학의
연구를 매우 매력적으로 만든다.[1]

누스바움은 더 나아가 다음과 같이 지적한다.

… 그리스와 로마의 헬레니즘 철학 학파(에피쿠로스 학파, 회의론자,
스토아 학파)는 모두 철학을 인간 생활의 가장 고통스러운 문제를
해결하는 방법으로 생각했다. 그들은 철학자를 철학적 기술을
통해 인간에게 만연한 많은 고통의 유형을 치유할 수 있는 동정심
많은 의사로 보았다. 그들은 철학을 지혜를 과시하는 데 집중하는
초연한 지적 기교가 아니라 인간의 불행과 씨름하는 몰입되고
세속적인 예술로서 실천했다.[2]

지혜는 평가를 목적으로 이른바 철학 영역에 근접하거나 그 영역
내에 있는 지적 활동의 일곱 가지 방식을 식별했는데, 그중 마지막은
"삶의 방식으로서의 철학"으로 간주된다. 누스바움은 다음과 같이
말한다.

삶의 방식으로서의 철학은 흔히 젊은 학생들이 이 주제에 접근하는
명확하지 않은 구상이다. 그리고 그것은 철학의 적절한 과업 밖에

---

1 Nussbaum, M.C. *The therapy of desire*. New Jersey: Princeton University
   Press, 1994, p.3.

2 Ibid.

있는 것으로 널리 여겨진다. 그럼에도 불구하고 몇 가지 예를 통해 삶의 방식으로서의 철학이 2,000년 전에 시작되었고, 은미하지만 이 전통이 그 이후에도 지속되어 왔음을 분명히 알 수 있다.[3]

초기 형태로 보존된 붓다 가르침에 대한 면밀한 연구는 지혜 및 누스바움이 언급한 철학 방식에 대한 동양적 대안을 제공하는 것으로 보인다. 이 연구는 인간의 관심사와 직접적으로 관련된 철학을 찾는 사람들의 관심을 끌 것이다.

최근 비트겐슈타인 철학의 영향을 받은 일부 학자들은 붓다의 가르침을 순전히 종교로 간주하는 경향이 있다. 그들이 보기에 "불교"는 종교 철학자에게 흥미로운 주제이다. 즉 불교의 모든 개념은 그들이 생각하는 불교도의 종교적 언어 게임에 속하는 항목으로 취급되어야 하며, 그 개념의 의미는 해당 언어 게임에서 단어가 작용하는 삶의 형식 내에서 이해되어야 한다. 만약 철학이 비타겐슈타인주의 언어 분석 학파 철학자들이 하는 것처럼 편협하게 생각된다면 불교의 가르침은 철학적으로 중요한 어떤 것도 포함하고 있다고 말할 수 없다. 그러나 언어 분석이 철학의 유일한 기능이라는 주장이 도전받지 않은 것은 아니다. 러셀은 겔너(Gellner)의 언어학적 방법에 대한 비판에 동의하면서 그것에 도전했다.[4] 러셀은 언어철학이 진지한 사고를 포기하는 것과 같다고 생각했다. 그에 따르면 언어철학은 세상을

---

3 Wisdom, J.O. *Philosophy and its place in our culture*. New York: Gordon & Beach, 1975, p.1.

4 Gellner, E. *Words and things*. London: Routledge & Kegan Paul, 1979.

이해하려는 욕망을 포기하는 것이다.

철학이 인간 담론의 다양한 영역에서 개념 분석에만 국한된 단순한 2차 활동으로 간주하는 사람들에게 적용되는 암묵적인 가정은 철학을 통해서는 실제 문제에 대한 진정한 지식을 얻을 수 없다는 것이다. 경험과학이 과학적 발견의 독특한 방법론을 사용하여 발전하기 전에는 (이 방법론 자체에 대한 인식론적 불일치에도 불구하고) 철학적 지식이 가장 중요하다고 여겼다. 데카르트에게 형이상학은 모든 인간 지식의 근원이었고 스피노자에게는 철학적 지식이 다른 모든 종류의 지식을 대체했다. 20세기 후반 서양철학의 사유에 상당한 영향을 끼친 논리실증주의 철학 학파는 경험과학, 논리학, 수학과 같은 형식과학에 속하지 않는 모든 가르침의 인지적 의미를 명백히 부정했다. 또 윤리학과 미학에서 모든 규범적 담론에 대한 인지적 중요성을 명시적으로 부인했다. 윤리와 미학의 모든 규범적 담론에 대한 인지적 특성의 부정 역시 인지적으로 의미 있는 담론에 대한 논리실증주의 분석에서 비롯되었다. 인식론적으로 이 접근법은 세계에 관한 사실적 지식을 습득하기 위해 일상적인 감각 데이터에만 의존했다. 모든 진정한 지식은 관찰과 실험을 통해 고도로 실증된 과학적 가설에 국한되었다. 비록 언어분석학파 철학자들은 논리실증주의 의미 이론을 받아들이지 않았지만, 실증주의 인식론의 가장 중요한 측면, 즉 사실성은 경험과학에 국한된다는 사실을 암묵적으로 가정했다. 이 가정은 사실문제에 대한 철학적 지식의 부정을 의미했다. 그것은 또한 인간의 삶과 행동의 적절하고 바람직한 목표에 대한 진리를 발견하는 것이 철학의 기능이라는 전통적 견해에 대한 부정을 의미했다.

그러나 철학자가 타당한 수단으로 획득한 지식의 총체성에 기초하여 종합적 세계관을 제안하고 그러한 경험을 종합하여 인간 행동의 바람직한 목표에 관한 이론과 연관시킬 자격이 있다고 인정한다면, 붓다는 철학자로서의 자격을 충분히 갖추고 있다. 철학의 '삶의 방식' 접근에 주목하는 불교의 지혜는 그것이 많은 것을 전제로 하는 접근이라고 지적한다.

삶의 방식을 해결하는 것은, "이 모든 것이 무엇을 위한 것인가"와 같은 질문, 미래의 삶의 가능성, 삶이 본질적으로 부조리하다는 가능성, 그리고 인간이란 무엇이며, 악의 근원은 무엇이고, 선과 악 사이에 고정된 관계가 있는지 등 인간의 본성에 대한 질문을 받아들이지 않고서는 불가능하다. 따라서 우리는 인간이 무엇인지, 우주에서 인간의 위치는 무엇인지, 다른 인간에 대한 인간의 관계를 어떻게 생각해야 할지 고려해야 한다. 그리고 이러한 질문 중 많은 부분은 우리가 이미 일부 오래된 우주론적, 존재론적 질문에 대한 잠정적 답변을 스스로 제공했다는 것을 전제로 한다.[5]

붓다 가르침을 대표하는 빠알리 니까야(Pali Nikayas)의 경전 내용을 탐구해 보면, 불교의 지혜가 개략적으로 서술한 내용과 대체로 그리고 정확하게 관련되어 있음을 알 수 있다. 바로 이런 사실을 감안하여

---

5 Wisdom, J.O. *Philosophy and its place in our culture*. New York: Gordon & Breach, 1975, p.60f.

K.N. 자야틸레케(Jayatilleke)는 초기불교 담마가 지식 이론, 실상론, 윤리 이론 및 자체적 논리 이론을 갖춘 성숙한 철학의 특징을 지니고 있다고 주장했다.[6]

종교 대 인식론

그것이 세계의 본질과 인간의 본성에 대한 주장이든, 인간이 어떻게 행동해야 하는지에 대한 주장이든, 무엇이 선과 악인지, 옳고 그른지에 대한 주장이든, 붓다 시대에 주장의 인식론적 기초 문제는 매우 중요한 것으로 여겨졌다. 이는 이와 관련하여 많은 상충되는 주장이 제기되었고 탐구자들이 주장의 합리적 근거를 검토하는 것이 중요하다고 생각했기 때문일 수 있다. 빠알리 니까야는 붓다 자신이 "고상한 삶"(brahmacariya, 범행)의 원칙을 제시하는 근거를 설명해 달라고 요청받았을 때 이 문제에 직면하고 있었음을 보여준다.[7] 붓다의 답변은 그가 인식론 문제의 본질에 대한 명확한 인식을 가지고 있었음을 보여준다. 그 당시 대부분의 사상가들은 모두 인간의 본성, 우주의 본성, 인간 운명의 본성에 대한 믿음을 바탕으로 그들의 삶의 철학을 세웠다. 이러한 믿음에 의존하려면 이러한 문제에 대한 지식 주장이 이루어진 수단을 비판적으로 평가해야 했다. 따라서 삶의 방식으로서의 철학에 관심을 가진 붓다와 같은 사유체계에서는 인식론 문제에

---

6 Smart, N.(Ed.), *Message of the Buddha*, London: George Allen & Unwin, 1975.

7 *Majjhimanikaya*, Pali Text Society, London; Vol. 2, p.21.

대한 논의가 적절하게 되었다. 이와 관련하여 붓다는 모든 당대의 스승을 다음과 같은 세 부류로 분류했다.

> (1) 권위나 계시에 의존하는 사람들(anussutika),
> (2) 논리와 논리에 의존하는 사람들(takki vimamsi)
> (3) 자신의 '초인지' 경험(abhinna)에 의존하는 사람들.[8]

붓다는 자신이 그중 세 번째 그룹에 속한다고 주장했다. 『깔라마경』 역시 삶의 철학이 진리로 받아들여지는 10가지 근거를 언급한다. 이러한 10가지 근거 각각은 권위(*성언량) 또는 이유(*추리)에 포함될 수 있다. 여기에서도 붓다는 최종적으로 개인의 앎에 의존해야 하며 전통적, 경전적 또는 개별적 권위와 사변적 추리와 같은 모든 종류의 권위를 제쳐두어야 한다고 주장했다.

초기불교 인식론에 대한 철저한 분석에서 자야틸레케는 불교 인식론이 감각 자료를 인간 지식의 신뢰할 수 있는 기반으로 간주한다고 주장했다. 그는 또한 초기불교 담마에 따를 때 초감각적 지각(abhinna, 경험 데이터)도 신뢰할 수 있는 것으로 간주되며, 일상적 감각 경험으로는 확립할 수 없는 특정 진리를 확인하는 데 훨씬 더 중요하다고 지적한다. 붓다 시대에는 사실에 관한 주장을 하기 위해 **아빈나**의 데이터를 신뢰할 수 있는 인식 수단으로 분류하는 데 반대가 있었다.

---

8 이 세 가지 인식론적 입장에 대한 상세한 논의로는 K.N. Jayatilleke, *Early Buddhist theory of knowledge*. London: George Allen & Unwin, 1963, p.170 f 참조.

그러나 일상적인 감각 경험이 사실적 지식을 얻는 유일하게 신뢰할 수 있는 수단이라고 독단적으로 가정하지 않는 한, 이런 경험을 **선험적으로** 비인지적인 것으로 간주해야 할 철학적 이유는 없다. 예를 들어 **투시력**(dibbacakkhu)과 같은 범상치 않은 시각 능력 등의 다른 수단에 의해 일반적인 감각 수단으로 확인할 수 있는 동일한 사실을 알 수 있다고 주장하는 사람이 있다고 가정해 보자. 이 주장이 지속적으로 옳다고 입증되거나 통계적으로 유의미한 수의 사례에서 옳다고 입증된다면, 그러한 근거로 제기된 주장에 대한 인지적 지위를 부인할 이유가 없다. 일상적 감각기능을 확장하는 다른 물질적 수단의 도움을 받는 지각은 육안으로는 알 수 없는 존재에 대한 지식을 제공한다. 우리는 그러한 지각 데이터가 우리 경험의 일관된 패턴에 부합하기 때문에 이를 받아들인다. **아빈냐**의 데이터도 그러한 일관된 패턴에 부합한다면 그러한 경험에 인지적 지위를 부여하지 않아야 할 이유가 없다. 사실 초기불교의 주장은 맹인이 색과 형태에 대한 시각적 경험이 없기 때문에 그것을 볼 수 없다고 말하는 것과 같이, 인간이 이른바 초월적 인지능력을 얻을 수 있다는 것이 부인된다는 것이다.[9] 불교적 관점에서 볼 때, 차이는 순전히 사변적 이성에 의해 결정되는 존재와 초감각적 능력에 의해 결정되는 존재 사이에서 인식된다.

호프만은 다르마를 오직 종교철학 관점에서 다룰 수 있는 일종의 종교 체계로만 간주한다. 그는 불교의 **아빈냐** 개념이 그 어떤 중요한 인지 경험도 대표하지 않는다고 주장한다. 나아가 그는 **아빈냐**를

---

9 *Majjhimanikaya*, Pali Text Society, London; Vol. 2, p.201.

초기불교의 인식론적 기초로 해석하는 관점을 거부한다.[10] 호프만이
밝힌 관점은 다르마가 다른 당대 사상체계가 주창하는 현실 이론의
인식론적 기반에 대한 대안으로서의 인식론적 기초를 제시하지도
않았고, 이와 유사하거나 다른 인식론을 제시하지도 않았다는 것이
다. 또 실재의 본성을 주장하는 내용이 경험과학 사상이나 인식론과
대등하거나 다른 인식론이 아니라는 것이다. 그는 모든 불교 개념을
독특한 종교적 의미로 해석한다. 그것은 현대 종교철학이 종교적
언어라고 부르는 것을 포함한다. 이 해석에 따르면 초기불교 인식론을
논하는 것은 의미가 없다. 호프만이 붓다의 가르침에 비트겐슈타인
전통의 철학자들이 종교적 담론이라고 부른 것에 대한 비인지주의적
분석을 부가하려고 시도하고 있는 것은 분명하다. 그러나 이러한
시도는 초기불교 담마의 특성을 완전히 왜곡하지 않고는 이루어질
수 없다. 이러한 왜곡은 호프만의 『**초기불교의 합리성과 마음**(Ration-
ality and Mind in Early Buddhism)』의 제5장에서 뚜렷이 표현되었다.
이러한 왜곡은 심지어 빠알리어 용법의 어원 해석까지 확대되었는데,
이는 **아빈냐**가 인식수단으로 사용되는 빠알리 경전(suttas)의 가장
핵심적 용어해석에서 입증된다. 관련된 빠알리어 용법은 sayam a-
bhinna sacchikatva(자신의 초인지를 통해 확인하거나 직접 목격함)이
다. 여기서 sacchikatva라는 용어의 어원은 sacca(진실한)와 katva
(만든 또는 확립됨)로 구분하여 잘못 해석되었다.[11] 그러나 올바른 어원

---

10 Hoffman, F.J. *Rationality and Mind in Early Buddhism*. Delhi: Motilal Banarsi-
    das, 1987, Chapter 5.

11 Ibid. p.94.

은 호프만이 부정하려는 것을 정확히 제안한다. 빠알리어 용어 sac-chikatva는 sva+aksi+krtva로 분석할 수 있고 "직접 목격함"을 의미한다.

진리가 초기 담마에서 제시된 초월적 방법을 통해 검증될 수 있다는 불교의 주장은 철학적 또는 과학적인 이유로 반박할 수 있다. 그러나 다르마가 전체적으로 그러한 인식론적 주장을 하지 않는다고 말하는 것은 다르마를 어떻게 특징지어야 하는지를 사전에 형성된 이론에 맞추려는 잘못된 시도이다. **아빈냐**에 관한 또 다른 요점은 궁극적 해탈이라는 불교의 목표를 달성하기 위해 인정되는 더 상위의 인식 수단 중 가장 중요한 것은 신비적이거나 초감각적 앎의 방식의 어떤 것도 엄격하게 요구하지 않는다는 것이다. 이 목표 자체는 심리적 고통으로 이어지는 불건전한 감정에서 벗어나는 것과, 감각적 환경에 인지적으로 반응하는 방식을 급진적으로 변화시킴으로써 자유를 확보하는 심대한 심리적 변화로 설명된다. 특히 불교의 **아빈냐**는 타락, 염오(루) 또는 심리적 번뇌(asavakkhyanana)의 파괴와 관련된 지식이라고 불린다. 그것은 신비한 직관에 의해서가 아니라 모든 경험 현상의 무상, 불만족 및 비실체성이라는 본성에 대한 통찰을 통해 달성된다. 일반적인 감각기관에 대한 관찰은 분석적 통찰에 기초하고 다양한 주관적 선입견과 편견에서 벗어나 모든 불건전한 감정을 정화한다면 목적을 달성하기에 충분할 것이다. 다르마를 염오의 소멸에 관한 지식이라고 일컫는 것은 바로 이러한 체계적으로 훈련된 통찰 때문이다.

형이상학이 아닌 인식론

붓다가 특정한 실재에 대한 이론에 기초한 삶의 방식을 제시하는 데 관심이 있었다면, 실재의 모델이나 체계가 기반이 되는 인식론적 이론을 제시하는 데에도 관심이 있었다. 이 모델은 또한 인간의 지성이 정당하게 안다고 주장할 수 있는 것에 대한 특정 견해를 시사한다. 붓다는 그의 당대에 일반적으로 해결 불가능한 것으로 논의되었던 특정한 형이상학적 문제를 설명했다. 형이상학적 성격의 특정 질문에는 명확한 답을 줄 수 없으며 명확한 답을 제시하려는 모든 시도는 끝없는 갈등으로 끝날 가능성이 있다는 것이 그의 견해였다. 그는 이런 시도의 결과가 견해에 집착하는 독단적인 것이고 이런 견해의 진실성이나 허위성은 인간의 경험을 통해 결코 확정할 수 없다고 보았다. 우주의 궁극적인 기원에 관한 문제, 예를 들어 그것이 영원한지 영원하지 않은지, 또는 우주의 궁극적인 공간적 특성, 예를 들어 우주가 유한한지 무한한지, 그리고 정신과 물질 간의 궁극적인 관계에 관한 문제는 모두 붓다가 **결정되지 않거나 답변되지 않은 질문**(avya-kata)으로 간주했다. 아라한 사후의 존재 여부에 관한 마지막 네 가지 질문 역시 인간의 본질에 대한 어떤 형이상학적 전제에 근거하고 있다. 그것들은 몇 가지 이유로 논의에서 제외되었다. 붓다는 그것들이 그가 관심을 갖고 있는 삶의 주요한 실제 문제, 즉 불만족 문제와 직접적인 관련이 없기 때문에 논외로 했다. 붓다는 또한 그들에게 주어진 답변의 진위를 판단하는 경험적 수단이 없다는 것을 알고 있었다. 세 번째로 이러한 질문 중 일부는 부당한 전제와 논리적 혼란에 근거한 것이다.

철학에 대한 붓다의 주요 공헌 중 하나는 주로 사변적 형이상학에 대한 그의 인식론적, 심리학적 비판이었다. 서양의 몇몇 저명한 철학자들도 철학을 최고의 과학으로 여겼다. 그들은 인간의 이성이 경험의 도움 없이 자명한 전제로부터 연역적으로 추론하는 방법을 통해 자연과 존재에 관한 가장 심오한 철학적 실제를 드러낼 수 있다고 굳게 믿었다. 붓다는 분명 데카르트, 스피노자, 라이프니츠의 철학 체계에 예시된 서양 전통의 고전적 합리주의 철학 방법을 거부했을 것이다. 이러한 철학 체계는 예를 들어 데카르트의 "코기토" 논증이나 스피노자의 정의 및 공리로 표현되는 '자명한' 전제에 기초한다. 붓다가 논리, 이성과 자명한 전제에 근거한 주장이라고 특징지은 것은 실재의 본질에 대한 결론을 도출하는 이 방법이었다. 그러나 고전적 합리주의자들은 그들의 궁극적인 철학적 진리에 대해 합의할 수도 없었고, 어떻게 이견을 해결할 수 있는지도 보여줄 수 없었다. 서구 전통에서 칸트가 그랬던 것처럼 붓다는 실재의 본질에 대한 결론을 도출하는 이 방법은 객관적 타당성을 검증할 근거가 없으며, 다양한 상호모순적인 견해가 나타난 것이라고 지적했다. 이렇듯 자명한 진리라는 합리주의 관념을 거부한 결과, 다르마는 '존재', '실체', '신', '파괴할 수 없는 아뜨만' 또는 '불멸의 자아' 등의 형이상학적 개념을 그 체계에 허용하지 않았다. 자체 원인이나, 원인이 없는 제1원인 또는 그 본질이 자신의 존재를 포함하는 신이라는 개념은 붓다의 관점에서 단순한 독단적 형이상학으로 보일 것이다.

전통 철학가의 사변 형이상학을 버리고 경험과학 방법을 추구한 사람들은 일반적으로 받아들일 수 있는 지식체계를 확립할 수 있었고 동시에 그러한 지식의 실제 적용을 통해 인간 생활의 물질적 조건을 개선하는 데 커다란 진보를 이룩했다. 우리는 이미 기원전 5세기 인도의 종교적 견해, 삶의 방식, 철학적 교리가 날로 다양해지는 상황에서 붓다가 사람들의 신념에 의존하는 세 가지 근본적 근거를 관찰했다는 점을 언급했다. 이 중에서 붓다는 주로 **신비적 계시**(anu-ssava)의 권위와 전통적으로 **전승된 신성한 교리**(parampara, pitaka-sampada)로 이루어진 첫 번째 근거에 동의하지 않았다. 그는 또한 **이성주의 형이상학자**(takki vimamsi)들이 일반적으로 사용하는 방법으로 추론과 사변의 기술에 의존하는 두 번째 근거에도 동의하지 않았다. 그는 오감으로 관찰된 데이터와 체계적으로 훈련된 마음에서 얻은 통찰력을 함께 고려하면서 감각과 내성의 관찰 모두에 의존하는 경험주의자들의 세 번째 방법에 동의했다. 붓다는 마음의 모든 번뇌를 없애고 인간이 미혹으로 인해 고통받는 심리적 질환을 극복하는 효과를 내는 **고귀한 지식**(ariyam nanam)을 얻기 위해 이 방법을 완성했다고 주장했다. 서구 세계에서 전통적 권위와 사변적 형이상학을 포기한 사람들은 인간의 물질적 수요와 욕망을 충족시키는 데 실제 유용한 물질세계에 대한 과학적 지식체계를 확립하는 방향으로 나아갔다. 붓다는 인간들에게 만연해 있는 괴로움의 극복에 실제 적용하기 위해 사변 형이상학을 버리고 마음 작용과 관련된 지식체계를 구축하려 했다.

붓다는 자신이 주목하는 실재는 이해한다면 "고귀함"이 생기는 진리로서, 전통적으로 "고귀한 진리(聖諦)"로 알려진 네 가지 실재라고 주장했다. 이것들은 '현실적' 불만족(Dukkha), 그 원인, 그 소멸 및 그 소멸에 이르는 길이라고 말할 수 있다. 그것들은 어떤 종류의 '진리'인가? 그것들은 경험적, 철학적, 또는 종교적인 것인가? 역설을 용납하지 않는 현대인의 사고방식은 그것들이 동시에 모두 가능하다고 편안하게 말할 수 없다. 그러나 불교적 사고방식에서는 모두 가능하다. 이 점을 설명하기 위해 불만족이라는 첫 번째 진리를 생각해 보자. 불교적 관점에서 볼 때 불만족은 인류의 총체적 경험을 종합한 판단에 기초한 판단일 만큼 철학적 진리이다. 그것은 또한 **무상한 것이 안정된 행복의 기초가 될 수 없다**는 등의 철학적 가정에 근거하고 있다. 삶이 괴로움을 수반한다는 것은 흔히 직접 경험적으로 관찰할 수 있는 단순한 문제가 아니라 인간의 이성과 결합된 경험을 철학적으로 종합한 것이다. 첫 번째 진리도 실제 욕망의 좌절과 삶 속에서 만족하는 지점에 도달할 수 없다는 사실이 그 판단 근거로 제시될 정도로 경험적 판단이다. 이 진리는 괴로움의 현존을 인식하고 인간의 노력으로 괴로움을 극복할 수 있는 가능성을 강조함으로써 삶에 특정한 가치 지향을 도입한다는 점에서 종교적 성격을 지닌다. 괴로움도 괴로움의 소멸도 인간의 직접적인 경험과 분리된 실재로 이해되지 않는다. 괴로움의 원인과 괴로움의 소멸에 이르는 길에 대한 진리라는 다른 두 가지 진리도 같은 이치라고 할 수 있다. 붓다는 사변적 추론에 의존하여 형이상학적 문제에 대한 해결책을 찾는 데 몰두한 초기 철학자들의 사변적 관심이 이러한 진리에 대한 이해로 대체되어야 한다고 주장했다. 이러한 점에서 초기 다르마는 이전 철학 체계에 대한 철학적 비판을 제공한다. 이 비판은 서양사 전통에서 철학으로 인식되었던 내용의 상당 부분에도 적용된다.

심리학적 관점

붓다는 무지한 중생의 마음을 관통하는 탐욕과 증오의 독화살을 뽑아 곪아가는 마음의 상처를 치유하기 때문에 비할 데 없는 외과 의사로 불린다. 붓다의 가르침을 이해하기 위한 임상/의학–심리학적 모델은 붓다가 가르친 네 가지 진리의 관점에서 그 본질을 고전적으로 표현한 것이기 때문에 매우 적절하다. 다르마의 목적과 의학 또는 다르마의 목적과 심리 치료 목적 간의 관계는 널리 알려져 있다.[12] 불교의 네 가지 진리는 건강과 질병에 관련된 문제에 대해 인과적 방법을 따른다. 헬레니즘 철학과 마찬가지로 다르마는 인간의 마음 치유에 관심이 있다. 붓다의 가르침은 인체에 영향을 미치는 질병과 인간 마음에 영향을 미치는 질병이라는 두 종류의 질병을 인식했다. 붓다에 따르면, 인간의 마음에 영향을 미치는 질병은 신체에 영향을 미치는 질병보다 훨씬 더 흔하고 빈번하며 만연해 있다.[13] 붓다는 또한 자신의 가르침이 인간의 괴로움과 괴로움의 소멸과 관련된 문제에 국한되어 있음을 반복적으로 강조했다.[14] 붓다는 곤혹스러운 철학적 문제에 대한 답을

---

12 Keown, D. *Buddhism and bioethics*. New York: Palgrave, 2001 pp.1~2 및 Duncan, A.S., Dunstan, G.R., & Welbourn R.B.(1981), *Dictionary of Medical Ethics*. London: Daxton, Longman & Todd에 대한 키온(Keown)의 인용 참조.
13 *Anguttaranikaya*. Pali Text Society, London; Vol. 2, pp.142~143.
14 이전과 지금 필자가 말하는 것은 괴로움과 그것의 소멸이다. *Majjhimanikaya*. Pali Text Society, London; Vol. 1, p.140.

구하고자 그를 찾아오는 사람들에게 그가 그의 주요 관심사와 무관한 문제를 해결하는 데 관심이 없음을 이해하기를 바랐다.[15] 질문자들은 붓다로부터 호기심을 만족시키기 위해 제기한 일부 형이상학적 질문은 어떤 만족스러운 답도 얻을 수 없고, 이 문제에 답하는 것이 해결할 수 없는 의견 불일치만 초래할 뿐이기 때문에 제쳐두어야 한다고 들었다. 사변철학에 대한 붓다의 인식론적 비판은 자명한 전제로부터 추론하는 방법이 관찰된 사실과 일치하지 않는 결과를 낳을 수 있다고 지적한다. 그러한 비판은 오랜 세월 존중되어 온 신성한 교리에도 적용된다. 왜냐하면 신성한 전통에서 가장 충실하게 전해 내려온 가르침은 공허하고 무익하고 거짓된 것으로 판명될 수 있는 반면, 그렇게 전해지지 않은 것이 사실에 부합할 수 있기 때문이다.[16] 믿음은 단지 신성한 곳에서 충실하게 전해져 왔다고 해서, 또는 자명한 전제로부터 완벽한 추론을 통해 연역된 결론이라고 해서 진실로 간주할 수 없다. 붓다는 또한 상이한 계시 전통을 따르는 사람들과 자신의 이성 직관의 빛을 추구하는 사람들이 독단적으로 확증한 믿음과 세계관이 상호 모순된 성격을 갖기 때문에 해결 불가능한 교리적 갈등이 빈번하게 발생한다는 점에 주목했다. 심각한 이념 논쟁으로 이어지는 검증 불가능한 교리는 계시와 이성에 의존한 결과일 수 있다.

붓다는 철학적 독단주의에 대한 심리학적 비판에서 감정이 사람들의 견해에 미치는 영향을 관찰했다. 그는 견해에 집착하는 것이 마음의 **잠재된 성향**(ditthanusaya)이며 오염시키는 **영향**(ditthasava)이고

---

15 Ibid. p.485.

16 Ibid. p.520.

일종의 열정적인 **독단적 집착**(ditthi upadana)이라고 지적했다. 사람들은 자신이 이익을 보는 견해를 강하게 고수한다.[17] 원숭이가 한 나뭇가지를 놓으면 다른 가지에 매달리듯이, 사람들은 때때로 한 견해를 버리고 다른 견해를 붙잡는다.[18] 붓다는 또한 특정 교리를 고수하면서 자신의 견해를 받아들이지 않기 때문에 다른 사람들을 비난하는 사람들의 오만함을 비판했다. 그는 만약 어떤 이가 특정한 철학적 논제에 큰 열정을 지니고 있기 때문에 통찰력과 지혜가 풍부하다고 주장한다면, 동일한 열정으로 상이한 견해를 갖는 다른 이들도 똑같이 통찰력 있고 지혜로워야 한다고 주장했다.[19] 만약 누군가가 다른 사람에 대해 자신의 의견에 찬성하지 않기에 어리석은 짐승이라고 비난한다면 모든 이가 자신의 교의를 견지하기 때문에 모든 사람이 어리석은 짐승이 되어야 한다.[20] 붓다는 사람들이 자신을 다른 사람과 비교하여 열등하거나 우월하거나 동등하다고 평가하는 경향이 있기 때문에 진리에 대해 논쟁한다고 지적한다.[21] 그것은 마음의 평화를 얻기 위해 제거해야 할 불건전한 감정인 교만과 자만의 근원이 된다. 붓다 시대에 어떤 사람들은 무엇이 진실이고 참인지에 대해 서로 다른 견해를 지닌 사람들과 격렬한 적대적 논쟁을 벌였고, 그러한

---

17 *Suttanipata* Verse 781: 어떻게 자신의 관점을 초월할 수 있겠는가, 욕망과 선호에 이끌려 도달한 것이다. 자신의 지식에 따라 자신의 결론에 도달하는 것이다.

18 Ibid. Verse 791.

19 Ibid. Verse 881.

20 Ibid. Verse 860.

21 Ibid. Verse 860.

논쟁에서 승리하기를 갈망하는 마음에 많은 심리적 긴장을 일으켰다. 그들은 그들의 교의에 대한 깊은 애착 때문에 자신의 견해가 패배할 경우 엄청난 좌절을 겪었다.[22] 자신의 정념을 가라앉히려는 사람들은 그러한 이념 논쟁에 휘말리는 것이 아무런 가치가 없다고 생각한다. 붓다는 오직 하나의 진리에 대한 이해만이 모든 철학적 논쟁을 종식한다고 주장했다.[23]

세계관에 대한 불교의 관심은 괴로움을 없애거나 괴로움으로부터 벗어나는 효과적인 방법에 대한 실제적인 고려에 기반을 두었기 때문에 철학적 교리에 집착하지 않고 **정견**(sammaditthi)으로 특징지어지는 건전한 철학적 견해나 실용적으로 건전한 세계관을 장려했다. 붓다가 옹호한 정견은 엄격한 결정론과 숙명론을 부인하는 인간 행동과 계획의 인과적 효능에 대한 믿음, 고통으로부터의 해방이라는 목표를 달성하는 데 있어 도덕적, 정신적 노력의 효능을 인정하는 것, 그리고 인간은 죽음과 함께 소멸하는 물질 원소의 부산물일 뿐이라는 유물론적 입장을 부정하는 것과 관련된다.

결어

다르마는 옳고 그름, 마땅히 해야 할 일과 하지 말아야 할 일, 좋고 나쁨에 대한 지식을 찾는 것이 치료로서의 철학과 삶의 방식으로서의 철학에 종사하는 탐구자의 필수적 관심사라고 생각하는 것으로 보인

---

22 Ibid. Verse 826.

23 Ibid. Verse 884.

다. 자신을 경험과학에 한정시키는 현대 철학자들에게 인간 지식의 저장소에 추가되는 진정한 인식, 옳고 그름, 마땅히 해야 할 것과 하지 말아야 할 것, 좋고 나쁨에 대한 진술은 모두 중요하지 않다. 그러한 진술은 단순한 감정 표현이나 다양한 명령 또는 처방으로 여겨진다. 옳고 그름 등을 결정하는 규범적 기능은 철학의 과제 밖에 있는 것으로 간주된다. 그러나 삶의 방식에 대한 헌신을 요구하는 철학으로서 다르마는 옳고 그름 등에 대한 지식을 매우 중요하게 여기고 따라서 윤리적 인지주의를 지지한다. 그러나 그 윤리적 인지주의의 기초는 도덕 원칙을 신의 계명으로 간주하지 않는다는 점에서 유신론적 종교의 기반과 다르다. 반면 다르마는 결과주의 원칙과 이른바 황금률을 결합하여 도덕의 이성적 기초로 삼아 마음의 평온을 얻고 괴로움의 종식을 성취한다. 따라서 도덕적 선택을 요구하는 상황에 직면했을 때 자신과 타인의 행복과 안녕에 도움이 되는 행위를 수행하고 자신과 타인에게 해를 끼치는 행위를 피해야 한다.[24] 붓다는 탐욕, 증오, 망상 또는 다른 어떤 마음의 혼란에서 비롯된 행동도 자신은 물론 타인에게도 해롭다는 것이 경험적으로 확인할 수 있는 사실임을 주장했다. 이 결과주의 원칙이 황금률에 포함된 원칙, 즉 다른 사람이 자신에게 행하기를 바라는 방식으로 다른 사람에게 행해야 한다는 원칙과 결합될 때, 도덕적 결정을 위한 건전한 합리적 근거가 있다고 주장할 수 있을 것 같다.

전통적으로 일부 철학 모델은 인간이 좋은 삶을 선택하도록 안내하

---

24 *Majjhimanikaya*. Pali Text Society, London; Vol. I, p.415 f.

는 역할을 수행하려고 시도했다. 오늘날 과학은 사실적이고 실용적인 지식을 습득하는 일에만 전념하고 있다. 그러나 사실적 지식 외에도 인간에게는 실천적이고 도덕적인 지혜가 절실히 필요한 것 같다. 현대 생활의 대다수 유감스러운 상황은 광범위하게 확장된 과학적 지식과 기술적 기능이 실천적이고 도덕적인 지혜에 의해 검토되고 인도되지 않아 초래된 것이다. 이런 맥락에서 불교의 중도 철학은 가장 의미심장해 보인다. 다르마는 통제할 수 없는 탐욕과 갈애의 확산을 현명하게 처리하는 데 중요한 철학적 기여를 한다. 특히 소위 선진국에 사는 사람들의 생활방식은 다른 모든 사람에게 모범을 보이는 것처럼 보이지만 우리가 사는 세계의 매우 자연스러운 조건에 맞지 않는 듯하다. 그 결과 인류는 환경 문제, 재생 불가능한 자원의 고갈, 인구 폭발, 전쟁, 분쟁과 폭력, 마약 중독, 알코올 중독 및 수많은 형태의 범죄 행위와 같은 전례 없는 엄청난 규모의 문제에 직면해 있다. 이러한 사회적, 심리적 경향에 대한 해독제 역할을 할 수 있는 삶의 철학이 절실히 필요하다. 사람들에게 괴로움을 주고 심리적으로 병들게 하는 불건전한 감정은 통찰력 부족에서 비롯된다. 수많은 형이상학적 도그마와 철학적 극단에 맞서 붓다가 제시한 **정견**(sammaditthi)에 담긴 철학적 관점은 여전히 개인의 삶과 사회생활에 괴로움을 주는 인간의 심리적 병태에 대한 효과적인 치료법으로 볼 수 있다.

제3부

무의미하지 않되 공한
붓다의 자아심리학

8장에서 카리야와삼은 붓다의 "일체지"라고 주장되는 신성한 능력이 큰 오해라는 것을 분명히 한다. 붓다의 설법에서는 그런 특성을 주장한 적이 없다. 붓다는 일체지에 대한 찬사를 일축했지만, 열반 이후 불과 몇 세기 만에 명석한 제자들은 경쟁 그룹과의 토론에서 "일체지의 화용론"을 적용했다. 칼루파하나(Kalupahana)의 9장은 "무의미한 것"을 일축하는 동일한 정신으로 기적에 대한 붓다의 접근 방식을 설명한다. 붓다는 정상적인 인간의 능력을 넘어선다는 이유에서 신통 행위와 텔레파시를 기적적인 것으로 인식했지만 그 실용적인 가치를 활용하지 않았고 현명하게도 제자들이 그것을 행하는 것을 금지했다. 붓다에게는 그의 다르마의 가르침이 "기적"이다.

9장은 붓다를 2,500년 이상 동안 세계에서 가장 위대한 스승의 하나로 만든 것이 바로 이 교육 심리학임을 밝힌다. 그러나 그의 교설 방법에는 마술적이거나 신비스러운 것이 전혀 없다. 그 정수는 붓다가 청중이나 그가 말하는 사람에 따라 그의 메시지를 조정(upaya)하는 데 있는 것으로 보인다. 이것은 열린 마음으로 시작하여 이해에 이르게 하는 쌍무(상호)적 상황이자 공동 활동인 "함께함(withness)"을 의미한다. 설법을 통해 우리는 붓다가 자신의 삶에서 생각하고, 말하고, 반응하는 행동에서 다른 사람들과의 관계와 대화 속에 있는 존재 방식을 계속 반영했다고 추론할 수 있다. 붓다의 대화법을 읽는 독자들에게 이것은 텍스트에서 붓다가 주장한 말을 해석하고 붓다의 의도와 의미에 도달하려고 노력하면서 새로운 이해를 창출하는 생성 과정을 제안하는 해석학을 요구한다. 따라서 독자가 현재 접하는 다르마의 설명적 의미는 필연적으로 붓다와의 상상적 대화에서 항상 의식하지 못하는 초시간적인 붓다 메시지를 관계적으로 재구성하는 것을 함축한다. 분명히 언어는 이러한 의미와 행위를 만드는 과정의 매개체이다.

10장에서 틸라카라트네(Tilakaratne)는 일체지와 기적이라는 주제와 함께 종종 오해를 받는 열반을 다룬다. 저자는 열반을 신비로운 상태나 사후에 거할 천국으로 보는 대중적 견해는 빠알리 교설에서 입증될 수 없다고 주장한다. 오히려 경經은 개선된 마음 상태를 통해 감정적 괴로움의 불꽃이 멸하거나 소멸하는 열반의 비 형이상학적이고 경험적 특성을 강조한다. 열반이라는 이 의미심장한 어휘의 의미는 감정적 고통의 끝이 균형 잡힌 관계를 의미한다는 점에서 열반의 관계적 의미와 밀접한 관련이 있다. 이것은 주로 누군가에 대한 분노, 누군가에 대한 두려움, 누군가에 대한 슬픔이 그친 것을 의미한다.

편집자의 사회구성적 관점에서 볼 때, 마음은 관계적 개념이다.

타자와 자아는 대화와 관계 속에서만 존재하는 언어적 창조물이다. 따라서 자아와 정체성은 오직 언어로만 존재하는 대화-서사적 구축물이며, 따라서 다중 관계 속에서 지속적인 상호작용을 통해 대화적 구성, 해체, 재구성에만 관여한다. 그러한 나-나를-나의 것/자아는 항상 (수행) 형성하고 있다. 나는 대화를 통해 구성되고 내장되어 있는 만큼 많은 잠재적 자아이다. 정체성과 연속성, 또는 내가 자아라고 생각하는 것은 내가 나 자신에 대해 말하는 이야기에서 일관성과 연속성을 유지한다. 이 자아, 아니 자기 서사는 단일한 목소리를 내지 않고 다중 저작된 다성적 자아이다. 나-나를-나의 것/자아는 언어와 교설의 외부에 존재하지 않기 때문에 내적 핵심 자아도 고정된 유형적 자아도 존재하지 않는다. 본질적인/내재적 자아가 결여되어 있으므로 자아는 공하다. 여기 이 시점에서 다르마와 사회구성 심리학은 연결되어 합류점을 이룬다. 이 견해는 개인의 책임을 면제하는가? 그렇지 않다! 개인은 잠정적으로는 고독한 것처럼 보이지만 가장 중요한 존재이다. 고독하지 않은 "관계적 존재"로서 우리는 지금 여기에서 열반을 향해 노력하는 데 있어 더 많은 사회적 책임 문제에 직면하고 있다.

8장 일체지: 불교의 관점

틸락 카리야와삼(Tilak Kariyawasam)

서론

일체지(Omniscience), 곧 모든 것을 무한히 알 수 있는 능력은 무엇보다도 "신"의 독특한 특성이다. 따라서 모든 유신론적 종교에서 신은 모든 것을 아는 지적 존재로 묘사된다. 따라서 "그"가 신자들에게 직접 비전을 제시하거나 매개를 통해 선별된 후보자들에게 드러내는 것은 의심 없이 받아들여지고 따라야 할 복음이자 진리로 간주될 것이다. 일부 종교 창시자들도 일체지를 주장했다. 의심할 바 없이 이것은 종교적 스승으로서의 위상을 높이고 그들의 가르침에 권위를 부여하기 위해 행해진 것이다. 이것은 특히 신의 계시를 받아들이지 않았지만, 추종자들이 자신이 제시한 견해에 독단적으로 집착하여 권위를 세우고 그들의 가르침에 신성성을 부여하고자 한 스승들의 경우에 해당한다. 이것은 스스로 신적이라고 선언하지 않은 스승들의 가르침이 신성한 기원을 지닌다고 표방한 가르침과 경쟁해야 했던 시기에 필요했을 수도 있다.

기원전 6세기 인도의 경우가 그러했다는 것은 빠알리 니까야(Pali Nikayas)(스리랑카에서 기원전 1세기에 구두로 전해지고 처음으로 종려나무 잎에 기록된 붓다의 설법을 포함함)에서 분명히 볼 수 있다. 합리적으로 초기까지 거슬러 올라갈 수 있는 이 불경들은 특히 일체지를 근거로 자신의 절대적 권위를 받아들여야 한다고 공언한 최소 두 명의 스승을 언급한다. 이 두 유명한 스승은 자이나교 지도자인 니간타 나따뿟따와 불교 경전에서 아끼리야와딘(Akiriyavadin: 업장의 의도적인 행동의 결과를 다루지 않아 잘못된 가르침을 설명하는 스승)으로 묘사되는 뿌라나 깟사빠(Purana Kassapa)였다. 양자 모두 일반적으로 붓다의 동시대 선배로 알려져 있다. 『맛지마 니까야』[1]와 『앙굿따라 니까야』[2]는 자이나 마하비라(Jaina Mahavira)라고도 알려진 니간타 나따뿟따가 일체지를 주장했다고 명시적으로 밝히고 있다. 니간타 나따뿟따의 일체지는 자이나교의 근본 교리 중 하나였다. 『앙굿따라 니까야』[3]에는 붓다를 방문한 두 명의 브라만 형이상학자에 대한 기록이 나온다.

고따마 스승이시여, 모든 것을 알고, 모든 것을 보는 뿌라나 깟사빠는 무한한 지식과 비전을 공언하며 이렇게 말합니다: "내가 걷거나, 잠자거나 깨어 있거나, 앎과 비전이 늘 그리고 끊임없이 내 속에 있느니라."

---

1 MN, Pali Text Society, I, p.519, II, p.31.

2 AN, Pali Text Society, III, p.74.

3 AN IV, p.429.

니간타 나따뿟따에 대해서도 마찬가지다. 이 일체지 선언에는 두 가지 주요 특징이 있다. 하나는 "모든 것을 아는"(sabbannu) 및 "모든 것을 보는"(sabbadas savi) 본성으로, 무한한(ananta) 따라서 모든 것을 포괄하는(sabba) 지식과 비전을 의미한다. 또 다른 특징은 잠들어 있든 깨어 있든 관계없이, 늘 끊임없이 지속적으로, 심지어 자동적으로 작동한다는 것이다. 아마도 이것은 신의 전지보다 그 범위가 조금 더 넓을 것이다. 신의 전지가 이런 방식으로 작동하는지 명확하지 않기 때문이다. 창시자의 전지를 신봉하는 종교의 특징은 교조주의이다. 한편, 인식론을 발전시킨 자이나교에서 어떻게 일체지가 근본 교리의 지위를 차지했는지 보는 것은 놀라운 일이다. 칼루파하나는 이에 대해 다음과 같이 설명한다.

깨달은 이가 일대일 관계에서 실수할 수 없다. 그러나 "가능성"과 "관점"에 대한 인식론적 이론은 어떤 이가 가능성이나 입장 중 하나를 채택하는 경우, 마하비라(Mahavira)로 하여금 그러한 실수를 피할 수 없게끔 한다. 그러므로 〔깨달은〕 이가 조금도 실수하지 않으려면 예측을 할 때마다 모든 가능성과 관점을 채택해야 한다. 이것이 마하비라가 "일체지성"(sarvajnata)을 가장 높은 형태의 지식으로 인정한 이유일 것이다. 실제 마하비라는 궁극적인 객관성에 도달하는 가장 포괄적인 방법으로 설명될 수 있는 그러한 일체지를 주장한 인도 최초의 종교적 스승이었다.[4]

4 Kalupahana, D.J.(1992). *A history of Buddhist philosophy, continuities and discontinuities*. University of Hawaii Press, p.19.

바샴(Basham)에 따르면 심지어 붓다의 동시대인으로 거짓 가르침을 전했던 "여섯 교파 스승" 중 한 명인 막깔리 꼬살라(Makkhali Gosala)조차도 일체지를 주장했다고 한다. 그러나 바샴 자신이 인정한 것처럼 이 주장은 이후에만 언급된다.[5] 그러나 막깔리 꼬살라 자신이 개인적으로 일체지를 주장했다는 증거는 없다. 기원전 6세기 인도의 일부 종교 스승들은 전지하다고 주장했지만, 다른 이들은 이를 공개적으로 부인했다. 따라서 회의론자들은 그러한 주장을 제기하지 않았다. 그 이유는 회의론자들이 인간의 지성에 한계가 있다고 생각했기 때문이다. 그러므로 누군가가 모든 것을 알 수 있다고 주장하는 것은 불가능했다. 붓다는 공공연히 일체지를 부인했다.

『까나꾸탈라경(Kannakutthala Sutta)』(*MN 90)[6]은 다음과 같이 기술한다.

동시에 모든 것을 알 수 있고 모든 것을 볼 수 있는 은사도 브라만도 없다. 이런 상황은 존재하지 않는다.

오해인 일체지

니까야에 따르면 일체지라는 이 생각은 오해이다. 위에서 지적했듯이 붓다는 모든 것을 한 번에 안다는 생각에 동의할 수 없었다. 붓다에 따르면, 인간이 성취할 수 있는 가장 높은 형태의 지식은 소위 "삼중

---

5 Basham, A.L. (1951). *History and doctrine of Ajivikas.* London: Luzac, p.92.
6 MN II, p.127.

지"(tevijja)이다. 이것은 합리적으로 열반에 도달하는 방법에 대한 지식, 정신 현상의 연기적 발생/소멸의 순환적 성질에 대한 통찰, 그리고 일상적인 "태어남"에 대한 기억으로 구성된다. 따라서 "그는 원하는 만큼 전생을 기억할 수 있다."(MN I, 482) 이와 유사하게 이것은 "신의 눈"으로 알려진 "더 높은" 형태의 지식에 적용된다.(의도적/업 행위에 따라 존재 상태가 어떻게 생겨나고 소멸하는지 볼 수 있는 능력에 대한 은유) 이러한 유형의 지식은 매우 독특하지만, 그것이 반드시 일체지를 의미하는 것은 아니다. 특정 주제에 대해 붓다와 그의 제자 들은 그들이 원하는 만큼 그들의 지식을 확장할 수 있다. 『빠사디까경 (Pasadika Sutta)』에 따르면, "과거에 관하여 여래의 의식은 그의 기억을 따라간다." 그는 자신이 좋아하는 만큼 회상한다. 미래에 관하여 붓다의 애칭인 여래('이렇게-오고-이렇게-간')는 '그것이 마지막 재생' 이라는 깨달음에서 오는 지혜를 갖고 있다. 미래에 대해 붓다는 자신 이 무한한 지식을 갖고 있다고 주장하지 않았다. 그에게도 미래는 불확실하다. 경은 붓다가 깨달았지만, 인간성을 가지고 있다는 것을 설명한다.

뿌라나 깟사빠와 니간타 나따뿟따의 진술에 따르면, 그들은 항상 모든 것을 포괄하는 지식을 가지고 있다는 의미에서 전지적이었다. 붓다는 그들의 주장을 강력히 부인했다. 『앙굿따라 니까야』는 형이상 학에 능통한 두 명의 브라만이 붓다를 방문하여 다음과 같이 말한 내용을 기술한다.

고따마 스승이시여, 모든 것을 알고, 모든 것을 보는 뿌라나 카사빠는 무한한 앎과 비전을 공언합니다. "내가 걷거나, 잠자거나 깨어 있거나, 앎과 비전이 늘 끊임없이 제시된다." 그리고 그는 이렇게 선언했습니다. "나는 무한한 앎으로 유한한 세계를 보면서 앎에 머문다." 고따마 스승이시여, 모든 것을 알고 모든 것을 보고 있는 니간타 나따뿟따 또한 무한한 지식과 비전을 공언합니다. 하지만 그는 이렇게 선언했습니다. "나는 무한한 지식으로 무한한 세계를 보면서 앎에 머문다."(AN IV, 429)

그들의 진술은 모순된 것 같지만, 만일 그들이 일체지자라면 그들의 진술은 같아야 한다. 『범망경』⁷에서 붓다는 세계를 무한하거나 유한한 것으로 보는 이러한 견해는 잘못된 것이라고 선언했다고 한다. 따라서 두 종교 지도자의 일체지에 대한 진술은 잘못된 것이다. 붓다는 사람이 모든 것을 알고 동시에 모든 것을 볼 수 있다는 것을 분명히 부정했고 (MN II, 127), 이와 유사한 방법으로 한 사람이 세상이 끝날 때까지 세상의 모든 것을 알 수 없다고 자신의 요점을 설명한다.

네 사람은 세계의 네 모퉁이에 서 있고, 최고의 보폭과 함께 최고의 페이스와 속도를 부여받았다. 활을 지닌 장대한, 숙련되고 능숙한 궁수처럼, 명사수는 야자수의 그림자를 가르며 쉽게 날렵한 화살을 날릴 수 있다. 그 속도를 보라, 동해에서 서해까지 단숨에 닿을 듯―그것들의 나는 모습을. 이제 동쪽 모퉁이에 서 있는 사람이 "나는 걸어가면 세상 끝에 다다를 것이다."라고 말했다고

⁷ DN, Pali Text Society, I, pp.22~23.

가정해 보자. 사람의 수명이 백세이고 백세를 살고 백세를 걸었지만 먹고 마시고 씹고 아삭아삭 씹고 자연의 부름에 응답하고 잠으로 피로를 풀 때를 제외하고 그는 세계의 끝에 도달하기 전에 죽을 것이다. 다른 세 모퉁이에 있는 사람도 마찬가지다.[8]

이 비유는 세상의 모든 것을 아는 것이 불가능함을 설명한다. 비록 브라흐마가 모든 것을 알아야 하지만, 『께왓따경(Kevaddha Sutta)』에 따르면 그는 "이 위대한 요소는… 어디에서 완전히 멈추었습니까?"라는 질문에 답할 수 없었다.(DN I, 223) 『범망경』(DN I, pp.39~44)에서 브라흐마는 잘못된 위치에 있는 사람으로 나타난다. 다음 구절은 매우 분명히 이 점을 보여준다.

이 세계 체계는 언젠가는 해체될 것이다. 이러한 일이 일어날 때 대다수 존재는 광명의 세계에 다시 태어나 그곳에서 마음으로 이루어져서 기쁨을 먹고 스스로 빛을 발산하며 가로지른다. 공기는 영광 속에서 계속된다. 그래서 그들은 오랫동안 유지된다. 동시에 이 세계 체계도 다시 진화하기 시작할 때가 온다. 이때 브라흐마의 저택이 나타나지만, 그것은 비어 있다. 그리고 일부 존재와 어떤 다른 존재는 그의 나이를 먹었기 때문이든, 아니면 그의 공덕이 고갈되었기 때문이든 기진맥진하여 그 광명의 세계에서 떨어져 브라흐마의 저택에서 환생한다.…
그리고 그는 거기에서도 마음으로 이루어져 기쁨을 먹고 스스로

---

8 AN IV, pp.428~430.

빛을 발산하며 공중을 가로질러 영광 속에 머문다. 그래서 그는 한동안 남아 있다. 이제 그는 오랫동안 홀로 그곳에 머물렀기 때문에 그의 마음 안에 불만과 갈망이 일어난다. 그리고 바로 그때, 세월이 흐르거나 공덕이 다함에 따라, 다른 중생들도 그 세계에서 떨어져 나가, 빛의 세계에서 그와 동반자로 그리고 모든 면에서 그와 같은 모습으로 브라흐마의 저택에 나타난다.

처음으로 다시 태어난 사람은 속으로 이렇게 생각한다. 통치자, 만유의 주님, 조물주, 창조주, 만물의 으뜸이시며, 옛적부터 항상 계신 분, 현재와 미래에 있을 모든 것의 아버지를 각자 자리에 임명한다. 이 다른 존재들은 내가 창조한 것이다. 왜 그런가? 얼마 전 나는 생각했다. "그들이 올까?" 그리고 내 정신적 열망에 따라, 보라! 그 존재들이 왔다.…

그리고 그 존재들 자신도 이렇게 생각한다. 이것은 범천, 대범천, 최고자, 전능자, 전지자임이 틀림없다. 통치자, 만유의 주님, 창조주, 창조주, 만물의 으뜸이며 각자에게 자신의 자리를 지정해 주었고… 우리는 틀림없이 그분에 의해 창조되었다. 그렇다면 왜? 왜냐하면 우리가 알다시피 그분이 여기 먼저 있었고 우리는 그 다음에 왔기 때문이다. … 거기에 처음으로 생겨난 이가 그 뒤에 나타난 자들보다 더 장수하고 더 영광되며 능력이 있다. 그 상태에서 떨어진 어떤 존재가 여기로 와야 할지도 모른다. 그리고 그는 여기에 와서 가정생활에서 수행자 상태로 나아갈 수 있다. 이렇게 수행자 된 그는 신중한 생각을 진지하게 적용하려는 열렬한 노력으로 마음의 황홀함에 이르러, 황홀감에 빠져

자신의 마지막 거처를 생각하지만, 직전 거처는 생각하지 않는
다.…

그는 속으로 이렇게 말한다. 저 유명한 범천, 대범천, 지고하신
분, 전능하신 분, 모든 것을 보시는 분, 통치자, 만유의 주님,
조물주, 창조주, 만물의 으뜸이시며, 옛적부터 항상 계신 분,
현재와 미래에 있을 모든 것의 아버지, 우리를 창조하신 그분은
변치 않는 본성으로 확고하고 불변하고 영원하며, 영원히 그렇게
있을 것이다. 그러나 그에 의해 창조된 우리는 무상하고, 변하고,
삶의 기간이 제한된 것으로서 여기에까지 왔다.[9]

붓다는 가장 높은 신인 브라흐마가 전지하지 않다고 분명히 말했다.
브라흐마는 처음으로 그 특정 세계에서 태어났기 때문에 자신이 창조
주이며 모든 것을 알고 있다고 잘못 생각한다.

일체지와 결정되지 않은 질문들

니까야에는 붓다가 현명하게 침묵을 지킨 이른바 고전적인 "답변되지
않은" 또는 "확정되지 않은" 질문 10개가 있다.[10] 그 질문들은 다음과
같다.

---

9 DN I, pp.17~18.

10 Tilakaratne, A.(1993). *Nirvana and ineffability*. University of Kelaniya, Sri
Lanka: Postgraduate Institute of Pali and Buddhist Studies.(pp.117~123)

1-2 세계는 영원한가, 영원하지 않은가?

3-4 세계는 유한한가, 무한한가?

5-6 영혼은 육체와 같은가, 다른가?

7-10 여래 사후에 여래가 존재하는가, 존재하기도 하고 존재하지 않기도 하는가, 존재하는 것도 아니고 존재하지 않는 것도 아닌가?

붓다에 따르면, 사람은 이러한 질문들에 대해 다양한 견해를 가지고 있으며, 결국 격렬한 논쟁을 초래했다. 자야틸레케가 말했듯이, 이러한 질문은 붓다 시대의 학문 영역에서 논의되었을 수 있으며, 각기 다른 학파는 다른 결론을 내렸다.[11] 여기서 관심은 이러한 질문과 붓다 일체지와의 관련성이다. 붓다는 이 질문에 대한 답을 알고 있었는가? 이와 관련하여, 고려해야 할 네 가지 가능성이 있다.

(a) 이 질문들은 원칙적으로 대답할 수 있지만, 붓다는 단지 대답을 알지 못했다. 케이스(Keith)와 쟈코비(Jacobi)가 취한 이러한 견해는 앞으로 보게 되겠지만 붓다가 전지적이었다는 주장에 반대되는 유일한 견해이다. 그러나 그러한 견해를 뒷받침하는 증거는 거의 또는 전혀 없다. 다른 한편 이것이 단순히 틀렸음을 시사하는 증거가 있다. 이제 두 번째 가능성을 고려해 보자.

---

11 Jayatilleke, K.N.(1963). *Early Buddhist theory of knowledge*. London: George, Allen & Unwin, pp.243~250.

(b) 이 질문들은 원칙적으로 답할 수 있지만, 붓다는 답을 알고 있음에도 불구하고 그러한 정보가 깨달음과 열반의 길을 따르는 핵심적인 문제와 관련이 없기 때문에 답을 주지 않았다. 붓다는 그러한 질문들이 답을 구하는 자의 삶에 중요하지 않음을 말하곤 했다.[12]

니까야에는 붓다가 답을 알고 있었고, 적어도 처음 여섯 가지 질문에 대한 답을 알고 있었다는 증거가 있다. 인과성에 대한 그의 교설에서 우리는 연기의 가르침이 상주론과 단멸론, 존재와 비존재, 단일성과 다원성의 극단 사이의 중도에 있다는 말을 자주 듣는다. 중요한 것은 이 치료가 『상윳따 니까야』[13]의 「니다나와가(Nidanavagga)」에서 영혼이 신체와 동일한지 여부에 대한 질문으로 확장된다는 것이다. 즉, 붓다는 두 가지 극단을 피하고 중도를 가르침으로써 세 번째 쌍의 "답이 없는" 질문에 실제로 대답했다. 워더(Warder)[14]가 제안한 바와 같이, 우리는 이 논점을 앞의 네 가지 질문으로 확장해서 "지속하는(무한한) 또는 완전히 소멸한(유한한) 우주는 없고 이런 실체는 없으며, 오직 연기적 연쇄만 있을 뿐"이라는 결론을 내리지 말아야 할 이유가 없는 것처럼 보인다. 그러면 우리는 붓다가 이러한 질문에 대한 답을 알고 있었지만 가장 중요한 것, 즉 육체와 영혼에 관한 질문만 다루었고 우주에 관한 질문은 깨달음에 도움이 되지 않는 쓸데없는 추측으로

---

12 MN I, p.431, DN I, pp.187~189, SN, Pali Text Society II, pp.223~224.
13 3. SN II, p.17.
14 Warder, A.K.(1970). *Indian Buddhism*, Delhi: Motial Banarsidass, p.40.

제쳐두었다고 말할 수 있다.

다른 두 가지 가능성은 다음과 같다.

> (c) 대답은 오직 직관적으로만 관련될 수 있고 인간의 지성과 경험적 조사의 이해를 완전히 초월하기 때문에 이 질문들은 원칙적으로 대답할 수 없다. 자야틸레케는 다음과 같이 말했다. "붓다가 알지 못하는 것이 있었다는 것이 아니라 언어와 경험주의의 한계로 인해 그가 초월적 감각으로 '아는' 것을 말로 전달할 수 없었다."[15]
>
> (d) 이 질문들은 논리적으로 무의미하거나 오히려 실제 질문이 아니며 잘못 제기되었기 때문에 원칙적으로 답변이 불가능하다. 이 경우 답변을 하는 것은 무의미하다. 실제로 한 곳에서 붓다는 잘못된 고려 때문에 불확실한 문제가 발생한다고 말했다.[16]

이러한 가능성은 반열반(Parinirvana, 죽음의 최종열반)의 성격에 관한 마지막 네 가지 질문에 적용된다고 볼 수도 있다. 누구에게나 존재한다고 말할 수 있는 모든 것은 정의상 **반열반**에 의해 제거되는 다섯 가지 무상한 온[온 또는 양태들: 감각(색)-정동(수)-생각(상)-행위(행)-인식(식)]이므로, 여래가 사후에 존재하는지, 여부에 대한 추가 질문은 무의미하게 보일 것이다. 이러한 고찰에서 붓다가 어떤 질문에

---

15 Jayatilleke, op. cit. p.473f.

16 AN Ⅴ, p.187.

답하지 않고 남겨두었다고 해서 그가 일체지가 아니었다는 것을 의미하는 것은 아니라는 점은 분명해 보인다. 그는 답을 알고 있을 수 있지만 (b) 및 (c)에서와 같이 답을 줄 수 없었거나 줄 의사가 없었을 수도 있고, 또는 질문이 너무 터무니없어서일 수도 있다. 이는 붓다가 그들에게 답하지 않은 것이 이에 대한 지식의 한계 때문이 아니라는 것을 의미한다.

일체지를 주장하는 이들에 대한 불교의 입장은 무엇인가? 붓다는 자신이 일체지라고 주장하는가? 첫 번째 질문과 관련하여 붓다는 니간타 나따뺏따나 뿌라나 깟사빠의 일체지 주장을 옹호하지 않았다는 것이 분명하다. 『칸나깟탈라경(Kannakatthala Sutta)』[17]에서 붓다는 다음과 같이 말했다. "한 번에 모든 것을 알 수 있고 모든 것을 볼 수 있는 수행자나 브라만은 존재하지 않는다. 이런 상황은 일어나지 않는다." 앞서 언급한 바와 같이, 이 두 저명한 스승의 일체지 주장에 대한 거부는 붓다가 모든 사물에 대해 지속해서 끊임없이 그 일체지성이 자동으로 작동하는 앎과 비전을 가질 수 있다는 입장을 받아들이지 않았음을 분명히 보여준다. 두 번째 질문인 붓다 자신이 일체지라고 주장했는지에 대해서는 의견이 분분하다. 케이스[18] 및 드 라 발레 뿌생(De la Vallée Poussin)과 같은 저명한 학자(Jayatilleke, op. cit. p.377)는 붓다가 일체지를 주장했다고 말한다. 자야틸레케(Jayatilleke, op. cit. p.376f)는 학자들이 **"이러한 질문들이 붓다의 주장인지 아니면**

---

17 MN II, p.127.

18 Keith, A.N.(1923). *Buddhist philosophy in India and Ceylon*. Oxford: Clarendon Press, p.35.

그 제자의 주장인지, 즉각적인 것인지, 후대의 것인지를 구분하지
않고" 이러한 견해를 제시했다고 매우 적확하게 지적한다. 더 나아가
그는 드 라 발레 뿌생이 자신의 견해를 **뒷받침하기** 위해 오직『밀린
다빵하(Milindapanha)』만을 인용했다고 말한다.『밀린다빵하』는 나
가세나(Nagasena)라고 불리는 비구와 기원전 153~150년에 북서 인도
를 통치한 메난데르(또는 빠알리어로 밀린다) 왕 간의 대화를 서술한
상좌부의 작품으로, 이것은 의심할 여지없이 붓다의 설법보다 늦은
시기이다.

　일각에서는『께왓따경(Kevaddha Sutta)』[19]에 기록된 사건을 붓다의
일체지 주장을 공언한 증거로 간주한다. 거기서 붓다는 브라흐만이
대답하지 못한 질문에 대한 답을 알고 있다고 한다. 이 사건의 목적은
비록 브라흐마가 모든 것을 본다고 주장하지만, 그의 무지를 드러내려
는 것이지, 전혀 붓다의 일체지를 보이려는 것이 아니다. 그러나
『칸나캇탈라경(Kannakatthala Sutta)』[20]에서 붓다가 다음과 같은 사실
을 말했다고 기록되어 있음에 주목해야 한다.

　… 붓다가 모든 것을 알고 모든 것을 보고 모든 것을 포괄하는
　지식과 비전을 주장할 수 있는 수행자나 브라만들이 없다는 견해를
　갖고 있다고 주장하는 사람은 붓다를 잘못 대변하고 있다.

　이것은 일체지의 존재가 있을 수 있음을 암시하는 것으로 보인다.

---

19 DN I, pp.222~223.

20 MN II, 127.

그러나 붓다는 동시에 모든 것을 알고 모든 것을 볼 수 있는(loc. cit.) 수행자도 브라만도 없다고 말함으로써 자신의 입장을 명확히 한다. 따라서 경의 핵심은 붓다가 니간타 나따뿟따와 뿌라나 깟사빠가 주장한 일체지 유형을 부정하는 것이다.[21] 예를 들어 "심사빠 잎사귀 (Simsapa Leaves) 비유"[22]와 같은 언급은 붓다가 제자들에게 가르친 것보다 훨씬 많은 것을 알고 있었음을 보여준다. 거기에서 그는 자신이 실제로 가르치는 것은 단지 한 사람이 알아야 할 것을 일깨우는 것뿐이며, 그의 손에 있는 제한된 수의 잎사귀에 필적하는 양(그리고 존재에 대한 그의 이해는 숲의 모든 나뭇잎에 해당함)이라고 설명했다. "답하지 않은" 질문에 대한 붓다의 태도는 이러한 견해를 강조한다. 그러나 붓다가 가르친 것보다 더 많이 안다고 해서 일체지가 되는 것은 아니다. 그러므로 이런 증거는 붓다가 일체지라고 주장했음을 보여주기에 충분하다고 볼 수 없다.

또한 붓다는 자신이 제자들과 청중들에게 가르친 것보다 훨씬 더 많은 것에 관한 지식을 가졌다고 선언했지만, 이전 단락에서 지적한 것처럼 "여섯 가지 초인지 능력" 항목의 마지막 세 가지를 구성하는 세 가지 지식만을 소유했다고 상당히 공개적으로 주장했다. 이 주장은 『테비자왓차곳따경(Tevijja Vacchagotta Sutta)』[23]에 제시되어 있다. 이 세 가지는 다음과 같다. 숙명통(자신의 과거사를 인식하는 능력), 타심통

---

21 Toshiichi, E.(1997). *Buddha in Theravada Buddhism*. Dehiwala, Sri Lanka: Buddhist Cultural Centre., p.59.

22 SN V, 437-438.

23 MN I, 482.

(또는 "신의 눈": 야기된 의도적/업의 행위에 따라 존재 상태가 어떻게 발생하는지 보는 능력) 및 루漏의 파괴(불건전한 괴로움을 물리치면 루로 인한 추가적 재생으로부터 해탈을 확보)에 대한 앎이 그것이다. 이와 관련하여 어떤 사람이 이 세 가지 형태의 앎을 갖는다고 해서 일반적으로 이해되는 것처럼 그에게 일체지라는 자격을 부여할 수 없다고 결론지어도 무방하다.

그 밖에[24] 필자는 **삽반누**(sabbannu)라는 용어에 대한 은유적 해석을 개괄했다. 필자의 주장은 이 단어가 불교 용어 사바(sabba)에 대한 특수한 용법에 따라, 붓다의 별명으로 사용되었다는 것이다. 여기서 필자는 이미 니까야에서 sabba라는 용어가 감각 경험 세계 전체를 나타내는 데 사용되기 때문에 (철기시대에 평평한 것으로 여겨진) "저 바깥에 있는" 세계가 아니라, "여기"에 있는 세계라고 지적했다.[25] 필자의 추론은 붓다가 다음과 같이 설명한 『상윳따 니까야』에서 설득력 있는 확증을 찾을 수 있다.

비구들이여, 무엇이 모든 것(sabba)인가. 그것은 눈과 대상, 귀와 소리, 코와 냄새, 혀와 맛, 몸과 유형, 마음과 마음 상태이다. 이 부류들을 모든 것이라고 한다.(loc.cit)

---

24 필자가 쓴 장(Ch.), "The development of omniscience in Buddhism," in Y. Karunadasa (Ed.), *Essays in honour of Ananda W.P. Guruge*. Colombo: Unpublished, 1990, pp. 223~236 참조.

25 SN IV, 15; MN I, 3-4.

이 용어는 『물라빠리야야경(Mulapariyaya Sutta)』에서 비슷한 의미로 사용된다.[26] 이러한 의미에서 "모든 것"(sabba)은 여섯 가지 감각 영역을 의미한다. 따라서 붓다는 감각 영역에 기초하여 세계(loka)의 발생도 설명했다고 볼 수 있다.[27] 사바(sabba)와 로카(loka)에 대한 이러한 설명은 불교의 일체지(sabbannu) 개념 설명에 도움이 된다. 이 증거에 따르면 만물 또는 일체에 대한 앎(sabbannu)을 갖는다는 것은 감각 분야에 대한 지식을 갖는 것을 의미한다. 또한 이런 감각 분야에 대한 지식은 단지 세계와 그 안에 있는 모든 것에 대한 지식일 뿐이라고 합리적으로 추측할 수 있다. 감각 경험의 세계에 대한 이러한 앎은 니간타 나따뿟따나 뿌라나 깟사빠가 의미하는 "모든" 또는 "모든 것"보다 훨씬 범위가 좁다. 게다가 붓다는 과거, 현재, 미래의 모든 것을 포함하여 감각적, 초감각적 인지 경험이 무한하다고 주장하지 않았다. 붓다는 특히 미래에 관한 지식에 대해 어떠한 요구도 하지 않았다. 그만큼 붓다는 몇 차례의 경험을 통해 사건의 미래 가능성을 추론하는 귀납적 추리를 통해 미래에 관해 이야기한다. 이러한 경험은 절대적으로 확실한 예측을 할 수 없고, 단지 확률이 높은 예측을 할 수 있을 뿐이다.

이 모든 것은 붓다가 동시대의 다른 스승들처럼 일체지를 주장하지 않았음을 보여준다. 만약 그가 확실히 어떤 일체지를 갖고 있다고 주장했다면, 그것은 그가 **사바**에 대해 새로운 해석을 했음을 의미한다. 그러나 이후의 빠알리 불교 문헌에는 "붓다는 일체지이며 유위와

---

26 MN I, 1.

27 SN II, 73.

무위의 모든 것을 알고 있었다."고 명시되어 있다. 예를 들어 분명히 붓다 사후의 후기 빠알리 학술 논저[이후 제자들의 수세기 간의 작업－즉 붓다의 교설(니까야)과 승가 규칙(비나야)과 함께 상좌부의 삼장(띠뻬까까, Tipitaka)을 이룬 **아비담마**(Abhidhamma) 형식으로 작성된]『**빠띠삼비다 막가**(Patisambhida Magga)』, 곧 "분석의 방법"(KN)을 들 수 있다. 이 초기불교도들이 그렇게 전환을 한 이유는 다음 단락에서 탐구할 것이다.

상좌부의 일체지

『빠띠삼비다 막가』는 "여래의 일체지란 무엇을 의미하는가?"라는 질문에 답하면서 붓다의 일체지에 대한 많은 세부 사항을 제시한다. 그것은 붓다의 일체지가 "유위와 무위의 모든 것을 아는 것"에 있다고 언명하는 것으로 시작된다. 이 일체지는 장애에 의해 가려지지 않는다고 하면서, 다음과 같은 47가지 측면으로 기술된다.

> 1-3 과거, 미래, 현재의 모든 것을 앎.
>
> 4-8 시각, 청각, 후각, 미각, 촉각의 기관과 각각의 대상에 대한 모든 것을 앎.
>
> 9 마음－기관 '마노'와 그 대상, 즉 **담마**(심리적 경험의 가장 작은 단위)에 대한 모든 것을 앎.
>
> 10 무상·고·무아의 다양한 측면에 관한 모든 것을 앎.
>
> 11-15 무상·고·무아의 다양한 측면에 이르기까지 **오온**에 대한

모든 것을 앎.

16 무상, 고, 무아의 다양한 측면에 이르기까지 눈에 대한 모든 것을 앎.

17 무상 등의 다양한 측면에 이르기까지 부패와 죽음에 대한 모든 것을 앎.

18-22 직관적 지식과 그 다양한 측면에 관한 모든 것… 완전한 이해와 그 다양한… 버림 및 그 다양한 측면… 명상과 그 다양한 측면… 실현과 그 다양한 측면을 앎.[28]

23-25 온(오온)과 그 다양한 측면에 관한 모든 것… 요소와 그 다양한 측면… 감각 영역과 그곳의 다양한 측면에 관한 모든 것을 앎.

26-27 유위와 그 다양한 측면에 관한 모든 것… 무위와 그 다양한 측면을 앎.

28-30 선(kusala)… 불선(akusala)…과 **무기의 담마**에 관한 모든 것을 앎.

31-34 갈애의 영역, 형태의 영역, 무색의 영역에 속하는 **담마**에 관한 모든 것… 포함되지 않은 것에 관한 것을 앎.

35-38 사성제四聖諦에 관한 모든 것(명제 또는 사실, "성스러운 자"의 "진리"로 더 잘 알려져 있음)의 측면〔실존적 괴로움이 있고 원인이 있고 출구가 있으며 이것이 팔정도(八正道: 정정진·정행·정사유·

---

28 *Itivuttaka*("이것은 붓다가 말했다", p.106), 모든 것에 대한 직관적 지식은 괴로움에 대한 완전한 이해, 그 사례의 괴로움을 버림, 수행도로서의 명상 및 소멸(감각적 갈망과 개념적 집착의 해체)의 성취를 포함한다.

정견·정어·정업·정정·정념)〕을 앎.

39-42 네 가지 "분석적 지식"과 그 다양한 측면에 관한 모든 것을 앎.〔이것은 효과/결과(예: 깨달음), 원인(예: 팔정도), 언어(예: 경전 해석) 및 분석적 지식과 그 기능에 대한 앎〕

43 다른 사람의 감각과 의도에서 일어나는 일에 관련한 지식을 모두 앎.

44 존재를 갈망하는 지식에 관한 모든 것을 앎.

45 "이중적 모습"의 기적에 관한 지식의 모든 것을 앎.(마법의 환상이 불과 물과 같이 쌍으로 또는 반대 쌍으로 만들어졌기 때문에 그렇게 불림. 붓다는 현명하게 그의 제자들이 그러한 기적을 행하지 못하도록 제지함)

46 긍휼히 여김을 얻는 지식에 관한 모든 것을 앎.

47 **천신**(기쁨의 상태로서의 일반 신), **마라**(분노한 상태로서의 파괴적인 악마) 및 **브라흐마**(축복 상태로서의 상위의 신)가 "세계 신" 또는 인간, 수행자 또는 브라흐마("거룩한" 자)의 존재에 의해, 보고 듣고 느끼고 식별되고 성취되고 노력하고 고안된 모든 것―모든 것을 아는 것, 이것은 일체지의 측면.

『빠띠삼비다 막가』는 니까야(Nikayas)를 편집한 후 붓다의 일체지를 보여주기 위해 기술된 첫 번째 시도 중 하나이다. 이 기술은 붓다가 미래의 모든 것을 안다고 주장하여 니까야로부터 급진적으로 이탈하고 단절함으로써 붓다의 일체지를 보여주고자 한다. 자야틸레케[29]가 주장했듯이, 이러한 종류의 일체지는 분명 붓다 자신이 받아들이지

않았다. 미래의 모든 것을 안다는 생각을 제외하고 나머지 일체지적
측면은 불교 수행도의 주요 교리에 속한다. 다시 말해서 붓다의 일체지
는 유위법과 무위법, 온, 4대, 6근, 3법인(고, 무상 및 비아), 사성제
등의 모든 것을 아는 것을 포함한다. 따라서 『빠띠삼비다 막가』는
대부분 니까야에서 제시된 일체지의 정의를 따르는 것으로 보인다.
따라서 『빠띠삼비다 막가』에 따르면 붓다만이 일체지적이다. 미래에
대한 지식 외에도 일체지의 면모는 모두 불교식 깨달음에 근거해
설명되었기 때문에, 붓다의 일체지는 다른 사람과 달랐다. 이것은
처음 여덟 가지(위에서 지적한 바와 같이, 사성제[35-38]와 4종의 분석적
지식[39-42])에서 잘 나타난다. 특히 붓다가 성취했고 담마를 따르는
모든 제자도 성취할 수 있는 붓다의 14종 앎을 함의하는 그의 모든
것을 보는 능력이라는 정의에서 보다 상세하게 나타난다. 나머지는
오직 붓다의 영역에만 속한다.

> … 이것은 다른 사람의 감각과 의도, 존재에 대한 갈애, 한 쌍의
> 기적, 일체지와 함께 위대한 자비의 성취 및 장애에 의해 장애
> 받지 않고 감각과 의도에서 일어나는 앎이다.[30]

『밀린다빵하』에는 붓다의 일체지에 관한 또 다른 후기 빠알리
논의가 있다. 『밀린다빵하』에 따르면 붓다는 일체지이지만 그의 앎과
비전은 늘 지속해서 존재하지 않는다. 붓다의 일체지는 그의 마음의

---

29 Jayatilleke, *op. cit.* p.381.

30 *Patisambhida Magga* (PS), Pali Text Society, p.134.

주의에 의존했다. 그가 주의를 기울였을 때, 그는 자신을 기쁘게 하는 것이 무엇이든 알게 되었다.[31] 붓다의 전지에 대한 이러한 설명은 밀린다 왕을 만족시키지 못했다. 그래서 그는 이렇게 대답했다: "나가세나여, 만약 그의 일체지가 탐구에 따른 것이라면 붓다는 일체지가 아닐 것"[32]이라고 답했다. 붓다의 일체지를 설명하기 위해 나가세나는 이어서 다음과 같은 일곱 가지 종류의 심적 상태 간의 차이를 기술했다.

1. 일반인의 심적 상태: 이러한 사람의 사고방식은 어렵게 발생하고 더디게 진행된다. 집착, 혐오, 혼란, 번뇌, 그들의 몸이 명상에 적합하지 않고, 그들의 도덕 습관은 양성되지 않았고, 그들의 심리상태는 발달하지 않았으며, 그들의 직관적 지혜는 배양되지 않았다.

2. "예류과"의 심적 상태: 열반의 바다로 끝나는 계류에 들어간 그런 사람의 심적 상태는 (영원한 자아에 대한 믿음, 불교 방식으로 의심하는 것, 규칙과 의례에 집착하는 것을 버리는) 10단계 중 첫 3단계에 이르기까지 빠르게 고양되고 빠르게 진행된다. 그러나 더 높은 단계는 어렵게 일어나고 더디게 진행되는데, 이는 1, 2, 3의 세 가지 단계의 완전한 정화로 인해, 그리고 속박(심리적 번뇌/염오)을 제거하지 않았기 때문이다.

3. "일래과"의 심적 상태: 그의 심적 상태는 5단계에 이르기까지 빠르게 고양되고, 빠르게 진행되지만(위의 세 가지 속박과 갈애와

---

31 Trenker, V.(Ed.).(1928). *Milindapanha*. London: 미상.
32 Ibid. p.102.

"악의" 또는 불충분한 동기의 제거), 더 높은 단계는 어렵게 일어난
다. 왜냐하면 4단계와 5단계의 완전한 정화 및 염오의 제거를
완수하지 않았기 때문이다.

4. "불환과"의 심적 상태: 그의 심적 상태는 10단계[33] 중 처음
5단계에 이르기까지 빠르게 상승하지만(처음 5단계의 속박은 완전
히 놓을 수 있지만, 마지막 5단계는 아직 버릴 수 없음) 10단계 모두를
다 정화했으나 염오를 제거하지 않기 때문에 더 높은 단계는
어렵게 일어나고 느리게 진행된다.

5. "깨달은 자"(Arahant)의 심적 상태: 루가 파괴되고, 흠이 사라
지고, 염오를 떠나고, 삶을 다했고, 해야 할 일을 하고, 짐을
내려놓고, 자신의 안녕을 얻었고, 속박을 완전히 파괴했고,
분석적 통찰력을 얻었다. 제자 수준에서 완전히 정화된 깨달은
자의 심적 상태는 활기차게 일어나고, 제자의 범위 내에서는
열정적으로 진행되지만 어렵게 고양되며, "스스로 붓다(연각
불)"인 자의 국면에서는 느리게 진행된다. 왜냐하면 성문의
범위에서 완전한 정화가 이루어지지 않고 "연각불"인 자의 범위
에서 완전한 정화가 부족하기 때문이다. 모든 속박을 타파한
후에야 비로소 최후의 진보를 이룰 수 있다. 마지막 다섯 가지는
물질적(*색) 내지 비물질적(*무색) 존재에 대한 갈애, 자만,
동요, 무명이다. 진, 탐, 치, 질투 및 자만으로 인한 재생은
더 이상 없고, 확신, 자각, 인내, 집중, 지혜의 선한 삶으로

---

33 여기서 "10단계"라고 언급했지만 "불환과"는 다섯 가지 굴레를 제거했을 뿐이다.

인해 소멸하며, 사람은 감정적 부정성으로 인한 **윤회**(samsara)
의 사이클에서 해탈하여 열반을 체험한다.

6. "**연각불**(스스로 자신의 힘으로 된 붓다)"(paccekabuddha)의 심적
상태: 스승 없이 자립적이고, 무소의 뿔처럼 행하며, 그들의
마음이 그들 자신의 범위 내에서 청정하고 결점 없는 연각불(홀
로이고 남을 가르치지 않는 고독한 붓다)의 심적 상태는 활기차게
일어나며, 그들 자신의 범위에서도 열정적으로 진행된다. 하지
만 완전한 정화와 "일체지 붓다" 범위의 광대함을 추구하는
일은 "일체지 붓다" 차원과 관련하여 어렵게 일어나며, 이 과정은
느리게 진행된다.

7. "**일체지 붓다**"(sammasambuddha)의 심적 상태: 그 완전한
붓다〔홀로 있지 않고 다른 사람에게 **성문**(sravaka)이 되도록 가르치
는〕의 심리상태는 일체지적이다. 그들은 10력十力을 가지고,
자신에 대한 신뢰를 확신하고, "18가지 속성"을 소유하며, 무한
의 정복자이다. 그들의 지식은 방해받지 않고 모든 곳에서 완전
히 정화되기 때문에 모든 곳에서 활기차게 일어난다. 힘을 포함
한 18가지 특별한 내적 특성은 행동(6), 의식(6), 깨달음 및
자각(6)을 나타내며, 각 항목은 다음과 같다.
⟨www.berzinarchives.com⟩:

1. 누구와 마주하건, 어디서든 침착함
2. 극단적인 말을 하지 않고 균형 잡히고 차분하게 말함
3. 경험한 일이나 이전에 만난 사람을 잊지 않음

4. 예외 없이 공성에 대해 계속 몰입함

5. 타인의 실존 상태에 대해 깊고 날카롭게 공감함

6. 누군가 자신의 길을 찾는 데 도움이 필요한지 살핌

7. 어머니와 같은 연민으로 보살피고자 하는 쇠퇴하지 않는 의도

8. 괴로움을 끝내도록 인도하는 영원히 쇠퇴하지 않는 즐거운 인내

9. 각자의 특정한 상황에 대한 집중된 주의

10. 명상적 집중에 대한 인식이 쇠퇴하지 않음

11. 공성에 대한 인식이 쇠퇴하지 않음

12. 쇠퇴하지 않는 마음이 흐릿함으로부터 해방됨

13. 신체 활동 시의 깊은 인식

14. 말로 의사소통할 때의 깊은 인식

15. 감각적 경험을 할 때의 깊은 인식

16. 업의 사태의 선행 요인에 대한 통찰력

17. 업의 결과 요인에 대한 통찰력

18. 업 사태의 현재 감정/행동적 영향에 대한 통찰력

붓다의 "일체지"가 얼마나 빨리 작용했는지 보여주기 위해 나가세나는 앞서 언급한 "한 쌍의 기적"을 거론한다. 그러나 초기불교 전통에 따르면 이 "한 쌍의 기적" 개념은 후에 붓다에 대한 설명에 추가된 것이다. 그것은 삼장의 후반부에 나타난다. 『빠띠삼비다 막가』에 따르면 "한 쌍의 기적"은 오직 아라한이나 **연각불**(paccekabuddhas)이

아닌 **일체지 붓다**(sammasambuddhas)를 위한 것이다. "한 쌍의 기적"을 붓다의 "일체지"에 대한 실질적인 증거로 사용하는 것은 근거 없고 터무니없어 보인다. 『밀린다빵하』는 붓다가 무엇이든 알고 싶어 할 때마다 마음을 열고 이해하기만 하면 된다는 해석을 내놓았다. 이러한 논리 때문에 후대 불교 저술가들이 붓다를 일체지로 설명했음을 이해할 수 있다. 종교 지도자들이 공언한 일체지에 대한 주장과 다른 특징은 붓다의 일체지가 '주의'에 달려 있다는 점이다. 후기 불교 저술가들은 그들의 붓다가 (모든 것을 아는 것은 아니라는 의미에서) 일체지가 아니었다는 생각을 받아들이는 것을 좋아하지 않았던 것 같다. 그러나 그들은 삼장의 틀에서 벗어날 수 없었기 때문에 붓다는 일체지한 분이지만, 그가 사물을 알기로 선택했을 때만 사물을 알 수 있었다고 지혜롭게 말했다.

초기 대승의 일체지

대승 논사들은 공성을 **궁극적인 실상 체험**(sunyata)과 보살(세속적이거나 초월적일 수 있는 "미래의 붓다")이라는 개념으로 설명하기 위해 일체지 개념을 사용했다. 지상의 보살은 일정한 행위 준칙을 준수하여 다양한 정도의 "**완전함**"(paramittas)에 도달한다. 이러한 실천에는 관대함, 정의, 인내, 에너지, 명상, 지혜, 숙련, 결단, 힘, 박학/지혜가 포함된다. 이처럼 보살도 역시 "일체지"를 성취할 것이다. 『18,000송 반야경』에는 "그러므로 온전한 지혜를 행하는 보살은 일체지에 가깝다"[34]라고 씌어 있고, 『25,000송 반야경』에는 "일체지를 갖춘 보살은 각각의 시방에서 갠지스강의 모래와 같이 많은 여래를 보고, 그들의 다르 마의 설법을 듣고, 그들의 승가를 공경하고, 그들의 붓다 법계의 청정함을 본다."[35]라고 설명되어 있다. 이것이 바로 일체지적 인격으 로서의 그의 능력이다. 초기 대승 문헌, 특히 "반야경" 경전에서 우리 는 불교 성인의 위계적 분류와 관련하여 일체지의 구분을 찾을 수 있다. 이『반야바라밀다경』의 저자는 알려져 있지 않지만, 기원전 1세기부터 2세기까지 익명의 비구 형제단에 의해 씌어졌으며 나가르 주나(2세기)가 주석한 것임이 확실하다. 일체지의 세 부분은 다음과 같이 구별된다.

1. 붓다의 모든 방식에 대한 지식(sarvakarajnata)
2. 수행도 방식에 대한 지식(margakarajnata)
3. 일체지(sarvajnata)

이 3중의 구분은 앞서 설명한 바와 같이 붓다의 일체지를 아라한(일 체지 붓다의 깨달은 제자) 또는 **연각불**(산스크리트어로 paccekabuddha)의

---

34 Mitra, R.E.(Ed.).(1888). *Astasahasrika Prajnaparamita Sutra* (Perfection of Wisdom in 8000 lines). Calcutta: Asiatic Society. Tr. E. J. Conze (1958), *Perfection of Wisdom in 8000 Lines and its Verse Summary.* Calcutta: The Asiatic Society of Calcutta (Bibliotheca Indica, p.11.

35 Dutt, N.(Ed.).(1934). *Pancavimsatisahasrika Prajnaparamita Sutra* (Perfection of Wisdom in 25000).

lines. Tr. E.J. Conze (1961), *The large sutra on perfect wisdom*, Part I. London: Luzac, p.76.

일체지와 구별하기 위해 초기 대승 문헌에 도입된 발전이다. 일체지가 여섯 가지 감각 영역에 관한 지식이라면 모든 아라한도 일체지라고 주장할 수 있다. 따라서 대승 논사들은 붓다의 "일체지"를 제자들의 일체지와 구별하는 것이 필요하다고 생각했다. 이를 달성하기 위해 그들은 붓다만이 달성할 수 있는 모든 붓다의 지식을 추가했다. 이 추가는 붓다의 일체지를 "모든 것을 포괄하는"(초월적 의미) 것으로 만들었으며, 따라서 아라한과 **연각불**이 소유한 것보다 범위가 더 넓다. 그러므로 붓다 일체지의 모든 방식에 대한 앎은 **일체지**(sarvajnata) 유형의 일체지보다 높다. 반야경에 나오는 설명에 따르면, 이 3중의 일체지 구분은 세 종류의 불교 성자와 관련이 있다. 이 세 가지 구분에 따르면 성자는 다음과 같이 병렬적으로 등급이 매겨진다.

1. 붓다의 모든 양태에 대한 지식(sarvakarajnata): 붓다
2. 수행도 방식에 대한 지식(margakarajnata): 보살
3. 일체지(sarvajnata): 아라한과 **연각불**

아라한과 연각불은 오직 인간에게 제한된 **일체지**(sarvajnata)만을 성취한다. 그러나 수행도의 방식에 대한 지식을 깨닫지 못하며, 붓다의 모든 방식에 대한 지식도 깨닫지 못한다. 보살은 일체지를 포함하는 수행도 방식에 대한 앎은 깨닫지만, 모든 붓다의 방식에 대한 지식은 깨닫지 못한다. 붓다는 그 모든 것을 깨닫는다.[36] 『8,000송 반야경』에 따르면, 이러한 구별이 있는 까닭은 아라한과 **연각불**이 존재하는

모든 것, 즉 내적 자극과 외적 자극으로 야기되는 **다르마**(담마의 산스크리트어)는 인식하지만, 모든 수행도와 양상을 인식하는 것은 아니기 때문이다. 모든 **다르마**를 인식하는 아라한과 **연각불**은 "일체지적"이라고 한다.

그러나 그들은 아직 수행도의 형태와 붓다의 모든 양태에 대한 지식을 깨닫지 못한다. 첫 번째는 모든 수행도에 대한 이해를 의미한다. 그렇지만 보살은 아라한과 **연각불**의 수행도를 포함하여 모든 수행도를 산출하고 깨달아야 한다고 말한다. 그러한 수행도는 실현되어야 하고, 그 길을 통해 현실감을 잃지 않고 마땅히 해야 할 일을 이루어야 한다. 『18,000송 반야경』은 공성의 관점(즉, 무아의 완전한 공)에 따라 붓다의 모든 양태에 대한 지식을 설명한다. 이는 모든 양태를 고요한 양태로 본다. 공성은 여러 가지 방법으로 유추할 수 있는 단어인 **평온**(santa)으로 설명된다. 삼장(Tipitaka)에서 우리는 열반을 나타내는 santa라는 단어를 찾을 수 있다. 열반이라는 단어는 또한 영원한(SN IV, 204)과 두려움이 없는 완전한 평화(AN II, 24)를 의미할 수 있다. 우리는 또한 실재의 의미에서 열반을 정의하는 데 사용된 santa라는 단어를 볼 수 있다.[37] 그것은 초기 대승 산스크리트 문헌에서 실재를 정의하는 데 사용할 수 있다. 따라서 우리는 나가르주나가 실재를 정의하기 위해 santa라는 단어를 사용했음을 알 수

---

36 Conze, E.J.(Ed. & Tr).(1962). *Astadasasahasrika Prajnaparamita Sutra* (Perfection of Wisdom in 18000 lines). London: George, Allen & Unwin, pp.147~148.

37 *Mulamadhyamakakarika* (Nagarjuna's verses on the his Mahayana Middle School system). Pali Text Society, XVIII, p.9.

있다. 이 실재는 소멸하지 않음(不斷), 파괴되지 않음, 영속하지 않음(不常), 동일하지 않음(不一), 다르지 않음(不異), 생겨나지 않음(不生) 및 소멸하지 않음(不滅)의 총체적 공을 의미한다. 『근본중송(Mulamadhyamakakarika, Nagarjuna's the Perfection of Wisdom sutras)』에 "관계적 발생으로 인해 존재하는 모든 존재는 그 자체가 적멸이므로 현재 일어나는 것과, 일어남 그 자체 역시 적멸의 성질을 갖는다."라고 말한다.[38]

(4세기경으로 추정되는 후기 대승의) 『능가경(Lankavatara Sutra)』에서 santi는 대상의 하나 됨으로 설명되며, 최고의 지혜로 내적 지각을 고양하는 가장 높은 **싸마디**(Samadhi, 완전한 명상에의 몰입)로서, 다음과 같이 정형화된다.

오, 랑카(Lanka)의 군주여, 이렇게 보는 사람은 바르게 봅니다. 다르게 본다면 분별을 하는 것입니다. 왜냐하면 여기 이원론으로 이끄는 분별이 있기 때문입니다. 마치 물속에서 자기 얼굴을 보고, 그림자를 보며, 달빛 아래, 등불 옆에서, 또는 계곡에서 자기 목소리의 메아리를 들으며, 분별이 일어나 애착을 갖게 되는 것과 같습니다.

마찬가지로 **다르마가 아닌 것**(비법, adharma: 이 반의어의 의미는 "다르마에 속하지 않는 것")을 "다르마(Dharma: 불교 방식의 다르마)"와 분리하는 것은 다만 분별이다. 이로써 우리는 모든 형태의 거짓을

---

38 Ibid. PTS Ⅶ. P.16.

만드는 분별을 없애는 것이 불가능함을 안다. 따라서 우리는 이로부터
최고의 지혜로 내적 인식을 향상시켜 "다르마에 대한 깨달음의 하나
됨", 최고의 **싸마디**를 의미하는 **고요함**(santi)을 이룰 수 없다.[39]

따라서 우리는 붓다의 모든 다르마를 안다는 것이 공의 깨달음을
의미한다는 것을 이해할 수 있다. 동시에 우리는 반야경 문헌에서
다양한 정도의 반야와 공성의 경험에 대해 다양하게 묘사된 "붓다의
모든 방식"에 대한 이러한 앎을 찾을 수 있다. 『25,000송 반야경』은
다음과 같이 전한다.

이처럼 지혜의 완성을 수행하는 보살은 모든 **다르마**를 본래 본성이
공한 것으로 탐구해야 한다. 그는 다르마에 대한 정신적 통각이
없는 방식으로 그것들을 탐구해야 한다. 이것은 모든 아라한과
연각불이 주장할 수 없고 공유할 수 없는 광대하고 고귀하며
무한에 집중된 "모든 법의 무취착"이라고 불리는 보살의 싸마디
만달라(Samadhi mandala)이다. 이 싸마디 만달라에 머무는 동안
보살은 모든 방식에 대한 지식으로 나아가리라. 그러나 또한 주체
의 공과 다른 모든 종류의 공으로 인해 모든 방식에 대한 지식은
전유될 수 없다.[40]

일체지에 대한 초기불교 해석에 관한 위의 설명에서 필자는 세계를

39 난지오의 1923년 산스크리트 본(B. Nanjo, London: Routledge, p.20)에 기반한
   D. T. Suzuki, D.T.(1932),(Tr.), *The Lankavatara Sutra* (Descent on Lanka).
40 Conze (1961), pp.132~133.

이해하는 불교의 방식은 오온 또는 심리적 양상을 이해하는 것이라고
말했다. 일체지가 세계에 대한 이해라면 감각(색)-정동(수)-생각
(상)-의도(행)-인식(식)의 이러한 양상을 이해해야 한다. 그러므로
이러한 기능의 진정한 본질을 알아차리고 이해하는 것이 불교의 '일체
지'의 성취이다. 『8,000송 반야경』 또한 이러한 온이 "세계"를 구성한
다고 말한다. 이 설명은 온을 공의 관점에서 이해해야 한다는 (온이
공한 이유를 지적하는) 니까야의 설명과 다르지만, 두 입장에 본질적
인 차이는 없다. 그것은 다음과 같이 기술된다.

여래의 완전한 지혜는 오온을 "세계"라고 지목했다. 왜냐하면
그것들은 무너지지도 않고 부서지지도 않기 때문이다. 왜냐하면
오온은 그 존재 자체에 공함이 있고, 자체 존재가 없기에 공성이
무너지지도 허물어지지도 않기 때문이다. 이런 의미에서 완전한
지혜는 이 세상에서 여래를 가르친다. 그리고 공성이 무너지지도
않고 허물어지지도 않는 것처럼 표식 없음(무상), 바라는 것 없음
(무원), 영향 받지 않음, 생겨나지 않음(불생), 비존재(비유) 및
다르마(dharma)의 영역 또한 그러하다.[41]

『25,000송 반야경』[42]과 『18,000송 반야경』[43]에 따르면, 일체지를
공에 대한 이해로 받아들일 수 있다. 공을 이해하는 것은 공한 것으로서

---

[41] Conze (1958), p.256.

[42] Conze (1961), pp.132~133.

[43] Conze (1962), pp.148~149.

의 참 본성에서 오온을 이해하는 것이다.

　앞서 설명했듯이 우리는 붓다의 모든 방식에 대한 지식이란 공을 "실상의 끝" 또는 "궁극적 실재"로 이해하는 것을 의미함을 알 수 있다. 오직 붓다만이 이러한 지식을 지니고 있다. 우리가 붓다의 모든 다르마를 깨달으면 자신의 붓다계界를 정화하여 완전한 깨달음을 성취할 것이다. 완전한 깨달음을 얻으려면 정념의 장애(*번뇌장)와 지식의 장애(*소지장), 즉 사물을 "알아야 한다."는 강박관념을 버려야 한다. 이 두 가지 중에서 아라한과 **연각불**은 오직 정념의 장애를 버릴 뿐이지 지식의 장애를 버리지는 못한다. 이것은 한편으로는 붓다와 다른 한편으로 아라한 및 연각불의 주요 차이점이다. 후자는 오직 인격의 비아성을 깨닫는다. 대승 관점에서 붓다는 두 가지 버림을 성취함으로써 (내적 세계에 대한) 인격의 비아뿐만 아니라 (외계에 대한) 제**법**의 무아도 깨닫는다. 이 두 가지 버림의 결과가 불교의 "일체지"를 이룬다.[44]

결론

이상 내용을 요약해 보자. 상좌부 학파의 초기 텍스트에서는 역사상 붓다가 일체지적이라는 어떠한 주장도 제기되지 않았다. 그러나 이후의 빠알리어 저작과 대승 산스크리트어 전통에서는 붓다가, 아마도 실용적인 이유에서, 결국 "일체지적"이라고 주장한다. 요컨대 붓다가

---

44 D.T. Suzuki (Tr).(1932). *The Lankavatara Sutra*. London: Routledge & Kegan Paul, p.241.

미래를 예견할 수 있다고 주장했다는 작은 문제를 제외한다면, 빠알리어 전통은 자기 이해와 관련하여 일체지를 강조하는 반면, 대승 전통은 주로 공성의 체험을 언급한다. 초기불교 빠알리어 경전에 기초할 때, 붓다 자신이 모든 것을 무한히 알 수 있는 능력을 소유하고 있음을 주장하지 않았다고 결론짓는 것이 안전하다.

9장 기적: 초기불교의 관점

데이비드 칼루파하나(David J. Kalupahana)

서론

신학에서 기적은 알려진 과학적 법칙과 명백히 모순되는 사건이나 결과로 정의되며, 따라서 초자연적인 원인, 특히 신의 행위로 인한 것으로 여겨진다. 붓다의 가르침은 지혜 전통 중 신 개념에 일조하지 않는다는 점에서 그 특이성이 잘 알려져 있지만 계속적으로 기적의 가능성을 인식하고 있다. 그러나 이처럼 기적의 가능성을 인정하는 것은 인간의 지식과 경험에 기초한 이해 위에 세워진 붓다의 존재론과 상충하는 것으로 보인다. 문제는 붓다가 인식론적 문제에서 경험주의자이면서도 계속 평범하지 않은 기적에 대해 이야기할 뿐만 아니라 실제로 그러한 기적을 행할 수 있었을까 하는 것이다. 초기 교설은 (1) 신통의 기적, (2) 텔레파시의 기적, (3) 가르침의 기적(DN 1.212-215)이라는 세 종류의 기적을 언급한다. 앞에서 언급한 처음 두 가지는 이미 불교 이전 종교 전통의 일부이다. 세 번째는 순전히 불교적 형태의 기적으로 보인다.

신통(pshychokinesis)은 실제로 지식의 한 형태가 아니라 "힘"(즉, 지각 능력)이지만, 관조자가 달성한 "고급" 지식의 여섯 가지 형태 중 첫 번째로 언급된다. 명상의 첫 네 단계를 완료한 후 마음이 집중되고 유연해지면 원할 경우, 신통을 향유하도록 생각을 유도할 수 있다. 이것들은 위에서 강조한 바와 같이, 육감의 기능을 초과하지 않는 붓다의 "전체 및 모든" 영역 안에 필연적으로 포함된다. 심상 내에서 경험은 자신을 다양한 형태로, 또는 동시에 다른 장소에 나타나게 하는 능력을 포함할 수 있다. 마치 빈 공간을 가로지르는 것처럼 물리적 물체에 의해 방해받지 않고 이동하기, 물속에서처럼 땅속으로 잠입하고 땅에서 나오기, 땅 위를 걷는 것처럼 물 위를 걷기, 결가부좌 자세로 공중 횡단하기, 두렵고 엄청나게 강력한 태양과 달을 손으로 만지기, 그리고 브라흐마의 세계에 이르도록 신체적 기량 확장하기 등과 같다. 이른바 **텔레파시**의 기적은 고등 지식 형태 중 세 번째이다. 타인의 생각을 읽는 능력은 몇 가지 다른 방식으로 실현될 수 있다. 우선, 외모, 특히 한 사람의 용모를 관찰함으로써. 둘째, 한 사람의 목소리나 말을 경청함으로써, 셋째, 한 사람의 반사와 생각에 따라 생성되는 진동에 귀 기울임으로써가 그것이다. 또한 마지막으로, 타인의 사고 과정을 직접 인식함으로써 그렇게 할 수 있다. **가르침의 기적**은 더 높은 지식의 한 형태를 구성하는 것이 아니라 특히 응용 생활심리학과 관련된 전체 가르침의 체계를 의미한다. "이렇게 숙고하고, 이렇게 숙고하지 마십시오. 이렇게 의도하고 이렇게 의도하지 마십시오. 이것을 버리고 이것을 연마하십시오."(AN 1.171) 이와 같이 가르침의 기적이 행해진다.

이 세 가지 특정 형태의 기적에 대한 언급 외에도 담론에서 이른바 "경이로운" 또는 "비정상적인"으로 이해되는 "기적"에 대한 90가지 언급이 있다. 세 가지 구체적인 형태의 기적도 문자 그대로 같은 방식으로 묘사된다.(AN 1.171-172) 문자 그대로 보면 앞서 설명한 처음 두 기적은 "확실한 기적"의 범주에 속한다. 설사 그것들은 외부의 힘, "최고의 존재" 또는 신이 일으킨 사건으로 간주되지 않아도, 확실히 "인간의 우월한 활동"(VP 1.209; DN 1.211; MN 1.68 등)인 것이다. 그러나 문제는 다음과 같다. 이러한 사건이나 효과가 알려진 과학 법칙과 명백히 모순되는 것인가?

기적과 상대성 이론

과학 법칙이 물리학의 결정론적 법칙 또는 심지어 논리실증주의를 고수하는 과학 심리학의 결정론적 법칙을 의미한다면 이러한 기적은 확실히 그러한 엄격성과 모순된다. 그러나 붓다는 절대적인 법칙을 따르지 않았다. 데이비드 흄이 말했듯이, 우리가 절대 불가침의 물리적, 심리적 통일법칙을 굳게 믿는 한 기적은 정말 기적같이 보인다. 흄은 결정론자들이 통일법칙을 정형화하는 데 기초한 원인과 결과 간의 "필연적 연계"라는 바로 그 구상에 도전했다. 불행하게도 그의 비판은 근접성이나 인접성을 제외한 모든 경험적 인과 관계를 부정하는 데까지 지나치게 나아갔다. 붓다는 인과관계를 설명할 때 결정론과 비결정론을 모두 피했다. 그가 이 두 극단 사이에서 중도적 입장을 취할 수 있었던 이유는 인식론적이었기 때문이다. 합리적 인간은 주어진 원인에서 비롯된 사건의 발생을 확실하게 예측하려는 순수 욕망을 갖는데, 이 또한 붓다의 전면적 욕망의 소멸(DN 2.61 등)로 인해 희생된 것처럼 보인다. 붓다는 그러한 욕망을 없앤 후, 그의 탐구를 이미 일어났거나 일어나고 있는 일에 한정시키고자 했다. 따라서 붓다가 구상한 어떤 이론이든 제한된 범위의 인간 경험에 기반을 두고 있다. 그러한 이론은 특이하고 예상치 못한 일이 발생할 때 충분한 유연성을 갖고 최소한의 충격으로 최대의 연속성을 유지할 것이다.(윌리암 제임스의 모델 사용, Burkhardt, p.35 참조)[1] 따라서 그의 **연기**(pratityasamutpada)론은 이른바 기적을 쉽게 수용할 수 있다. 앞서 언급했듯이 연기는 "예사롭지 않은" 것으로 정의되어 "경이로운" 것으로 여겨지기 때문이다.

불교도들은 인간의 삶, 특히 심리 생활과 관련된 가장 "특이한" 일이 붓다의 **깨달음**(bodhi)과 **열반**(nibbanna)의 성취에서 일어났음을 인정할 것이다. 붓다 자신도 자신의 성취가 "예사롭지 않은" 것임을 인정했다. 따라서 처음에는 자신이 성취한 바를 외부 세계에 알리는 것을 꺼렸다. 그것은 또한 붓다가 옛 친구들을 찾아 바라나시로 가던 길에 최초로 만난 우빠카의 태도에도 반영되어 있다. 우빠카는 붓다의 "심상치 않은" 모습, 감각기관의 밝음, 피부색의 순수함 등을 관찰하고 붓다의 스승이나 정신적 스승에 대해 물었다. 붓다는 자신에게는 스승이 없고 자신의 성취는 스스로 노력한 결과라고 답했다. 브라만 전통에 푹 젖어 있던 우빠카는 붓다를 믿을 수 없었고 "친구여, 그렇겠

---

1 Burkhardt, F.(Ed.).(1975). *The works of William James*. Cambridge, MASS: Harvard University Press.

지요."라고 말하며 그를 떠났다.(VP 1.6) 붓다 또한 "특이함"이 발생할 때 순식간에 "평범한 것"으로 되는 방식을 몰랐던 것이 아니다. 따라서 이전에는 들어본 적이 없는 것으로 흔히 언급되는 붓다의 생애, 깨달음, 첫 번째 설법(SN 5.422), 이 모든 것이 한 곳에서는 "경이함"과 "특이함"으로 묘사되지만(MN 3.116-124), 다른 곳에서는 "평범함" 또는 "자연스러운" 것(DN 2.12 ff)으로 표현된다.

때때로 붓다는 "특이한 것"을 "평범한 것"으로 간주하는 것에 관한 논증을 제시하곤 했다. 한번은 쇠구슬을 하루 종일 가열하면 무겁지 않고 가벼운 것처럼, 몸과 관련하여 정신이 집중될 때도 명상의 네 가지 예비 단계에서처럼 무거운 몸 자체가 가볍고 부력이 생겨 공중 부양과 같은 신통을 훈련할 수 있다(SN 5.422)고 주장했다. 그러한 활동은 정신이 몸에 의존하는 것이 절대적 법칙으로 여겨지고 몸이 정신에 의존하는 것이 불가능하다고 가정하는 맥락에서만 "특이하거나" 기적적일 수 있다. 즉, 신통 행위는 인간과 관련된 물리적, 행동적 설명모델의 맥락에서만 기적적으로 나타난다. 또 다른 대안은 일반적으로 심령술사들이 선호하는 입장으로, 신통을 영적 힘과 행복으로 가는 왕도로서 고려하는 것이다. 붓다가 극단 사이의 중도적 입장을 취한 경우에 종종 그랬듯이, 이 대안에서도 그는 기적의 의미와 중요성을 평가할 때 중도를 택했다.

따라서 처음 두 가지 형태의 기적을 행할 수 있는 붓다의 능력에도 불구하고(은유적 의미에서, 결과적으로 그는 인간에 지나지 않는다고 주장했기 때문에), 또 기적들을 더 높은 지식의 범주에 수용했음에도 불구하고, 이런 현상에 대한 일반인의 반응을 알지 못한 것이 아니었다.

깨달은 제자는 앞에서 설명한 보다 철학적인 태도를 취할 수 있다. 그러나 깨닫지 못한 평범한 이들에게 그것은 순수하고 단순한 "경이"이다. 그것은 신비하고 기이하며 신기하다. 이것은 그가 정상이라고 여겼던 모든 것과 모순된다. 그러한 믿음에 근거를 두게 되면 그 의미와 기능을 이해하는 것이 불가능해진다. 따라서 그는 그것에 매혹될 수 있다. 그가 만들어내는 자신감과 믿음은 근거가 없으며 현상에 대한 올바른 이해에 바탕을 둔 것이 아닐 것이다. 따라서 붓다는 처음 두 가지 형태의 기적이 신기한 성격을 지닌 것으로 보인다는 견해를 받아들인 것이다.(AN 1.72) 바로 이러한 이유로 그는 제자들이 그러한 기적을 무분별하게 행하지 않도록 만류했다.(VP 2.111-112) 흥미롭게도 붓다는 이 두 가지 유형의 기적의 나쁜 결과에 대해서도 이야기했다.(DN 1.213)

가르침의 기적

논의 중인 세 번째 기적은 가르침의 기적이다. 그것은 신통과 텔레파시처럼 고등 지식의 한 형태를 이루지는 않는다. 그것은 특히 붓다 방식의 심리학과 관련된 전체 교육 체계를 말한다. 처음 두 기적을 분석하면서 필자는 붓다가 이러한 기적의 가능성과 가치를 인정했음에도 불구하고 그 기적들에 대해 그다지 열정적이지 않았다고 언급했다. 특히 그 기적들이 해로운 영향을 미칠 수 있기 때문이다. 오히려 그는 가르침의 기적에 대해 조금도 주저 없이 말했다. 사실 그는 그것이 최고의 기적이라고 생각했다. 가르침의 기적은 다양하다.

교육에는 적어도 세 가지 중요 사항이 포함된다. 즉, 교사, 교육 방법과 내용, 그리고 그 교육을 통해 달성하는 목표가 그것이다. 웻싸와나(Vessavana)라는 사람은 이 세 가지를 구체적으로 언급하면서 다음과 같이 말했다. "그것은 경이롭다. … 이렇게 **우수한 스승**(sattha)이 있고, 이렇게 **우수한 담마에 대한 설명**(dhammakkhana)이 있고, 이렇게 **뛰어난 차이의 증득**(visesadhigama)이 있다."(DN 2.218) 이제 그것들을 순서대로 살펴보자.

첫째는 경이로운 교사이다. 비록 깨달음과 자유를 얻은 많은 붓다의 지도 제자들이 다른 사람들을 계속 가르쳤지만, 초기 교설에서 교사라는 용어는 주로 붓다를 지칭하는 것으로 유보되어 있었다. 그 까닭은 자신과 깨달은 제자 간에 깨달음의 성취에서 차이가 없고 유일한 차이란 그는 스승이고 다른 사람은 그의 발자취를 따른다(MN 3.8)는 붓다의 언명에서 찾을 수 있다. 따라서 제자들은 붓다에게 붓다와 자신들을 구별하는 유일한 칭호를 사용하는 것을 꺼려했다. 스승의 신비한 성품에 대한 언급은 도덕과 신체라는 두 가지 주제로 검토할 수 있다. 새로운 운동을 낳는 구상을 지닌 스승은 자연히 추종자들의 깊은 존경과 충성을 얻을 뿐만 아니라 그들의 견해를 불편해하는 이들의 분노와 적의를 얻을 것이다. 붓다도 예외는 아니었다. 그러나 그는 그의 제자들이 자신에 대해 근거 없는 믿음을 갖는 것을 허용하지 않았다. 대신, 누군가가 붓다와 가르침과 승가에 대해 좋게 말한다면 비구들이 그 때문에 기뻐하거나 의기양양해서는 안 된다고 천명했다. 마찬가지로 비구들은 누군가가 붓다와 도와 승가를 비방하더라도 화를 내거나 불행해서는 안 된다고 역설했다. 붓다는 감사와 비평이 진실된 것인지 조사해야 할 필요성, 즉 그것들이 가르침과 수행과 관련해서 사실인지 점검해야 한다고 가르쳤다.(DN 1.2-3) 제자들이 이 충고를 일반적으로 따를 경우, 붓다, 수행 및 도를 수행하면서 얻은 과보와 관련하여 "기적"이라고 여기는 것은, 그것이 무엇이든 과장이 아닐 것이다.

붓다는 균형 잡힌 도덕적 심리 생활이 수행자를 보호한다(DHP 168)는 사상을 강력히 주장했다. 실제로 그의 가르침은 심리적 균형감이 없는 사람이 세상에서 겪는 것과 같은 방식으로 수행자가 동일한 장애, 제약 및 괴로움을 경험할 경우, 무의미할 것이다. 이 생각은 기적으로 간주되는 두 가지 사건으로 상징적으로 표현된다. 개울물이 수레바퀴에 의해 진흙탕이 되어, 근방에 있던 붓다가 물을 마시고자 했을 때 아난다는 깨끗한 물이 있는 곳으로 조금 더 나아가자고 종용했다. 그런데 강물이 갑자기 맑아져서 붓다는 갈증을 풀 수 있었다. 또 붓다의 방문을 싫어하는 말라족 사람들(Mallas)이 그들의 식수 우물을 덮었을 때, 물이 우물 뚜껑에서 넘쳐흘러 그것을 사용할 수 있었다.(Udana 78, 83) 그러나 이러한 것들은 우연의 일치일 수도 있다.

위대한 인물의 표식과 같은 경이롭고 특이한 신체적 특성 외에도 (DN 3.142 ff; AN 2.37), 붓다는 일반적으로 명료한 감각과 청아한 안색을 지닌 자로 정평이 나 있다.(MN 1.170) 그러나 그는 생애 말년, 노쇠함에 따라 순결한 안색이 사라지고 팔다리가 차가워지고 주름지고 몸이 앞으로 굽어지고 신체 기능이 퇴화해 갔다. 비록 붓다는 도덕과 정신에 통달했지만 입자 물리학의 힘을 극복할 수 없었다.

그러나 이 사실 또한 놀랍고 특이한 것으로 간주되었다.(SN 5.216) 이러한 관점은 다소 이상하게 보일 수 있다. 심신의 쇠퇴와 붕괴란 붓다 자신의 가르침에 따를 때도 평상적인 것으로 간주되기 때문이다. 그러나 그것은 붓다에 대해 다른 개념, 즉 변화와 무상을 수용하지 않고 상주하고 영원한 존재의 상태를 암시하는 붓다 관념을 가진 사람에게는 경이로움을 자아냈다. 불교의 가르침을 현대적으로 해석하는 일부 해석자들이라 하더라도 이 특정한 언급을 이해할 때 "놀라움"을 경험할 수 있다. 경이로운 스승에 대해서는 이 정도로 논하기로 하자.

이제 교육 방법과 내용의 기적적인 특성을 살펴보자. 붓다는 유덕한 삶의 보호 능력을 인정하면서도 인간 문제를 해결하기 위한 심리학적 접근의 효과에도 의존했다. 진정한 교사의 가장 중요한 특성 중 하나는 청중의 다양한 성향을 이해하는 능력이다. 붓다는 이 놀랍고 범상치 않은 특성을 부여받았다.(DN 1.2) 경이롭고 범상치 않은 것으로 재차 언급되는 가장 좋은 예 중 하나는 붓다가 살인자 앙굴리말라를 귀의시킨 일이다. 왕실 군대를 포함한 모든 사람들이 화환을 만드는 손가락을 얻으려고 살인을 자행한 앙굴리말라를 두려워했을 때, 붓다는 앙굴리말라가 탐욕이나 증오로 생명을 죽이고 파괴하는 일반적 성향을 갖고 있지 않다는 것을 알았다. 대신 앙굴리말라는 사람의 손가락으로 된 화환을 착용하는 것이 효능이 있다는 마법 같은 믿음에 현혹되어 있었다. 그래서 붓다는 자신 있게 앙굴리말라에게 다가갔다. 교설에 기술된 바와 같이, 그때 발생한 일에 대한 이야기는 흥미롭다. 필자는 그 내용이 생소한 분들을 위해 여기에 소개해 보겠다. 그 내용은

다음과 같이 전개된다.(MN 2.98-100)

앙굴리말라는 붓다가 홀로 자신의 집을 지나가는 것을 보고 놀랐
다. 그는 속으로 이렇게 생각했다. "코살라에서 가장 강한 사람도
이 길을 피했다. 왕의 신하들도 이 길을 피했다. 이 고행자가
어떻게 감히 아무도 대동하지 않고 올 수 있단 말인가? 아마도
그는 죽을 운명이고 내게 내 화환을 늘릴 손가락을 제공할지
모른다." 앙굴리말라는 칼을 들고 붓다를 쫓았다. 그는 몇 가지
질문을 하지 않고 붓다에게 칼을 휘두를 수 없었다. 왜냐하면
붓다가 이 길을 걸어오는 것만으로도 믿을 수 없는 용기가 아닐
수 없기 때문이다. 그는 붓다 뒤를 따라가서 말했다. 나는 당신과
이야기하고 싶다." 붓다는 앙굴리말라의 목소리가 들리지 않는다
는 듯 계속 걸어갔다. 앙굴리말라는 걸음을 멈추고 큰 소리로
붓다에게 소리쳤다. "서라, 〔비구여〕, 서라." "나는 멈췄다, 앙굴리
말라. 멈추고 싶지 않은가?" 붓다는 가면서 물었다. 앙굴리말라는
혼란스러웠다. 그는 생각했다. "이 〔비구들〕, 석가의 아들들은
진실을 말하고 진실을 주장한다. 그런데 이 〔비구〕는 걷고 있지만,
그는 멈췄다고 말한다. 내가 여기에서 멈췄을 때 그는 내가 멈추지
않았다고 생각한다. 그는 아마도 무엇인가를 전하려 하는 것 같다."
그는 길을 계속 가는 붓다에게 물었다. "〔비구여〕 당신은 멈췄다고
하면서도 계속 걷고 있다. 내가 멈췄을 때 당신은 내가 걷고 있고
멈추지 않았다고 생각한다. 무슨 뜻인가?" "앙굴리말라여, 나는
모든 중생에게 해를 끼치는 것을 영원히 멈췄고, 따라서 존재하는

윤회〔주기적 실존적 괴로움〕에서 이 끊임없는 방랑과 질주를 멈췄다. 당신으로 말할 것 같으면, 무고한 존재들에게 자행된 이 폭력과 함께 빠르게 흐르는 강에 방향타와 닻이 없는 배처럼 계속해서 흘러갈 것이다. 지금 멈추지 않으면 재앙이 눈앞에 있다."

앙굴리말라는 그의 행동의 가능한 결과에 대해 들었을 때 크게 동요하여 붓다의 가르침을 입은 후 비구가 되었고 곧 깨달음과 해탈을 얻었다. 이와 같은 많은 사건이 교설을 통해 알려졌다.

교설 방법 및 내용

종종 우리는 네 가지 용어로 기술된 붓다의 가르침을 발견한다.(MN 2.55) 이것들은 일반적으로 동의어로 이해되며 영어로 간단히 "가르쳤고 기뻐하는"으로 번역된다. 사실 이 네 가지 용어는 붓다의 가르침 방법을 네 단계로 설명한다. 첫 번째 단계는 '지적', 즉 문제를 나타내는 것으로 표현된다. 그것이 개인에 대한 언급이라면 붓다는 그 사람의 현재 상황을 설명할 것이다. 그것이 사건, 사물 또는 현상에 관한 것이라면 그는 문제를 있는 그대로 설명할 것이다. 두 번째 단계에서 붓다는 영속적이거나 영원한 것, 개인의 자아나 영혼(atma)과 같은 것, 불변의 실체나 본성, 심지어 외부 세계 다르마의 부재를 강조함으로써 일정 정도 동요를 일으키려고 시도했다. 어느 날 우리가 무덤에 들어가거나 중력 법칙이 완전하지 않게 되고 우리의 아름다운 지구가 태양을 향해 끌려가 불타게 될 것이라고 생각한다면 얼마나 두려운 일이겠는가? **자아나 실체에 대한 이러한 부정**(anatta)은 널리 알려져 있다. 이 시점에서 교설이 종결되면 그 교설을 듣는 사람은 불안한 상태에 놓이게 될 것이다. **세 번째 단계**에서는 문제를 해결할 방법을 알려줌으로써 동요가 즉시 진정되거나 완화된다. 이것은 종종 심리적 균형으로 향하는 심적 수양의 점진적 경로를 통해 해탈과 행복을 얻을 가능성을 나타냄으로써 달성된다. 이 균형은 우리가 탐욕과 증오를 지식과 이해를 통해 완전히 근절할 때까지 줄일 수 있도록 하는 동정심, 관대함, 자비 등과 같은 단순한 미덕의 배양에서 시작된다. **네 번째 단계**는 그 사람이 자신감을 얻고 자신의 문제에 대한 붓다의 해결책을 받아들일 때이다. **이렇게 되면 마침내 그 사람은 "귀의"하게 된다.** 이것은 신비한 교리를 비밀리에 전달하는 것을 포함하지 않지만, 붓다의 가르침을 받아들이는 이러한 방식은 경쟁 종교의 스승들, 특히 브라만교와 자이나교 스승들을 경악케 했다. 그들은 제자들에게 붓다의 "신비적인 포교 능력"에 대해 경고하고 그를 멀리하라고 권고했다.(MN 1.375) 한 곳에서는 이 회심의 능력이 기적으로 묘사되었다.(DN 1.2) 이것이 붓다의 가르침 방법이다.

적절한 방법의 교육을 통해 달성할 수 있는 것 이외에도 붓다는 심적으로 주저하는 성격을 지닌 인물을 만날 경우, 일반인의 심리적 변화 가능성을 인정했다. 심리적 사태가 육체적 사건을 통제하지 못한다고 생각하는 경향이 있는 사람의 눈에, 질병으로 고통받는 사람이 카리스마 넘치는 스승과의 대면을 통해 심리적 변화를 일으켜 치유될 수 있다면 그것은 기적처럼 보일 것이다. 이것은 현대 심리학에서 플라시보 효과로 알려져 있다. 희망과 기대는 정신적 스트레스 및 다른 정신 질환을 줄일 수 있다. 율장(Vinaya Pitaka)(2.18)〔공동생활의 규칙과 규율을 담고 있는 삼장 중 하나〕에서 어떤 사람의 몸에 있는 큰 상처가 붓다를 보는 것만으로도 치유되었다는 언급을 플라시보의 예로 들 수 있다. 여기에 일곱 명의 사산아를 낳은 후, **붓다에 대한 믿음과 순산을 바라는 붓다의 바람**(Udana 179-15-16)을 확신한 결과, 마침내 건강한 아기를 낳을 수 있었던 콜리얀(Koliyan)의 딸 수파와사(Suppavasa)의 이야기가 추가될 수 있다. 임산부 앞에서 진실을 확언함으로써 심한 괴로움을 덜어주고 출산을 용이하게 한 그러한 사례가 많이 있다. 이러한 사례들은 일부 승가에서 매우 유행한 "보호"라는 의례의 형성을 촉진했다.(참조: De Silva, pp.139~150)[2]

이제 필자는 교육방법보다 훨씬 더 독특하고 기적적인 이른바 교육과정(curriculum)이라는 설법의 내용을 다룰 것이다. 왜냐하면 그것은 기원전 6세기 인도에서 인간 사고의 총체적 혁명이었고 흥미롭게도 이는 21세기에도 여전히 마찬가지인 것처럼 보이기 때문이다. 문제를 쉽게 만들기 위해 비록 그것이 성격상 다소 폭넓다 하더라도 주로 **교리적 측면에서 살펴보고자 하는 바, 이것은 바로 중도**中道이다. 물리학자, 천문학자, 생물학자, 의료인, 환경운동가, 정치가, 사회학자, 경제학자, 언어학자, 논리학자, 윤리학자 또는 심령학자 등의 관심 분야와 관계없이, 붓다는 사람들이 성공하고 행복해지기 위해 따를 수 있는 중도적 견해를 제시한 것이다. 이처럼 짧은 글로 이 모든 다양한 분야에서 중도가 어떤 모습인지 설명할 수는 없다. 그러므

---

2 Lily de Silva, The Paritta ceremony of Sri Lanka, in: Kalupahana, D.J.(Ed.). (1991). *Buddhist thought and ritual.* New York: Paragon House 참조.

로 필자는 이것들 모두를 아우를 수 있는 네 가지 주요 영역에 초점을 맞출 것이다. 여기에는 인식론 또는 인간 지식, 존재론 또는 존재 이론, 윤리 또는 도덕 철학, 그리고 언어철학이 포함된다.

인식론 영역에서 중도는 절대적 확신과 절대적 회의론이라는 두 극단을 피하는 것으로 이루어진다. 필자는 앞서 붓다가 신통과 같은 신비 현상에 대해 지나치게 열광하거나 과도하게 회의적이지 않게끔 다룬 방식을 설명하려고 노력했다. 붓다는 인간의 지식이 감각 경험에 기초해 있다고 주장했다. 감각 경험의 경우, 일어나는 감각 세계가 우리 의식에 제시될 때, 그것은 "크고, 활발하고, 윙윙거리는 혼란"으로 다가온다. 마음챙김 자각은 선택하지 않고는 그것을 다룰 수 없다. 이 선택은 개인의 관심 측면에서 이루어진다. 어떤 사람이 관심을 두지 않는 감각 세계의 측면은 무시되고 관심이 있는 측면은 관심을 받는다. 그러한 단순한 관심 없이 의식은 기능할 수 없고 지식도 불가능하다. 종종 **의도**(行, sankhara)라고 불리는 이 단순한 관심은 엄청난 비율로 커질 수 있다. 지식의 맥락에서 이러한 복합적 관심을 선입견 또는 편견이라고 한다. 앞서 언급한 바와 같이, 그러한 편견을 없애면 사물을 올바른 시각으로 볼 수 있다. 이것은 초월적 직관을 찾거나 완전한 회의론으로 회귀함으로써 감각 경험을 완전히 포기하지 않는 중도 관점을 나타낸다. 집중에 의해 강화되고 정화된 감각 경험은 우리가 직접 경험하지 못한 먼 과거와 미래에 대한 제한된 추론을 위한 발판을 제공한다.

인식론의 이러한 중도적 입장에 기초하여 붓다는 자신의 존재 이론 또는 존재론을 정식화했다. 그것은 영원한 존재와 절대적 비존재, 엄격한 결정론과 혼란스러운 비결정론(SN 2.17)의 극단을 피한다. 앞서 언급한 바와 같이 중도는 신체적, 심리적, 사회학적, 또는 윤리적 존재의 모든 영역에 적용되는 연기 원리로 표현된다. 경험 세계는 끊임없이 변화하고 있다. 그것은 변화와 변혁을 겪는다. 모든 것은 고정된 법칙이나 임의대로 발생하는 것이 아니라 다양한 요인에 의해 조건 지워진 질서 있는 방식으로 발생하고 사라진다. 그러나 주어진 맥락에서 작동하는 각각의 모든 조건에 대한 지식을 주장하는 것, 즉, 절대적 확실성을 가지고 모든 것을 안다는 것은 사람의 능력이 아닌 일체지를 주장하는 것이다. 연기의 원리는 절대적 무오류의 지식이 아니라 효용성 또는 기능성과 상대성에 기초하여 정립된다. 이러한 지식과 이해를 바탕으로 붓다는 윤리학에서 중도를 권장했다.(SN 5.421 ff) 이 경우 양극단은 낮고 천박하고 개인주의적이며 결실이 없는 것으로 묘사되는 방종과 천하고 고통스러운 것으로 특징 지어지는 금욕적 자기 고행이다. 중도는 포괄적 지식, 개념과 실제 적용을 포함하는 팔정도이다. 이는 자신은 물론 타인에게도 행복을 가져다주기 위한 것이다. 중도를 제시하는 것이 이 형태로, 붓다는 소유적 개인주의뿐만 아니라 자살이나 소신燒身도 피하고 있다. 중도는 불교의 "도덕 원칙"에 반영된 자기 수양과 사회적 헌신의 결합물이다. 불교의 "도덕 원칙"에서 이것은 절대적 법칙이 아니다. 오히려 뗏목처럼 취급되는 실용적인 지침이다.(MN 1.134) 이 뗏목은 괴로움과 불만족의 바다를 건너기 위해 사용하는 것이지, 건너고 나서 어깨에 짊어지는 장식용 장치가 아니다.

이상 언급한 생각은 비언어적으로 전달하거나 정확하고 특수한 전문 용어로 표현하기 위한 것이 아니다. 비언어적 전달에 대한 믿음은 일부 사람들, 심지어 불교도 사이에서조차 그 이후 성행했던 것만큼 대중적이지 않았을 수 있다. 그러나 (**우파니샤드**라는 용어의 문자 그대로의 의미인) 스승 가까이에 앉는다는 바로 그 생각은, **궁극적 실재**(atma, Brahma)가 쉽게 전달되지 않는 신비한 원리라는 견해와 결합 될 때 비언어적 전달을 믿을 수 있게끔 한다. 한편 이 궁극의 진리를 표현하기 위해 절대적으로 완전한 언어를 구성하려는 반대 방향으로의 움직임도 있었다. (문자 그대로 "잘 만든"을 의미하는) 산스크리트어의 개발은 이 과정의 최종 산물이었다. 중도를 따르는 붓다는 제자들이 가르침을 이해하고 전파하기 위해 친숙한 언어를 사용할 수 있도록 하면서, ("자연스러운"을 의미하는) 일상적 구어인 쁘라끄리뜨(Prakrit)를 사용했다. 세계의 본질에 대한 우리의 지식, 이론, 선과 악, 옳고 그름에 대한 우리의 개념이 엄밀하지 않고 유연할 때는 정확한 언어를 찾을 필요가 없다. 언어에서 용어나 단어로 표현되는 개념은 다양한 의미를 가질 수 있으며 이러한 의미는 종종 문맥적이며 상대적이다. 그러므로 언어적 관습을 절대적인 것으로 붙잡거나 완전히 쓸모없는 것으로 거부하는 것은 세상에서 어떤 갈등도 피하기 위해 포기해야 할 두 가지 극단이다.(MN 3.234 ff) 붓다가 일반적으로 피한 언어의 유일한 측면은 능동태를 사용하는 것인데, 이것은 실체 없음을 시사하기 위해 널리 제안된 불교적 표현 방식이다. 사실 초기 교설에서 수동태가 많이 사용된 것을 볼 수 있다. 그 이유는 붓다 스스로 자신의 언어가 자신이 가르친 바로 그 본질, 즉 비아 또는 **비실체성**(anatta)과 일치하기를 원했기 때문이다.

이전에 들어본 적이 없는

그러나 특이한 것으로 간주되는 가장 중요한 특성은 스승으로서의 붓다와 가르침을 받는 제자들이 언어의 의미와 표현을 다룰 수 있었던 방식이다. 확실히 제자가 용어나 표현의 의미를 잘못 해석하는 경우가 있었는데, 가장 두드러진 사례는 의식이라는 용어에 대해 영속적이고 영원한 윤회하는 인격을 암시한다고 이해하여 단 하나의 의미만을 갖고 있던 사띠(Sati)라는 비구와 관련된 것이다.(MN 1.257 ff) 일반적으로 붓다와 그의 제자들은 의미와 의미를 연결하고 단어와 단어를 조화시킬 수 있는 능력을 인정받았다.(SN 4.397; AN 5.320) 이것은 그들의 의미 개념이나 용어 사용이 경직되고 절대적인 것이 아니라 유동적이고 유연하여 모순이나 이율배반적인 갈등을 피할 수 있었음을 의미한다. 이 특성은 심지어 최고 상태인 **열반**(SN 4.379)이라는 개념에도 적용할 수 있다. 이러한 특성으로 인해 그들은 갈등하지 않거나 평화로운 삶을 살 수 있었다.(MN 3.234 ff) 붓다의 교육 방법과 내용이 이전에 들어보지 못한 것으로 언급된 이유가 이제 분명해졌을 것이다. 바로 이러한 이유 때문에 부다가야 보리수에서의 깨달음과 사르나트에서의 최초 설법은 이례적이고 평범하지 않으며 따라서 기적이라고 여겨졌다.

　마지막으로 우리는 가르침의 기적의 세 번째 측면, 즉 구별의 성취 또는 교설을 따라 얻은 성과(과보)에 이르렀다. "은둔의 과보에 관한 설법"(*Samannaphala-suttanta*)(DN 1.47 이하)에서 붓다 전법 생활방식의 열매는 여섯 명의 이단 스승의 가르침을 배경으로 이해할 수 있다.

이 교설의 내용은 다른 교설에서 같은 단어로 반복되며, 또데야뿟따 (Todeyyaputta)라는 사람은 이 내용을 "경이롭고 특이한 것"으로 선언한다.(DN 1.204 ff) 이는 붓다의 궁극 목표인 깨달음과 해탈의 성취에서 정점에 이르는 계율의 **덕목**(sila), **삼매**(Samadhi), **지혜**(panna)의 완성으로 이루어진다. 열반 해석에 관해서는 논란이 많다. 이처럼 간략한 진술에서 이러한 논란을 다룰 수는 없다. 필자는 지난 수십 년간 그 논란의 일원이었으며, 여기서는 초기 교설에 나타난 개념을 간략하게 살펴보는 것으로 충분하다. 필자가 지금까지 가르침의 본질, 그 지식론, 인간 존재와 삶의 심리학에 관해 말한 것이 틀리지 않다면, 삶의 궁극적 목표 개념인 열반은 인간의 모든 것을 초월하며 영원하고 영속적인 존재 상태를 나타낸다고 가정하는 것이 적절하다. 붓다를 포함하여 열반에 도달한 모든 사람은 늙고 쇠퇴하고 죽음을 겪는다. 이것은 "입자 물리학"의 일부 측면에서 부과된 제약을 붓다조차 극복하지 못했음을 의미한다. 따라서 붓다의 열반 개념의 의미와 중요성은 다른 곳에서 찾아야만 한다.

붓다에 따르면 열반은 탐욕, 증오, 혼란의 소멸이다. 열반을 얻은 사람의 지위에 관한 담론의 진술을 검토하면, 그러한 사람에게서 일어나는 변화 가운데 적어도 세 가지 유형을 추적할 수 있다. 필자는 그것들을 인식론적, 행동적, 심리학적이라고 부를 것이다. 첫째는 인식론적인 것이다. 감각적 경험에 대해 말하자면, 지식의 필수 조건인 단순한 인간의 흥미는 복잡해져서 무서운 비율로 성장할 수 있고, 욕망, 탐욕, 집착 등의 형태로 나타날 수 있다. 흥미를 없애는 것은 인식론적 자살이 될 것이기 때문에 후자의 제거는 전자의 포기를 의미하지 않는다. 인류의 흥미는 지식의 매개체를 끊임없이 굴러가게 한다. 그러나 복합적 흥미는 이데올로기적 제약을 일으킨다. 즉 누군가 어떤 생각, 견해 또는 이론을 절대적 사실이나 유효한 것으로 견지할 때 정신적 연합이 생성된다. **보리**(菩薩)나 깨달음은 바로 이러한 인식론적 변형이다. 즉 독단주의자나 회의론자에서 열린 마음을 지닌 자로 변화하는 것이다. 이밖에 단순 흥미는 생활에 필요한 조건이기도 하다. 흥미를 없애는 것은 순전한 자살이다. 어떤 이는 심리적 균형과 유덕한 삶의 중도가 자기 방종과 자기 고행의 극단을 피하며, 중도에는 자기희생이나 자멸이 포함된다고 언급했다. 해탈한 사람은 자신이나 외부 세계에 대한 탐욕이나 증오를 일으키지 않고 세상에서 계속 살아간다. 그러한 사람은 이득이나 손실, 호평이나 악평, 칭찬이나 비난, 행복이나 고통의 세계에 더럽혀지지 않은 채로 남아 있다.(DN 3.260) 그는 진흙탕에서 자라지만 그 안의 흙에 더럽혀지지 않은 연꽃과 같다.(AN 2.37-39) 이것이 열반에 도달한 사람에게 일어나는 행동 변화이다.

마지막으로 탐욕과 증오와 번뇌를 없애고 해탈한 사람은 안정되고 흔들리지 않는 행복과 마음의 평화를 누리게 되는데, 이것이 바로 인격의 심리적 변화이다. 이러한 심리적 변화의 효과는 불교 역사 전체, 특히 현대에 가장 많이 오해되었던 것이다. 이것의 효과가 **행복**(sukha)임에는 의심의 여지가 없다. 행복은 불교 이전 문헌에서부터 나오는 용어로, 지속적이고 영원한 궁극적 실재(브라흐마)와의 합일의 결과, 얻은 행복을 의미하는 경우가 더 많다. 궁극적 실재와 합일을 이루는 행복과 연계된 사고는 일부 동시대인과 일부 후대 불교도가 붓다가 인정한 행복의 본질을 이해하는 것을 방해했다. 붓다의 행복 관념은 괴로움이나 고락 관념을 배경에 두지 않으면 이해할 수 없다. 붓다가 사용했던 다른 많은 용어처럼 고(苦, dukkha)라는 용어는 붓다 이전 인도 어휘에는 없었다. 이것은 붓다가 보리수 아래에서 발견한 것이 "이전에는 들어보지 못한 것"이라는 주장을 다시금 정당화한다. 뛰어난 언어학자였던 그는 행복이라는 용어가 '차축 구멍'을 의미하는 "kha"라는 용어와 '좋은'을 의미하는 접두사 "su"에서 파생되었음을 깨달았다. 따라서 문자 그대로 이 용어는 '좋은 차축 구멍'을 의미한다. 이것을 염두에 두고 그는 문자 그대로 "나쁜 차축 구멍"을 의미하는 고(dukkha)라는 용어를 만든 것 같다. 나쁜 차축 구멍은 차축과 제대로 정렬되지 않는다. 너무 느슨하거나 너무 빡빡하다. 너무 느슨하면 바퀴가 흔들린다. 너무 빡빡하면 휠이 가열되어 화상을 입을 수 있다. 이것이 바로 한 사람의 삶에서 고가 의미하는 것이다. 그 사람은 행동이 불안정하거나 우왕좌왕하거나 종종 스트레스와 긴장 상태에 있다. 반대로 잘 정렬된 차축과 차축 구멍은 부드러운 승차감을 제공한다. 이것이 바로 붓다가 행복이나 **수카**라고 말한 의미이다. 따라서 해탈이나 **열반**은 『대길 법문(Mahamangala Sutta)』에서 강조된 것처럼 사람이 순조롭게 흐르는 삶을 영위할 수 있게 해주는 힘이다.

　어떤 이의 생각이 세속 현상과 만날 때 동요하지 않고 근심 없고 흠 없고 평화로운 것이야말로 최고의 축복이다.

이것은 다음과 같은 붓다의 말씀(SN 3.138)에서 더 잘 예시된다. "〔비구들이여〕, 나는 세상과 부딪치지 않는다. 그러나 세상은 나와 갈등한다." 이는 앞서 언급한 갈등 없이 살아가는 사람의 삶에서도 나타난다.

위에서 설명한 바와 같이 행복한 삶을 상징하는 것이 바퀴라면, 붓다에 따르면, 최고의 바퀴는 '유덕한 바퀴'가 될 것이다. 그는 바라나시에서 세계에 대한 첫 설법을 시작했다. 특히 깨달음과 열반(VN 1.11-12; SN 5.423)에 앞서 그와 함께 금욕 수행을 했던 다섯 명의 고행자들에게 그의 첫 번째 교설로 이 수레바퀴를 굴렸다. 그러나 붓다는 붓다의 가르침을 따르지만 가정생활을 선호하고 세상을 선도하고자 하는 재가자가 있다면 왕이 될 것이라고 말했다. 그는 항상 불교 덕목의 원칙에 따라 자신이 운행하는 '법륜'의 수호자가 되었다. 그는 보편 군주(DN 3.58-79)라고 불린다. 이상은 유덕한 삶의 궁극 목표이다. 그러나 이 목표는 비약적인 도약을 의미하지 않는다. 그것은 단순히 정점, 최상의 것이다. 그러므로 그것은 도에서 완전히 분리되어서는 안 된다. 만약 그렇다면 이것은 어떤 이가 이 길을 따라갈 때, 끊임없이 어떤 형태의 심리적 탁월함을 성취하고 있음을 의미할 것이기 때문이다. 그러나 그것은 수행도가 아니다.

붓다의 가르침에 따라 얻은 구체적인 심리적 성취 외에도 사회 변화를 야기한 가르침의 다른 측면이 있다. 이러한 변화는 너무 급진적이어서 '경이롭고 이례적인' 것으로 여겨졌다. 좋은 예는 사회 계급에 대한 붓다의 정의이다. 야누소니(Janussoni)라는 브라만에게 질문을 받은 붓다는 브라만교를 믿는 동시대인들이 제시한 이론, 특히 주로 출생에 따른 카스트 이론(AN 3.363)과 달리, 의도, 관심, 열망, 헌신 및 목표와 관련해서 사회 계층에 대한 생각을 제시했다. 이러한 예는 교육의 사회적 목표를 나타낸다.

결론

결론적으로 필자는 완전한 가르침의 전법 시기에 있던 여덟 가지 "놀랍고 특이한" 특질, 즉 큰 바다의 특성과 비교되는 특질을 설명하는 데 사용되는 구체적 은유를 언급하고자 한다.(AN 4.206-208)

> (1) 마치 바다가 서두르지 않고 점차적으로 가장 깊은 곳에 도달하는 것처럼, 붓다 가르침의 시혜도 급하지 않게 점진적인 길을 통해 최상의 깨달음에 도달한다.
>
> (2) 대해가 잔잔함을 유지하고 파도를 버리지 않는 것처럼, 제자들도 권면한 덕목을 지키고 그것들을 저버리지 않는다.
>
> (3) 대해가 시체를 붙들지 않고 곧바로 기슭으로 끌어내어 땅에 방치하는 것처럼, 누구든 악행을 행하고 비밀을 행하는 자는 승가가 수용하지 않는다. 승가는 그와 거리를 둔다.
>
> (4) 갠지스강, 야무나강, 아찌라와띠(Aciravati) 강과 같은 큰 강이 바다에 도달하면 이전 이름을 버리고 대양으로 알려지는 것처럼, **크샤트리아**, **브라만**, **바이샤**, **수드라**의 네 가지 계급이 가정생활을 버리면 이전 이름을 버리고 석가족의 아들을 따르는 수행자로 알려진다.

(5) 강물이 바다로 흐르고 위에서 비가 내릴 때 바다가 줄어들거나 넘치게 보이지 않는 것처럼, 많은 이들이 살아있는 동안 해탈 상태에 도달하더라도 해탈 상태는 줄어들지도 넘치지도 않는다.

(6) 바다가 단 하나의 맛, 즉 짠맛을 갖는 것처럼, 교의도 하나의 맛, 즉 해탈의 맛을 갖는다.

(7) 바다가 진주, 보석, 청금석, 조개, 석영, 산호, 은, 금광석, 루비, 묘안석과 같은 다양한 귀중한 보석으로 가득 차 있는 것처럼 이 가르침도 네 가지 마음챙김 상태(四念處), 네 가지 수행 상태(四正勤), 네 가지 신통력(四神足; 四如意足)의 기초, 다섯 가지 감각기관(五根), 다섯 가지 힘(五力), 일곱 가지 깨달음의 요소(七覺支), 고귀한 팔정도와 같은 귀중한 보석으로 가득 차 있다. 그리고 마지막으로,

(8) 대해가 위대한 존재, 큰 물고기, 초대형 물고기, **아수라**〔악마〕, **나가**〔바다뱀〕, **간답바**〔천상의 음악가〕 등의 거처인 것처럼 이 가르침의 시혜도 성자, 예류과, 불환과 및 **아라한**의 거처이다.

이 논의에서 필자는 초기 교설에서 "경이하고 특이한" 것으로 구체적으로 언급된 '기적'에 관한 90개의 참고 문헌 중 극히 일부만을 활용했다. 기적과 기적적이라는 두 용어는 정상적인 것으로 간주되는 것과 상반되는 결과로 발생하는 사건이나 발생 또는 현상에 대한 경외심과 경이감을 경험한 이들이 사용하는 것이 분명하다. 붓다는 제자들이

이러한 현상을 가르침을 확신하는 근거로 삼지 않는 한, 이러한 현상을 그러한 형태로 지각하도록 자유롭게 허용했다. 그러나 동전의 다른 측면은 존재의 본성에 대한 붓다의 설명 맥락에서 인식되는 한 이것들이 실제 기적이 아니라는 것이다. 기적의 세 번째 형태, 즉 가르침의 기적은 불가사의한 특성이 아닌 붓다 가르침의 독창성을 강조한다. 그의 동시대인들 중 일부가 붓다를 "회심의 마법"을 아는 자로 인식한 것은 붓다 가르침이 효과적인 이유를 이해하지 못했기 때문이다.

결론적으로 필자는 위에서 제시한 붓다의 현실적이고 세속적이며 명석한 가르침 맥락에서 제자들이 깨달음과 열반에 관한 붓다 교육 심리학의 원리에 따라 경험 현상을 설명할 때, 기적과 다른 신비에 대한 형이상학과 비세속적 추론의 과잉·중복을 이해할 수 있기를 바란다.

10장 건전한 마음의 열반

아상가 틸라카라트네(Asanga Tilakaratne)

서론

"열반[1] 도시의 황금 문이 여러분을 위해 열리기를 기원합니다." –
싱할라어로 된 이 문구는 스리랑카에서 죽은 자를 기리기 위해 세워진
깃발에서 흔히 볼 수 있다. 라훌라(Rahula, 1978)가 그의 유명한 저서
『붓다의 가르침(What Buddha Taught)』에서 "붓다는 사후 열반 또는
반열반(parinirvana)에 들어갔다"와 같은 당시 유행한 부정확한 표현
을 썼을 때, 이는 엘리트적인 믿음을 나타냈고 열반에 대한 많은
상상을 불러일으켰다.(p.41) 이런 식으로 평범한 불교도들에게 열반
은 그들이 사후에 들어갈 도시와 이후 영원히 행복하게 살 곳을 잘
나타낸다. 교육받은 사람들에게 열반은 죽음 이후에 들어가는 신비로

---

1 이 장에서는 빠알리어 형식의 Nibbana라는 용어 대신 산스크리트어 형식의
Nirvana라는 용어를 사용하는데, 그 이유는 이 장에서 사용하는 모든 담론과
주석이 붓다가 사용했던 언어에 가장 가까운 빠알리어로 되어 있지만 산스크리트
어가 서양 독자들에게 더 친숙하기 때문이다.

운 상태일 수 있다. 어떤 믿음에서든 열반은 본질적으로 사후의 삶에서 타당성을 가지며 자신이 살아가는 현실과는 별 관련이 없는 현상이다.

"열반이란 무엇인가", "열반을 이룬 사람에게는 사후에 무슨 일이 일어나는가?"와 같은 질문은 붓다 시대에도 여전히 시급한 문제였다. 우리가 논의 뒷부분에서 볼 수 있듯이, 이러한 열반에 대한 염려에는 몇 가지 심리적 이유가 있다. 본고의 목적은 열반이 사후에 성취되는 형이상학적 상태가 아니고, 운이 좋은 사람이 사후에 들어가는 도시도 아니며 일종의 긍정적인 심리 체험이자 마음 상태라는 초기 텍스트의 입장을 재확인하는 것이다. 이러한 해석은 열반에 대해 후대 주석가들이 발전시킨 학설과 상충되는 것처럼 보일 수 있지만, 이 해석을 발전시킬 때 필자는 전통에 반하는 새로운 열반의 청사진을 제시하고 있다고 생각하지 않는다. 왜냐하면 그것은 초기 교설에서 얻어낼 수 있는 것이기 때문이다. 붓다의 기본 설법을 따라 전개된 열반에 대한 설명은 열반이 신비한 형이상학적 상태가 아니라 정화된 마음의 상태임을 보여줄 것이다. 다음으로 필자는 필자가 열반에 대한 초월적 해석이라고 칭하는 해석을 뒷받침하는 것으로 생각하는 몇 가지 텍스트의 관련 구절을 살펴볼 것이다.

열반: 괴로움의 소멸

사성제四聖諦에서 세 번째는 괴로움의 소멸, 즉 열반涅槃이다. 사성제의 **고전**인 『담마짜까빠바따나경(Dhammacakkappavattana-sutta)』은 열반이라는 용어를 사용하지 않는다. 이 경은 단순히 괴로움의 소멸을 다음과 같이 기술한다.

그것을 단념하고, 〔그것을〕 놓아주고, 〔그것으로부터〕 벗어나고,
그것에 집착함이 없는 바로 그 갈애[2]의 잔류물 없는 분리와 소멸.[3]

바로 "그 동일한 갈애"가 괴로움의 근원에 대한 두 번째 성스러운
진리에서 괴로움의 원인으로 기술되는 것이다. 쾌락, 존재, 소멸에
대한 갈애가 괴로움의 원인이라면, 원인을 없애는 것이 괴로움의
소멸이며, 그것은 간단한 논리이다.

사성제 중 첫 번째는 생, 노, 병, 사, 불쾌한 것과 연관되고, 즐거운
것과 분리되고, 원하는 것을 얻지 못하는 것 등의 경험적 용어로
설명된다. 마지막으로 일련의 전체 경험은 " 집착을 특징으로 하는
(심신) 존재의 다섯 가지 요소(오온)와 관련된 괴로움"으로 요약된다.
이것이 붓다 교설이 해결하고자 하는 문제이다. 그것은 존재와 밀접하
게 연결된 문제이다. 특히 그 고통을 겪는 사람의 자의식에 관한
한, 그것은 비록 깨닫지 않은 다른 모든 존재가 그것에 포함되지만,
다른 존재의 문제라기보다 인간의 문제이다. 괴로움을 인간의 문제로
강조하면서 필자가 강조하려고 하는 것은 그것이 "형이상학적"이나
상상 속의 문제가 아니라 현실적 인간의 실제 문제라는 것이다. 두

---

2 이것은 빠알리어 tanha(산스크리트어의 trshna)라는 용어의 직역이며, 일반적으로
  과도한 욕망 또는 갈망(또는 기타 많은 유사한 용어)으로 번역된다.

3 *Samyutta Nikaya* V, pp.420~24. 번역으로는 Bhikkhu Bodhi. 2002, Vol. II,
  pp.1843~1847 참조.

번째 성스러운 진리는 문제의 근원을 바로 인간 자신에게서 찾는다. 갈애는 일상의 정서적 사건의 심리적 "재발생" 순환의 영향을 받기 때문에 인간 존재(또는 다른 윤회하는 존재) 이외의 다른 곳에는 존재할 수 없다.

이 점은 붓다가 깟사빠(Kassapa)라는 나체 수행승과 나눈 대화 중 하나에서 잘 설명되어 있다. 두 사람의 대화는 다음과 같은 방식으로 진행된다.

깟사빠: 괴로움은 스스로 초래한 것입니까?

붓다: 그렇게 말하지 말라.

괴로움은 타인에 의해 일어나는 것입니까?

그렇게 말하지 말라.

괴로움은 자신과 타인에 의해 일어나는 것입니까?

그렇게 말하지 말라.

어느 쪽에 의한 것도 아닌 괴로움은 이유 없이 생기는 것입니까?

그렇게 말하지 말라.

괴로움은 존재하지 않는 것입니까?

그것은 존재한다.

그럼, 세존께서 그것을 보지 않는 것입니까?

나는 그것을 본다.

이어서 붓다는 원인과 조건에 따라 괴로움이 어떻게 발생하는지 설명한다. 그 원인과 조건은 무명, 행, 식, 명색名色, 육입(여섯 가지 감각 기초), 촉(접촉), 수(느낌), 애, 취(집착), 유(생성), 생, 노, 사이다. 이것은 업의 괴로움이 의도적으로 발생하는 방식에 대한 표준 해석을 이루는 12가지 측면이다.

이 분석에서 상호연기 교설(*붓다의 교설에서는 식과 명색만이 상호 의존한다고 설명되어 있지만, 필자는 12연기의 모든 사슬을 상호연기하는 구조로 보고 있다.)에 근거하여 몇 가지 중요한 통찰을 얻을 수 있다. 하나는 괴로움의 원인으로 제시된 은유적 갈애(즉, 심적 갈애)가 궁극적 으로 괴로움의 생성으로 이어지는 인간의 심리라는 더 넓은 기능 맥락에서 설명된다. 사실 갈애만이 전부는 아니다. 갈애 또한 연기로 발생하는 일련의 과정 중 하나에 불과하다. 또 다른 매우 중요한 통찰은 갈애가 본질적으로 인간의 심리적 기능의 한 측면이라는 것이 다. 갈애를 마음속에 영구적으로 존재하는 실체라고 말할 수는 없다. 상호연기 분석의 요점은 갈애를 포함한 이러한 모든 현상이 의존적으 로 발생한다는 것이다. 즉 조건에 따라 발생하고 조건의 소멸에 따라 소멸한다는 것을 의미한다.

세 번째 성스러운 진리는 "바로 이 갈애의 완전한 소멸"이며 세 가지 주요 징후가 있다. 첫 번째는 쾌락에 대한 갈애, 즉 감각, 눈, 귀, 코, 혀, 피부/몸, 뇌/마음을 통해 즐기는 쾌락이다. 각각의 쾌락은 물리적 형태, 소리, 냄새, 맛, 촉각과 개념/관점 등이 있다. 이러한 유형의 갈애는 가장 흔하고 가장 거친 형태이다. 또한 가장 강력하지는 않지만 매우 강력한 일상적 인간 행동의 동기가 되기도 한다. (이러한 동기는 심적 대상으로서의 개념/관점을 제외하고는 동물의 행동에서 도 흔히 볼 수 있다.) 두 번째는 지속적인 존재에 대한 갈망 또는 무언가 "되고자 하는" 끊임없는 욕망이다. 세 번째이자 마지막 하나는 소멸에 대한 갈애 또는 인간이 갈망하는 (자기 및 여타의) 파멸적 측면이다. 이 세 가지 형태의 갈애를 없애는 것을 괴로움의 소멸이라고 한다. 네 번째 성스러운 진리는 괴로움의 소멸에 이르는 길, 곧 팔정도 八正道를 설명한다.

여기까지의 설명은 붓다의 핵심 가르침인 사성제가 그 어떤 형이상학적이나 신비주의와도 관련되지 않는 분명한 체계임을 보여주고 있다. 그런데도, 특히 붓다가 단순히 괴로움의 소멸로 묘사한 열반의 상태에 대해 많은 형이상학적 추정이 전개된 것이 사실이다. 붓다는 행복한 삶의 궁극적인 목표를 실체가 아닌 과정과 사건의 관점에서 설명했고, 괴로움의 소멸을 실현하는 길에는 형이상학적이거나 신비적인 요소가 전혀 포함되지 않았기 때문에 이 점을 강조하는 것이 중요하다.

청정과 해탈

교설에서 최종 목표를 지칭하는 데 가장 많이 사용되는 가장 일반적인 두 가지 용어는 **청정**(visuddhi)과 **해탈**(vimutti)이다. 『법구경(Dhamma-pada)』에서는 세 가지 **표식**, 즉 무상, 고, 무아에 대한 통찰을 "청정도"로 설명한다.[4] 이는 괴로움의 소멸에 이르는 수행도를 자세히 기술한

---

4 구성된 모든 현상이 영원하지 않다는 것을 지혜롭게 볼 때, 그는 괴로움 속에서 혐오감을 느낀다. 이것이 정화의 길이다. 모든 현상이 슬프다는 것을 지혜로 볼 때… 모든 현상이 실체가 없음을 지혜로 볼 때 이것이 정화의 길이다.

붓다고사의 기념비적 저작, 『청정도론(Vissuddhi-magga)』을 연상시
킨다. 해탈(vimutti) 개념은 루漏로부터 마음을 해방시킴으로써 달성
하는 해탈을 언급하기 위해 교설에서 동등하게 사용된다. 해탈한
비구와 비구니들의 기쁨에 찬 발언이 기록되어 있는 **테라가타**(*Thera-
gatha*)와 **테리가타**(*Therigatha*)에서, 이 비구와 비구니들은 거의 관습
적으로 그들의 성취를 "번뇌로부터 마음의 해방"으로 기술한다.[5] 붓다
와 아라한(괴로움의 소멸을 이룬 사람)은 해탈의 행복을 경험하면서
여가 시간을 보내는 것으로 묘사된다.[6]

　이 두 개념은 각각 일반적으로 번뇌(와 그 관련 개념) 및 장애와
같은 용어로 설명되는데, 염오 현상,[7] 번뇌, 루, 결박 및 결합으로
설명되는 속박 현상을 나타낸다.[8] 염오와 속박 현상은 기본적으로
집착, 증오, 망상 및 관련 현상이다. 원활한 수행을 방해하는 다섯
가지 요소로 감각적 욕망, 극단적 혐오, 나태와 혼침, 혼란과 후회,
의심하는 마음을 장애라고 한다. 청정 개념은 이러한 오염된 현상의
맥락에서 의미가 있다. 깊은 심리학적 분석 외에도, 이 두 가지 상호
연관된 개념은 붓다가 어떻게 당시 브라만들 사이에 만연한 의례의
청정과 불청정에 대한 뿌리 깊은 신념에 새로운 의미를 부여했는지
보여준다. 해탈 개념은 그것을 매료시키거나, 속박하거나, 쾌락의

Dhammapada, pp.277~279.

5 마음은 루나 유사한 표현들로부터 해방되었다. D II, p.35; M I, p.501.

6 *Vinaya* I, p.3.

7 kilesa, upakkilesa, sankilesa(모두 염오시키는 요인의 상이한 정도를 의미) 및 nivar-
　ana(장애)와 같은 개념이 몇 가지 예이다.

8 Asava, sannojana, bandhana, yoga가 몇몇 예이다.

노예로 만드는 마음의 특성이나 번뇌의 존재에서 그 의미를 도출한다. 이러한 현상의 주된 특성은 인간의 마음에 속박이나 구속된 상태를 만드는 것이다. 해탈은 이러한 현상으로부터 마음을 해방하는 것이다. 이 두 가지 현상에 대한 붓다의 분석, 즉 청정과 해탈, 그리고 그와 관련된 특징은 그의 가르침을 지금까지 알려진 삶의 방식에 관한 모든 가르침 가운데 유일한 심리학적 가르침으로 만들었다.

청정과 해탈 외에도, 교설에서 최종 목표는 종종 "완전한 소멸"로 기술된다. 이와 관련된 빠알리어 용어는 **빠리닙반나**(parinibbana)이다. 이것은 열반 개념과 밀접한 관련이 있다. 이 시점에서 이 관념을 좀 더 상세히 살펴보는 것이 중요하다. **빠리닙반나**(parinibbana) 또는 **빠리니르바나**(parinirvana, 산스크리트어)라는 용어는 일반적으로 현재 불교 용어로 붓다나 아라한의 열반을 가리키는 데 사용된다. (이 장의 첫머리에 있는 월폴라 라훌라(Walpola Rahula)의 논평에서 볼 수 있듯이) 잘못된 견해는 붓다나 아라한이 실제로 그런 깨달은 자의 죽음으로 이해되는 **반열반**을 통해 열반에 도달한다는 것이다. 사실 교설은 **반열반** 개념이 기본적으로 괴로움의 소멸을 실현한 사람에게 일어나는 일과 연결되어 있다는 것을 매우 분명하게 보여준다. 몇 가지 예를 들겠다. 『맛지마 니까야』(24)의 「**라타위니따 숫따**(Rathavi-nita-sutta)」는 붓다 문하의 두 위대한 제자 사리뿟따와 뿐나 만따니뿟따(Punna Mantaniputta) 사이의 토론을 기록한다. 사리뿟따가 건전한 삶의 목적에 대해 질문했을 때 뿐나 만따니뿟따는 이 삶이 일곱 가지 청정 유형 가운데 어떤 것을 위해서도 영위된 것이 아님을 인정한다.[9] 뿐나 만따니뿟따는 "집착하지 않고 전면적인 소멸"을 위함이라고 대답한다.[10] 토론의 요점은 일곱 가지 청정이 각각 후속 청정으로 이어지고 일곱 가지 모두 최종 목표인 집착 없는 전면적 소멸로 이어진다는 것을 보여주는 것이다. 이 맥락에서 개념을 사용하면 집착 없는 전면적 소멸이라는 목표가 이생에서 성취되며 그 성취가 그 사람의 육체적 죽음을 의미하거나 필요로 하지 않는다는 것을 보여준다. 많은 경우, 교설은 최종 목표의 성취를 "집착 없이 마음이 번뇌로부터 해탈했다."라고 설명한다.[11] **반열반** 개념과 집착 없는 해탈 개념은 이 맥락에서 의심할 여지없이 동의어이다. **반열반** 개념은 "(번뇌를) 완전히 소멸한 그 존귀한 분이 완전한 소멸의 교리를 가르친다."[12]와 같은 곳에서 같은 의미로 사용된다. 그리고 "이생 자체에서 완전히 소멸한다."[13]와 같은 곳에서도 마찬가지다. 갈애 없는 존재라는 목표

---

9 일곱 가지 정화는 붓다가 가르친 점진적 정화 과정을 설명한다. 그것들은 덕의 정화(sila-visuddhi), 마음(citta), 견해(ditthi), 의심의 극복(kankha-vitarana) 및 지식과 비전(nana-dassana), 도인 것과 도가 아닌 것에 대한 지식과 비전에 의한 정화(magga-amagga-nanadassana), 도에 대한 지식과 비전에 의한 정화(patipada-nanadassana), 지식과 비전의 정화(nanadassana)이다.

10 나나몰리(Bhikkhu Nanamoli) 비구와 보디(Bhikkhu Bodhi, 1995/2001) 비구는 그들의 번역에서 아누빠다빠리닙반나(anupada-parinibbana)를 "집착 없는 최종 열반"으로 번역한다. 그러나 필자는 **빠리닙반나**를 "최종 열반"이 아니라 원래 어원에 더 가까운 "총체적 소멸"로 번역할 것이다.

11 관련 **빠알리어** 구는 "anupadaya asavehi cittam vimucci"이다. D II, p.35; M I, p.501.

12 D III, p.55.

13 S IV, p.102. 또한 붓다의 『맛지마 니까야』(8)의 「버리는 삶 경」(*Sallekha-sutta*)에 있는 **빠리닙반나**(parinibbana) 개념의 용례를 보라. "스스로 길들지 않고 제어되지 않고 (염오가) 소멸하지 않은 사람이 타인을 길들이고 가르치고 (그의

는 "몸이 붕괴되기 전에"[14]달성하는 것이다.

도

최종 목표의 비신비적이고 비형이상학적인 특성은 이를 달성하기 위해 따라야 할 도를 분석하여 증명할 수 있다. 이전 논의에서 우리는 붓다가 이 도를 네 번째 성스러운 진리로 기술하고 8단계 절차(8정도)로 제시했다는 것을 보았다. 이 절차의 기술적 세부 사항은 다른 교설에서 제시되며, 그러한 상세 논술의 특수 상황에 따라 길이가 다르다. 이 논의에서 필자는 붓다가 아자타삿투 왕에게 고귀한 삶의 열매를 상술한 『디가 니까야』의 「사문과경(Samannaphala-sutta)」의 설명을 사용할 것이다. 다양한 직업에 종사하는 사람들이 이생에서 누리는 열매와 유사하게 "**현세에서 성취한 고귀한 삶의 열매**"(강조 추가, 각주 15 참조)에 대해 질문 받았을 때, 붓다는 그러한 열매를 열거한다. 결국 이 담론은 수행도의 여러 단계에서의 성취에 대한 상세한 분석이다. 이 맥락에서 필자는 "**바로 이 삶에서 성취한** 고귀한 삶의 열매"라는 생각의 중요성을 강조하고 싶다.

또한 고귀한 삶과 생계를 위한 직업들을 비교하는 왕의 질문 및

염오를) 소멸시키는 것을 돕는 것은 불가능하다. 스스로 길들고 제어되고 (염오가) 소멸한 사람은 다른 사람을 길들이고 가르치고 (염오를) 소멸시키도록 도울 수 있다. 마찬가지로 잔인함에 익숙한 사람은 잔인함을 없앨 수 있는 너그러움도 있다."(강조 추가)(비구 나나몰리와 비구 보리 번역, 1995/2001. p.130)

14 관련 개념은 vita-tanho pura-bheda(해체되기 전)이며 『숫타니빠따』의 「뿌라베다경(*Purabheda-sutta*)」, 853에서 강조됨.

분명 그것을 동일한 정신으로 받아들이고 대답하려 애쓴 붓다의 실용주의적 성격에 주목하라.[15]

이 도는 소, 중, 대의 세 가지 범주로 설명되는 덕으로 시작하여 큰, 그리고 고귀한 삶을 사는 사람이 스스로 계발해야 할 윤리적 행동을 다룬다. 따라서 유덕함은 고귀한 삶의 첫 번째 열매이다. 이를 통해 얻을 수 있는 것은 다음과 같이 설명된다.

> 그리고 세존이시여, 도덕이 완성된 〔비구〕는 정당하게 기름 부음 받은 카티야 왕이 적들을 정복한 것과 같이 도덕에 의해 구속을 당하기 때문에 어떤 쪽에서도 위험을 보지 않습니다. 그러므로 〔비구〕는 그의 도덕성으로 인해 아무런 위험도 없습니다. 그는 이러한 아리아인의 도덕을 지킴으로써 오는 나무랄 데 없는 행복을 스스로 향수합니다.[16]

이 기술은 덕이 단순히 훈련으로만 이해되는 것이 아니라 도덕적 안정과 행복감을 제공하는 훈련으로 이해된다는 것을 보여준다. 이어서 두 번째 단계, 즉 마음의 집중으로 이어지는 성스러운 도의 단계를 나열한다. 두 번째 단계의 필수 조건은 감각기능의 수호자가 되어 마음챙김과 명료한 자각에 도달하고 만족하는 것이다. 이러한 심리적 특질을 가지고 비구는 "결가부좌로 앉아 몸을 똑바로 세우고 마음챙김에 집중한다." 즉 "마음챙김을 자기 앞에 두는 데" 전념하며 그의

---

15 Sanditthikam samannaphalam이 적합한 빠알리 용어이다.

16 Walshe (1987, p.100) 번역.

몸에 있는 다섯 가지 장애를 버린다. 장애를 버리는 과정은 다음과
같이 기술된다.

〔a〕 세속적 욕망을 끊으니, 그는 세속적 욕망에서 벗어난 마음으로
거주한다. 그의 마음은 그것들로부터 정화된다. 악의와 증오를
버리니, 모든 중생의 안녕에 대한 자비심으로 그의 마음은 악의와
증오로부터 정화된다. 게으름과 나태함을 버리니, … 빛을 감지하
고, 알아차리고, 명료하게 마음챙김으로써 그의 마음은 나태와
무력감으로부터 정화된다. 근심과 걱정을 버리니, … 내면적으로
고요한 마음으로 그의 마음은 근심과 걱정으로부터 정화된다.
의심을 버리니, 무엇이 선한 것인지에 대한 불확실함 없이 남겨진
그의 마음은 의심으로부터 정화된다.[17]

다섯 가지 장애 요소를 버릴 때 어떻게 유익한 태도가 형성되는지에
주목하라. 이러한 장애 요소를 버렸을 때 생기는 마음 상태는 수행자가
그로부터 얻는 자유와 해탈의 느낌을 강조하는 다섯 가지 직유로
설명된다. 장애 없는 마음 상태는 한 사람이 성공적으로 사업을 성장시
킨 후 사업 발전을 위해 대출한 비용을 상환할 때 얻는 느낌에 비유된
다. 또 중병을 앓은 후, 건강을 회복할 때의 느낌, 죄수가 출소한
후의 느낌, 노예가 노예 상태에서 해방되었을 때의 느낌, 그리고
위험한 사막을 무사히 건넜을 때의 느낌에 비유할 수 있다. 장애가
있는 상태는 부채가 있거나, 건강하지 않거나, 감옥에 있거나, 노예가

---

17 Walshe (1987, p.101) 번역.

되거나, 사막에 있는 것에 비유된다. 또한 장애물이 없는 것은 자유와 해방, 안도감을 얻는 것으로, 지극히 평범하고 일상적인 비유로 설명할 수 있다.

그 다음 단계는 텍스트에서 선정으로 기술된 고요한 마음 상태에 도달하는 것이다. 선정에 익숙하지 않은 사람에게 **선정의** 성취는 신비로운 상태로 묘사되기 쉽다. 고요한 상태의 본질과 그 도달 과정에 대한 연구에 따르면 이러한 신비한 상태에 대한 관점은 적절하지 않다. 붓다는 **선정에** 이르는 과정을 다음과 같은 말로 설명한다.

이 다섯 가지 장애가 이미 그를 떠났다는 것을 알았을 때, 그에게서 기쁨이 일어나고, 기쁨에서 희열이 오고, 그의 마음의 기쁨에서 그의 몸이 안정되고, 고요한 몸으로 기쁨을 느끼고, 그의 마음은 희열로 집중된다.

감각적 체험으로부터 점차 멀어지는 무관심과 그로 인해 생기는 기쁨, 또는 네 번째 **선정** 상태에서의 평정심을 특징으로 하는 첫 번째, 두 번째, 세 번째, 네 번째 **선정은** 모두 이를 바탕으로 얻어진다. 첫 번째 선정은 "생각과 숙고로 무심에서 생겨나 희열과 기쁨으로 충만한 것"이다. 수행자가 다음과 같은 상태가 되면…,

무심에서 생겨난 희열과 기쁨의 상태에 이르면, (그것은) 온몸에 스며들고, 흠뻑 적시고, 가득 채우고, 비추어, 그의 몸 전체에서 무심에서 생겨난 이 희열과 기쁨이 닿지 않는 곳이 없다.…

이것은 다음과 같을 때와 비교된다.

… 숙련된 목욕 물품 제조공이나 그의 조수가 금속 접시에 물을 뿌려 비누 가루를 반죽하면 그 안에 부드러운 덩어리가 형성된다. 이렇게 하면 비누 가루 덩어리는 하나의 유지 덩어리로 변하여 기름으로 가득 차 아무것도 새지 않는다.

두 번째 **선정**은 생각을 가라앉히고 숙고한 결과, 내면의 고요함과 마음의 통일을 초래한다. 그 특징은 집중에서 생겨나 희열과 기쁨이 충만한, 생각이나 숙고 없음(無念無思)이다. 제1**선**과 마찬가지로 이 체험에서도 수행자의 몸은 집중에서 생기는 희열과 기쁨이 충만해서 어느 한 군데도 스며들지 않는 곳이 없을 정도로 된다. 이는 빗물이 흘러 시원한 물과 섞여, 어느 곳에도 물길이 닿지 않는 곳이 없는 호수에 비유된다.

세 번째 **선정**은 희열이 사라지고 기쁨이 유지되며 수행자가 침착하고 마음챙김이 있고 명료하게 알아차릴 때 발생한다. 평정심과 마음챙김은 이 상태의 특징이다. 그리고 "이 즐거움이 없는 기쁨은 그의 몸에 가득 차서 영향 받지 않는 곳이 하나도 없다." 이 상태는 연못의 시원한 물로 가득 찬 연꽃에 비유된다.

네 번째 **선정**은 쾌락과 고통을 포기하고 이전의 기쁨과 슬픔이 사라진 비구에게서 일어난다. 이 경험은 쾌락과 고통을 넘어 평정심과 마음챙김으로 정화된다. "… 그리고 그는 그 정신적 순수성과 명료함으로 자신의 몸을 가득 채우고 있어서 몸의 어느 부분도 그것에 영향을 받지 않는 곳이 없다." 이 상태는 하얀 시트로 몸을 완전히 덮어 몸의 모든 부분이 그 시트로 덮여 있는 사람에 비유된다.

이러한 **선정** 경험의 가장 인상적인 특징은 몸과 마음이 긴밀하게 결합된다는 것이다. 그것은 순전히 정신적인 것도 아니고 순전히 육체적인 것도 아닌 것처럼 보인다. 그 사람의 전체를 포괄하기 때문이다. 이 경험의 기초가 되는 심적 청정 상태는 앞서 살펴본 것처럼 다시 한번 마음과 몸이 서로 영향을 주는 예이다. 마음의 즐거움은 몸을 고요하게 하고, 고요한 몸은 기쁨을 만들어 낸다. 기쁨이 있으면 마음이 집중된다. **선정** 상태는 자연스러운 결과로 따라 나온 것이다. **선정** 상태는 이런 식으로 침정과 고요의 상태이며 미지의 것과 "소통" 하거나 "느낌으로 가득 찬" 신비로운 상태가 아니다. 마찬가지로 각 경험의 설명이 끝날 때 그 물리적 측면이 어떻게 강조되었는지도 주목할 필요가 있다.

방금 논의한 "미세 물질(色)"이라고 불리는 네 가지 **선정** 이외에, 이 시점에서 다른 네 가지 "비물질(無色)"이라고 불리는 **선정**(이 특정 교설에서는 언급하지 않음)을 언급하는 것이 유용하다. 간단히 설명하면, 이것들은 무한한 공간의 영역(공무변처), 무한한 의식의 영역(식무변처), 무의 영역(무소유처), 그리고 지각도 없고 지각도 없지 않은 영역(비상비비상처)이다.[18] 이것들은 처음 네 가지 **선정**과 유사하게,

---

18 이 상태는 『맛지마 니까야』의 「쭐라웨달라경(*Cullvedalla-sutta*)」(44) (Bhikkhu Nanamoli and Bhikkhu Bodhi: 1995, 2001, pp.396~403; & S IV 293–295) 및 『청정도 론(*Visuddhimagga*)』에서 논의된다. 이에 대한 포괄적인 현대 논의는 다음을 참조하라. Paul J. Griffiths, *On being mindless: Buddhist meditation and*

거의 지각이 없는 마지막 단계에 이르기까지 감각 지각에서 점차적으
로 멀어지는 것을 특징으로 하는 명상 체험 상태이다. 이 과정의
결론은 교설에서 지각과 감수의 소멸로 설명되는데, 이 단계나 지점에
서 수행자들은 제한된 시간 동안 아무런 지각이나 인지과정도 없는
것처럼 보인다. 첫 번째 미세 물질 **선정**으로 시작하는 상태는 점차적으
로 증가하는 무심과 그로 인한 침정 및 기쁨을 나타내는 반면, 이
소멸 상태는 어떤 감각 자료와의 연결도 완전히 사라지는 이 과정의
절정이다. 분명 우리는 오랫동안 이 상태에 있을 수 없다. 이는 한
사람이 일시적으로 심신 활동 전반을 멈추는 상황으로 보인다.

　어떤 교설은 이러한 성취를 통해 괴로움의 소멸에 이르는 길을
설명한다. 일부 현대 주석가들은 이 과정을 직접적으로 괴로움의
소멸로 이어지는 것으로 이해한 것 같다. 더욱이 그들의 이해에 따르
면, 그들은 지각과 느낌의 소멸이라는 측면에서 열반 체험을 이해하는
것 같다. 사실 교설에서 말하는 것은, 일단 열반을 증득하면 수행자는
자신의 마음을 통찰로 인도하고 "지혜를 통해 본 결과 그의 루가
근절되는 앎을 얻는다"[19]는 것이다. 『디가 니까야』의 「마하니다나경
(Mahanidana-sutta)」(15)에서 설명하듯이 수행자는 먼저 "8해탈"이라
고 불리는 것을 먼저 수행하고 마스터할 수 있다. 그중 마지막 다섯
가지는 네 가지 무색**정**이고, 소멸의 성취 및 그에 이어서 『사문과경
(Samannaphala-sutta)』을 포함한 다른 많은 교설에서 접하게 되는 루의
소멸에 대한 지식을 얻는다. 지각과 느낌의 소멸인 상수멸과 무색**정**은

---

the mind-body problem. La Salle, Illinois: Open Court, 1985.

19 M I., p.175.

비록 수행자가 그 과정에서 괴로움의 소멸을 성취할 수 있지만, 괴로움의 소멸을 실현하기 위한 필요조건도 충분조건도 아니다.

다시 『사문과경』으로 돌아와서, 붓다는 선정 이후에 **선정** 경험을 통해 얻을 수 있는 몇 가지 성취에 대해 설명한다.

마음이 집중되고, 정화되고, 깨끗해지고, 흠이 없고, 더러움이 없고, 조절할 수 있고, 실행 가능하고, 안정되고, 흔들리지 않는 마음으로, ….

수행자는 그의 마음을 **알아차리고 보는 것으로** 향하게 되는데, 이것이 첫 번째 성취이다. 이 능력으로 그는 그것에 묶여 있고 의존하는 자신의 몸과 의식 사이의 관계를 본다. 이 구별 행위는 시력이 좋은 사람이 순금 보석과 그 보석이 묶인 끈을 쉽게 구별하는 것에 비유된다. 그 후 수행자는 상술한 특징을 가진 그의 마음에 **의생신**(意生身, 마음으로 지은 몸)을 만들도록 지시한다. "이 몸에서 형태를 지니고, 마음으로 만들고, 그 모든 사지와 기능이 온전한 다른 몸을 만든다." 이것은 사람이 갈대집에서 갈대를 뽑고 칼집에서 칼을 뽑고 (오래된) 가죽에서 뱀을 뽑는 것에 비유된다. 다음과 같이 자신의 마음을 **초능력**으로 이끄는 것이다.

… 한 사람이지만 그는 많은 사람으로 된다. 많지만 한 사람으로 된다. 그는 나타났다가 사라진다. 그는 마치 공기를 통과하는 것처럼 울타리, 벽, 산맥을 방해받지 않고 통과한다. 그는 땅속으

로 가라앉았다가 마치 물에서처럼 땅에서 나온다. 그는 육지에서
처럼 수면을 깨뜨리지 않고 물 위를 걷는다. 그는 날개 달린 새처럼
결가부좌를 하고 하늘을 날고, 비록 그것들이 강대하지만, 손으로
해와 달을 만지고 쓰다듬기까지 한다. 그리고 그는 몸속에서 브라
흐마 세계까지 여행한다.

이것은 숙련된 도공이나 그의 조수가 정성껏 준비한 점토로 그가
원하는 모양을 만드는 것, 숙련된 상아 조각가나 그의 조수가 잘
준비된 상아로 어떤 물건이든 만드는 것, 그리고 숙련된 금세공인이나
그의 조수가 금으로 어떤 물건이든 만드는 것과 비교된다. 다음 성취는
"원근을 막론하고 신과 사람의 소리를 모두 듣는" **천이통**天耳通이다.
이것은 큰 북, 작은 북, 소라, 심벌즈 또는 주전자 북(*팀파니)의
소리를 구별하는 것과 비교된다. 세 가지 앎(三知)을 얻기 전에 마지막
으로 성취해야 하는 것은 타인의 마음을 아는 **타심통**他心通이다. "그는
자기 마음으로 다른 존재나 다른 사람의 마음을 알고 구별한다."
즉 열정이 있는 마음을 열정이 있는 마음이라고 알거나 열정이 없는
마음을 열정이 없는 마음으로 아는 것 등이다. 이 행위는 자기 외모를
좋아하는 여자나 남자, 또는 어린 소년이 밝게 빛나는 거울이나 물속에
서 자기 얼굴을 관찰하고 거기에 반점이 있는지 없는지 확인하는
것에 비유된다.

다음에 기술된 것은 세 가지 앎(三學), 즉 전생에 대한 앎, 중생의
생멸에 대한 앎, 루의 소멸에 대한 앎이다. 고의 소멸에 이르는 수행도
의 마지막 단계에 대한 표준 해석에서 이 세 가지 앎은 항상 포함되며,

위의 네 가지 **선정**의 성취에 따라 주어진다. 그 사이에 설명된 것은 알고 보는 상태에서 남의 마음을 아는 것까지 수행자가 배양하거나 배양하지 않을 수 있는 능력인데, 이는 최종 목표의 실현을 위한 필요조건도 충분조건도 아니다. 이 특별한 교설에서 그것들은 고귀한 삶의 열매에 대한 왕의 질문의 맥락에서 설명되었다. 이 논문에서 이러한 측면에 대해 다룬 요점은 일부일지라도 초자연적인 능력을 나타내는 이러한 능력이 교리 체계 내에서 신비한 것이 아니라 정화되고 집중되며 잘 수행된 마음에서 나오는 자연스러운 결과로 이해되었음을 보여주기 위한 것이다.

마지막 세 가지 앎 중 첫 번째 앎은 자신의 전생에 관한 것이다. 이러한 앎을 통해 수행자는 모든 세부 사항과 함께 자신의 과거 존재를 알게 된다. 이는 몇 겁劫에 걸쳐 확장된다. 이 인식은 한 사람이 자신의 마을에서 다른 마을로 갔다가 돌아온 후, 자신이 어떻게 자신의 마을을 떠났는지, 다른 마을에서 어떻게 일을 했는지, 그리고 지금 어떻게 자신의 마을로 돌아왔는지 회상하는 것에 비유된다. 두 번째는 존재의 생멸에 대한 앎이다. 수행자는 이 앎에 의거, "인간의 눈을 능가하는 청정한 눈"으로 선업과 악업에 따라 중생이 사라지고 일어나는 것을 본다. 이 앎은 교차로에 위치한 높은 건물 위에 서 있는 사람이 건물을 드나드는 사람들, 거리를 걷거나 교차로 한가운데 앉아 있는 사람들을 보는 것에 비유된다.

세 가지 중 마지막이자 가장 중요한 것은 루의 파괴에 대한 앎이다. 이것은 괴로움의 소멸이라는 궁극적 깨달음을 산출하는 앎이다. 이 앎은 다음과 같은 말로 설명된다.

그리고 그는 마음이 집중되고, 정화되고, 깨끗해지고, 흠이 없고, 더러움이 없고, 조절할 수 있고, 실행할 수 있고, 안정되고 흔들리지 않는 마음으로 그의 마음을 루의 소멸에 대한 앎에 적용하고 지시합니다. 그는 "이것이 괴로움이다."라고 있는 그대로 압니다. 그는 "이것이 괴로움의 원인이다."라고 있는 그대로 압니다. 그는 "이것이 괴로움의 소멸이다."라고 있는 그대로 압니다. 그는 "이것이 괴로움의 소멸에 이르는 길이다."라고 있는 그대로 압니다. 또한 그는 "이것이 루이다", "이것이 루의 근원이다", "이것이 루의 소멸이다", "이것이 루의 소멸에 이르는 길이다."라고 있는 그대로 압니다.

이것이 궁극적으로 괴로움으로부터의 해탈을 가져오는 앎이다. 이 앎의 성격과 그에 따른 의미는 다음과 같은 방식으로 설명된다.

그리고 그의 마음을 알고 봄으로써 그의 마음은 감각적 욕망의 루, 생성(有)의 루, 무명의 루(無明漏)에서 해탈되고 그에게 **"이것이 해탈이다!"**라는 앎이 발생합니다. 그리고 그는 **"생이 끝났고, 거룩한 삶이 인도되었으며, 해야 할 일은 끝났다. 여기에는 더 이상 아무것도 없다."**라고 압니다.

이 중요한 앎은 다음과 같은 직유로 더 자세히 설명되었다.

왕이시여, 이는 마치 산 한가운데에 윤이 나는 거울처럼 맑은 연못이 있었는데, 그곳에서 좋은 시력을 가진 사람은 강둑에 서서 움직이거나 멈추어 있는 굴 껍질과 자갈 더미와 물고기 떼를 볼 수 있는 것과 같습니다. 그리고 그는 이렇게 생각할 수도 있습니다. "이 연못은 깨끗하고… 굴 껍질도 있고…" 그와 같이 마음을 집중하여… 그는 "거룩한 삶을 살았고, 해야 할 일이 끝났다. 여기에 더 이상 아무것도 없다."는 것을 압니다.

붓다는 고귀한 삶의 과보에 대해 왕과의 토론을 마치며 이 마지막 과보보다 더 훌륭하고 완전한 과보는 없다고 강조했다. 이 전체 토론과 특히 마지막 설명에서 중요한 것은 전 과정의 비신비적 특성이다. 맑은 물웅덩이에 무엇이 있는지 보는 사람의 직유는 이러한 맥락에서 매우 중요하다. 이 단계에서 이해의 명확성을 강조한다. 해탈은 바로 괴로움의 원인이라고 기술되는 감각적 욕망의 루(慾漏)가 이끄는 루에서 벗어나는 것이다. 이것은 도가 루나 괴로움의 원인으로부터 마음의 해탈을 깨닫는 데서 절정을 이룬다는 것을 보여준다. 일단 마음이 이러한 루에서 벗어나면 마음이 해탈되었음을 안다. 이것이 이 전 과정의 가장 중요한 측면이다. 궁극적인 깨달음은 명확한 인지 과정에서 발생하며 그 주요 특징은 명료함이다. 이 앎이 그에게 생겨났을 때 붓다는 그것을 "눈이 생겨났다. 앎이 생겨났다. 지혜가 생겨났다. 학문이 탄생했다. 그리고 빛이 태어났다."고 설명했다.[20] 이러한 표현들은 궁극적 목표의 비신비적 성격을 드러낸다.

---

20 S IV, pp.420~424.

텍스트 논쟁

고대와 현대의 주석가들이 형이상학적 열반의 해석을 뒷받침하는 것으로 해석해 온 초기 경전 문헌의 몇 가지 사례를 언급하지 않는 한 우리의 논의는 완전하지 않다.[21] 이와 관련하여 자주 인용되는 사례 중 하나로 U.80으로 알려진 다음과 같은 내용이 있다.[*Khuddaka Nikaya*의 텍스트 중 하나인 『우다나(Udana)』의 빠알리 텍스트 협회(Pali Text Society) 판 80페이지 참조]:

〔비구들이여〕 흙도 물도 불도 공기도 없는 영역이 있다. 무한한 공간의 영역도 무한한 의식의 영역도 무의 영역도 인식도 비인식도 아닌 영역이 있다. 이 세계도 저편 세계도 없고 양자 모두 있지 않은 영역도 있다. 달도 태양도 아닌 영역이 있다. 내가 말하노니 이것은 오고 가는 것이 없고 지속과 쇠퇴가 없으며 시작도 없고 확립도 없으며 결과도 없고 원인도 없다. 이것이 참으로 괴로움의 끝이다.…

〔비구들이여〕 태어나지 않고 생성되지 않고 만들어지지 않고 합성되지 않은 것이 있다.

비구들이여, 만일 그 태어나지 않고 생성되지 않고 만들어지지 않고 합성되지 않은 것이 없다면, 태어나고 생성되고 만들어지고 합성된 것에서 벗어나지 못할 것이다. 그러나 비구들이여, 태어나

---

21 이 맥락에서 필자는 다른 곳에서 상세하게 논의한 이러한 텍스트 실례를 자세히 분석하지 않을 것이다. Tilakaratne(1993, pp.75~82) 참조.

지 않고 생성되지 않고 만들어지지 않고 합성되지 않은 것이 있기 때문에 태어나고 생성되고 만들어지고 합성된 것에서 벗어나는 길을 알 수 있다.

첫 번째 구절에 기술된 것은 매우 높은 수준의 미세 물질 정신 상태나 현세 또는 내세 등과 같은 어떤 세속적 범주와도 관련이 없는 "영역"이다. 붓다는 마침내 이 영역을 괴로움의 소멸과 동일시한다. 다음 문단에서 "태어나지 않고 생성되지 않고 만들어지지 않고 합성되지 않은"이라고 기술된 것은 비록 구체적인 단어가 거기에 언급되어 있지 않지만, 열반을 가리키는 것으로 보인다. 이제 문제는 바로 "왜 열반은 형이상학적 실체 감각을 명백히 위반하는 이러한 용어로 기술되었는가?"이다.

있는 그대로의 이러한 진술은 의심할 여지없이 형이상학적 해석과 비 형이상학적 해석 모두에 열려 있다. 텍스트에 모호성이 있다는 사실은 부정할 수 없다. 표면적으로 볼 때 사용되는 언어는 형이상학적인 의미와 어긋난다. 이에 따라 열반에 대해 널리 퍼진 "자연주의적" 특징을 약화시켜야 하는지는 논쟁의 여지가 있다. 붓다가 직접 『디가 니까야』의 「대반열반경(Mahaparinibbana-sutta)」에서 언급했듯이, 특정 진술이 붓다에게 귀속되는지, 여부를 판단하는 기준은 그 일관성 및 여타 가르침과의 일관성이다. 이 기준에서 볼 때 U.80의 진술은 거의 모든 다른 교설에서 제시된 열반에 대한 지배적인 해석과 일치한다. 따라서 첫 번째 진술은 경험으로서의 열반을 모든 다른 세속적인 경험과 마음 상태와 구별되는 것으로 해석할 수 있다. 따라서 미세한 물질 상태에 대한 언급 및 기타 극단적인 범주를 참조할 수 있다. 두 번째 진술은 열반을 출생, 생성, 행위와 구성, 세속적 존재(*世俗有) 의 특징이 없는 것을 가리키는 것으로 이해할 수 있다.

형이상학적인 방향을 가리키는, 또 다른 논쟁의 여지가 있는 문제는 해탈된 사람인 아라한의 사후 상태에 대한 질문의 답에 관한 것이다. 잘 알려진 "답변되지 않은 질문(無記)" 중 마지막 네 가지는 아라한이 '존재하는지', '존재하지 않는지', '양자 모두인지', '양자 모두 아닌지' 라는 아라한의 사후 상태에 관한 것이다. 빠알리 경전에서 이러한 질문을 기술한 고전인 『맛지마 니까야』의 「쭐라말룽끼야뿟따경(Cu-lamalunkyaputta-sutta)」에서 붓다는 그것들이 목표의 성취와 관련이 없다는 분명한 이유로 이 질문에 답하지 않았다.[22] 화살에 맞은 사람의 잘 알려진 비유는 붓다가 목표와 관련된 이러한 질문에 대한 답변이 부적절한 지식이라는 입장을 유도하기 위해 기술한 것이다.

"아라한이 죽은 후 어떻게 되는가?"라는 문제는 많은 사람을 괴롭힌 것 같다. 특히 이 실존적 불안은 우리가 앞서 논의한 갈애의 맥락에서 의미가 있다. 왜냐하면 그 문제는 세속적 인간이나 어떤 형태의 존재에 도 매우 중요한 쾌락을 향유하고 싶은 갈망(쾌락에 대한 갈애)과 그것을 지속하고 싶은 갈망(존재에 대한 갈애)과 관련되기 때문이다. 결국 자신의 지속적 존재에 대한 불확실성은 모든 사람이 자신과 화해해야 할 실존적으로 가장 중요한 문제 중 하나이다. 유신론적 종교에서 이러한 불안감을 해결하는 가장 보편적인 방법은 행복한 평원에서

---

22 이 문제는 학자에 의해 너무 많이 논의되어 이 시점에서 새로운 논의는 불필요해 보인다. Tilakaratne 참조.

영원히 죽지 않는 영생 형태로 제시된다. 붓다가 빠알리 경전의 긴 설법을 모은『디가 니까야』의 최초 법문「범망경」에서 열거한 것처럼, 불안의 결과로 볼 수 있는 근거인 네 가지 다른 이유에서 세계와 자아의 상주를 주장하는 견해와, 세계와 영혼이 부분적으로 영원하고 부분적으로 영원하지 않다고 주장하는 부분적 상주론 및 부분적 비상주론의 견해가 있다.

　같은 교설에서 붓다는 사후 존재에 대한 견해를 열거한다. 이 설명에 따르면 "의식적 사후 생존"과 관련된 16가지 견해가 있다. 즉 사후의 자아는 건강하고 의식적이며, (1) 물질적, (2) 비물질적, (3) 물질적이면서 비물질적, (4) 물질과 비물질 어느 쪽도 아님, (5) 유한, (6) 무한, (7) 양자 모두, (8) 양자 모두 아님, (9) 균일한 지각, (10) 다양한 지각, (11) 제한된 지각, (12) 제한 없는 지각, (13) 전적으로 행복, (14) 전적으로 불행, (15) 양자 모두, (16) 양자 모두 아님이 그것이다. "무의식적 사후 생존"에 대한 여덟 가지 견해가 있는데, 즉 사후의 자아는 건강하고 무의식적이고, (1) 물질적, (2) 비물질적, (3) 양자 모두, (4) 양자 모두 아님, (5) 유한, (6) 무한, (7) 양자 모두, 그리고 (8) 양자 모두 아님이 그것이다. 그리고 마찬가지로 위에서 언급한 여덟 가지 근거에서 "의식도 무의식도 아닌 생존"에 대한 여덟 가지 견해가 있다. 이제 다른 종교 집단이나 사람이 지니고 있다고 믿어지는 이러한 모든 견해는 사후 생존 문제에 대한 실존적 불안의 철학적 표현으로 간주될 수 있다.

　온갖 불안의 기초가 되는 자아에 대한 붓다의 분석은 많은 교설에 나타난다.『맛지마 니까야』의「알라가두파마경(Alagaddupama-sutta)」

에서 붓다는 성격, 물질 형태, 느낌, 지각, 구성과 의식, 그리고 "이것이 나의 것, 이것이 나, 이것이 나의 자아"라는 견해가 어떻게 괴로움과 혼란을 일으키는지 선명하게 기술한다. 특히 여기서 언급된 관점은 자아관이다. 즉,

> ⋯ 자아인 것은 세계이다. 사후에 나는 상주하고 영속하며 영원하고 변하지 않을 것이다. 나는 영원토록 존재할 것이다.

이것은 괴로움의 문제의 근본 원인이 영원토록, 즉 끝없이 존재하고자 하는 욕망에 있음을 분명히 보여준다. 이어서 붓다는 이러한 믿음을 가진 사람이 붓다의 가르침을 들을 때 어떤 일이 일어나는지 설명한다.

> ⋯ 모든 견해, 결정, 집착, 고수, 그리고 잠재 성향을 제거하기 위해, 모든 의향(行)의 정지, 모든 집착의 포기, 갈애의 소멸, 열반, 소멸, 닙빤나를 위해, 그는 이렇게 생각한다. "나는 이렇게 절멸하리라! 그래서 나는 소멸하리라! 그래서 나는 더 이상 존재하지 않으리라! 그런 다음 그는 슬퍼하고 비통해하며 한탄하고 가슴을 치며 절규하고 정신이 혼미해진다."(강조 추가)[23]

열반을 성취한 사람의 사후 생존에 대한 불안을 유발하는 것은 영원히 지속하기를 바라는 뿌리 깊은 욕망임이 매우 분명하다.[24]

---

23 나나몰리 비구와 보디 비구의 번역. Bhikkhu Nanamoli and Bhikkhu Bodhi (1995/2001, pp.229~231).

다른 텍스트보다 더 오래되고 『꾸다까 니까야(Khuddaka Nikaya)』 (작은 선집 모음)에 속하는 것으로 여겨지는 경전인 『숫따니빠따』에는 붓다에게 직접 제기된 다음과 같은 질문의 사례가 있다.

… 존재하기를 멈춘 사람, 그는 **존재하지 않는가** 아니면 **결함 없이 영원히 존재하는가?** 세존이시여, 당신이 그것을 이해하는 대로 제게 이것을 잘 설명해 주십시오.(1075)

강조된 구절에서 알 수 있듯이, 문제는 아라한이 사후에도 아무런 결함 없이 존재하는지 여부이다.(실제 사용된 단어가 아라한을 직접적으로 의미하지는 않지만, 문맥상 목표를 성취한 사람을 의미한다는 것이 분명하다) 다시 말해, 이것은 열반이 영원한 상태인지 아닌지를 묻는 질문이다. 이 질문에 대한 붓다의 대답은 다음과 같다.

존재하기를 그친 사람은 측량할 수 없는 사람이다. 그는 그에 대해 말할 수 있는 것을 갖고 있지 않다. 모든 현상이 소멸되면 모든 언어도 소멸된다.(1076)

---

24 이러한 욕망의 또 다른 측면, 즉 죽음에 대한 철저한 부정은 한 현대 작가가 다음과 같이 표현한다. "나는 죽고 싶지 않다. 아니, 나는 죽고 싶지도 않고 죽고 싶음을 원하지도 않는다. 나는 살고 싶다. 영원히 그리고 영원히. 나는 이 '나'가 내가 여기 있고 내가 여기 있다고 느끼는 이 가련한 '나'가 살기를 원한다. 이제 내 영혼, 내 영혼의 지속성 문제가 나를 괴롭히고 있다.": 브라이언 데이비스(Brian Davis)가 인용(1993, OPUS, p.231)한 미구엘 드 우나무노(Miguel de Unamuno, 1864~1936).

이 진술은 아라한의 영원한 존재에 대한 질문에 직접적인 답을 주지 않는다. 이 상태에 도달한 사람에 대해서는 말할 수 없을 것 같다는 자야틸레케 교수의 말을 그대로 빌리자면 이것은 초월적 경험이 경험적으로 기술되거나 이해될 수 없지만 실현되고 달성될 수 있음을 의미한다. 여래는 색, 수, 상, 행, 식의 관념에서 벗어나, 큰 바다처럼 깊고, 측량할 수 없으며, 깊이를 헤아릴 수 없다고 한다.

이 문제를 더 논의하면서 자야틸레케는 붓다가 초월적인 의미로 알고 있는 것은 언어와 경험주의의 한계로 인해 언어적 표현을 넘어서는 의미라고 말했다. 필자는 자야틸레케의 입장에 대해 다른 곳에서 자세히 논의한 바 있으므로 다시 언급하지 않겠다. 그럼에도 불구하고 자야틸레케의 언급이 근거하고 있는 붓다에 대한 구체적인 논의를 생각해 보는 것은 중요하다. 이 토론에서 방랑 수행자인 왓차곳따(Vacchagotta)는 붓다가 대답하지 않고 "제쳐둔" 열 가지 문제에 대해 붓다에게 질문한다. 이 질문 중 마지막 네 가지는 깨달은 사람의 사후 존재에 관한 것이다. 붓다는 "태어났다", "태어나지 않았다 등의 표현은 그런 사람에게는 적용되지 않는다."고 답했다. 붓다는 그들을 위해 타오르는 불을 예로 들며 풀이나 나뭇가지 등으로 타오르던 불이 연료(풀, 나뭇가지 등)가 소모되면 어떻게 꺼지는지 설명한다. 일단 불이 꺼지면 불이 동쪽, 서쪽, 북쪽 또는 남쪽 어디로 갔는지 묻는 것은 적절하지 않으며, 적절한 설명은 다음과 같다.

… 풀과 나뭇가지라는 연료에 의존하여 타는 불은 연료가 소진되면 꺼진 것으로 간주된다는 것이다.

붓다는 다음과 같은 말로 설명을 요약한다.

그래서 왓차여, 여래도 여래를 기술하는 사람이 그를 기술할 수 있는 물질적 형태를 버리고 뿌리를 잘라 종려나무 그루터기처럼 만들고 더 이상 존재하지 않도록 제거해서 더 이상 향후에 태어날 수 없다. 여래는 물질적 형태의 추산에서 해탈된다. 왓차여, 그는 바다처럼 심오하고 측량할 수 없으며 심원하다. "태어남", "태어나지 않음", "태어나기도 하고 태어나지도 않음", "태어나지도 않고 태어나지 않는 것도 아님"이라는 용어가 적용되지 않는다.[25] 〔인격의 다른 네 가지 측면에 대해서도 마찬가지이다.〕

이 논의는 두 가지 중요한 문제를 강조한다. 첫 번째는 깨달은 사람은 "연료가 떨어지면" 소멸하고 더 이상 그에 대해 말할 수 있는 다섯 가지 인격의 측면이 없다는 것이다. 불의 비유는 매우 간단하며 말하고자 하는 바가 분명하다. 마치 불이 꺼진 것처럼, 아라한이 없는 것처럼 말이다. 그에게 일어난 일은 마치 불에서 일어난 일과 같다. 만약 이것이 충격적인 문제라면, 우리가 여전히 "이 강변에" 있는 동안 그것을 바라볼 때, 이것은 우리의 문제이다. 논의에서 강조하는 두 번째 문제는 그러한 상태에 도달한 아라한이 "심오하고, 헤아릴 수 없고 심원하다."는 것이다. 이것은 불의 비유만큼 명확하지 않다. 이것은 그가 그의 육체적인 죽음 이후에 이런 용어로 묘사할

---

25 M I, p.487. 번역은 나나몰리 비구와 보디 비구, Bhikkhu Nanamoli and Bhikkhu Bodhi, 1995/2001, p.593으로부터 차용.

수 있는 지위에 이르렀다는 것을 의미하는가, 아니면 아직 살아있는 동안 그의 본성에 대한 설명인가? 아라한은 살아있는 동안 다섯 가지 성격의 측면을 가지고 있기 때문에 이 주장은 살아있는 아라한에 관한 것이 될 수 없다. 이것이 아라한의 육체적 죽음 이후의 상태를 묘사한다면, 이것은 분명히 사실인 것처럼 보이며, 그렇다면 아라한의 사후 상태는 단순히 꺼진 불꽃 이상의 것으로 간주되어야 한다. 그는 불이 연료 부족으로 꺼질 때 아무 데도 가지 않았고 앞으로도 다시 돌아올 곳이 없는 것과 같다. 그러나 반면에 아라한에게 일어난 일은 불에서 발생한 것처럼 간단하지 않다. 왜냐하면 아라한의 경우 모든 연료를 끝내는 과정은 고차 단계의 청정으로의 마음 계발을 수반하는 복잡한 활동이기 때문이다.

이 문제를 토의할 때 우리는 왓차의 질문 뒤에 숨겨진 심리를 이해할 필요가 있다. 이것은 기본적으로 자신의 존재가 없는 우주를 상상해야 한다는 실존적 불안에서 비롯된 질문이다. 영원한 천국을 제공하는 종교는 분명히 이런 뿌리 깊은 필요를 충족시킨다. 왜냐하면 그 상태에서는 자신이 영원히 존재하기에 자신이 알지 못하거나 자신의 존재 없이는 아무것도 일어나지 않기 때문이다. 이야기가 죽음에서 끝난다고 믿는 것은 상실감과 당혹감, 원한을 가진 물질주의를 인정하는 것이다. 말룽까뿟따(Malunkayputta)와 왓차, 그리고 다른 많은 사람들이 아라한의 사후 존재에 대해 의문을 제기하는 것은, 우리가 처음에 "존재에 대한 갈애"로 논의한 지속적인 존재에 대한 갈망을 특징으로 하는 이러한 심리에서 비롯된 것이다. 필자는 문맥 없이 포함된 전형적 문답을 포함한 몇 개의 짧은 교설을 제외하고는, 경전 전체를 통틀어 아라한이 이러한 일련의 질문을 실존적 불안을 유발하는 것으로 제기하는 사례를 단 한 번도 본 적이 없다.(이러한 성격의 짧은 교설은 경전에 매우 풍부하다) 보통 아라한들은 이 질문을 자신을 실존적으로 끈질기게 괴롭히는 질문으로 제기한 적이 없다. 붓다가 필요한 위로를 주기 위해 이러한 심리에 대해 결코 쉬운 답을 주려고 하지 않았다는 점도 흥미롭다.

붓다가 사람이 사후에 상주한다거나 소멸한다고 말하지 않았다는 것은 매우 분명하다. 아라한뿐만 아니라 평범한 사람에 대해서도 붓다는 이러한 주장을 하지 않았다. 그것은 명백히 상주나 단멸을 상정하기 위한 전제조건이 되는 "참되고 실체적 의미에서의 개인은 존재하지 않기" 때문이다. 그러나 평범한 "세속인"에 대한 주장은 **윤회에서** 그의 중단을 배제하는 것으로 이해되지 않았다. 그러한 사람은 출생과 죽음을 반복적으로 겪는 것으로 이해된다. 그러나 문제는, 모든 형태의 갈애를 제거하여 자아에 대한 관념을 제거한 아라한에게 일어나는 일에 있다. 만약 그의 **윤회가** 끝났고 그가 **윤회를** 계속하지 않는다면, 그의 **윤회하는** 존재는 반드시 끝나야 한다. 여타의 윤회하는 존재가 있든 없든, 결코 또 다른 **존재 형태**(bhava)가 있는지에 대해서는 의심된 적이 없다. 아라한이 육신의 죽음에 이르면 존재하거나 존재하지 않는 것은 없다.

결론

이것은 우리가 이 토론을 시작했던 질문, 즉 "청정과 해탈을 특징으로 하는 경험의 본질이 무엇인가"에로 돌아가게 한다. 초기 텍스트에서 붓다 외에도 이 점을 깨달아 말한 많은 존자들의 예가 있다.〔필자는 이 글의 앞부분에서 이들에게 귀속된 구절들, 즉 테라가타(*Theragatha*)와 테리가타(*Therigatha*)를 언급했다.〕 마지막 예로, 괴로움의 소멸을 깨달은 한 사람이 그것에 대해 이야기하도록 하자. 계율(Vinaya) 문학에 등장하는 화자는 매우 부유한 사회적 배경에서 승가에 입문했고, 붓다가 지나치게 열성적인 수행을 균형 있게 맞추라고 조언했던 소나 콜리비사(Sona Kolivisa)이다. 아라한과를 얻은 그는 스승에게 와서 루를 파괴한 사람에게 탐, 진, 치가 어떻게 사라지는지 설명하고 이것이 일상생활에서 자신의 삶의 경험에 미치는 영향을 한층 자세히 설명했다.

그러므로 세존이시여, 비록 마음이 완전히 해탈된 〔비구〕의 시야에 눈으로 볼 수 있는 물질적 형체가 매우 강력하게 들어와도, 그의 마음은 염오되지 않고, 굳건해지고, 침착하고 결과적으로 그는 그 경과를 주목합니다. 〔귀로 알 수 있는 소리, 코로 알 수 있는 냄새, 혀로 알 수 있는 맛, 몸으로 알 수 있는 촉감, 마음으로 알 수 있는 심적 대상에 대해서도 마찬가지입니다.〕 갈라진 틈도 없고 움푹 들어간 곳도 없고 하나의 무더기로 되어 있는 바위투성이의 산비탈은 마치 동쪽〔서쪽, 북방과 남방〕에서 거센 바람과 비가 오기라도 하듯 떨리지도 않고 마구 흔들리지도 않으며 동요하지도 않습니다. 그런데도 세존이시여, 만일 눈으로 볼 수 있는 형체, … 마음에 의해 인식될 수 있는 심적 대상은

그 마음이 완전히 해탈된 [비구]의 시계[등] 안으로 매우 강렬하게
들어오더라도 그를 사로잡지 않을 것입니다.…

이것이 일상생활의 살아진 체험의 관점에서 해탈된 마음이 의미하
는 바이다. 그것은 안정과 흔들림 없음을 특징으로 한다.

붓다는 종종 이 상태를 "건강"이라고 언급한다. 한때 그는 자신이
심리학적 의미에서 건강을 주장할 수 있는 소수의 사람 중 하나라고
주장했다. 자신이 매우 무기력하고 늙었다고 불평하는 매우 고령의
세대주 제자 부부인 나꿀라 마타(Nakula-mata) 및 나꿀라 삐타(Nakula
-pita)와의 명료한 토의에서, 붓다는 완전한 신체 건강은 거의 불가능
하기 때문에 정신 건강을 유지할 것을 권고했다. 이 맥락에서 그가
말하는 정신 건강이란 한 사람의 마음에서 모든 염오를 제거하여
생겨나는 총체적인 심리 건강을 가리키는 것으로 보인다. 앞서 살펴본
바와 같이, 건강을 얻는다는 이 비유는 붓다가 다섯 가지 장애에서
벗어났다는 묘사에서도 사용했다. 그러나 궁극적인 의미에서, 초기불
교 교설에서의 "건강"은 열반을 설명하는 데 사용되는 용어이다. 따라
서 열반의 실현은 심층적이고 포괄적인 의미에서 건강을 성취하는
것과 같다.

건강한 사람은 당연히 행복하다. 이에 대해 라훌라의 말을 다시
인용하겠다.

붓다 교설을 통해 삶의 평화와 행복을 찾은 비구와 비구니들의
즐거운 설화로 가득 찬 두 가지 고대 불교 경전인 『테라가타』와

『테리가타』가 있다. 코살라왕은 한때 붓다에게 수척하고 거칠고 창백하고 쇠약하고 겸손해 보이는 다른 수행자들과 달리, 붓다의 제자들은 "기쁘고 의기양양하고 득의만면하고 기가 충만하며 만족스럽고 불안에서 벗어나고 고요하고 평화로운 능력을 지니며 영적 삶을 즐기고 산양의 마음으로 삽니다, 즉 가벼운 마음으로 삽니다."라고 말했다. 왕은 이러한 건강한 성품이 "이 존귀한 자들이 세존의 가르침의 위대하고 완전한 의미를 확실히 깨달았기 때문"이라고 생각한다고 덧붙였다.[26]

붓다는 동시대 사람들에게 "항상 온화한 미소를 지었다"(mihita-pubbangama)고 묘사되었다. 상술한 왕의 기술은 이 미소가 "전염성이 있었다."는 것을 보여준다!

26 W. Rahula (1978, p.28)

제4부

불교 전통 방식으로 마음 탐구하기

까루나다싸(Karunadasa)의 11장에서는 상좌부(Theravada)의 세 번째 정경인 **아비담마**(Abhidhamma)에 대해 설명한다. 그는 명상이라는 내부 망원경을 통해 마음속을 들여다보는 주제에 초점을 맞춘다. 세밀한 인식 단계에서 우리가 보는 것은 엄밀히 말하자면 **다르마**로 알려진 경험의 가장 작은 단위이다. 이것은 "지각할 수 있는 것"과 "알 수 있는 것"이라고 명명할 수 있고 반드시 사회적으로 구성되는 것이다. 이름 붙일 수 있는 어떤 것도 반드시 문맥에 달려 있으며, 시간에 따라 변하고 궁극적으로 공하기 때문이다. 이 궁극적 공은 영원한 진리나 실재로부터 떠나 있지만, "진실"의 존재나 승가의 지역적 "실재"의 존재를 배제하지 않는다. 절대적 확실성이 없더라도, 누군가는 진실할 수 있다. "진실"이란 곤경스럽기 마련이다.(Gergen, 2000) 언어는 독립된 실재를 나타내거나 묘사할 수 없다. 따라서 **다르마**가 연기하는 세속제적 또는 '임시적 실재'를 언어와 독립적이며 사람들의 마음과 자아를 포함하는 공성이라는 '궁극적 실재'와 구분할 필요가 있다. 나-나를-나의 것/자아(I-me-mine/self)는 언어에 의해 존재한다. 언어 형식이 없으면 경험도 없다. 따라서 존재할 수 있는 유일한 방식은 "상호 존재"하는 것이다.

12장에서 야오(Yao)는 인지 과학 분야와 연결하여 추억 여행의 중간 지대, 자기 구성에 미치는 영향, 불교적 자기 해체를 탐구한다. 그는 바수반두(Vasubandhu, 4세기)에게서 영감을 받아 지속적인 건설적 대화의 정신으로, 특히 신경 현상학 분야를 고대 불교의 지혜와 연계시킨다. 이전 장과 마찬가지로 이 장도 "대해서라는 것(aboutness)"의 이론 모드로 제시된다. 인간의 삶과 기억의 신비에 대한 완전한 지적 설명이 없어도 우리는 서로 만족스럽게 관계를 맺을 수 있고 삶 속에서 우리의 길을 찾고, 공을 넘어선 불가설 문제와 씨름하지 않고도 계속 나아갈 수 있을 듯하다. 기억은 귀 사이에 자리잡은 영구적인 생리적 상관 관계가 아니라 관계 기능, 즉 개인사의 생성적 서사를 통해 자신을 식별하는 관계 구성으로 나타난다. 기억의 생리학은 기억이 발생할 때 식별이 불가능하기 때문에 현재로서는 확립하기 어렵다. 비록 유전적으로 제공되고 인간 종 내에서 보편적이지만, 우리 마음속의 기억 과정은 우리의 일상 기능에서 무엇보다도 사회적으로 명명된 담론의 성취이다. 기억하기 자체는 우리가 살고 있는 전통 내에서 관계적 의미를 지닌 서사와 행위들을 가리킨다. 따라서 붓다가 자신의 "영겁 전의 전생"을 기억했을 때, 이것은 "삶"이 업을 지닌 정서적 에피소드 기간과 같은 은유적/문화적 의미를 나타내는 것일 수 있다. 붓다는 형이상학을 버렸기 때문이다.

13장에서 파드마 드 실바(P.M.W. de Silva)는 마음의 "구조"로 들어가서, 인지, 정서, 동기부여, 주의적 측면을 조명하고 알코올 중독에 대한 삽화로 그의 치료를 보여준다. 자극-반응 악순환 메커니즘을 돌파할 수 있는 마음챙김은 불교의 공헌을 독특하게 한다. 안타깝게도 마음챙김은 서구에서 상업적 슬로건이 되었다. 불교심리학의 선구자인 저자는 다르마에서 간과된 주제인 감정에 대한 박식하고 심도 있는 분석을 제시한다. 독자는 탁월한 불교적 접근법으로 어렵지 않게 해결할 수 있는 중독 치유에 대해 알게 될 것이다. 갈망, 집착, 의존에 뿌리를 둔 이 병적인 집착은 2,600년 동안 다르마에서 다루어졌지만, 여전히 해결되지 않고 남아 있으며 현실적이고 감정에 초점을 둔 변화가 매우 필요하다. 세상은 사회 각층에서 많은 문제를 일으키는 여러 종류의 중독으로 인해 고통 받고 있다. 전 세계적으로 마약, 알코올, 음식 중독자 수가 급증하고 있으며, 일부 사람들은 다른 것에 의해 중독되어 있다. 그들은 "분노중독자(rage-o-holics)" 또는 "두려움 중독자(fear-o-holics)"이다. 불교적 입장에서 이러한 완고한 습관의 연기를 밝혀야 한다. 중독자들은 기본적으로 언제든지 수정할 수 있는 스스로 선택한 업의 의미, 의도, 행동에 대해 무지한 "탐욕 중독자"와 "증오 중독자"이다.

11장 "담마"에 관하여:
심리적 경험의 구성요소

야꾸삐띠야게 까루나다싸(Yakupitiyage Karunadasa)

담마의 세계

2,500년이 넘는 긴 역사 동안, 담마는 수많은 학파와 하위 학파를 낳았고 그 결과 엄청나게 다양한 해석이 생겨났다. 이 상황에서 제기될 수 있는 한 가지 적절한 질문은 불교사상의 모든 학파를 통합하고 다른 모든 사상의 흐름에서 담마를 분리하는 핵심 가르침을 식별할 수 있는지, 따라서 모든 학파의 차이를 초월하는 통일성을 말할 수 있는지 여부이다.

　이와 관련하여 담마가 다양한 학파를 낳은 이유를 살펴볼 가치가 있다. 한 가지 적절한 이유는 담마가 목적을 위한 수단이지 그 자체가 목적이 아니기 때문이다. "뗏목의 비유"에서 붓다는 담마를 뗏목에 비유했다. 그것은 "건넘"을 목적으로 하는 것이지 "진리"를 파악하기 위한 것이 아니라는 것이다. 담마는 목표의 실현과 관련된 도구적 가치를 지니고 있다. 이 생각의 연장선상에서 수단으로서의 담마는 여러 가지 방식으로 제시될 수 있다. 『맛지마 니까야』의 「많은 느낌 경(Bahuvedaniya Sutta)」(M 59)에 기록되어 있는 바와 같이, 붓다의 두 제자인 비구와 재가자가 느낌의 본성에 대해 격렬한 논쟁을 벌였을 때, 붓다는 두 사람에게 그들이 주제에 대해 똑같이 효과적인 접근법을 택했기 때문에 둘 다 옳다고 말했다. 이 사례에서 붓다는 아난다에게 담마가 여러 가지 다른 방식과 형태로 제시되었다고 말했다. "실제 효과가 있는 것"은 거룩한 찬송가처럼 반복될 필요가 없다. 담마는 난해하거나 신비로운 것이 아니기 때문에 여러 가지 다른 방식으로 다시 설명할 수 있다. 더 정교하게 설명할수록 담마는 더 빛을 발한다. 이와 관련하여 우리가 기억해야 할 것은 담마가 그 자체로 "실재"가 아니라 실재에 대한 기술이자 실재의 본질을 설명하는 개념적 모델이나 틀이라는 것이다. 우리는 이러한 생각이 언어, 단어, 개념으로서의 의미라는 상징적 매체를 통해 현실의 본성이 개념적 모델로 제시되었다고 주장하는 빠알리어 주석에서 공식적으로 표현되었음을 알게 된다. 실재하는 것은 여러 가지로 말할 수 있다. 따라서 다른 곳과 마찬가지로 여기에서도 담마는 절대주의를 피한다. 모든 시대와 상황에 유효한 하나의 절대적인 담마 표현 방식은 없다. 따라서 우리는 불교사상의 여러 학파를 서로 다른 개념적 모델로 간주할 수 있다. 이는 심리학으로서의 담마에도 적용된다.

　이러한 방식으로 불교사상의 여러 학파에 접근할 경우, 그것들을 하나로 묶는 기본적이거나 본질적인 불교의 가르침을 식별해야 한다. 물론 그렇게 고려될 수 있는 것이 여러 가지가 있을 수 있지만, 필자 생각에 이 선택의 후보로서 탁월한 자격을 갖추고 있는 것은 **비아**

(anatta)의 가르침이다. 붓다는 처음부터 비아의 가르침이 다른 어떤 당대 사상체계에서도 공유되지 않는다는 것을 알고 있었다. 사실 이것은 초기불교 담론 중 하나에서 명확하게 인식되고 표현되었다. 『맛지마 니까야』의 「사자후 짧은 경(Cūḷasīhanāda Sutta)」(MN 11)에서는 네 가지 종류의 집착이 있다고 말한다. 즉, 쾌락을 느끼는 것, 자아와 세계에 대한 사변적 견해, 규칙에 대한 집착(즉, 그것들이 해탈로 이어진다는 믿음으로 외부 규칙, 의식 및 금욕에 대한 집착) 및 준수 사항, 그리고 자아에 대한 교리(즉, 진정으로 존재하는 자아에 대한 견해)에 대한 것이 그것이다. 경은 이어서 네 가지 집착 중 일부만을 인식하고 기껏해야 처음 세 가지 형태의 집착을 극복하는 방법을 가르칠 수 있는 다른 스승도 있을 수 있다고 말한다. 그들이 스스로 이것을 이해하지 못했기 때문에 가르칠 수 없는 것은 자아에 대한 집착을 극복하는 것이다. 이것은 집착들 가운데 가장 미묘하고 파악하기 어려운 것이기 때문이다. 따라서 비아는 붓다의 독특한 발견이며 그의 가르침을 다른 모든 체계와 분리하는 데 결정적이다. 이 경전의 제목인 **쭐라시하나다**(Cūḷasīhanāda)는 "사자 포효에 관한 짧은 교설"을 의미한다. 이것은 붓다의 비아 가르침이 "진정한 사자의 포효처럼 대담하고 우레와 같은 소리"라는 것을 보여주기 위한 것이다.

담마를 다른 모든 흐름과 구분 짓는 가장 중요한 통찰로서 비아에 대한 견해는 불교사상의 후기 학파에서도 인정받게 되었다. 예를 들어 야소미트라(Yasomitra)의 『구사론석(Abhidharmakosavyakhya)』에서는 전 세계에 비아의 가르침을 선포하는 다른 스승은 없다고 단호히 주장한다. 붓다고사(Buddhaghosa, 5세기 상좌부 학자)는 **무상**

(anicca)과 **괴로움**(dukkha)의 특성은 붓다가 출현하든 그렇지 않든 알 수 있지만, 비아의 특성은 붓다가 없으면 알 수 없다고 말했다. 비아에 대한 지식은 붓다 외에는 아무도 알 수 없기 때문이다. 세존은 어떤 경우에는 무상을 통해, 어떤 경우에는 괴로움을 통해, 어떤 경우에는 양자 모두를 통해 비아를 나타낸다. 그 이유는 무엇인가? 무상과 괴로움은 분명하지만 비아는 분명하지 않고, 그 특성이 모호하고 난해하며, 통찰하고 설명하고 기술하기 어렵기 때문이다. 불교사상사에서 자아론을 공개적으로 인정한 불교 학파는 없었다. 모든 학파가 지키기 위해 최선을 다한 가르침이 있다면, 그것은 비아에 대한 가르침이다. 게다가 모든 불교 학파는 일부 자아 이론을 옹호한다는 비판에 매우 민감했다. 동시에 일부 불교 학파는 모종의 감추어진 자아론을 인정하는 것에 준하는 특정 이론을 개발했을 수 있다. 예를 들어 **독자부**(Vatsiputriyas)는 심적 상태와 동일하거나 다르지 않은 일종의 준영구적 자아를 인정했다. 그러나 여기서 중요한 것은 독자부가 자신의 학파 이론이 감추어진 자아론이라는 비판을 강력하게 부인했다는 사실이다. 그들의 항의와 부정에도 불구하고, 다른 불교도들은 여전히 냉소적으로 그들을 "이단"으로 취급했다.

비아의 가르침이 담마에 고유한 것임은 분명하다. 무엇보다 비아의 가르침은 다른 모든 견해와 형이상학적 사변으로부터 담마를 분리시킬 뿐만 아니라 인과적 원인에 대한 포괄적 설명을 제공한다. 자아 관념은 심리적 기원을 갖는다. 일련의 인지적 사건으로 구성된 모든 인지 행위에서 자아를 소유하려는 의식의 잠재적 경향이 깨어나고 점차 고착화되어 결국 마지막 단계에서 완전히 결정화된다. 불교도는 이 과정을 개념적 증식이라고 부른다. 자아의식은 일단 생겨나면 공한 상태에서 존재할 수 없다. 그것은 구체적 형태와 내용이 필요하다. 그렇지만 깨닫지 못한 범부는 5온 또는 심리적 양상(색·수·상·행·식)과 관련하여 자신의 자아의식을 식별한다. 식별 과정은 다음과 같은 형태를 취한다. 이것은 "나의 것"이고, 이것은 "나"이며, 이것은 "나의 자아"이다. 그중 첫 번째는 **갈애**(tanha), 두 번째는 **자만**(mana), 세 번째는 **잘못된 견해**(ditthi)에 기인한다. 자만이라고 불리는 것은 전 이성적이지 않은 수준에서 발생하는 반면, 자기에 대한 관념은 갈망에 의해 조건 지워지지만 성격 관점이라고도 하는 기본적인 성찰 수준에서 발생한다. 그것은 개인의 성격을 구성하는 심리적 유기체 중 개인의 인격을 구성하는 오온의 하나 또는 다른 하나와 동일하거나 소유하거나 포함하거나 포섭하는 여러 가지 방법 중 하나로서 심신복합체에 영속하는 자아의 존재를 확인한다. 그러나 일단 자아관이 생겨나면 그것은 무수히 많은 우주론적, 형이상학적, 신학적, 사변적 이데올로기의 기초가 된다. 이와 같이 우리는 『상윳따 니까야』에서 세상에서 일어나는 다양한 견해가 바로 인격에 대한 견해 때문에 생겨나며 인격에 대한 견해가 없으면 존재하지 않는다는 것을 알게 된다.

이 장의 나머지 부분에서는 필자가 "**담마** 이론"이라고 부르는 것에 따라 비아 실상에 관한 **담마**의 핵심 교설을 설명할 것이다.

"담마"의 세계

담마[1] 이론(여기서 상좌부 학파에 의해 공표된 붓다의 가르침을 나타내는 대문자 D가 있는 담마와 대조적으로 소문자 d)은 어느 한 학파에만 국한된 것이 아니라 모든 초기 학파에 침투하여 **아비담마**(Abhidhamma)의 다른 버전을 발전시킨 것이다. 설일체유부 이론(설일체유부는 3세기 초 '존재하는 모든 것'에 대한 이론을 설명하는 불교 학파)은 중관학파(나가르주나가 주창한 4세기 대승학파)의 비판을 받았고, 많은 현대 학자에 의해 비판적으로 연구되었다. 그러나 상좌부 버전은 주목을 덜 받았다. 이 빠알리 **아비담마**(붓다의 설법과 승가 계율에 관한 다른 두 장과 함께 장로들의 '경전'의 가르침을 함께 구성하는 삼장 중 하나)가 초기 형태의 담마 이론 중 하나를 포함하고 있으며, 아마도 가장 오래된 판본일 것이라고 믿는 데에는 타당한 이유가 있다. 이 이론은 고정된 상태로 머물지 않고 불교사상가들이 이 이론의 의미를 밝히고 비판적 지식인에게 제기된 문제에 대응하기 위해 노력함에 따라 몇 세기 동안 끊임없이 발전했다. 따라서 **담마** 이론은 처음에는 **아비담마** 주석에 의해 그리고 나중에는 주석 문헌과 아비담마 중세 시기의 개요, 즉 이후 지속적으로 주석이 형성되어 『아비담마타상가(Abhidhammattha -Sangha)』와 같은 소위 "작은 손가락 매뉴얼"에 의해 계속 풍부해졌다.

이 장에서 필자는 담마 이론의 기원과 발전의 주요 단계를 추적하고 그 함의를 살펴보고자 한다. 첫 번째 부분에서는 초기 버전의 아비담마

---

1 담마(dhamma)라는 용어는 경험적 존재의 궁극적 자료일 뿐만 아니라 열반의 무조건적 상태를 의미한다. 그러나 이 연구에서는 앞의 측면만을 고려했다.

로 대표되는 이론을 다룬다. 이 단계에서 이 이론은 아직 정확하게 표현되지 않았다. 하지만 여전히 **아비담마** 분석의 무언의 전제로서 배경에 남아 있었다. 초기 **아비담마** 사상의 함의를 파악하고자 하는 시도는 바로 주석의 시대에 이루어진 것을 대상으로 한다. 필자가 두 번째 부분에서 논의할 내용은 이러한 이론의 발전에 대한 것이다. 마지막으로 세 번째 부분에서는 **담마** 이론으로 학계의 주목을 받은 다른 두 가지 주제, 즉 **명목적인 것과 개념적인 것**(pannati)이라는 범주와 이중 실재 이론을 토의할 것이다. 이 두 가지 모두 우리의 일상, 우리 자신에 대한 일상적인 이해, 그리고 우리가 살고 있는 세계를 인식하는 방식과 관련하여 **담마** 이론의 타당성을 유지하는 데 필요한 조치로 여겨진다.

"담마" 이론의 초기 버전

아비담마 이론은 **담마**의 해석에서는 혁신적이지만 아비담마의 이론을 구성하는 정형화와 기본 구성요소는 개별적 경험과 외부세계와의 관계를 분석하고자 하는 초기불교 경전으로 거슬러 올라간다. 붓다의 교설에는 이와 같은 다섯 가지 분석 방식이 등장한다. 첫째, 마음 또는 정신(名)과 몸/신체(色)[2]에 대한 분석은 경험적 개인의 정신적

---

2 여기서 언급한 것은 일반적인 의미이다. 특별한 의미에서 명색(nama-rupa)은 다음과 같은 정신-물리적 측면을 의미한다. "감각, 지각, 의지, 접촉 및 주의-이 것을 이름(명)이라고 한다. 네 가지 물질 요소와 그것에 의존하는 형태-이것을 물질(색)이라고 한다."(S II, 3) 자주 반복되는 "식에 **의존한 명색이기 때문에**"라는

측면과 육체적 측면이라는 두 가지 주요 구성요소를 규정한다는 점에서 가장 기본적이다. 두 번째 분석은 5온(칸다 또는 산스크리트어 스칸다), 즉 육체성(색), 감각적 느낌(수), 인지/이미지(상), 감정/행동(행), 의식/자각(식)에 대한 것으로 구성된다.[3] 세 번째는 여섯 가지 요소(dhatus), 즉 흙(pathavi), 물(apo), 온도(tejo), 공기(vayo), 공간(akasa) 및 의식(vinnana)에 대한 것으로 구성된다.[4] 네 번째는 눈, 귀, 코, 혀, 몸/피부, 마음/뇌 및 그에 상응하는 대상, 즉 보이는 형체, 소리, 냄새, 맛, 촉각 및 심적 대상의 12가지 감각 지각과 심적 인식(ayatanas)의 경로에 대한 것이다.[5] 다섯 번째는 감각기관과 대상 사이의 접촉에서 발생하는 여섯 종류의 의식을 감각기관과 대상에 추가해서 합한 18가지 요소(dhatus, *18계)에 대한 것이다. 6가지 추가 항목은 시각, 청각, 후각, 미각, 촉각 및 심적 의식이다.[6]

이러한 분석을 사용하는 불교의 목표는 다양하다. 예를 들어, 온(khandha) 분석의 주요 목적은 온 내부나 외부에 소위 경험적 개성을 구성할 수 있는 자아가 없음을 보여주는 것이다. 어떤 온도 "나"에 속하지 않고, "나"에 해당하지 않으며, "나의 자아"도 아니다.[7] 따라서 이 분석의 주요 목적은 비인격적이고 자아가 없는 심신 복합체에 "나의 것", "나"와 "나의 자아"의 침입을 방지하는 데 있다. 다른 한편으

진술에서 이 언급은 특별한 의미를 지닌다.

3 See e.g. S III, 47, 86-87; M III, 16.

4 See e.g. S II, 248; III 231.

5 See e.g. D II, 302; III, 102, 243; A III, 400; V, 52.

6 See e.g. S II, 140; D I, 79; III, 38; A I, 255; III, 17.

7 S III, 49.

로, 의식이 영혼도 아니고 영혼 실체의 확장도 아니며 특정 조건의 결과로 발생하는 심리적 현상이라는 것, 자체적으로 존재하는 독립적인 의식은 없다[8]는 것을 보여주기 위해 18가지 요소(18계)로 분석하는 경우가 종종 있다. 유사한 방식으로 각 분석은 지각 있는 존재의 특정 특징을 설명하는 데 사용된다. 사실, 불교의 가르침이 그 근본 교리를 구성하는 것은 이 다섯 가지 분석과 관련해서이다. 적어도 다섯 종류의 분석이 있다는 바로 그 사실은 그것들 가운데 어떤 것도 최종적이거나 절대적인 것으로 간주될 수 없음을 보여준다. 각각은 총체적으로 경험의 세계를 나타내지만, 그것이 조명하고자 하는 특정 주제에 의해 결정된 실용적인 관점에서 그것을 나타낸다.

아비담마 법 이론은 이 다섯 가지 유형의 분석이 지닌 완전한 함의를 끌어내려는 시도에서 발전했다. 각 분석을 다른 네 가지와 관련하여 살펴보면 추가 분석이 가능한 것으로 밝혀졌다. 첫 번째 분석인 정신과 신체에 대한 분석이 더 가능하다는 것은 두 번째 분석인 오온에 대한 분석에서 알 수 있다. 두 번째 분석에서는 신체의 심리적 구성요소를 감각, 인지, 정동 및 인식/의식으로 분석하기 때문이다. 온('모임' 또는 양태를 의미)에 대한 분석도 더 자세히 진행할 수 있다. 이는 신체를 지, 수, 화, 풍, 공간 및 의식의 여섯 가지 요소로 분석하면 알 수 있다. 여기서 이 여섯 가지 요소는 또한 하나의 항목으로 간주되는 의식이 온 분석에서는 네 가지로 이루어진다는 사실에서 알 수 있듯이 더 분석할 수 있다. 감각 지각(6근)과 대상인지(6경)의 12가지

---

8 Cf. M III, 281.

양태로 분석하고 다음으로 18가지 요소(18계)로 분석할 때도 마찬가지
이다. 후자는 전자를 보완한 것이다. 이 분석이 최종적인 것으로
간주될 수 있는가? 이 가정은 거부해야 한다. 왜냐하면 의식은 여기에
서 여섯 가지로 분류되어 있지만, 그 불변하는 심소와 세분된 요소는
별도로 언급되지 않기 때문이다.[9] 따라서 다섯 가지 분석 중 어느
것도 최종의 것으로 간주될 수 없음을 알 수 있다. 각각의 경우,
하나 이상의 항목을 추가로 분석할 수 있다.

이것이 아비담마 논사들이 또 다른 분석 방식을 발전시키게끔
한 사유 방식이며, 그들의 견해로는 더 이상의 분석이 불가능하다.
모든 **아비담마** 체계에 어느 정도 공통적인 이 새로운 발전은 경험
세계를 담마(dhammas, 빠알리어) 또는 다르마(dharma, 산스크리트어)
로 알려지게 된 것으로 분석하는 것이다. 담마(dhamma)라는 용어는
붓다의 설법에서 주요 부분을 차지한다. 그것은 다양한 의미로 나타나
며 그 의미는 특정 맥락에 따라 결정되어야 한다. 그러나 아비담마에서
이 용어는 분석 과정이 궁극적 한계에 도달했을 때 발생하는 항목을
언급하면서 보다 기술적인 의미를 가정한다. 예를 들어 상좌부 **아비담
마**에서 물질적 온은 색법(rupa-dhamma)이라고 불리는 28개의 항목
으로 세분화된다. 다음 세 가지 집합체인 감각, 인지, 정동은 심소
(cetasikas)라고 불리는 52개의 항목으로 함께 배열된다. 다섯 번째,
의식意識은 89가지의 한 항목으로 간주되며 심(citta)이라고 한다.[10]

---

9 감각, 지각, 인지, 개념, 시각화, 의도, 환각, 동기, 감정 등 심리학과 관련된
  모든 용어와 주제(편집자).

10 *Dhammasangani*, 5ff 참조.

따라서 **담마** 분석은 앞의 다섯 가지 분석 방식에 추가된다. 그 범위는
의식적 경험의 세계와 동일하지만 그 구분은 더 미세하고 더 철저하다.
이러한 상황 자체는 초기 전통에서 근본적으로 벗어나지 않는데 이는
아직 초기불교의 가르침과 상반되는 존재론을 포함하고 있지 않기
때문이다. 그러나 주의해야 할 상황이 있다. **담마**에 대한 분석이
가장 완결적이기 때문에 이전의 다섯 가지 분석 방식은 그 아래에
다섯 가지 하위 범주로 포함된다는 점이다.

   이러한 **담마**의 정의와 분류, 그리고 상호연관성에 대한 설명은
아비담마의 주요 주제를 형성한다. **아비담마** 논사는 주어진 항목을
올바르게 이해하는 것이 담마의 이론적, 실천적인 분야에서 인정되는
모든 측면과 모든 관계에서 그것을 아는 것이라고 가정한다. 따라서
그들은 **아비담마**에서 동일한 자료를 다른 방식과 다른 관점에서 분류
했다. 이것은 『담마상가니(Dhammasangani)』와 다른 **아비담마** 논서에
서 무수히 많은 분류 목록을 접하게 되는 이유를 설명한다. 이러한
목록은 반복적으로 보일 수 있지만, 단조롭더라도 유용한 목적을
달성하여 각 **담마**의 특성뿐 아니라 다른 **담마**와의 관계를 선명하게
한다.

   이와 같은 목표를 염두에 두고 **담마**의 본성을 이끌어낼 때 **아비담마**
는 두 가지 보완적인 방법, 즉 (*차별적) 분석(bheda)과 종합(sangha)
의 방법을 사용한다. 분석 방법은 『담마상가니』에서 지배적이다.
전통에 따르면, **아비담마**의 첫 번째 책인 『담마상가니』에는 각각의
간결한 정의를 갖는 완전한 **담마**의 목록이 나와 있다. 종합적 방법은
아비담마의 마지막 책인 『빠타나(Patthana)』의 특징이다. 여기서 우리

는 **담마**의 조건적 관계에 대한 철저한 목록을 찾을 수 있다. 이 두 가지 방법을 함께 사용하면 **아비담마**에서 사용된 방법론적 체계, "어떤 사물에 대한 완전한 설명은 분석 외에도 다른 어떤 것들과의 관계에 대한 진술도 필요하다"는 것을 알 수 있다.[11] 따라서 만약 분석이 **아비담마** 방법론에서 중요한 역할을 한다면, 그에 못지않은 중요한 역할은 종합이 할 것이다. 분석에 의하면 경험 세계는 여러 가지 요소로 분해될 수 있다. 종합은 이러한 요소가 그 자체로 존재하는 별개의 실체가 아니라 복잡한 관계망에서 상호 연결되고 상호 의존적인 연결점임을 보여준다. 사물을 인위적으로 분해하는 것은 정의와 설명을 위한 목적일 뿐이다. 실제로 우리가 경험하는 세계는 밀접하게 얽힌 관계로 이루어진 광대한 네트워크이다.

이 사실을 강조할 필요가 있는 이유는 **아비담마 담마** 이론이 때때로 급진적 다원주의로 표현되어 왔기 때문이다. 체르바츠키(Stcherbatsky)의 저작[12]은 설일체유부 자료에 기반하여 용인할 수 없는 잘못된 해석을 유포시켰다. 니야나포니카 테라(Nyanaponika Thera)에 따르면, "현재까지 물리학, 형이상학, 심리학의 역사에서 전체가 분석으로 성공적으로 해체되었을 때, 부분을 작은 전체로 간주하는 일이 흔히 발생했다."[13] 이것은 급진적 다원주의의 정점을 이루는 과정이다.

---

11 Nyanaponika Thera (1976). *Abhidhamma studies: Researches in Buddhist Psychology*. Kandy, Ceylon: Buddhist Publication Society (p.21).

12 Cf. *The central conception of Buddhism and the meaning of the word "Dharma"*. London: Asiatic Society, 1923; *Buddhist Logic* (Vol.1, Introduction). New York: Dover Publications, 1962 (reprint).

앞으로 살펴보겠지만, **담마** 이론이 공식화된 지 약 100년 후, 그러한 경향은 불교사상의 특정 학파 내에서 표면화되었다. 그것은 **담마**가 삼세에 걸쳐 모두 존재한다는 견해에서 정점에 달했다. 그러나 빠알리 **아비담마**(Pali Abhidhamma)는 **담마**를 궁극적인 단일체 또는 개별적인 실체로 생각하는 이러한 오류에 빠지지 않았다. 빠알리어 전통에서는 단지 정의와 설명을 위해서만 각 **담마**가 마치 별개의 실체인 것처럼 가정된다. 그러나 실제로는 결코 그 자체로 존재하는 독립적 현상이 아니다. 이것이 바로 심리적 물질적 담마가 종종 상호 연계된 집합체로 제시되는 이유이다. 그렇게 제시함으로써 협소한 분석 방법에 내재한 위험을 피할 수 있었다. 여기서 위험이란, 분석 결과의 요인을 진정으로 분리된 개체의 지위로 격상시키는 것을 말한다. 따라서 분석 결과 복합적인 사물을 궁극적인 단일체로 간주할 수 없다는 것이 밝혀지면, 종합은 외견상 복합적인 것으로 분석되는 요소들이 개별적인 개체가 아니라는 것을 보여준다.[14]

　담마 이론에서 볼 수 있듯이, 이러한 **아비담마** 존재관은 급진적 다원주의로 해석될 수 없고 완전한 일원론으로도 해석할 수 없다. 왜냐하면 **담마**라고 불리는 것, 즉 우리 안팎에서 일어나는 현상 경험의 구성요소는 절대적인 단일성의 일부가 아니라 함께 조직되는 요소들의 복합체이기 때문이다. 그것들은 일원론적 형이상학의 근본적 가정인 단일 실재로 환원될 수 없고 거기에서 나오지도 않는다. 만약 그것들이 현상으로 해석된다면, 이것은 상응하는 **본체들**(noumena)

13 Nyanaponika Thera (1976, p.41).

14 *Visuddhi Magga*, 137.

이 없는 현상이라는 전제하에 이루어져야 한다. 왜냐하면 그것들은 어떤 신비한 형이상학적 기질의 표현이 아니라 여러 조건의 상호작용으로 인해 일어나는 과정이기 때문이다.

이렇게 일원론이나 다원론적 용어 어느 쪽으로도 해석할 수 없는 존재관을 발전시키면서, **아비담마**는 모든 것이 절대적으로 존재한다고 주장하는 상주론적 존재관과[15] 그 반대로서 절대적으로 아무것도 존재하지 않는다고 주장하는[16] 단멸론적 관점을 모두 피하는 "중도관"에 상응한다. 그것은 또한 모든 것이 공통의 근거, 일종의 자기 실체로 환원될 수 있다는 일원론적 견해를 피한다.[17] 그리고 다른 한편으로는 존재 전체가 별개 실체들의 연결로 분해될 수 있다는 반대편 극단의 다원론적 견해[18]도 피한다. 중도관점은 이 두 쌍의 극단적인 견해를 초월하여, 현상이 독립적이지 않고, 그 존재의 근거가 되는 자립적 **본체**(noumenon) 없이 다른 현상에 의존하여 발생한다고 설명한다.

담마의 상호 연결과 상호 의존은 본체와 속성의 이분법에 근거해서 설명되지 않는다. 그러므로 특정 **담마**는 다른 것 안에 그 속성으로서 내재하지 않으며 그 본체로서 다른 것에 기능하지도 않는다. 이른바 본체는 상상의 산물일 뿐이다. 본체와 속성 사이의 구별은 부정된다. 왜냐하면 이러한 구별은 실체적 자아 이론과 그에 수반하는 모든 것을 허용하게 되기 때문이다. 그러므로 원인과 조건을 고려해야만

---

15 S II 17, 77.

16 Ibid.

17 S II 77.

18 Ibid.

담마의 상호 연계를 이해할 수 있다. 조건을 구성하는 것은 **담마**
자체이기 때문에 조건은 **담마**와 다르지 않다. 어떻게 각각의 **담마**가
다른 **담마**의 발생을 위한 조건으로 작용하는지는 조건 발생의 체계에
기초하여 설명된다.[19] 24개의 조건으로 구성된 이 체계는 모든 **담마**의
시간적 순서와 공간적 수반성 모두의 관점에서 상호 의존성과 연기적
상호발생을 증명하기 위한 것이다.

"담마" 이론의 전개

전술한 내용은 빠알리 **아비담마**, 특히 『담마상가니(Dhammasangani)』
와 『빠타나(Patthana)』에 제시된 **담마** 이론의 초기 단계에 대한 간략한
요약이다. 담마 이론이 정형화된 지 약 100년 후 그에 대한 반작용으로
개아론(puggalavada)[20]으로 알려지게 된 이론이 나타났고, 이 이론은
담마의 속성에 대해 심화된 설명을 제시했다. 여기서 초기불교의
담론에 따르면 "인격"(puggala)이라는 심리적 개념 자체가 부정되지
않는다는 점에 주목해야 한다. 만약 그것이 온(khandhas)과 구별되는

---

19 짧지만 명쾌한 설명은 Narada Thera, *A manual of Abhidhamma*(Vol. II, pp.87
   ff)를 참조하시오. Colombo, Ceylon: Yajirarama, 1957.

20 Demievielle, P (trans.), *L'origin des sectes bouddhiques d'apres paramartha.*
   Mélanges Chinois et Bouddhiques, Vol. I, 1932, pp.57ff; Masuda, J.(trans.),
   Origin and doctrines of Early Indian Buddhist schools (translation of Vasumi-
   tra's Treatise). Asia Major, Vol. II, 1925, pp.53~57; Conze, E. *Buddhist thought*
   in India (pp.122ff). London: Unwin, 1962; Warder, A.K. *Indian Buddhism*
   (pp.289ff). Delhi: Motilal Banarsidass, 1970.

영속적 개체 또는 온들 안의 행위자가 아니라, 단순히 인과적으로 연결되고 끊임없이 변화하는 다섯 온(khandhas)의 합계라고 이해된다면 말이다. 담마 분석의 관점에서 이것은 온(khandha)이라는 용어를 담마(dhamma)라는 용어로 대체해서 다시 설명할 수 있다.

그러나 인격 개념을 정의하는 이러한 방식은 일부 불교도들을 만족시키지 못했다. 그들의 견해로는 상좌부가 제시한 **담마** 이론은 개인의 완전한 비인격화를 가져왔고 결과적으로 윤회와 도덕적 책임과 같은 개념을 적절하게 설명하지 못했다. 따라서 이 사상가들은 사람을 **온**이나 **담마**와 구별되는 추가적인 실재로 상정할 것을 주장했다. 『카타바투(Kathavatthu)』에 기록된 바와 같이, 뿌드갈라론자(개아주의자)의 주요 주장은 뿌드갈라가 실제적이고 궁극적(승의적)인 의미로 알려져 있다는 것이다.[21] 여기서 다룰 필요는 없지만, 이 제안에 반대하는 많은 반론이 제시된다. 하지만 우리가 관심을 갖는 것은 상좌부의 경우, 뿌드갈라가 실제적이고 승의적인 의미로 알려져 있다는 것을 부인하면서 온(khandhas) 또는 **담마**가 실제적이고 승의적인 의미로 알려져 있다는 것을 인정한다는 것이다. 따라서 상좌부 관점에서 실제적이고 승의적인 것은 인격이 아니라 그것을 구성하는 **온** 또는 **담마**이다.[22]

이제 **담마**의 본질을 나타내는 것으로서 **"실재하는"**(saccikattha)과 **"승의적인"**(勝義的인, paramattha)이라는 두 단어를 사용하는 것은 상좌부가 사람의 실재를 부정하면서 **담마**의 실재를 지나치게 강조했다

---

21 *Kathavatthu*, 1ff. 그 주석의 관련 절도 참조하시오.

22 Ibid.

는 인상을 주는 것으로 보인다. 이것은 **담마**가 그 자체로 존재하는 실재하고 독립적인 실체라는 것을 인정하는 것인가? 그러한 결론은 지지할 수 없는 것처럼 보인다. 왜냐하면 만약 **담마**가 실재적이고 승의적인 것으로 정의된다면, 담마가 절대적 실체의 성질을 가지고 있다는 의미가 아니라, 그것들이 다른 어떤 실재, 담마의 기저에 있는 어떤 종류의 실체로 더 이상 환원될 수 없다는 것을 의미하기 때문이다. 다시 말해 그것들이 그 속에서 생겨나 최종적으로 회귀하게 하는 배후의 실체가 없다는 것이다. 이것은 사실상 **담마**가 경험적 존재에 대한 **아비담마식** 분석의 최종 한계를 나타낸다는 것을 의미한다. 따라서 이 새로운 정의는 상좌부가 제시한 **담마** 이론의 경험적 토대를 약화시키지 않는다. 이 견해는 **담마**가 존재하지 않은 채 생겨나고 어떤 잔여물도 없이 사라진다는 초기 경전에 나타난 진술과 일치한다.[23]

담마와 달리 이 인격이 실재하는 것으로 간주되지 않고 결국 설명이 필요한 이유는 무엇인가? 인격은 경험적 개인을 구성하는 인과적으로 연결된 정신적 육체적 **담마**의 총합이기 때문에 더 많은 분석이 필요하다. 분석의 대상이 되는 것은 환원 불가능한 인식의 기준이 될 수 없다. **담마**에 대해서는 그 반대의 상황이 참이다. 이것은 두 가지 현실 수준, 즉 분석이 가능한 수준과 더 이상의 분석이 불가능한 수준에 초점을 맞춘다. 분석 가능성은 복합체의 표식이며, 분석 불가능성은 기본 구성요소(담마)의 표지이다.

---

23 Cf. *Patisambhida Magga*, 76 and *Visuddhi Magga*, 512d.

상좌부식 **담마** 이론에 두드러진 흔적을 남긴 또 다른 논쟁은 삼세실유에 관한 것이다. 설일체유부(Sarvastivadins)가 발전시킨 이 이론에서 새로운 점은 그것이 **담마** 교의에 형이상학적 차원을 도입하여 그 경험적 토대가 약화 될 수 있는 길을 열었다는 것이다. 왜냐하면 이 이론은 현상으로서 **담마**의 현실적 존재와 본체로서의 이상적 존재 사이에 경험적으로 검증할 수 없는 구별을 하기 때문이다. 그것은 모든 **담마**의 **본체**가 과거, 현재, 미래의 세 가지 시간 구분 모두에서 지속되는 반면 현상으로서의 현현은 무상하고 변화할 수 있다고 가정한다. 따라서 **담마**는 현 순간에만 존재하지만 본질적으로 삼세 모두에 계속 존재한다. 이 삼세실유론은 **담마** 이론을 자성 이론(svabhava-vada)으로 변형시켰고, 범주적 가정이 아니더라도 본체와 속성 간의 구별에 대한 인식을 모호하게 만들었다. 여기서 우리의 관심을 끄는 것은 비록 상좌부 사람들이 가섭 문도들(Kasyapias)[24]에 의해 수용되고 조건부적 형태를 포함한, 삼세실유에 관한 이 형이상학적 이론을 거부했지만, 상좌부 형식의 담마 이론에 영향을 미쳤다는 사실이다. 이것은 처음으로 sabhava(Sanskrit: svabhava)라는 용어가 담마의 동의어로 사용된 스리랑카의 "후기 경전" 문헌에서 볼 수 있다. 따라서 "담마([d]hammas)는 고유한 특성(자성)을 지니고 있기에 그렇게 불린다."[25]는 정의가 반복되었다. 문제는 다음과 같다. 상좌부는 자성

---

24 Karunadasa, Y. Vibhajyavada versus Sarvastivada: The Buddhist controversy on time. *Kalyani: Journal of Humanities and Social Sciences*, Vol. II, pp.16ff, 1983 참조.

25 Cf. e.g., *Maha Niddesa Atthakatha*, 261; *Dhammasangani Atthakatha*, 126;

(sabhava)이라는 용어를 설일체유부와 같은 의미로 사용했는가? 상좌부는 **담마**가 삼세에 실유한다는 형이상학적 견해를 가정했는가? 이것은 비아(anatta)라는 불교 교리의 핵심에 어긋나는 이분법인, 담마와 담마의 자성, 담지자와 담지물 사이에 이원성이 있다는 것을 인정하는 것이 아닌가?

이러한 상황은 **담마**를 정의할 때 아비담마 이론가들이 사용하는 논리의 맥락에서 고려되어야 한다. 이 논리에는 크게 세 가지 주요 정의와 관련된다. 첫 번째는 정의할 대상에 행위자를 부여하기 때문에 행위자 정의라고 한다. 예를 들어 "생각하는 것"으로 **마음**(의식)을 정의하는 것이 그러한 것이다.[26] 두 번째 정의는 도구적 정의라고 하는데, 정의할 대상에 도구성을 부여하기 때문이다. 예를 들어 "사람이 그것을 통해 생각하는 것"으로서 **마음**(citta)의 정의가 있다.[27] 세번째는 본질에 의한 정의로, 정의되는 사물의 추상적 본질이 초점의 대상이 된다. 예를 들어 "단순한 생각 행위 그 자체는 **마음**이다."[28]와 같은 정의이다. 처음 두 종류의 정의는 잠정적이며 따라서 궁극적 관점에서 타당하지 않다고 주장된다.[29] 이는 **담마**가 실제로는 단일하고 독특한 현상이지만 행위자와 수단의 속성이 이중성을 부여하기 때문이다. 이러한 귀속은 또한 주어진 **담마**가 자성을 지닌 실체이거나

Visuddhimagga Sannaya, v.6.

26 *Abhidhammatthasangaha Vibhavini Tika*, 4 참조.

27 Ibid.

28 Ibid.

29 Ibid.; cf. *Visuddhi Magga*, 141.

어떤 종류의 작용을 수행하는 행위자라는 잘못된 가정으로 이어진다. 이러한 정의는 잠정적 귀속[30]에 근거한 것으로서 궁극적으로 타당하지 않다고 한다.[31] 그것은 관례의 문제이며 전달될 아이디어의 파악을 용이하게 하기 위한 것이 유일한 목적이다.[32] **담마**에는 실제 그러한 이원성이 결여되어 있지만, **담마**를 정의할 때 마음은 이원성을 가정한다.[33] 따라서 행위자와 도구적 정의 모두는 기술의 편의를 위해 의존하는 것이고 그 자체 직접적으로 문자적 의미로 이해되어서는 안 된다. 반면에 본질에 의한 정의는 궁극적인 의미에서 인정될 수 있다.[34] 이것은 이러한 종류의 정의가 단일한 담마 안에 이중성이 있다는 잘못된 관념을 일으키는 속성들을 행위자나 도구성에 부여함 없이 특정 **담마**의 실제 본질에 초점을 맞추기 때문이다.

이러한 의미 맥락에서 자성을 지니는 **담마**라는 정의를 이해해야 한다. 분명히 이것은 행위자에 따른 정의이므로 그 타당성은 잠정적이다. 그러므로 이 정의에서 우리는 주어진 **담마**가 그 본질이나 "자성"의 실질적 담지자라고 결론을 내릴 수 없다. **담마**와 **자성**의 이중성은 정의의 편의를 위해 만들어진 속성일 뿐이다. 왜냐하면 실제로 두 용어 모두 동일한 실재를 나타내기 때문이다. 따라서 **자성**과 별도로 **담마**라는 별개의 실체가 없으며,[35] **자성**(sabhava)이라는 용어는 **담마**

---

30 Cf. *Abhidhammavatara*, 117; Ibid. 16.

31 *Visuddhi Magga*, 484.

32 Ibid. 491.

33 *Dighanikaya Tika*, 28.

34 *Abhidhammavatara*, 16; *Abhidhammatthasangaha Vibhavini Tika*, 4.

35 *Abhidhamma Mulatika*, 21.

라는 단순한 사실을 의미한다.[36] **담마**가 그 자성과 구별되는 기능이 없다면,[37] 그리고 **담마**와 **자성**이 같은 것을 나타낸다면,[38] **담마**는 왜 그 자성을 담지한 기능을 부여받는가? 왜냐하면 이것은 **담마**와 구별되는 행위자를 인정함을 의미하기 때문이다. 이것은 가르침을 받아야 할 사람의 성향에 부합하기 위해서뿐만 아니라[39] **담마** 뒤에 어떤 행위자도 없다는 사실을 우리에게 각인시키기 위한 것이다.[40] 강조되는 요점은 감각 경험의 역동적인 세계란 궁극으로 환원되는 동일한 **담마** 이외의 것을 원인으로 하는 것이 아니라는 것이다. 우연적 존재의 다종성(varieties)과 다양성(diversity)을 설명하는 것은 인과관계를 통한 법의 상호 연결이지, 법의 형이상학적 근거가 되는 초경험적 현실이 아니다. 정신적, 물질적 현상의 흐름 위에 신성한 창조주가 존재하는 것이 아니기에[41] 창조주인 신의 명령으로 인한 것도 아니다.[42]

달리 말하자면, **담마**는 그 자체의 본성을 지닌 것으로 정의되며, 모든 **담마**는 다른 **담마**와 공유되지 않는 뚜렷한 경험적 존재 사실을 나타낸다. 따라서 **자성**은 다른 사람들이 공유하고 있지 않은 것,[43]

---

36 Ibid. 70.

37 *Abhidhammavatara*, 210.

38 *Abhidhamma Mulatika*, 121.

39 *Dighanikaya Tika*, 76.

40 Ibid. 673; cf. *Abhidhamma Mulatika*, 66; 또한 *Visuddhimagga Sannaya*, V 184, *Visuddhi Magga*, 484 참조.

41 *Visuddhi Magga*, 513.

42 Ibid.

43 *Visuddhi Magga*, 482

각 **담마**의 특유한 본성,[44] 다른 **담마**가 예측할 수 없는 고유한 성질로
정의된다.[45] 이것은 그것들이 생겨났다가 마침내 사라지며 다른 본성
이 없다는 것을 깨닫게 하는 잠정적 장치일 뿐이다.[46] 이제 **자성**으로서
의 **담마**에 대한 이러한 주석적 정의는 중요한 문제를 제기한다. 왜냐하
면 그것은 『**빠띠삼비다 막가**(Patisambhida Magga, 無碍解道)』에 기록된
초기 상좌부 전통에 위배되기 때문이다. 이 경전은 온(khandhas)에는
자성이 없다고 한다.[47] **담마**는 오온의 기본 구성요소이고 공하기 때문
에 **담마** 역시 자성이 없음을 의미해야 한다. 더욱이 바로 그 **자성**이라는
용어의 사용은 그것이 사용되는 모든 조건에도 불구하고 특정 **담마**가
그 자체로 존재한다는 인상을 주지 않는가? 그리고 이것은 **담마**가
일종의 본체라는 것을 인정하는 것과 같지 않은가?

　주석가들은 이러한 의미를 모르지 않았고 따라서 그러한 결론을
미연에 방지하기 위해 필요한 조치를 취했다. 그들은 이전의 정의를
다른 정의로 대체하여 실제로 **담마**가 물질의 준 대체물이라는 결론을
무효화하려 했다. 이 추가적 정의에 따르면, **담마**는 그 자성을 지니고
있는 것이 아니라 그 자체의 조건에 의해 수반되는 것이다.[48] 앞의
정의는 **담마**에 적극적 역할을 부여해 행위자 위치에까지 끌어올리기
때문에 행위자-함의를 지니고 있지만, 새로운 정의는 **담마**에 수동적

44　*Abhidhammavatara*, 393.
45　*Visuddhi Magga*, 482.
46　*Abhidhammavatara*, 123.
47　*Patisambhida Magga*, II 211.
48　*Abhidhammavatara*, 414; *Dhammasangani Atthakatha*, 63; *Patisambhida Magga*, 18; *Mohavicchedani*, 6.

역할을 부여하여 **담마**를 대상 위치로 격하시키기 때문에 대상 함의이다. 이 새로운 정의에서 급진적인 점은 그것이 전체 과정을 역전시킨다는 것이다. 그렇지 않으면 **담마**를 본체나 그 자성의 담지자로 생각하는데 귀결될 수 있다. 그것이 보여주고자 하는 것은 **담마**가 담지자가 아니라 그 자체의 조건에 의해 담지 되고 있다는 것이다.

이런 상황과 맞물려, 조건에 의해 생겨나는 "속성" 이외에 **담마**라고 불리는 다른 것은 없다고 주장된다.[49] 같은 아이디어가 "**담마**라고 불리는 것은 적절한 조건으로 인한 발생일 뿐"이라는 자주 반복되는 진술로 표현된다.[50] 실제로 주석가는 온, 그리고 함축적으로 **담마**에 **자성**이 없다는 『빠띠삼비다 막가』의 설명에 대해 논평하면서, 오온이 **자성**을 갖지 않기 때문에 그것들은 자성이 없다고 주목한다.[51] 따라서 **자성**이라는 용어가 **담마**와 동의어로 사용되기는 하지만, 그처럼 해석되기에 어떤 의미에서든 그 자체로 실체적 존재 방식을 내포하는 **자성**의 부재를 의미한다는 것을 알 수 있다.

담마의 또 다른 일반적인 정의는 자상(自相, salakkhana)을 지닌 것이라는 것이다.[52] 이것은 자성과 같은 의미로 사용되기 때문에 이 정의는 거의 같은 함의를 지닌다. 각 **담마**가 **자성**을 지니고 있다는 것은 2차적인 물질 요소 중 하나인 색상과 관련하여 설명된다. 색상은

---

49 *Abhidhamma Mulatika*, 21; Ibid. 22.

50 *Visuddhimagga Tika*, 462; 또한 *Abhidhammavatara*, 116; *Visuddhimagga Sannaya*, v.132 참조.

51 *Patisambhida Magga*, III 634.

52 *Vibhanga Atthakatha*, 45; 또한 *Visuddhimagga Sannaya*, v.273; *Visuddhi Magga*, 359 참조.

파란색, 노란색 등으로 나눌 수 있지만 모든 종류의 색에 고유한 특성은 가시성이다.[53] 따라서 그것은 또한 "자상"이라고 불린다.[54] **담마**와 **자성**의 경우와 마찬가지로 **담마**와 **자상**의 경우에도 그 이중성은 정의를 위해 만들어진 편리한 가정일 뿐이다. 왜냐하면 그것은 이중성이 없는 것에 이중성을 부여하는 것이기 때문이다.[55] 그리고 그것은 단지 귀속시키는 것일 뿐이기에 해석[56]에 근거한 것이지 실제에 근거한 것이 아니다.[57] 따라서 견고함의 특성을 가진 것으로서의 지地 요소의 정의[58]는 요소와 그 자상 사이에 가정된 이중성으로 인해 궁극적인 관점에서 타당하지 않다고 한다.[59]

　자상이 각 **담마**의 고유한 특징을 나타내듯이 보편성이란 모든 **담마**에 공통되는 특징을 말한다. 전자가 개별적으로 예측할 수 있다면 후자는 보편적으로 예측할 수 있다.[60] 그것들의 차이는 한 걸음 더 나아간다. 자상은 **담마**의 다른 이름이므로 객관적 대응물을 지닌 사실을 나타낸다. **자상**은 심적 구성의 산물이 아니라,[61] 객관적 실재의

---

53 *Patisambhida Magga*, I 16; *Visuddhi Magga*, 24.

54 *Samyutta Atthakatha*, II 213; *Visuddhi Magga*, 520.

55 *Abhidhammatthavikasini*, 156.

56 *Visuddhi Magga*, 362.

57 *Abhidhammatthasangaha Vibhavini Tika*, 32; *Abhidhammatthasangaha-Sannaya*, 52.

58 *Visuddhi Magga*, 321.

59 Cf. *Visuddhi Magga*, 362.

60 *Dighanikaya Tika*, 105; cf. *Samyutta Atthakatha*, II 291.

61 *Abhidhammatthasangaha Vibhavini Tika*, 32 참조.

실제적 자료이며 그 자체로서 감각 경험의 궁극적 기준이 된다. 반면 공상(공통상)이라고 불리는 것은 마음의 종합적 기능인, 심적 구성이 기에 객관적 존재를 갖지 않으며, 경험적 존재의 궁극적 데이터에 중첩되어 있다. 이 해석에 따르면, 조건화된 실재(유위법)의 세 가지 특성, 즉 존재하는 것의 생, 멸, 변화가 자상이다. 그것들은 객관적 실재가 없기에 **담마**의 지위로 승격되지 않았다. 예를 들어 생, 주, 멸[62]이 실제적이고 개별적인 실체로 가정된다면, 그 생, 주, 멸을 설명하기 위해 또 다른 일련의 이차적 특성을 가정하는 것이 필요할 것이고, 따라서 무한소급으로 귀결될 것이다.[63] 이것이 "생이 생하고, 쇠퇴가 쇠하고, 멸이 멸한다고 가정하는 것은 옳지 않다. 왜냐하면 그러한 가정은 무한퇴행의 오류에 이르기 때문"이라는 것이 주석 문헌에서 밝힌 의의이다.[64] 자상은 감각 지각의 자료로 알려지지만, 공상은 추론 과정을 통해 알려지기에, 자상과 공상의 차이는 그것들이 알 수 있게 되는 방식에서도 나타난다.[65]

어떤 의미에서 **담마**가 경험적 존재가 분석될 수 있는 최종 한계를 나타내는지는 상좌부 주석가들의 관심을 끌었던 또 다른 문제이다. 이에 대한 답 속에서 **궁극적인**("실재하고 승의적인")이라는 용어가 담마 의 다른 표현으로 사용되게 되었다. 이러한 의미에서 이 용어가 사용된 것은 사람이 실재하고 궁극적으로 존재한다는 개아론자의 주장에

---

62 상좌부식 찰나 이론에 따르면 이것은 찰나적 담마의 세 단계이다.

63 *Abhidhammatthavikasini*, 288; *Mohavicchedani*, 67 참조.

64 *Mohavicchedani*, 67-68.

65 *Dighanikaya Tika*, 105.

대한 상좌부의 반응으로 발생했다는 것을 앞에서 언급한 바 있다. **아비담마**에서 **궁극**(paramattha)이라는 이 용어는 더 이상 환원될 가능성이 없는 궁극적 존재임을 함축하면서, '궁극에 도달한'[66]을 의미하는 것으로 정의된다. 그러므로 **자성**은 나아가 궁극적인 성질(paramattha-sabhava)로서 정의된다.[67] 궁극이라는 용어는 종종 "실제적인"[68]으로 의역된다. 이것은 **담마**가 환영이나 신기루, 또는 비불교 사상 학파의 영혼이나 원질처럼 비존재하는 것이 아니라는 의미로 설명된다.[69] 그 존재에 대한 증거는 관습이나 단순한 경전의 권위에 근거한 것이 아니다.[70] 반대로 그것들이 존재한다는 사실 자체는 그것들의 자성에 의해 보증된다.[71] 그것들이 존재한다는 사실이 바로 그 실재의 표지이다.

> [담마]는 이해의 눈으로 그것을 탐구하는 이들에게 착각과 같이 오도하는 것이 아니고, 기적과 같이 속이는 것이 아니며, 종파를 지닌 이들의 자아처럼 발견할 수 없는 것이 아니고, 오히려 오해의 소지가 없는 실제 상태로서 고귀한 지식의 영역이다.[72]

---

66 *Abhidhammatthasangaha Vibhavini Tika*.

67 *Abhidhammatthasangaha-Sannaya*, 3.

68 *Mohavicchedani*, 258.

69 Ibid.; *Abhidhammatthavikasini*, 123.

70 *Mohavicchedani*, 258; *Kathavatthu Atthakatha*, 8.

71 *Mohavicchedani*, 259.

72 Bhikkhu Nanamoli. *The path of purification* (p.421). Colombo, Ceylon: A. Semage, 1956.

여기에 함축된 존재의 종류는 과거나 미래의 존재가 아니라 현재의 실제적이고 검증 가능한 존재이다.[73] 현 시간 국면에서 그것들의 실제성에 대한 이러한 강조는 설일체유부의 삼세실유 이론과의 연관성을 배제한다. 따라서 상좌부 논사에게 **궁극**이라는 용어의 사용은 어떤 실체론적 함의도 수반하지 않는다. 다만 정신적, 물질적 담마란 경험적 존재에 대한 분석이 도달할 수 있는 극단적 한계를 나타냄을 의미한다.

궁극으로서의 **담마**에 대한 설명은 담마의 객관적 실재뿐만 아니라 **궁극적인** 의미에서의 인식 가능성도 의미한다.[74] 전자는 **담마**가 경험적 존재에 대한 궁극적이고 환원 불가능한 데이터로 얻은 사실을 말한다. 후자는 우리의 인식 내용도 그 자체로 자아와 같은 요소로 분석할 수 있음을 가리킨다. 이것은 지식의 대상이 되는 것이 **담마**뿐이라는 것을 시사하는 것이 아니다. 왜냐하면 특히 마음의 종합적인 기능의 산물이기 때문에 객관적인 대응물이 부족한 개념조차 알 수 있다고 명시되어 있기 때문이다.[75] 사실 **아비담마**의 전문 용어에서 **담마**라는 용어는 때때로 알 수 있는 모든 것을 포함하기 위해 더 넓은 의미로 사용된다.[76] 이러한 의미에서 고유한 **담마**라는 궁극적 실재들뿐만 아니라 심적 해석의 산물 또한 **담마**라고 불린다. 양자를 구별하기 위해, 후자를 "객관적 실재가 없는 **담마**"라고 부른다.[77] 이러

73 *Visuddhi Magga*, II, 159.

74 *Visuddhi Magga*, 227; *Mohavicchedani*, 258; *Itivuttaka Atthakatha*, 142 참조.

75 *Abhidhammatthavikasini*, 445.

76 Cf. *Abhidhammavatara*, 445.

한 넓은 의미에서 이 용어의 사용은 빠알리 니까야에서 사용된 초기 의미를 연상시킨다. 즉, 매우 일반적인 의미에서 경험적 수준에서 인식할 수 있는 모든 것을 포함한다. 하지만 주목해야 할 이러한 상황이 있다. 즉, 비록 **담마**와 개념 양자가 지식 내용을 구성하더라도 지식 내용이 최종적으로 분석될 수 있는 곳은 **담마**이다. 따라서 한편으로는 **담마**와, 다른 한편으로는 지식 내용 간에 밀접한 평행선이 있다. 즉, 인식의 궁극적으로 환원 불가능한 인식 데이터는 궁극적으로 환원 불가능한 객관적 실재에 대한 주관적 대응물이다. 궁극이라는 용어가 **담마**의 환원 불가능성에 초점을 맞춘다면 비전도적 존재 (aviparitabhava)라는 용어는 불가역성을 나타낸다.[78] 이 용어는 **담마** 의 본질적 특징은 변경할 수 없고 다른 **담마**로 변화할 수 없다는 것을 의미한다.[79] 그것은 또한 특정 **담마**가 다른 **담마**와 연관되어 있어도 그 구체적 특성이 조금이라도 변하는 것이 불가능하다는 것을 의미한다.[80] 시간적 요소의 차이에도 불구하고 동일한 상황이 그대로 유지된다. 왜냐하면 시간의 분할에 상응하는 **담마**의 성질에는 변화가 없기 때문이다.[81] **담마**와 그 자성은 같기 때문에(이원성은 단지 설명의 목적으로만 제기되기 때문에) **담마**의 자성이 변한다고 주장하는 것은 **담마**의 존재 자체를 부정하는 것이다.

---

77 *Abhidhammatthavikasini*, 346; cf. *Visuddhi Magga*, 539.

78 *Abhidhammatthavikasini*, 4; *Visuddhi Magga*, 225.

79 *Abhidhammatthasangaha Vibhavini Tika*, 62.

80 *Mohavicchedani*, 69.

81 *Visuddhi Magga*, 197; *Abhidhammatthasangaha Vibhavini Tika*, 123.

담마의 상대적 위치는 설명이 필요한 주제의 또 다른 측면이다. 담마는 조화롭게 조화를 이루어 하나가 되는가, 아니면 복수로 나뉘는가? 이와 관련해 우리는 두 가지 중요한 특징을 살펴보는 것이 좋을 것이다. 하나는 그것들의 실제적 비분리성[82]이고, 다른 하나는 그것들의 조건화된 기원이다.[83] **담마**는 실제 서로 분리될 수 없으며 분리할 수 없는 결합 상태로 존재한다. 예를 들어 『맛지마 니까야』의 「마하베달라경(Mahavedalla Sutta)」에 의하면, 감각(vedana), 인식(sanna) 및 의식(vinnana)의 세 가지 심적 요소가 너무 조화롭게 혼합되어 서로 분리하여 정체성을 확립하는 것이 불가능하다.[84] 『밀린다빵하』에서도 같은 생각이 나타난다.[85] 밀린다 왕이 나가세나 장로에게 조화로운 조합으로 존재하는 심적 요소의 경우, 그것들을 분리하고 "이것은 촉이다, 이것은 수다, 이것은 행이다, 그리고 이것은 상이다." 등으로 복수를 확립하는 것이 가능한지 물었다. 장로는 미소 지으며 대답한다.

왕이시여, 왕궁의 요리사가 시럽이나 소스를 만들고 거기에 응유와 소금과 생강과 근채와 후추와 기타 재료를 넣으려 한다고 가정해 보십시오. 그리고 왕께서 그에게 다음과 같이 말한다고 가정하십시오. "짐을 위해 응유와 소금과 생강과 커민(*미나리과)

---

82 *Visuddhi Magga*, 376, 381; *Abhidhamma Mulatika*, 43; *Tikapatthana*, 59.

83 *Tikapatthana*, 62ff.

84 M I 480.

85 *Milindapanha*, 58-59.

씨와 후추와 자네가 넣은 모든 재료의 맛을 골라내 보라." 왕이시
여, 이제 이에 함께 들어갔던 맛들을 낱낱이 분리하고 각각을
집어내어 "여기에 시큼한 맛이 있고 여기 짠맛이 있고, 여기에
매운맛이 있고, 여기 신맛, 여기에 떫은맛, 그리고 여기에 단맛이
있습니다."라고 말할 수 있겠습니까?[86]

같은 방식으로, 우리는 서로 연관되어 있는 정신적 담마의 위치를
이해해야 한다고 주장한다.[87]

이러한 상황은 물질적 **담마**에도 해당된다. 이와 관련하여 붓다고사
의 『앗타살리니(Atthasalini)』는 색, 맛, 냄새 등과 같은 물질적 **담마**는
모래 알갱이처럼 서로 분리될 수 없다고 덧붙인다.[88] 예를 들어 망고는
맛이나 냄새와 물리적으로 분리될 수 없다. 그것들은 불가분의 관계를
유지한다. 이를 위치적 분리 불가능성이라고 한다.[89] 이러한 위치적
분리 불가능성의 원리에 기초하여 물질적 대상의 구성에 들어가는
물질적 요소들 사이에는 양적 차이가 없다고 주장한다. 그 차이는
단지 질적인 차이일 뿐이다. 그리고 이 질적 차이는 "강도 또는 분출"이
라고 하는 것을 기반으로 한다.[90] 예를 들어 물질의 네 가지 기본

---

86 T.W. Rhys Davids (Trans.). *The questions of King Milinda* (p.97). New York:
   Dover, 1963 (reprint).
87 다른 실례로는 *Dhammasangani Atthakatha*, 273; M II 287; *Abhidhammattha-
   vikasini*, 293 참조.
88 *Dhammasangani Atthakatha*, 270.
89 *Abhidhammatthasangaha*, 28; *Visuddhimagga Sannaya*, 389 참조.
90 *Visuddhi Magga*, 451; *Abhidhammatthavikasini*, 273 참조.

요소는 물질의 모든 경우에 항상 존재한다. 그것들은 필연적으로 공존하고 위치적으로 불가분 관계에 있어서,[91] 왜 물질적 대상에 다양성이 있는지에 대한 질문이 제기된다. 그 다양성은 양적인 차이가 아니라 강도의 차이에 기인한다고 주장하기 때문이다.[92] 주어진 물질적 물체에서 한 가지 기본 요소는 다른 요소보다 더 강렬하다. 예를 들어 돌과 같은 비교적 단단한 물체의 경우, 모든 기본 요소가 존재하지만, 흙(地)의 요소가 더 강렬하거나 "두드러진다."

액체에서 물의 요소와 불에서 열의 요소, 기체에서 공기의 요소도 마찬가지다.[93] 물질적 요소의 상대적 위치에 대한 가장 좋은 설명은 『청정도론』을 참조할 수 있다.

그리고 영혼과 같은 위대한 생명체들이 어떤 형태를 취하든(소유하든) 그의 내부나 외부에 설 자리가 없고 그것과 독립해서도 설 자리가 없는 것처럼, 이 요소들도 내부나 외부에 세워져 있지 않으며 서로 독립해서 서 있는 것도 없다.[94]

이 설명은 만약 그것들이 서로 내부에 존재한다면 각각의 기능을 수행하지 못할 것이고, 서로 외부에 존재한다면 분해될 수 있다는

91 *Tikapatthana*, 3, 14, 16; *Abhidhammatthasangaha*, 28 참조.

92 *Visuddhi Magga*, 451; *Abhidhammatthavikasini*, 273.

93 Y. Karunadasa, *Buddhist analysis of matter* (p.26). Colombo, Ceylon: Dept. of Cultural Affairs, 1967 참조.

94 *Visuddhi Magga*, 387.

근거에서 정당화된다.[95] 위치 불가분성의 원리는 본체와 속성 간의 구별에 대한 비판으로 사용된다. 따라서 위치적으로 분리할 수 없는 물질적 요소의 경우, "이것은 저것의 속성이고 저것은 이것의 속성이다."[96]라고 말할 수 없다고 주장한다. 앞에서 관찰한 바에 따르면 정신적 **담마**와 물질적 **담마**가 실제로 서로 분리될 수 없다고 말할 수 있다.

정신적 **담마**의 경우, 사용된 용어는 "결합"이고, 물질적 **담마**의 경우, 사용된 용어는 "불가분"이다. 이것은 **담마**가 복수로 제시된 이유에 대한 물음을 제기한다. 대답은 그것들이 실제로 분리될 수 있는 것은 아니지만, 서로 구별할 수 있기 때문이라는 것이다.[97] 이 구별 능력이 바로 **담마** 이론의 기초가 된다. 따라서 빠알리 하위 주석서들에서 종종 구별할 수 있는 사물의 본질은 분석을 통해서만 초점을 맞출 수 있다고 언급된다.[98] 이러한 구별이 가능한 것은 **담마**가 현실에서는 조화롭게 혼합되어 있지만 실제로는 각각 다르게 인식되어[99] 마치 별개의 실체인 것처럼 확립되기 때문이다.[100] 예를 들어 색, 냄새, 맛, 감촉 등을 구별하는 것은 일반인도 쉽게 할 수 있지만, 심적 현상을 구별하는 것은 가장 어려운 일이라고 한다. 이 상황은

95 *Visuddhi Magga*, 364; 또한 *Abhidhammatthavikasini* 참조, 248.

96 *Visuddhi Magga*, 444-445.

97 또한 예를 들어 *Abhidhammatthasangaha Vibhavini Tika*, 5; *Visuddhi Magga*, 21; *Abhidhammatthavikasini*, 22 참조.

98 *Abhidhammatthavikasini*, 22; *Visuddhi Magga*, 470.

99 *Milindapanha*, 58-59.

100 M II 287.

나가세나 테라(Nagasena Thera)가 밀린다 왕에게 대답한 다음 내용에서 잘 설명된다.

> 대왕이시여, 어떤 사람이 바다에 들어가서 손바닥에 물을 조금 가져다가 혀로 맛을 본다고 가정해 보십시오. 그는 줌나(Jumna), 아찌라와띠(Aciravati)나 마히(Mahi)로부터 그것이 물이라고 구별할 수 있겠습니까? 대왕이시여, 그보다 더 어려운 것은 어떤 감각기관의 작용에 뒤따르는 심적 상태를 구별하여 '저것은 접촉(촉), 저것은 감각(수), 저것은 생각(상), 저것은 의도(행), 그리고 저것은 사유(식)'라고 우리에게 말해 주는 것입니다.[101]

앞서 언급했던 또 다른 특징은 **담마**의 연기(조건적 발생)이다. 이것은 **담마**의 성질을 종합적 관점에서 설명하고자 하므로 위에서 논의한 개념과 유사하다. 이와 관련하여 암묵적으로든 명시적으로든 공리적인 것으로 인정되는 다섯 가지 가정이 있다.

(i) "**담마**" 과정의 절대적 원인을 경험적으로 규명하는 것은 불가능하다. 그러한 형이상학적 개념은 불교의 경험적 인과 교리와 부합하지 않는다. 불교 교리의 목적은 세상이 어떻게 시작되었는지 설명하는 것이 아니라 절대적인 시작을 생각할 수 없는 윤회 과정의 중단 없는 연속성을 기술하는 것이기 때문이다.[102] 이와 관련하여 철학 체계로서 **아비담마**는 서술적이

---

101 *Questions of King Milinda*, p.142.

며 사변적이지 않다는 점을 기억해야 한다.

(ii) 그 기원에 필요한 적절한 조건 없이는 아무것도 발생하지 않는다. 이것은 "우연한 기원" 이론을 배제한다.[103]

(iii) 단일 원인에서 발생하는 것은 없다. 이것은 단일 원인 이론을 배제한다.[104] 그것들의 배제는 **아비담마**의 존재관이 인격신이든 비인격적 신이든 단일 원인이 경험 세계를 하나의 세계로 환원시키려는 모든 일원론적 이론을 거부한다는 것을 보여주는 큰 의미가 있다. 그것은 또한 경험 세계를 근본적인 초경험적 원리로 축소시키는 그러한 형이상학들에 대한 비판 역할도 한다.

(iv) 어떤 것도 단독 현상으로 단독으로 발생하지 않는다.[105] 따라서 단일 원인 또는 여러 원인에 따라 단일 결과가 발생하지 않는다. 불변의 상황은 항상 여러 가지 결과가 있다는 것이다. 위에서 언급한 네 가지 견해를 거부함으로써 **아비담마**의 조건부 교리가 성립된다.

(v) 다양한 조건에서 다양한 결과가 발생한다. **담마** 이론에 적용하면 이것은 다양한 **담마**가 다양한 **담마**를 낳는다는 것을 의미한다.[106]

---

102 S II 178.

103 D I 28; *Udana*, 69.

104 *Dhammasangani Atthakatha*, 78.

105 Ibid. 79.

106 Ibid. 78ff.

지금까지 논의된 **담마**의 조건성에서 나오는 한 가지 의미는 담마들은 변함없이 다발로 일어난다는 것이다. 이것은 정신적 **담마**와 물질적 **담마** 모두에 해당된다. 따라서 심(citta)이 일어날 때, 그것과 함께 적어도 일곱 가지 심소(cetasika), 즉 촉(phassa), 수(vedana), 상(sanna), 사(cetana), 심일경성(心—境性, ekaggata), 비색명근(非色命根, arupa-jivitindriya), 작의(作意, manasikara)가 일어난다. 이 일곱 가지 요소는 의식의 가장 작은 단위에도 변함없이 존재하기 때문에 "변행(보편적)심소"라고 한다. 따라서 심리 현상은 의식과 그 일곱 가지 항상 하는 심소라는 여덟 가지 구성요소보다 적으면 발생할 수 없다. 그것들의 관계는 필요한 공동 발생 중 하나이다. 따라서 우리는 가장 작은 심적 단위나 의식의 순간조차 복잡한 상호관계 시스템으로 판명된다는 것을 알 수 있다. 마찬가지로 기본 옥타드(octad)라고 불리는 가장 작은 물질 단위는 지, 수, 화, 풍이라는 네 가지 기본 요소와 색상, 냄새, 맛, 영양 본질이라는 네 가지 2차 요소의 집합체이다. 이 여덟 가지 물질적 요소는 반드시 동시 발생적이고 위치적으로 발생하기 때문에 단독으로 발생하지 않는다.[107] 따라서 물질 영역에서뿐 아니라 마음 영역에서도 고립된 현상이 없다는 것을 알게 될 것이다. 이러한 관찰 속에서 **담마**가 단일성 또는 다수성을 나타내는지에 대해 앞에서 제기된 물음이 논의되어야 한다. 그렇게 말하는 것이 역설적으로 보이지만 답은 두 가지 대안으로 향하는

---

107 Narada Thera, *A manual of Abhidhamma* (pp.79ff). Colombo, Ceylon: Vajirarama, 1956; Y. Karunadasa, *Buddhist analysis of matter* (pp.155ff). Colombo, Ceylon: Dept. of Cultural Affairs, 1967 참조.

것 같다. 그것들이 실제로 서로 구별될 수 없는 한, 그 정도까지 그것들은 단일성을 나타낸다. 이러한 상황을 초래한 원인은 아비담마 논사들이 경험적 존재의 본질을 설명할 때 사용하는 방법론적 도구 때문이다. 이것은 앞서 언급한 바와 같이 분석과 종합으로 구성된다. 분석은 종합으로 보완되지 않으면 다원론으로 이어진다. 종합은 분석에 의해 보충되지 않을 때 일원론으로 귀결된다. **아비담마**에서는 두 방법을 **결합**해서 사용한다. 이것은 일원론과 다원론 사이의 변증법적 대립을 아름답게 지양하는 철학적 비전을 낳는다.

개념(pannatti)과 두 가지 실재

아비담마의 **담마** 교리는, (이상주의와 달리) 경험하는 주체로부터 세계의 구별을 인식하지만, 인지 행위와 독립적으로 실제 존재하는 실체 유형과 그 존재를 인지 행위 자체에 의존하는 유형을 구별하는 비판적 실재론이다. 이 교의는 현실을 보는 모든 언어적 용어와 어느 정도 일치하는 것으로 인식하는 경향이 있다는 의미에서 일종의 순진한 실재론이라고 할 수 있는가? 이는 상식적 세계관을 어떻게 해석하는가? 즉, 존재의 궁극적 요소인 **담마**와 상식적 실재론의 대상 사이에는 어떤 관계가 있는가? 만약 있다면, 후자에 어느 정도의 실재를 부여할 수 있을까?

아비담마 논사들은 이러한 질문에 대한 답변에서 두 종류의 실재, 세속적 실재와 궁극적 실재 사이의 구별과 함께 개념 또는 명칭 이론 (pannatti)을 정형화했다. 이 이론은 다른 맥락에서 중요성을 가정한

다. (자아성에 대한) **아트만** 전통과 연계되고 본체론적 존재관을
지닌 대부분의 인도 철학에서 시간과 공간과 같은 범주는 절대적인
용어로 정의되었다. **빤나띠** 이론이 이에 대한 답이었다. **빤나띠**에
대한 첫 번째 공식적 정의로 기술될 수 있는 것은 『담마상가니』에
나타난다.[108] 여기서 빤나띠, 니루띠(nirutti) 및 아디와짜나(adhivaca-
na)라는 세 가지 용어는 동의어로 사용되고 각각의 용어는 여러 적절한
등가물을 함께 묶음으로써 정의된다. 리스 데이비스(Rhys Davids)의
번역에서는 다음과 같이 정의된다.

열거된 것, 명칭, 표현(pannatti), 현금의 용어, 이름, 명명, 이름
부여, 해석, 이 **담마**나 저 **담마**에 대한 담화의 특징적 표지이다.[109]

"동등어의 술어"라는 이 정의 직후에,[110] 모든 담마가 **빤나띠**들
(pannattis)의 길을 이룬다는 것을 볼 수 있다.[111] 이 정의에서 볼 수
있듯이 명칭은 **빤나띠**(pannatti)이며, 여기서 빤나띠라는 용어는 각각
의 모든 담마에 부여된 개별 이름을 의미하는지, 또는 담마의 다양한
조합에 부여된 명칭 또한 내포하는지 명시적으로 언급되지 않는다.
아비담마에 따르면 객관적으로 실제적인 담마의 모든 조합은 객관적

---

108 *Dhammasangani*, 110.

109 Rhys-Davids, C.A.F. *Buddhist manual of psychological ethics* (p.340).
London, The Royal Asiatic Society, 1923.

110 Ibid.

111 *Dhammasangani*, 110.

실재가 아니라 명목상의 실재를 나타낸다. 빤냐띠라는 용어에 객관적이고 명목상의 두 범주의 이름이 모두 포함되어 있다는 사실은 아비담마의 기타 문헌에서 언급된 것뿐만 아니라[112] 이후의 해석에서도 제시된다. 여기서 간과해서는 안 되는 또 다른 중요한 사실은 후기 추론에 따르면 빤냐띠에는 이름(nama)뿐만 아니라 그에 해당하는 관념도 포함된다는 점이다. 명칭의 부여가 그에 상응하는 관념을 만들기에, 우리는 상술한 개념이 두 가지를 모두 포함하는 것으로 해석할 수 있다. 물론 담마가 마음 작용에 의존해서 존재하지 않고, 용어에 의해 지칭되고 마음으로 개념화한 존재에 의존한다는 것이 사실이다. 그런데도 담마에 이름을 부여하는 것은 개념화 과정을 수반한다. 그러므로 빤냐띠는 실재적이건 명목상이건 간에, 사물의 이름뿐만 아니라 그것에 상응하는 온갖 개념을 포함한다.

담마 교의에 부수해서 제시된 이 빤냐띠 이론은 아비담마 측면에서 완전한 혁신이 아니다. 이러한 이론은 경험적 존재에 대한 초기불교 분석에서 온, 근 및 계로 명확히 암시된다. 빤냐띠 이론에서 유일하게 새로운 특징은 그 체계적 정형화이다. 이에 따라 "인격"이라는 용어는 연기적으로 발생한 심신 요소들의 집합체에 주어진 공통 명칭(sam-muti)이 된다.

일련의 적절한 구성요소가 있을 때 "수레"라는 이름이 생기는 것과 마찬가지로, 오온이 있을 때 "유정有情"이라는 관습이 생겨

---

112 Cf. *Kathavatthu* controversy on the concept of person(*puggala*).

난다.[113]

그러나 주목해야 할 중요한 차이점이 있다. 초기불교의 세속(sammuti) 개념은 정형화된 실제 존재에 대한 교리에 기반하지 않는다. 분석된 것이 세속이라고 불린다고 하더라도, 분석된 그것은 궁극이라고 불리지 않는다. 우리는 이미 본 바와 같이, 이러한 발전은 아비담마에서만 발견된다. 또한 아비담마에서는 세속과 빤냐띠 사이에 명확한 구분이 있음을 주목해야 한다. 우리가 본 바와 같이, 빤냐띠는 실재적인/궁극적인(paramattha) 및 관습에 기반한(sammuti) 및 이에 상응하는 아이디어를 지닌 것들을 표현하는 용어(명칭, nama)를 지칭한다. 대조적으로 삼무티는 관습에 기초한 것을 의미하는 제한된 의미로 사용된다. 이 의미는 세속적 진리(sammuti-sacca, *세속제)라는 복합어에서 표현된다. 이는 위에서 인용한 빤냐띠에 대한 『담마상가니』의 정의에서 삼무티라는 용어가 그 동의어에 나타나지 않는다는 사실에서 알 수 있다.

빤냐띠 이론이 아비담마 논장 문헌에 공식적으로 도입되었지만, 이 용어의 정의는 빤냐띠의 본질과 범위, 그리고 어떻게 빤냐띠가 앎의 대상이 되었는지에 대한 많은 설명과 함께 아비담마 주석서에 나타난다. 예를 들어 빤냐띠는 상응하는 객관적 실재가 없기 때문에 주석에서는 그것들을 존재의 실제 요소와 구별하기 위해 "실제 본성이 없는 것들"(asabhava-dhammas)이라고 부른다.[114] 담마의 자성인 사바

---

113 S I 135.

114 *Abhidhammatthavikasini*, 346.

바(sabhava) 자체가 담마이므로, 이 정의의 관점에서 볼 때 자성이 없는 것(asabhava)으로 인정되는 것은 궁극적 의미에서 존재하지 않는 비존재(abhava)에 해당한다. 이 사실을 인정할 때 생, 주, 멸이라는 경험적 실재의 세 가지 두드러진 특징은 그것들에 적용되지 않는다. 왜냐하면 이 세 가지 특징은 경험적 실재에 대한 아비담마의 정의에 답하는 것들에만 설명될 수 있기 때문이다.[115] 실재하는 존재들과 달리, 빤냐띠들은 조건에 의해 생겨나는 것이 아니다. 같은 이유로 그것들도 "긍정적으로 생산되지 않는다."라고 정의된다. 긍정적 생산은 자성을 지닌 그러한 것들에만 해당된다.[116] 시간의 시작과 끝이 있고, 조건에 의해 생성되고, 유위법의 세 가지 두드러진 특성으로 표시되는 담마만이 긍정적으로 생성된다.[117]

더욱이 빤냐띠는 담마만이 흥망성쇠로 구분된다는 점에서 다르며, 빤냐띠가 아닌 담마에 대해서만, "그것들은 존재한 적이 없이 생겨났다. 그리고 생겨난 후에, 사라진다."[118]라고 말할 수 있다. 빤냐띠들은 생, 주, 멸의 세 가지 순간에 현현할 자성을 갖고 있지 않다. 그것들은 이 세 국면으로 특징지어지는 존재가 없기 때문에 과거, 현재, 미래와 같은 시간적 구분이 존재하지 않는다. 결과적으로 그것들은 시간에 대한 언급이 없다.[119] 이와 같은 이유로 그것들은 온에 대한 경험적

---

115 *Kathavatthu Atthakatha*, 198-199 참조.

116 *Abhidhamma Mulatika*, 114ff.

117 Ibid. 116.

118 *Visuddhi Magga*, 210.

119 Cf. *Abhidhammatthasangaha Vibhavini Tika*, 36.

존재의 전통적 분석에서 설 자리가 없다.[120] 빤냐띠들의 또 다른 주목할
만한 특징은 그것들은 그렇게 기술될 필요가 있는 자성(sabhava)을
지니지 않기 때문에 유위(조건 지어진 것) 또는 무위(조건 지어지지
않은 것)로 기술될 수 없다는 것이다.[121] 유위와 무위의 두 범주는
모든 현실을 포괄하므로, 이 두 범주에서 제외되는 빤냐띠들을 설명하
는 것은 그 비현실성을 강조하는 또 다른 방법이다.

앞서 검토한 내용은 담마가 실유이지만 빤냐띠는 단지 개념화된
것이라는 것이다.[122] 전자는 그 자신의 특징적 자성에 의해 확인 가능한
존재이지만,[123] 후자는 마음의 종합 능력의 산물이어서 생각의 힘에
의해서만 존재한다. 그것은 사물의 심적 구성물이므로 객관적 대응물
을 갖지 않는다. 그것은 실제로 빤냐띠들을 일으키는 복합체에 단일성
을 부가하는 것이다.[124] 단일성의 외형이 해체됨에 따라[125] 단일성이
사라지고 복합적인 성질이 드러난다.

따라서 차축, 바퀴, 차체, 기둥 등과 같은 구성 부품이 일정한
방식으로 배열될 때 단순히 "마차"라는 통용어가 있게 되지만 궁극적인
의미에서 각 부분을 살펴보면 마차가 없고 윗가지와 같은 집의 구성
부분이 어떤 방식으로 공간을 둘러싸도록 배치될 때 단순 통용어인
"집"이 되는 것과 같다. 그러나 궁극적 의미에서 집은 없으며, 줄기,

---

120 M II 299.

121 Cf. *Kathavatthu Atthakatha*, 92.

122 *Abhidhammatthasangaha Vibhavini Tika*, 52-53.

123 *Vissudhi Magga*, 198.

124 Ibid. 137.

125 *Dighanikaya Tika*, 123.

가지, 잎사귀 등이 일정한 방식으로 놓이는 것과 마찬가지로 단순 통용어인 "나무"가 있게 된다. 궁극적인 의미에서 각 구성요소를 검토할 때 나무가 없는 것과 같이 (대상으로서) 집착하는 오온이 있을 때 단순히 "존재"라는 일반적 사용 용어가 된다. 그러나 궁극적인 의미에서 각 구성요소를 검토할 때 그 기반이 되는 존재는 없다.[126] 복잡한 것에 단일성을 부가하는 것도 유사한 방식으로 이해해야 한다. 따라서 두 종류의 빤나띠가 구분된다. 하나는 명칭 빤나띠(nama pannatti)이고, 다른 하나는 개념 빤나띠(attha-pannatti)이다. 첫 번째는 이름, 단어, 기호 또는 기호를 나타낸다. "그것은 세상의 관습에 의해 의미가 결정되는 이 또는 저 단어를 통해 인식하는 단순한 방식이다."[127] 그것은 세상의 동의로 만들어지고 세상의 사용으로 확립된다.[128] 개념 빤나띠라고 하는 다른 것은 이름, 단어, 기호 또는 기호에 해당하는 아이디어, 관념 또는 개념을 말한다. 이것은 마음의 해석 기능에 의해 생성되며 그것들이 특정 상황이나 위치에 있을 때 여러 요소가 제시하는 다양한 형태나 모양을 기반으로 한다.[129] 이처럼 명칭 빤나띠와 개념 빤나띠는 모두 심리적 기원을 가지고 있으며 그 자체로서 객관적 실재가 없다.

명칭 빤나띠는 종종 알려지게 하는 것으로 정의되고 개념 빤나띠는

---

126 *Bhikkhu Nanamoli* (1956, p.458).

127 *Visuddhi Magga*, 225.

128 *Abhidhammatthasangaha Vibhavini Tika*, 53.

129 *Abhidhammatthasangaha Vibhavini Tika*, 151; *Abhidhammatthavikasini*, 317 ff; *Milindapanha*, 7-8.

알려진 것으로 정의된다.[130] 전자는 행위자 정의의 예이고 후자는 대상 정의의 예다. 개념 빤냐띠를 알리는 명칭 빤냐띠와 명칭 빤냐띠에 의해 알려진 개념 빤냐띠는 상호 의존적이므로 논리적으로 분리할 수 없다. 이것은 명칭 빤냐띠가 관념에 관련된 용어에 대한 관계이고, 개념 빤냐띠가 용어에 대한 관념의 관계라고 진술하는 다른 정의의 중요성을 설명해 준다.[131] 이 두 쌍의 정의는 언어의 상징적 매개를 통한 개념화와 언설화 과정이 동일 현상에 대한 두 가지 개별적 측면에 불과하다는 것을 보여준다. 정의의 편의를 위해 실제 단일 현상에 해당하는 것이 동일한 것을 바라보는 두 가지 방식을 대변하는 두 가지 다른 각도들로 다루어진다. 이 차이는 빤냐띠라는 동일한 단어를 정의함으로써 성립된다. 그것이 주체로서 정의될 때, 그것은 명칭으로서의 개념인 명칭 빤냐띠이다. 그것이 대상으로서 정의될 때 그것은 의미로서의 개념인 개념 빤냐띠이다. 전자가 표현하는 것이라면 후자는 표현할 수 있는 것이다.[132], [133] 개념 빤냐띠는 개념화 과정을 의미하기 때문에 주관적이고 동적 측면을 나타낸다. 그리고 명칭 빤냐띠는 언어화 과정을 의미하기 때문에 객관적이고 정적 측면을 더 많이 나타낸다. 즉 생각으로 구성된 용어를 할당하는 것, 즉 언어라는 상징적 매개를 통한 표현은 일종의 상대적 영속성과 객관성을 부여한

---

130 *Abhidhammatthasangaha*, 39; *Abhidhammatthasangaha Vibhavini Tika*, 151; Sahassavatthu, vv.37ff.

131 *Abhidhammatthasangaha-Sannaya*, v.53.

132 *Abhidhammatthasangaha-Sannaya*, 159.

133 *Abhidhammatthasangaha-Sannaya*, v.54.

다. 이로써 하나의 실체로 결정화된다.

이제 명칭 빤나띠에 의해 알려진 개념 빤나띠의 정의는 실제 존재(담마)와 관련하여 그 위상이 무엇인지에 대한 물음을 제기한다. 만약 실제로 존재하는 것들도 알려질 수 있다면(attha-pannatti) 실재와 개념의 두 범주는 무엇을 기준으로 구분해야 하는가? 여기서 간과해서는 안 되는 것은 개념 빤나띠가 바로 그 정의에 따라 개념화되고 표현할 수 있는 것으로 존재한다는 점이다. 따라서 개념 빤나띠를 개념화할 수 있고 표현할 수 있는 것으로 설명하는 것은 옳지 않다. 왜냐하면 바로 그 존재가 개념화되고 표현되는 행위로부터 비롯되기 때문이다. 이것은 그것이 개념화 및 표현됨 없이 존재할 가능성을 배제한다. 담마나 실재적 존재의 경우 상황은 상당히 다르다. 개념 빤나띠들이 명칭 빤나띠에 의해 알려질 수 있지만, 그것들의 존재는 그것들이 알려지거나 개념화되는 것에 의존하지 않는다.[134] 왜냐하면 그것은 실재적이고 궁극적 의미(paramatthato)로 존재하는 어떤 것을 나타내기 때문이다.[135] 실제 존재하는 것이 개념으로 변모했다는 것은 그에 상응하는 개념이 확립되었다는 것을 의미할 뿐이다.

담마 교리가 위에서 논의한 바와 같이 부수적인 빤나띠 이론으로 이어진 반면, 두 이론은 다시 또 다른 발전, 즉 세속적 진리(sammuti-saca)와 궁극적 진리(paramattha-saca, *승의제)라는 두 종류의 진리를 구별하는 것으로 이어졌다. 이 구분은 아비담마의 혁신이지만 초기불교 가르침과 완전히 분리되지는 않았는데, 그 정형화로 이어진 선행

134 *Sahassavatthu*, v.68; M I 55.

135 Ibid.

경향은 초기불교 경전 자체에서 찾을 수 있기 때문이다. 그러한 사례 중 하나는 『앙굿따라 니까야』에 기술된 요의(了義, nitattha)와 미료의 (未了義, neyatta)이다.[136] 전자는 그 의미가 있는 그대로의 명시적이고 확정적인 진술로서 "끌어낸"(nita-attha), 즉 "있는 그대로 취한"을 의 미하는 진술을 가리킨다. 후자는 그 의미가 "끌어내져야 하는"(neyya -attha) 그러한 진술들을 가리킨다. 여기서 언급된 구별은 직접적 의미와 간접적 의미의 차이라는 광범한 의미로 이해될 수 있다. 그 구별은 너무 중요해서 그것을 간과하는 것은 붓다의 가르침을 잘못 전달하는 것이다.

> 의미가 이미 도출된 담론을 도출될 의미가 있는 담론으로 선언하 는 사람과 (반대로) 의미가 도출되어야 할 담론을 이미 의미가 도출된 담론으로 선언하는 사람은 세존에 대해 거짓 진술을 하는 것이다.[137]

이중 현실에 대한 아비담마 이론의 출현에 대한 기초를 제공한 것은 요의와 미료의 사이의 이러한 구분일 가능성이 매우 높은 것으로 보인다. 또한 사실상, 『앙굿따라 니까야』에 대한 주석은 원래 경전 구절과 상좌부식 두 종류의 실재를 일치시키려 한다.[138]
상좌부식 이론에서 한 가지 흥미로운 특징은 상대적 실재에 대해

---

136 A II 60.

137 Ibid.

138 A II 118.

삼무띠(sammuti)라는 용어를 사용한다는 것이다. 다른 모든 불교사상
유파에서 사용된 용어가 싸뜨와띠(satvati)이기 때문이다. 차이점은
단순히 빠알리어와 산스끄리트어 사이의 차이가 아니다. 삼무띠
(sammuti)는 'man', '생각하다'라는 어근에서 파생되었으며 접두어
삼(sam)이 붙으면 동의, 관습, 일반적 동의를 의미한다. 반면에,
싸뜨와띠라는 용어는 'va', '덮다'라는 어근에서 파생되었으며 접두어
sam이 붙으면 감춤, 은폐를 의미한다. 이 차이는 이중 실재 이론의
어휘로만 정의되지 않는다. 다른 곳에서도 역시 산스크리트어 satvati
가 빠알리어 sammuti에 해당한다는 것은 다른 본문 사례에 의해
확인된다.[139] 삼무띠가 관습이나 일반적 합의를 지칭하기 때문에 sam-
muti-sacca는 관습이나 일반적 합의에 기반한 진리를 의미한다. 반
면, 싸뜨와띠 싸뜨야(satvati satya) 뒤에 있는 생각은 사물의 실재
본성을 은폐하고 다르게 보이게 만든다는 것이다.[140]

　세속(sammuti)과 승의(paramattha)에 해당하는 두 종류 진술의 타당
성은 다음과 같이 설명된다.

　관습에 기반한 것들(sanketa)을 언급하는 진술은 공통 합의에 기반
하기 때문에 유효하고, 궁극적(paramattha) 범주를 언급하는 진술

---

139 예컨대 *Bodhisattvabhumi*, Ed. U. Wogihara (Tokyo, 1930-1936), p.48 참조;
AbhidhammatthasangahaSannaya, 159 참조.

140 *Bodhicaryavatara-panjika* (Bibliotheca Indica, Calcutta, 1904-1914, p.170) 참조.
다양한 불교 학파에서 제시한 실재 이론에 대한 자세한 설명은 L. de la Vallée
Poussin, *Les deux, les quatre, les trois verités: Mélanges Chinois et
Bouddhiques*, Vol. V, pp.159ff 참조.

은 실제 존재하는 것의 진정한 본성에 기반을 두고 있기 때문에
유효하다.[141]

두 실재 사이의 구별은 상껫따(sanketa)와 빠라맛타(paramattha)
사이의 구별에 달려 있다. 상껫따는 그 존재를 실재하는 것의 범주에
부가한 심적 해석에 의존하는 것들이다.[142] 예를 들어 테이블이라는
용어의 타당성은 이 용어에 상응하는 객관적 실재물에 기반한 것이
아니라, 특별한 방식으로 조직된 물질적 담마들의 집합체에 부가된
심적 해석에 기반을 둔다. 비록 테이블이 그것을 구성하는 물질적
담마들과 구별된 별도의 실재가 아니지만, 그 테이블은 일상적 말로
서 그것이 별도의 실재로 수용되기 때문에 존재한다고 말해진다.
반면, 빠라맛타라는 용어는 스스로 객관적 성질(자성)을 지니는 실유
(담마)라는 범주를 함의한다. 그것들의 차이점은 다음과 같이 정리될
수 있다. 존재의 실재적 요소(dhammas, 담마들)를 나타내는 용어에
기초하여 특정 상황을 설명할 때 그 설명은 승의제(paramattha-sacca)
이다. 그와 똑같은 상황이 그것들의 존재를 마음의 종합 능력(pannatti)
에 의존하는 것들을 가리키는 용어에 기반해서 설명되면 그것은 세속
제이다. 전자의 타당성은 관습에 의해 확립된 것들과의 일치에 근거
한다.

자야틸레케(Jayatilleke)가 그의 『초기불교 지식론』에서 지적한 바
와 같이, 상좌부식 이중 진리에 대한 한 가지 오해는 승의제(*궁극적

---

141 A I 54; *Kathavatthu Atthakatha*, 34; D I 251.
142 *Sahassavatthu*, vv.3ff 참조.

진리)가 세속제보다 우월하며 "어떤 의미에서 참인 것이 다른 의미에서는 거짓"이라는 것이다.[143] 문제의 구별이 진리의 정도 이론에 근거하지 않는다는 이 관찰은 세 가지 주석에 포함된 다음의 관련 구절 번역에서 분명해질 것이다.

여기서 살아있는 존재, 신, 범천 등에 대한 언급은 세속 언설 (sammuti-katha)인 반면, 무상, 괴로움, 비아, 경험적 개별성의 집합체, 감각 지각과 마음 인식의 영역과 요소, 마음챙김, 올바른 노력 등은 궁극(승의)언설(paramattha-katha)이다. 〔실상〕을 이해하고 꿰뚫을 수 있고 일반적으로 받아들여지는 관습에 따라 가르침이 제시될 때 아라한과의 깃발을 게양할 수 있는 사람에게 붓다는 세속 언설에 근거한 가르침을 설하신다. 〔실상〕을 이해하고 꿰뚫어보고 궁극적 범주의 관점에서 가르침이 설정될 때 아라한과의 깃발을 게양하고 붓다는 그에게 궁극 언설에 기초한 교리를 설한다. 세속 언설을 통해 〔실상〕을 깨달을 수 있는 자에게 가르침은 궁극 언설에 기반해서 제시되지 않는다. 반대로 궁극 언설을 통해 〔실상〕을 깨달을 수 있는 자에게, 가르침은 세속 언설에 기초하여 제시되지 않는다.

이 문제에 관한 비유가 있다. 서로 다른 방언으로 그 의미를 설명할 수 있는 세 명의 베다 스승이 제자들에게 각 제자가 이해하는 특정 방언을 채택하여 가르칠 수 있는 것과 같이, 붓다도 경우에 따라

---

143 Jayatilleke, p.364.

세속 언설 또는 궁극 언설 중 하나를 택하여 담마를 가르친다. 붓다는 각 개인의 사성제四聖諦를 이해하는 능력을 고려하여 세속(sammuti)이나 승의(paramattha) 또는 양자 모두를 통해 가르침을 제시한다. 어떤 방법을 택하든 간에 목적은 같다. 심신 현상의 분석을 통해 불멸의 길을 제시하는 것이다.[144]

결론

위 인용문에서 보듯이 실상을 꿰뚫어 보는 것은 가르침, 세속과 승의, 또는 양자의 조합에 의해 가능하다. 한 방언이 다른 방언보다 우월하거나 열등하다는 의미는 없다. 그것은 사람이 곧바로 이해하는 방언을 사용하는 것과 같고, 한 방언이 다른 방언에 비해 우월하거나 열등하다는 함축은 없다. 더욱이 『앙굿따라 니까야』 주석이 구체적으로 명시하듯이, 붓다들이 세속에 따라 가르치든, 승의에 따라 가르치든, 그들은 그들 자신을 실재하지 않는 것(amusava)과 관련짓지 않으면서, 실재하는 것, 현실성과 부합하는 것만을 가르친다.[145] "그 사람이 있다"(세속제와 같음)는 진술은 시간이 지나도 지속되는 그 사람의 실체를 상상하지 않을 경우, 잘못된 것이 아니다. 관습상 그러한 용어의 사용은 필요하지만, 그에 상응하는 본체적 실체를 상상하지 않는 한, 그러한 진술은 타당하다.[146] 반면 주석가들이 관찰한 것처럼 궁극의 실상에 순응하기

---

144 A I 54-55; D I 251-52; *Samyutta Atthakatha*, II 77.

145 D I 251.

146 Jayatilleke, p.365 참조.

위해 누군가가 "오온이 먹는다." 또는 "오온이 걷는다."라고 말한다면,
"사람이 먹는다." 또는 "사람이 걷는다."라고 말하는 대신, 그러한
상황은 보하라베다(voharabheda)라고 불리는 것, 즉 의미 있는 의사소
통의 단절을 초래하는 관습 위반을 초래할 것이다.[147] 따라서 붓다는
가르침을 제시할 때 언어적 관습을 넘지 않고,[148] 그러나 그 피상적
함의에 이끌리지 않은 채 "사람"과 같은 용어를 사용한다.[149] 붓다는
상응하는 본체적 실체를 가정하지 않고 "인격"과 "개인"과 같은 언어적
명칭을 사용할 수 있기 때문에[150] "표현에 능숙하다."라고 이야기된
다. 그러한 용어의 사용은 어떠한 거짓도 포함하지 않는다.[151] 단어
사용의 능숙함은 관습(sammuti), 용례(vohara), 명칭(pannatti) 및 그것
들에 의해 휘둘리지 않고 세상에서 일반적으로 사용되는 비유적 표현
(nirutti)에 순응하는 능력이다.[152] 따라서 부처님의 가르침을 이해하려
면 단어의 단순한 피상적 의미에 독단적으로 집착하지 말 것을 권
한다.[153]

  이상 검토를 통해, 상좌부식 이중 실재에 따를 때 한 종류의 실재가
다른 것보다 우월한 것으로 여겨지지 않는다는 사실이 명확해졌을
것이다. 앞의 검토가 보여주는 또 다른 흥미로운 결론은, 상좌부가

---

147 *Samyutta Atthakatha*, I 51.
148 *Kathavatthu Atthakatha*, 103.
149 Cf. *Kathavatthu Atthakatha*, 103.
150 S I 51.
151 Cf. M 125.
152 D I 251.
153 *Abhidhammavatara*, 88.

관련될 경우, 세속제와 승의제는 그 자체로서 두 종류의 실재를 말하는 것이 아니라, 실재를 제시하는 두 가지 방식을 의미한다는 점이다. 비록 두 종류의 실재로 소개했지만, 세속제와 승의제는 실재하는 것에 대한 두 가지 표현 방식으로 설명할 수 있다. 그것들은 하나가 다른 하나보다 우월하거나 열등한 실재의 두 가지 정도를 나타내지 않는다.[154] 이것이 왜 언설(katha)과 담론(desana)이라고 하는 두 용어가 두 종류의 실재와 관련하여 사용되는지 설명해 준다. 이러한 점에서 세속과 승의의 구별은 초기 경전에서 행한 요의와 미료의 사이의 구분과 일치한다. 왜냐하면 앞에서 본 바와 같이, 요의와 미료의 간에는 어떠한 가치판단도 행해지지 않기 때문이다. 다만 강조하고 싶은 것은 두 종류의 진술을 혼동해서는 안 된다는 것이다. 이러한 방식으로 세속과 승의를 제시하는 가장 큰 장점은 다원적 실재 개념이 "실재는 실로 하나이고, 두 번째는 없다."라는 『숫따니빠따』의 잘 알려진 진술과 조화되는 문제를 제기하지 않는다는 것이다.[155]

---

154 A I 54; *Abhidhammatthavikasini*, 324.

155 *Suttanipata*, V 884.

12장 기억과 자아

야오즈화(Zhihua Yao)

최근 몇 년 동안 인지과학과 현상학 사이의 건설적 교류에 대한 학자들 사이의 관심이 증가하고 있다. 그들 중에는 "신경현상학"이라는 용어를 만들고 서구 과학자 및 불교학자들이 참여하는 일련의 대화를 시작한 고 프란시스코 바렐라(Francisco Varela)가 있다. 이 포럼의 다양한 출판물은 각 실험 연구 분야, 특히 심리학, 인지과학 및 불교철학의 최신 연구를 촉발하고 집결시켰다. 이러한 다학제 간 성찰과 토론은 마음챙김 관찰과 자각 명상의 틀에서 기억과 개인의 정체성에 관한 수수께끼 같은 문제를 탐구하는 데 영감을 주었다. 특히 필자는 기억이 한 개인의 성격을 결정하는지 아니면 자아를 결정하는지에 대한 질문을 던진다. 또는 오히려 그 반대인가? 즉 기억을 가능하게 하는 것은 자신의 자아인가? 이 장에서는 주로 흔히 불교심리학자로 간주되는 유식학파 불교사상가 바수반두(Vasubandhu, 4세기)의 자료를 활용하여 기억과 자아의 관계를 탐구하려 한다. 이를 위해 산스크리트어 smṛti(마음챙김)의 모호한 의미를 논의한 후 바수반두의 견해를 소개하겠다. 이 논의는 기억의 조건과 기초로서의 알라야식(장식),

및 나가르주나(Nagarjuna, 2세기)에 의해 더 일찍 설립된 경쟁 학파인 중관학파(Madhyamaka)의 바수반두 입장 비판을 포함한다. 필자는 이 연구에서 불교 명상과 고대 지혜를 **관찰적으로** 통찰하고 신경현상학의 새로운 영역을 보충함으로써 다르마와 관련된 각 분야 간의 지속적이고 건설적인 대화에 기여하기를 바란다.

기억: 정보처리 모델

인지심리학 분야에는 "정보처리 모델"이라고 하는 현재 유행하는 마음 모델이 있다.[1] 이 가설 구조에서 외부세계에서 온 정보는 감각기관에 유입되는 것으로 묘사되고, 주의력의 조절을 통해 "초단기 기억", "단기기억" 및 "장기기억"에 들어간다. 이로써 문제해결과 의사 결정에 사용되어 결국 외부세계에서 관찰할 수 있는 명백한 행위로 이어지는 것으로 묘사된다.

　이 마음 모델에서는 다양한 유형의 기억이 중요한 역할을 한다. 인코딩(encoding) 측면에는 상징적 기억 또는 감각 레지스터라고도 하는 초단기 기억이 있다. 자극체가 감각기관, 예를 들어 눈을 통해 들어올 때마다 매우 짧은 기간, 즉 약 4분의 1초 동안 원시 형체로 저장되는 것으로 측정되었다. 따라서 실험심리학자는 250밀리 초 미만 동안 지속뇌는 단기 저장 시스템이 있어야 한다고 가정한다.

---

1 J.W. Hayward & F.J. Varela, Eds., *Gentle bridges: Conversations with the Dalai Lama on the sciences of mind*, Boston: Shambhala Publications, 1992, p.99.

이 시스템은 시각적 정보가 유지되고 그 시간 내에 정보의 일부에 주의를 집중할 수 있으며 그 이후에는 정보가 사라진다.[2] 이 연구자들에 따르면, 짧은 저장 기간 동안 지워지거나 소실되지 않고 주의 대상이었던 초단기 기억 정보의 일부는 최대 20초간 지속될 수 있는 단기기억으로 이동한다.

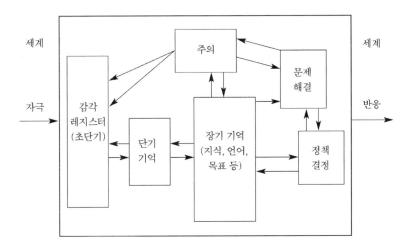

그림 1. 기억의 정보 처리 체계(Hayward & Varela, 1992, p.99)

그러나 감각 레지스터기(초단기 기억)도 단기기억도 대부분 사람이 기억에 대해 말할 때 언급하는 것이 아니다. 오히려 30분에서 평생 동안 지속될 수 있는 장기기억을 의미하며 주로 개인의 자전적 기억, 지식, 습관, 동기 등을 포함한다. 일반적으로 창고나 은행과 같은 독립적이고 안정적인 저장구조로 표상된다. 이러한 관점에서 기억

---

2 Ibid., p.101.

자체는 실제로 단일하게 저장된 항목을 현상학적 전체로 연결하고 사실(선언적 기억) 또는 서사적(자서전적 또는 자기 인식적 기억) "기억"으로 연결하는 더 높은 수준의 기억 과정이다.

지금 탐구하고 있는 정보 모델은 기억 메커니즘을 추상화한 것이지만 이러한 장기기억의 작동원리를 설명하지는 못한다. 이 저장 은행의 관점에서 볼 때, 불교적 설명에 필수적인 무상이나 의도(行, saṃskāra)에 대한 관념도 많지 않다. 여기서 누락된 내용을 보충하기 위해서는 망각에 대한 설명도 필요하다. 우리는 망각의 다양한 방법에 대해 추정할 수 있다. (1) 장기 보관된 항목은 시간이 지남에 따라 쇠퇴할 수 있고/있거나, (2) 항목은 새로운 정보에 의해 기억에서 밀려날 수 있다. 또는 (3) 망각이 전혀 없을 수도 있다. 시간의 경과에도 불구하고 항목은 "영구적으로" 보관되어 있을 수 있으며, 더 정확하게는 실제로 손실되었다고 생각되는 것이 사실은 저장된 것에 대한 접근의 문제라고 가정할 수 있다. 헤이워드(Hayward)와 바렐라는 이런 가능성을 반박할 수 없다고 주장한다.

이전에 잊어버린 것을 기억할 때마다 이런 이론을 뒷받침하는 증거로 간주된다. 그러나 무언가를 기억할 수 없을 때, 평생 기억하지 못한다 하더라도, 당신은 항상 기억에서 사라졌다기보다는 접근할 수 없게 되었을 뿐이라고 말할 수 있다.[3]

더욱이 전의식 너머로 밀려난 많은 기억(종종 기억하고 싶지 않은

---

3 Ibid., p.103.

사건, 생각, 환상)을 담고 있는 프로이트 이론이나 융 이론의 무의식을 언급할 때, 손실은 메모리 자체가 아닌 저장된 메모리에 대한 접근임을 반증하는 것은 더욱 쉽지 않다. 기억의 무상함의 증거가 되는 모든 불연속성이나 망각은 연속적인 무의식을 재차 언급함으로써 부정되거나 무시될 수 있다. 이것은 과학의 실험적 방법에 대한 큰 도전이다. 왜냐하면 과학적 조사의 중요한 규범 중 하나는 이론의 반증 가능성이기 때문이다. 그러나 한 사람이 기억에 대한 접근을 상실하든 무의식적이든 어느 쪽도 직접 관찰할 수는 없다. 그 결과 일부 사람들에게 장기기억은 일종의 형이상학적 가설이 된다.

반면 연구자 중 어느 누구도 장기기억이 물질에, 인간의 두뇌에, 일정한 기관에 기반하고 있지만, 삶의 우여곡절에 휩쓸리고, 따라서 영속적이지 않다는 것을 부정하지는 않을 것이다. 신경 과학의 출현은 기억이 뇌 현상이라는 사실을 그 어느 때보다 설득력 있게 한다. 신경 과학자의 노력은 정신 현상을 뉴런의 생리적 활동으로 환원하고 뇌의 특정 영역에서 정신 능력의 출현과 작용을 찾는 것이다. 뇌가 기억의 유일한 기초라는 물질주의적 가정을 함으로써 그들은 "누가 기억하고 있는가?" 또는 "무엇이 기억을 결정하는가?"와 같은 다른 관련 질문을 제기하는 것을 회피한다. 성격 문제와 관련하여 그들은 헤이워드와 바렐라가 언급한 것처럼 사람은 기억을 기반으로 성격을 형성하고 기억을 잃으면 자신을 잃는다고 주장한다.

그것은 기억이 축적된다는 사실에 기인하며, 그것이 바로 나라고 말할 수 있는 것은 뇌 어딘가에 저장되어 있는 인과관계의 기억에

대한 기억에 기반을 두고 있기 때문이다.[4]

일반적으로 이해하면, 성격이나 자아는 정적靜的이고 견고하다. 그것은 시간의 연속성을 통한 현실적 가치이다. 예를 들어 "나는 선생님이다."라고 말할 수 있을 뿐만 아니라, "나는" 작년에 인도에 "있었다."라는 등을 말할 수 있다. 어떤 의미에서 나는 30년이 넘도록 똑같은 지속적인 자아를 가졌다. 나는 인생의 첫 3년에 대한 기억이 그리 많지 않을지 모르지만 다른 사람과 마찬가지로 그것이 여전히 "나"라고 믿는다. 여기에는 몇 가지 난해한 문제가 있다. 즉, 자아 또는 자아 정체성이 기억에 기반하고 있는가? '스스로 기억을 정의할 것인가, 아니면 기억을 가능하게 할 것인가?'의 문제이다. 그리고 기억이 뇌에 기반을 두고 있는지 아니면 혹시 다른 기반을 갖고 있는지의 문제이다. 과학적 접근방식은 이러한 문제를 해결하는 능력이 제한적이라고 생각한다. 왜냐하면 그것은 마음을 뇌와 동일시하고 인격/자아를 기억과 동일시하는 경향이 있기 때문이다.

마음챙김(Smrti): 기억과 마음챙김

역사를 통틀어 다양한 불교 학파에서 많은 유형의 정신 활동을 주의 깊게 검토했다. 그것은 그들이 명상 수행을 그들의 중심 관심사로 삼았기 때문이다. 이론적 성찰은 수행을 안내하는 목적을 도우며,

---

4 Ibid., p.118.

결국 수행에서 얻은 경험을 기반으로 한다. 그러나 시작하기에 좋은 출발점이 될 수 있는 "전생"의 회상에 관한 몇 구절을 제외하고는 기억에 관한 불교 문헌이 거의 없다는 점에 주목하는 것은 흥미롭다. 깨달음을 얻은 첫 번째 밤에 붓다는 다음과 같은 경험을 했다고 한다.

> 나의 집중된 마음이 이와 같이 정화되고, 밝고, 흠이 없고, 불완전함이 제거되고, 유연하고, 다루기 쉽고, 안정되고, 흔들리지 않을 때 나는 그 마음을 전생에 대한 회상적 앎으로 이끌었다. 나는 나의 여러 전생을 회상했다. 즉 한 번, 두 번, 세 번, 네 번, 다섯 번, 열 번, 스무 번, 삼십 번, 마흔 번, 오십 번, 백 번, 천 번, 백 번이다. 천 번의 탄생과 수많은 겁의 세계의 수축, 수많은 겁의 세계의 확장, 많은 겁의 세계의 수축과 확장을 회상했다. "나는 그곳에서 그런 씨족의 이름을 얻었고, 그런 외모를 갖고, 나의 영양 및 쾌락과 괴로움에 대한 나의 경험은 그러했고, 내 인생 기간은 그러했고, 그곳을 떠나 나는 다른 곳에 다시 태어났다." 그래서 나는 그것들의 측면과 세부 사항과 함께 나의 다양한 전생을 회상했다.[5]

이것은 불교 전통에서 자신의 "전생"을 회상하는 방법의 고전적인 예이다. 불교 문헌에서 "전생"에 대한 회상 또는 자신의 "전생"에

---

5 Majjhima Nikaya 1.4 (Bhayabheravasuttam). English translation by Bhikkhu Nanamoli & Bhikkhu Bodhi, *The Middle Length Discourses of the Buddha* (*Majjhima Nikaya*). Boston: Wisdom Publications, 1995, p.105.

대한 기억은 여섯 가지 "초능력"(abhijna) 중 하나라고 한다. 이 기억은 아라한과 붓다의 깨달음의 구성요소로 발생하며, 아마도 "초능력"에 이르는 것을 목표로 명상을 수행하는 다른 사람들이 접근할 수 있을 것이다.

　모든 기억과 마찬가지로 붓다의 옛 거처에 대한 기억내용은 과거의 재구성이다. 그것은 현재를 위한 과거의 재형성이다. 기억을 설명하기 위해 사람은 경험의 인지된 발생과 회상 사이의 간격에 있는 기억 이미지가 뇌에 저장되었다고 믿는 경향이 있다. 이 친숙한 가정은 보이는 것만큼 설득력이 없다. 예를 들어 월요일 오후 3시 30분과 화요일 오후 4시 30분에 재채기를 할 수 있지만, 아무도 재채기의 기억이 25시간의 간격 동안 어디에 있었는지 묻지 않을 것이다. 콘즈 (Conze)가 지적했듯이,

　　기억에서 되풀이되는 것은 지각, 느낌 등이 아니다. 기억하는
　　행위는 새롭고 다른 의식 행위이며, 기억된 경험은 하나의 조건으
　　로서 기여한다.[6]

　이러한 의미에서 기억은 항상 존재하며, 되짚고 회상하는 사람은 그 "전생"에 살았던 사람과 동일하지 않다. 그렇지 않으면 기억하는 주체가 영구적인 요소가 될 것이다. 붓다는 자신이 주장하는 이전 존재에 대한 기억을 통해,

---

6 E. Conze, *Buddhist thought in India*. The University of Michigan Press, 1973,
　p.100.

… 동일성과 애착의 원천으로서 과거를 파괴하고 행복하게 버려진 존재에 대한 기억으로 대체한다.[7]

반면에 불교 문헌에 따르면 과거 거주지에 대한 기억은 불교인이 아니더라도 경험할 수 있는 깊은 집중의 일반적 "부산물"이다. 위 구절에서 알 수 있듯이 "집중된 마음"은 통용적으로 회자되는 "전생"을 회상하기 위한 전제 조건이다. '전생'에 대한 기억은 어느 정도까지 집중이나 삼매를 통해서만 가능하다고 말할 수 있다. 명상에서 누구나 경험할 수 있듯이 명상적 마음챙김은 모든 종류의 기억과 회상을 위한 조건을 설정할 수 있다. 흥미롭게도 빠알리어의 sati 또는 산스크리트의 smrti에는 두 가지 기본 의미가 있다. 즉 회상적 기억, 또는 더 일반적으로, 과거의 기억, 그리고 가장 흔히 "마음챙김"으로 번역되는 그것이다. 그리피스(Griffiths)는 실용적인 방식으로 한 단어가 어떻게 두 가지 의미를 지닐 수 있는지 설명한다.

마음챙김 수행을 할 때 수행의 대상으로 삼고 있는 것이 무엇이든 세심한 주의를 기울인다. 현재 마음 내용에 세심한 주의를 기울이는 것 자체가 얼마 후 그 내용을 기억할 수 있게 한다.[8]

---

7 D.S. Lopez, Memories of the Buddha, in J. Gyatso, Ed., *In the mirror of memory: Reflections on mindfulness and remembrance in Indian and Tibetan Buddhism*. Albany: State University of New York Press, 1992, p.37.

8 P.J. Griffiths, *Memory in classical Indian Yogacara*, in J. Gyatso, 1992, p.114.

그러나 마음챙김을 일종의 기억으로 간주해야 하는지 아니면 반대의 경우인지는 논란의 소지가 많다. 그리피스와 같은 일부 학자는 smrti가 주로 적극적인 주의를 의미하며 과거 사건을 기억하는 데 직접적인 관련이 없다고 주장한다. 콕스(Cox)는 과거의 회상 그 자체는 사실상 일부 불교 학파에서 마음챙김의 하위 유형으로 이해했음을 제시한다. 논쟁을 피하기 위해 캡스타인(Kapstein)은 산스크리트어 smr-처럼 기억과 마음챙김을 의미할 수 있는 그리스어 어근 mna-에 기초한 영어 용어를 채택했다.[9] 실제로 고대 티베트어 역자와 한역자도 같은 전략을 채택했다. 티벳어 dran은 기억과 마음챙김을 모두 의미한다. 문자 그대로 "현재 마음"을 뜻하는 한자 단어 념(念, nian)도 현재 순간에 마음챙김한다는 의미와 과거를 기억한다는 의미를 모두 지닌다.

어근 mna-를 바탕으로 유추한 기억은 평소보다 넓은 의미로 이해될 수 있다는 점을 염두에 두고, 회상, 상기시키다, 마음챙김, 유념, 암기, 인식, 추모 등 다양한 의미를 수용할 수 있다. 이러한 의미에서 기억에는 두 가지 주요 유형이 있다. 마음에 두는 것과 이전에 경험한 것을 회상하는 것이다. 이러한 의미에서만 기억이라는 단어는 인식이나 데이터를 저장하는 마음의 능력, 무수한 "전생"에 대한 기억, 방대한 양의 텍스트 암기, 명상에 집중하여 대상을 염두에 두는 것, 공양과 관상(觀想, visualization) 수행에서 붓다를 기념하는 것 등과 같은 불교 전통의 다양한 기억 현상을 포괄할 수 있다.

---

9 J. Gyatso, Introduction, in Gyatso, 1992, pp.4~5.

기억의 조건

Smṛti는 아비달마 텍스트에서 기술적 용어로 자주 정의된다. 『마하비바사(Mahavibhasa)』에서 smṛti는 마음의 모든 상태에 존재하는 정신적 요인 중 하나로 간주된다. 이 견해에 따르면 기억 기능이 없으면 의식이 있을 수 없다.[10]

이 분석은 나중에 바수반두에 의해 더욱 발전되었으며, 그는 『아비달마구사론(Abhidharmakosabhasya)』에서 smṛti를 "대상의 보유" 또는 "대상을 떨어뜨리지 않는 것"으로 정의했다.[11] 여기 이 정의에서 그는 대상이라는 용어가 과거 또는 현재의 무엇을 가리키는지, 여부를 지정하지 않았고, 따라서 smṛti가 과거의 기억 또는 현재의 마음챙김을 의미할 가능성을 열어 두었다. 그의 『오온론(Pancaskandhaka-prakarana)』에서 바수반두는 기억의 의미에 더 가깝게 smṛti를 정의했다. 그는 다음과 같이 기술했다.

기억이란 무엇인가? 친밀성이 있는 사건의 범위를 잊지 않게 하며 반복되는 성질을 지닌다.[12]

---

10 *Mahavibhasa* (Taisho 1545: 220a)는 smṛti를 여덟 번째 대지법(大地法, mahabhumikas)으로 간주한다.

11 *Abhidharmakosabhasya* II. 24.5.

12 *Pancaskandhaka-prakarana* (Taisho 1612: 848c). 아직 출판되지 않은 산스크리트어 판 텍스트를 사용할 수 있도록 허락해 주신 리 쉬에주(Li Xuezhu) 박사에게 감사드린다.

smrti는 마음챙김과 기억의 의미를 모두 가지고 있기 때문에 인지를 언급하지 않고 기억을 정의하는 것은 불가능하다. 마음챙김과 기억은 서로의 전제 조건이다. 바수반두는 『유식이십송(Vimsatika)』에서 이 점을 더 자세히 설명했다.

기억은 그것으로부터〔"그것으로부터"는 "인지로부터"를 의미함〕 발생한다. 정신적 인지는 보이는 것, 들을 수 있는 것, 만질 수 있는 것 등의 구별과 함께 그 외양이 기억과 연결될 때 발생하므로 〔외부〕 대상의 경험은 기억의 발생을 통해 입증될 수 없다.[13]

그의 『성업론(Karmasiddhi-prakarana)』에서 바수반두는 다음과 같이 자문했다.

그런 경우에 한 문헌을 공부하고 오랜 시간이 지난 뒤에도 그것에 대한 기억이 떠오르고, (*이전에) 본 다른 대상 등에 대한 기억이 떠오른다면, 탐구되거나 본 〔이 대상〕에 대해 나중에 기억이 일어나는 사태〔다르마〕란 무엇인가? 그것은 실제로 어떤 순간에 일어나는가?[14]

여기서 바수반누는 "기억이 어떻게 가능한가?"라는 심오한 질문을

---

13 *Vimsatika* 17b2.

14 *Karmasiddhi-prakarana* (Taisho 1609: 783b). Yamaguchi Susumu, *Seshin no jogoron*, Kyoto: Hozokan, 1975, p.14.

스스로에게 던졌다. 우리가 일상적인 경험을 통해 아는 것처럼, 기억은 경험적 사실이다. 그러나 여전히 질문이 남는다. 어떻게 가능한가, 어떻게 기억할 수 있는가, 어떻게 인식할 수 있는가? 그리고 우리가 비아에 대한 불교의 가르침을 참조하면 더 많은 질문이 생긴다. 자아가 실재하지 않으면 누가 기억하고 누가 사물을 인식하며 누가 텍스트를 암송하고 암기하는가? 이 모든 질문은 기억의 경험에 대한 현상학적 접근, 기억의 메커니즘과 그 조건 또는 기초를 밝힐 수 있는 접근을 필요로 한다.

바수반두는 기억의 메커니즘을 탐구한 몇 안 되는 불교학자 중 한 사람이다. 『아비달마구사론』에서 그는 기억의 조건에 대한 자세한 논의를 제공했다. 그에 따르면 기억에는 다섯 가지 조건이 필요하다.

(1) 심적 활동의 "전향(bending)", 즉 그 대상에 주의를 **돌림**(tadabhoga)이 있어야 한다.

(2) 심적 활동에는 과거 대상의 관념과 유사한 관념(개념적 동일시)이 있어야 한다. 예를 들어 과거에 본 화재에 대한 기억은 현재의 화재에 대한 개념적 동일시와 유사(sadrsa-samjna)하게 발생한다.

(3) 심적 활동은 과거 대상과의 관계를 암시하는 개념적 동일성을 가져야 한다. 예를 들어 현재에 보이는 연기와의 개념적 동일시(sambandhasamjna)에 의해 야기된 과거 화재의 기억을 들 수 있다.

(4) 심적 활동에는 일정한 결의가 있어야 한다. 예를 들어 "나는

이것을 특정 시간에 기억할 것이다."와 같은 것이다.(prani-
dhana)

(5) 육체적 괴로움, 슬픔, 산만함 등으로 인한 심적 활동의
장애가 없어야 한다.(anupahata-prabhava)

이 다섯 가지 조건은 필요하다. 그렇지만 기억을 생성하기에는
적합하지 않다. 기억의 출현을 위해서는 두 가지 요소, 즉 이전의
개념적 동일시와 적절한 마음 상태와의 연결이 필요하다. 이것 이외의
심적 상태는 기억을 불러일으킬 수 없다.[15]

바수반두는 smrti를 특별한 유형의 심적 활동, 즉 과거 대상에
대한 대표적 인식으로 간주했다. 기억에서 현재의 개념적 동일시를
가진 현재 의식은 두 개념 사이의 유사성이나 관계에 기초하여 과거
개념과 자신을 연결해야 한다. 다시 말해, 한 번 잊혀진 대상은 반복,
유사한 대상 또는 회상에 도움이 되는 상황에 의해 자극을 받을 때
회상될 수 있다. 원래 대상이 경험되고 기억되는 심적 활동은 동일한
심적 연속체의 일부여야 한다. 문제의 특정 심적 활동은 비우발적
방식으로 이전에 경험한 대상과 인과적으로 관련되어야 한다. 따라서
기억에는 인과적으로 연결된, 즉 동종의 경험의 흐름이 필요하다.
그러나 무상에 대한 불교의 관찰에 따르면 모든 요소가 순간적이라면
과거의 개념은 소멸되어 현재의 심적 활동에 접근할 수 없는 것으로

---

15 *Abhidharmakosabhasya* IX. See Padmanabha S. Jaini, "Smrti in the Abhidharma
literature and the development of Buddhist accounts of memory of the past",
in J. Gyatso (1992, pp.49~50).

간주되어야 한다. 그렇다면 현재는 과거와 어떻게 연결되어 있는가? 하나의 심적 사건이 대상을 인지하고 다른 하나가 그것을 기억하는 것이 가능한가? 예를 들어 야즈나닷따(Yajnadatta)가 데바닷따(Deva-datta)에 의해 지각된 대상을 기억한다고 말할 수 있는가? 바수반두는 다음과 같이 답한다.

> 그렇지 않다. [야즈나닷따는 데바닷따가 지각한 대상을 기억할 수 없다]. [데바닷따와 야즈나닷따 사이에] 연결이 없기 때문에. 그들은 같은 연속체에 속하는 마음들의 경우와 같이, 인과관계로 연결되어 있지 않다.[16]

바수반두는 인과에 대한 불교의 가르침을 기억의 경우에 적용하고 이전 인식과 현재 기억 사이에 "인과" 또는 오히려 기능적 또는 상관관계가 있다고 주장했다. 『아비달마구사론』의 다른 부분에서 바수반두는 기억을 설명하기 위해 "종자"라는 은유를 적용했다. 그는 다음과 같이 주장했다.

> 종자란 무엇인가? 그것은 특정한 사람에게 번뇌를 불러일으키는 능력이며, 이전의 번뇌에서 나오는 능력이다. 이와 같이 기억을 불러일으키는 힘, 앞선 경험의 자각에서 오는 힘이 있다.[17]

---

16 *Abhidharmakosabhasya* IX.

17 *Abhidharmakosabhasya* V.2a.

그는 휴면기에 있는 번뇌(klesa)를 어떤 조건에서 실제로 번뇌를 낳을 종자 형태로 보았다. 이것은 벼를 생산할 수 있는 능력이 벼 종자에 의해 생겨나고, 그 사이에 다양한 단계를 거치는 것과 같다. 바수반두는 기억이 같은 방식으로 작동하며 그것은 저장된 기억 종자로부터 산출된다고 주장했다.

알라야식(ālāyavijñāna, 藏識)

그러한 유추의 사용은 즉시 추가 질문을 제기한다. 예를 들어 익는 동안 종자는 어디에 있는가? 바수반두가 말년에 채택한 유식학파 이론에 따르면, 이 종자는 현행의식(pravṛttivijñāna)이 아니라, 오히려 장식(ālāyavijñāna), 즉 모든 씨앗이 저장된 **비지향적** 의식이다. 사실상 모든 유식학파 문헌에서 이러한 장식에 적용된 주요 별칭 중 하나는 확실히 기억 종자를 포함하는 "모든 종자를 소유한 것"이다. 따라서 기억 사태의 발생은 개인의 의식에 위치한 기억 종자가 성숙하는 과정으로 제시된다.

유식학파 철학 체계에는 여덟 가지 범주의 의식이 있다. 처음 다섯은 일반적인 오감에 관련된 의식이다. 여섯 번째 의식 또는 마노비즈냐나(manovijñāna)는 감각 의식의 데이터를 조정하여 예를 들어 물체의 냄새, 보양, 색이 모두 같은 대상과 관련되도록 하는 뇌에 기반한 마음 측면이다. 일곱 번째 의식 또는 **마나스**는 주관성이나 자아를 선동하는 더러워진 마음("우리 내면의 악마")이다. 그것은 주관과 객관 사이의 미숙한 이원성 감각을 지닌다.

여덟 번째 의식은 기억 저장의 "근본의식"이라고도 불리는 장식이다. 다음은 바수반두의 『유식삼십송(Triṃśikā)』에 대한 안혜(Sthira-mati) 『유식삼십론석(Triṃśikābhasya)』의 장식에 대한 설명이다.

여기서 성숙이란 모든 씨앗을 담는 그릇인 "저장소"라고 하는 의식이다. … "저장소"라고 하는 〔구〕는 "장식"이라고 하는 그 의식을 성숙인 변형과 동일시한다. 그것은 모든 염오된 종자가 있는 곳의 성질을 지니고 있기 때문에 저장소이다. … 그것은 모든 영역, 운명, 자궁, 그리고 생들에서 선업과 악업을 성숙시키는 성질을 지니기에 성숙이라고 부른다. 그리고 그것은 모든 **법**들의 종자의 근간이 되는 성질을 지니고 있기 때문에 '모든 씨앗을 담는 그릇'이라고 한다.[18]

이러한 관점에서 기억은 장식에 기초해서만 가능하다. 과거 순간으로부터의 잔여 인상은 장식에 종자 형태로 저장된다. 잠재 인상은 끊임없이 변화하는 일련의 순간적 사건이며, 조건이 허락한다면 점진적으로 기억을 불러일으킬 것이다. 의식 순간과 씨앗 사이의 관계는 대칭적이다. 왜냐하면 각 의식의 순간은 의식의 연쇄에 인상을 남기고 이 "종자"의 연쇄는 모든 미래 의식에 영향을 미치기 때문이다. 장식 없이는 기억을 설명할 수 없다. 반면에 기억 가능성은 장식의 증거로 간주된다.[19]

---

18 *Trimsikabhasya* 2cd.

19 P.J. Griffiths, *On being mindless: Buddhist meditation and the mind-body*

기억의 기초이자 인상의 상주하는 장소인 장식은 연속적이고 크게 변화되지 않은 연쇄를 형성한다는 의미에서만 "안정적"이다. 유식학파 이론가들은 장식이 영구적 실체이고 무엇이든 그 안에 영속한다는 점을 일관되게 부인한다. 그들의 설명에 따르면 저장소는 그것을 구성하는 사태들의 인과력의 총체에 불과하다. 장식은 그 안에 들어 있는 종자를 초월한 어떤 것도 아니다. 인과성의 관점에서 보면 장식은 저장하는 행위자, 즉 종자를 소유하는 과정을 실행하는 행위자이다. 원인의 결과로 본다면 장식은 모든 **법**이 축적되고 조직되는 것이다.

그렇다면 장식은 자아와 어떻게 다른가? 자아를 단일하고 행위를 결여한 것으로 이해한다면 그것은 끊임없이 변화하는 심적 과정과 아무 관련이 없다. 반면에 자아 안에 변형이 있다고 주장한다면 장식은 이 관습적 자아와 동일할 것이다. 바수반두는 다음과 같이 기술한다.

"〔문〕 왜 6식六識의 기초로서 그 자체로 존재하는 자아(atman)를 인정하지 않는가?

〔답〕: 당신이 인정한 이 자아의 특징은 무엇인가? 만일 이 자아가 장식처럼 조건에 따라 자신을 변화시키는 생산과 소멸의 연쇄라면, 양자의 차이점은 무엇인가?"[20]

세속적 자아

"장식"과 "종자"의 은유를 채택함으로써 유식학파 이론은 잠재 기억이

---

problem. La Salle: Open Court, 1987, p.134.

[20] *Karmasiddhi-prakarana* (Taisho 1609: 785b). Yamaguchi, 1975, p.26.

지속되는 방법과 장소에 대한 설명 모델을 제공한다. 그러나 많은 비평가의 눈에 장식은 속성을 지닌 영속적 실체, 즉 "다른 이름의 자아"에 해당하는 것으로 보이며, 따라서 불교의 기본적 비아관을 포기한 것으로 추정할 수 있다. 이러한 이유로 중관논사들은 유식논사들을 오랫동안 비판해 왔다. 귀류중관파(Prāsaṅgika Madhyamika)인 14대 달라이 라마는 다음과 같이 요약한다.

> 요컨대 이 근본의식, 즉 장식은 모든 흔적과 〔티베트어 용어로〕 습기(bag chags)의 저장소, 즉 이생과 전생에 축적한 습관과 잠재 성향들의 저장소로 여겨진다. … 나는 근본의식의 존재를 완전히 부정한다. … 왜냐하면 그들〔유식논사들〕은 현상이 실체적으로 존재해야 한다고 믿었던 철학자이었기 때문이다. 그들은 비판적 분석에서 자아를 찾을 수 있다고 믿고 싶었다. 그들은 경험적 탐구나 깨달음을 통해서보다는 그들의 이성적 전제 때문에 이 의식을 정식화하지 않을 수 없었다.[21]

중관학파는 두 가지 주요 하위 학파, 즉 자립논증파(Svatantrika Madhyamaka)와 귀류중관파(Prasangika Madhyamaka)로 구성된다. 청변(Bhavaviveka)의 교리에 기초하여, 자립논증파 논사들(Svatantrikas)은 근본의식을 상정할 필요가 없다고 주장한다. 왜냐하면 심의식 연속체 자체가 남아있는 인상이나 습기(bag chags)를 위한 저장소

---

21 F.J. Varela, Ed., *Sleeping, dreaming, and dying: An exploration of consciousness with the Dalai Lama.* Boston: Wisdom Publications, 1997, pp.86~88.

역할을 할 것이기 때문이다.[22] 다른 학파 옹호자들인 귀류중관파 논사들은 잠재 습기들의 저장소로서 심의식 연속체조차도 상정할 필요가 없다고 주장하면서 한 걸음 더 나아간다. 그들은 이 모든 문제가 어떤 것, 즉 자아가 분석을 통해 발견될 수 있어야 한다는 근본적인 본질주의적 가정 때문에 발생한다고 생각한다. 귀류중관파 체계는 분석에서 찾을 수 있는 모든 "나"의 존재를 반박한다. 왜냐하면 이 체계는 자아를 오온의 집합, 심신의 집합체 위에 부가된 무엇으로 여기기 때문이다. 오온에 속한 것으로 식별되지 않는 것이기에, 그것은 단지 표지나 가립假立일 뿐이다. 게다가 불변하는 자아라는 관념은, 행위 주체로서의 자아와 경험자로서의 자아에 적용할 경우, 모순이다. 따라서 귀류중관파는 상좌부와 나가르주나의 주장과 같이, 심적 연쇄와 저장된 습기뿐만 아니라 자아 또한 본체적으로가 아니라 세속적으로만 존재한다고 주장한다. 이것이 "단순한 나"(mere-I, 티베트어 bdag-tsam)의 개념이다.[23]

"단순한 나"는 다음과 같은 의미에서 실질적인 자아가 아니다. 그것은 변용 과정에서 멈추지 않는 것이고 하나의 독립된 실체가 아니다. 예를 들어 사람의 기억에는 다양한 자아가 등장한다. 하나는 10살의 자아일 수 있고, 다른 하나는 지금 바로 여기에 있을 수 있으며, 나는 그들 모두라고 말하는 사람이 있다. 그들 중 어느 것도 분할할 수 없고 "부분"이 없는 영구적인 단일 개체나 영혼이 아니다. 이러한

---

22 Ibid., p.88.

23 이 티베트어 표현은 『밀린다빵하』에서 발견되는 빠알리어 관용구 "ahan-neva"에서 유래한 것으로 보인다.

의미에서 사람은 수년 전에 "지녔던" 것과 같은 자아를 "가진" 것이
아니다. 여기서 중요한 점은 인격 안에 연속성이 있지만, 계속되는
것 또한 시시각각 변하고 있다는 점이다. 열 살짜리 아이의 자아가
노인의 자아와 똑같다고 말하는 것은 말이 되지 않는다.

귀류중관파 견해에 따르면 "단순한 나"는 만질 수 있고 실제로
발견되는 어떤 것이 아니다. 다양한 추상 수준에서 명명된 것일 뿐이
다. "나"는 조대한 오온(예: 인지 능력) 또는 미세한 오온(예: "나는
나쁜 사람이다"라고 생각)에 의거해 명명될 수 있다. 같은 의미에서
'단순한 나'는 조대 의식이나 미세 자각에 근거한 명칭일 수 있다.
이 관점에서 기억이나 습기는 (좀 더 깊거나 궁극적 수준에서는 **자성**을
지니지 않은) 세속적 인격의 "단순한 나"에 저장된다. 따라서 "단순한
나"는 다음 인용문과 같이 학습 경험으로 간주될 수 있다.

> 단순한 나(mere-I)는 정신적 각인의 보고라는 이 진술을 보는
> 한 가지 방법은 그것을 전통적인 관점에서 보는 것이다. 어떤
> 사람이 어떤 흔적을 남기는 행동을 했을 때, 그는 이제 그 경험으로
> 인해 어떤 성향을 갖게 된다. 그게 전부이다. 그대는 그 성향에
> 대한 저장소로 존재하는 실질적인 기반을 상정할 필요가 없다.
> 그것이 귀류중관파의 관점이다.[24]

---

24 F.J. Varela, 1997, p.90.

결론

필자 생각에 중관논사들은 이 시점에서 유식논사들과 뚜렷하게 구별되지 않는다. 그들은 장식이든, 세속적 자아이든 모두 기억의 기초가 있어야 한다는 것을 인정한다. 그들은 계속해서 전환하고 다원적 성격을 갖는다는 공통된 특징을 공유한다. 그것들은 엄밀한 의미에서 본질적으로 존재하고, 본체적/단일적이며, 행동이 없는 자아나 아트만과 매우 다르다. 이런 의미에서 어떤 학파도 비아라는 불교의 전제를 어기지 않는다. 그것들은 기억이 인격과 어떻게 관련되어 있는지에 대해 다양한 견해를 지닐 뿐이다. 결국 그들은 모두 개인이나 자아가 찰나적으로 변화하고 기억 과정에서 분리할 수 없다고 생각하는 불교도이다. 그들의 견해는 명상을 통해 경험하고 이해해야 하는 무상과 비아의 관찰에 기초한다.

필자의 초기 탐구는 정보처리에서 논박할 수 없는 기억 가설에서 영감을 얻었다. 필자의 의도는 기억의 신경현상학 연구를 지지하는 불교의 철학적 주장을 모색하는 것이었다. 하지만 지금은 그냥 한 가지 반박 가능한 방법을 또 다른 것으로 대체하고 있는 것 같다. 즉, 그것은 객관적인 것이라기보다 주관적인 경험의 문제이다. 이제 답을 얻는 대신 더 많은 물음이 생겨난다. 기억의 비밀을 밝히는 데 가장 도움이 되는 방법이나 원리는 무엇인가? 아니면 우리가 추측에 휩싸이게 될까? 기억을 연구하기 위해 자아 또는 비아의 개념을 도입해야 하는가? 과학은 형이상학적 가정을 받아들여야 하는가? 아마도 대부분의 과학자는 뇌가 기억의 유일한 기초라고 생각하는 물질적 전제에 머물고 싶어 하고 "누가 기억하고 있는가", 또는 "무엇이 기억을 결정하는가"에 관해 질문하는 것을 회피할 것이다. 그렇지만 아직도 많은 사람이 비록 기억은 뇌의 현상이지만 절대 회백질에만 국한된 것이 아니라고 생각한다.

가까운 미래에는 명확한 답을 찾을 수는 없겠지만, 언젠가는 공상과학 소설이 우리 일상생활의 일부가 되고, 회백질을 한 신체에서 다른 신체로 성공적으로 이식함으로써 이 논쟁이 해결될 수 있을지 누가 알겠는가? 그러면 우리는 새로운 뇌를 가진 사람이 그/그녀의 과거를 기억할 수 있는지 여부를 관찰할 수 있을 것이다. 만약 그/그녀가 기억한다면 그/그녀는 그녀의 동일성을 유지할 것이다. 만약 그렇지 않다면 그/그녀는 다른 사람이 된 것이다. 시간이 말해 줄 것이다.…

13장 불교의 마음 구도:
사례 연구에 의해 예시된 인지, 정서, 동기부여 및 주의注意적 측면

파드마시리 데 실바(Padmasiri de Silva)

불교적 입장에서 감정 위치 짓기

우리가 아리스토텔레스의 3분법을 사용하여, 마음의 인지적 차원은 인식(sanna, vinnana), 마음의 정서적 차원은 느낌(vedana), 마음의 수의적 측면은 의지/성향(sankhara)임을 나타낼 때, 불교의 마음 구조를 잘 이해할 수 있다.

오온 [다섯 가지(신) 심 집합체] 중 네 가지:

상(Sanna)
식(Vinnana) ⎤ 인지적 측면

수(Vedana) ——— 정동적 측면

행(Sankhara) ——— 수의적 또는 의지적 측면

이러한 전통적 마음 그림은 유용하다. 그렇지만 우리는 그것에 절대적으로 의존할 필요가 없다. 모든 네 가지 **칸다**(빠알리어) 또는 스칸다(산스크리트어)는 의식과 경험의 모든 상태에 존재한다. 특히 온(skandha)으로서의 몸은 감정 생리학에서 중요한 역할을 한다. 그러므로 불교심리학의 관건은 마음과 몸의 상호관계이다. 정신을 육체로, 또는 그 반대로 환원하려고 시도하는 데카르트의 이원론은 회피된다. 특정 감정을 예로 들면, 모든 5온(신체 포함)은 서로 떼려야 뗄 수 없는 관계에 있다. 또 다른 특징은 마음이 역동적인 연속체로 보인다는 것이다. 마음과 몸은 완전히 얽힌 과정으로 간주된다. 붓다는 이 심신 연속체의 과정이 연기적 인과관계 속에 불가분하게 얽혀 있다는 점에서 영속적 존재라는 개념을 거부하고 사람을 수많은 인과 요인에 작용하는 (그리고 그 가운데에 있는) 심리-물리적(심신) 과정의 연속체로 본다.

연기에 따르면 감각적 접촉(촉)이 느낌(수)을 조건 짓고, 느낌이 갈애를 조건 짓고, 갈애가 집착(취)을 조건 지으며 이러한 연결은 감정의 생성과정에서 다양한 요소의 동적 상호작용을 이해하는 데 도움이 된다.

불교의 마음 관념은 잠재의식 차원의 심리활동도 다룬다. 임계의식 (Threshold consciousness)은 여섯 가지 "감각의 문"으로 열려 있다. 우리는 냄새 맡고, 맛보고, 만지고, 기억하고 생각하기 및 기억과 사고를 통해 자극을 감지한다. 자극을 통해 도달하는 감각(indri-yasamvara)을 제어할 수 있는 사람은 이러한 자극에 영향을 받지 않지만, 마음은 매력과 혐오에 종속되어 혐오, 정욕, 자만과 관련된 잠재의식 성향에 종속된다. 이 견해는 분노, 탐욕, 시기, 질투, 오만과 허영과 같은 뿌리 깊은 태도의 출현을 이해하는 데 도움이 된다.

이제 우리는 감정을 불교의 "심신" 구조 안에 배치했으므로 첫 번째 부분의 나머지 부분은 우리 삶의 정서적 차원인 감정을 이해하고자 한다. 감정에 대한 연구는 여러 가지 이유로 수년간 무시되어 왔다. 감정이 비과학적이고 심리학의 새로운 "객관적" 연구 방법에 적합하지 않은 일종의 "주관주의"와 연결되어 있다고 간주되었기 때문에, 자연과학과 사회과학에서 감정에 대한 연구는 제대로 인정받지 못했다. 감정은 또한 비합리적인 영역으로 강등되었다. 많은 이들은 감정을 생각, 추론, 이해의 인지 능력과 정반대로 생각했다. 감정은 "좋은" 성격의 발달을 방해하는 상태로 여겨졌다. 일상의 삶에서도 감정은 차분하고 합리적인 결정을 방해한다고 말한다. 이러한 비합리적인 편견에 더하여, 학문 전반에 걸쳐, 심지어 철학자 사이에서도 인간의 감정에 책임과 선택의 개념을 부여하는 것을 일관되게 거부함으로써 감정 연구에 큰 해를 끼쳤다. 심리적 수준에서 감정은 불균형 상태로 간주되었다.

감정 연구에 대한 다방면의 부정적인 태도를 고려할 때, 우리 대다수는 감정적 동요에 영향을 받지만, 우리 삶의 특정 기간에는 성숙한 감정적 성장과 발달을 진행할 수 있는 충분한 공간이 있다는 주장을 펼치고자 한다. 최근에 부상한 새로운 관점은 신경과학자 다마지오 (Damasio, 1994)의 말로 요약될 수 있다.

… 이성은 대다수 사람이 생각하는 것만큼 순수하지 않을 수도

있고 우리가 원하는 것처럼 순수하지 않을 수도 있다. ··· 감정과 느낌은 전혀 이성이라는 요새의 침입자가 아닐 수 있다. 그것들은 슬플 때나 기쁠 때나 그 관계망 속에 얽혀 있을 수 있다.(p.xii)

한편 감정은 "우리가 가치 있게 여기는 것을 부분적으로 형성하고 결정한다."라고 하면서 비통합적이고 중단 없는 감정을 통합되지 않고 방해가 되는 동기의 원천으로 보는 것은 잘못이다.(Goldie, 2002, p.48) 다른 한편으로 우리는 감정을 과도하게 이성화하여 **항상** 논리적이고 엄밀한 틀에 부합시키려 해서는 안 된다. 어떤 때 감정은 마치 "한 지형의 지질격변과 같이, 우리의 삶을 고르지 않고 불확실하며 역전되기 쉬운 것으로 표시하지만, 때로는 지혜와 통찰력이 충만하다는 점에서 깊은 의식과 이해의 원천이 된다."(Nussbaum, 2001)

감정 연구는 학문적, 과학적 관심 대상일 뿐만 아니라 우리 삶의 행위와 타인들을 이해하는 데 매우 중요한 실용적 의의를 가진다. 감정은 풍부한 복잡성을 지니며 자기 이해의 지평을 넓힐 뿐만 아니라 우리 주변 사람과 세계에 대한 민감성을 계발하는 데 도움이 된다. 지난 30년 동안 신경과학, 생물학, 심리학, 그리고 보다 광범위하게 인지과학뿐만 아니라 의학 등의 새로운 발전으로 감정 연구에 대한 관심이 현저하게 회복됐다. 이러한 부흥은 또한 환원론의 함정에 빠지지 않고 이러한 발견을 비판적으로 통합하려는 감정의 철학적 연구에 큰 영향을 미쳤다. 실제로 달라이 라마(Dalai Lama)의 영향력이 지대한, 마음과 생명연구소(Mind and Life Institute)의 최근 연구프로젝트는 불교의 감정철학에 대해 숙고할 수 있는 이상적 배경을 제공했다.

서양과 불교 전통에서 감정의 경계면을 조명한 것은 매우 중요한 사건의 전환이며, 특히 마음과 생명연구소의 현재 연구 프로젝트에서 분명히 볼 수 있다. 예를 들어 이 프로젝트의 저명한 구성원인 에크만 (Ekman, 2003)은 감정이 우리의 도피와 싸움 메커니즘에 반응하도록 진화했으며, 특히 빠른 응답이 필요하고 거의 숙고할 시간이 없는 경우, 자동적이고 반사적인 행동을 생성한다고 말한다. 그러나 불교 비구들은 명상에 대해 매우 잘 훈련되어 그러한 상황에 직면할 준비성을 계발할 수 있고 "화염 앞의 불꽃을 식별"할 수 있다. 죄책감과 자기혐오에 대처하고 절망과 공허함을 긍정적 통찰로 바꾸기 위해 과거를 바라보는 새로운 관점 계발과 함께 나타나는 감정의 악마화 현상은 감정 연구와 심리치료의 수행에 중요한 영역을 제시한다. 에크만이 예방 작업을 위한 마음 계발의 가치를 지적하는 데 반해, 전통적인 서구의 심리치료 방법은 종종 이미 어떤 사람이 "불타버린" 후의 손상 제어에 중점을 두는 경향이 있다. 불교 전통에서 감정을 관리하는 다면적 기법 중에서 마음을 진정시키고 정서적 감성을 정련하는 이러한 사전 훈련은 감정을 통제하고 조절하는 매우 기본적인 기능이다. 비록 이 연구소의 업무는 특히 티베트(금강승, Vajrayana) 불교 전통의 수행자들을 대상으로 하지만, 그것들은 모든 불교 전통, 특히 필자의 대다수 연구 자료가 비롯된 빠알리어 불교 전통에 똑같이 적용된다.

에크만(2003)은 그의 『드러난 감정』이라는 책에서 만약 우리가 "주의를 기울이는 습관"을 계발하거나 불교 용어로 마음챙김 수행을 개발했다면 감정적 서사가 진행되는 동안, 이상적으로는 몇 초가

지나기 전에 자신을 관찰하는 기술을 양성할 수 있다고 말했다. 우리는
또한 자신이 감정적일 때를 인식하고 상황 평가가 정당한지 고려하여
우리의 평가를 재평가할 수 있다. 대다수 감정에는 판단이 수반된다.
사실 다음 논의에서 설명하겠지만, 불교의 분석에 따르면, 나중에
큰 속도로 감정으로 발전하는 초기 상태는 쾌락, 괴로움 또는 중립적
느낌(vedana, 수)에서 찾을 수 있다. 더욱이 생각, 평가, 욕망, 그리고
뿌리 깊은 애착, 혐오와 자부심(사회 문화의 여과 등을 포함)의 흥분을
추가하면 감정으로 나타나는 것이 **사회적 구성**이라는 것이 분명하다.
따라서 강조해야 할 중요한 점은 사실상 우리가 언제나 이 연속적
사태의 시작부터 완전한 감정으로의 경험에 이르는 발전에 "브레이크
를 걸" 수 있다는 것이다. 에크만은 특히 원인과 감정 유발 및 신체
감각에 관한 지식을 인용한다. 주의를 기울이는 기술을 발전시키면서
우리는 표정에서 말과 행동에 이르기까지 감정적 행동을 조절할 수
있다. 사실, 특히 데이비슨(Davidson)과 그의 동료들(2003)의 작업에
나타난 획기적 통찰 중 하나는 불교 명상과 뇌의 가소성에 관한 것이다.
전두엽, 편도체, 해마와 같이 감정적 경험과 상호 연관되는 뇌 영역들
은 반복되는 감정적 경험의 영향으로 변화할 수 있고 명상 체험은
긍정적 변화를 가져올 수 있다.(Goleman, 2002)

불교 전통에서 감정

감정 연구에 대한 일반적인 관심과는 별도로 필자가 이 분석을 작성하
는 기본적인 목적은 감정을 이해하고 의미 있는 훌륭한 삶을 영위하기

위한 불교의 기여를 발전시키려는 데 있다. 불교 분야의 도덕적, 사회적 차원을 인식하는 것 외에도 명상과 정신적 삶의 측면에서 감정을 이해하는 것이 중요하다. 붓다는 "사람의 훈련에 비길 데 없는 조련사"로 불렸다. 부정적 정념이나 감정을 지혜롭고 현명한 방식으로 이해하고 관리하면 해방으로 가는 길이 열린다. 우리 마음을 염오시키는 정념은 특정한 심리적 토대나 뿌리(mula)에 의해 자양분을 얻는다. 그것들은 중독(lobha), 반응(dosa), 우리의 인식을 흐리게 하는 자기애적 자아상(moha)의 뿌리이다. 『맛지마 니까야(The Middle Length Sayings)』는 번뇌(upakkilesa)의 목록을 제공한다. 그것들 대부분은 부정적인 정념 또는 이와 관련된 상태이다. 탐욕, 탐심, 악의, 분노, 적의, 위선, 원한, 시기, 인색, 사기, 배신, 고집, 경솔함, 오만, 교만, 자만, 나태(M I, 36-37) 등이 그것이다. 이처럼 오염시키는 정념은 잠복되고 잠재된 의식 수준에서도 존재하며 적절한 자극이 있을 때 나타난다. 붓다가 팔정도를 소개한 것은 번뇌를 처리하는 체계적인 도가 필요하기 때문이다. 이 길은 근면한 도덕 생활의 실천, 명상 수행과 지혜의 개발을 결합시켰다. 이 경로를 통해 감정의 조화, 균형 및 성숙의 계발이 생긴다. 서양에서 플라톤(기원전 4세기)도 인간의 정념을 관찰할 때 마차 이미지를 사용했다. 감정은 통제하기 어려우므로 이성에 의해 통제될 필요가 있다. 최근 연구에서 블랙번 (Blackburn, 1998)은 다음과 같이 평했다.

일이 잘 진행되는 한, 여기 이성이 모든 것을 통제하는, 마음과 머리, 욕망과 이성의 고전적인 이원론이 있다. 아폴론은 빛 속에서

통치하고 디오니소스는 어둠 속에서 통치한다.(p.238)

블랙번에 따르면 플라톤의 유명한 모델은 "흄에 의해 극적으로 전복되었다." 흄은 이성은 정념의 노예가 되어야 하며 정념을 섬기고 순종하는 것이 이성의 과제라고 말했다. 네덜란드 철학자 스피노자는 연민을 분노의 해독제로 쓰는 것처럼, 부정적 감정을 긍정적 감정으로 교정하는 데 사용할 수 있다는 매력적인 관념을 받아들였다. 스피노자는 또한 감정이 "생각의 구성요소"를 가지고 있는데, 이 요소는 감정 상태의 분류와 변별에서 유용하며, 이러한 상태를 변화시킬 때 필요한 "반성적 지식"의 계발도 유용하다는 통찰력 있는 이론을 제기했다. 우리가 스피노자를 따르고 감정이 신념을 포함한다는 것을 받아들인다면, 우리는 신념을 변화시킴으로써 부정적인 감정을 변화시킬 수 있다는 논리적 결론에 이르게 된다.(Neu, 1977) 플라톤의 뒤를 이은 아리스토텔레스는 훈련과 성품 계발의 중요성을 강조했는데, 이에 대해서는 감정과 윤리에 관한 장에서 다루겠다.

이러한 서양 관점과 달리, 붓다는 이성의 중요성과 감정을 보는 사유의 요소의 중요성을 중시하지만, 그는 이성 자체가 인간의 괴로움과 부정적 정념을 처리할 수 없다는 것을 깨달았다. 그러므로 붓다는 플라톤과 흄이 발견한 이성과 정념의 대조적 이미지를 뛰어넘어 마음챙김 수행역량이라는 신선한 자원을 발견했다. 감정 형성에 기여하는 생각조차도 합리적 분석에서보다 명상적 성찰에서 한층 명확하게 나타난다. 감정은 오늘날의 복잡한 다문화 사회에서 살아가는 데 필요한 자원을 찾는 데 도움이 되며, 다른 사람에 대한 공감, 관용,

배려를 발전시킨다. 리스 데이비스(Rhys Davids)는 1914년으로까지 거슬러 올라가 이 부분이 불교 연구에서 무시된 영역이며 이 문제에 대해 "오래된 침묵"이 있었음에 주목했다.

이제 우리는 불교문화에서 가장 오래된 것으로 생각되는 책들이 정신적 과정의 본질을 이렇게 불완전하게 분석하는 검토 관행을 버려야 한다. 우리가 무언가를 발견했다면, 예를 들어 이미지와 그것을 회복하는 조건, 감정의 분석, 의지와 비교한 본능과 같이 우리가 발견하지 못한 것이 더욱 많다.(리스 데이빗, 1914, p.133)

불교의 감정 개념

어원학적으로 **감정**이란 이곳저곳으로 이주하거나 이동함을 의미하는 라틴어 "e+movere"에서 유래한 말이다. 선동을 가리키기도 하는데, 바로 이 은유가 이 단어와 관련되어 있다. 애버릴(Averill, 1980)이 지적했듯이 **정념**이라는 단어는 고대 그리스에서 18세기 중반까지 약 2,000년간 사용되었고, 그리스어 pathos(열정)와 라틴어 pati(괴로움)에서 파생되었다. 이로써 감정이 **수동성**과 연관되게 되었다.

이러한 개념의 뿌리에는 개인이나 (물리적 대상)이 변화를 일으키거나 시작하는 것과는 대조적으로 몇 가지 변화가 진행 중이거나 변화를 겪고 있다는 생각이 있다. 따라서 일상적 담론에서 우리는 감정에 "사로잡혀 있다"와 감정에 의해 "찢어졌다"고 말한다.(p.38)

애버릴은 또한 "수동적" 체험은 일종의 환상으로서, 자아 인식의 영역을 넓히고 자신의 행동 원천에 대한 더욱 깊이 있는 통찰력을 계발함으로써 그것을 있는 그대로 볼 수 있다고 보았다. "슬픔에 휩싸여", "분노에 휩싸여", "후회에 시달려"와 같은 일상생활에서 사용되는 은유는 우리가 감정에 귀속시키는 수동성의 이미지를 확인하게끔 한다. 이러한 자기 귀속 과정은 개인이 감정적 결과에 대한 책임을 회피하도록 하는 데 도움이 된다.

감정이 우리 몸이 느끼는 감각적 느낌, 특히 괴로움과 쾌락, 매력과 혐오의 느낌과 연결되어 있다는 것은 사실이다. 그러나 분노나 두려움과 같은 감정을 경험하는 것이 단지 어떤 독특한 내면적 느낌을 갖는 것이 아니다. 왜냐하면 그것들은 단지 신비한 내부 사건일 뿐만 아니라 공적인 상호작용과 대인관계의 반응에서 온 것으로서 감정은 사태에 관한 것이라고 할 수 있기 때문이다. 간단히 말해서 감정은 특정 인식을 전제로 한다.

> … 우리는 x가 위험하다고 생각하지 않는 한 x를 두려워하지 않는다. 우리가 x의 행동이 우리가 원하는 것과 상반된다고 생각하지 않는 한 x에게 화를 내지 않는다. 우리가 x를 한 것이 불행하다고 생각하지 않는 한 x를 한 것에 대해 후회하지 않는다.(Alston, 1967, p.481)

그러므로 감정은 이러한 생각 요소를 갖고 있다. 감정은 생각, 신념, 판단과 관련되지만, 대상과도 관련된다. 이 대상은 두려움의 경우, 뱀과 같이 존재하는 것, 슬픔의 경우 친구의 죽음, 분노의 경우 깡패의 화난 행동과 같은 것일 수 있다. 그러나 두려움의 대상은 심지어 프로이트가 불안의 특정 형태에서 설명한 것처럼 상상의 것이 거나 무의식에 뿌리를 두고 있을 수도 있다. 감정의 "형식적 대상"이 있으므로 우리는 상황이나 대상을 향한 **지향성**이라는 용어를 사용한다.

예를 들어 한 사람이 숲길을 걷다가 갑자기 어떤 **소리**에 경각심을 일으킨 후, 뱀으로 인식된 **형체**가 나타난다. 이 사람은 또한 뱀독은 유독하며 그의 생명에 위협이 된다고 믿는다. 이제 이러한 신념은 인지의 핵심이며, 이 핵심을 둘러싸고 주변 사람은 '위험하다'는 평가를 내리고 있다. 우리의 묘사가 슬로모션 필름과 같다고 가정하면, 상황에 대한 인식과 그 평가는 아드레날린 방출, 심장 박동, 호흡 패턴의 변화, 또는 관련 내장 반응과 같은 어떤 생리학적 현상과 자율 신경계상의 신체 반응을 발생시킨다. 동기적 측면은 생존에 대한 이러한 욕구의 표현에서 나타난다. 공포 감정은 도주-격투-체포라는 비상경보 메커니즘과 깊은 관련이 있다. 표정과 행동의 변화, 일종의 도주 준비 태세에 변화가 있을 것이다. 분노, 두려움, 슬픔과 같은 일부 더 기본적인 감정은 명확한 생리적, 생물학적 측면을 갖고 있지만, 모든 감정에 그런 측면이 있는 것은 아니다. 예컨대 자만심은 그렇지 않다. 대인관계 지향을 가진 감정은 사회 문화적 차원을 가지고 있다. 분노, 정욕, 시기, 질투와 같은 감정에서 우리는 인간의 행위주체, 선택, 책임 가능성이라는 개념을 찾는다. 불교의 의도(思, cetana) 관념은 이러한 특징을 포함하고 있으므로 이러한 감정을 도덕적 비판의 대상으로 만든다. 이 분석은 우리가 불교의 감정 개념을 설명하면서 다루게 될 자각과 마음챙김이라는 불교의 핵심 관심사에 관심을 갖게 한다.

서구에서 진행 중인 연구에서 감정의 이러한 상이한 측면은 다양한 표현수준에서 연구되었다. 감정은 대뇌, 위장관-내분비계통, 순환계통, 호흡기계통의 전기활동과 관련이 있다. 감정은 우리 존재의 동기, 충동, 그리고 우리가 존재하는 욕구 측면의 동태에 반영된다. 이는 우리가 외부환경에 대응하고 평가하는 방식과 밀접한 관련이 있다. 그리고 감정은 우리의 신념과 사회 문화적 관계에 묶여 있다. 감각기관 및 개념적 자극에 대한 최초의 감정반응이 있으며 이러한 반응은 완전한 감정으로 발전한다. 불교의 감정관에서는 감정의 다양한 측면이 모두 인식된다. 즉, 감정은 감각기관의 자극, 욕망, 신념, 평가, 행위와 생리, 그리고 사회 문화 조건에 대한 감정반응이다. 가장 중요한 것은 감정의 도덕적 차원과 윤리적 책임 개념이다. 명확화를 위해서 빠알리어 용어 웨다나(vedana)는 반드시 영어 용어인 감정과 구별해야 한다. 사실 불교심리학에는 영어로 사용되는 **'감정'**이라는 통용 용어가 없다. 대신 사람들은 분노, 탐욕, 두려움, 슬픔, 자만과 같은 감정 부류 구성 그룹에 대해 다양한 토론을 했다. 니야나포니카 테라(Nyanaponika Thera, 1983)의 말처럼,

우선 불교심리학에서 "느낌"[빠알리어 vedana]은 유쾌하고 불쾌하며 중립적인 것으로 언급되는 순수한 느낌이라는 것을 분명히 해야 한다. 그러므로 [느낌]은 [기본적인] 느낌에서 발생하기는

하지만 다른 생각 과정뿐만 아니라 다양한 강도의 좋아하거나 싫어하는 느낌을 증가시키는 감정과 혼동되어서는 안 된다.(p.7)

감정에 관한 서구 현대 문학에서 작품을 연구하는 사람은 감정에 대한 상이한 개념을 지지하는 사람들 간에 여전히 논쟁이 계속되고 있다는 사실에 주목할 것이다. 필자는 『트윈 피크스: 연민과 통찰력 (Twin Peaks: Compassion and Insight)』에서 이러한 논쟁에 대해 자세히 논의했다.(de Silva, 1992a) 기본적으로 붓다는 이러한 개념적 문제를 특정 맥락 이상으로 밀어붙이지 않으므로 감정의 본성에 대해 전체론적 입장을 취하는 것이 일관성이 있을 것이다. 그의 대화에서 붓다는 이름, 어법, 명칭은 문맥상의 용법에 따라 사용하고 맥락을 벗어나지 않도록 해야 한다(DI I, 202)고 말했다. 더 깊은 수준에서, 명상 수행에서 우리는 분노와 두려움과 같은 감정을 본질이 없고 공하며 마음의 투사로 보도록 고무된다. 그러나 다른 맥락에서 우리는 감정을 강한 현상학적 현존 및 지속성으로 볼 수 있다.

잠재의식 수준과 무의식 수준의 감정

불교의 마음 개념은 또한 잠재의식 수준(anusaya)에서의 심적 활동에 대한 논의를 포함한다. **아누사야**라는 용어는 빠알리어-영어 사전에서 "구부러진, 편향된, 성향, 잠재 성향의 지속성, 성향, 경향"으로 정의된다. **아누사야**는 적절한 자극에 의해 활성화되는 잠복해 있는 정념이다. 그 집요함 때문에 그것들은 탐욕, 분노, 자만심과 같은 상태의 출현을 위한 기반을 제공한다. 감각적 갈애, 노여움, 자만심, 그릇된 견해, 회의주의, 존재에 대한 갈애, 무지라는 일곱 가지 잠재성향(anusaya, 수면)이 있다. 최근에 르두(Ledoux, 1998)는 그의 획기적 작업인 『감정적 뇌(The Emotional Brain)』에서 정서적 반응이 자극에 대한 의식적 인식 없이 일어날 수 있다는 주장을 훌륭히 탐구했다. 그의 중요한 발견은 **지각 시스템이 자극을 완전히 처리하기 전에 감정 뇌가 자극의 감정적 의미를 평가할 수 있다는 것이다.** 이 발견은 어느 정도 프로이트의 분석이 무의식적 어둠, 정신적 쇼크 및 접근하기 어려운 측면에 집중되어 있음을 확증한다.(de Silva, 1992) 우선, 무의식적 동기는 일상생활이 욕망의 얽힘이기 때문에 사람이 실제 행동 동기를 인식하지 못한다는 것을 의미한다. 둘째, 우리의 삶은 반성하지 않는 습관에 의해 지배되고 우리의 정신적 구조에는 매우 큰 습관의 지배 영역이 있다. 셋째, 프로이트적 의미에서 동기는 불쾌한 환경에서 형성되며 우리는 그것을 잊고 싶어 한다. 무의식에 접근하는 서양식 모델과 불교식 모델 간의 중요한 차이점은 무의식의 마력을 관리하고 자율성을 얻는 데 사용되는 방법에서 나타난다. 우리의 현재 연구 맥락에서 가장 중요한 점은 아리스토텔레스 이래 서구 전통에서 정념의 가장 빈번한 반대말이 이성이었다는 것이다. 불교 전통은 정념의 관리를 감정, 이성, 마음챙김이라는 세 가지 요소로 이루어진 상황으로 본다. 가속도가 붙기는 했지만, 치료에서 아직 불교 기법을 사용하는 심리학자는 거의 없다. 감정을 관리하기 위해 마음챙김 명상을 사용하는 것의 의미는 상대적으로 주류 심리학에 알려지지 않았다.(de Silva, 2002, pp.188~193)

붓다는 마음을 흔들리고 불안하며 지키거나 억제하기 어려운 것으로 묘사한다. 지혜로운 사람은 화살을 만드는 사람이 화살을 곧게 하는 것처럼 마음을 곧게 한다고 한다.(『법구경』, 33) 다른 맥락에서 붓다는 마음을 가지에서 가지로 움직이며, 다른 나뭇가지를 잡은 후에야 한 가지 위에 놓인 발을 떼는 원숭이에 비유한다. 그러나 인생 자체는 중대한 도전, 격변, 불확실성과 함께 펼쳐진다. 이러한 도전에 대처할 수 있는 것은 훈련되고 길들인 마음뿐이다. 불교 수행은 우리의 인식 수준을 개선해 정서적 기능을 더욱 잘 이해하게끔 한다. 이로써 폐쇄, 부정 또는 억압 없이 우리의 마음을 열어 다양한 감정 경험을 용인하고 관리할 수 있는 중요한 능력을 지니게 된다.

감정 연구에서 지속적으로 문제가 되고 있는 문제는 심신 관계인데, 어느 정도 인지 이론과 생리적 각성 이론 사이의 갈등은 심신 관계를 둘러싼 현대 정서 이론에서 일종의 양극화로 나타나고 있다. 이러한 이분법은 감정 이론에서 현재의 긴장 상태를 위치 짓는 하나의 방식이다.(Solomon, 2004) 붓다는 인간을 일종의 심신복합체로 간주한다. 아무도 심리적 과정을 물리적 과정 또는 그 역으로 환원하려고 하지 않았다. 마음과 몸은 조건부로 존재하며 다양한 관계의 역동적 연속체 안에서 나타난다. 특히 불교의 가르침은 유물론적이거나 관념론적 다양성의 이원론적 또는 일원론적 입장을 지지하지 않는다. 이 비환원주의적 틀 안에서 붓다는 "느낌은 육체적일 수도 있고 정신적일 수도 있다"와 같은 맥락상의 구분을 한다. 그 교설이 실천에 중점을 두고 있기에 붓다는 제자들에게 필요 이상으로 유용한 문맥적 구분을 모색하지 말고 이론적인 싸움에 얽매이지 말라고 조언한다. 더 깊은 의미에서 마음이 몸과 동일한지 몸과 독립적인지에 대한 질문은 붓다가 '고전적인 대답하지 않은 질문(무기)'으로 남긴 문제 가운데 하나이다. 마음(jiva)과 몸이 같다는 견해는 '유물론'이고 영혼이 신체와 별개로 존재하는 정신적 원리로 여겨진다는 견해는 '상주론'(M I, 485)이다. 붓다는 심신관계의 맥락적 관습 내에서 작업하면서 일종의 쌍방향 상호관계를 받아들였다. 마음과 몸(명색) 사이의 관계는 서로 지탱하는 두 묶음의 갈대에 비유된다.(S II, 114) 우리가 불교 입장에서 감정을 이해하는 데 가장 도움이 되는 것이 바로 이런 쌍방향 피드백을 통한 심신의 상호관계이다.(de Silva, 2005, pp.153~181)

자제와 "도덕적 약점"

여기서 중점은 특히 알코올 중독에 주안점을 둔 도덕적 약점과 중독의 일반적인 성질, 도덕적 약점과 중독에 대한 철학적, 심리적, 치료적 영역, 그리고 인지, 동기부여, 주의 수준에서 중독 문제를 이해하고 관리하기 위한 불교의 치유 재원들에 대한 검토에 있다. 그리고 **금주와 통제된 음주** 모델 사이의 "패러다임 충돌"을 다룰 것이다.

중독 이론 1절에 이어 필자는 내담자와 관련하여 치료 방법론을 개발하려는 개인적 시도를 설명하고 약물 중독의 대체 치료 모델에 중점을 두고 사례 연구를 토의할 것이다. 감정과 행동의 자제는 자신의 가치관에 따라 생활하는 미덕이다. 한 사람이 용기와 끈기를 단련하고 현명한 이해, 동기부여 및 마음챙김으로 보완하여 이렇게 할 수 있는 능력이 있다면 말이다. 자제력의 부족은 "의지의 약점"으로 설명된다.

이러한 약점은 우연적일 수도 있고 습관적일 수도 있고 특정 악덕에 국한될 수 있으며 상이한 통제 및 인식 정도로 나타날 수 있다. 문제는 왜 사람이 고의로 자멸적인 행동 양식을 추구하는가이다. 도박, 흡연, 약물, 알코올 중독 및 무책임한 성행위 영역에서 사람은 중독의 불가항력성을 볼 수 있다. 통제할 수 없는 분노는 중독의 한 형태는 아니지만, 도덕적 연약과 의지적 연약의 범주에 속한다. 엄격한 불교 윤리 담론에서 금욕은 이상적인 도덕규범이다.(Padmal de Silva, 1983) 그러나 치료 맥락에서는 다른 모델이 우세하다. 예를 들어 말라트(Marlatt, 2002)는 그가 "피해 감소 모델"이라고 부르는 것을 개발했다. 이 모델은 도덕적 이상을 강요하기보다 자비로운 실용주의에 기초한다. 이 모델에서는 소수의 사람이 폭음을 계속하고 있고 앞으로도 계속 그렇게 할 것임을 인식하고 있다. 단 이러한 행동을 용인하지 않고 발생률과 그로 인한 피해를 줄이기 위해 노력한다.

말라트는 개인에게 선택 능력을 부여하고 금욕 목표를 채택할 수 없거나 채택할 의사가 없는 내담자에게 피해 감소 모델을 제공하는 불교 기법으로부터 큰 영향을 받았다. 또 그는 불교와 인지행동 중독 치료 방법에서 많은 유사점을 발견했다.

"네 가지 수행"과 "정신적 질병"은 불교적 접근 방식을 보여준다.

이러한 네 가지 노력이 있다. 무엇이 네 가지인가? 승려가 욕망을 일으키고, 노력하고, 끈기를 불러일으키고, 아직 생기지 않은 악이 일어나지 않게 하기 위해 … 이미 일어난 사악하고 불건전한 품성을 버리기 위해 … 아직 일어나지 않은 건전한 품성을 일으키기 위해 ··· 그리고 이미 발생한 건전한 품성의 유지, 혼란되지 않음, 증대, 충실, 계발 및 정점에 도달하기 위해 그의 의도를 유지하고 발휘하는 것, 이것이 바로 네 가지 정진이다.(Kindred Sayings, XLIX.1) ··· 지킴과 버림, 발전과 수호, 이것이 네 가지 노력이다.(Gradual Sayings, IV.14)

우리는 정신적 혹은 신체적 피로로 인해, 우연적 사고를 통해, 신체 쇠약으로 인해, 질병으로 인해, 전반적인 무관심을 통해, 절망을 통해, 집중력 부족을 통해, 무익감 또는 허무감 등을 통해 좋은 것을 추구하려는 동기가 점점 줄어들 수 있다. 한 사람의 감소된 욕망이 ··· 얻거나 생산할 것이 더 적다는 신호가 될 필요는 없다. ··· 실제로 그러한 "우울증"에 있는 흔히 볼 수 있는 추가적 결함은 한 사람이 모든 선을 얻었거나 구원받은 것으로 보고 의지, 관심, 욕망, 또는 힘을 잃는 것이다.(Stocker, 1979, p.744; Stocker, 1996, pp.244~245)

알코올 및 약물 중독의 본질

마틴(Martin, 2007, p.190)은 다음과 같이 주장한다.

자제는 용기, 끈기 또는 단순한 훈련을 통해 그렇게 할 수 있는 능력이 있는 한 자신의 가치관에 따라 사는 미덕이다. 자제력 부족은 종종 우리가 무언가를 해야 한다고 판단하고 그렇게 할 수 있는 능력이 있지만 그렇게 하지 못하는 **의지박약** 형태를 띤다. 판단이 특히 도덕적일 때 그것은 **도덕적 나약함**이다.

스토커(1979)는 모든 것을 얻었거나 구원받았다고 보거나, 의지, 관심, 욕망 또는 힘이 부족하여 무관심, 피로, 심지어 절망적 기분에 있는 사람에 대해 관찰했다. 그런 나약함은 그 사람이 곧 비참한 상태에 빠지거나 더 단조롭고 상습적 또는 습관적 방식으로 될 것임을 알면서 유혹에 굴복하는 극적인 형태로 나타날 수 있다. 그것은 국소적인 것일 수 있다. 예를 들어 한 학생이 약속을 지키지 않거나 무책임한 성적 쾌락, 도박, 흡연, 마약과 알코올 중독 희생자로 떨어지지 않는 것과 같이 삶의 다른 영역에서 그러한 나태함을 나타내지는 않지만, 규칙적인 시간표를 준수하지 못하는 경우를 들 수 있다. 삶의 모든 영역에서 자제력을 가진 행위자는 놀라운 성취를 이룬 경우가 될 것이다. 자제는 양자택일 상황이 아니라 정도의 문제일 수 있다.

소크라테스와 아리스토텔레스와 같은 그리스인들은 의지와 자제력이 약하다는 뜻으로 akrasia라는 단어를 사용했다. 아리스토텔레스에 따르면 의지의 나약함이나 욕망과 탐욕의 부절제는 흔한 약점인 화를 참지 못하고 성질을 잘 내는 것과 비교할 때 비난받아야 한다. 그에 따르면 도덕 준칙이 나쁜 악인은 좋은 도덕 원칙이 있지만, 그것을 견지하지 못하고 이 한계를 깨닫고 있는 자제력 없는 자에 비해 교육하기 어렵다는 점도 흥미롭다. 사실 **아크라시아는 미덕이 악덕을 위해 지불하는 대가**라는 점이 관찰되었다.

소크라테스는 "덕은 지식이다."라는 유서 깊은 공리를 제시했는데,

이는 진정한 도덕 지식을 갖고 선을 행할 수밖에 없는 사람이, 많은 경우, 반대 행동을 하고 유혹에 넘어가는 까닭에 수수께끼이자 역설이다. 또 어떤 이는 "is"에서 "ought"로의 적법하지 않은 경로가 있다고 말할 수 있다. 즉, 도덕 규칙에 대해 한 사람이 가지고 있는 지식은 그의 지식 상태를 설명하지만 그러한 사람이 규칙을 고수할 것이라는 논리는 없다. 중독의 불가항력성에 대한 이 문제는 특히 존 엘스터(Jon Elster), 조지 에인슬리(George Ainslie), 알프레드 밀리(Alfred Mele) 및 스탠튼 필(Stanton Peel)과 같은 전문가들이 행한 행위과학 및 심리 연구의 주제였고, 알란 말라트(Allan Marlatt), 토마스 비엔과 비벌리 비엔이 불교적 관점에서 진행한 적극적인 임상 연구였다. 마약, 술, 담배를 피우고 강박적인 도박을 할 때 사람은 고의로 그들이 후회할 일을 선택한다. 이러한 형태의 **자기 패배적 행동**을 이해할 필요가 있다. **왜 사람은 알면서 고의로 재난을 얻으려 하는가?** 소크라테스는 도덕적으로 옳은 것이 무엇인지 안다면 그렇게 해야 한다고 생각했다. 아리스토텔레스는 소크라테스와 달리 "자기 통제"를 하는 사람은 약한 사람이 빠지게 되는 정념을 참을 수 있다고 생각했다. 따라서 아리스토텔레스는 인지적 요인 외에 동기적 요인도 강조한다.

그러나 소크라테스와 아리스토텔레스 양자의 분명한 한계는 행위자의 자기통제 능력을 행위자의 이성 능력과 동일시한다는 점이다. 여기에서 **주의 요소**(마음챙김)에 대한 초점을 이해하는 것이 중요하다.

나는 자제와 **아크라시아**를 동전의 양면으로 이해한다는 점에서 아리스토텔레스를 따른다. 그러나 나는 형이상학적 문제에서 그와 거리를 둔다. 아리스토텔레스는 자기 통제의 **자아**를 행위자의 "이성"(능력)과 동일시한다. 나는 그것을 전체적으로 그 인격과 동일시하며 광범위하게 생각한다. 행위자의 최선의 판단에 반하는 욕망과 감정이 외부적 힘으로 그럴듯하게 보이는 경우는 거의 없다.(Mele, 1996, p.100)

불교 전통은 확실히 이성을 자제의 중요한 협력자로 간주하지만, 부정적 욕망, 생각, 감정을 다루는 데 도움이 되는 것은 마음챙김의 힘이다. 불교적 방법은 또 의지적 약점과 관련된 인지, 동기, 정서, 주의 요인에 대한 전체적 분석을 제시한다. 인지적 수준에서 불교의 방법은 지혜를 지식의 정제된 스펙트럼으로 받아들이면서도 일상생활에서 인식과 지식의 정도 또한 받아들인다. 그중 가장 중요한 것은 결정을 내릴 자유가 있고 따라서 다양한 선택을 하는 것을 자제할 수 있으며 행동 남용에 굴복하는 것을 자제할 수 있다는 지식이다. 마음챙김은 이 자유로운 선택 상황에서 즉각적인 경험에 대한 더 큰 인식과 수용을 가져오며, 이는 재발을 방지하는 데 도움이 될 수 있다. 인식과 수용은 부정적 감정 상태 및 (절제) 실패를 개인적 약점으로 돌리는 경향과 같은 위험 요소를 다루는 데 도움이 될 수 있다는 점이 관찰되었다.(Marlatt & Chawla, 2007, p.252)

더 수용적인 접근 방식은 감정 상태에 대해 더 큰 관용을 장려할 뿐만 아니라 감정 상태를 고려하여 자신의 행동에 대해 더 많은 연민과 균형 잡힌 평가를 도와 단기간의 좌절이나 스트레스 사건

후에 재발 가능성을 줄인다.

마음챙김 수행은 갈망에 대한 해독제 역할을 함으로써 재정립 과정, 자신을 중독으로부터 멀리하려는 노력을 돕는다. 자신의 문제를 잘 알고 있거나 해결책을 찾기를 원하지 않는 사람은 종종 알코올 중독의 길을 택한다. 이 기능은 경험적 회피의 한 형태로 설명된다.

자신의 행동에 대한 도덕적, 사회적 영향을 인식하는 것도 중요하다. 금욕은 불교의 이상적인 도덕적 입장이지만, 중독으로부터 음주를 통제하게 된 사람들은 자신이 자신의 삶과 가족을 망치고 있지 않다는 사실을 이해할 수 있을 것이다. 또 특정 정보는 어떤 사람이 중독에 빠지게 될 때 겪게 되는 위험을 밝히는 설명을 제공하므로, 그러한 정보를 이용할 수 있을 때, 심리학, 의학 및 과학적 사실에도 민감해야 한다. 그렇지만 불교의 공헌을 독특하게 하는 것은 마음챙김 수행과 주의력 요소이다. 불교의 관점에서 **인지적 차원은 이성적 능력과 동의어가 아니다.** 아리스토텔레스는 아크라시아란 좋은 법을 가지고 있지만 실행하지 않는 도시와 같다고 말했다. 불교 전통에서도 헌신, 끈기, 역경과 열정에 직면할 때의 용기(viriya), 깨어 있음(sati), 분명한 이해력(sampajanna)(우리 활동의 기본 원리)과 같은 실용적인 특성이 모두 사람을 돕는 데 중요한 역할을 한다. 아직 발생하지 않은 불건전한 상태를 방어하고, 이미 발생한 불건전한 상태를 버리며, 아직 발생하지 않은 건전한 상태를 계발하고, 이미 발생한 건전한 상태를 유지한다. 날씨가 맑든 나쁘든 약속과 약속을 지키려는 동기부여 요인은 열정과 노력 요인(atapi, viriya)을 의미한다. 이러한 맥락에서 동기부여 상담은 현재의 중독 치료에서 중요한 역할을 한다.

무엇보다 불교적 접근은 자유의지를 도덕적 평가의 필수 조건으로 간주한다. 정신 이상을 가진 사람의 행동을 제외하고 의지의 약화, 무모함, 심지어 강박적 행동의 다른 모든 경우가 도덕적 평가에 포함된다. 행위 이면의 의도/의지 및 그에 관한 지식의 정도(또는 다양한 종류)에 따라 불건전한 정도가 있을 수 있다. 따라서 동기 요인과 인지 요인 모두 이중 역할을 한다. 의도 및 의도적 행위자(cetana)는 불교심리학과 윤리학의 핵심이다. 의도에서 나오는 행동은 건전하고 불건전한 도덕적 평가의 정당한 대상이다.

그로브스와 화머(Groves and Farmer, 1994)에 따르면 불교 모델에서 중독의 질병 모델을 구별하는 것은 선택하고 책임을 지는 능력이다.

불교는 12단계 접근 방식에 내포된 유신론에 일종의 정신적이지만 비유신론적인 대안을 제시한다. 이것은 중독 문제가 있는 불교도 뿐만 아니라 유신론적 접근을 거부하는 많은 중독자에게도 중요할 수 있다. 또한 질병 모델과 달리 사람은 자신의 행동에 대해 선택하고 책임을 지는 능력이 있는 것으로 간주된다. 많은 현대 치료와 달리 변화하려는 시도는 주로 문제를 지향하지 않는다. 주요 초점은 숙련된 행위를 연습하고 숙련된 심리 상태를 키워 행복감(웰빙)을 만드는 데 있다.(p.191)

의도적 행동 분류

하비(Harvey, 2000, pp.53~58)는 다음과 같은 유용한 분류를 제공했다.

해를 끼치려는 생각도 없이 실수로 개미를 밟는 것과 같이 의도하지 않은 행동은 책임이 없고 나쁜 업보를 초래하지 않는다. 그가 열정적이지 않고 자신을 완전히 통제하지 않는 동안 행해진 행동 유형. 그러한 행동은 덜 악할 수 있다. 그 사람은 "정신이 나갔고, 동요했다."(visanna) 가능한 예는 비정상적 마음 상태에서 승가의 계율을 위반하는 비구이다. … 행위의 영향을 받는 대상에 대해 명확하지 않을 때 수행되는 악한 행위. 이것은 적당히 비난받을 만한 일이다. … 온전한 의도로 행한 행동, 자신이 하는 일을 완전히 알고, 그 행동이 악한 것임을 알고 있다. 이것은 악행 중에서 가장 명백한데, 특히 계획적일 때… 자신이 하고 있는 일을 잘 알면서도 악행을 하고 있다는 사실을 인지하지 못하는 악행, 이것은 최악의 행동으로 간주된다.

이 유용한 분류는 도덕적 약점 개념을 계발시키는 역할을 하는 의도/의지 및 다양한 유형의 지식과 무지의 위치를 개관하는 데 도움이 된다. 이제 마지막 범주를 보면 누군가에게 해를 끼치고 있다는 사실을 알지 못하는 것과 정신적으로 더욱 노골적인 무지의 차이를 들 수 있다. 중생을 해치는 것이 잘못된 것임을 알지 못하는 무지가 일종의 정신적인 무지이다. 또 중생을 해치는 것을 알 수 있지만, 그렇게

하는 것은 사악하다. 하비의 분류는 책임과 도덕적 약점이라는 쟁점에
대한 책임 정도와 유형을 전면적으로 이해하는 데 도움이 된다. 죄에
대한 책임과 도덕적 약점 문제에서 상황적 요인에 주의를 기울이는
것은 매우 중요하다.

아리스토텔레스는 다음의 경우를 구별했다. (i) 숙고한 후 어떤
일을 하기로 결정한 후 그 일을 하지 못하거나 대신 다른 일을 하게
되는 경우이다.(최후의 아크라시아) (ii) 숙고하지 않고, 우리가 숙고했
다면 하지 않았을 어떤 것에 달려들어 행하는 경우이다.(경솔한 아크라
시아) 이성적 숙고와는 별개로 감정이나 우리의 정서적 측면은 도덕적
약점, 즉 욕망과 같은 감정과 중요한 관련이 있다. 또 분노는 절제력을
잃게 하지만, 연민, 배려, 감사와 같은 정동(affects)은 강화될 수
있고, 강한 의지와 명확한 인식에 기여한다. 필자는 여러 불교 연구에
서 인간 행동에서 감정의 역할과 인간의 감정과 관련된 행동에 대한
책임을 표명했다.(de Silva, 1992, pp.3~4) "분노에 의해 추동된", "자책
감에 시달린", "큐피드의 화살에 맞은", "유혹에 들뜬"과 같은 구절들은
감정을 지닌 인간의 마음을 매우 수동적으로 묘사하는 경향이 있다.
애버릴(Averill, 1980, p.38)은 이러한 종류의 자기 귀속은 개인이 제한
된 범위 내에서 그의 행동의 결과에 대한 책임을 회피하도록 허용한다
고 말한다.

pathos와 pati의 어원은 오랜 기간 정념을 우리 감정의 중심 어휘로
만드는 경향이 있다. 불교 어휘에는 감정이라는 단어가 없고 쾌락,
괴로움 및 중립적 감정과 같은 감정의 매우 초기 단계인 느낌(vedana)
이라는 단어만이 있다. 그러나 의도와 책임이 중요한 특징인 완전한

감정을 보게 되는 것은 욕망, 생각 및 의지적 활동(sankhara)이 추가될 때이다.(de Silva, 1995, p.109) 중독과 아크라시아 맥락에서 서양 철학자들 간의 결정론과 자유의지 논쟁은 많은 논문의 주제였다. 도덕적 맥락에서 자유의지 역할을 옹호하는 명확하고 포괄적인 연구는 행위자와 책임에 대한 케넷(Kennett)의 연구(Agency and Responsibility, 2001)에서 찾을 수 있다. 비록 본 연구의 범위는 이 연구에서 제기한 일부 흥미로운 문제를 토론하는 맥락과 공간을 제공하지 않았지만, 본 연구는 그리스 사상가와 현대 철학 연구의 맥락에서 아크라시아에서의 동기와 인지 요인의 상대적인 작용을 일별하는 데 도움이 된다.

자제, 중독과 담마에 대한 이러한 관찰에 비추어 볼 때 중독 연구 분야에서 일하는 학자 가운데 중독에 대한 불교적 관점을 명확히 이해하지 못하는 학자가 있음을 강조할 필요가 있다. 이러한 인상은 에인슬리(Ainslie)의 설명에서 명확하게 볼 수 있다.

예를 들어 불교는 "세속적 정념의 속박"으로부터의 해탈에 관심을 두고 있으며 본질적으로 명료한 생각을 갖고, 마음을 통제하여 감각적 욕망을 피하고, 사물을 본연의 용도로 제한하고, "인내"하고, 유혹을 미리 경계하는 다섯 가지 정화 전략을 설명한다. 그러나 비서구 종교가 자기 패배적 행동의 원인과 해결책을 열거하는 방식은 선을 극대화하려는 어떤 조작의 관점에서도 혼란스러운 것 같다.(2001, p.5)

그는 또한 사람이 이 주제에 큰 관심을 기울였지만 사실 수년 동안 새로운 아이디어가 별로 나타나지 않았다고 관찰했다. 그는 쿄카이의 『붓다의 가르침(The Teachings of the Buddha)』을 인용했다. (Kyokai, 1996, pp.228~342)

에인슬리의 접근 방식과 관련하여 몇 가지 중요한 사항이 있다. 먼저 그가 쿄카이로부터 인용한 내용은 정확하지 않으며, 이러한 방법을 언급하는 『맛지마 니까야: **모든 루에 대한 담론**(The Middle Length Sayings: The discourse on all the influxes, asava)』을 보면 일곱 가지 방법이 있는데, 이것들을 불교의 해탈도에서 광범하게 위치 지을 필요가 있다. 이러한 방법은 "세속적 정념의 결속"(kamasava)뿐만 아니라 유에 대한 집착(bhavaasava)과 잘못된 견해에 대한 집착(ditthasava) 또한 의미한다. 방법과 관련하여 이러한 병폐나 번뇌가 **비전, 통제, 사용, 인내, 회피, 제거 및 계발**을 통해 제거될 수 있다고 한다. 이러한 방법의 목적은 단순히 자기 패배적인 행동을 다루는 것 이상이지만, 에인슬리가 이 담론의 완전한 맥락을 이해했을 것 같지는 않다.

여기서 인용한 방법의 조작 가치와 우리 삶의 맥락에서 보호, 포기, 개발 및 유지로 간략히 설명한 것과 관련하여, 최근 치료에서 마음챙김의 사용은 선하고 조화로운 삶을 영위하기 위한 수많은 기법의 가치를 불확실하지 않은 용어로 보여주었다. 특히 중독을 겨냥해서 불교적 기법을 사용한 것에 관한 일부 연구들이 있었다. 비엔과 비엔이 쓴 『마음챙김의 회복: 중독으로부터의 치유에 대한 영적 길(Mindful Recovery: A Spiritual Path to Healing from Addictions by Bien and Bien, 2002)』은 수년에 걸친 광범위한 임상 작업의 산물이다.

필자는 이미 불교 기법을 성공적으로 이용하여 내담자의 중독을

치료하고 이런 생각을 하나의 교육프로그램으로 더 큰 그룹에 보여줄
수 있었다. 말랏(Marlatt)의 중독 연구와 불교에 대한 기고에서도 에인
슬리 관찰의 한계를 지적했다. 필(Peel: 중독에 관한 많은 저작자)은
비엔과 비엔에 대해 논평하면서 다음과 같이 제안한다.

> 마음챙김의 회복은 지금까지 관련이 없었던 두 가지 세계, 즉
> 인지 치료와 불교적 성찰을 결합한다. 불교는 전통적 의미의 종교
> 라기보다는 자신의 생각과 경험을 지도하는 방법이기 때문에
> 그 연계는 믿기지 않을 정도로 의미가 있다. 중독자는 자신의
> 지금 여기, 살아있는 경험에 집중함으로써 자멸 행위가 되는 유아
> 주의, 후회, 무익한 보상을 추구하는 노력을 피할 수 있다.(Peel,
> in Bien & Bien, 2002, p.1)

마음챙김은 깨어 있는 삶을 위한 방안의 주요 요소로 남아 있다.
세 번째 요점은 중독 연구에 대한 불교의 기여에 대한 오해에도
불구하고 에인슬리가 중요한 기여를 했다는 점이다. 사실 그의 주장
중 하나는 일반적으로 자기 통제에 대한 노력에도 불구하고 중독에
빠지면 가까이 있는 순간적 쾌락의 희생양이 되고 장기적인 고통을
무시하게 된다는 것이다. 그러나 인간은 보상의 접근성에 얽매일
필요가 없으며, 더 작은 보상보다 더 큰 보상을 위해 행동할 수 있다.
이것은 무지한 사람이 순간적이고 일시적 쾌락의 희생양이 되는 경향
을 강조하는 불교의 통찰과 잘 부합한다.
또 불교적 통찰을 사용하지만 중독자의 절제에 대한 실용적 이상을

지향하는 한층 최근의 작업이 있는데, 이는 피해 감소 모델로 설명된다.(Marlatt, 2002) 이것은 문제의 중독자들이 완전한 금욕을 달성할 수 없더라도 그들의 삶을 정리하고 재정비할 수 있는 매우 자비로운 접근 방식이다. 심지어 불교 모델을 탁월하게 제시하여 중독자를 독려하는 비엔과 비엔(2002)도 금욕의 이상에 도달하기 위해 제한된 시간 내에 치료를 진행하는 것 외에 완전히 금욕하는 것은 불가능하게 보는 중도의 실용적 목표를 높이 평가한다.

일반적으로 불교적 접근에 따르면, 다양한 요인이 도덕적 나약함과 관련이 있으며 절제 부족에 따른 피해자가 도덕적 삶에서 엄격하고 열정적이며 안정적인 사람이 될 수 있도록 교육해야 한다. 도박, 흡연, 마약, 알코올 중독 또는 느슨한 성적 충동과 같은 특정 행동 유형이 강렬한 동기의 근원을 가지고 있지 않은 한, 그 사람과 다른 사람에게 해롭다고 믿는 것만으로는 충분하지 않을 수 있다. 심리학자 앳킨슨(Atkinson, 1975)이 지적했듯이,

반응의 크기와 행동의 지속성은, 상충되는 행동들을 하려는 동기의 강도와 중독 행동을 하려는 동기의 강도에 대한 함수이다.(p.361)

멜(Mele, 1996)은 우리가 강력히 갈망하는 일을 하기 위해 의도적으로 행동할 때 단순히 좋은 판단만으로는 "동기를 부여하는 마력이라고 할 수 없다"고 지적한다. 만족을 갈망하는 가능성을 감지하는 것도 작용하는데, 이것이 바로 붓다가 사람에게 적당한 차분함과

정적, 고적한 곳을 찾아 명상하라고 제창하는 이유이다. 활동적인 일상생활에서는 주의를 기울이는 자세가 중요하며 일상생활에서 마음챙김을 수행하면 흥미진진한 맥락과 상황에 주의를 기울일 수 있다. 따라서 우리는 멜과 마찬가지로, 원하는 대상에 대한 우리의 평가와 욕망의 동기부여 강도 사이에 불일치가 있을 수 있다는 점을 강조할 필요가 있다. 이것이 "덕은 지식이다."라는 소크라테스의 역설을 전파하는 데 필요한 접근 방식이며, 아마 실제로는 **아크라시아**(akrasia)가 없을 수도 있고, 정말 어떤 것이 나쁘다는 것을 안다면 그 피해자가 되지 않을 수 있다는 것이다. 불교적 접근은 (소크라테스에서처럼) 정상적 세속 생활의 하한선과 영성의 상한선 사이에서 분석적으로 잘못된 행위를 배제하는 더 높은 수준의 지혜를 받아들이지만, 정서적, 동기부여적, 인지적 변이의 전체 스펙트럼과 도덕적 약점이나 절제 부족의 특성을 확정하는 데 사용될 수 있는 풍부성이 있다. 필자는 인지, 동기, 욕망 및 감정에 대한 불교적 관점에 대해 자세히 논의했다.(de Silva, 2005) 불교적 접근은 **관습적** 지식과 **절대적** 지식을 구별한다. 절대적 지식에는 분석적으로 잘못된 행동을 배제하는 지혜에 관한 소크라테스 개념, 정신적 앎의 세련된 형태의 인지적 힘 등이 있다. 관습적 지식으로 인해서 우리는 어떤 것이 잘못된 것이며 자기 패배적인 행동 형태라는 것을 알면서도 잘못된 일을 하게 된다. 즉 알면서도 화를 일으키는 것이다.

예방적 측면

불교적 관점의 또 다른 중요한 측면은 **예방적 측면**이다. 루덴(Ruden, 2000)이 『갈망하는 뇌(Craving Brain)』에서 말한 바와 같이,

> 붓다의 현명한 해결책은 갈망 반응이 발생했을 때 그것과 맞서 싸우는 것이 아니라, 패턴 인식 과정이 발생하기 전에 그것을 사전에 방지하는 것이었다.(p.87)

이 자세는 감각 수준에서 억제를 의미한다. 감각을 보호하는 것은 들어오는 자극을 막는 것이다. 그는 또한 생체 균형과 마음챙김 실습의 결합을 권장한다. 생체 균형이 깨지면 뇌가 복잡한 연쇄 반응을 일으켜 신체가 물질에 대한 갈망을 일으키게 된다. 실제로 엘스터(Elster, 1999)는 사회 과학자이자 철학자의 관점에서 행한 중독에 대한 포괄적 연구에서 중독에서 갈망의 위상에 강한 중점을 둔다. 그는 중독성 물질이 유기체의 생리학적 상태를 수정한다는 사실과는 별개로 쾌락 주의적 쾌락에 대한 갈망이 중심 변수임을 말한다.

> 쾌락 효과와 비 쾌락 효과는 중독과 그 결과에 대한 행동 연구의 중심 설명 변수인 갈망 상태에 공동으로 영향을 미친다.(p.194)

붓다 교설에는 술을 마심에 따라 오는 불건전한 결과에 대한 언급이 많이 포함되어 있으며, 붓다의 주요 비판은 기본적으로 부주의에

근거한 것이다. 알코올이 정신에 미치는 부정적 영향 외에도 그는 그 밖에 부의 상실, 싸움의 증가, 질병에 대한 취약성, 나쁜 평판 획득, 몸이 노출되고 지능이 약화되는 것과 같은 부도덕한 행동을 하는 경향이라는 여섯 가지 결과를 언급한다. 파드말 드 실바(Padmal de Silva, 1984)는 불교 알코올 윤리관에 대한 유용한 논문을 발표한 바 있다. 알코올 중독 윤리의 중요한 차원 중 하나는 도박과 같은 다른 중독과 마찬가지로 알코올 소비의 사회적 매개 변수이다.

아크라시아의 사회적 차원

개인도 중요하지만, 사회는 건전한 회복을 위한 교육을 향해 나아가는 데 중요한 역할을 한다. 윤리, 사회 병리학 및 **아크라시아** 정치에 대한 저술에서 로티(Rorty, 1998)는 다음과 같이 말한다.

(1) 분노의 **아크라시아** 구조는 욕망의 구조와 다르지만 완고함 과 고착에 대한 설명은 유사하다.

(2) 분노의 **아크라시아**와 탐욕의 **아크라시아**는 모두 일반적으 로 일시적이기보다는 기질적이며, 둘 다 뿌리 깊은 습관 사이의 갈등을 표현한다.

(3) 많은 양의 **아크라시아**가 사회정치적, 경제적 장치에 의해 유지되고 강화되기 때문에 **아크라시아**의 패턴은 흔히 사회 병리 학의 일반적 형태이다.

(4) **아크라시아**의 가장 효과적 개혁은 개인적 사례를 자극하는

직접적 신념이나 욕구를 교정하려는 시도에 있는 것이 아니라 역학적 근원(사회정치적, 경제적 기원)의 개혁에 있다. **아크라시아**의 사회적 뿌리에 대한 진단이 필요하다.

오늘날 마약과 알코올 중독은 물론 강박적인 도박은 점차 전염병적 역학 비율을 차지하고 있으며, 로티의 견해는 매우 중요하다. 필(Peele) 또한 중독의 사회적 차원을 제기한다.

붓다가 살았던 세상에는 이 같은 기대와 사욕의 끝없는 소용돌이, 소비주의의 징크스가 오늘날처럼 만연하지 않았다. 필자가 『불교, 윤리 및 사회』에서 강조한 것처럼 오늘날 불교 사원과 교육 기관은 사회를 관통하는 도덕적 맹점(도덕적 문제를 볼 수 없음), 도덕적 침묵(자신의 도덕적 입장을 분명히 하는 것을 꺼림)과 도덕적 무관심(도덕적 관심사에 관한 열정 부족)에 대응하는 데 핵심적인 역할을 하고 있다. 우리는 멜버른 시 키스버로우(Keysborough, Melbourne)에 있는 담마사라나 사원에서 개설한 40명의 젊은이를 위한 여름학교에서 이러한 문제에 대한 시범 프로젝트를 진행하여 매우 좋은 결과를 얻었다. 좋은 것과 나쁜 것은 모두 전염성이 있다. 도덕적으로 활기찬 사회적 인식은 날로 늘어나는 사회적 아크라시아의 부담에 대처하는 데 필요한 조력자이다.

중독에서 신체의 위상

칼드웰(Caldwell, 1996, p.51)에 따르면,

우리 몸에 많은 양의 독소가 유입되면 생명을 위협한다. 우리는 장기적인 질병을 일으키거나 가족과 사회의 구조를 무너뜨리는 중독을 행할 때 우리의 삶을 손상시킨다. 우리가 성장할 수 없을 때, 침울하거나 주의가 산만해지며, 다른 사람에게 공헌할 수 없을 때, 우리는 우리의 생명을 제한한다. 우리가 자신의 행복과 타인의 행복에 힘쓸 때 우리는 삶을 향상시킬 수 있다. 생명을 위협하는 행동에서 생명을 촉진하는 행동으로 전환하는 것은 엄청난 발걸음이다.

신체 중심 심리 치료사 칼드웰은 『우리 몸을 되찾아라(Get Our Body Back)』라는 제목의 책에서 치유를 위한 몸-마음의 타고난 능력에 대한 훌륭한 사례를 제시한다. 심신 연계에 대한 불교 견해(de Silva, 2005, pp.142~152)는 호흡과 신체적 자세에 대한 마음챙김에 집중함으로써 불교 명상 수행 및 치료에서 몸에 중요한 역할을 할당한다. 불교적 접근도 심신의 융합을 강조하는 심리학적 관점을 제시한다. 필자가 앞의 저서에서 제시한 바와 같이(de Silva, 2005, pp.1153~1181), 불교 관점은 전체적 관점을 가지고 생리적 각성과 정서적 인지 이론 간의 갈등을 중재할 수 있다. 따라서 칼드웰이 개발한 중독에 관한 중요한 선진 기법은 상담과 치료에서 인지 치료의 작업을 보완한다.

칼드웰은 중독의 맥락에서 "우리 몸을 되찾자"고 호소했는데 이는 우리 시대의 획기적 작업인 퍼트(Pert)의 『감정의 분자(The Molecules of Emotion)』(1997)에서 구현되었다. 그녀는 감정이 마음과 몸 사이의 진정한 연결이거나 불교 용어로 심신 복합체(**명색**)라고 제시한다.

> 우리의 감정에 귀를 기울이고 심신 네트워크를 통해 그들을 인도하
> 여 감정과 접촉함으로써 우리는 모든 사람의 타고난 생물학적
> 권리인 치유의 지혜에 접근할 수 있다.(p.285)

그녀의 선구적 연구는 우리 몸의 화학 물질과 그것이 어떻게 마음과 몸을 연결하는 역동적 정보 네트워크를 형성하는지를 다룬다. 암과 에이즈 연구에 기여하면서, 그녀는 또 중독과 감정에 대한 설명에 공헌했다. 분자 생물학자인 퍼트는 뇌와 신체의 수용체에서 아편제 수용체와 여러 다른 펩티드를 발견한 공로로 인정받고 있다. 그녀는 두뇌가 분자의 흐름을 지시한다는 오래된 관점을 바꿀 수 있었고 화학물질의 흐름이 면역, 신경계, 내분비계 및 위장계와 같은 여러 시스템에서 동시에 일어난다는 인식을 가져왔다. 이 절점(節點, nodal point)들은 정보 교환의 광대한 초고속 도로를 구성한다. 이것은 "몸의 지혜"라고 할 수 있는 것을 인식함의 중요성을 강조하는 그림이다. 이러한 이론적 배경을 바탕으로 소피아 대학(Sophia College) 상담 프로그램은 불교의 영향을 받은 신체 기반 심리치료를 개발했다. (Sherwood, 2005)

알코올/약물은 의료, 레크리에이션 및 업무 향상 목적으로 사용될 수 있다. 또래의 압력, 사회적 상호작용 및 호기심, 특히 실험 욕구가 일부 사람이 마약을 복용하게끔 하는 요인이다. 그리고 사회적 환경은 마약 중독의 신체적, 심리적 차원만큼이나 중요하다.

약물/알코올 중독의 역설

니야나위라 법사(Nyanavira, 1987)는 평신도였던 그가 어떻게 흡연 중독으로부터 벗어날 수 있는 길을 발견했는지에 대해 토의했다. 동어반복으로 보이지만 그는 담배를 끊는 유일한 방법은 담배를 끊는 것이라고 하면서 다음과 같이 말했다.

새로움이나 효과의 쾌감으로 가끔 약을 복용하다가 그때 "비정상" 이 되는 "정상인"과 달리 중독자는 마약을 복용했을 때만 "정상"이 며, 그것을 박탈당했을 때 "비정상적"으로 된다. 중독자는 일반적 인 상황을 역전시키고 그를 정상적인 통합된 상태로 유지하기 위해 약물에 의존한다.(p.7)

더 깊은 의미에서 그는 중독자가 악순환에 빠져 있으며, 만약 그가 외부자로서 이 악순환을 이해할 수 있고 자신의 마약 상태가 정상적이 지 않다는 올바른 견해를 견지한다면 일시적 결핍을 참을 수 있을 것임을 지적하고 있다. 그는 비슷한 메커니즘이 종종 감각 욕망의 악순환에서 작동한다는 사실을 언급한다. 그는 피부병에 걸린 남자가 일시적 완화를 위해 손톱으로 피부를 세게 긁은 후, 병이 악화되었음을 기술한 **경전**을 인용한다.(MI, 506-8) 니야나위라는 중독자는 이러한 악순환을 이해하고 기꺼이 필요한 노력을 기울일 수 있는 지혜가 있어야 한다는 결론을 내렸다. 말랏(Marlatt)이 개발한 시행착오 학습 모델에서 이러한 악순환을 돌파하는 데 대한 좋은 반응을 찾아볼 수 있다.

정신적 웰빙의 긍정적 개념

미국 심리학 협회의 전 회장 셀리그만(Seligman)은 "그토록 많이 우리 분과를 지배해 온 병리학에 대한 배타적 초점은 삶을 가치 있게 만드는 긍정적 특징이 결여된 인간 모델에 귀결된다."라는 사실을 지적했 다.(Ladner, 2004, p.xiv에서 인용) 라드너도 역사적으로 병리학에 대한 초점은 긍정적 정신 보건을 증진하기보다 손상을 복구하려는 방향으 로 인간을 바라보는 질병 모델에서 발전해 왔다고 논평한다. 라드너는 불교 전통은 다르다고 주장한다. 불교 전통은 긍정적인 것을 무엇보다 중요한 초점(de Silva 2005, pp.126~128)으로 갖는다는 것이다. 중독자 와 함께 일하는 치료사는 단순히 일상적인 일상으로 돌아가게 하는 것뿐만 아니라 웰빙을 향상시키고 삶의 목표를 넓히고 "평범함의 마법"인 순간순간의 삶의 흐름에서 활기와 우아함을 되찾는 방법을 모색한다.

　정신적 웰빙에 대한 불교의 긍정적인 개념을 논의하는 매우 최근의 연구는 정신적 균형과 웰빙의 개념적, 주의력, **인지 및 정서적 차원**을 자세히 설명한다.(Wallace & Shapiro, 2006) 이 연구는 웰빙을 일시적이 고 자극에 의한 쾌락을 넘어서는 것으로 제시한다. 의욕(conation)이라 는 용어는 기본적으로 불교 개념인 행(行, sankhara)과 사(思, cetana) 에서 표현되는 **의도와 의지, 동기부여 되고 목적이 있는 활동**을 나타낸 다. 나는 욕망과 충동뿐만 아니라 그러한 의도와 의지 활동을 포함하기 위해 "동기부여"라는 개념을 사용한다. 의욕의 균형은 우리의 웰빙에 도움이 되는 의도와 의지를 수반한다. 또한 "사람은 행복에 대한 무관심한 상실감을 경험할 때 선천적 결핍이 발생한다."(Walace & Shapiro, 2006, p.694) **아크라시아**의 맥락에서 숙련된 활동을 계발하고 미숙련된 활동을 자제하는 열정과 열성이 중요하다. 이 논문에서 제시한 것처럼, 명상 맥락에서 매우 발달되고 현재 일상생활에로까지 확장된 주의집중은 지속적인 자발적 주의이며 최적의 수행과 정신 보건에 나타나는 의미 있는 활동의 특징이다. 마음챙김은 중독성 행동의 자극-반응 메커니즘을 깨뜨릴 수 있는 특성이다. 인지 균형은 왜곡, 가정 및 예측 없이 사물과 상황에 대한 우리의 인식을 개선한다. 사람이 현실과 동떨어져 있거나, 멍하거나, 선입견과 편견으로 세상을 바라보면 인지 결핍이 있는 것이다. 정서적 균형은 감성 지능 개념의 발달과 함께 최근 심리학에서 중요한 역할을 했다.(Goleman, 1996) 왈라스(Wallace)와 샤피로(Shapiro)는 정동적 균형 상실의 예로서 정동적 죽음, 정동 과잉행동, 정동 장애를 언급한다.

내담자 일지에서 보는 치료적 관점

필자가 사용한 기법은 일상생활에서 불교 마음챙김 수행을 주입한 일종의 인지 치료라고 할 수 있다. 인지 치료의 지침은 다음과 같다.

(1) 알코올 중독(내담자와 있을 때 피해야 할 단어)은 질병이 아니다. 이것은 과음하는 사람을 비유적으로 이르는 말이다.

(2) 과도한 음주(사용하기에 더 좋은 용어)는 행동에 영향을 미치는 후천적인 나쁜 습관이다.

(3) 이러한 나쁜 습관은 내부 및 외부 압력에 대한 부적응 및 자기 좌절에 대처하는 방식과 관련이 있다.

자멸적 패턴이 확인되고 그 원인이 명확해지면 내담자는 술을 과도하게 사용하지 않고도 새롭고 보다 적응적인 대처 전략을 익힐 수 있다. 이 기법은 내담자가 점차적으로 조절된 음주에 익숙해질 가능성을 가지고 단기 및 장기의 금주 기간에 익숙해지도록 함으로써 시행착오 학습 측면을 강조한다. 험난한 길이지만 종종 효과가 있다. 즉 목표의 명확성, 끈기, 약간의 열정과 마음챙김이 결합되어 자신과 가족의 삶을 망칠 수 있었던 사람에게 큰 변화를 가져온다. 집, 친구, 치료사의 사랑과 격려어린 지원은 이 자기 변화의 여정에서 큰 축복이다. 내담자의 사회적, 직업적, 결혼 생활의 문제가 그의 문제를 가중시킬 수 있지만 직접적인 원인이 되지는 않는다. 그의 음주 습관에 따른 다양한 요인을 분류하는 데는 시간이 걸린다.

기본적 초점은 과도한 음주를 유발하는 고위험 요인, 지속적 인식, 테스트 상황을 염두에 두는 데 있다. 일시적인 금주 단계를 조기에 유지하지 못하는 초기 실패의 순간이 중요하며 후방에 있는 사람은 많은 인내, 연민과 내담자를 도우려는 소망을 지녀야 한다.

임상 삽화

엘스터(Elster)가 『강렬한 느낌: 감정, 중독 및 인간 행위(Strong Feel-ings: Emotion, Addiction and Human Behavior)』(1999)에서 보여주듯이 감정과 중독 사이에는 강한 연관성이 있다. 여기 감정에 대한 자세한 관점이 제시되어 있지만, 필자의 사례 연구는 기본적으로 인지 요인과 동기 요인 간의 상호작용에 초점을 맞추고 있다. (부정적이든 긍정적이든) 내담자에게 영향을 미치는 정서적 요인은 배경으로 유지되지만, 분노, 자책, 죄책감, 절망, 우울과 같은 정서적 결핍과 수용, 희망, 자신감, 회복의 기쁨과 "평범함의 마력"은 아래 연구의 중요한 측면이다.

가장 큰 회복의 축복은 정상 생활로 돌아가는 기쁨의 회복이다. … 패트릭은 중동에서 몇 년을 보낸 호주로 이주한 영국인이다. 내담자에게는 분명 긍정적 요소가 있었다. 잘 지냈기에 성취감이나 자존감이 낮지 않았고 종종 자신을 일 중독자(workaholic)라고 표현하기도 했다. 그는 살림이 넉넉했고 가족을 잘 부양했다. 그는 친한 친구가 있었고 그들과의 교제를 즐겼다. 그는 매우 관대했다. 그는 중동에서 지낸 기간 동안 음주 제한이 있었고 가계 예산도 적었기 때문에 담배를 피우기 시작했다. 치료를 시작할 때 그는 상당히 부유하여 금전이나 기타 음주에 대한 제한이 없었다. 열심히 일하다 보니 술을 마시는 습관이 자리를 잡게 되었고 친구들과도 어울리게 되었다. 이것은 일상적인 즐거움을 넘어서는 것이었다. 그러나 큰 사고로 거의 목숨을 잃을 뻔한 후에야 그는 자신이 한계를 넘어가고 있다는 사실을 깨달았다. 그때부터 그의 음주와 가정생활에서 일부 반응적인 분노와 함께 불안감이 엄습했다. 가정에서의 반응적인 분노는 기본적으로 두려움에서 비롯되었고, 이는 패트릭이 집에서 자신의 음주 문제를 논의할 수 없었기 때문이었다. 이 반응적인 분노에 대응하기 위해 술을 마시는 것은 자멸적인 길이며, 이것은 그가 초기 프로그램 과정에서 깨달은 것이다. 화가 나서 마시는 것은 즐기기 위해 마시는 것, 걱정을 잊기 위해 마시는 것, 문제를 해결하지 못해 술을 마시는 것과는 다르다. 패트릭의 여가 시간은 유익하게 짜여 있지 않았고 다양성, 깊이 및 방향성이 없었다. 50대 중반이고 성인이 된 자녀가 있는 그는 성적인 추구는 없었지만 확실히 사랑, 이해, 연민이 필요했다. 사랑과 연민은 물론 몇 년 동안 존재해 왔지만 과음은 가정에서 많은 오해와 끊임없는 나쁜 감정을 초래했다. 과도한 음주 습관이 아니라면 이것은 아름다운 사람의 프로필이다.

　　우리는 여러 방면에서 작업을 진행했다. 유혹에 대한 반추적인 부정적 생각 패턴을 탈중심 기법으로 대체하고, 그것들을 좀 더 오고 가고, 견고하지 않고, 필수적이지 않은 비인격적 패턴으로 보는 것이다. 마음챙김을 통해 술을 마시고 싶은 지나가는 생각을 제쳐두고, 패트릭은 때때로 술을 마시게 하는 자극에 대해 더 많은 자각을 유도하고, 실패와 자신감 결여에 대한 두려움에서 단기 금주 단계에 전념할 수 있도록 관점을 바꾸는 법을 배웠다. 그는 또한 분노, 자책, 죄책감 및 가벼운 우울증과 같은 감정 결핍을 수용하게 되었다. 상담 중에 막혔던 생각이 풀리고, 그러한 카타르시스가 작동하는 과정을 내담자에게 설명했을 때 안도감이 들었다. 약간의 개선이 있었지만, 내담자는 여러 번 재발했다. 그 후 내담자는 진짜 문제가 '퇴근 후 저녁 공허한 시간에 어찌할 바를 모를 때' 나타난다는 사실을 발견했다. 점차 그는 저녁에 술을 마시지 않고 쉴 수 있고, 카밧-진(Kabat-Zinn)이 일상생활의 생생함이라고 부르고 틱낫한(Thich Nhat Hanh)이 '평범한 것의 기적'이라고 부르는 즉각적 경험에 집중할 수 있음을 알게 되었다. 패트릭은 삶 속에서 차 한잔 만들기, 부엌 청소, 정원 가꾸기, 식사 요리, TV 드라마나 영화 보기와 같은 간단한 일들을 즐길 수 있다는 것을 발견했다.

결론: 자신에게 자신감과 신뢰 주기

상담 치료에서 필자는 책임, 동기, 목표의 힘, 마음챙김과 주의 및 대안과 같은 원칙에 따라 작업하면서 내담자가 그것들의 중요성을 이해하도록 돕곤 한다.

(1) 첫째, 자신의 삶을 스스로 책임질 만큼 회복할 수 있다. 자신의 삶에 대한 책임을 지는 것이 출발점이다.

(2) 다음으로 중독이 자신을 해친다고 믿고 극복하고자 하는 만큼 회복될 수 있다. 그들은 이 중독이 괴로움과 괴로움을 유발한다는 것을 알고 있다. 여기서 우리는 중독을 인식하는 방식을 전환하여 인지적 수준에서 작업해야 한다. 이 관점은 여러 차례에 걸쳐 세련화될 수 있다.

(3) 그리고 중독과 그 피해에 대한 인식을 개선한 후에는 동기부여

의 힘을 키우는 것이 중요하다. 멜(1996)이 관찰한 것처럼 단순 판단에
는 '동기부여 마법'이 없다. 내담자는 스스로 절제와 중독 없는 삶을
관리할 수 있다는 충분한 효율성과 자신감을 느낄 필요가 있다. 이것은
동기부여 및 의도적 측면이 계발될 수 있는 수준이다. 이 수준의
비밀은 작고 효과적 조치를 취하는 데 있으며, **악마는 세부 사항
속에 있다고** 말할 수 있다.

(4) 마음챙김과 주의집중 자세는 성공의 핵심 요소이다. 내담자는
중독의 자극 반응 메커니즘 돌파를 위해 계발되어야 하는 마음챙김
수행에 관해 간단한 훈련을 받는다. 바쁜 일상의 번잡함에서 벗어나
사원이나 집에서 저녁의 고요함을 즐길 수 있는 다른 방법을 찾으면
많은 중독자들이 저녁 시간에 찾아오는 공허함을 돌파하는 것이 가능
해진다. 음악, 정원 가꾸기, 오랜 산책을 즐기는 것은 에너지를 생성하
는 데 도움이 된다. 사실 걷기 명상은 놀라운 치료 잠재력을 가지고
있다. 일상생활의 속도와 자동성을 늦추고 고요함의 움직임을 즐기는
건전한 주의 자세는 내담자들이 속도를 늦추고 점차 자신의 라이프
스타일을 변화시키는 데 도움이 된다.

스트레스가 많은 상황에서 우리의 선택을 의식하고 그러한 상황에
서 우리 반응의 관련성과 효과를 염두에 둠으로써 우리는 스트레스
경험을 통제할 수 있고 그에 따라 그것이 질병으로 이어지는지
여부에 영향을 미칠 수 있다는 것은 당연하다.(Kabat-Zinn, 1990,
p.239)

컴퓨터, 통계 및 다양한 정확도, 속도 및 엄밀한 프로그램으로 일하는 이러한 가속화된 시대에 사람은 삶에서 불확실성, 갑작스러운 좌절, 모호함 및 역설에 직면할 때 혼란을 느낀다.(Claxton, 2000) 완전한 몰입과 기쁨의 새로운 학습 모델을 '흐름(flow)'이라고 한다. "이것은 사람이 매우 적극적으로 활동에 참여해서 다른 어떤 것도 문제가 되지 않는 상태이다."(Csikszentmihalyi, 1991) 이 생각이 왜 중요한가? 때때로 내담자들은 어느 정도의 신체적 둔감함을 얻고 오랜 기간 후에 정상적 삶으로 돌아갈 수 있도록 금욕 기간을 지키는 데 동의한다. 내담자들에 대한 필자의 경험에 따르면, 일단 성공적으로 금욕 단계를 지켜내게 되면, 특히 저녁에 그들을 집중하게 하는 여가 활동이 충분하지 않기 때문에 일종의 공허함이 그들을 침범한다. 즉, "당신이 선택한 약물의 사용을 멈추면, 당신의 삶에 그 약물이 있던 자리에 빈틈이 생긴다. 갑자기 당신도 모르는 공허한 시간이 남아 어떻게 해야 할지 모른다."(Bien & Bien, 2002, p.37) 어떤 사람은 일련의 오락으로 이 공백을 채우려고 한다. 모든 순간을 채우려고 하는 것보다 더 나은 방법은 매 순간이 이미 충만함을 제공한다는 것을 깨닫는 것이다. 예를 들어 필자의 내담자 중 한 명이 저녁에 약간의 요리를 하고 설거지를 하고 요리법을 배우는 것이 매우 재미있다는 것을 알게 되었다. 이것은 '평범한 것의 마법'이며 만다린 오렌지를 먹으면서 마음챙김을 하는 것에 관한 것이다. 이런 매력은 샤워하기, 양치질하기, 차 마시기, 빨래 접기 등으로 확대될 수 있다.

(5) 최종 원칙은 내담자가 삶을 가치 있게 만들기 위해 충분한 대안적 보상을 찾아 익혀야 한다는 것이다. 회복은 자신에 달려 있고

통상 느리지만 꾸준한 진전을 유지할 수 있다. 의미 있는 문제는 허무와 우울증에 타격을 입은 사람에게 중요하다. 우리는 삶을 흥미롭고, 몰입하게 하고, 의미 있게 만들 능력이 있다. 사람은 분리의 마법에서 벗어나 연계성과 치유 관계를 발전시켜야 한다. 또 우리 주변 세계의 일부인 불확실성과 변화를 용인해야 한다. 요컨대 회복이 내담자에게 가져다주는 가장 큰 행복은 "일상으로 돌아가는 기쁨"이다.

제5부

확장되는 서양의 불교심리학

미쿠라스(Miculas)가 집필한 14장에서는 다르마를 다루는 서구심리학의 전반적인 상황에 대해 설명하고 있다. 미쿠라스는 1970년대 행동 치료와 **사성제(4-Ennobling Realities)**가 놀랄 만큼 유사하다는 것을 지적한 첫 번째 사람이다. 현재 그는 "핵심불교(Essential Buddhism)"라는 새로운 용어를 만들어 사용하고 있다. 이 용어는 역사적 붓다에 근거하면서도 모든 불교 종파들이 수용 가능한 범-불교적 교리들을 언급하는 포괄적인 용어이다. 이 개념은 인지심리학, 행동수정, 정신분석, 자아초월심리학(transpersonal psychology)과도 밀접하게 연결할 수 있는 불교심리학의 기본을 이루는 것이다. 주로 마음챙김(mindfulness)에 강조점을 두고 있는데 이제는 마음챙김이 괴로움을 극복하기 위한 인지 행동 치료에 성공적으로 편입되고 있다. 서구심리학의 다양한 목소리들은 자아가 존재한다는 생각을 공유하지만, 불교심리학은 "잠정적 자아(provisional self)"만을 인정한다. 현재까지 불교의 "궁극적 자아"에 대한 공의 인식과 부합하는 유일한 심리학은 사회구성주의뿐이다. 사회구성주의의 핵심은 지식과 언어가 공동체적-관계적이고 또한 발생론적-변환적이라는 것이다. 불교도와 사회구성주의자들은 현실이 유동적이며 그 지시적 의미론은 지속적이 아니라는 포스트모던의 관점을 공통적으로 갖는다. 이런 무상함 속에서 공空은 자아를 관통하며 두루 편재한다. 이를 치료적 관점에서 말한다면 증거-기반 치료가 효과적이기는 해도 치료자의 "비아적 존재방식"이 치료 효과를 향상시킬 수 있다는 것이다. 역설적으로 이런 방식은 "함께함"의 지향이고, 집중적인 대화와 토의를 하는 협동적 접근 즉 함께하는 사람과의 의사소통, 대화, 생각, 봄, 행동이다. 이것은 "불확실함과 알 수 없음"의 공유 공간으로 들어가는 것이다. 그 안에서 파트너들은 "처음으로" 일을 하고 배우고 새로운 시각을 만들어 사물을 본다.

나일러(Naylor)가 집필한 15장은 슐츠(Schulz)가 창안한 자율훈련법(autogenic training, 自律訓練法)에 대해 기술하고 있다. 아울러 그는 자율훈련법을 사용하여 내담자를 훈련시켜 "함께-함"-존재 방식("with-ness"-way-of-being)을 어떻게 적용하는지를 잘 보여주고 있다. 이 방법은 서구의 치료법과 달리, 망가진 것을 고치는 분석적 방법이 아니라 오히려 시간이 지남에 따라 자비와 함께 관찰 침묵(observational silence) 속에서 배운 정신적 균형기술이다. 이런 항상적 자가 치유는 우리가 감정, 생각 및 행위 습관을 알아차리고 인식하고 알도록 도와준다. 이것은 마음챙김 명상과 유사하게 들린다. 자가치유학과 불교심리학이 만나는 지점은 자기-치유에 도달하기 위해 자생적 수단을 사용하여 업의 12단계와 업의 12가지 변화 가능성들이 사슬같이 이어지는 융합을 강조한다는 것이다.

플라이쉬만(Fleischman)이 집필한 16장은 정말이지 보석과 같이 빛나는 내용으로 가득 찬, 이 책에서 가장 훌륭한 부분이다. 저자의 논문은 지혜롭고 박식하고 뛰어난 것인데, 그는 여기서 전문화, 의학화, 마음챙김 위빳사나 명상 등의 상업화를 비판하고 있다. 고엔까(Goenka)의 뛰어난 제자인 그의 입장에서 보면 현재 유행하는 서구화된 마음챙김 기반 명상기법은 다르마와 동떨어져 있고 "관계적 상호존재"의 맥락에서 모든 사람을 해탈시키고자 하는 붓다의 소중한 선물인 위빳사나의 풍부한 전통에 대한 수치일 뿐이다. 위빳사나는 소유물이 아니다. 그렇기 때문에 무료로 전파할 수밖에 없다. 어떤 사회주의적 태도 때문이 아니라 사랑의 선물이기 때문이다. 계속 이런 식으로 가야만 하는가? 통렬하게 말하자면 명상을 물건으로 팔게 된다면 파는 사람은 집착 없는 명상자 특유의 개방된 관대함이라는 체험을 전혀 할 수 없게 된다. 위빳사나는 말 그대로 명료하게 보고, 인식하고, 감각하고, 목격하고, 관찰하고, 관심을 기울이고, 조사하는 등을 의미한다. 불교의 핵심적인 통찰은 우리 모두가 연결되어 있다는 것, 즉 의미와 행위는 관계적이라는 것이다. 우리의 개인적인 위빳사나 수행이 유아론적인 포장으로 둘러싸여 있는 것처럼 보일지도 모르지만 가장 위대한 통찰로서 우리가 내면으로 보는 것은 사실상 다중적 관계의 구성이라는 것이다. 현재 서구에서 불교심리학을 발전시키는 정신과 의사들의 **진심어린 외침**은 덜 독단적인 아시아 불교심리학자에게 반향을 불러일으키고 있다. 이런 정반대의 움직임으로 그들 중 일부는 다양한 방식으로 마음챙김 명상을 재구성하고자 한다. 그들의 견해는 다음 6부에서 볼 수 있다.

14장 불교심리학과 서구심리학의 통합

윌리엄 미쿠라스(William L. Milulas)

서론

이 장에서는 인지과학, 행동수정치료, 정신분석, 초월심리학과의 통합에 특히 주목하면서 불교의 기본 원리에 대한 서구심리학적 해석을 제공한다.(미쿠라스, 2007) 이런 시도에 도움이 되기 위해 저자가 말한 통합심리학, 소위 접합심리학(Conjunctive Psychology)에서 몇 가지 개념을 가져올 것이다.(미쿠라스, 2002) "핵심불교(Essential Buddhism)"(EB)라는 표현은 전통적으로 역사적 붓다에 속하며 모든 불교 주요 학파의 기본 원칙으로 인정받는 불교사상의 기본 원칙을 나타내기 위해 만들어졌다. 기본적인 불교 가르침에 대한 통찰적 이해는 붓다로부터 현재의 달라이 라마에 이르기까지 지속적으로 강조되어 왔다.

　핵심불교(EB)는 종교나 철학이 아니다. 종교적 관점에서 볼 때 붓다는 결코 자신을 인간이 아닌 그 이상의 존재로 주장하지 않았다. 그는 어떤 신이나 외부인 힘으로부터 영감을 받는다고 주장하지도 않았다. 그는 자신을 숭배하는 것을 탐탁지 않게 여겼다. 핵심불교는 개인적 신성, 초인간적인 신, 교리나 도그마, 의식이나 숭배, 구원과 신앙 등 어떤 것도 갖지 않는다. 이러한 것과 달리 핵심불교는 수행과 자유로운 질문의 모음이다. 이것을 통해 자신을 위한 가르침의 진실함과 유용함을 본다. 붓다가 자신의 사상을 종교로 만들기를 원하지 않았음은 분명하다. 또한 붓다의 승가는 교육적이지 종교적인 것은 아니었다. 승가 구성원들은 종교의식에 참여하는 것이 금지되었고 브라만 사제들과 경쟁하지 않았다. 이와 마찬가지로 붓다는 자신의 주장을 철학화하는 것과 철학자와의 논쟁을 피하였다. 특히 그는 사변적인 형이상학적 질문들을 피하였다. 예를 들어 이 세상은 영원한가, 영혼은 신체와 동일한가, 붓다는 사후에 존재하는가 하는 문제를 논의하지 않았다. 그는 이런 철학화가 수행의 길에 유용하다고 생각하지 않았다. 오히려 자신의 삶을 청정하게 하고 마음을 훈련하는 것이 더 중요하다고 보았다. 수행은 철학보다 더 중요하다.

종종 핵심불교가 종교나 철학과 뒤섞여 혼동되기도 한다. 과연 핵심불교가 종교나 철학이 아니라면 도대체 무엇이란 말인가? 분명하게 말하면 핵심불교는 심리학이다. 왜냐하면 이것은 감각, 지각, 정서, 동기, 인지, 마음. 의식을 주제로 다루기 때문이다.(예를 들어 월라스와 샤피로, Wallace & Shapiro, 2006) 붓다는 자신의 일차적인 과업이 괴로움을 줄이는 것이라고 말하였다. 그리고 달라이 라마는 자신의 불교는 행복을 증가시키는 것이라고 지속적으로 강조하고 있다. 파드말시리 드 실바(Padmasiri de Silva, 2000)는 어떤 다른 영적인 교리보다 불교의 가르침은 심리적인 것에 더 많은 주의를 기울이고 있다는 점을 지적하였다. 레빈(Levine, 2000)은 불교 교리와 서구심리학 사이에 있는 많은 공통점들을 제시하였다. 즉 양자 모두 인간의 고통 완화에 관심을 갖는다. 양자 모두 인간의 상황에 초점을 맞추고 이것을 종교적 용어가 아닌 자연적 용어로 해석한다. 양자 모두 인간을 생물학과 신념에 따른 갈망이나 충동과 관련된 힘의 매트릭스에 붙잡혀 있는 것으로 본다. 양자 모두 모든 존재에 대한 자비, 관심, 및 무제약적인 긍정적 배려의 적절성을 가르친다. 양자 모두 성숙과 성장의 이념을 공유한다. 양자 모두 마음은 얕은 차원뿐만 아니라 깊은 차원에서도 작동한다는 것을 인정한다.

기본적 구성물

다음에 서술할 것은 핵심불교의 기본적 구성물이다. 이 구성물은 붓다의 고전적인 설법에서 처음으로 언급한 사성제와 팔정도이다.(라훌라Rahula, 1974) 여기서 논의되는 것은 서구의 심리적 관점에서 고찰한 것이기 때문에 전통적인 불교 문헌과는 거리가 있을지 모르지만 논의되는 모든 것은 핵심불교와 전적으로 부합한다.

괴로움(둑카)

불교심리학에서 아주 광범위하면서도 중심적인 개념은 둑카이다.(클락스톤Claxton, 1992) 대개 "괴로움(suffering)"으로 번역되지만 실제로는 "불만족(unsatisfactoriness)"에 가까운 그 무엇을 의미한다. 문자적으로 번역하자면 '견디기 어려운(hard to bear)', '과녁에서 벗어난(off the mark)', '좌절감을 주는(frustrating)' 등에 해당한다 하겠다. 여기에는 서구심리학에서 언급하는 불안(anxiety)도 포함된다. 아주 흔한 예로 현실을 지각할 때 자신이 원하는 것과 맞지 않거나 기대하는 바가 아닐 때를 말한다. 이런 어긋남은 행위를 조절할 때 일종의 피드백으로 작동할 수도 있다.(밀러Miller, 갈란터Galanter, 프리브람 Pribram, 1960) 괴로움은 이런 어긋남이 불안, 분노, 좌절, 질투와 같은 바람직하지 않은 감정을 유발할 때 발생한다. 괴로움은 사고 작용과 같은 사람의 행위에 악영향을 미친다. 예를 들어 자녀나 동료가 원하는 대로 행동하지 않으면 이러한 어긋남으로 인해 한 사람이 다른 사람에게 영향을 미치는 방식으로 행동할 수 있다. 그러나 이런 어긋남이 분노를 불러일으킨다면 생각이 명료하게 되지 못할 수도 있고 따라서 효율도 떨어질 수 있다.

어떤 경우에는 자신과 자신의 이상적 이미지를 비교하는 것이 이후 자신의 행동 변화와 개인적 성장을 자극하는 기본적 피드백으로 작동할 수 있다.(스타인과 마르쿠스Stein & Markus, 1996) 그러나 이런 비교로 인해서 결국 불안 또는 우울감 같은 괴로움으로 이어지기도 한다.(히긴스Higgins, 1987, 로저스Rogers, 1961) 그렇게 되면 괴로움을 줄이기 위한 행동을 하는 수도 있다.(회피 조건화, escape conditioning) 이렇게 부정적으로 강화된 행동이 바람직한 결과로 이어질 수도 있다. 그렇지만 자신에게 거짓말을 하거나 일정한 정보를 부정하면서 많은 경우 문제를 야기하기도 한다. 괴로움의 또 다른 일반적인 형태는 상황이 옳지 않다는 느낌, 진정한 행복에 계속 이를 수 없다는 느낌,

내지 우리가 자유로울 수 없다는 확신을 포함하는 개인적 또는 영적 불만족감이다. 이 괴로움은 종종 사람을 종교, 영성, 약물, 정신 치료 및 기타 가능한 치료법으로 이끄는 동기의 일부이다. 실존적 차원에서 사람은 전체와 연관되지 않는다는 고립감(얄롬Yalom, 1980) 및/또는 자아로서의 자신의 존재에 대한 위협(메이May, 1967)에 말미 암은 괴로움의 유형에 자주 접하게 된다.

특히 미국인에게 괴로움 발생의 세 번째 원인으로 지목되는 것은 바로 "많을수록 영원히 부족하다"는 함정이다. 이것은 무언가(예를 들어 소유물, 돈, 권력, 명예)를 더 많이 갖는 것이 행복과 성취의 길이라고 믿을 때 발생한다. 이런 욕망이 제대로 충족되지 못하면 중년의 위기와 같은 심각한 괴로움이 생길 수 있다. 괴로움은 매우 일반적인 개념으로 많은 영역과 차원을 가로지른다. 이런 일반성은 불교와 서구심리학을 통합하는 데 특히 유용하다. 이 개념의 장점은 모든 괴로움이 하나의 동력인 집착이라는 관점에서 설명된다는 것이다.

집착

마음은 어떤 느낌, 지각, 신념, 기대, 의견, 의식, 자아의 이미지, 실재의 모델을 갈망하고 집착하는 경향을 갖는다. 핵심불교는 이런 갈망과 집착을 괴로움의 원인으로 본다. 중년의 위기에 발생하는 괴로움의 원인은 실제로 괜찮은 삶을 살았음에도 불구하고 인생은 반드시 어떠해야만 한다는 아주 비현실적인 이미지에 집착하는 것이 다. 불교의 가르침에서 "존재의 세 가지 법인法印" 중 하나는 무상(아닛

짜, anicca)인데 이것은 모든 것은 변화한다는 원리이다. 누군가가 어느 때에 무엇인가(예를 들어 자녀 또는 배우자와의 관계, 레스토랑 또는 휴가지, 젊은 시절)에 집착한다면 그것이 바뀔 때 괴로움을 겪을 것이다. 집착하지 않으면 괴로움이 없으며 변화를 따라갈 수 있고 변화에 영향을 미칠 수도 있다.(예를 들어 관계가 발전하도록 허용하고, 새로운 휴가지를 찾고, 노화를 기품 있게 받아들임)

어떤 생각이나 의견에 집착하는 사람은 자신이 틀렸을 때 괴로움을 겪게 될 것이며 자신이 틀렸다는 것을 인식하고 생각을 바꾸는 데 어려움을 겪을 것이다. 대신에 결국 자신이 실제로 잘못되지 않은 이유를 생각해 낼 수 있다. 실제로 임상 현장에서 이런 심리적 방식이 잘 작동하지 않는 경우에도 일부 행동 패턴에 집착하는 경우를 흔히 본다. 경우에 따라 사람은 이러한 행동으로 자신을 정의하고 그러한 자아상에 집착하기 때문이다. 집착은 심리적 무력감, 변화에 대한 저항으로 귀착된다. 심지어 변화가 그 사람의 삶을 더 효율적이고 행복하게 만들어줄 것임에도 이렇게 한다. 그러므로 집착은 행동 변화와 개인적 성장에 손상을 입히고(마울과 마울Maul & Maul, 1983), 집착을 줄이는 것이 성장을 촉진한다.(미쿠라스, 2004b)

집착은 괴로움을 야기하고 변화에 저항할 뿐만 아니라 또한 지각의 왜곡을 초래하고(예를 들어 자신의 신념에 맞는 방식으로 사물을 보는 것) 생각을 손상시킨다.(예를 들어 일부 가정을 고수해서 정신적 유연성이 감소함) 이것은 여러 심리학의 역동적 측면에 대한 집착과 연관성을 갖는다. 예를 들어 정신 역동적 방어기제, 인지 부조화 이론, 인지심리학의 지각과 스키마에 대한 "새로운 관점"이 있지만, 자세한 내용은 본 장의 범위를 넘어선다. 집착이 실제적, 심리적, 윤리적, 법적 측면에서 바람직하든 아니든 불교심리학에서 집착은 항상 해롭다. 글래서(Glasser, 1976)는 달리기 또는 명상과 같은 "긍정적 중독"도 있다고 말하지만, 이것은 불교심리학에서 논쟁의 여지가 있다. 매일 아침 조깅을 하겠다는 동기를 부여받고 몰두하는 것은 당사자의 생물학적, 심리적 건강에 좋을 수 있다. 그러나 이것에 집착하면 날씨가 좋지 않아 조깅을 할 수 없을 때 괴로움을 겪게 된다.

사성제

붓다는 중요한 첫 번째 설법에서 네 가지 고귀한 "진리들"을 언급하였다.(Rahula, 1974) 그런데 사실상 이것은 가설들, 명제들, 사실들이라고도 할 수 있는 것으로 우리가 스스로 매일 반복해서 재발견해야 하는 것이다. 첫째는 인생은 괴로움으로 가득 차 있다는 것이다. 두 번째는 괴로움의 원인이 (집착으로 이어지는) 갈애라는 것이다. 세 번째는 괴로움은 갈망이 끝나면 사라진다는 것이다. 이 상태에서는 완전하게 지금 현재에 살면서 기쁘고 평화스럽고 자비에 넘친다. 흔히 하는 오해는 이렇게 되면 무감각해지거나 감정이 없어지는 것으로 귀착될 것이라고 여긴다. 그렇지 않다. 집착이 없지만 여전히 좋아하는 것과 목표들은 있을 수 있지만 집착은 없다. 이때의 행동은 안전, 감각, 힘에 의해 추동되는 것이 아니라 오히려 자비와 적합성에 따라서 움직이게 된다. 이런 점에서 붓다의 심리학은 프로이드 심리학보다 더 인간적이다. 붓다의 심리학에 따르면 사람의 기본 성품은 온전하고 명료하고 선한 것으로 간주된다. 불교심리학에서는 삼독으로 알려진 것 즉 탐욕(욕망의 과잉), 증오(분노), 무지(망상)와 같은 오염에서 해방되는 것이 중요하다.

네 번째 "진리"는 갈망과 오염에서 해방되는 길, 즉 팔정도이다.(Das, 1997) 첫째는 올바른 견해 또는 이해이다. 자신이 놓여 있는 상황을 이해하는 것이다.(예를 들어 고귀한 진리들과 존재의 경험 상황에 대한 것) 그리고 이에 대해 무엇인가를 하겠다는 의지이다. 둘째는 올바른 의도 또는 생각이다. 여기에 포함되는 것은 강한 탐욕, 악의, 잔인함이 없는 것이다. 세 번째는 올바른 언어이다. 이는 건설적이고 도움이 되는 언어이고 거짓말, 소문, 과장된 말을 피하는 것이다. 네 번째는 올바른 행위이다. 이것은 도덕적이고, 자비롭고, 섬세하고, 알아차리고, 공격성을 피하는 것이다. 다섯 번째는 올바른 생활이다. 이렇게 하면 괴로움을 낳지 않는다. 여섯 번째는 올바른 노력이다. 실제로 해야 할 것을 하는 것이다. 일곱 번째와 여덟 번째는 올바른 자각(마음챙김)과 올바른 주의(집중)이다. 이것에 대해서는 나중에 다시 자세하게 다룰 것이다. 마음챙김의 성질, 기능, 함양은 심리학의 세계에 붓다가 공헌한 위대한 것들 가운데 하나이다.

"마음의 행위"

접합심리학(Conjunctive Psychology)(미쿠라스Mikulas, 2002)에서 볼 수 있는 독특한 "마음의 행위"의 구성물을 아는 것은 집중과 마음챙김의 성질과 그 차이들을 명료하게 하는 데 도움이 된다. 마음의 내용과 마음의 행위 사이에는 분명하고 특징적인 차이가 있다. 마음의 내용은 당사자의 의식에서 일어나는 여러 가지 다양한 대상이다. 예를 들어 지각경험, 언어적 및 시각적 생각들, 재구성된 기억, 속성들과 신념들, 정서와 태도의 인지적 측면이다. 마음의 행위는 마음의 내용들을 선택하고 구성하고 또한 마음의 내용을 알아차리는 마음(또는 뇌라고 표현하는 것이 더 나을 것 같다)의 과정이다. 마음의 행위들은 어떤 일정한 내용보다 앞서서, 그 내용에 반응해서 작동한다. 서구심리학자와 철학자는 종종 마음의 내용과 마음의 행위를 혼동하고 혼란스러워한다. 마음의 행위는 조작적으로 정의될 수 있고, 직접적으로 그리고 다른 행위들과의 상호작용을 통해 연구되고, 조작적으로 그리고 반응적으로 조절되며, 신경생리학적으로 다른 것으로 나타날 수 있다.(Dunn, Hatrigan, Mikulas, 1999, Mikulas, 2000, 2002) 여기에는 마음의 근본적인 세 가지 행위들이 있다. 즉 집착, 집중, 마음챙김이다. 위에서 언급한 집착은 마음이 어떤 내용들을 붙잡으려고 하고 매달리는 경향을 말한다. 집중은 마음이 초점을 모으는 것을 말한다. 마음챙김은 폭과 명료함을 포함해서 마음의 자각이 갖는 질적인 명료함과 양적인 넓이를 말한다.

집중

집중은 주의에 초점 맞추기를 배워서 조절하는 것이다. 이것은 다양한 정도의 강도로 한 곳에 집중하여 마음의 특별한 내용에 지속적으로 자각을 하는 행위이다. 서구심리학에서 집중은 일반적으로 주의의

한 측면으로 간주된다.(모레이Moray, 1969) 때로는 초점 잡힌 주의, 조절된 주의, 지속된 주의, 각성이라는 용어를 통해서 논의된다. 그러나 이러한 문헌은 일반적으로 원하는 주의집중을 유지하는 기술보다는 중요한 신호를 감지하는 준비 및/또는 능력을 더 많이 언급한다.

명상으로 인한 집중력에 관한 세계 문헌, 일부 서구의 연구(머피와 도노반Murphy & Donovan, 1997) 및 일화 보고는 집중력 계발이 치료, 교육, 스포츠 및 예술 분야에서 광범위하게 적용될 수 있음을 시사한다. 학생들은 공부하는 동안 마음이 산만해지지 않도록 유지하는 방법을 배울 수 있다. 경청 기법은 집중을 통해 상담 훈련과 상호소통 치료에서 향상될 수 있다. 운동선수들은 관중에게 방해받지 않고 운동에 집중할 수 있다.(예를 들어 공을 계속 추적하는 것) 예술가들은 자신의 창조물에 완전히 몰입하는 것을 배울 수 있다. 집중 훈련은 우리의 심리적 기술에 의미 있는 부가물이다. 집중 훈련의 가장 분명하고 가능성 있는 적용 방법 중 하나는 ADD/ADHD(과잉행위가 동반되거나 동반되지 않는 집중력 결핍장애, attention deficit disorder, perhaps with hyperactivity), 자아-초점성 주의(self-focused attention)(ingram, 1990), 주의 편차(attentional bias)(Dalgleish & Watts, 1990)를 포함한 주의력 장애이다. ADD/ADHD는 대개 약물로 치료하거나 또는 과잉행위가 동반되는 경우는 행동수정 치료를 함께 하기도 한다. 집중 훈련이 이러한 일부 사람에게 어떻게 어느 정도로 도움이 되는가?

어떤 사람이 조용하게 앉아서 일종의 집중 명상을 한다면 마음은 고요해지고 이완되면서 종종 신체도 편안히 이완될 것이다. 이런 생물학적 이완은 단연코 서구 문헌에서 가장 많이 연구된 효과이다. (Andersen, 2000, Murphy & Donovan, 1997) 서구심리학 교과서가 명상에 대해 언급하면 대개는 이완 및/또는 스트레스 감소의 측면에서이다. 집중-산출 이완은 불안의 효과적인 치료가 될 수 있다.(Delmonte, 1985) 집중에 기인한 이런 마음의 고요함은 수행자들이 생각을 더 잘 조절할 수 있게 해주는데, 이것은 서구심리학에서는 그 효과를 볼 수 있는 대단한 가능성을 지니고 있다. 예를 들어 거의 모든 사람은 다양한 정도로 원치 않는 어수선한 마음이 침습한다.(예를 들어 Freeston, Ladouceur, Thibodeau & Gagnon, 1991) 임상적으로 이런 것들로 인해서 불안, 걱정, 우울, 분노와 같은 감정이 일어날 수도 있고 악화시키기도 한다. 서구의 치료는 이런 생각들을 감소시키는데 매우 한정된 성공만을 거두고 있다. 이런 치료법은 종종 역효과를 산출하는 생각들을 조절하거나 억제하려고 한다.(Clark, 2005)

불교의 가르침에서 집중은 보다 더 심오한 목적, 즉 마음의 내용물과 일체화되지 않는 것과 통찰을 위한 공간을 창출하는 목적을 갖고 있다. 마음을 가라앉히지 않으면 대부분의 시간을 마음의 내용물에 몰두하게 될 것이다. 자신의 현실은 마음 내용이고, 자신의 자아가 자아-관련 내용(예를 들어 자아와 관련된 재구성된 기억, 자아 개념)이라고 믿을 것이다. 불교의 관점에서 볼 때, 더 이상 자신을 마음 내용과 동일시하지 않을 때 실존적 자유가 온다. 그러나 이런 자유는 마음을 가라앉히지 않고는 성취하기 어렵다. 이와 관련하여 이후에 논의하게 될 불교 수행의 목표인 마음챙김으로 생성된 통찰은 마음을 고요하게 하지 않고는 얻기가 어렵다. 따라서 집중은 팔정도의 일부이다. 요가/

불교 문헌에서는 **선정**(jhanas)이라고 하는 집중과 몰입의 여덟 가지 다른 수준이 설명되어 있다.(Buddhaghosa, 1975, Khema, 1997) 고따마는 붓다가 되기 전에 여덟 단계를 모두 공부하고 통달했다. 그는 이후에 **선정**은 번뇌를 억제할 수 있을 뿐이지만 마음챙김은 그것을 부술 수 있다고 주장했다. 그리고 가장 적절한 마음챙김은 어느 정도의 집중만 필요로 한다.

마음챙김

일종의 마음의 행위로서 마음챙김은 자각의 폭과 명료성을 능동적으로 극대화하는 것으로 정의된다. 그것은 의식의 장 안에서 마음챙김의 초점을 움직이고 날카롭게 하는 행위이다. 이 정의는 마음챙김이 일반적으로 핵심불교에서 설명되는 방식과 일치한다. 또 다른 경우 불교 문헌에서 마음챙김은 마음의 속성으로 더 많이 묘사되며, 이 경우 상술한 정의는 마음챙김 자체보다는 마음챙김의 함양에 더 가깝다. 마음챙김은 단순히 마음의 내용과 과정을 관찰하는 것과 관련된다. 이것은 자각하고 있음뿐인 것, 순수한 주의, 한 걸음 떨어진 관찰, 선택 없는 자각이다. 이것은 생각, 판단, 범주화가 아니다. 이것은 이런 마음의 과정을 자각하는 것이다. 마음챙김 훈련의 본질은 여러 생각, 반응, 잡생각의 발생과 거기서 길을 잃는 것을 최소화하면서 의식에 떠오르는 것은 무엇이든지 주목하는 것이다. 전통적으로 상좌부의 위빳사나 문헌에서 볼 수 있는 바와 같이 이런 마음챙김은 좌식 명상과 걷기 명상에서 함양된다.(Goldstein, 1993, Hart, 1987, Mahasi

Sayadaw, 1978, 1980) "위빳사나"가 의미하는 바는 새롭고, 다양하고, 비범한 방식으로 명료하게 보는 것이다. 위빳사나 명상은 종종 "통찰명상"(insight meditation)으로 불린다. 왜냐하면 핵심불교에서는 마음챙김의 함양이 **빤냐**(panna, 빠알리어) 또는 **쁘라즈나**(prajna, 산스크리트어)라고 불리는 일종의 통찰로 이어지기 때문이다. 이런 **빤냐**는 즉각적으로 경험된 직관적인 지혜이다. **빤냐**-기반의 앎은 이런 앎이 나중에 개념적인 앎으로 여겨진다고 하여도 감각적 앎이나 개념적 앎과는 다르다. **빤냐**는 핵심불교에서 보는 명상의 궁극적 목적인 한 사람의 존재를 변화시키는 방식으로 사물의 근본적인 성질을 알아차리고 관통해서 보는 것이다. 예를 들어 무상을 통찰해서 보는 것은 결국 집착의 감소로 이어진다.

치료적 상황에서 마음챙김 훈련은 불안과 연관된 생각과 감정 등 임상적으로 의미 있는 요소에 초점을 맞춘다. 마음챙김은 다음과 같은 측면에서 측정될 수 있다. 즉 임상적 문제(예를 들어 불안)의 효과 및/또는 일반적인 마음챙김을 평가하는 마음챙김 설문지(Baer, Smith & Allen, 2004; Brown & Ryan, 2003; Mikulas 1990) 또는 특별 영역의 마음챙김(예를 들어 Demaria & Mikulas, 1991)이다. 마음챙김은 적절한 행위적 자기-조절을 계발하는 데 핵심적이다.(Mikulas, 1986, 1990) 자신의 행위가 별로 마음에 들지 않거나 혹은 별로 마음에 들지 않는 행위로 가게 되는 일련의 사건을 자각하면 이런 일련의 사건을 중단하거나 바람직하지 않은 행위를 줄이거나 혹은 바람직한 대안적인 행위를 증강시키는 개입전략을 활용하게 될 것이다. 마음챙김 훈련은 특정한 환경적 실마리들, 신체 감각들, 감정, 생각들을

더 잘 자각하게 되는 데 도움이 된다. 특히 중요한 것은 일련의 사건이
일어나는 처음 단계에 훨씬 더 가까이 마음챙김을 이동할 수 있다는
점이다. 예를 들어 분노가 시작되려고 할 때이거나 분노할 가능성이
농후한 상황에서 분노를 피하는 것이 더 쉬워지고 그렇게 하여 분노가
일어날 때 그것을 멈추고자 하게 된다. 서구의 연구에서 크리스텔러와
할렛(kristeller and Hallett, 1999)은 포만감 신호와 식사와 관련된 사회
적, 정서적, 신체적 신호에 대한 마음챙김의 향상이 폭식에 도움이
될 수 있다고 제안했다. 약물 남용과 관련된 단서에 대해서도 유사한
주장이 제기되었다.(Braslin, Zack, & McMain, 2002; Groves & Farmer,
1994)

지난 10년 동안 마음챙김은 정신 치료(Boorstein, 1997; Germer,
Siegel, & Fulton, 2005; Horowitz, 2002; Segall, 2005)와 인지 행동 치료
(Baer, 2003; Smith, 2004; Witkiewitz, Marlatt, & Walker, 2005)를 포함한
서구적 치료 기법에서 아주 보편적이 되었다. 마음챙김은 "핵심적인
정신 치료 과정"(Martin, 1997)으로 간주되고 "정신치료학파 전반에
걸친" 주제(Horowitz, 2002)가 되었다. 서구심리학에서 거의 알려지지
않은 것은 어떻게 마음챙김이 특정 영역에서의 적용을 넘어 일반
기술로 발전될 수 있는가이다.

붓다와 그의 제자들은 통증 조절을 위해서 마음챙김을 수행하고
추천하였다.(de Silva, 1996) 최근에는 카밧-진(Kabat-Zinn)이 스트레
스와 통증을 치료하기 위해서 하버드 대학의 메사추세츠 의료 센터에
서 스트레스 감소 클리닉을 열었다.(Kabat-Zinn, 1990) "마음챙김 기반
스트레스 감소법(Mindfulness-Based Stress Reduction, MBSR)"이라고 이

름 붙여진 치료 프로그램의 요소는 마음챙김 명상과 숙제, 마음챙김 요가, 바디 스캔(body scan)(신체 감각에 주목하면서 몸 전체에 천천히 주의를 기울이는 것), 호흡과 스트레스의 자각, 급격하지 않게 느낌과 생각에 주목하기, 집중력 계발, 의사소통 훈련, 스트레스와 대처방식 으로 이루어져 있다. 이 클리닉의 연구 결과는 통증(Kabat-Zinn, 1982; Kabat-Zinn, Lipworth, Burney, & Sellers, 1987)과 불안(Kabat-Zinn et al., 1992; Miller, Fletcher, & Kabat-Zinn, 1995)에 효과적이라는 것을 보여주고 있다.

　카밧-진의 MBSR에 기반을 둔 치료 프로그램에 대해 다른 그룹들이 연구한 결과에서도 원래의 연구를 지지하는 긍정적인 결과가 나왔 다.(예를 들어 Astin, 1997; Reibel, Greeson, Brainard, & Rosenzweig, 2001; Shapiro, Schwartz, & Bonner, 1998; Speca, Carlson, Goodey, & Angen, 2000) 그러나 이런 모든 연구에서 마음챙김이 잘 정의되고 측정되고 요인분석이 모두 다 잘된 것은 아니다.(Baer, 2003; Bishop, 2002) 달리 표현하자면 마음챙김을 포함하여 MBSR 프로그램의 모든 구성요소 중 프로그램의 전반적 효율성에 대한 상대적 비중과 기여도가 밝혀진 것은 아니다. 여기에는 앞에서 언급한 프로그램 구성요소와 그룹 지원, 강사 모델링 및 강화, 기대 및 요구와 같은 비특정 효과가 포함된다. 처음에 심리학자는 MBSR이 어떻게 스트레스와 통증을 감소시키는지에 대해 흥미를 보였다. 이제 연구자들은 이후 논의될 관계의 증강(Carson, Carson, Gil & Baucom, 2004)과 마음챙김 기반 인지 치료(MBCT)와 같은 MBSR-유형 프로그램을 다른 영역에 어떻게 적용시킬 것인지 모색하고 있다.

명상

전 세계적으로 명상은 신체, 마음과 영혼의 건강을 증진시키는 데에
가장 많이 권장되고 활용되는 수행이다. 이것은 핵심불교의 중심적인
수행이다. 명상에 대한 서구 문헌은 매우 풍부하며(Andresen, 2000;
Murphy & Donovan, 1997), 명상은 정신 치료의 활용에서 가장 빠르게
관심을 갖는 분야가 되었다.(예를 들어 Kwee, 1990; Marlatt & Kristeller,
1999) "명상"에 대해 통일된 정의는 없지만, 미국에서는 유도 이미지
요법, 의도적 연습의 치료, 백일몽 활용 치료에서 종종 사용되기도
한다.

접합심리학에서 명상 수행은 형식, 대상, 태도, "마음의 행위"라는
네 가지 개별적인 구성요소로 나눈다. 형식은 명상하는 동안 취하는
몸의 자세에 대한 것이다. 붓다는 네 가지 기본적인 형식을 제시하였
다. 즉 앉기, 걷기, 눕기, 서기이다. 대상은 자신의 주의를 가져가는
일차적인 자극이다. 예를 들어 자신의 호흡, 외부의 시각적 또는
청각적 자극, 자신에게 말하는 소리나 문구, 상상의 존재나 장면이다.
태도는 명상에 들어갈 때의 마음의 자세이다. 예를 들어 기분, 연상,
기대, 의도이다. 적절한 수행을 위해서는 지속적인 헌신, 경험에
대한 개방적인 마음, 기꺼이 내려놓기, 무엇인가를 이루려고 하는
것보다 있는 그대로 두기, 자신과 친구 되기와 여기 지금의 현존
등이다.

세계의 주요한 명상 전통들은 마음의 행위 구성요소로서 집중
및/또는 마음챙김의 계발을 강조한다.(Goleman, 1988; Ornstein, 1986)

따라서 이것은 명상의 궁극적인 정의의 일부가 될 것이다. 주요 명상 수행은 집중과 마음챙김을 모두 포함하지만 대부분은 집중을 강조한다. 마음챙김을 강조하는 것은 불교의 강력한 공헌이다. 그러나 일부 불교 수행 및/또는 특정 시간에 행하는 개인 수행에서는 집중이 강조된다. 명상은 종종 종교적 맥락에서 그리고/또는 종교적 대상과 함께 이루어지기 때문에 일부 서구심리학자는 모든 명상을 종교적 수행으로서, 엉뚱하고 부적절한 것으로 여기기도 한다. 그러나 명상은 치료적 대상과 함께 치료 맥락에서 이루어지면 정신 치료가 될 수 있다.(이런 경우에 해당하는 행동 수정의 사례들을 이 책의 다른 절에서 보여줄 것이다.) 또한 내담자의 개별화된 수준에 맞추어 치료 형식의 폭넓은 양식들, 예를 들어 달리기, 수영, 낚시, 수작업, 음악 감상 등과 같은 것을 탐색하는 것도 필요하다.

혼동과 뒤섞임

마음챙김, 인지 행동 치료와 명상에 대한 연구와 이론을 포함하여 마음의 행위와 관련된 모든 문헌에 스며들어 있는 매우 일반적인 혼란이 많이 있다. 마음챙김, 특히 인지에 대한 마음챙김은 종종 경험적으로 생각과 혼동된다. 생각의 마음챙김을 하나의 연속선으로 간주하고 살펴보기로 하자. 이런 연속선의 낮은 수준에 있는 사람은 생각을 알아차린 다음 생각에 대해 생각하고 또한 그 생각에 대해 생각하게 된다. 이것은 경험적으로 상당히 심오해 보일 수 있지만 기본적으로 약간의 마음챙김으로 생각하는 것이다. 연속선의 높은 수준에 있는 사람은 마음을 고요히 하고 생각에서 한 걸음 떨어져서 생각이 의식을 통과하는 것을 배워서 수동적인 목격자의 입장에서 가만히 지켜보는 경험을 하게 된다. 연속선의 낮은 수준에 있는 사람, 특히 높은 정동 및/또는 개인적인 중요성을 가진 사람은 쉽게 생각에 빠져든다. 높은 수준에 있는 사람은 생각으로부터 어느 정도의 거리를 쉽게 유지할 수 있어서, 생각을 "단지 생각"으로 인식하고, 더 쉽게 변경(예를 들어 중지, 도전, 교체)할 수 있다. 마음챙김 명상(위빳사나)의 초보자들은 그 차이를 경험할 때까지 종종 생각과 생각의 마음챙김을 혼동한다. 이와 유사하게 몇몇 인지 치료와 서구의 마음챙김 프로그램에는 비판단적 성찰처럼 실제로는 단순히 더 많이 생각하는 것을 마치 생각의 마음챙김인 것처럼 기술하고 있다.

마음챙김과 집중은 종종 혼동되고 뒤섞인다. 이렇게 되는 이유들 중 하나는 이 둘이 함께 함양되고 또한 하나의 변화가 다른 하나의 변화를 야기하기 때문이다. 예를 들어 마음이 고요하고 집중되어 있을 때 마음챙김을 하는 것이 더 쉽다. 그리고 마음챙김이 될 수 있는 여러 대상 중 하나의 대상에 마음을 집중하는 것이고, 이것은 집중을 계발하는 것을 촉진시킨다. 어떤 불교 명상프로그램은 집중을 강조하는 지점에서 시작하여 점차로 마음챙김을 강조하는 방향으로 나아간다. 때로는 다른 프로그램들은 언제나 마음챙김을 강조한다. 서구의 심리학에서 마음챙김과 집중은 종종 혼동되고 뒤섞이는데, 그 이유는 지난 수년 동안 마음챙김에 일정한 정도의 관심을 보여 왔지만 이에 상응할 정도로 집중에 관심을 보이지 않았기 때문이다. 그러므로 많은 마음챙김 기반 프로그램은 실제로는 집중과 마음챙김을 동시에 함양하는 것이다. 그렇지만 모든 결과는 마음챙김에 귀속시키고 있다. 어떤 경우에는 집중에 더 주의를 기울이는 것이 그 프로그램의 성공률을 향상시키기도 한다. 집중과 마음챙김은 집착에서도 종종 혼동되거나 뒤섞인다. 왜냐하면 그것들은 서로 영향을 미치기 때문이다. 예를 들어 앞에서 논의한 바와 같이 마음챙김의 함양은 갈망과 집착을 줄이는 자기-조절 프로그램을 계발하는 데 중요한 일부이다. 그리고 집착을 줄이는 것은 왜곡을 줄이는 것 내지 새로운 영역을 향한 자각으로 인해 마음챙김을 향상시킬 수 있다.

우리는 마음의 세 가지 행위 및 그것들이 어떻게 다르고 상호작용하는지에 대한 더 명확한 이해가 필요하다. 이는 행위 자체에 대해 어느 정도 치료 경험이 있는 사람이 가장 잘 수행할 수 있다.

서구의 이론

다음에는 인지과학, 행동수정, 정신분석, 자아초월심리학이라는 핵심불교와 관련된 서구의 네 가지 매우 다른 학파 이론을 살펴볼 것이다.

인지과학

강단 심리학에서 지배적이고 일반적으로 배타적인 힘을 발휘하고 있는 인지과학은 정보처리 컴퓨터 시뮬레이션 모델이다. 이 이론에서 인간은 정보처리기이고 뇌는 이 처리의 주요한 또는 유일한 수단이며 컴퓨터는 뇌의 기능방식에 대한 모델이다. 마음의 행위 이론은 치료,

개인적/영적 성장, 교육, 스포츠, 예술 분야에서 명백히 함축적인
힘을 가진 대안적 인지과학이다. 일반적으로 불교 분야는 서구 인지과
학에 많은 것을 제공하고 있다.(예를 들어 Varela, Thompson, & Rosch,
1991) 여기에는 **아비담마**(Abhidhamma)의 아주 포괄적인 인지과학이
포함된다.(deCharms, 1997; Lancaster, 1997)

　아비담마("궁극적 가르침")는 빠알리 경전에서 세 번째를 구성하는
책들의 모음이다. **아비담마**는 핵심불교가 철학적, 심리학적으로 더
발달된 형태이다.(Bhikkhu Bodhi, 1993) 어떤 사람에게는 "불교심리학"
이라는 표현이 아비담마를 언급하는 것이기도 하다. 이런 불교 인지과
학에서는 마음의 과정과 경험을 담마로 쪼개어 세세하게 분석하고
게다가 그것들이 어떻게 서로 조화를 이루어 함께 작동하는지를 설명
한다. 수행의 측면에서 이런 분석은 통찰(빤냐Panna)의 계발을 촉진할
수 있고 몇몇 명상 수행의 근본이 되기도 한다. **아비담마**는 마음을
비판적으로 분석한 정밀하게 구성된 마음의 지도인데 여기에서는
의식과 마음 요소를 연속적으로 나누어 설명하고 있다. 여기에서는
경험을 **담마들**(dhammas), 즉 의식적인 실제 경험의 요소적 본질들로
나누고 있다. 하나의 **담마**는 더 이상 나눌 수 없는 표현의 원소인데
이것은 마치 유일한 특성이나 자질 같은 것이다. 예를 들어 **담마**의
세 가지 요소는 느낌과 연결되어 있다. 즉 즐겁거나, 괴롭거나, 즐겁지
도 않고 괴롭지도 않은 것이다. 담마들은 순간적인 힘들을 갖고 있고
그 기능을 통해서 정의되는데 이것들이 일상적인 현실을 구성한다.
담마들의 하나의 분류법은 다섯 가지 무더기 또는 "**온**(蘊, 모음, heaps)"
(빠알리어로 **칸다**Khanda), 서구에서는 산스크리트어로 **스칸다**(Skhan-

da)로 잘 알려져 있는 것이다. **온들**은 **담마들**의 모음이고 이것은 한 개인과 같이 개체를 구성한다. **오온**은 형체(물질의 요소들, 다섯 가지 신체적 감각과 그 대상), 느낌, 지각(대상의 판별, 개념 형성의 시작), 마음의 의도들(느낌과 지각보다는 마음의 내용), 의식이다.

아비담마는 **담마들**과, 마음과 의식의 다른 기본적인 구성요소를 범주화하고 그룹화 하는 많은 여러 다른 체계들을 갖고 있다. 그중 하나는 52가지 마음의 요소(심소心所; **쩨따시까들**cetasikas), 의식과 연관된 구성요소이다. 이중 일곱 가지 요소는 "보편적(변행遍行)"이다. 왜냐하면 이것들은 모든 의식에서 볼 수 있고 대상의 기본적 인식에 필요하기 때문이다.(Bhikkhu Bodhi, 1993)

    (1) 접촉, 의식이 정신적으로 대상에 접촉함

    (2) 느낌, 정동의 경험

    (3) 주의, 대상이 의식에 있게 함

    (4) 하나에 모으는 것, 집중

    (5) 지각, 특징을 통한 대상의 인식

    (6) 의도, 의지, 목표의 현실화

    (7) 생명 기능, 마음의 상태와 연관되어 작동하고 유지하는 생명력

아비담마에는 불선한 요소(不善法)와 선한 요소(善法)의 목록이 있다.(Goleman, 1988) 이런 요소는 명상을 방해하거나 도움을 주며, 인격과 정신건강의 기초가 될 수 있다. 치료는 건강에 해로운 요소를

상쇄하는 선한 요소를 배양하는 것으로 이루어진다. 예를 들어 통찰과 마음챙김의 선한 요소를 배양하면 편집적인 사고를 야기할 수 있는 망상과 같은 불선한 요소가 줄어든다. 불선한 요소에는 망상, 당황함, 수치심 없음, 후회 없음, 이기주의, 초조, 근심, 탐욕, 욕심, 질투, 위축, 태만이 있다. 선한 요소에는 통찰, 마음챙김, 겸손, 신중함, 정직, 사려, 무애착, 무혐오, 불편부당, 평정이다. 위의 내용은 **아비담마**가 마음의 과정과 경험을 어떻게 해부하고 있는가를 보여주는 작은 예이다. 그것은 또한 사성제와 연기에서 설명한 것처럼 이러한 요소가 어떻게 서로 맞물려 가는지 보여주고 있다. 아마도 가장 심오하고 이해하기 어려운 핵심불교 이론은 연기(**빠띳짜-사뭇빠다**pa-ticca-samuppada)론일 것이다.(Buddhadasa, 1992) 연기는 "상호-의존 발생(co-dependent origination)"과 "인과론적 상호 의존성(causal interdependence)"이라고도 불린다. 원래 붓다가 가르치고 **아비담마**에서 정교화한 사성제에 대한 자세한 설명(Bhikkhu Bodhi, 1993)은 서구 인지과학과 깊은 관련이 있다.(예를 들어 Kurak, 2003)

연기의 원리는 모든 것이 다른 것에 의존하여 일어난다는 것이다.(Macy, 1991) 이것은 다음과 같이 여러 방식으로 표현된다. X를 조건으로 하여 Y가 일어난다. X가 존재하기 때문에 Y가 일어난다. X를 통해 Y가 조건화된다. 연기의 가장 보편적인 설명으로는 원환의 고리로 이루어진 12가지 고리(枝)가 있으며 모든 고리는 이전 고리에 의존한다는 것이다. 12가지 고리는 다음과 같다. 즉 무지(무명), 의도(행), 의식(식), 정신적 요소와 물질적 요소(명색), 여섯 감각들(육입), 접촉(촉), 느낌(수), 갈망(애), 움켜쥠(취), 되어감(유), 탄생(생)과

죽음(노사)이다. 무명에는 편향, 맹목과 올바른 이해(팔정도의 첫 번째)
의 부재가 있다. 무명을 조건으로 하여 행이 일어난다. 행에는 신체적,
언어적, 정신적 형성이 있고 이와 더불어 의지의 성향이 있다. 그
다음은 식이다. 다섯 가지 신체적 감각기관과 연관된 다섯 종류의
의식이 있고 이와 함께 지각, 사고, 기억의 정신적 의식이 있다.
관련된 마음 상태는 종종 안절부절못하고 집중을 못하는 것이다.
다음으로 일어나는 것은 명색(정신적 요소와 물질적 요소), 정신성과
물질성, 자아와 비아, 개인적 경험감이다. 이것은 육입(여섯 감각)으로
이어진다. 감각은 여섯 종류의 의식과 연관된다. 예들 들면 눈은
시각의식과 연관된다. 여섯 가지 감각을 조건으로 하여 접촉이 일어나
고 여섯 감각기관은 그 감각 대상과 접촉한다. 이제 감각과 사유와
함께 분명한 세계가 발생한다. 접촉은 그것이 긍정적이든 부정적이든
중립적이든 관계없이 느낌이라는 감각의 즉각적인 성질로 이어진다.
느낌을 조건으로 하여 갈애가 일어나는데 이는 긍정적인 것에 접근하
고 부정적인 것은 피하고자 한다. 앞서 논의한 바와 같이, 갈애는
움켜쥠(취)으로 이어지고 이것은 다시 집착으로 이어진다. 움켜쥠
(취)은 개인적 자아, 의지에 대한 감각 및 특정 행동에 대한 성향의
발생인 되어감(생)을 조건 짓는다. 되어감(유)은 생겨남, 행위의 발생,
여러 경험과 행동을 수반한 자아와의 일체감(생)으로 이어진다. 그리
고 생겨남(생)은 모든 것이 무상하고 결국 소멸로 이어지는 죽음(노사)
으로 끝난다.

  움켜쥠(취)을 통한 여섯 감각(육입)의 연결은 학습의 두 요인 이론
(two factor theory)에 해당한다.(Mikulas, 2002) 두 요인 이론에 따르면

반응 변수는 많은 조작적 행위에 대한 초기 동기 및/또는 후건後件
강화제/처벌제(consequent reinforcers/punishers)를 제공한다.(Levis,
1989) 감각과 접촉은 긍정적, 부정적 또는 중립적 느낌으로 이어진다.
이 기본 정동은 자극의 본래적 속성일 수도 있고 평가적 조건화
(evaluative conditioning)로 설명된 반응적 조건화(respondent condition-
ing)에 기반할 수도 있다.(Martin & Levey, 1978) 더 잘 알려진 CS-UCS
상황 연관성 학습과 달리 평가적 조건화는 자극에 대한 긍정 또는
부정의 단순한 조건화이다. 이런 정동은 이후 다양한 방식으로 경험되
거나 해석될 수 있다.(예컨대 사랑/증오와 흥분/공포) 그 정동은 갈애로
이어지며, 소비하거나 도피하려는 조작적 반응의 동기가 된다. 갈애
는 움켜쥠으로 이어지고 여기에는 어떤 것에 매달리고 다른 것에
맞서 싸우려는 조작적 반응이 포함된다. 느낌과 갈애와 관련된 판별
자극이 있을 때 조작적 접근 또는 회피 반응(움켜쥠)이 일어난다.
약물 중독에 대한 한 가지 이론은 부정적 정동의 도피와 회피가 중독성
약물 사용의 주요 동기라는 것이다.(Baker, Piper, McCarthy, Majeskie,
& Fiore, 2004)

불교 문헌에서 연기가 언급될 때에는 거의 항상 윤회와 업의 모델로
다루어진다. 무명과 행은 "과거의 생"에, 다음 여덟 고리는 "현재의
생"에, 생과 노사는 "미래의 생"에 적용된다. 이것은 사실일 수 있지만
생이 감정적 사건의 이-세상적이고 비-형이상학적인 에피소드를 언
급하지 않는 한, 본 장의 범위를 넘어선다. 이것은 붓다가 강조한
것이 아니었음(Buddhadasa, 1992)을 이해해야 한다. 오히려 붓다의
설법은 일정한 시간에 개인의 삶의 느낌이 어떻게 발생하는가, 그리고

연기의 원리가 의식에서 일어나는 모든 것에 어떻게 적용되는가에
관한 것이다. 따라서 누구에게라도 수백의 아니 그 이상의 윤회가
매일 일어난다.(Buddhadasa, 1992) 이러한 순환은 심리학자와 인지과
학자의 관심을 끈다. 연기의 순환이 원하지 않는 행위, 인지, 느낌을
야기하고 있을 때 던져야 하는 질문은 그 순환을 어떻게 끊을 것인가
하는 것이다. 이런 연결은 이론적으로 어떤 고리에서는 끊어질 수
있다. 접촉의 고리에 대한 개입은 자극 조절을 통해 이루어질 수
있다. 예컨대 집 밖에서 술을 마시는 것이다. 어떤 위빳사나 수행은
느낌의 고리를 개입 지점으로 간주하고 그 지점을 알아차리는 것을
목표로 하기도 한다. 아마도 서구심리학자에게 최선의 개입 지점은
갈애와 움켜쥠의 고리일 것이다.(Mikulas, 2004b) 많은 서구 치료는
이것을 응용하고 있다.

　　인지과학과 **아비담마** 사이의 상호 연관성은 이제 탐구의 시작일
뿐이므로 여기에는 광범위한 기회가 있다. 우리는 불교심리학과 인지
과학을 비교하고 결합함으로써 컴퓨터 시뮬레이션 모델이 갖는 이론
적이고 실제적인 몇몇 가설의 강점과 약점을 재평가할 수 있을 것이다.

행동수정

여기에서 언급하고자 하는 행동수정은 행동 치료, 인지 행동 치료,
응용 행동 분석 모두를 포괄하는 가장 넓은 의미를 말한다. 이전
논문(Mikulas, 1981)에서 논의한 핵심불교와 행동수정의 유사성에는
다음과 같은 것이 포함되어 있다. 즉 양자 모두 왜곡과 해석을 최소화하

면서 현실을 있는 그대로 지각하고 측정하기 어렵거나 유용성에서 의문이 있는 이론적이고 형이상학적 구성물들을 회피한다는 것이다. 양자 모두 기본적으로는 여기와 지금을 충만하게 살아가는 것에 초점을 두는 비-역사적인 태도를 취하고 역사적인 정보는 현재 상황을 이해하는 데 도움이 되는 정도로만 간주한다. 둘 다 몸, 마음, 정서의 자각을 증강시키고 학습에서 자기 조절 기술의 중요성을 권장한다. 스승, 동료, 타인들은 여러 가지 방식으로 도움이 되지만 대개 자신의 행위를 포함한 자신의 삶에 스스로 책임을 지게 되는 때를 최선이라고 여긴다. 이렇게 하기 위해 자신의 행위를 자아와 동일화하지 않는 것을 배운다. 둘 다 모든 것은 변화한다는 것을 인식하고 이런 변화가 일어나는 방식의 모델을 제공한다. 또한 둘 다 애착을 줄이는 데 초점을 맞추고 이것을 집착 및/또는 습관이라는 관점에서 본다. 파드 말 드 실바는 핵심불교와 서구심리학을 상호 연관시킨 저술이 많다. 그중 두 논문은 오늘날 소위 행동수정 요법이라고 부를 수 있는 수행법을 붓다와 초기 제자들이 사용하고 권장하는 방식을 기술하고 있다.(1984, 1985)

　행동수정 요법 분야의 초창기부터 역조건화(counter-conditioning)는 반응기반 행동, 특히 불안과 같은 원치 않는 감정을 줄이기 위한 기본 접근방식이었다. 역조건화가 어떻게 작동하는지에 대한 일치된 의견은 없지만 이를 어떻게 수행하는지는 명확하다.(Mikulas, 1978) 바람직하지 않은 행동을 유발하는 자극이 있는 경우 양립할 수 없는 지배적인 반응이 유발되거나 발산된다. 우세 반응(Response dominance)은 양립할 수 없는 반응의 강도를 증가시키거나 증가하는 반응

강도의 위계구조를 따라 점진적으로 자극에 접함으로써 확보된다. 역조건화는 전통적으로 상상된 장면 및/또는 생체 내에서 수행되지만 모델링, 이야기, 가상현실을 포함한 다른 방식으로도 수행될 수 있다. 역조건화는 또한 핵심불교에서 주요하고 널리 퍼진 관행이다. 위에서 언급한 한 가지 예는 불선한 요소를 줄이기 위해 선한 요소를 사용하는 것이다. 평신도와 상담할 때 태국 승려들은 일반적으로 악의를 상쇄하기 위해 자애심을 기르거나 질투를 상쇄하기 위해 공감적 기쁨을 기르라는 등의 충고를 한다. 붓다 시대에 흔했던 또 다른 예는 정욕이나 허영심과 같은 신체 관련 갈망을 줄이는 방법으로 다양한 부패 정도의 시체를 볼 수 있는 사체안치소에서 명상하는 것이다. 역조건화는 명상 중에도 자연스럽게 발생한다. 부정적인 정동을 가진 생각이나 기억이 날 때 명상으로 인한 고요함이나 이완이 부정적인 정동보다 우세하게 되면 역조건화가 일어날 것이다.

불교의 역조건화에서 볼 수 있는 흔하고 강력한 예는 자애(몟따 metta) 명상인데 이것은 여러 형태로 나타난다.(Salzberg, 1997) 예를 들어 아주 사랑하는 사람에서 시작하여 좋아하는 사람의 순서를 정할 수 있다. 사랑하는 사람에서 시작하여 덜 좋아하는 사람의 순서로 간 후, 결국 증오하는 사람을 맨 끝으로 정한다. 수행은 자애의 감정을 유지하면서 순서대로 쭉 내려가는 식으로 구성되어 있다. 이것은 체계적 탈감각의 역조건화와 매우 유사한 것이 분명하다. 단지 자애 순서의 첫 번째 주제는 중립적이라기보다 아주 긍정적이고 부정적인 감정은 이완과 같은 반응에 의해 불안보다는 사랑으로 역조건화되어 있다는 점이 다르다.

앞에서 언급한 카밧-진의 MBSR에 기반을 두고 시걸(Segal), 윌리
엄스(Williams), 티즈데일(Teasdale, 2002)은 MBCT를 개발하였는데
이것이 우울증의 재발을 줄인다고 보고되었다.(Ma & Teasdale, 2004;
Teasdale, et al., 2002; Teasdale, et al., 2000) 이 프로그램이 "가르치고자
하는 핵심적인 기술은 재발의 가능성이 있을 때 반복적이고 부정적인
사고의 자기반복적인 패턴인 특징적인 마음 상태를 인식하고 그로부
터 멀어지는 능력"이다.(Segal 등, 2002, p.75) 마음챙김 훈련은 "부정적
인 사고, 감정, 신체 감각의 재발-관련 패턴을 조기에 발견"하는
것이고, 이렇게 하면 "상대적으로 자동적인 반복 사고 패턴으로부터
멀어지는 것"이 수월하게 되어 거기서 멈추는 것이 훨씬 쉽다.(Ma
& Teasdale, 2004, p.34) 이러한 치료 결과가 나오는 것은 아마도 마음챙
김과 집중의 함양에 의한 것으로 여겨진다. 집중은 마음을 고요하게
하고 일정한 대상에 초점을 맞추게 하는데 이렇게 함으로서 인지로부
터 한 걸음 물러나게 해준다.

이전 수십 년 동안 북미의 주요한 행동수정 조직은 행동과 인지치료
연합(the Association for Behavioral and Cognitive Therapies, ABCT)이다.
이것은 이전에 행동 치료 발전연합(the Association for Advancement
of Behavior Therapy)이라고 불린 조직이었다. 지난 수년간 ABCT에서
가장 인기 있는 주제들은 마음챙김 기반 치료와 수용 기반 치료들,
주로 헤이즈의 수용과 전념 치료(Hayes' Acceptance and Commitment
Therapy, Hayes, Strosahl, & Wilson, 1999)였다. 그 결과 마음챙김과
수용은 ABCT와 가장 밀접하게 연결되어 있다. 뛰어난 ABCT 회원들의
출판물, 좌담회, 워크숍이 대개 수용이라는 관점에서 마음챙김을

정의했다. 수용은 마음챙김의 핵심적인 구성요소가 되었고 보통 가장 중요한 요소라고 할 수 있다. 수많은 치료 방식이 마음챙김과 수용을 결합했다.(예를 들어 Gardner & Moore, 2004; Hayes, Follette, & Linehan, 2004; Orsillo, Roemer, & Barlow, 2003; Roemer & Orsillo, 2002) 핵심불교에서 마음챙김과 수용은 별개이고 아주 다르다고 본다. 마음챙김은 수용이나 거부와는 아무런 상관이 없고 단순히 이런 과정을 자각하는 것이라는 것이다. 이런 차이는 치료와 개인적/영적 성장을 위해서는 중요한 함축성을 지닌다. 예를 들어 수용하지 않는 것을 알아차리는 것이 중요한 경우도 있다. 이것은 수용 기반 치료에서는 특히 중요할 수밖에 없다. 만약 마음챙김 훈련에서 수용이 마음챙김의 일부라고 한다면 훈련 당사자는 불을 수용하는 마음챙김에 대한 편견을 갖게 될 것이다. 이런 태도가 다른 연관 영역으로 확장되어 일반화된다면 이는 전반적인 마음챙김을 손상시킬 것이다. 수용은 앞서 논의한 명상의 태도 구성요소의 일부이다. 그리고 이것은 마음의 세 가지 행위 특히 집착에 영향을 미친다. 따라서 수용은 집착을 줄이고 마음챙김을 향상시킨다.

　"평정(Equanimity)"은 핵심불교에서 아주 중요한 개념이고(Pandita, 1992) 이 개념은 수용과 연관되어 있다. 이것은 의식의 모든 대상을 향한 동등한 수용이고 받아들임이다. 평정 안에서는 균일한 마음으로 일부 의식 대상에 더 흥미를 보이거나 몰입하지 않는다. 평정을 이루는 한 가지 방법은 집중을 통해 마음을 고요하게 하는 것이다. 평정은 점차 집중을 깊게 만들고 결국은 네 번째 선정(자나jhana)에서 강력한 힘을 얻게 된다.(Goleman, 1988) 평정(*사각지捨覺支)은 깨달음의 일곱

가지 요소(칠각지七覺支) 중 하나이다.(Pandita, 1992) 나머지 여섯은
마음챙김(*염각지念覺支), 집중(*정각지定覺支), 탐구(*택법각지擇法覺
支), 노력(*정진각지精進覺支), 기쁨(*희각지喜覺支), 평안(*경안각지輕安
覺支)이다. 다시 말하지만, 마음챙김, 집중, 평정은 서로 다르지만
연관되어 있음을 알 수 있다. 마음챙김은 깨달음을 촉진하고 다른
여섯 가지 요소의 각성, 강화 및 균형 유지를 촉진하기 때문에 기본으로
간주된다.

　행동수정과 핵심불교 패키지는 매우 훌륭하며 더 많은 통합으로
이익을 얻을 수 있다. 마음챙김에 대한 현재의 관심은 체험적이고
유용했다. 다음으로 해야 할 것은 집중과 집착에 더 주의를 기울여서
이런 세 가지 마음의 행위들 즉 마음챙김, 집중, 집착이 어떻게 서로
상호작용하는지를 보는 것이다.

정신분석

정신분석과 불교의 가르침을 비교하는 논문의 양은 방대하다.(예를
들어 Aronson, 2004; Epstein, 1995; Molino, 1998; Rubin, 1996; Safran,
2003; Suler, 1993) 대다수 문헌은 선불교에 초점을 두고 있다.(예를
들어 Brazier, 1995; Magid, 2005; Twemlow, 2001) 정신분석과 핵심불교
사이의 유사성 중에서 흔히 언급되는 것은 다음과 같은 것이다. 둘
다 일상의 괴로움을 줄이는 데 주로 관심을 보인다. 둘 다 지각,
정서, 자아감을 포함한 개인적 현실의 역동성을 탐색하는 경험적
접근 방식을 사용한다. 둘 다 자신의 존재를 변형시키기 위한 방식으로

명료한 지각, 실재에 대한 앎, 자아의 성질에 대한 통찰을 함양한다. 둘 다 개인적 발달과 억압적인 힘으로부터 자유를 고무한다. 엡스타인 (Epstein, 1995)은 붓다가 첫 번째 정신분석가일 수 있다는 것과, 붓다와 프로이트 두 사람 모두 자신의 방식을 스스로 적용하였다고 주장했다.(de Silva, 1992)

또한 위빳사나 명상과 같은 정신 역동적 탐구와 마음챙김 기반 탐구 사이에는 중요한 유사점이 있다. 둘 다 종종 내적 발견을 위해 상황을 단순화하고, 행동과 불필요한 움직임을 줄이고, 도피를 최소화하기 위해 앉거나 누운 자세(예를 들어 의자 또는 방석에 앉거나 카우치 또는 바닥에 누움)를 취한다. 둘 다 수행과 치료 과정에서 잘 확립된 지침과 수행에 의해 안내 받는다. 예로써는 정신분석의 자유연상과 위빳사나의 정신적 역동을 위한 탐색(예컨대 마음과 신체의 상호작용 또는 의식에서 마음의 내용이 일어났다 사라지는 것)을 들 수 있다. 둘 다 피분석가와 수행자들이 처음 마주하게 되는 억압된 마음 자료에 의식의 눈을 뜨고, 마음에 떠오르는 것에 능동적으로 주목하게 한다. 그리고 둘 다 개인적인 차원을 넘어서 이후 논의될 자아초월로 이어질 수 있다.

그러나 정신분석과 위빳사나 사이에는 중요한 차이들이 있다. 정신분석에서 치료자는 치료 중에 내담자와 더 깊이 관여되고 내담자와 상호작용하면서 내담자를 격려하고 인도한다. 반면 위빳사나에서 명상자는 대개 혼자 수행하고 명상 회기 사이에 지침으로 돌아가 피드백을 받는다. 위빳사나는 내용보다 마음의 과정에 더 많은 관심을 보인다. 반면 정신분석은 내용에 더 관심을 보인다.(Epstein, 1995)

정신분석에서 내담자는 대부분의 마음챙김 수행에서 보이는 것처럼 단순히 마음에 관심을 보이는 것보다는 그 내용에 관심을 갖고 작업하도록 권유받는다. 내담자들이 내용에 몰입해야 하는 시점과 신중하게 몰입을 해제해야 하는 시점은 중요한 임상 문제이다.(Cortright, 1997) 정신분석에서 결과적으로 얻은 통찰은 대개 언어적이고 합리적이지만 불교의 통찰(빤냐)은 비언어적이고 비개념적이다.

내담자 및/또는 치료자의 명상은 정신분석적 과정을 촉진할 수 있다. 내담자가 명상을 하면 억압되거나 무시된 것을 포함하여 이전의 무의식적 내용이 의식에서 일어나도록 허용할 수 있다. 그런 다음 이와 연관된 일부 내용과 문제는 정신 치료를 통해 해결할 수 있다.(Epstein, 1995) 명상을 통해 내담자가 마음의 내용과 다소 거리를 두면서 알아차리는 위치를 개발한다면, 이것은 자아 발달을 촉진할 수 있다.(Boorstein, 1997) 또한 루빈(Rubin, 1996)은 이런 객관적인 관찰이 이전 자아와 동일화되었던 마음의 내용에 적용되면 자아-구조와 관련된 더 큰 자유와 개방성을 갖게 되고 자신과 타인과의 관계가 더 유연해지며 자기-비난이 줄어든다고 주장했다. 그리고 엡스타인 (1995)은 마음챙김이 직접체험을 촉진하고 지금, 여기라는 현재의 체험 속에 머물게 해주며 자신의 감정과 어떻게 공존해야 하는지 알려줌으로써 정신 치료를 보완한다고 제안한다. 치료자의 명상은 내담자가 더 잘 알아차리고, 더 잘 경청하고, 내담자와 더 완전하게 함께하는 것을 촉진한다. 여기에는 성급한 치료 계획과 범주화와 같은 잘못된 판단을 줄이는 것도 포함된다. 루빈(1996)은 완전히 현존하는 경청이 자비와 무조건적인 수용의 한 형태라고 제안한다.

프로이트는 치료자가 "균등한 주의를 기울이는 태도"를 가져야 한다고 권장했다.(Epstein, 1984) 이런 태도에는 마음챙김, 평정, 인지적 반응 감소가 포함된다. 프로이트가 이 주의를 기울이는 태도를 함양하는 긍정적인 방법을 제시하지는 않았지만 이것은 명상을 통해 집중과 마음챙김을 발달시킨 결과와 같은 것으로 보인다.(Epstein, 1984, 1995; Rubin, 1996)

정신 역동적 방어기제와 마음의 집착 행위는 많은 유사한 결과를 낳는다. 예를 들어 왜곡된 인식과 기억, 인식 감소와 변화에 대한 저항이 그것이다. 열린 질문은 방어기제의 어떤 기능이 집착이라는 점에서 설명될 수 있는가 하는 것이다. 이것은 중요한 실제적 의미를 갖는다. 보다 일반적으로, 핵심불교와 정신분석은 서로 보완할 수 있는 많은 방법이 있다. 정신분석은 현재의 정신분석적 한계를 넘어서는 존재와 발달 수준에 대해 불교도들로부터 배울 수 있다. 불교도는 명상과 개인적/영적 성장을 방해하는 무의식적 개입과 한 개인의 전반적인 심리적, 사회적 발달의 영향에 대해 정신분석에서 배울 수 있다.(Rubin, 1996; Suler, 1993) 그리고 불교도는 "오래전에 인간의 나르시즘에 맞서고 근절하는 기술을 완성했으며, 이는 서구 심리치료가 최근에야 고려하기 시작한 목표이다."(Epstein, 1995, p.4) 불교도는 동기의 세 가지 불선한 뿌리를 상정한다. 즉 갈망/탐욕, 혐오/증오, 환상/망상이 그것이다. 프로이트는 동기의 두 가지 기본적인 형태, 즉 **에로스**(eros)와 **타나토스**(thanatos)를 제안한다. 갈망/탐욕과 **에로스**, 혐오/증오와 **타나토스** 사이에는 유사성이 있다. 이드는 갈망/탐욕과 혐오/증오를 다루는 반면 에고는 무지/망상-환상을 다룬다.(de

Silva, 2000; Metzger, 1996) 중요한 차이는, 프로이트 이론에서 **에로스**와 **타나토스**는 원초적인 반면 불교의 가르침에서는 그것들이 극복될 수 있다는 점이다.

정신분석과 불교의 가르침을 통합시키는 중요한 주제는 "자아(self)"의 성질에 관련된 것이다.(Engler, 2003) 정신분석 이론 전체에서 "자아"가 정확히 무엇을 의미하는지에 대해서는 일관된 의견 일치가 없다. 때로는 "자아(ego)"와 동일한 것이라고 말하기도 하고 때로는 매우 다른 것이라고 말하기도 한다. 그러나 자아는 대개 정신분석에서 주요한 구성물이다. 자아에 대한 작업에는 다음과 같은 것이 포함될 수 있다. 즉 자아를 더 효과적으로 만들기, 진정한 자아와 거짓 자아를 구별하기, 자아의 무시되거나 거부된 부분 발견하기, 자아 통합하기 또는 자아를 재구성하기가 그것이다. 핵심불교에서 삼법인 중 하나는 자아 없음 또는 비아(**아낫따**anatta)이다. 이것은 분리되고 독립된 자아-개체는 존재하는 않는다는 주장이다. 이것은 신앙의 조항이 아니라 마음챙김의 발견물이다. 위빳사나에서는 집중과 마음챙김으로 마음을 훈련하고 내면으로 마음을 돌려서 "자아"를 추구한다. 우리는 자아라고 하는 항구적 개체를 발견하지 못하고 오히려 집착과 기억을 포함하여 자아감이 할당된 일련의 마음의 과정을 발견한다. **아비담마**에서 자세히 설명한 바와 같이 자아는 다섯 가지 **무더기**(Skandhas, 오온)로 함께 어우러진 변화하는 과정이다. 이렇게 자아 대 비아의 구별은 정신분석과 불교의 가르침 사이의 근본적인 차이인 것처럼 보이지만 자세히 살펴보면 그 차이는 줄어든다. 우선 위빳사나에서 관찰되는 것처럼 자아를 기능적으로 변화하는 개체가 아니라

고정된 실체로 가정하는 정신분석가는 거의 없다. 둘째, 정신분석과 인본주의 심리학의 자아는 불교의 비아와 다른 실재나 존재 수준에 있을 수 있다.(Engler, 2003; Fontana, 1987) 이것은 다음 절에서 설명할 접합심리학의 입장이다. 자아와 비아가 다른 수준에 있다면 발달 문제가 있을 수 있다.(Fontana, 1987; Wilber, 2000) 인간은 자아를 넘어 비아로 초월하기 전에 먼저 개인적인 자아-관련 문제를 해결해야 한다. 이 점을 처음으로 자세히 설명한 엥글러(2003)는 먼저 자아에 대한 작업을 해야 하며, 자아-초월을 초기에 강조하는 것이 오히려 치료적으로 해가 될 수 있다는 임상 사례를 제시했다.

정신 역동적 탐색과 위빳사나의 비교를 계속하면, 위빳사나에서는 자아로 간주되는 역동적 과정을 발견하는 데에서 끝나지 않는다. 오히려 우리는 이러한 과정을 자아초월적으로 바라보고 이러한 과정이 자기 존재의 본질이라는 의견과 일체화하지 않는다. 비아(아낫따)라는 진리의 통찰적 관조(panna)는 깨달음으로 가는 위빳사나 수행의 중심 부분이다. 정신 역동적 탐구에서 자아의 역동성을 마주하게 되면 그것은 자아를 넘어서는 방법이 아니라 자아 작업을 위한 수단이 된다. 그러나 정신 역동적 자아 작업은 자아 초월이 자발적으로 일어나게 할 수 있고, 정신 역동적인 심층적 접근에서는 근본적인 현존감이나 본질이 나타날 때까지 개인적 자아를 넘어 깊은 내면으로 들어간다. (Almaas, 2004; Cortright, 1997) 이 모든 것은 자아초월적인 이해를 필요로 한다.

자아초월

북미에서 자아초월심리학은 발달 단계와 개인의 자아 중심적 수준을 넘어서는 ("초월, trans-") 존재를 다루는 심리학의 한 분야이다. (Corright, 1997; Walsh & Vaughn, 1993; Wilber, 2000 참조) 여기에는 "인간, 생명, 정신, 우주라는 보다 넓은 측면"의 체험도 포함된다. (Walsh & Vaughn, 1993, p.3) 불교 가르침에서 자아 초월을 밝히는 것은 근본적이다. 불교 수행의 다른 모든 이익은 이 목표 아래 복속된다.

접합심리학에서는 모든 사람이 생물학적, 행위적, 개인적, 자아 초월적 존재라는 네 가지 혼재된 존재 수준에 존재한다고 주장한다.(Mikulas, 2002) 생물학적 수준은 신체 영역이다. 이에 속하는 것은 뇌다. 행위 수준은 명시적이고 묵시적인 행위이다. 이에 속하는 것은 인지이다. 개인 수준은 자발적인 행동을 주기적으로 경험하는 자아 또는 자아가 간헐적으로 거주하는 학습되고 의식적인 개인 현실의 영역이다. 자아 초월적 수준은 개인 현실과 자기 감각을 창조하는 역학을 포함하여 자아 중심적 개인 현실보다 상위(superordinate) 및/ 또는 선행하는 힘과 영역을 포함한다. 자아 중심적 영역은 개인 현실과 자아감을 산출하는 역동성을 말한다. 개인적 차원은 자아-중심적이다. 자아 초월은 이런 자아를 넘어서 상위에 있지만 분리된 것은 아닌 포괄적인 감각으로 "넘어서" 있는 것이다. 개인적 차원은 대상으로서 자아를 포함한 의식 내용에 초점을 맞춘다.(예를 들어 자아 개념, 자존감) 자아초월은 근본적인 기반으로서 의식의 과정과 의식 그 자체에 초점을 둔다. 정신분석과 인본주의 심리학은 주로 개인적 수준에 관심을 두는 반면 자아초월심리학은 자아 초월적 측면에 관심을 기울이고 접합심리학은 모든 수준과 이들의 상호작용에 관심을 둔다.

발달과 개인적 성장을 하는 동안 사람은 존재의 개인적 차원에서 길을 잃는다. 그들은 자신의 마음의 내용들과 몇몇 구체적 현실들과 혼동하고 기능적인 개인적 차원의 자아들과 자신을 일체화한다. 핵심 불교에서 이런 자아 집착은 망상과 괴로움의 주요 원천으로 간주한다. 핵심불교의 목표인 깨달음은 이런 집착에서 단순하게 자유로워지고 자아초월을 포함하는 더 넓은 현실에 깨어 있는 것이다. 붓다는 깨닫는 것 이외에 자신에 대해 주장한 것이 없다. "붓다(buddha)"라는 단어는 "깨달은 자"를 의미한다.

접합심리학(통접심리학, Conjunctive Psychology)에서는 존재의 자아 초월적 수준이 항상 이미 존재한다고 주장한다. 그것을 성취하기 위해 해야 할 일은 아무것도 없으며, 단지 발견하기만 하면 된다. (Mikulas, 2004a) 따라서 개인 수준의 자아가 깨닫지 못하더라도 모든 사람은 이미 깨달은 상태이다. 깨닫기 위해 해야 할 일은 아무것도 없지만, 이 진리를 완전히 깨닫기 위해 자신을 해탈할 영적 수행을 하지 않으면 안 된다. 중요한 점은 개인적 수준의 자아가 깨달을 수 없다는 것이다. 깨달음은 개인적 자아와의 탈동일시를 수반하기 때문이다. 영적 수행에 참여하는 사람에게 자주 일어나는 일은 개인적 자아가 여정을 자아-모험의 여행으로 바꾸는 것이다.

불교를 포함하여 많은 전통의 영적 수행자들 가운데 가장 흔한 오해는 깨닫기 위해 개인적 수준의 자아를 취소하거나 제거해야만 한다는 것이다. 그러나 이것은 불필요하고 바람직하지 않다. 개인적 수준의 자아가 존재하는 것은 아무 문제가 없다. 그리고 이후의 초월을 위한 단계를 밟는 것 등 많은 이유에서 이러한 자아에 치료의 초점을 맞추는 것도 중요하다. 깨달음은 이런 자아를 배제하거나 폄하하는 것이 아니다. 오히려 이런 자아와 동일화하지 않는 것이다. 불교도는 이렇게 함으로써 자유와 마음의 평화를 얻는다고 말한다. 세계의 모든 주요 영적 전통을 살펴보면 종교성, 철학, 우주론의 수준에서 합의점이 거의 없다. 그러나 수행의 수준 즉 개별적인 전통 내에서 깨닫기 위해 반드시 해야 하는 수준에서 보면 합의점을 찾을 수 있다.(Mikulas, 1987) 우리는 도덕과 실제적 지침에 따라 삶을 살아나갈 것을 요구한다. 또한 마음을 고요히 하고, 마음챙김을 높이고, 마음을 열고, 집착을 줄이는 네 가지 보편적 수행 중 한 가지 이상을 활용한다. 접합(통접)심리학에서는 이런 네 가지 수행을 보편적인 신체적-정신적-영적 수행(somato-psycho-spiritual practices)이라고 부른다. 왜냐하면 이것은 존재의 모든 수준에 강력한 영향을 미치기 때문이다. 핵심불교에서 마음을 고요하게 하는 것은 주로 집중을 함양하고 수행을 통해 마음챙김을 증가시킴으로써 이루어진다고 본다. 핵심불교는 자애 명상과 같은 수행을 통해 마음을 연다. 불교 대승 전통은 자비의 함양을 더욱 중시한다.

핵심불교는 분명히 자아초월심리학에 많이 기여한다. 여기에는 깨달음의 성질과 과정에 대한 자세한 설명이 포함되어 있으며, 집중과 마음챙김의 진전된 함양과 관련된 것과 같은 상위 수준과 발달 및 의식 상태에 대한 관련 지도가 포함되어 있다.(Buddhaghosa, 1975 ; Goleman, 1988) 불교도는 2,500년 이상 다양한 서로 다른 문화 속에서 이 분야를 연구해 오고 있다.

결론

불교심리학은 새로운 개념, 이론, 수행법을 포함하여 다양한 많은 것을 서구심리학에 제공한다. 그 과정에서 서구심리학자는 기본적인 구성물과 역동성을 재고하고 재정의하여 새로운 영역으로 나아갈 기회를 갖게 된다. 그리고 서구심리학은 불교심리학과 수행에 많은 것을 제공한다. 여기서 몇 가지 예를 제시했지만 훨씬 더 많은 예가 있다. 불교와 서구심리학의 통합은 더 강력하고 응용 가능한 치료법으로 훨씬 더 포괄적인 심리학을 창출해야 한다. 마지막으로 이러한 통합은 다른 세계의 심리학, 건강 시스템, 지혜 전통과 통합되어 훨씬 더 광범위하고 강력한 심리학을 생성할 수 있다.(Mikulas, 2002)

저자의 노트

동료이자 출판 지원자인 코니 웍스(Connie Works)에게 특별히 감사를 표한다.

15장 자율훈련법, 감정정화 자율법, 불교심리학 간의 몇 가지 교차점

루스 나일러(Ruth Tiffany Naylor)[1]

서론

실제 치료 현장에서 자율훈련법을 가르치려면 치료 당사자에게 (내적 또는 외적) 자극, 〔사고, 감정, 의도, 욕동慾動,[2] 정서 등을 포함한〕

1 감사의 글: 필자는 고인이 된 남편 브라이언 해롤드 네일러(Brian Harold Naylor)에게 전적으로 신세를 졌다. 그는 필자와 함께 했고, 함께 듣고 생각하며, 급작스럽게 사망하기 몇 주 전 필자를 위해 슐츠(Schultz)의 독일어 원본 *Das Autogene Training*을 번역해 주었다. 필자는 또한 나의 동료, 친구이자 가이드로서 하이델베르크 Dipl Psych에서 연구하는 임상심리학자이자 자율훈련법 정신치료사 타마라 칼레아(Tamara Callea)와 언어학자인 모니카 산손(Monika Sanson)에게 감사의 마음을 전한다. 그들은 내 글에 상세한 평을 해주었고, 모니카 산손은 독일어, 이탈리아어, 프랑스어로 된 자율훈련법에 대한 책과 인터뷰, 논문 가운데 유용하고 필수적인 부분의 번역을 제공해 주었다.

2 *신경발생적 욕동(neurogenetic Drives)이란 신경으로부터 발생한 여러 활동을 주도하는 힘과 충동 및 추진력을 의미하며, 특히 전두엽 안쪽의 눈구멍 부분이 관여한다.

신체-마음, (의도적이거나 조건화된 "자동적") 행동과 주기적 반응 주기(cyclical response cycles, Hayward, 1965)의 불가피한 고리에서 시작해야 한다. 불교의 관점에서 자율훈련법 치료는 업의 주기, 마음의 능동적 의도, 인지적/정동적 과정, 사고/행동 주기를 계발하고 유지하는 것에 대해 사람에게 가르치는 간접적인 방법으로 볼 수 있다. 인지적/정동적 과정은 단순한 생각과 느낌보다 범위가 더 크다. 그것들은 신체-마음과 언어(신체/마음/언어)를 통해 기억을 "담지하고" "발산하는" 데까지 확장된다. 발산(release) 또는 AT 용어로는 "방출(discharge)"은 사람이 관조적이고 자비로운 방식으로 신체/마음/언어에 주의를 기울일 때 모든 감각과 정신적 내용물에서 자발적으로 그리고 자체 속도로 발생한다. AT는 집중으로 시작하여 통찰에서 절정을 이루는 명상적 접근 방식이다. 치료 자체에는 "스위치(switch)" 또는 "발산"이 있으며 일상생활에 보편화시킬 수 있는 발산 과정과 함께 마음챙김 접근방식을 취한다. "자율 스위치(autogenic switch)" 또는 전환을 서구식으로 간단히 말하면 "스트레스 반응"의 감소와 꺼짐 그리고 "이완 반응"의 증가와 켜짐의 증가이다. 즉, 선하지 않은 조건화된(자동적인) 반응은 끄고, 선하고 조건화되지 않은 자연스러운 반응을 켜는 것이다.

붓다가 실천한 전체적인 교육 체계가 자율훈련법에서 완전히 명시되지는 않았지만 그 핵심은 자율훈련법에 있다. 지난 80년간 이 치료를 받은 수많은 사람이 보고한 다양한 경험은 그 유용성과 불교 수행과의 접점을 보여주고 있다. 기초적 또는 "소규모" 자율치료, 자율훈련법이나 "AT"는 기법 실천자(practitioner)와 트레이너(trainer)들이 애칭으로

부르는 정신보건 현장에서 개발되었으며 다양한 환경에서 자율훈련
법의 다른 모든 응용기법의 근간을 이루고 있으며, 1900년대 초에
시작된 이래 임상 및 연구 환경에서 광범위하게 연구되고 있다. 슐츠의
동료인 볼프강 루테(Wolfgang Luthe)는 1960년대 초에 불교 수행과
많은 공통점이 있는 감정정화(카타르시스catharsis) 훈련을 추가하여
기본적인 AT를 확장했다. 이 훈련에서는 의미 없는 움직임과 소리를
자유롭게 표현하고 분노, 불안, 슬픔의 표현을 몸을 통해 드러내고
구토와 죽음의 공포에 직면하게 한다. 또한 현대의 많은 AT 실천자들
은 웃음, 감사, 사랑의 표현에 초점을 맞춘 카타르시스 훈련도 한다.
오늘날 서구인들은 명상 기반 관행이 동양의 수행 방법과 AT가 연결되
어 있다는 것을 쉽게 알 수 있다. 왜냐하면 명상 기반 수행이 처음에는
초월명상을 통해, 그 다음에는 헨리 벤슨(Henry Benson)의 노력을
통해, 그리고 오늘날에는 일반적으로 요가, 태극권, 기공과 대체적으
로 이와 유사한 수행들을 포함한 서구의 교육과 의학을 통해 서구
문화의 주요 흐름에 깊숙이 들어와 있기 때문이다. 저명한 미국 교육자
이자 직장 생활 전반에 걸쳐 AT를 교육하고 주창한 럿셀 캇셀(Russel
Cassel)은 1995년에 다음과 같이 말했다. "네 번째 흐름의 심리학
(Fourth Force Psychology)인 자아초월심리학과 자율훈련법의 시대가
1990년대 등장하기 시작하였다. 물론 자아훈련법의 역사를 거슬러
올라가 보면 동양의 철학적 명상의 초기 기법이 나온다."

자비의 수용 맥락에서 신체를 관찰하고 훈련시키는 슐츠의 훈련법
그 자체 또는 슐츠 훈련법과 루테(Luthe)의 카타르시스를 결합한
이런 훈련법이 붓다의 꽃다발 전체에 자리잡은 몇 개의 새싹이라고

제안한다면 너무 대담한 주장인가? 아니면 (감정정화) AT의 발자국이 불교의 발자국과 잘 들어맞는다고 제안해야 할까?

자율훈련법의 배경

기본적인 자율훈련법(AT)에 익숙하지 않은 독자들을 위해서 여기서 이 기법에 대해 간단히 요약하고자 한다. AT는 베를린에 근거를 둔 정신건강 진료소에 근무했던 정신과 의사이자 신경과의사인 요하네스 슐츠(Johannes Schultz)가 개발했다. 그는 1932년 동양과 서양의 종교, 심리, 철학 방법과 관련된 자신만의 방법을 기술한 중요 연구 결과를 발표했다. 자율훈련법은 이제 임상 및 예방 차원에서 세계적으로 사용되고 있다. AT는 20세기 첫 반세기 동안 서구의 다른 명상 기반 수행들이 20세기 후반에 걸쳐 겪었던 과정을 동일하게 거쳤다. 즉 초기에는 예비 연구와 사례 연구들을 통해 이 기법이 유망하다는 것을 보여주었고 그 후 정신생리 실험 연구(예를 들어 뇌파, 심전도, 전기적 피부 반사)들이 이어지고 나서 전 세계적으로 퍼져나가는 과정이었다. 그러나 오늘날의 관점에서 볼 때, 자율훈련법의 발전은 기법의 한계뿐만 아니라 단순한 정치적, 지형학적 이유로 인해 심하게 제한받았다. AT는 히틀러 시대, 즉 1920년대 후반과 1930년대 초반에 등장했기 때문이다. AT는 비-이데올로기적이고 비-종교적이어서 체제에 어떤 명백한 위험도 보이지 않았기에 기법 실천자들은 독일에서 아무런 방해를 받지 않고 지속할 수 있는 듯이 보였다. 그러나 AT의 보다 광범위한 전파는 제2차 세계대전 이후가 되어서야 이루어졌다.

그 당시는 무작위 대조 실험(Randomised Control Trial, RCT) 연구 패러다임이 유행하고 있었다. 이후 기본적 실천 기법으로서 자율훈련은 대단한 발전을 이루었다. 전쟁 이후 자율훈련법과 그에 기반한 치료 방법은 슐츠가 의도한 대로 "작은(kleine)" 정신 치료라는 근본적 형태로, 그리고 완전한 "큰(grosse)" 정신 치료라는 진전된 형태로 유럽에 수용되었다. 최근에 발간된 European Journal of Autogenic and Bionomic Studies(『유럽자생 및 생체 의학 연구 저널』)는 슐츠의 방법이 지난 50년간 이탈리아, 스페인, 독일에서 어떻게 영향을 미쳤는지 명확하게 설명하고 있다. 랜티(Ranty, 2008)는 오늘날 현저하게 발전된 프랑스의 상황에 대해 구체적으로 기술한다. 자율훈련법과 불교심리학의 유사함으로 인해 AT는 동양에서 급속하게 수용되어 풍성하게 발전되었고 그 덕분에 AT는 오늘날 큰 발전을 하고 있다. 예를 들어 나루세(Naruse, 1965)는 AT, 최면(neutral hypnosis), 선-수행, 요가-훈련의 공통점은 "명상적 집중 상태"라고 지적하고 있다. 동양에서 자율훈련법은 "**도道**"(중국의 "타오tao"로서 "길"을 의미)의 과정(개별 맞춤형 코칭 방법)으로 교육되어 왔으며 1960년대 이래 정신신체 의학, 정신 치료, 바디워크 프로그램(bodywork programmes) 과정에 잘 통합되어 있다.(Weidong, Sasaki, & Haruki, 2000 참조) 영어권 특히 행동주의 전통이 20세기 대부분을 지배한 북미 지역에서 자율훈련법은 종종 단순화된 형태로만 다루어져서 불교 명상과 공유하는 본질들이 그렇게 명확하게 드러나지 않았다. 축약된 AT는 간단한 대화 치료 맥락, 특히 인지행동 치료의 변형형태에서 본 치료가 시작하기 전에 매우 불안한 환자를 신속하게 이완시키는 방법으로 사용되었다.(예컨대

Benson 1974; Hayward 1965; Linden 1980; Smith 1980) 자율훈련법의 좀 더 단순화한 기법은 바이오피드백(biofeedback)에서 사용되었다. 이런 경우는 생리적 과정의 조절을 위해서 다양한 수단과 방법을 채택하고 응용했다. NASA 우주 항공사들을 위한 이런 바이오피드백 응용 기법은 1997년 미국에서 특허를 받았다.(Cowings, 1977) 자율훈련법의 여러 명상적 기법은 다른 치료 기법에도 사용되었지만 원래 처음 개발된 것과 종종 달리 활용되었다.(Smith, 2004)

자율훈련법은 1960년 초반부터 영국의 국민 건강 서비스(National Health Service, NHS)의 정신보건 클리닉에서 사용했고 오늘날까지 이어지고 있다. 1980년대 중반 슐츠의 제자이자 동료인 볼프강 루테(Wolfgang Luthe) 박사는 영국에서 이 기법을 더 많이 받아들이도록 활성화했다. 그의 공헌으로 인해 오늘날 영국에서는 AT와 여러 다양한 자율훈련법을 가르치고 있다. 루테는 만년에 캐나다에서 진료를 했다. 우리는 슐츠의 AT와 루테의 감정정화(카타르시스) AT를 모두 배우고 있다. 루테의 기법은 슐츠의 AT에 저항을 보이는 경우 슐츠의 AT를 받아들일 수 있도록 특별히 고안된 것이다. 감정정화(카타르시스) 자율법은 특별히 명상적이고 신체적인 훈련법이라고 할 수 있다. 이것은 자비로운 자기-수용의 맥락 안에서 보통 "촉발요인(triggers)" 또는 일상에서 이런 촉발요인과 동반되는 "감정"을 직접 건드리지 않고 연민의 맥락에서 감정 표현을 통해 신체와 마음과 언어를 전달하도록 고안된 신체적 관행이다. 예를 들어 "울음" 훈련은 단순히 몸을 부드럽게 흔들고 훌쩍이고 흐느끼는 슬픔의 소리는 내지만 실제로 눈물을 흘리거나 슬픔이나 비통의 감정을 일으키는 것은 아니다.

왜냐하면 울음과 동반된 긴장감이 있다 하더라도 훈련의 목적은 표현되지 않은 감정의 축적된 긴장을 "내려놓는" 것이기 때문이다. 이 기법의 목적은 특별한 촉발요인이나 기능 부전의 사고 패턴 또는 심지어 경험의 결과나 감정 억압의 이유 등을 표면으로 떠올리거나 분석하는 것이 아니다. 감정정화(카타르시스) 훈련법에서 다루는 정서의 범위는 현대의 AT 트레이너들이 하는 것보다 상당히 넓다.(Kermani 1990; Naylor & Marshall 2007) 현대의 AT 트레이너 또한 웃음(기쁨), 인정(자애), 사랑(자비)을 표현하는 데 초점을 맞추기도 한다. 다시 말해서 이 기법의 목표는 종종 "긍정적" 감정과 "부정적" 감정 사이의 연결을 이해하지 못하고 감정을 충분히 표현하는 것을 두려워하는 피훈련인들이 스스로 경험을 통해 직접 훈련할 수 있게끔 지원하고 활성화하는 것이다. 적절한 감정의 내적 경험과 외적 표현은 편하고, 수용적이고, 유익하고, 차분하고, 도덕적이고, 친절하고, 생산적이고, 즐겁고, 안전할 수 있다. 피훈련인들이 이런 기법을 사용하여 스스로 훈련할 때 일부 교차점에서는 다양한 감정을 더 깊이 경험하고 표현하는 것이 안전하다고 느끼는 법을 배우게 된다. 그렇게 되면 그들은 현재를 더 성공적으로 살 수 있을 뿐만 아니라 새로운 경험을 창출하고 더 균형 잡힌 삶을 살아갈 수 있도록 자신의 환경, 관점 및 반응을 더 쉽게 바꿀 수 있다. 그들은 또한 슐츠-유형의 AT 훈련에서 더 많은 혜택을 받을 "준비"가 되어 있다.

AT는 대중에게 쉽게 다가갈 수 있다. 그 이유는 비용-효율적이고, 병리적 현상으로 간주하지 않고, 항상성을 지향하는 스트레스 감소 기법이면서 신체의 표준적이고 반복적인 내면적 구절로 된 "패키지"를

배우는 간단하고 쉬운 방법이기 때문이다. 자아초월 명상(TMTM),
벤슨의 호흡 기법(Benson's Respiratory One Method, ROM), 캐링턴의
임상 표준화 명상(Carrington's Clinically Standardised Meditation, CSM),
선과 같이 단일 신체 과정(호흡)과 하나의 생각(만트라)만을 명상하는
대신 AT에서 명상은 한 신체 부위와 그 특성에서 수동적으로 시작하여
일정한 순서로 다음 신체 부위로 옮겨가는, 즉 "여섯 가지 표준 훈련법
(six standard exercises)"이라고 하는 일련의 "움직이는 만트라(moving
mantras)"이다. 이로써 신체 부위를 수동적으로 알아차리게 되면 그
부분의 뼈와 근육에서 무거움과 따뜻함을 알아차리면서 스스로에게
예를 들어 "팔과 다리, 무겁고 따뜻해."라고 말하게 된다. 이와 유사한
방식으로 우리는 호흡과 심장 박동의 규칙성, 태양총(the solar plexus)
에서 나오는 따뜻함, 앞머리를 부드럽게 어루만지면서 느껴지는 차가
움에 대해 스스로 짧은 문구를 표현하게 된다. 우리는 자신의 신체에
주의를 기울이고 그것에 무슨 일이 일어나고 있는지, 어떤 감정이
일어나는지, 어디서 일어나는지, 사물이 변하고 있는지, 이쪽저쪽이
다른지 같은지, 지난번 수행과 같은지 다른지 등을 살핀다. 이것은
불교의 마음챙김 명상과 매우 유사하다. AT에 대한 일반적인 오해와
는 달리, AT는 타인 최면이나 자가 최면의 한 형태가 아니다. AT의
목표는 무거움, 따뜻함, 차가움을 생성하는 것이 아니라 이와는 정반
대이다. 신체 자체, 신체에서 비롯되는 감정, 신체와 관련하여 마음에
서 일어나는 생각, 속삭이는 마음의 이야기 등에 대한 노력하지 않는
관조는 간헐적으로 평화, 조용함, 고요함이라는 긍정과 뒤섞인다.
피훈련인은 주의와 비판단적 자각을 발달시키기 위해 단순히 그것을

알아차리기만 하라고 지도받는다. 또한 필요하다면 다른 생각, (감정
적 및 신체적) 느낌 및 욕구에 이름을 붙이고 불교 호흡 명상에서와
마찬가지로 부드럽게 신체의 자각으로 주의를 되돌리도록 권장된다.
수행자는 혼자 또는 트레이너와 함께 AT훈련을 하는 중에 신체/마음/
언어 내용을 수용하지도 배척하지도 않는 방법을 배우지만, 수행에서
벗어난 일상에서는 비합리적인 것에 더 적절하게 이의를 제기하고
합리적인 것을 받아들일 수 있게 된다.

　전체 방법은 트레이너의 기술과 피훈련인의 준비 상태에 따라
단 8개의 1시간 그룹 회의나 각 회의당 최소 15분 정도의 회기로
해서 2~6개월 동안 익힐 수 있다. "준비"라는 의미는 피훈련인의
AT에 대한 인내심, 낙관성, 동기를 말한다. 그러므로 AT는 취약한
요양원 입소자(Kircher, Teutsch, Wormstall, Buchkremer, & Thimm, 2004)
로부터 어린이와 가족(Goldbeck & Schmidt, 2003)에 이르기까지 인생의
전 단계에 걸쳐 정신 신체 질병과 정신보건 문제, 편두통(Zsombok,
2003), 우울증의 재발(Krampen, 1999)에 이르기까지 도움이 된다.

　슐츠와 루테의 사망 이후 자율훈련법의 원로인 발뇌퍼(Wallnöffer)
는 비디오 인터뷰에서 다음과 같이 말했다.(Guttmann, 2002) 즉 생물학
적으로 AT는 아래와 같은 단순한 개념에 입각해 있다. "우리는 조건화
되어 있고, 이완은 차분함으로 이어지고, 신체는 근육 운동에 대한
단순한 생각이 반응을 일으키는 것처럼 행동하며, 이 모든 재조정
활동은 정신, 심층 심리학의 맥락에서 일어난다." 이 관점은 서구에서
사용하는 또 다른 기법을 떠올리게 한다. 예로써 에드문트 제이콥슨
(Edmund Jacobson)의 점진적 근육 이완(Progressive Muscle Relaxation,

PMR) 기법을 들 수 있다. 이 기법은 일부 사람에게 "트랜스(trance)" 상태를 유도하는 것으로 알려져 있고, 특히 오늘날 인지 행동 치료 맥락에서 응용 이완법(Applied Relaxation)으로 임상 치료에 활용되고 있다.(McGuigan & Lehrer, 2007) 따라서 AT는 단순히 신체를 이완하는 기법이 아니라는 점을 강조하는 것이 중요하다. 이는 수년 동안 미국에서 널리 퍼진 관점이다. 대신 자율훈련법은 자비로운 자아-수용 맥락에서 전체적인 방식으로 감각, 인지, 및 정서적 과정에 참여한다는 사실이 중요하다. 이에 따라 이 기법은 정신과 신체 모두에 즉각적인 효과를 발휘한다. 이러한 강조점을 유념하게 되면 인지/신체의 특이성 이론(예를 들어 Rausch, Gramling, & Auerbach, 2007)이나 그 외의 다른 이론들을 지지하기 위해 이완 치료나 명상 또는 통찰 수행에 20분 훈련을 제시하는 실험들은 완전히 초점을 벗어난 것으로 보인다. 왜냐하면 다른 가설의 경우, 인격 이론과 수행을 뒷받침하는 방법이 처음부터 무시되기 때문이다. 동양적 접근과 유사한 방법을 사용하는 서구적 기법에서 분명하게 드러나는 것은 일단 전체적 인격이 자비로운 방식으로 현재의 삶을 객관적으로 관찰하는 데 몰두하면 모든 수준의 심오한 변화가 자연스럽게 일어날 수밖에 없다는 것이다. 서구인 또는 "최면", "철학", 또는 "종교"라는 꼬리표가 붙은 기법에 대해 망설임이 있는 모든 사람에게 AT와 그 감정정화(카타르시스)적 확장은 수용 가능한 접근법이다.

자율훈련법과 불교의 몇 가지 교차점

슐츠는 1909년에서 1970년까지 베를린에서 신경정신과 의사로 근무했다. 그는 자신의 작업에 전체론적이고 역동적인 시스템 접근 방식을 취하여 임상에서 자율훈련법을 개발하였다. 보그트(Vogt)의 실험실에서 교육을 받고 최면기법에 익숙한 슐츠에게 사람은 교육과 자기-훈련을 통해 자신을 아는 법을 배우고 스승이나 의사가 그들의 개인적 괴로움을 해소하기 위해 "마술적인 알약이나 답변을 제공하는" 것을 기대하지 않게 되었다. 슐츠는 다음과 같이 주장했다. 즉 조건화가 처음 어떻게 형성되었는지에 상관없이 그 자동화된 조건의 순환을 끊기 위해 자신의 신체, 감정, 마음을 한 걸음 물러서서 받아들이는 자신만의 "비판"이나 객관적인 자세를 통해 스스로 경험할 수 있다는 것이다. 슐츠와 붓다가 핵심적 가치와 교육을 공유하면서 이에 반대되는 마술적이고 기적적인 치료의 출현에 등을 돌렸다는 것은 아주 분명하다. 붓다가 『꿀 덩어리 경(Honeyball Sutta)』(MN 18)에서 분명히 말한 바와 같이 선한 것이든 불선한 것이든 간에 우리 모두는 조건화를 "기뻐하고, 환영하고, 붙잡는" 자신의 "기저에 있는 경향"을 이해라는 측면에서 스스로 발견하고 점검해야 한다. 따라서 불교 명상과 AT는 다음과 같은 점을 공유한다. 즉 타인 최면, 유도 심상, 암시 기법이 전혀 없이 (가장 넓은 의미에서) 자신의 개인적 인지 실험과 수행에서 감당할 수 있는 만큼의 신체/마음/언어의 명상이라는 점이다. 또한 붓다와 마찬가지로 슐츠는 실용주의자이다. AT 교육과정에서 개인이든 그룹이든 상관없이 실습 교육 후 긍정평가 질문(appreciative enquiry)은 실습에 대한 각 개인의 반응을 나타낸다. 이는 윤리적, 의학적 이유 때문이며 트레이너가 참여자들의 요구에 맞게 훈련 과정을 적정화할 수 있다. 학습은 또한 실제적인 예를 들어가면서 이루어지고 수동성, 명상, 비판단, 수용 또는 마음챙김에 대한 교훈적인 강의도 없다. 또한 철학이나 심리학에 관한 것도 없다. 일부 교육 과정에서 트레이너(지도자)는 단순히 종이에 자율치료법 실습 문구를 쓰고 피훈련인들이 스스로 훈련하는 동안 방을 나가기도 한다. 우선 이것은 무엇보다 AT에 잡다한 암시가 없다는 것을 말한다. 둘째로는 피훈련인들이 자신의 경험으로 스스로 훈련하도록 가르치기 위해 수행된다. 이런 이유로 인해 대다수 AT 트레이너들은 **그대로의 훈련**(do) 방법을 사용한다.(Sakairi, 2000, pp.205~212) 이 방법은 피훈련인들이 스스로 배울 수 있는 하나의 세트 과제(set task)로서 글자 그대로 지시를 따르도록 하는 것이다. 서구인들은 이런 방법이 당혹스럽고 친숙하지 않을지 모르지만 사실 슐츠가 가장 최상으로 작동하는 것으로 생각한 방식이다.

사람이 AT의 일련의 여섯 가지 움직이는 만트라(moving mantras) 또는 "여섯 가지 표준 훈련(standard exercises)"을 사용하는 데 능숙해지고 일관된 AT 훈련을 개발함에 따라 그들의 마음챙김은 모든 종류의 정신적, 신체적 상태를 관찰하게 된다. 즉 모든 종류의 감각. 정서, 행동과 생각이 전체 유기체의 어느 곳에서든 상호 의존적으로 시작되고, 일어나고, 가라앉고, 멈추는 것을 관찰하게 된다. 긍정평가 질문의 정신은 훈련 과정에 스며들어 있으며, 트레이너는 피훈련인이 자비롭게 스스로 학습할 수 있도록 하는 방식으로 훈련하도록 피드백을 요청한다. 진전된 자율훈련 수행에서 피훈련인은 지정된 순서와 점점 더 복잡한 형태로 특정한 정신적 대상을 생각하도록 요청받는다. 온다(Onda, 1965, pp.251~257)는 선과 자율훈련법의 차이에 대해 구체적으로 설명하면서 "정확하게 표현하기" 어렵다고 구체적으로 언급했다. 그는 명상하는 몸의 자세가 다르다고 지적하면서 자율훈련법에서는 걷는 참선이나 서서 하는 참선과 같은 것은 없다고 말한다. 그러나 오늘날 AT를 가르치는 방식에는 수많은 걷기, 서기, 소리/호흡 중심 수행이 포함된다. 예를 들어 슐츠 수행 만트라 중 하나는 눈을 뜨면서 걷거나 서 있는 것을 반복한다. 이것은 수행자에게 침착함뿐만 아니라 현재에 기반한 마음챙김을 가져다준다. 루테 수행법 중 하나는 "원하는" 방식으로 몸을 부드럽게 흔들고 움직이는 동시에 자연스럽게 나오는 소리를 동반하는 것이다. 그렇지 않으면 온다가 지적한 것처럼 AT는 일반적으로 눈을 감고 수행한다. 또한 표준적인 AT 수행법이 선 수행과는 달리 "지침을 주는" 것으로 서술되거나 경험될 수 있지만 실제로는 이와는 반대 방식으로 실행되도록 가르친다는 점을 지적해야 한다. 그중 하나는 어떤 것이 일어나도록 애쓰지 않고 수동적으로 자각하는 것이고, "의식적 통제"는 마음을 움직이는 만트라("수동적 집중" 단계)로 부드럽게 되돌리거나 일어나는 모든 것을 부드럽게 명상하는 것이다. 신체/마음/언어에 관한 어떤 것을 붙잡거나, 그것에 대해 이야기를 만들거나, "그것과 함께 도망가는 것" 없이 말이다. 마치 독수리가 그랜드 캐니언을 날아가거나 물살을 따라 노 없이 뗏목을 타는 것과 같은 부드러운 마음챙김의 확장이 뒤따른다! 또한 선과 달리 AT에는 의식적으로 호흡의 들숨과 날숨에 주의를 기울이거나 호흡을 조절하려는 노력이 전혀 없다. 우리는 이제 "규칙적(regular)" 호흡이 사실 전혀 기계적으로 규칙적이지 않다는 것을 알고 있다. 따라서 호흡 조절이 "자체적으로" 발생한다는, 시간 제약이 없고 규제되지 않은 AT 호흡 문구(예를 들어 "고요하고 규칙적으로 호흡하십시오")의 요점이 생리적으로 건전하다는 것을 안다. 그 자체로 호흡이 조절되면서 시간 제약이 없고 조절되지 않은 AT 호흡 지침(예를 들어 "고요하고 규칙적으로 호흡해라")이 생리적으로 건전하다는 것을 안다. 온다(1965, p.256)가 말한 바와 같이, "AT는 수동적 집중에서 명상적 집중으로 진전하면서 서서히 특정한 정신–생리적인 상태로 나아간다. 이 지점에서 우리는 선 명상과 AT 사이에 유사성을 발견할 수 있다." 이와 유사하게 피라미드나 삼각형의 변과 같이 마음, 신체, 감정 사이에는 상호 연결이 있어서 신체적 변화가 정신 상태와 감정을 변화시키고 그 역도 마찬가지이다. 마지막으로 불교 수행과 마찬가지로 자율훈련법은 분석적인 방법이 아니라 시간이 지남에 따라 침묵 속에서 자비심을 갖고 경험적으로 배우는 방법이다. AT의 비판단적이고 수동적이며 관찰적이고 시간이 흐름에 따라 놓아주는 자세와 일관된 훈련을 통해 사람은 자동적이고, 기계적인 반응 상태로부터 통찰과 행동이 더 잘 균형을 이루고 올바른 관점과 행위와 더 잘 공명을 이루는 더 균형 잡히고, 자율적이며, 전향적이고, 효율적인 상태로 보는 방식과 행동 방식을 변화시킬 수 있다.

그래서 우리는 불교와 자율훈련법 심리학에서 몇 가지 공통된 이해를 볼 수 있다. 즉 전체 체계는 역동적이고 시시각각 급격하게 변화하며 모든 것은 가변적이고 실체가 없으며 사회적으로 조건화된다. 전체는 그 일부가 변할 때 변화하고, 일어나는 모든 것은 조건화되며, 사람은 부분에 대한 명상을 통해 통합된 총체성(a unitary totality)으로서 자신의 조건을 발견하고 펼칠 수 있다. 불교심리학이 "비아"를 말한다면 자율훈련법 심리학은 "자아의 상실", 형태와 의미의 변화와 해체, 자아 경계가 조건화에서 해방으로 전환되는 것을 말한다. 자율훈련법에서는 전통적인 서구 의학의 정신 치료 모델에서 보는 것처럼 인간을 수리가 필요한 망가진 존재로 보지 않는다. 이와 달리 자율훈련법에서는 인간이 제한되어 있지만, 자연적, 생태적으로 해방을 추구하고, 한계 지어져 있음, 조건 지워져 있음, 및 그에 따른 괴로움을 본능적으로 알고 감지하는 존재로 본다. 슐츠에 따르면, 뇌는 신경학이든 정서, 정동, 사고, 감정, 마음이든 유기체에 있는 모든 곳은 단어의 유기적 의미에서 자유로워지기 위해 단순하게 풀어놓고, 내려놓고, 풀어주어야 하는 것이 무엇인지 "안다." 다시 말해, AT를 지속적으로 수행하게 되면 슐츠가 "스위치(switch)"라고 부르는 "조건화의 순환을 깨는 것" 또는 업의 순환을 부수는 일이 일어나는 데 이런 풀려남은 한 사람의 전 인격에서 일어난다.

　슐츠의 "스위치", "자율훈련적 변환"에 대한 설명에서 목표는 불교심리학에서 업이라고 부르는 것, 즉(내적으로만 경험되는 것이든, 아니면 외적으로 표현되는 것이든 간에) 신체/마음/언어의 의도적인 행위 습관과 조건화에서 발생하는 순환적이고, 인과론적인 사이클에서 해방되는 것이다. 이런 의미에서 의도는 "행해진" 것, 삶의 실존적 경험 등이다. 슐츠에게 이런 의도 또는 업은 일반적으로 명상 수행과 마찬가지로 AT수행 중에 해체되는 "나-임(I-ness)" 감각의 시시각각의 정합성으로 확장된다. 수행자를 영원히 변화시킬 수 있는 잠재력이 있는 것은 바로 이런 해체이다. "스위치"는 어떻게 일어나는가? 그 과정에서 가장 어려운 부분은 시작, 첫 번째 노력, 수동적이 되기 위한 동의, 인식과 주의집중, "비판적 자기-관찰" 상태에 들어가는 것이다.

발뇌퍼(Wallnöfer)는 또한 비디오 인터뷰에서 다음과 같이 말하고 있다.(Guttman, 2002) "AT는 지속적인 수동적 자기-조절을 제공한다. 이는 현실에 더 잘 대처할 수 있도록 돕는 것을 목표로 한다. AT를 사용하면 모든 것이 동등하게 타당해진다." 이것은 "이중적 의미"를 갖는 단어 유희이다. 독일어로 gleichgültig는 "무심한"을 의미하고 gleich gültig는 "동일한 가치"를 의미한다. AT를 시작하는 사람은 종종 "긴장을 푸는 법을 배우거나", "더 생산적이 되려면" 또는 "예술적 창조성과 접하기 위해" AT를 한다. 이러한 방식으로 자율훈련법은 서구에서 접근가능하고 성숙했다. 필자는 자신의 수행과 동료들과 함께 훈련한 많은 사람의 수행을 관찰함으로써 시작에 대한 수동적 동의가 슐츠의 의미에서 시간이 지남에 따라 천천히 발전하고 심화된다는 것을 배웠다. 이것은 무엇이 되는 것도 없고 목표도 없으며 선택도 없고 판단도 없는 자각이다. 다만 수행에 의해서만 이해되는 부드럽고 제약 없는 마음챙김이다.

표 1. 스위칭의 집중적(진정한/참된/실재적인) 경험

1	소극적 동의
2	"집중하기"(자세/바디 스캔을 통한 침착함)
	"자극 차단"

"비판적 자기 관찰"

3 눈감기

　　"광학적 제감-시각적 비우기"

　　"내향성-내면으로 향하기"

4 신체화

5 조용하거나 차분함　　　　　　　　⎫ 모두 동등한

6 휴식　　　　　　　　　　　　　　⎬ 가치(등가)

7 경계/깨어 있는 의식 상태에서

　　감각 자극↑

　　판단↓ 자발성↓　　　　　　　　　　　　　　수동성

　　"내성內省"으로의 이동　　　　　　　　　　　심화

8 감속

9 자아에서 거리두기

　　수용성↑

　　알기↑

　　일관성 붕괴

　　형태 변형 및 분해

　　의미 변화 및 붕괴

　　자아 경계 이동

10 영향

　　완전 자체 생성 휴식; 행복감!

11 스위칭　　　　　⎫ "생리학적"

　　조건화의 고리 깨기 ⎬ 유기체의 "심리적"

12 구제적 속성을 지닌 증거 경험하기, "시각화된 이해", "'그림' 보기"

　조건화의 순환을 부수기 위해 슐츠는 스위칭, 변환 과정, 다른 문법을 가진 신체/마음/언어활동, 즉 이 책에서 M.G.T 키(Kwee)가 명확하

게 서술한 바와 같이 악순환의 신체/마음/언어 문법과는 다른 행동이 필요하다는 것을 알았다. 슐츠는 AT가 유도하는 12단계의 스위치/전환 과정을 "집중적 변환 체험(Das Konzentrative Umschaltungserlebnis)", 또는 "AT를 통한 스위칭의 집중적이고 정당하고 암시적인 경험(The Concentrative Authentic Suggestive Experience of the Switching through AT)"이라고 설명한다. 이 과정은 당사자의 자연스러운 발달 경향을 발전·심화시키며, 이 과정을 지속적으로 수행할 때 자연스럽게 뒤따르는 의식과 조건의 수정을 통해 이루어진다. 나카무라(Nakamura, 2000), 사사키(Sasaki, 2000), 이케미(Ikemi, 2000) 등 많은 이들은 인생이라는 것 자체는 태생적인 목표를 갖고 있지만 불가피하게 공간-시간에 구속되어 올바른 지각, 사고, 정도, 행동이 제한되는 조건화에 갇혀 있다고 생각한 슐츠에 동의한다. 그렇지만 자아-유도적인 회복을 통해서 실현을 추구할 수 있다고 생각했다. 〈표 1〉, "집중적(진정한 암시적) 전환 체험(Das Konzentrative〔Echt Suggestive〕 Umschaltungs-erlebnis)"(Schultz, 1973, p.322)에는 전환 과정의 12가지 핵심 포인트가 나와 있다. 집중적 몰입은 시간이 지남에 따라 순환적 조건화 패턴에서 벗어나 "조건화된 상호-발생"〔또는 의존적 발생 인과론적 가설(Dependent Origination causality hypothesis)〕으로부터 행복감을 느낄 때까지 심화된다. 이 탈-조건화 과정은 의식적으로 자신의 마음/언어를 자신의 몸으로 가져와 현재 순간에 감각/신체 상태, 사고/언어, 느낌/감정의 통합된 총체성을 경험하는 즉시 시작된다.

AT 수행의 적용

여기서 필자는 슐츠의 순환/나선-스위치/전환 과정의 12가지 핵심 포인트와 **연기**("조건화된 상호 의존" 모델 연기 가정) 모델 사이에 몇 가지 유용한 접점이 있을 수 있다고 제안한다. 신체에 대한 슐츠의 예비적인 강조는 수동성의 심화, 객관적으로 관찰하기 위한 비판단적인 "동의"와 함께 자율훈련법 수행의 초기 단계에서 사람이 감각적 접촉으로 인해 생기는 초기 감각 인상과 뒤이어 일어나는/연속적인 욕망에서 발생하는 괴로움, 즐거움, 중립성의 "고착"을 "풀어내는"데 도움이 된다.(표 2 참조, Lusthaus, 2002, p.69)

표 2. 12지 연기 모델

1지	*Avijia*	무지(무명)
2지	*Sankara*	체화된 조건화(행)
3지	*Vinnana*	의식으로 나타나는 무지(식)
4지	*Nama-rupa*	의식은 감각체로 예시되는 "체화된 조건화"
5지	*Sad-ayatana*	감각적 신체는 여섯 가지 감각 영역(육처)으로 전달되는 의식
6지	*Phassa*	여섯 가지 감각 영역(육근)은 감각적 접촉을 경험하는 감각적 신체에 대해 말하는 방식
7지	*Vendana*	감각 접촉은 즐겁거나 고통스럽거나 중립적인 감각들과 관련된 여섯 가지 감각 영역으로 구성
8지	*Tanha*	수는 감각적 접촉이 욕망으로 침강됨
9지	*Upadana*	욕망은 즐겁고 고통스러운 조건화가 어떻게 취착 행위로 나타나는지에 대한 완곡어법

10지	*Bhava*	취착은 욕망이 어떻게 지속적인 행동이 되는지 설명
11지	*Jati*	진행 중인 신체 결합(합체), 출산
12지	*Marana*	취착 궤적의 결과로; 탄생은 현재진행형임. 피할 수 없는 결말, 죽음

AT 스위칭 포인트 1

일반적으로 극적인 삶의 변화(고리 12 또는 11), 지속적인 고통스러운 행동(고리 10), 또는 결핍이나 욕망 또는 변화의 감정(고리 9)으로 인해서 자율훈련법 치료자를 찾아온다. 사실 대부분 이런 사람은 실제로 속으로도 불편함이 내재되어 있지만 겉으로도 불편하게 보인다. 그들은 말로 표현할 수 없는 기본, 처음, 합일로 돌아가고 싶어 한다. 의식적인 감각 접촉(고리 5)은 처음에는 중간 치료 목표이지만 역순으로 작업해야 한다. 우선 방법을 배우는 데 능동적으로 동의하고(고리 8), 더 중요하게는 수동적으로 동의하고, 참여하고, 시작함으로써(고리 7) 역순으로 작업해야 한다. 이것이 "스위치"로 가는 "길"이다.

AT 스위칭 포인트 2-4

자극은 특정 자세를 취하고, 신체를 스캔하고, 눈을 감는 것으로 제한된다. 피훈련인이 자율훈련법 과정에 확고하게 참여하는 데 큰 도움이 되는 자세는 편히 눕는 자세이다. 이것은 "요가의 죽은 자세"라고 하는 **싸와싸나**(savasana)와 동일하다. 이런 자세에서 완전한 이완이 이루어지고, 사지로의 혈류가 증가하며, 수행자와 마음은 휴식을 취한다. 이것은 비언어적 방식으로 몸을 통해 직접 어머니에게로, 통일로, 인식과 관련된 안전하고 보호적인 자세로 돌아가는 방법이다. 슐츠는 다음과 같이 말한다. "더구나 내면의 장에 제한하여 이렇게 자신을 '모으는' 경험은 아주 실체적이다. 또한 이것은 내면적인 신체 경험으로 들어가는 것을 원활하게 해준다. … 대단한 외적 방해물도 〔방해하지 못하고〕… 〔피훈련인은〕 수동적으로 미끄러져 들어가 자신의 신체 경험 속으로, 있는 그대로 〔자신을〕 신체로 받아들이게 된다."(1973, p.12) 이것은 여섯 가지 감각 영역이 감각적 접촉을 경험하는 고리 6에 연결된다. … 신체에 초점을 맞추는 신체화는 조건화된 "무의식적 내용물"의 자연스러운 행위체의 등장을 초래한다. 사람은 사고의 불협화음에서 영화 같은 지속적인 이미지의 흐름, 신체가 떠다니고, 부침하고, 사라지고, 가라앉고, 합해지고, 확장하고 그리고 몸 전체가 하나의 입이 되어 버리는 모든 것을 보고한다. 이것은 고리 5에 연결되고, 의식은 신체로 통로화된다.

현대 이탈리아 수행에서 AT의 예비적 단계로서 매주 3시간 동안 만나는 5~8명의 그룹을 위한 처음 3주 훈련을 신체 AT(Somatic AT)라고 한다. 가스탈도(Gastaldo)와 옷토브레(Ottobre, 1994, p.30)는 시작할 때 다음과 같은 지침을 제시했다. "하루에 여러 번, 다음과 같은 시간대로 당신 신체의 감각에 귀 기울이십시오. 첫 주는 당신이 목표를 향해 걷고 있을 때, 특정 목표 없이 단순히 걷고 있을 때, 그리고 일에서 습관적인 작업을 수행할 때입니다. 둘째 주에는 활동 중 잠시 멈추고 편안한 자세를 선택하여 몸에 귀 기울이는 데 전념할 수 있습니다." 이러한 지침은 카밧-진의 마음챙김 훈련과 인지 치료 환경에서 이 훈련의 결과로부터 제공된 지침과 부합된다.(Kabat-Zinn, 1990; Teasdale, Segal, & Williams, 2004) 이 새로운 방식으로 감각 접촉에 익숙해지는 것, 즉 주목되는 반응으로 관찰되지만 외적으로 작용하지는 않는 방식은 불교적 의미에서 주의를 고정하고 명상하는 데 예비적이고 필요한 작업이며, 서구인이 안전한 경계 안에서 취하는 중요한 단계이다. 루테의 첫 두 가지 카타르시스 AT 훈련인 운동성 움직임과 의미 없는 소리는 표준적인 AT 훈련을 하는 동안 자신의 몸에 귀기울일 수 있도록 사람을 훈련시키는 데 보조적인 도움을 준다.

많은 이들에게 이 감각적 접촉 작업을 의식意識하는 것은 불교적 방법으로 나아가기 위한 충분한 진전이 이루어지기 전에 수년에 걸쳐 진행할 필요가 있다. 우리는 자율훈련법이 피훈련인에게 온화하게 소개된 것과 엥글러(Engler, 1986), 루테(Luthe, 1984), 오티스(Otis, 1984), 윌버(Wilber, 1986) 및 기타 사람이 보고한 수행의 실천적 어려움을 상기하고 있다. TM이 1970년대와 1980년대에 북미를 휩쓸자 TM에 부정적으로 반응한 사람이 그들에게 도움을 청했다. 성격이 파편화되고 충분히 준비되지 않은 많은 사람은 서구에서 불교 열반의 한 형태로 광고되는 "비아"를 발견하고 그것과 하나가 될 수만 있다면 정합적인 자아감을 발달시킬 필요가 없다고 믿으며 고통을 겪었다. 칼 융(Carl Jung, 1969, pp.532~533)은 요점을 아주 명확하게 설명한다. 즉 "〔요가와 다른 동양의 명상 과정처럼〕 내향성이… 인격의 변화를 초래하는 특별한 내면의 과정으로 이어지지만," 서구인들이 **쁘라나**(prana)가 "호흡" 이상의 의미가 있다는 것을 자신의 "심장, 뱃속,

피"로서 이해하기를 기대하는 것은 불가능하지는 않지만 어렵다."
이런 느낌은 반드시 함양되어야 하는데 이런 점에서 자율훈련법 수행
은 서구인들에게 훌륭한 도구이다. 자율훈련법 방식의 아름다움은
그것이 서구에서 발생했고 서구인의 정신에 탁월하게 적합하다는
것이다. 파르네(Farnè)와 지메네즈-무노즈(Jimenez-Muñoz, 2002)가
임상 연구에서 입증했듯이 AT는 실제로 성격을 변화시킨다. 모든
사람이 상당한 지원 없이는 이 개발에 준비가 되어 있지 않다. 슐츠가
말했듯이 "실제로 체계적 집중 이완은 어떤 암시적인 순간이나 지시,
외부의 영향 없이 〔자아 경계의 해소를 향해〕 '침잠(sinking)'으로
이어지는 것이 가능하며, 단지 필요한 것은 이런 방법을 제공하는
공감적인 지도자이다."(1973, p.295)

　슐츠가 말한 스위치 과정의 두 번째 단계인 "비판적 자아-관찰"은
마음에 대한 것이다. 불교적 용어로 이것은 여섯 번째 감각-기반과
마음의 대상인데 이것은 자신의 사고와 관념이고 감정, 경험, 다른
다섯 가지 감각-기반들의 감각 대상으로 채워져 있다. 우리 모두는
(고리 5와 6으로 서술된) 여섯 감각-기반들의 작동이나 기능으로
세상에 대한 이해를 구축하고 있는데, 이는 우리가 자신을 비판적으로
관찰할 때 한층 더 명확해진다. 이것은 객관적인 자세이면서 한 걸음
물러서는 자세이다. 달리 말하면 비판단의 자리로서 번져가는 복잡한
생각을 인정하고 관찰의 자리로 돌아가는 것을 말한다. 생각이 일어나
더라도 우리는 그것에 따르지 않을 것을 배운다. 우리는 고속으로
달리는 열차를 타고 있는 것이 아니라 단지 보고 있고, 듣고 있고,
목격하고 있고, 관찰하고 있다.

AT 스위칭 포인트 5와 6

우리는 침착한 상태에서 모든 것을 관찰하게 된다. 수동성은 깊어지고 모든 것은 동등한 가치를 지니고 고요하고 이완된다. 이것은 고리 4와 연결된다. 이것은 사슬에서 통상적인 것이 아니고 새로운 것이다. 우리는 또 다른 방식으로 업의 사슬을 경험하기 시작한다.

AT 스위칭 포인트 7

여기 새로운 의식 상태에서 지성과 감각은 만난다. 자율훈련은 자연스럽게 드러난다. 그것은 내적 영역에서 나타나고 사라진다. 그것은 맛, 시각, 운동감각, 청각, 후각, 전정기관, 운동성, 감각들이다. 뇌는 "묶여 있을 필요가 없다는 것"을 알고, 지속해서 스스로 이런 혼란스런 물질을 드러낸다. 변화는 비연속적으로 일어나고, 뇌, 마음과 신체, "통합된 총체성" 전체의 개방 체계가 실제적 행동으로 준비되고 일어난다. 더욱 확고하게 자리 잡은 신체에 기반을 둔 경험은 여러 신체 기관에서 다양하고, 변화가 풍부하고, 지금까지 인식하지 못했거나 알지 못했던 배출물에 주의를 기울일 때 완전히 사람이 거주하는 신체에 대한 근거 있는 경험이 발생한다. 최근 니콜슨(Nicholson, 2002, 2004)은 명상 중에 유도된 시각적 이미지(외부 공간에서부터 경계를 넘나드는 특히 대인 관계적/사회적 영역에서 신체/마음/언어의 상호 연관성, 즉 "인드라망"에 이르기까지)의 원천에 대한 놀랄만한 증거를 제시하였다. 즉, 수면 전 상태에서 발생하는 임상 수준 이하의 간질과 발작성 뇌파 또는 진전된 명상 중 유도에 의해 발생하는 발견으로, 뇌의 시각 및 주의 영역은 "각성되어 있는" 반면 나머지 "통합된 총체성"은 마치 잠에 들어간 것처럼 움직이는 "속임수"를 보인다는 것이다.

AT 스위칭 포인트 8

우리는 속도를 늦추고 우리 신체의 감각적 특성을 재발견하며 실제 현실에 대한 해석의 끊임없는 **오해**가 점점 더 명확해진다. 우리는 어디론가 멀리 가면서, 어디론가 향해가면서, 어떤 식으로든 변화하면서 괴로움이나 즐거움, 중립성에 반응할 필요가 없다는 것을 발견한다. 우리는 단지 그냥 있을 수 있다.

AT 스위칭 포인트 9

대체로 가장 유쾌한 방식으로 자아 분리 과정이 뒤따른다. 대상은 사라진다. 주체–대상 이원론이 사라진다. 형태는 변형되고 해체되며 의미는 변화하고 해체되며 자아 경계가 이동한다. 이것은 고리 3과 2에 연결된다. 자아에서 신체화된 조건화는 변화한다. 이것은 의식/마음챙김의 새로운 상태이다. 슐츠는 이것을 다음과 같이 기술한다. "이완과 '침잠'은 다르다. '침잠'에서 우리는 '잠드는 경험'이 갖는 문제 해결 특성과 광범위하게 유사한 독창적이고 독특한 반응을 갖는다."(1973, p.296) 이 비유는 AT, 명상, 및 수면 상태에 대한 생리학적 연구는 이들 사이의 차이점을 보여주지만 아주 적절하다. 최근의 연구를 보면 기억이 재조정될 수 있는 것은 바로 전前-수면 상태라는 것을 말해 주고 있다.(Hobson, 2002; Stickgold, 2002) 무엇을 붙잡고자 하는 정서와 충동은 그 움켜쥠을 놓게 된다.

AT 스위칭 포인트 10

어쩌다 우리는 한순간 이완된 행복감 속에 있게 되는데, 이러한 "희열" 의 상태를 종종 보고 받곤 한다.

AT 스위칭 포인트 11

스위칭. 악순환은 유기체 차원에서 부서진다. 이것은 고리 1과 연결된다. 무지는 지속되지만 가장 멋진 방식일 수 있다. "알지" 못하는 것이 아니라, 단지 존재할 뿐이다.

AT 스위칭 포인트 12

이제 사물들은 다르게 보인다. 행위는 변화한다. 깨달음이다. 사람은 이제 상황을 제대로 보며, 구제적이고, 자아-발생적이고, 자아-치유적인 이해가 등장한다.

AT 경험

서로 다른 단계의 자율훈련법은 다양한 사람에게 각각 서로 다른 시기에 서로 다른 정도로 "스위칭"을 촉발시킨다. 수행훈련은 스위칭 과정을 촉진하고 강화하고 안정적으로 만든다. "우세 팔 무거움(Dominant Arm Heavy)"이라는 초보 수행 단계에서 어떤 여성은 팔과 손에 가해진 유독 화합물의 초기 노출이 관절염을 야기하지 않을까 두려워하고 또한 마치 가을에 손님에게 주는 양고기의 냉동 다리처럼 자신의 팔이 "벗겨지고", "벌겋게" 되는 것을 경험한다. 이것은 그녀가 갖는 조건화의 복잡성과 스트레스의 깊이가 드러나는 조짐이다. 뇌암으로 죽을지 모른다고 두려워하는 젊은 남성은 여섯 번째 수행단계인 "앞이마 시원함 또는 차가움(Forehead Fresh or Cool)" 수행을 일주일 훈련하는 동안 몇 차례 재채기를 한 후 자신의 공포에서 완전히 회복하였다고 보고하고 있다. 응급 서비스 전화 교환원은 "무거운 근골격계(Heavy Musculoskeletal System)"를 명상하는 첫 번째 훈련 세션에서 큰 소리로 청각적 분출을 하고 난 다음 일상생활에서 행동을 취하는데 새로운 자신감을 얻었다. 사람은 서로 다른 포인트에서 스위칭 주기에 들어간다. 그것은 거의 동시에, 전면적으로, 순환적으로 경험할 수 있다. 이런 작업은 실제 훈련 시간을 넘어서도 계속된다. 대학에 다니는 젊은 어머니는 조용한 AT 훈련의 첫 순간에 피라미드와 삼각형을 보았다고 보고한다. 트레이너로서 우리는 듣고, 받아들이고, 허락을 받아 질문하고, 침묵한다. 불교 수행과 마찬가지로 침묵도 기본이다. 1주일, 2주일, 3주일 이후 피훈련자인 어머니는 현재 자신의 삶에서 펼쳐지는 경험을 서술할 말을 찾는다. 그녀는 더 이상 팽팽하게 차오른 북보다 더 긴장된 느낌이 들지 않고, 남편과 더 이상 격렬한 언쟁을 하지 않고, 주의를 끌고자 하는 아이와 싸우거나 고함을 지르는 대신 "나는 너를 사랑해"라고 말한다고 보고한다. 그녀에게 대학의 압박감이 변화한 것은 없다. 외상 후 스트레스를 처리하는 방식, 어린 시절 학대의 회상, 분노가 변화한 것이다.

표준적 수행 문구의 순서에 따라 마음챙김이 이동하고 그 순서가 완료되면 자연스럽게 집중 영역이 전체 내면 영역에까지 확대된다. 의식의 지금 여기에 집중하고 판단 없이 전체 현실을 받아들이고, 매 순간, 각 생각, 각 느낌, 각 감각 및 외부세계로부터의 각각의 "산만함"을 놓아버리는 과정이다. 그 다음은 피훈련인들을 자신의 신체/마음/언어의 과정, 양태, 내용에 직접 참여시켜 결국 모든 정신 내용과 과정의 시작, 중간, 끝에 참여하게 함으로써 자기 발견의 여정에 몰입시킨다. 동일성에 대한 지각적 환상이 두려움 없이 드러난다. 이 과정은 조건화를 해소하여 우리를 해방시켜준다. 온다(1965, p.257)는 이에 대해 잘 설명한다. … 자율훈련과 선 명상 모두 신체와 마음의 통제를 목표로 한다. 선 명상에서는 마음에 대한 신체(신체의 적응, 마음의 적응에 대한 호흡의 적응) 또는 신체에 대한 마음(신체적 기능의 조절에 대한 마음의 적응)의 역동성이 작동한다. 그리고 자율훈련에서는 (원문대로) 신체에 대한 마음(생리적 변화에 대한 명상적 집중의 신체 부분에 대한 수동적 집중) 또는 마음에 대한 신체(감정의 변화에 대한 신체 감각의 변화)의 역동성이 있다.

많은 피훈련자들이 AT에 대해 이야기하고 받아들이고 애착을 갖는 방식에는 업業에 대한 약간의 유머 이상이 있을 것이다. 그들에게 AT는 중요하고 의미 깊은 것이다. 왜냐하면 AT의 존재와 그 결과, 자신의 삶에 미치는 영향들이 있기 때문이다. 피훈련인들은 시간이 지남에 따라 필연적으로 명상 수행과 함께 나타나는 각성의 정상화, 심박수 안정화, 콜레스테롤 수치감소 등의 모든 생리적 변화를 거두게 되어 기쁨을 맛본다. 그리고 AT는 유익하게 잘 작동하기 때문에 수행은 지속된다. 보이지 않는 전제들이 보이게 된다. 추측은 관찰과 현실 검증에 자리를 내어준다. 천천히 더 올바르게 삶의 모든 것의 변수, 무상성, 변이, 상호 의존성을 관찰하고 보게 된다. 이것이 더 편안한 관점이다. 새로운 사슬에 새로운 인연의 고리가 형성되고, 고리와 사슬들은 더 개방적이고 자애로우며 사랑스럽다. AT를 지속적으로 수행하는 사람에게 슐츠의 "작은" 정신 치료는 일상적 삶의 마음챙김 생활로 일반화된다. 그리고 이 생활은 점점 더 자주 긍정적이고 "무아" 경험에 집중하는 경험이 된다.

16장 마음챙김 너머:

위빳사나를 통한 복합적 심리 발달

폴 프라이쉬만(Paul R. Fleischman)

서론

미국과 전 세계의 명상가 및 보건 전문가들과 접촉하면서 필자는 위빳사나 명상과 스트레스 감소 및 기타 치유 기술의 차이점을 명확하게 보여주는 위빳사나 명상에 대한 어떤 특별한 설명이 필요함을 알게 되었다. 마음챙김은 위빳사나의 아주 중요한 한 측면이지만 단지 여러 측면 중 하나이다. 위빳사나는 학생들에게 복합적인 심리 발달의 잠재력을 제공해 준다. 이 잠재력이 실현되려면 위빳사나를 정확하게 이해하고 보존하며 완전하게 수행해야 한다. 위빳사나의 고유한 전체 모습에 대한 정보는 학생들이 개별적인 특성을 이해하는 데 도움이 될 수 있다. 위빳사나는 동양의 전통적인 기술 심리학뿐만 아니라 서구 심리학과 정신의학에서 제공한 개념을 통해서도 잘 설명될 수 있다.

위빳사나가 전 세계에 전파되면서 그 내용이 풍성해졌지만 불행히도 그 빠른 전파와 열광적인 수용으로 인해 왜곡될 위험성도 생겼다. 이런 왜곡은 수행을 더 짧게 또는 더 간편하게 하는 형식으로 축소되는 과정에서 일어났다. 왜곡은 그것을 더 짧고 간편한 형태의 수행으로 축소하거나 그것과 관련된 웰빙을 상업화 또는 판매하거나 그것을 의료화하여 치유 및 보건 전문직의 부속물로 만들려는 시도로 인해 발생했다. 사실 위빳사나는 "마음챙김"과 "스트레스 감소", 그리고 판매나 질병 치료를 목적으로 하는 다른 단편적인 파생물과 단편적으로만 연관되어 있다. 이러한 부분적 형태의 명상은 위빳사나 전체의 주요 특징을 활용하기는 하지만 수천 년 동안 이어져 내려온 위빳사나의 가치 있고 풍부한 속성들을 생략하고 있다. 정통적인 위빳사나는 삶을 쇄신하고 집중하고 조직화한다. 삶과는 상관없이 단지 위빳사나를 하나의 편리한 부수물로서 삶의 한 측면만을 추가하는 사람들은 위빳사나의 소중한 특징을 감지할 수 없을 것이다. 명상의 일부분일 뿐인 간략하고 분절된 수행은 삶의 방식을 지시하는 깨달음을 불러일으키고 계발하는 것을 목표로 하는 위빳사나와는 여러 측면에서 상반된다.

전체 명상 맥락과 분리된 마음챙김이 때로는 도움이 되기도 하고, 위대하고 오래된 전통의 길로 들어가는 적절한 입구일 수도 있으므로 한정된 의미에서 환영받을 만한 첫걸음일 수도 있다. 마음챙김 그 자체로 위로를 줄 수도 있고 더 진지한 질문과 발전을 촉진할 수도 있다. 그러나 "마음챙김 기반"의 치유를 소개하는 것이 잠재적으로 명상에 진지한 학생들로부터 내담자를 창출하거나, 깨달음의 생활 스타일로 선제적으로 나아가기보다는 오히려 사후 검증식 치유 노력에 다시 초점을 맞추거나 죽음의 불가피성에 기반을 둔 영성을 침출시키거나, 오히려 자기애적인 몰두를 강화시키고 위대한 항해의 뱃머리가 되는 마음챙김을 발견하고 증강하는 전통의 원천과 깊이를 훼손시킬 수도 있다.

위빳사나는 한 전통이 연속적으로 이어진 것이고, 이것은 강렬한 개인적 체험의 전승에 바탕을 둔 오래된 길이다. 위빳사나 체험이 갖는 깊이를 보존하는 것은 여전히 중요한 일이다. 이것은 마치 헌법이 여러 다양한 법적 규정을 밑받침하고 있는 것과 같다. 위빳사나를 경험적으로 받아들이고 위빳사나가 주는 열매를 이어받은 사람에게 위빳사나는 집안의 보배이기 때문에 마음대로 편리하게 수정할 수 있는 그런 기성품과 같은 것이 아니다. 어떤 문화 수호자로서의 큐레이터도 반 고흐와 렘브란트의 작품을 다시 그릴 수 없다. 100년 전 인도의 시인이자 동양에서 처음으로 노벨 문학상을 받은 라빈드라나트 타고르는 명상이 서구에 전해진다면 아마도 '뇌의 기계적 훈련'으로 재해석될 것이라고 예언했다. 오늘날 그의 예언은 광고로 자신들을 부각시키는 치유사들과 심지어 기계론적 환원주의와 두뇌 이미지가 도움이 될 수 있다고 상상하는 고대 전통에 의해 대중적 지지를 확대하고 있다.

명상을 과학화하는 과정에서 생긴 이런 실수는 과학적 질문의 적절한 영역을 잘못 적용한 데에 기인한다. 경험을 그 경험이 발생한 뇌 또는 신체의 기계적 현상으로 환원할 수 있는 과학은 존재하지 않는다. 어떤 경험을 차단하는 과학은 있을 수 있지만, 경험 그 자체의 뇌-기반 과학은 존재하지 않는다. 이런 과학을 시도하는 것은 복잡한

체계를 그 하위 부분들의 총합으로 환원해 버리는 이전의 실수를
반복하는 것이 된다. 복잡한 체계는 조직의 더 고위의, 또한 보다
복잡한 단계를 통해 새로운 기능을 획득한다. 어떤 뇌의 영역이나
신체 기능을 파괴하면 일정 정도의 체험 가능성을 제거할 수 있지만
이런 영역은 경험을 설명하는 필요조건이지 충분조건은 아니다. 과학
은 온전한 인간 존재의 복잡한 사고와 감정을 아직도 잘 이해하지
못하는데, 이런 사고와 감정은 생리학뿐만 아니라 무한히 세밀한
신경학적 리모델링, 시냅스 화학 및 심지어 분자 공명과 연관되어
있을 수 있다. 경험은 눈에 보이는 생리적 활동을 통해 평가 또는
측정될 수 있는 것이 아니다.

　어떤 사람의 명상을 뇌에서 일어난 그 무엇으로 환원하려는 시도는
근본적으로 비하적인 태도에서 파생된다. 측은한 자신의 애인이 결혼
에 정말로 적합한지 평가하기 위해 MRI를 찍는 그런 과학자는 아직
없을 것이다. 어떤 과학자도 영상 기술의 화면에서 볼 수 있는 신경
회로를 이용하여 명확한 예술 작업을 증명하는 방식으로 시와 그림을
타락시키려고 시도하지 않았다. 물론 시, 예술, 명상에 뇌는 필요하지
만, 시와 예술, 명상 경험을 뇌 기질의 기능으로 축소할 수는 없다.
명상 경험은 개인적으로나 문화적으로 자기 충족적이다. 명상 체험을
신성하게 하거나 축복하는 데 신경학자가 있어야 할 필요는 없다.
예술 박물관이나 시 낭독은 더 말할 필요도 없다. 시, 예술, 명상과
같은 활동을 통해 생성된 인간의 깊은 감정은 단순히 측정 가능한
기능적인 생물학적 측면을 넘어선다. 결혼의 의미가 금융 장부의
수지를 맞추는 것으로 환원될 수는 없다. 이와 마찬가지로 위빳사나

는 쪼개어 여기저기 적용하거나 신경학적 가설을 설정하는 것과는 다르다.

아무도 햄릿을 마음대로 다시 집필하거나 개량할 수 없다. 명상이 아시아에서 발원하였다고 해서 어떤 익명의 서구인이 잘 확립되고 복합적이며 구조가 잡힌 전통을 먼저 충분하게 배우지 않고 명상에 대한 소유권을 주장하거나 자신이 원하는 대로 명상을 개량할 수 있다고 생각해서는 안 된다. 아시아의 명상 기반 문화를 마음대로 사용하고 평가 절하하려는 서구의 오랜 역사가 있다. 예를 들어 영국령 스리랑카에서 불교도를 "수치스럽게 하거나… 적대시하고… 불편하게 하는" 정책이 있었다. 이런 문화는 학교나 심지어 교회가 축복한 결혼을 하지 않고 출산한 자녀들의 합법성을 부정하는 기반이 되었다. 이러한 문화적 위계질서를 무의식적으로 반복하면서 몇몇 서구의 전문가들과 치유사들은 명상의 일부 요소를 분리하여 명상의 본질적 바탕에 대한 지식도 없이 피상적으로 명상을 적용하고 있다. 명상을 치료에 적용하려는 일부의 시도는 경제적으로 비용을 줄이기 위해, 또한 기준이나 객관적 검정 없이 사용할 수 있다는 사실에 기반한 것이다. 외국에서 온 전문가들이 청진기로 심장 박동을 몇 번 듣고는 자신들을 의사라고 부른다면 우리는 어떤 느낌이 들겠는가?

2,500년 이상 동안 위빳사나를 배우기 위해 평생을 헌신해야 할 만큼 소중한 그 무엇으로 여겨져 왔다. 위빳사나는 항상 수많은 측면과 각도에서 인격과 상호작용하는 것으로 이해되었다. 현대 심리 분석은 위빳사나가 통찰과 지혜의 장대한 여정이라는 것을 드러내면서 그 가치를 인정하고 있다.

위빳사나의 목표

위빳사나는 우리 내면에 있는 인간성, 괴로움, 이해와 지혜를 향한 열망을 드러내고 삶을 조명해 준다. 위빳사나의 목표는 전략적 성취보다는 총체적인 통찰적 지각에 초점을 맞추어 현실에 기반을 두고 괴로움을 줄이는 것이다. 수행은 중립적으로 자신을 정신적 신체적으로 관찰하는 것에 기반을 두고 있다. 즉 사랑과 자비를 증진하고 증오, 두려움, 망상을 감소시키면서 물질주의를 넘어 의례화하거나 이름을 붙이거나 소유할 수 없지만 개인과 사회적 환경의 조화와 연민의 확립에 영향을 미치는 현실로 건너가 개인과 사회적 환경과의 조화와 자비를 확립하는 것이다.

"위빳사나 명상"이란 세 가지 검증 기준에 따라 보존되고, 가르치고, 수행되는 명상의 한 형태인 특정한 것을 말하는 것이다. 첫째, 그것은 붓다의 가르침이 기술되고 위빳사나라는 용어가 비롯된 빠알리어 경전의 경장(Sutta Pitaka)의 원본 텍스트를 기반으로 한다. 위빳사나의 의미는 다음과 같다. 즉 일어나고 사라지는 마음과 육체의 변화를 체계적으로 관찰하는 데서 생기는 통찰이다. 둘째, 위빳사나는 인정받은 스승이 가르친다. 이 스승 또한 그 위의 인정받은 스승에게서 배운 것으로서 위빳사나는 이런 연쇄적인 승인과 인정에 의해 이루어진다. 셋째, 위빳사나는 수행자 승가에 의해 형성되는데 그 원천에까지 거슬러 올라가 보면 연속성과 통합성에 대한 존중과 비상업적이고 개별적이면서 자유로운 전승으로 이루어져 있다.

위빳사나는 그 전체성으로서만 이해될 수 있다. 이런 전체성이 적절하게 수행될 때 명상이 갖는 진지함, 질적인 면, 풍부함이 드러나게끔 서로 맞물려 있는 복잡성을 순환적으로 잘 포착할 수 있다. 이는 좋은 수행이 가능하도록 디자인되어 있기 때문에 그 원래 모습에 더하거나 뺄 것도 없이 수 세기에 걸쳐 전수된 것이다. 정통적이고, 호소력 있고, 존중할 만한 이런 명상 접근법은 흥미와 호기심을 불러일으킬 수 있고 이런 흥미와 호기심은 위빳사나의 가치를 실제로 검증하기 위해 열정적으로 노력하는 데 필요한 전제조건이 된다.

전제조건

위빳사나 수행을 하는 사람은 자신의 인격 발달 상황을 잘 살펴보는 것이 중요하다. 위빳사나를 활용할 수 있기 전에 일종의 심리적 도구가 적재적소에 필요할 수도 있다. 또 위빳사나를 효율적으로 수행하기 전에 심리적 과제들을 충분히 숙달하고 인격 전반이 통합될 필요가 있다. 명상은 나름의 요구 조건과 수행자의 열정이 필요하고 수행을 시작하기 전에 그 수행을 감내할 능력이 요구된다.

수행자는 명상하는 동안 명상의 언어적 지시 사항을 받아들여 이해하고 살필 수 있어야 한다. 수행자는 각성 상태와 포만감 상태가 다른 하루 중 다양한 시간에 걸쳐 지속적인 시간 동안 명상의 지시 사항을 스스로 따를 수 있어야 한다. 수행자는 어느 정도의 어려움과 좌절감에 직면하여도 며칠 동안 청각적 지시 사항을 자신에 맞게 적용할 수 있도록 인내심을 발휘해야 한다. 명상은 자신의 내밀한 마음과 신체에서 일어나는 것이기 때문에 위빳사나 명상의 새로운 수행자는 자율적인 집중, 좌절 인내력, 근면성, 완벽함으로부터의 자유, 자기 수용성 능력, 유머 감각이 필요하다. 수행은 명상용 강당, 집단 수행 환경에서 이루어지고 내적인 이해가 가능하도록 구조화되어 있지만, 공개적인 교육에 참여하는 것이기 때문에 산만함, 실망감, 혼란스러움에 빠지지 않도록 해야 한다. 지시 사항은 비개인적 권위에서 나오는 것이므로 수행자는 "부정적인 전이", 즉 의심, 의문, 패배감, 개인적 속박, 냉소주의로 막히지 않고 진행해야 한다.

명상을 방해하는 마음 상태도 있다. 삶의 위기에 처해 있거나 망상, 조증, 우울증, 공황 증상, 알코올이나 마약 금단처럼 급성, 중증, 압도적인 기존 감정에서 벗어날 필요가 있다. 명상을 하는 동안 명상과 양립할 수 있을 뿐만 아니라 명상을 배우려는 동기가 된 정신적 고민과 실존적 괴로움이 드러나기도 한다. 그러나 초심자의 피트니스 프로그램으로 에베레스트 등산을 권하지 않는 것처럼 명상 초심자가 헤라클레스와 같은 노력을 요구하거나 위빳사나 명상 범위 안에서 통찰할 수 없는 마음 상태로 위빳사나를 시작하는 것은 무모한 일이다.

통합된 전체

위빳사나의 복잡함과 심오함은 마치 살아있는 신체처럼 통합된 전체로서 작동한다. 마치 의과대학생이 궁극적으로 통합된 지식을 확보하기 위해 단계적으로 해부학과 생리학을 공부하는 것처럼 이 장에서는 살아있는 수행으로서 고립된 조각이 아니라 전체 조직이라는 개념으로 조화된 서술 방식을 통해 위빳사나의 능동적 구성요소를 설명하고

자 한다. 교육을 위한 목적으로 작동하는 위빳사나 양식은 세 가지 그룹으로 나눌 수 있고 각 그룹은 차례로 여러 부분으로 구성된다. 첫 번째는 다섯 가지 심리사회적 행동(가치-기반적 교육, 인지 재구축, 그룹 참여, 문화적 몰입, 인과론적 사고)이다. 두 번째는 세 가지 심리 생물학적 행동(통찰, 신체-마음 통합, 생화학적 통합)이다. 세 번째는 네 가지 심리 정신적 행동(정화, 환희, 초월, 전수)이다. 이 12가지 행동은 복잡한 방식으로 상호작용하는 변수이다.

(1) 가치 기반 교육: 위빳사나는 가치중립적이 아니라 가치에 기반을 둔다. 이는 친사회적 태도와 헌신의 필요성을 강조한다. 수행은 살인, 거짓말, 도둑질, 술 취함, 성적 일탈을 하지 않는다는 다섯 가지 도덕적 계율의 서약으로 시작한다. 이런 공식적인 도덕적 확립은 이후 지속되는 명상적 관찰의 플랫폼을 형성한다. 이것은 관찰이 결코 "중립적"이지 않다는 것과 관찰 위치는 부분적으로 관찰된 것을 결정한다는 "불확정성 원리"에서 파생된 현대의 과학적 이해와도 일치한다. 박물학자가 한낮이 아닌 새벽과 황혼의 물웅덩이를 자신의 쌍안경으로 관찰하는 것처럼, 즉 그의 관찰이 임의적 시간에 이루어지는 것이 아니라 영양이 물을 마시고 사자가 살금살금 추적하는 것을 실제 목격하려고 시도하는 것처럼 위빳사나는 특정한 지점에 초점을 맞추는 것에서 시작한다. 위의 다섯 가지 서원은 다음과 같은 입장에서 나온 것이다. 즉 "다른 사람에게 도움이 되는 일을 하라, 또 다른 사람에게 해가 되는 행위를 자제하라." 이러한 태도는 권고의 태도이자 교육적 태도이다. 이것은 사회적 가치를 필요로 하는 활동으로서 명상을 수행하며, 개인의 고통으로부터의 해방을 즉각적으로 모든

존재의 고통이라는 공통 기반에 대한 이해와 연결시킨다. 위빳사나의 목표는 가능한 한 객관적으로 관찰하는 것뿐만 아니라 괴로움과 그 원인 및 제거에 대한 통찰을 목표로 관찰하는 것이다. 위빳사나는 도덕적 원칙에 입각한 삶이 개인의 평정에 필수적이라는 교훈적인 주장으로 시작한다.

그러나 위빳사나의 가치 교육은 도덕적인 면에만 한정되지 않는다. 수행이 진전됨에 따라 수행자는 자신의 삶에 가치가 있는 직접적인 심리적 영향에 대한 질문과 관찰로부터 자극받는다. 이 수행은 이타적 가치를 야기하는 아이러니하게도 이기적 혜택에 대한 명상을 통해 개인적 통찰을 일으킨다. "이기적인 것"과 "이타적인 것"이라는 이분법적 개념은 깨달음을 통해 해소되고 이것은 관대함과 웰빙의 상호 상승효과 작용을 강조한다. 자신의 삶이 순조롭게 진행되고 있는지 여부를 알려주는 인간 감정의 온도 조절장치는 사회적 감정 조율을 위해 사전에 설정되어 있는 것으로 관찰된다. 명상 수행자는 가치 식별의 내면화를 통해 자신의 복지와 행복을 키운다. 위빳사나는 단순한 이상주의가 아니다. 그것은 자기애적인 노력을 부정하지도 않고 자기 관심을 비난하지도 않는다. 그것은 자기희생을 가르치지 않는다. 대신 위빳사나는 집중적인 명상의 렌즈를 통해 긍정적인 사회참여가 야기하는 삶의 질에 대한 현실적 평가에 이기심을 활용한다.

(2) **인지 재구축**: 위빳사나는 무지를 몰아내고 지혜를 계발하는 과정에서 특정 인지를 강화하는 동시에 다른 인지를 선택적으로 감소시킨다. 특정한 정신 상태의 변화(증가 및 활용)는 명상에 내재되어

있다. 그런데도 판단에서 자유로운 중립적인 관찰은 관념과 속성의 모습을 띤 정신적 기술을 요구한다. 명상은 선택하지 않는 관찰이지만 판단을 보류하고 주의를 집중해야 하기 때문에 격렬한 훈련이 된다. 명상 중에 발생하는 인지 재구축은 의지, 결단, 새로움, 자율성, 자기 책임, 근면, 균형, 이완, 조정, 수용, 현실주의 및 평가에 기반을 두고 있다.

명상은 가만히 앉아 주의를 기울이고 관찰하는 습관을 기르고 습관적인 생각에서 벗어나 신체 감각을 관찰하는 방향으로 주의를 돌리도록 의욕을 불러일으키는데, 이 모든 것은 적어도 처음에는 노력이 필요하다. 이것은 마음챙김의 속성이고, 명상 대상을 알아차리고 깨어 있으려는 의도이며, 위빳사나에서는 신체 감각을 의미한다. 마음챙김의 초점을 콧구멍에서 느끼는 감각처럼 일정한 위치에 두게 될 때 집중하는 노력을 해야 한다. 만약 명상 초점을 움직이는 대상, 예를 들어 신체의 모든 감각의 흐름에 두면, 그 노력은 공항의 스포트라이트처럼 흐름에 집중하면서 자각을 따라가는 것이다. 이 모든 경우에 의도, 초점, 결단, 노력의 새로움은 가치를 평가받고 훈련되어야 하는 관념이다. 고독하고 독립적인 내적 활동은 자기 책임과 자기 조절로 마음을 재조정한다. 무심으로 돌아가고, 산만함을 버려야 할 기대, 기회, 필요성은 활력과 자제력을 우선시한다. 명상은 인지적 이상을 향한 훈련이다.

여기 명상 수행에서 비난하거나 묵인하는 사람은 아무도 없기 때문에 마음이 움직이는 영역은 자율성과 자기-작동의 수준이다. 위빳사나 수련은 근면이라는 이상을 바탕으로 한다. 위빳사나는 정신적 작업의 한 형태이다. 그것은 사물을 단순히 내려놓는 것이 아니고, 흔들리고 무의미하고 방향 없는 마음이 아니다. 동시에 명상이 긴장되거나 움츠러들면 성공할 수 없다. 어느 누구도 훈련 없이는 완벽하게 또는 아주 잘 명상할 수 없기 때문에 다양한 성공 수준을 받아들이는 것은 분투하는 노력만큼이나 본질적인 것이다. 근면함과 함께 이완도 있어야 한다. 기타 줄을 너무 세게 조율하면 날카로운 소리가 나고 충분히 팽팽하게 당겨져 있지 않으면 느슨한 소리가 나는 것처럼 명상은 이완과 근면의 균형을 맞추는 훈련이다. 손실 없이 초점을 지속적으로 유지하고 신뢰할 수 있게 되기 위해서는 정신적 작업의 노력 강도를 잘 조절해야 한다. 명상은 자기-조절과 짝을 이룬 자기 마음챙김의 이상을 가르친다.

조절의 이상은 적절한 노력에만 국한되지 않는다. 그것은 마음의 내용에 관한 태도에도 적용된다. 정신적 삶의 많은 부분은 행동과 억제 사이에서 긴장 또는 변증법을 지니고 있다. 내가 하고 싶은 일을 해야 하는가, 아니면 해야 한다는 충동을 느끼는가, 아니면 그 생각을 제쳐두고 잊어버리고 억누르거나 거부해야 하는가? 위빳사나의 영역에서는 행동과 억제 사이의 중도가 권장된다. 수행은 완전한 마음챙김의 상태에서 부정하지 않되 행동에 구애됨 없이 관찰하는 것이다. 단지 관찰만이 있을 뿐이다. 특정 존재를 부정하지 않고 충동을 억누르는 이 교육은 일상으로 보편화되는 학습된 입장이 된다. 고전적인 이미지로 명상 수행자는 잘 훈련된 말에 비유된다. 즉 혼자 달려 승리할 수 있지만 사랑하는 기수의 허락 없이는 절대 그렇게 하지 않는 잘 훈련된 말에 비유한다.

위빳사나는 앞을 내다보는 것이다. 그러나 자기 수용이 수행의 일부가 되지 않는다면 자기 계발에 대한 이러한 초점을 균형이 맞지 않을 수 있다. 기타 줄이 적절한 이완과 함께 조절되어야 하는 것처럼 수행의 길에서 볼 수 있는 성장은 자신의 강점, 한계, 능력 및 결점을 실용적이고 현실적으로 수용함으로써 상쇄된다. 과장이나 패퇴 대신 현실주의가 설득력을 얻는다. 우리는 성장하지만 하루아침에 모두 이상적인 자아로 될 수는 없다. 내일 당신이 얻을 수 있는 것에 한계는 없지만 오늘 해야 할 것이 있다. 잘 때는 자야 한다. 위빳사나의 일부인 관념화의 수많은 변화는 인지 재구축을 형성하고 이것은 수행의 능동적인 심리적 구성요소 중 하나이다. 이러한 태도와 사고의 변화는 인정을 그 버팀목으로 삼고 있다. 명상 수행자는 수행의 길을 걷고 있고 앞으로 나아가고 있으며 너무 느리거나 순진하게 미리 생각한 일정에 따라 진행하고 있지만, 여전히 평생에 걸쳐 상승의 길로 나아간다. 위빳사나는 기회 의식을 심어준다. 명상이 수동성과 체념, 단지 상황을 업으로 받아들이는 것에서 비롯된다는 오해가 널리 퍼져 있다. 사실 위빳사나는 관찰, 책임, 노력, 근면, 조정, 긍정적인 기대, 진전 및 이런 모든 것들을 잘 선택된 작동으로 결정화하는 방식을 통해 마음이 세상을 이해하도록 훈련한다. 명상 활동은 겉으로는 차분해 보이지만 심리적으로 활력이 넘치고 활기차게 느껴지며, 자신만의 주관적 세계를 만들어가는 근본적으로 능동적인 경험이다.

(3) **그룹 참여**: 위빳사나는 그룹으로 가르치고 훈련한다. 명상의 역동성은 개인 내부에서 일어나지만, 심령 및 내적 세계는 살아있는

공동체와 함께함으로써 완충·제어·유지된다. 명상은 곧 사람이다. 명상의 전형적 모습이 유아론적인 활동임에도 불구하고 이것은 본질적으로 친구들의 모임이다. 테니스를 치기 위해서는 네트 너머의 다른 누군가가 필요한 것처럼 명상은 "수행상의 우정"을 창출하고 유지하는 것과 관련이 있다. 사람이 발견한 명상은 사람에게서 사람으로 전해지고 사람에게서 배우며 수행을 좋아하는 동료들의 그룹에서 가장 잘 조율되면서 공명한다. 위빳사나의 능동적인 심리적 요소 중 하나는 멤버십이다. 이 멤버십은 다문화 게쉬탈트 위에 구축된 유동적이고 전 세계적이며 종파가 없고 다 민족적이고 기한이 없고 특권이 없으며 충돌이 없는 네트워크에 가입하는 것이다. 위빳사나가 전 세계를 휩쓸면서 20세기 후반에는 전 지구 공동체의 혜택이 확대되었다

위빳사나는 항상 사회적 학습을 생성한다. 그룹 명상은 리더십에 대한 신중하고 검증된 신뢰를 심어준다. 반복과 갱신의 활동으로서 경험은 최고의 스승이 되지만 명상 지침은 잘못된 방향으로 가는 것을 줄일 수 있으므로 스승의 지침이 유익할 수 있다. 그룹은 유지 환경을 산출한다. 그들은 자율성과 참여의 균형으로 이어진다. 명상 수행자 그룹에서 각 개인은 가장 가까운 다른 모든 사람의 온기를 느끼고 자신의 존재로 인해 다른 사람에게 기여하게 된다. 침묵과 명상을 주고받는 것은 단지 개인적이고 고독한 자동적 규제의 무미건조함을 대체한다. 오케스트라와 같이 그룹은 지휘자와 가장 잘 조화를 이룬다. 실내악 4중주와 같이 소그룹은 함께 수행하고 상호 증강하는 진동으로 단합할 수 있다. 위빳사나는 "긍정적인 집단전이"로 진행하

는 경험적 수행이다. 수행자들은 긍정적 상호 배려로 지속적으로 연결된 유연하고 장기적인 연속성에서 혜택을 얻는다. 명상으로 불붙은 인간관계는 개인 주위에 가지를 뻗는 네트워크를 형성하며 이런 관계들은 동시대적일 뿐만 아니라 과거도 내포하고 향후 고려하고 보살펴야 할 미래 세대도 포함한다. 명상은 궁극적으로 시설, 수행코스 및 수행 자체의 유지관리를 포함한다. 적절하게 수행된 명상은 목석같이 고독 속에 앉아 있는 석상의 고정관념과는 대조를 이룬다. 위빳사나는 개별적 격리에서 공동체의 교감으로 가는 여정이다.

(4) **문화적 몰입**: 위빳사나는 문화의 융합지점에 서 있다. 문화는 관계를 고양하는 열정적 행위이고 널리 공유되는 삶의 처방이다. 위빳사나의 심리 사회적 행동을 형성하는 가치, 인식 및 공동체는 사람 사이에서, 그리고 전 세계에 걸쳐 소중히 보존되고 가르치고 보급되는 상호행동, 활동, 기법, 태도, 수행, 속성, 건축 및 정신적 상태의 더 넓은 그물망 안에 위치한다. 위빳사나의 생명력을 유지하는 사람은 비폭력적인 가치, 습관성 물질과의 분리, 삶의 윤리적 기반에 대한 고려, 예의 바른 상호관계의 시도, 분열적인 이데올로기와의 거리, 삶과 수행에 대한 존중으로 쉽게 어우러진다. 이런 문화의 많은 부분은 위빳사나에 고유한 것이 아니라 이러한 특징을 공유하는 더 광범위한 문화 풀과 뒤섞인다. 위빳사나는 공통적으로 보유하는 것에서 인간이 되는 방식을 모아 수집하고 여기에 고유한 구성요소를 추가한다. 이들 가치와 힘 중 일부는 바다와 같이 오래되고 주변을 둘러싸고 영속하는 삶의 방식에 몰입하는 데서 나온다. 혈통, 공동체, 내재성에 대한 인식은 진정한 명상을 단순히 스스로 관리하는 심리적

자기 유지와는 매우 다르게 구별 짓는다.

명상 문화는 절제, 성찰, 침착성을 체계적으로 함양하는 문화이다. 많은 형태의 오락 문화에서 찾을 수 있는 것과 같이 그 자체를 위해 동요나 자극을 줄이려는 시도가 있다. 괴로움의 근본 원인으로 이해되는 무지는 명상을 일상 활동의 처음과 끝에 놓고 자기 성찰과 자기 위안의 문화를 촉진함으로써 줄어든다. 이 정신은 동양에서처럼 서양에도 있는 보편적인 것이고 반성하지 않은 삶은 살 가치가 없다는 점을 강조하는 그리스 철학과도 일맥상통한다. 명상은 놀이와 휴식의 장이 된다. 마음은 주관적이고 또한 객관적으로 탐구할 수 있는 공간이며 그 내용은 사실이 아닌 정신적 산물로 이해된다. 마음의 뜰에서 구성된 것으로 간주되는 이데올로기는 더 많은 정보와 경험으로 역전될 수 있다. 명상 문화는 관찰적이고 견해와 사회적 위치에 신중하다. 정신적 내용물은 유용한 도구이지만 외부 현실을 거울처럼 반영하는 것은 아니다. 사고가 아닌 명상이 앎의 궁극적 매체로서 우선적 위치를 차지한다.

명상은 삶의 공통 기반으로서 무상과 필멸의 깨달음에 기반을 두고 있기 때문에 명상 문화는 모든 삶을 서로 연결되어 있는 것으로 인식한다. 모든 생명체는 동일한 기본 조건을 공유한다. 살고 죽는 모든 것과 모든 생명체는 다른 사람의 눈에서 자신의 희망과 공포를 인식할 수 있다. 당신은 나처럼 행복하려고만 애쓰는 사람에게 왜 해를 끼칠까? 생명에 대한 경외심은 생성과 해체 과정을 통해 발견되는 보편적 연대 관계의 자연스러운 상관물이다. 채식주의는 금지되어 있지 않지만 이러한 정신의 일반적인 표현이다. 온전하게 맑은 정신이 위빳사나의 도덕적 계율에서 강조되고 정신적 도취에서 자유로운 마음이 명상 문화의 기축을 이룬다. 정신적 도취란 지나친 흥분과 강박, 모욕을 의미한다. 이것들은 명상이 우선적으로 수행하고자 하는 평정을 쓸어버린다. 진정한 열정은 명상 문화의 일부로 남아 있고, 질주나 맹렬함보다는 인내, 깊이, 헌신을 통해 표현된다. 평생 명상 수행자에게 설렘은 겨울과 맞바람에도 불구하고 결국 헌신으로 승화된다.

인과성, 무상성, 연대감의 세계에서는 고립성보다는 보편성이 문화적 입장이다. 비종파주의와 관용도 마찬가지이다. 하지만 그것은 편협함을 묵인하거나 일어서서 명확하게 말하지 못하는 관용은 아니다. 개인의 권한 부여와 양심의 자유는 경험의 자율성에 뿌리를 두고 있다. 체계적으로 침묵 명상으로 돌아가는 사람은 내일을 위한 올바른 접근법을 공식화할 수 있는 개인 실험실을 만들지만 영원히는 아니다. 명상 수행자는 자신의 양심과 입장에 대한 사설탐정이 된다. 주변 문화의 관습, 오락, 원형극장, 정치, 신 등은 점잖게 고개를 끄덕일 수 있지만 이런 것들은 모두 변경될 수 있는 임시 극장 세트일 뿐이라고 인식한다.

위빳사나 문화는 침습적이거나 올바르다고 주장하는 것에 바탕을 두는 것이 아니라 개인 스타일의 조정과 타인의 취약성에 대한 민감성에 기반을 둔다. 명상은 자신의 나약함에 대한 인식을 높이고 다른 사람과 공감하는 데 도움을 준다. 우리는 모두 부분적이고 일시적인 존재이다. 공동체로 돌아가는 것은 명상이 "수행상의 우정"과 별개로 존재하는 것이 아니라는 것을 알게 되는 문화적 상관물이다. 명상은

"자족적인 인간"이라는 환상을 대신하는 감사 문화 위에서 유연하게 움직인다. 오늘의 기회는 이전 세대가 준비한 것이다. 우리는 과거 사람의 파생물이다. 명상은 수용되고 유지되고 전달되는 것으로 이해된다. 이것은 선물이고 가족의 자산이다. 실용주의는 이데올로기와 망상으로부터의 자유, 현실주의를 발현하는 문화적 가치이다. 위빳사나는 지금 여기에서 행복을 증진시키기 위해 수행된다. 위빳사나의 이러한 모든 문화적 규범에 참여하면 명상에서 파생된 속성의 결합 속에서 심리사회적 정체성이 재배치된다. 어디를 가나 나와 같은 사람이 있고 그중 많은 사람이 우리의 공통된 비전을 지탱하는 버팀목이다. 위빳사나 문화는 우리에게 팀의 힘을 준다. 위빳사나는 인간의 상호작용과 의미의 세계에 바탕을 두고 참여하며 증강시킨다. 진지한 명상 수행자는 과거에 뿌리를 두고 바깥으로 가지를 뻗어 미래에 꽃을 피운다. 위빳사나 문화는 그것을 받아들이고 공유하고 영속시키는 창의적이고 오래 지속되는 공동체 조직이다. 마치 살아있는 세포가 세포에서 세포로 많은 효소들이 흐르는 것처럼 위빳사나 문화는 그 답을 수용하고, 공유하고, 지속시키는 창조적이고 영속하는 조직이다.

(5) **인과성**: 위빳사나 수행과 그것이 내장된 문화는 인과론적 세계관에 기반을 두고 있다. 이것은 과학이 파생된 경험주의이며 신비적, 미신적, 자기 참조적 사고 또는 신의 개입에 대한 믿음과는 상반된다. 위빳사나는 대다수의 종교적 또는 영적 사고와는 구별된다. 추종자들에게 특별한 특권이나 보편적인 법칙으로부터 편안하게 면제를 요구하지 않기 때문이다. 위빳사나의 경험은 다음과 같이 전개된다. 즉

눈에 보이고 만질 수 있는 세계의 모든 것은 이해할 수 있는 인과론의 법칙을 따른다. 우리의 마음과 몸은 다른 물질적 우주와 마찬가지로 인과론의 법칙과 원리를 따른다. 우리는 인과론의 지식을 우리에게 엄격하게 적용함으로써 자신을 이해하고 발전시킬 수 있다.

위빳사나는 자발적 활력이고 비전문가적인 기획이다. 따라서 과학 잡지에 게재할 데이터를 생성하지 않지만 인과론적 우주를 강조한다는 점에서 과학적 세계관과 함께 종결된다. 의심할 바 없이 이러한 강조는 20세기에 위빳사나가 확산된 이유를 부분적으로 설명해 준다. 그것은 교육을 받고 과학적으로 훈련된 사람에게 수용 가능하며 (포스트)모던 정신과도 부합된다. 위빳사나는 사람을 스스로 관찰하는 자로 훈련시킨다. 명상 수행자는 체계적 자기 관찰을 통해 자신의 생각과 행동이 자아감의 구축에 어떻게 작동하는지 평가할 수 있다. 자아감에는 이유가 있다. 그것은 생성된다. 자아감은 변화된 인식과 행동을 통해 재창조될 수 있지만 위빳사나를 통해 해체될 수도 있다. 정태적인 개념적 자기 참조는 실제로 유동적 삶의 과정에 대한 정확한 통찰력을 방해한다.

개인적인 삶의 이야기, 조직화된 종교, 국가주의, 또는 자존감이 부풀려진 다른 집단이라는 인간 공동체 전반에 걸쳐 우리는 과장된 자기인식, 더 높은 권력으로부터 수동적으로 받는 환상, 거짓에 기반한 마술적 사고, 관련 없는 사건과 사고의 다른 병리 사이의 우연한 상관관계를 볼 수 있다. 이러한 오류는 자아를 외관상 자연법의 지배에서 면제하는 역할을 한다. 위빳사나는 이러한 개인 또는 집단 자기 홍보의 전염병에 기여 하는 불일치와 비합리성을 드러낸다. 우리는 자기-자각의 심리적 구성에서 작동하는 원인과 결과에 자신을 몰입하여 관찰함으로써 이런 개념에서 벗어나 자유로운 현실주의로 나올 수 있다. 우리는 더 통찰력 있고 관념화의 부담을 덜고 선제적으로 선택하고 자기를 조절하면서 더욱 자유롭게 살 수 있다. 사건 사이의 인과적 연결에 대한 관찰을 강조하게 되면 위빳사나를 신학이나 이신론보다 과학과 인본주의에 더 가깝게 한다. 자아감이 원인이 있다는 것, 자기 유발적이고 잠재적으로 자신을 해방한다는 사실은 위빳사나의 핵심적 관찰 포인트 중의 하나이다.

(6) **심리적 통찰**: 명상 수행은 종종 역설적 방식으로 시작된다. 침정과 평화가 아니라 마치 세찬 비가 연못 바닥을 뒤흔드는 것처럼 신체적, 정신적, 정서적 반응의 분출이 있다. 이런 격동은 생생하고 극적이고 기억에 남는다. 추억, 백일몽, 소망, 두려움, 과거와 미래의 환상이 베일을 벗고 드러난다. 새로운 무엇이 창출되는 것은 아니지만, 현존했지만 장막에 가려져 있던 것이 이제 가시화된다. 단순한 관찰은 당신이 누구인지를 바꾸지는 않지만 당신의 모습을 드러내 준다. 명상은 마치 거울과 같다. 왜냐하면 당신 인격 가운데 드러난 것뿐만 아니라 숨겨져 있는 것까지 비추어주기 때문이다. 이 온전한 비춤을 위해서는 반응보다 관찰에 기반을 둔 태도로 충분히 적절하게 충분한 시간 동안 지속적으로 수행해야 한다. 정신세계를 조작, 생성 또는 삭제하려는 시도를 하지 않는다. 명상 수행자는 "너 자신을 알라"라고 명확하고 복잡하며 깊이 있게 자신을 대담하게 본다.

명상 수행자의 시도는 사고, 비전, 감정이라는 강의 밑바닥으로 파고들지만 그 강에 빠져들거나 명상의 관찰 초점에서 벗어나지 않는

590 제5부 확장되는 서양의 불교심리학

것이다. 그런데도 이렇게 자신을 노출하는 것은 거의 항상 자신의 정신적 내용물을 환기하고 교육하며 변형하는 인식을 제공한다. 여기에 명상이 갖는 역사, 기대, 포부, 반발 및 방향성이 있다. 이것은 성격과 동기에 대한 통찰의 경험이다. 이 절에서 지금까지 논의하고 있는 정신적 내용에 대한 통찰 중 일부는 위빳사나에만 절대적으로 고유한 것은 아니다. 그것은 자기 성찰적 지식인의 경험이나 한 달 동안 산등성이 꼭대기에서 혼자 장거리 등산을 하는 사람이나 피분석가가 정신분석 침상에서 자유연상을 하는 경험과 본질적으로 다르지 않을 수 있다. 명상적인 심리적인 통찰력의 일부 특징은 의식적 이미지에 대한 간단없는 마음챙김에서 비롯된다. 이것은 종종 도움이 된다.

또 여기에는 몸의 감각에 초점을 맞추는 데서 솟아나는 통찰의 한층 독특한 요소가 있다. 기억과 경험은 뇌뿐만 아니라 몸 전체에 저장된다. 몸 전체에 대한 체계적 관찰을 초점으로 활용하는 명상은 자아의 고고학에서 풍부한 층을 드러낸다. 이전에는 의식적이었지만 이제 더 명확하게 관찰되는 정신적 이미지와는 달리, 감각의 관찰은 종종 정신 명상에 대한 마음챙김을 촉진하여 신체적 코드로 저장된 자신의 측면을 의식으로 가져온다. 위빳사나는 이것들을 감각 기반 기억에서 감각이 갖는 "동전의 뒷면"인 사고, 감정, 이미지들로 변환해 주기 때문에 우리가 더 잘 접근할 수 있다. 명상 수행자가 이러한 것을 심리적으로 통찰하게 되면 이전의 통상적인 자기기만을 버리거나 희미한 기억을 되살리거나 더 나은 미래 계획을 세울 수 있게 된다. 왜냐하면 위빳사나가 이전에 형성된 울타리를 넘어서 자아 정의를 확장하기 때문이다. 그러나 이 통찰력 영역의 명상 기능은 회상적이거나 분석적이거나 예측적이지 않다. 그것은 자아감이 수정될 뿐만 아니라 해체되는 사실적 목록을 제공한다. 위빳사나만의 통찰의 층은 의식적 자아 정의가 결코 마음의 창고가 갖는 엄청난 양을 담을 만큼 충분히 풍부하지 않다는 깨달음을 준다. 우리는 항상 자신이 기억하거나 정의하는 것 이상이다. 우리의 현실은 자신에 대해 스스로 내린 정의로 충족되지 않는다. 우리는 보다 오랜 시간 동안 자신을 형성해가는 중이며 많은 경험과 힘들 사이에서 숨 막혀하고 있다. 우리는 제한된 범위 안에서 제대로 알려지지 않았다. 또한 이러한 자기 발견의 두께는 다양한 정보를 제공함으로써 인과관계를 더 깊이 이해하게 하고 이로 인해 더 큰 자유가 가능해진다.

우리는 우리가 생각하는 사람이 아니다. 우리는 우리의 전부이다. 우리는 과거로부터 자유로울 수는 없지만, 우리가 누구였는지, 어떻게 여기까지 왔는지, 목표를 향해 어떻게 나아가야 하는지에 대한 마음챙김을 높이면서 앞으로 나아갈 수 있다. 10일간의 위빳사나 수행을 마치고 나서 자신의 개인사, 외적인 형성 사건 및 새롭게 인식된 기회의 심리적 수준에서 자신에 대한 새로운 이해를 얻지 못하는 사람은 아무도 없다.

(7) **심신 통합**: 위빳사나는 마음과 함께 신체 감각들에도 주의를 기울인다. 이렇게 신체 감각에 초점을 맞추는 것은 위빳사나 정의의 일부이다. 신체 감각은 정신적 내용물의 창고이며, 정신적 내용물은 신체 감각을 그림으로 표현한 것이다. 그것들은 마음과 신체라는 생명의 동전의 양면이다. 이 둘을 만나게 하는 것이 생명이다. 둘 다 유기체에 코드화되고 저장되는 에너지 형태를 표현한다. 신체

감각과 마음의 내용은 모두 원자, 분자. 세포의 활동이며, 우리가 생명이라고 부르는 물리학과 화학의 파문이고 고유한 생명력을 지닌 물질이다. 우리는 마음과 신체의 교차점에서 그리고 신체 감각과 정신적 활동의 교차점에서 살아간다. 신체적 생명과 정신적 생명 사이의 상호 연결의 공고함을 관찰하고 이해하는 것이 위빳사나 명상의 중심에 있다.

명상 수행자가 정신적 내용에 사로잡혀 있는 데서 주의를 돌릴 수 있을 때 마침내 정신적 내용과 동시에 발현되는 정신 상태의 미세한 신체적 기반을 관찰할 수 있게 된다. 생리적 및 심리적 활동은 하나의 개체로 관찰된다. 마음과 몸은 통합되고 상호 의존적으로 경험된다. 생각이 신체 감각을 생성하거나 감각에 대한 반응이 생각을 생성하는 경우와 같이 이전의 무의식적인 인과관계가 이제 나타날 수 있다. 위태롭게 달리는 마음의 흐름을 줄이고 체계적으로 함양된 객관성과 줄어든 반응의 가능성이 열리게 되는 것은 바로 이런 감각들에 초점을 맞추기 때문이다. 마음을 관찰하려는 정신적 노력은 손가락이 자신을 만지려는 것과 같지만, 마음은 다른 손의 손가락을 만질 수 있는 것처럼 몸의 감각을 객관화하고 관찰할 수 있다. 며칠 동안 이러한 과제에 주의를 기울이기 때문에 위빳사나는 심오한 몸과 마음의 통합을 제공한다. 자아가 갖는 정신적 또는 신체적 측면의 불균형한 과잉-식별은 마음과 몸의 이중성을 통합적인 전체로 보는 수행을 통해 줄일 수 있다. 오랜 명상 시간 동안 몸과 마음이 연결되는 것을 보면 이 둘이 공명하는 것을 알 수 있다. 이들이 따로 움직이게 되면 자아는 의식적 생명에만 제한된다. 이전의 의식적 자아감을 보다 깊게 들여다

보면서 여기서 일어나는 사건을 지속적으로 관찰하게 되면 불필요한 반응을 일으키지 않고 자신을 관찰하는 문이 열리는데, 이것이 평정의 관문이다.

모든 위빳사나는 이 지점에 도달한다. 그것은 물리 화학적 우주에 내장된 하나의 과정으로서 자신을 깨닫고 이해하는 것이고, 이를 통해 자신이 누구인지에 대한 진정한 통찰력을 얻게 된다. 이로부터 실제적인 평가, 초탈, 깊은 평정이 일어날 수 있다. 나는 우주 법칙의 산물이며 입자와 에너지의 일시적 구름으로 과거로부터 발생하여 미래에 영향을 미치고, 영속적인 에테르나 칭호가 없고 어느 누구라도 일어나고 사라지는 것에서 면제될 수 없다. 이러한 사실을 바꿀 수 있는 어떤 사회적 모임, 인종적 특권, 격렬한 입증, 전쟁 무기, 종교적 또는 철학적 신념이나 책도 없다. 나는 빗방울, 늑대, 꽃과 다를 바 없다. 이 현실을 이해할 수 있다는 점을 제외하고는 말이다. 따라서 내 자아감을 이런 일시적인 생물학적 사건의 집합과 동일시하는 감옥에 가두는 것을 멈출 수 있다. 모든 물질 너머에는 비물질적 실재가 있을 수 있다. 그러나 나의 개인적인 몸과 마음은 그렇지 않다.

(8) **생화학적 심리적 재통합**: 무수하고 미묘하고 쉽게 변화하는 신체 감각을 수행하면서 지속적으로 연속적이며 객관적으로 관찰하게 되면 강력하고 새롭고 명상에서 파생된 감정적 기억을 만들게 된다. 이런 혁명적인 경험은 마치 트라우마와 반대되는 것처럼 보인다. 이것은 새로운 삶의 방식을 위한 새로운 지향점을 만들어낸다. 그것들은 이전에 관찰 역치(임계치) 아래에 있었던 감각 기반 자기인식 수준에서 발생하는 자기 경험의 재통합을 심신 기억에 각인한다.

이것이 삶을 변화시키는 경험이 되려면 거칠고 명확하게 보이는 수준 아래에 있는 감각이 의식적 마음챙김에 들어갈 필요가 있다. 이것이 위빳사나 명상의 전형적인 특징이 깊고 지속적이라고 말하는 이유이다. 마음챙김의 돌파구는 지속적 관찰 노력을 통해서만 경험의 돌파구에 이를 수 있고, 계속해서 자아 정의의 돌파구로 이어질 수 있다.

세계와 자신의 자아에 대한 새로운 현실감이 깊이 체험되고 재체험되며 내면화된다. 이전에 실재처럼 보였던 것이 이제는 피상적인 해석으로 간주된다. 내면에 지속적으로 초점을 옮기는 체계적 명상 수행은 자아의 인위적인 정적 구성 아래 있는 역동적이고 유연하며 변화하는 물질의 흐름을 드러낸다. 명상 수행자는 생물학적 조직에서 분자적 비실체성의 생화학적 진동을 재배치하는 능력을 개발한다. 자신과 모든 현실은 무상한 것으로 이해된다. 이 명상 경험의 가능한 두께를 잘 살펴보면 이전에는 임의로 나타났을 수 있는 두 가지 사실을 설명한다. 하나는 위빳사나가 미세하게 재빨리 흘러가는 신체 감각에 초점을 맞추는 것을 이해하게 된다. 이런 신체 감각은 동시에 일어나고 사라지는 현상을 직접 경험하게 해주는 유일한 영역이다. 수 밀리초의 분자적 수준의 무상함에 몰입하는 것이야말로 위빳사나를 정의해 주는 것이다. 이는 또한 교훈적이고 이념적인 입장의 무상함에 한정시키는 다른 유사한 명상과 위빳사나를 구별하는 수준이다. 둘째, 이런 두께는 있는 그대로의 현실에 대한 통찰을 바탕으로 괴로움에서 해방될 수 있게 하는 촉매제 역할을 한다.

(9) 정화: 깊은 명상 속에서 몸과 마음의 본질적인 무상함을 반복적으로 깨닫고 보편적인 실재로 이해하고 반응 없이 관찰하게 되면

이전에 조건화된 많은 반응적 분출이 탈 조건화된다. 무상함은 단순한 통찰이 아니다. 자기 자신과 마주칠 때 그것은 이전의 많은 문제를 말끔히 씻어버린다. 이제껏 필자는 무상함을 흐릿하게 알아차리고 두려움에 반응해 왔다. 자기 해체는 인간의 근본적인 두려움이다. 과거에 필자는 자신의 신체와 접촉하면서 의식의 문턱 아래에서 느꼈던 무상함에 대한 직관에 반응하곤 했다. 필자는 스스로 끊임없이 반응하고 있다는 것을 자각하지 못한 채 자신의 몸과 마음에 반응하며 살아왔다. 필자는 모든 것의 근저에 있는 변화와 무관한 현실을 창출하려고 애썼다. 필자는 신체 감각기관의 여러 상태를, 자신이 사라지지 않을 것이라는 환상을 유지하는 데 도움이 되는지 여부에 따라 혐오하거나 욕망했다. 이제는 이전에 그토록 많은 두려움과 욕망을 가졌던 신체적 기반이 드러나 이를 의식하게 되었다.

끊임없이 일어나는 몸과 마음의 변화는 자신의 삶과 자아가 얼마나 일시적인지 암시한다. 그러므로 과거에 필자가 경험한 많은 신체적, 정서적 반응은 무상함에 관한 것이었다. 한편 개별적 각 반응은 더 무상한 화학적 메시지의 반응 수단으로 활용된다. 사고와 감정은 분자의 운동에 달려 있다. 신경전달물질이나 다른 호르몬 메시지의 화학적 흐름을 유발하는 반응 패턴은 무상함에 대한 무상한 반응이다. 그것들은 생명을 구성하는 흐름에 대한 반응이자 참여자이다. 신체의 무상함에 대한 무의식적 반응은 신체의 무상함을 더욱 심화시키고 이것은 검토되지 않은 삶을 구성하는 반응의 악순환이다. 위빳사나를 통해 필자는 변화에 대한 반응이 생성되는 과정을 알아차리고 이해할 수 있다. 명상을 통해 통찰력을 바탕으로 반응성을 낮출 수 있다.

또 반응에 기반한 사고와 감정의 감소가 일어나고 몸과 마음의 무상함을 지각하게 된다. 즉 내면적인 속삭임은 줄어들고 마음은 더 고요해진다. 특정 종류의 감각, 특정 흥분이나 불쾌감에 대한 두려움과 갈망이 의식화되고 조절하기 쉬워진다. 그것들은 근본 수준에서 이해할 수 있으며 약화하거나 완전히 버릴 수도 있다.

위빳사나는 평정심을 계발한다. 즉 자신의 특정한 정신 신체적, 생화학적 상태에 대한 두려움이나 갈망의 감소가 일어난다. 사태를 잘 관찰하게 되면 삶의 흐름을 관찰하고 반응하지 않으며, 따라서 순간순간 더 차분해질 뿐만 아니라 오래된 습관적인 반응 패턴을 내려놓게 된다. 자신에 대해 덜 어두워지고 더 순수해진다. 평정심으로 인해 정신적 상태뿐만 아니라 신체적 상태도 재배치하고 재현할 수 있다. 조절된 신경전달이라는 실제적 수준에서 고요함의 자동 조절인 자기 보상 피드백 순환이 이루어진다. 자기 경험은 불안-추동 및 욕망-추동에서 멀어진다. 위빳사나에서 얻은 평정심은 두려움과 갈망이 감소된 삶을 의미하며 이러한 학습은 지적, 신체적, 생화학적 수준에서 일어난다. 위빳사나는 유기체의 모든 조직 수준에서 경험되고 작용한다. 이러한 인공두뇌적인 복잡성과 침투력이 위빳사나 경험의 힘을 설명해 준다. 그것은 명상이 어떻게 의식적인 믿음보다 훨씬 더 자기 상호작용적인 통찰력을 발전시키는지 설명해준다.

이 학습의 핵심에는 자아가 유연하고 적응력이 뛰어나며 반응적이지만 파악할 수 없고 무상하며 일시적인 몸과 마음에 중첩된 임의의 구성물이라는 관찰이 있다. 자아는 유동적인 세계를 정확하게 기술할 수 없는 정적인 개념화이다. 인간의 삶과 자아 조화에 대한 실재론은 점차 재생산이 가능한 경험으로 되어간다. 비현실적인 부담은 떨어져 나간다. 이것은 화학, 생물학, 심리학 수준에서 자유를 가르치는 교육이자 수행이다. 무상에 대한 관념은 신체의 미세한 생화학적 수준과 접촉하지 않고는 깊고 개인적이며 전체적이기보다는 개념적으로 남는다. 위빳사나를 통해 신체의 가장 미세한 감각이 본질적인 무상함에 대한 통찰과 함께 마음챙김에 들어간다. 자신은 자신의 말을 절대적으로 경청한다. 진실은 자기 안에 있다. 실재는 몸, 마음, 자아를 구성하는 모든 감각이 실체가 없고 일시적이며 파악할 수 없다는 것이다. 우리는 객관적인 관찰과 피드백에 대한 조율을 통해 정확하게 관찰하는 행위만으로도 고요함을 배운다. 우리는 몸과 마음 안에서 경험하는 무상과 변화에 대해 균형 잡는 법을 배운다.

초조, 분노, 두려움, 증오를 야기하는 것은 무엇이든 생각과 감정 아래 있는 신경전달 물질의 강력한 화학적 흐름의 원천이다. 다른 사람을 위해서가 아니라 자신을 위해서 사고−감정−분자−화학 물질의 이러한 폭풍을 계속 야기하는 것은 현명한 일이 아니다. 생체 시스템에서 이런 격동을 야기하는 태도, 신념, 행위를 내려놓는 것이 현명하다. 고요함, 이욕, 평화, 조화를 야기하는 것은 어떤 것이라도 내적 및 자동적으로 존재 내의 격동을 감소시킨다. 사고와 삶의 스타일에서 이런 정신적 상태를 함양하는 것이 현명하다. 사랑과 자비와 같은 조화된 사회적 감정은 순수한 물과 같은 상태이다. 이것들은 정신 상태를 파악하고 초월할 수 있는 신체의 유익한 진동을 타고 흐른다. 이것들은 신체적 난기류를 촉진하지 않는다. 이것들은 단지 정신적으로뿐만 아니라 신경 화학적으로도 진정시킨다.

냉소주의, 비통함, 독선은 신체적 경직을 만든다. 이것은 마치 하늘을 에워싸고 가려서 다른 것을 가리는 소음을 내는 것과 같다. 이제 명상 수행자는 정신적 괴로움뿐만 아니라 이러한 특정 관념에 수반되는 신경 화학 물질의 흐름인 생화학적 폭풍에 의해 발생하는 신체 감각의 허리케인으로 경험할 수 있다. 명상은 수행에서 지혜에 초점을 맞추는 평화, 조화, 기쁨의 부산물로 몸과 마음의 정화로 이어진다. 지혜란 심오한 사상이 아니라 실제적인 자기 지식으로 인해 생긴 평화로운 삶이다.

(10) 환희(황홀경): 체계적이고 비반응적인 자기 관찰은 환희심을 함양하고, 수행자는 자기 바깥에 서서 나머지 현상 세계를 보는 것과 같은 시각에서 자기 자신을 바라본다. 이러한 자아 분리는 자아 중심적인 멜로드라마를 감소시킨다. 당신이 갖는 모든 생각과 느낌은 일시적이다. 당신의 삶은 일시적이다. 자아의 중심성은 근접성에 근거한 지각의 왜곡으로 인식된다. 마치 붉은 공이 얼굴에서 1인치 떨어진 곳에 있는 것으로 보이지만 실제 그 공은 1마일이나 떨어진 먼 거리의 조망에서 보인 것과 같다. 자기애적 관점을 버리면 기원과 끝이 없는 시간과 공간의 세계가 드러난다. 언제 어디서나 변화한다는 사실에는 경계가 없다. 개인적 죽음은 불가피하다. 당신은 가상의 성채와 천국이 없는 세계를 본다. 이 소중한 환희의 선물을 받게 되면 자아-참조적인 자기애적인 왜곡은 사라진다. 명상을 의학적 완화제로 처방하는 건강식품점의 화려한 잡지는 우스꽝스러워 보인다. 명상의 목표는 의사의 처방이나 정신 치료를 훨씬 넘어서 있다. 이와 유사하게 과거에 묶여 있는 관습과 의무는 새로운 관점에서 이해된다.

위빳사나는 우리를 가능성이라는 영역 속으로 혁명적으로 다시 진입하게끔 한다. "실재"라고 불리는 모든 것은 내 몸, 마음, 감각 안에서 일어난다. 위빳사나는 이러한 사건이 잘못되었거나 "비현실적"이라고 밝히는 것이 아니라 한계가 있다는 것이다. 실재의 한 층에서는 충분히 현실적일 수 있지만 그것들은 전체의 이야기가 아니다. 명상 수행자의 입장에서 하나의 조그마한 몸 마음 유기체의 감각기관이 모든 "진실"을 정확하게 전달한다는 것은 믿을 수 없다. 위빳사나는 사고, 언어, 감정 또는 기타 신체나 정신에 기반을 둔 한계를 초월하는 미지의 자기 장치를 넘어서 깨달음의 가능성을 인정한다. 명상 수행자는 덧없는 자아에 근거를 둔 관점에 기초한 관점을 넘어 나아간다. 비자아 참조적 이해는 편견주의에 기초한 결론을 보류한다. 실재를 정의와 확실성으로 축소할 필요성이 사라진다. 세상은 진화하고 정당하며 지평선이 없는 것으로 목격된다. 신념, 확실성, 견해, 신, 당신 자신의 몸을 넘어서는 어떤 객관성도 주장할 수 없는 당신이 어떻게 그것들을 안다고 주장할 수 있는가? 집합적인 것에 대한 편협하고 자아 팽창적인 신화 바깥에는 경외심과 존숭의 원천인 위대한 미지의 실재가 있다. 당신이 만약 언어적, 개념적 범주 내에서 그것에 이름을 붙이려 한다면 그것은 바람을 새장 속에 가두고 있는 척하는 것이다.

실재론과 객관성은 수천 년 전에 지붕 아래와 담장 안에서 만들어진 이야기보다 더 신비하다. 받아들이고 변화하려고 준비하는 것은 경의를 표하기 위한 최선의 길이다. 당신은 위빳사나의 깊은 명상 경험에서 새로운 실재를 정의하지는 않지만 이전 정의를 받아들이는 것을 멈춘다. 당신은 세상의 중심이 아니다. 당신의 동시대인들은 그들의 이야기로 궁극적인 진실을 정의하지 않는다. 더 많은 것을 받아들이도록 자신을 허용하라. 거기에 당신 삶의 목적이 있을지 모른다. 거기서 당신은 싸우거나, 논쟁하거나, 믿거나, 아는 체 할 필요가 없다. 북치는 소리에서 떨어져 있는 것이 그 북소리 음악을 더 명료하게 듣는 최선의 방법일 수 있다.

(11) 초월: 명상에서 끊임없는 변화와 무상함과 직접 반복적으로 만나게 되면 비신화화된 우주로 나아가게 된다. 명상 수행자는 종교, 철학, 과학, 다른 언어 기반 이야기만으로는 충분히 설명되지 않는 탈의미화된 앎과 어깨를 나란히 하면서 뛰어들게 된다. 명상 수행자는 정의를 초월하는 실재에 대한 경험적 이해의 흐름으로 들어간다.

그러나 모든 것이 그렇게 "저 너머"에 있고 또한 삶이 그렇게 무상하다면 친구, 가족, 일, 사회, 일상을 평가절하하게 되지 않는가? 명상도 자기애적인 함정이 아닌가? 그럴 수 있다! 그러나 이 위험성에 대한 중요한 시정 조치가 이미 마련되어 있어야 한다. 첫째, 이 논문에서 자세히 논의된 것처럼 사회적 가치와 삶의 방식이 위빳사나 수행의 길에 이미 결합되어 오랫동안 발전해 왔다. 낮은 비탈을 오르지 않고는 산 정상에 오를 수 없다. 둘째, 정태적인 자기만족은 지속적인 위빳사나 수행을 통해 계속되는 반전과 회복을 오래 견디지 못할 것이다. 삶이 있는 한 그 수행은 결실을 맺고 활기를 회복하며 어제의 가정과 결론에 도전한다.

문화적으로 인정된 현실-이야기들을 초월한다고 해서 맥락적인 일상생활을 평가절하하지 않는다. 어떤 수준의 통찰도 음식, 거주처,

가족과 사실성에 대한 필요를 없애지 않는다. 명상이 발전한다고
해서 전문적 성장을 위한 면허증, 자격증을 얻는 것도, 실제적 삶의
의무에서 면제되는 것도 아니다. 매일이 더욱 깨어나는 기회로 소중해
진다. 실용주의와 능숙한 대처는 삶의 가치에 대한 비종파적 믿음을
뒷받침한다. 움직이고 성장하는 것을 멈춘다면 그것을 길이라고 부를
수 없다. 오늘날을 넘어서는 또 다른 차원이 있다. 당신이 집착하고
있는 것을 계속 내려놓아라. 초월은 자기 추진이 아니라 소거에 있다.
경외감으로 가득 찬 봉사가 그 위에 있는 언덕길이다. 위빳사나에
적절하게 적용되는 "초월"이라는 단어는 자기중심적인 흥분이 아니라
자아에 기반한 앎으로부터의 분리를 의미한다. 그것은 성취가 아니라
초탈이다. 그것은 새롭고 공격적인 세계관이 아니라 존재론과 우주론
의 모든 가식으로부터 지적인 거리를 두는 것이다. 더 설득력 있는
주장이 아니라 논쟁 가치의 한계를 인정하는 것이다. 초월은 신이나
신비로운 상태와의 연합이나 교감이 아니라 그것들을 감각의 환상으
로 인식하는 것이다. 초월은 세계교회주의(ecumenism)가 아니라 비신
학적, 비이론적 겸손과 경험주의이다.

 "초월"이라는 단어를 사용한다고 해서 명상 수행자가 반드시 완전히
깨달음을 얻었거나, 괴로움에서 해방되거나 일상적인 문제로 속을
끓이지 않는다는 것을 의미하지는 않는다. 사람이 배불리 먹더라도
여전히 잠이 필요한 것처럼, 사람은 어떤 순간에 상당한 정도까지
고통에서 자유로울 수 있지만 완전히 그런 것은 아니다. 초월은 믿음과
회의 모두에서 벗어난 자유를 의미한다. 수행에 정진하고 헌신하는
동료 수행자들과 함께하는 길에서, 자기 체험을 통해 홀로 가는 길에

서, 우리는 개별적으로 일어나는 감각, 사고 및 감정을 초월한다. 초월은 명료함, 즉각성 및 변화에 대한 기대를 가져온다. 당신은 감각, 사고, 감정을 내려놓게 된다. 당신은 계속해서 내려놓는다. 손을 떼면 사물들이 지나갈 때 움켜쥐고 있는 것에서 벗어날 수 있다.

(12) 전수: 명상은 규칙, 일정, 지침뿐만 아니라 분위기를 통해서도 가르치고 배울 수 있다. 위빳사나는 태도와 함께 전달된다. 그것이 상업적으로 판매되면 그것은 교환의 일부로 주어지며 당신은 그것을 소유할 권리를 구입했다고 느낀다. 이렇게 되면 그것은 전수가 아니다. 위빳사나의 가르침은 어떤 사회주의적 태도 때문이 아니라 시간과 역사를 통해 사람에서 사람으로 유지·전수된 것이 사랑의 선물이기 때문에 무료일 수 있다. 그것은 관계 방식을 주고받는 것이다. 선물로 주어졌기에 당신은 빚을 졌고 빚진 것이기 때문에 미래 세대에게 선물로 전수할 필요가 있는 것이다. 미래 세대인 아이들에게 우리의 몸을 준 것처럼 우리의 아이들과 함께 공유하는 문화의 지혜처럼 위빳사나는 그냥 주어지는 것이다. 위빳사나가 소유물, 상품 또는 전문 기술로 축소하면 본질적 분위기를 잃게 된다. 어떤 학생이 위빳사나를 전문 기술로서 개인적으로 소유하고자 주장한다면 위빳사나 진동의 전달은 막혀버린다. 이러한 명상의 전문화는 공공재에 대한 경제적 권리를 얻으려는 자기애적 문화에서 비롯된다. 어머니는 우리를 가르치고 도와준 시간에 대해 보상을 요구하지 않는다. 주부도 그렇다. 자비로운 사랑으로 대가 없이 주어졌기 때문에 깨끗한 청소보다 더 깊은 정서적 유산이 우리에게 더 깊이 들어온다.

우리의 이 짧은 삶에서 사랑, 기쁨, 연민, 평정이라는 네 가지

문을 통해 우리 자신 너머의 무한한 현실에 합류할 수 있다. 위빳사나는 이런 것들과 함께할 때만 전체적인 잠재력이 될 수 있다. 사시나무 잎에서 바람의 속삼임을 살 수는 없다. 비용을 지불했다면 위빳사나를 얻지 못한 것이다. 위빳사나를 파는 사람은 그 고정되지 않고 비인격적이며 보편적인 개방성을 경험한 적이 없다. 산들바람을 느끼기 위해 누군가에게 돈을 지불할 이유가 있는가? 당신에게 대가를 받는 사업가가 자기 초월의 선물을 경험했다고 어떻게 상상할 수 있겠는가?

당신이 자기 성취, 한계, 상황이라는 권역에 나타난 과제를 달성하기 위해 수행의 길을 걷고자 다짐했을 때 이미 위빳사나를 전수받았다는 것을 알게 된다. 소유권을 갖지 않은 청지기 직분을 느끼면 수행의 길을 받아들인 것이다. 그러한 풍부하고 복잡한 행동의 복합성과 깊고 독특한 경험을 통해 위빳사나는 사람이 그것을 받았을 때 변화되지 않은 전체성으로 그대로 보존하도록 고무한다. 당신은 수행의 길을 위대하고 존경할만한 안내자들이 놓은 디딤돌로서 경험한다. 그들의 목소리는 수행의 길에서 계속 웅웅거린다. 그들은 오래전에 이 행성을 가로질러 걸을 때 나무에 섬광 같은 방향을 남겼다. 당신은 광야를 통과하는 고대의 길을 보존할 것을 고무 받는다. 그것을 명확히 하기 위해서 땅 위에 당신의 발자국을 잇달아 남긴다. 당신은 개인적이고 죽을 운명의 자아라는 외로움에 둘러싸여 그 수행의 길에 합류한다. 당신은 오염되면서 그 흐름에 녹아들어 간다.

운명과 결론

수행의 종착점은 조건 없는 열반이며, "바람 너머" 또는 "깜빡이는 불꽃이 없는" 것이다. 이것보다 더 적은 것을 목표로 하는 어떤 수행도 위빳사나가 아니다. 모든 것은 변화하지만 몸, 마음, 책, 종교, 관념, 신념, 개념 또는 다른 형태의 파악을 넘어 발견되는 일어나지 않고 변하지 않는 것이 있다. 어떤 것에도 집착하지 않는 이 자유를 해방이라고 한다. 이렇게 집착에서 벗어나려면 자신에 대한 애착을 벗어버리고 "나"라는 무상한 감각을 붙잡는 데서 오는 괴로움을 넘어서야 한다. 이것은 드문 성취이다.

마음챙김은 수행의 길에서 필요한 도구이고 몸의 온전한 감각에 대한 자각, 그것의 마음과의 통합. 평정심의 계발, 생활 방식의 정화와 고양된 환희 상태, 초월과 전수의 수용을 인식하기 위한 전제 조건이다. 헌신적인 명상 수행자는 마음챙김의 단순한 도구를 넘어 성장하고, 그것을 의학적 또는 상업적으로 활용하는 것을 넘어 사랑과 자비로 꽃을 피울 것이다. 또한 그것을 개인적 충족의 깊은 감각과 함께 주위로 퍼뜨릴 것이고, 동시에 위빳사나의 복잡하고 성스러운 정원을 향해 헌신과 감사의 성숙된 마음을 가질 것이다. 수행자는 조상, 친구, 지도자, 교본, 과정, 수행센터, 스승 및 미래의 수행자로 가득 찬 위빳사나의 복잡하고 성스러운 정원과 함께하고, 영원히 꽃 필 것이며, 세기와 세기를 이으면서 만개하고, 심오하고 의미 있는 경험의 세계로 들어갈 것이다.

위빳사나는 합리적이고 신비하며 신성한 보물창고이며, 그 본질은 개인적 소유를 포기하는 것이다. 그것은 수행이고 길이며 교감이다. 그 문에 들어서는 사람은 천진난만하게 종교적 이념이 없는 종교적 감정을 발견한다. 당신이 수행함에 따라 위빳사나는 당신이 이미 도착한 역을 넘어 자신을 벗겨내면서 끊임없이 당신 주위에서 문을 열 것이다. 오래도록 당신이 구성한 친숙한 현실이 해체된다. 명상은 다양한 각도에서 동시적으로 안내받을 수 있는 길을 열어줄 것이고 이것은 깨우친 마음에서 오는 상호 연관적이고 논리적이며 마술적인 선물이다.

제6부

불교 노선에 따른 정신 치료의 마음챙김 문제

미얀마의 상좌부 전통을 이어받고 있는 민(Myint)은 17장에서 팔정도의 균형 잡힌 수행을 언급한다. 이것은 주의와 자각인 마음챙김을 바탕으로 해서 견해, 의도, 언어, 행동, 삶, 노력의 균형 잡힘을 목표로 하는 것이다. 우리는 마음챙김 수행과 상호 연결된 이런 요소들이 어떻게 심리학의 언어로 번역되는지 점검할 필요가 있다. 당면한 현상에 대한 차분한 평정과 통찰력 있는 이해가 번역과정에서 상실된 것으로 보인다. 팔정도를 심리적으로 적용하는 현재 응용 프로그램이 정교한 기법인가, 아니면 자기 위안적인 상투적 표현에 빠진 것인가? 연구에 필요한 결론적 증거가 여전히 빈약하고 논란의 여지가 있기 때문에 회의적인 사람들은 이를 또 다른 유행의 특징으로 본다. 붓다가 가르친 완전한 방법을 과학적 언어로 번역하고 그것을 현재의 서구적 접근 방법과 비교 연구하여 그 효과를 다시 점검하는 것이 하나의 개선책일 수 있다. 마음챙김을 주의집중 훈련, 의도적 주의 통제, 초인지 훈련으로 보는 서구적 마음챙김 방식과 달리, 본래의 마음챙김은 인지 훈련, 언어 해체, 현상 재구성의 결과가 아니라, 오히려 다음과 같은 조합에서 나타난다. 즉 지혜로운 세계관과 사고의 인지, 윤리적 감정과 행동의 구현, 선택 없는 관찰과 성찰의 행동이 그것이다. 현상에 대한 통찰적 이해는 비판단적 지식의 반영에서 나온다. 따라서 지혜로운 인식, 윤리적 정동 및 선택 없는 행동은 마음챙김과 명료한 이해를 얻기 위해 삼각대처럼 상호 의존적으로 서로를 지지한다. 필자가 지적했듯이 우리는 존재를 언어화하고 해석하고 의미를 부여한다. 따라서 우리는 또한 알아차리는 "인간적" 존재가 될 수 있는 능력을 가지고 있다.

랍게이(Rapgay)의 18장은 서구 임상 연구 학계에서 마음챙김을 잘못 표현하는 것에 대한 불교도의 우려를 표명한다. 많은 사람이 정통적 수행을 요구했기 때문에 티베트 금강승 전통의 저자는 "고전적 마음챙김"을 소개하면서 불안 장애, 특히 범불안 장애의 치료를 위해 "고전적 마음챙김 기반 통합 인지 행동 치료"라는 단어를 새로 만들어 사용하고 있다. 그의 접근은 "마음챙김 기반" 접근과 다르다. "마음챙김 기반" 접근은 주의를 자각과 구별하지 못하고 수용과 비판단적 개념 및 접근법을 포함함으로써 순수 경험의 함양을 방해한다. 마음챙김은 불안과 관련된 반응성을 조절함으로써 불안을 돕는 작용을 하는 것으로 보인다. 예컨대 마음챙김은 호흡과 같은 중요 신체 기능을 감소시키는 경향이 있다. 호흡률이 떨어지면 신진대사도 스스로 조절되기 시작하고, 다툼이나 도주 시에 불안과 불편함에 반응하는 성향도 조절된다. 이 점은 인지 및 정서 수준에서 매우 중요하다. 우리는 불안을 야기하는 감각과 인지적 연합이나 정동적 연합과 두려움에 대한 상상적 투사로부터 분리하는 법을 배우게 된다.

식(Sik)의 19장은 같은 문제를 제기한다. 즉 마음챙김 주의 및 자각 명상은 고립된 기법이 아니라 오히려 붓다의 깨달음의 여섯 가지 전형적 단계에 내포된 과정으로, 연기를 밝히고 괴로움을 종식하기 위해 중도를 수행하는 것이다. 대승불교 전통을 이어받고 있는 저자는 따라서 6단계의 수평적 요법인 "다르마 치료"를 제안한다. 이것은 내담자를 찾는 데 도움이 되는 핵심 구성요소 중 하나로 마음챙김과 함께 붓다의 발자취를 프로그램 한다. 이 단계의 근거는 다음과 같다. 즉 괴로움을 자각하고 해방되고 싶은 욕구를 계발하며, 괴로움의 원인을 탐색하고 괴로움 상태를 마음챙김으로 관찰하여 통찰과 지혜로 괴로움을 종식하기 위한 단계를 밟는다. 다르마의 목표는 본질적으로 병리를 치료하는 것이 아니라 실존적 괴로움으로부터 해방시키는 데에 있는 것임을 주목해야 한다. 따라서 다르마를 치료법으로 주장하는 어떤 기법도 이미 성공적으로 적용된 기존의 치료법을 배경으로 면밀히 조사할 필요가 있다.

17장 마음챙김만으로는 충분하지 않은 정신 치료: 명상 교실의 사례 연구

아웅 민(Aung Myint)

서론

"마음챙김 명상"을 정신 치료에 적용하고 있는 현재 상황에 대해 다음과 같은 의문이 제기되어 왔다. 즉 이런 명상이 세련된 치료 기법이 될 수 있는가? 또는 이런 명상이 상투적인 자기 위안으로 빠져드는 것은 아닌가? 회의론자들은 이런 경향을 또 다른 일시적 유행의 전형적인 특징으로 간주한다.(Carey, 2008) 카밧-진(1982)은 마음을 평안하게 하는 명상의 일부분을 세속화시켜서 "호흡의 마음챙 김 명상"이라는 것을 만들었다. 그는 1970년대 워세스터(Worcester)의 메사추세츠 대학병원에서 마음챙김 기반 스트레스 감소법(Mindfuless-Based Stress Reduction, MBSR)이라고 불리는 완화적인 통증 조절 기법을 창안했다. 그는 원래 아시아 불교의 가르침에서 배웠지만 마음챙김 수행의 다른 일곱 가지 상호 의존적 요소를 배제했다.(Thich, 1999) 카밧-진은 과학적으로 받아들일 수 있어야만 한다는 이유로 이렇게 했을 수 있다. 마음챙김 명상의 모든 구성부분은 세 가지 범주로 나눌 수 있다. 즉 인지적 관점(빤냐 *panna*), 정동적 행위(실라 *si-la*), "안정된 마음"(싸마디 *samadhi*)이 그것이다. 카밧-진(2003b)은 자기 스스로 평정 전통에서 익혔다고 하면서 다음과 같이 마음챙김 명상을 강조한다.

… 현재 순간에 집중하고 순간순간 전개되는 경험에 아무런 판단을 하지 않고 주의를 기울이는 마음챙김(p.145).

그는 몸과 마음을 관통하는 현상을 점검하고 마음을 고요하게 하는 명상 대상으로 호흡을 사용했다. 카밧-진(1990)의 **자각과 수용**의 전제를 받아들인 후속 연구자들은 자신들의 이론적 방향성을 확장하고 추가했지만, 그와 유사한 확증적 결과를 산출하지 못했다.(Hayes & Smith, 2005; Linehan, 1993; Witkiewitz & Marlatt, 2007)

과학적 증거는 여전히 빈약하다. MBSR을 사용한 통증 감소에 대한 초기 연구 자료(Kabat-Zinn, Lipworth, Burney, & Sellers, 1987; Kabat-Zinn, Lipworth, & Burney, 1985; Kabat-Zinn, 1982)와 마음챙김 기반 인지 치료(Mindfulness-Based Cognitive Therpy) (MBCT: Williams, 2000; Segal, Williams, & Teasdale, 2001)를 이용한 우울증과 자살 재발 예방 연구 결과를 보면 마음챙김 명상의 과학적 연구는 아직 논란 중에 있다는 것을 알 수 있다. MBSR 또는 MBSR을 치료의 한 구성성분으로 하는 MBCT에 대한 22개의 연구 결과를 보면 다음과 같은 결론이 나온다. 즉 MBSR이 아마도 효과적일 수 있으며(Baer, 2003) 진지한

연구에 강력히 권장된다.(Bishop, Lau, Shapiro, Carlson, Anderson, et al, 2004) 더구나 대조군을 포함한 연구들의 메타 분석을 보면 마음챙김 명상의 개입은 다양한 진단명을 가진 환자에게 신체적, 정신적 건강 지표를 의미 있게 향상시켰다는 것을 알 수 있다.(Grossman, Niemann, Schmidt, & Walach, 2004) 모든 연구에서 보이는 방법론적 한계에도 불구하고 연구 결과를 보면 마음챙김 명상은 광범위한 질병의 환자에게 도움이 되는 것으로 생각할 수 있다. 예를 들어 마음챙김 명상 교실에서 MBSR은 류마타스성 관절염 환자에게 심리적 불편함을 줄이고 웰빙을 향상시키는 것으로 드러났다.(Pradhan, 2007) 또한 상대적으로 HIV 감염 환자의 면역력을 증강시켜 주었다.(Robinson, Mathews, & Witek-Janusek, 2003) 더욱이 자원 봉사자와 의대 학생들에게 10주간의 MBSR을 시행한 결과 환자군에서와 마찬가지로 웰빙감의 증가를 보였다.(Rosenzweig, Reibel, Greeson, Brainard, & Hojat, 2003; also: Shapiro, Schwartz, & Bonner, 1998) 제2형 당뇨병 환자의 예비 연구에서 MBSR은 혈당 조절을 향상시키는 것과 관련되어 있음이 밝혀졌다.(Rosenzweig, Reibel, Greeson, Edman, Jasser, et al., 2007) 10개의 연구를 다시 검토해 보면 마음챙김 명상이 그 작용 기전은 분명하지 않지만 신경생리학적으로 긍정적인 효과를 보이는 것으로 나타났다.(Lazar, Kerr, Wasserman, Gray, & Greve, 2005)

최근에 후인, 고타이, 라이, 가라드(Huynh, Gotay, Layi, Garrard, 2007)는 카밧-진(1990)의 MBSR에 기반을 둔 마음챙김 명상에 대한 127개의 출판 연구를 조사했다. 여기에는 온라인 과정을 통해 암 환자를 대상으로 MBSR을 행한 50개의 무작위 대조 시험도 포함되어

있다. 그들은 마음챙김 명상이 유망한 치료라고 결론을 내렸지만
마음챙김 명상에 대한 연구는 다시 반복하고 확장되어야 할 필요가
있다고 결론지었다.(Ospina, Bond, & Karkaneh, 2007; Speca, Carlson,
Goodey, & Angen, 2000; Carlson, Speca, Faris, & Patel, 2007; Carlson,
Speca, Patel, & Goodey, 2003; Carlson, Ursuliak, Goodey, & Speca, 2001;
Ott, Norris, & Bauer-Wu, 2006) 암 환자의 후속 연구에서는 MBSR만이
임상적으로 가치 있고 잠재력 있는 자기시행적 치료이지만 유일한
치료는 아니라는 결론을 확인했다.(Smith, Richardson, Hoffman, &
Pilkington, 2005) 또 마음챙김 명상과 정신 보건의 연관성에 관한
한층 최근 연구를 보면, MBCT는 조울병 환자와 조울병의 회복되지
않는 우울 단계(Kenny & Williams, 2007) 중 불면, 불안, 우울 증상,
자살 사고 또는 행동(Williams, Teasdale, Segal, & Kabat-Zinn, 2007)
완화에 효과가 있다. 이런 예비적 연구는 후속 연구의 필요성을 시사해
준다.(1975~2008년 사이에 이루어진 마음챙김 명상 연구에 대해서는 다음
사이트 참조. http://marc.ucla.edu)

일반적으로 기법으로서의 마음챙김 명상은 예컨대 교육(Shapiro,
Schwartz, & Bonner, 1998)이나 스포츠(Jackson, 1995) 등 다양한 맥락에
서 적용·검증되었다. 이러한 시도로 마음챙김 명상과 이와 연관된
기법에 대해 폭넓은 관심을 불러일으켰다. 하지만 연구 결과는 건강과
인간 서비스의 여러 영역에서 명상 수행의 잠재적 기여를 더욱더
완전하게 이해하기 위해서는 여전히 상당 정도의 집중적 후속 연구가
필요하다는 점을 시사한다. 이용 가능한 자료를 볼 때, 풍부하지
않은 연구의 원인이 연구 디자인 부족에서 오는 것 같지는 않다.

카밧-진의 마음챙김 접근법에 대한 연구에서 치료 결과가 상호 의존 맥락에서 이루어지는 것은 알 수 있다. 하지만 카밧-진의 MBSR의 다양한 구성요인 중 어떤 요소가 능동적 작용을 하는 지에 대한 탐구는 부족해 보인다. 그러므로 완전히 맥락화된 마음챙김에 대한 후속 연구가 필요하다. 이런 후속 연구에서 마음챙김 명상의 모든 구성요소가 완전히 심리 용어로 번역되어야 하고 그 후 그 결과가 점검되어야 한다. 2,600년 전 고따마 싯달타의 기여 중 하나는 동시적이고 연속적 인과관계라는 완전히 맥락화된 방법론을 제시했다는 점이다. 그렇지만 과학은 물론 심지어 체계적인 사고에서도 여전히 선형적이고 계기적 인과론을 고수하고 있다. 이런 방법론의 개선과 함께 마음챙김 명상 수행자는 평정(싸마타) 또는 통찰(위빳사나) 명상 중 어떤 방식, 또는 이 두 방식 모두 익힐 것인지 충분히 숙지해야 한다. 어떤 명상에 강조점을 둘 것인가도 명상지도자가 갖는 이론적 이해와 수행 경험 수준에 달려 있다. 이 이해 정도에 따라 다른 결과가 초래될 수 있는 것이다.(Germer, Siegel, & Fulton, 2005)

본 연구의 목적

이 연구의 목적은 마음챙김 명상이 이와 상호작용하는 다른 일곱 가지 구성요소와 함께 어떻게 일어나는지 기술하고 설명하는 것이다. 또한 "사성제", "팔정도" 또는 "수행"과 "상호 의존적 발생", 오히려 "연기"로 잘 알려진 가정 또는 원리(그림 1)가 인지적, 행위적, 정동적 영역 안에서 정신 치료의 형이상학, 인식론과 도덕적 갈등 또는 괴로움과 어떻게 연계되는지 명확하게 설명하고자 한다.

이 연구는 세 가지 출처에서 나왔다. 즉 자연주의적 관찰, 명상 수업 참여자의 피드백, 정신 치료 내담자의 피드백이다. 실험 연구에서 과학자들은 일반적으로 그 효과를 점검하기 위해 독립 변수를 추출한다. 불행하게도 현재 연구자들은 상호 의존적 맥락에서 마음챙김 수행을 추출한 것으로 보이는데, 기반 이론 접근법(grouded theory approach)을 사용하는 이 연구는 이러한 결점을 보강하고자 한다.

그림 1. "사성제", "연기"와 "팔정도" 간의 상호의존성

고통(즉자)	즐거움(대자)
증상 분석 육체적, 정신적, 보편적	
1. 진리 괴로움	3. 고통으로부터의 출구
인과 분석	
2. 괴로움의 원인과 조건	4. 팔정도 수행

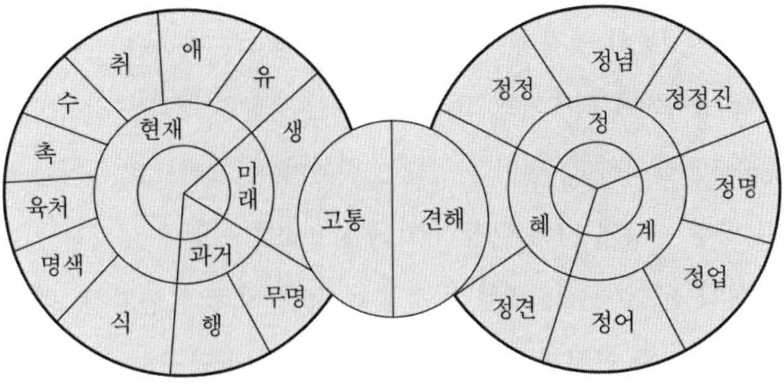

고빈다(1969)에 따라 수정

표 1. "연기"와 "팔정도 수행"(영어 및 빨리어, 고빈다에 따라 수정, 1969)

연기법의 원리	팔정도
고통(Dukkha)	바른 견해 또는 이해(samma dhitthi)
'잠재적' 정신 활동(sankhara); 무명(avijja)	바른 의도 또는 생각(samma samka-ppa)
식識(vinnana)	바른 말(samma vaca)
명–색(nama-rupa); 감각기관(육근, salayatana)	바른 행동(samma kammanta)
외부 접촉(촉, phassa)	바른 생계(samma ajiva)
느낌 또는 정서적 충동(수, vedana)	바른 노력(samma vayama)
집착 또는 갈애(tanha)	바른 마음챙김(samma sati)
생(bhava); 출생 또는 본성(jati)	바른 마음의 삼매 또는 집중(samma Samadhi)

　　마음챙김 수행의 일곱 가지 다른 구성요소의 중요성을 **무시**하거나 펌훼하는 것은 연구의 명확한 결론을 방해한다. 이런 구성요소는 문화적 전통의 내용도 아니며 종교적 수행의 불합리한 부담도 아니다. 이것들은 행동의 인지적, 행위적, 정동적 영역에 속하는 진화된 인간 가치에 공유하게 귀속되는 것이다. 우리는 동물 조상과는 달리 언어를 사용하고, 해석하고, 의미를 만드는 존재이다. 그러므로 우리는 마음챙김 명상 수행의 다른 일곱 가지 구성요소를 어떻게 심리학 언어로 변환시킬 수 있는지, 또한 이것들이 정신 치료의 **인지적, 행위적, 정동적** 영역과 어떻게 맞닿아 있는지 진지하게 탐구하기 위해 모든 노력을 기울여야 한다. 연역이 아닌 귀납의 "근거이론(grounded theory)" 접근법은 이런 유형의 심층탐구를 가능하게 한다. 〈표 1〉은 불교심

리학이 괴로움의 심리학과 통합된 실천을 통해 그러한 상태를 어떻게 완화할 수 있는지 자세히 보여준다. 〈표 1〉의 빠알리어 **자띠**(jati)가 반드시 인간 존재의 **탄생**을 의미하는 것은 아니라는 점에 유의해야 한다. 그것은 또한 기원(origin)을 의미하기도 한다. 따라서 "현재의 되어감(present becoming)"은 "미래 현상의 탄생 또는 기원"에 기여하고 이는 심리적 경험을 암시하는 것으로 해석할 수 있다.

인지 영역

인지 영역은 "올바른" 관점과 "올바른" 의도를 말한다.

1. **올바른 견해**: 자아, 타인, 환경 사이의 적절한 생태학적 균형을 유지하지 못하거나, 붓다가 말한 올바른 또는 현명한 견해가 없다면 마음챙김 수행은 시작을 위한 기반이 없다. 마음챙김과 그 구성요소가 종교적, 철학적, 심리적, 윤리적 수행인지에 대한 질문은 간략하게 답변할 수 있다. 경험과 자기-실현의 실제적 방법으로서 마음챙김과 그 구성요소는 종교이며 경험의 지적 양식으로서는 철학이다. 체계적 자기 관찰로서는 심리학이고, 내적 헌신과 태도에서 비롯되는 행동 규범 및 외적 행동의 원리로서는 윤리와 도덕이다.(Govinda, 1969) 올바른 관점은 현명한 이해의 인지적 측면으로 이해된다. 올바른 관점이란 세계의 물질성과 비물질성은 변화하기 마련이고 욕망의 마지막 상태는 괴로움이라는 것을 경험적으로 통찰하는 것에서 시작된다. 올바른 관점은 원인과 결과 사이의 상호 조건화를 철저히 이해하는 데서 절정을 이룬다. 우리의 관점과 인지는 다른 생각, 감정,

행동과 상호작용하기 때문에 올바른 관점은 올바른 생각과 올바른 행동을 산출하게 된다.

정신 치료의 형이상학적 괴로움: 대조적으로 정신 치료는 상충되는 철학적 세계관과 심리적 존재 및 실재에 대한 모델을 견뎌낸다. 정신 치료의 과학자 수행자 모델은 내담자의 1인칭 적 괴로움이 보여주는 직접적이고 신체화된 경험을 3인칭적 외적 관찰자 입장에서 개념화하게 해주고 이를 수용하는 데 중점을 둔다. 처음에 이 공식은 주관적 경험이 객관적 실재와 어떻게 다른지, 심신 문제에서 그것들이 어떻게 서로 관련되는지, 인과 법칙을 따르는지, 또는 자유의지와 결정론 개념과 충돌하는지, 엄격한 과학이 사용하는 동일한 인식론적 방법과 기준을 사용하여 연구될 수 있는지에 대한 형이상학적 질문을 던지게 한다. 정신 치료는 자유의지의 훈련이라는 점에서 검증되지 않은 신념에 기반을 두지만 훈련을 인도하는 심리학 이론은 주로 결정론적이다. 정신분석이 정신적 결정론을 따르는 반면, 생물학적 및 행동 치료는 유전적 또는 환경적 결정론을 고수한다. 반면에 인본주의적 실존주의와 자아초월심리학은 자유의지를 정신 치료의 결정적 요인으로서 극단적 위치에 둔다. 그러나 인간의 행위는 지향성을 갖거나 또는 목적론적이기 때문에 생물학, 사회생물학, 심리학, 신경과학, 정보과학의 환원주의 이데올로기에 끊임없이 도전하고 있다. 도킨스 (Dawkins, 1976)의 사회 생물학에서 "이기적" 유전자는 인간이 자아, 타인, 환경의 상호 의존적 매트릭스 위에 구축된 인간 삶의 역사에 세워진 다양한 언어, 문화 및 의사 결정 과정을 갖고 있다고 가정함으로써 의식적인 도덕적 선택을 한다고 주장한다. 이것은 마치 표현형이

유전자형에서 어떻게 발달하는지 설명하는 언어를 잘못 사용하여
유전적 생존이 특정한 인간 특성 전체를 설명하는 그릇된 언어의
전유에 해당한다. 유사한 환원주의적 접근법은 신경과학(Crick, 1994)
과 인공지능(Newell & Simon, 1972)에서도 볼 수 있다.

정신 치료는 두 명 이상의 사람들이 옛 의미를 재구축하고 새로운
의미를 창출하는 과정이라고 한다. 자신을 구성주의자, 서사주의자,
사회구성주의자, 포스트모더니스트라고 부르는 사람들은 내담자들
이 자신의 이야기나 내러티브의 의미를 재개념화하고 재해석하도록
도와준다.(Neimeyer, 1995, Rosen, 1996) 그러나 치료자가 놓치기 쉬운
것은 내담자가 자신의 경험을 촉발한 자극에 대해 인과적 해석을
할뿐만 아니라 일부 삶의 경험을 좋은 것으로 또 다른 경험을 나쁜
것으로 해석한다는 점이다. 그러한 가치 판단과 도덕적 문제는 대개
종교에서 다룬다. 그런데도 정신 치료의 과학자-수행자 모델은 종교
적 수행과의 공통성과 상보성을 회피한다. 정신 치료와 종교는 내담자
가 가치 있고 의미 있는 삶을 살아가는 것을 도와주기 위해 정서와
인지의 접점을 다룬다. 정신 치료와 종교 사이에는 상보적이고 상호
연결된 관계가 있다. 종교는 정서 없이는 도출될 수 없는 도덕적
결정을 가르치는 반면, 심리학은 정서를 방해되는 요소라기보다 기능
적이고 심지어 합리적인 것으로 본다.(Watts, 1996) 과학은 가치에서
자유롭지 않다. 과학은 특정 맥락이나 패러다임 내에서 자료를 해석한
다. 따라서 "모든 자료는 이론 준거적이다.⟨http://loyno.edu/~folse/
Hanson.html⟩(Hanson, 1958) 그러므로 모든 과학적 지식은 잠정적이며
재해석의 여지가 있다. 마찬가지로 종교적 지식도 임상심리학의 과학

으로 재해석되고 재통합되어야 한다.

정신 치료의 임상적 어려움: 임상 정신치료의 어려움은 명상 원칙을 정신 치료에 통합하면서 잘못 이해하고 적용하는 것과 관련된다. 마음챙김 수행을 다른 지적 기법과 함께 단일한 메타 인지 기법으로 사용하는 것은 명백한 오용이다. 카밧-진을 따르는 연구자들은 상호 의존적 구성요소를 빠뜨렸다. 이 결과 주어진 현상의 개념적 이해를 가능하게 하는 명료한 인지(삼빠쟈냐sampajanna)가 등한시된다. 마음챙김 명상이 없는 치료는 당면 현상을 이해하기 위해 오고 가는 중립적인 중간 공간을 내담자에게 제공하지 않는다. 올바른 정동과 행위 없이 마음챙김 명상만을 가르치는 것은 자각에 수반된 고통을 견디기 위한 노출 또는 인지 수용 기법으로 끝날 것이다. 마음챙김 명상은 "무조건적인 긍정적 수용(unconditioned positive regard)"이라는 로저스(Rogers) 개념과 "고르게 떠 있는 주의(evenly suspended attention)"라는 프로이드 개념과 비슷하다. 그러나 이 두 개념과 마음챙김 명상의 질적 차이는 마음챙김 명상에서 치료자는 내담자의 욕구, 신념. 행동을 숙련된 주의(요니소 마나시까라yoniso manasikara)로 있는 그대로 보고 내담자의 경험과 의미를 이해해야 한다는 것이다.

2. **올바른 의도**: 우리의 견해는 자신의 생각과 상호작용하기 때문에 우리는 가치 있는 행동을 하려고 의도하거나 열망한다. 지혜롭고 올바르거나 건전한 사고는 자신, 타인, 주위 환경에 대한 '의도', '태도', '열망'이라는 역동적 특성을 갖는다. 올바른 의도는 건강에 해로운 사회적 맥락에서 발전된 열망, 예컨대 부끄러움 없음(히리hiri)과 두려움 없음(옷따빠ottappa), 그리고 사회 생태학의 균형을 재조정

하는 것과 직접적인 관련이 있다. 반면에 죄책감에 대한 서구적 개념은 사회적으로 부과된 기대에 대한 내면화된 개념적 통제를 의미한다. 여기서 열망은 건전한 욕구, 동기 및 미덕을 통합한다. 유전적이고 동물적인 유산을 배경으로 한 미덕은 인간에 고유한 진화로서 많은 정신 치료자들이 최적의 정신건강에 중요한 요소로 생각하는 공감적 생리학 및 자존감 개념과 연결되어 있다. 또 성인 도덕의 기초(Smith, 1959)라고 여겨지듯이, 타인의 평가를 염려하는 사회적 신뢰를 기반으로 한다. 타인을 해치는 데서 발생하는 죄책감은 인간 레퍼토리의 필수적 부분이 되었다. 아마도 인간은 자기 종족을 대량으로 살상할 수 있는 몇 안 되는 종족 중의 하나일 것이다. 요컨대 인간은 복잡하고 상징적인 방식으로 상황을 해석하고 가치를 부여하며 죄책감, 수치심, 선하고 고결하게 느끼고자 하는 욕구를 가지고 있는데, 이는 동물에게는 없는 특성이다.

자연계는 가치나 덕목이 아니라 사실 그 자체로 드러난다. 미덕은 사회적 윤리를 지지하고 이것은 도덕적 사고와 정서로 이어진다. 임상가는 내담자와 함께 작업할 때 윤리적 기준을 준수해야 하지만 정신 치료에서 내담자는 자신의 윤리적 행위로 인해 스스로 괴로움을 받는 방식을 직접 말하지는 않는다. 내담자의 윤리적 견해와 사고는 "사적 영역"으로 다루어진다. 반면 프로이트는 도덕의식을 문명의 외적 제약에 근거한 내면화된 초자아로 본다. 매슬로우(Maslow, 1968)에 의해 대중화되고 "자존감"이라고 불리는 미덕에 관한 개념은 "올바른 견해"를 갖는 것으로 해석된다. 이 접근법은 각 개인이 자신의 중요한 자질 중 하나와 이와 관련된 그 이상의 것 사이의 평균거리를 무의식적으로 계산한다는 생각에 기반 한다. 자존감은 그 평균을 나타낸다. 다원주의자인 리들리(Ridley, 1996)는 어떤 개인도 어떤 외부적인 보상을 기대하지 않는 한 행동하지 않는다고 주장한다. 그러나 자기 자신이 자신에게 부여할 때 덕스럽다고 하는 상징적, 사적 확신은 매력적인 보상이다. 이것은 인간만이 추구하는 것이고 다른 사회적 동물에게는 없다. 그러므로 인간이 쾌락을 극대화하고자 하는 유일한 욕망으로만 추동된다고 하는 주장은 심각한 개념적 오류이다. 다른 동물과 달리 인간은 자신의 견해, 사고, 행위의 도덕적 의미를 끊임없이 평가한다. 가장 영리한 유인원조차도 다른 동물이 음식을 훔치는 것을 볼 때 분노를 야기하도록 조건화할 수 없다. 놀람이나 두려움은 가능할 수 있지만 분노나 죄책감은 가능하지 않다.

정신 치료의 인식론적 고통: 정신 치료에서 **작동인**(efficient causation: 당구공 은유)에 대한 믿음은 다음과 같은 혼란을 초래한다. 즉 **합리적 추론**(rational reasoning)은 비합리적인 감정을 제거할 수 있다고 하는 치료의 **합리적**(인과론적) **이론**과 감정과 인지의 변화를 연구하는 **합리적**(과학적) **방법** 사이의 혼란이다. 현재 이런 문제는 비용을 고려하는 정부와 보험이 주도하는 건강 체계로 인해 더 복잡해지고 있다. 정부와 보험회사는 치료비를 주거나 보험을 인정해 주기 전에 치료 방법의 효율성에 대한 과학적 증거를 요구한다. 결국 임상적, 학문적 심리학자는 이론을 검증하고 명확한 증거 기반 치료를 확립하고자 하는 무작위 대조 연구와 이와 연관된 연구 디자인을 사용하게 된다. 이런 연구는 종종 인위적인 치료 맥락에서 독립 변수를 처리하는 데 초점을 맞춘다. 이런 연구 방법은 **형상인**(formal cause)-"연관성

(association)"과 **목적인**(final cause)−"의도(intention)"의 이론을 검증하고자 하는 연구 가설을 전적으로 모호하게 만든다. 그러나 최근 연구 결과를 보면 학습자의 연관 능력보다 정동적−의도적 요인이 특정 주제의 학습과 유지에 효과적이라고 한다.(Rychlak, 2000) 정신 치료의 주된 인식론적 괴로움은 어떤 사람이 어려움에 직면했을 때 자아, 타인, 환경이라는 주어진 맥락 안에서 의도적인 '선택'을 하는 무명(아윗짜avijja)과 '인과성'의 개념화를 혼동하는 데 있다.

정신 치료에서 추상화의 고통: 일반적으로 과학의 인식론적 고통은 모든 제약에서 자유로운 추상에 대한 열정의 고통으로 간결하게 특징지어진다. 아인슈타인과 보어 사이의 유명한 논쟁은 좋은 예이다. 아인슈타인은 실재가 관찰자와의 관계에 영향을 받지 않는 속성을 가진 물질로 구성되어 있다고 믿었고, 보어는 자연이 물질 간의 관계로 구성되어 있다고 생각했다. 따라서 보어의 관점에서는 모든 측정이 물질 간의 관계이기 때문에 어떤 측정 수치도 사건의 자율적 측면을 드러낼 수 없다. 케이건(Kagan, 1998)은 인간의 성격과 감정을 연구하는 심리학자들이 아인슈타인의 입장에 우호적이라는 점을 의심한다. 예를 들어 감정을 연구하는 많은 학자는 "두려움"이 하나의 심리적−생리적 상태인 것처럼 글을 쓴다. 이는 뇌 활동의 측정을 통해 알려지게 되는 말초적 생리적 반응, 자기 보고, 얼굴 표정, 또는 밖으로 드러나는 행위라고 생각한다. 문화적 연령, 성별, 언어, 문맥, 대상 간의 종 차이에도 불구하고 말이다. 이것은 일반화를 위해 특수성을 무시하는 위험한 일이다.(Ekman, 2003, LeDoux, 1996, Izard 1993)

행위 영역

행위 영역에는 "올바른" 언어, "올바른" 행동, "올바른" 생활방식이 포함된다.

3. **바른 언어**: 언어는 혼잣말을 하든 다른 사람과 상호작용을 하든지 간에 일상생활에서 중요한 역할을 한다. 사회적 윤리와 마찬가지로 올바른 언어는 상호작용하여 도덕 원칙을 안내하고 마음챙김 명상을 지지한다. 번뇌로부터 마음을 정화하고 한결같거나 안정된 상태를 계발하려면 올바른 언어가 필요하다. 말은 도움이 될 수도 있거나 해로울 수도 있으며, 적이나 친구를 만들 수도 있다. 따라서 팔정도에서 자세하게 언급하고 있는 잘못된 언어를 멀리할 필요가 있다.

4. **바른 행동**: 언어와 마찬가지로 행동은 행위자와 수용자의 가시적이고 체화된 경험을 통해 행동하는 자의 의도를 확인하게끔 한다. 불건전한 행동은 건전하지 못한 마음 상태를 키우고, 건전한 행동은 건전한 마음 상태를 만든다. 이 수행의 중요성은 자신과 남을 해치지 않고, 주어지지 않은 것을 취하고, 성적 비행을 삼가는 훈련을 받도록 고무한다.

5. **바른 생활**: 바른 생활은 타인에게 해를 끼치는 생활방식을 금한다. 예를 들어 무기 거래, 살육을 위한 동물 사육, 노예무역, 매춘과 같은 것이다. 또한 고기 생산과 도살, 술과 마약 같은 독성물 거래, 올바른 언어와 행동 원리를 침해하는 직업 등이 그것이다.

정신 치료의 도덕적 괴로움: 붓다는 윤리적으로 불건전한 사고, 감정, 행위의 확산을 통해 목적인(의도적인 것)이 초래하는 결과를

괴로움으로 보았다. 마르골리스(Margolis, 1989)는 정신 치료가 가치중
립적인가라는 주제를 점검하면서 **정신 치료는 도덕적 기획**이라고
주장했다. 괴로움은 영원한 존재의 **형이상학적** 환상을 해소하는 데
특별한 주의를 기울이면서 건전한 도덕적 행위를 실천하고 **인식론적**
이해를 능숙하게 훈련함으로써만 극복할 수 있다. 따라서 팔정도는
예를 들어 정신분석과 달리 혼란스러운 삶의 비극적 플롯을 삶으로의
자유라는 낭만적인 기획으로 변화시키는 전환점으로 사용한다.

정동 영역

정동 영역에 속하는 것은 "바른" 노력, "바른" 마음챙김, "바른" 평정
이다.

　6. **바른 노력**: 정신적 에너지는 올바른 노력 배후에 있는 힘이고
이것은 건전한 상태뿐만 아니라 불건전한 상태에서도 일어난다. 욕
망, 질투, 공격성, 폭력에 불을 붙이는 동일한 에너지가 다른 한편으로
자기절제, 정직, 자비, 자애에도 불을 붙인다. 올바른 노력은 올바른
태도나 의도 및 올바른 관점의 인도를 받으면서 에너지를 적용하는
것이다. 이 관점은 해탈이라는 목표를 향해 가는 움직임으로 이어진
다. 올바른 노력은 훈련이 필요하다.

　원치 않는 불건전한 상태의 발생을 방지하고
　이미 일어난 불건전한 상태를 내려놓고
　건전한 상태를 발생시키고

이미 일어난 건전한 상태를 유지하는 것이다.

불건전한 상태를 방지하는 것: 발생하지 않은 불건전한 상태는 마음챙김 수행에서 "다섯 가지 장애"(빤짜니와라나pancanivarana)로 알려져 있다. 첫 번째 장애인 감각적 욕망은 부, 권력, 자리, 명예에 대한 보다 넓은 갈망을 포함하여 보기 좋은 장면, 소리, 냄새, 맛, 접촉을 말한다. 두 번째 장애는 어떤 대상 즉 자아, 타인, 환경적 맥락을 증오하는 것이다. 세 번째 장애는 정신적인 둔감과 혼탁함의 일반적인 양태를 말한다. 반대쪽 극단에 네 번째 장애가 있다. 즉 안절부절못하는 상태인데 이는 초조함과 근심으로 드러난다. 다섯 번째 장애인 의심은 스승(치료자), 가르침, 방법에 대한 헌신의 만성적 결핍이다.

불건전한 상태를 내려놓기: 감각을 보호하는 노력을 하지만 불건전한 사고와 감정이 심연에서 떠올라 마음챙김을 방해한다. 붓다는 이런 장애를 상대하는 몇 가지 방법을 가르쳤다. 예를 들어 건전한 사고로 사고의 번뇌를 쫓아내는 것, 즉 무상에 대한 명상, 반대 작용을 하는 수치심(히리hiri)과 도덕적 두려움(옷따빠ottappa)과 같은 사회적 도구의 사용, 주의를 어딘가 다른 데로 돌려서 불건전한 사고에서 멀어지는 것, 원치 않는 사고의 원천을 잘 살펴보고 조사하여 직면하는 것, 마지막으로 의지의 힘으로 원치 않는 생각을 내몰아 버리는 것이다.

건전한 상태를 불러일으키기: 붓다는 이러한 건전한 상태를 "깨달음의 일곱 가지 요소(*七覺支)"로 다음과 같이 요약했다. 즉 마음챙김,

현상의 탐구, 에너지, 환희, 고요함, 집중, 평정이다. 이런 요소는 괴로움을 벗어나기 위한 자유의 길에서 필요한 내용이다.

건전한 상태를 유지하기: 네 가지 바른 노력의 마지막은 "유지하기 위한 노력"이라고 불리는데 이것은 집중의 대상을 보호하는 것을 목표로 한다. 그렇게 함으로써 일곱 가지 깨달음의 요소는 평정을 증가시키고, 해방의 깨달음에 이를 때까지 지속적으로 그 힘을 증강한다.

7. 바른 마음챙김: 바른 마음챙김은 명료한 자각으로 "사물을 있는 그대로 바라보는 것"을 가능하게 하는 정신적 능력이다. 대개 인지 과정은 지각이나 사고로 유도된 인상으로 시작한다. 그러나 이것은 단순한 인상으로 남지 않는다. 대신 마음은 감각적 인상과 사고를 즉시 개념화한다. 마음은 그것을 해석하고 다른 사고와 함께 경험과의 관계 속으로 밀어 넣어 마침내 본래 인상의 질적인 면을 넘어 나아간다. 이로써 마음은 개념을 형성하고 구성하며 이 구성물을 복잡한 해석 체계 속으로 편집한다. 이 모든 일은 반 정도만 의식적으로 일어나기 때문에 그 결과 우리는 종종 희미하고 어두운 안경을 통해 사물을 바라본다. 바른 마음챙김은 명료한 지각에 기반을 두고 있으며, 흥분하지 않고 인상에 주의를 기울인다. 바른 마음챙김은 우리의 생각이 스스로 처리되는 방식을 능동적으로 간찰하고 이해할 수 있는 방식으로 개념화 과정을 인식할 수 있게 해준다. 붓다는 이 과정의 안내로서 **마음챙김의 4가지 기반**을 제시했다. 몸에 대한 명상, 감정에 대한 명상, 마음 상태에 대한 명상, 마음의 현상에 대한 명상이다. 마음챙김 명상에서 마음은 순수한 집중의 수준에서 현재 순간 자기 내면과

주위에서 일어나고 있는 것을 집착 없이 관찰하게 된다. 이것은 "선택 없는 관찰"이고 이 관찰은 분별하는 사고와 얽히지 않는다. 마음은 현재 공간에 개방적으로 고요하게 각성된 상태를 유지하도록 훈련된다. 모든 판단과 해석은 유보되고 설사 그러한 것들이 일어나더라도 알아차리고 폐기한다. 마음챙김은 현재 순간에 머무르거나 여기—지금에 머무는 수행이다.

8. **바른 평정**: 다른 요소와 함께, 예컨대 바른 의도적 노력과 함께 한 대상에 일정하게 집중하는 것으로, 마음의 바른 평정심이 확장·유지된다. 이 상태에서 명상 수행자는 마음의 초기 적용(위딱까vitakka)으로 둔함과 혼탁함의 장애에 미리 대응하고 극복할 수 있게 된다. 또한 마음의 지속적인 적용(위짜라vicara)은 의심을 쫓아낸다. 환희(삐띠piti)는 나쁜 의도를 막고, 행복감(수카sukha)은 초조감과 근심을 없애버리며, 마음을 한 지점에 집중하는 것(엑까가따ekkagata)은 욕망을 내려놓게 한다.

고요 또는 통찰 명상?

마음의 평정이 강화되면서 고요한 색계와 무색계의 선정 상태(루빠와 아루빠 쟈냐rupa and arupa jhanas)가 일어난다. 그러나 고요한 상태만으로는 통찰을 획득하는 데 충분하지 않다. 역으로 마음챙김 명상만으로는 역시 충분한 조건이 아니다. 고요함은 "되어감"의 조건 과정이다. 이런 경험은 결국 변화한다. 하지만 통찰 명상은 우리가 알아차리고 모든 것을 내려놓고 불확실성, 침묵, 조건의 중단을 받아들일 수 있게 해준다. 그 결과 혼자만의 고요가 아닌 완전한 평화를 경험하게 된다. 요컨대 마음챙김은 고요함을 증강하고 그 역 또한 성립한다. 이 현상은 명상 수행자와 정신 치료 내담자의 피드백에서 검증된다. 하나의 명상 대상, 예를 들어 호흡(고요함의 가르침)을 지속적으로 알아차리는 수행을 하는 사람은 다른 생각이 떠오르는 것이 멈추지 않아 하나의 명상 대상에 순간순간 집중하기 어렵다고 보고한다. 그들은 더 강하게 집중하면 할수록 점점 더 두통에 시달리게 된다. 다른 한편 하나의 대상에 초점을 맞추는 것으로 시작하지만 마음에 떠오르는 여러 대상에 주의를 기울이는 것(통찰 가르침)으로 전환한 사람은 마음챙김 명상이 결국 그렇게 어렵지 않다고 보고한다. 이것은 단지 약간 물러서서 백일몽이나 의식의 흐름에 반응하지 않고 가만히 보는 것이다.

그러나 어떤 사람은 자신이 정말 명상을 하고 있는지 의문을 제기한다. 이것은 흔히 널리 퍼진 혼돈, 즉 집중(싸마타) 명상과 통찰(위빳사나) 명상 사이의 혼돈이다. 고요한 집중은 어지러운 사고와 감정을 잠재운다. 그런데도 일단 평정 수행을 멈추면 번뇌가 다시 표면에 떠오른다. 통찰은 나타나는 어떤 것이라도 살펴보는 개방적인 접근법을 취한다. 실제로 고요함과 통찰은 새의 두 날개처럼 함께 수행되어야 한다. 정신 치료에서 정신적 대상물(들)의 자각과 수용이 더 이상 진전되지 않는 것은 지혜 부족 때문이다. 테자니야(Tejaniya, 2008)에 의하면 지혜는 정보 기술처럼 작동한다. 즉 자각은 정보를 모은다. 그리고 우리의 내적 지혜는 자료를 정보의 흐름 속으로 흐르게 한다. 정보의 비교와 대조는 지식을 창출한다. 그리하여 지혜는 긍정적으로 사건에 영향을 미치기 위해 능숙한 방식으로 신체적, 정신적 과정의 상호작용에 대한 지식을 이용한다. 지혜가 원인과 결과의 강도를 이해할 때 지혜는 원인과 조건이 어떻게 작동하는지 안다. 따라서 자각과 수용만으로는 불충분하며, 지혜가 통찰과 함께해야 한다.

결론

따라서 정신 치료에서 마음챙김은 인간의 괴로움을 자각하고 수용하는 도구로 사용되어 왔다. MBSR과 MBCT는 양자 모두 자체적인 마음챙김 공식을 개발했다. MBSR과 MBCT의 효과에 대한 연구 결과는 결정적이지 않다. 이 장에서는 지난 30년 동안 이런 일이 일어난 이유는 두 치료법과 유사한 연구들이 모두 형이상학적, 인식론적, 도덕적 문제를 해결하지 못했고 자신의 치료법을 확립하지 못했기 때문인 것으로 주장한다. 반면 팔정도는 인간의 괴로움과 관련된 보편적인 변화의 흐름을 일관되게 다룬다. 그러한 경험의 상호 의존적 원인과 조건, 또한 정신 치료의 인지 및 행위, 정동적 영역 내에서 통합된 수행을 통해 그러한 괴로움의 소멸을 보여주고 있다.

팔정도 연구를 망설이는 이유는 적어도 두 가지 점에서 잘못된 견해와 연관된 것처럼 보인다. 즉 마음챙김 수행을 종교적 의식으로 보는 것, 또한/또는 연기의 가르침을 내생(들)의 믿음과 관련된 그 무엇으로 해석하는 것이다. 연기에서 빠알리어 **자띠**(jati)는 꼭 인간의 **탄생**을 의미할 필요는 없다. 또한 자띠를 **기원**(origin)을 의미하는 것으로 보면서 미래의 심리적 현상의 기원으로 추론할 수도 있다.

이 사례 연구에서 명확히 밝혀진 것은 붓다가 확실하게 가르친 바로 이생에서 평화롭고 생태학적으로 균형 잡힌 삶을 향한 노력이다. 따라서 팔정도의 "바른 견해(정견)"은 이 괴로움을 극복하고 〈그림 1〉과 〈표 1〉에 묘사된 무지의 순환을 끊기 위한 것이고 이것은 연기의 괴로움 요소와 맞닿아 있다.

이러한 잘못된 관점과 함께 서구화된 마음챙김이 옹호하는 정신 치료는 붓다 가르침의 핵심인 연기의 철학적, 생태 행위적 기반을 완전히 놓치고 있다. 자신에게 마음챙김을 말하는 것만으로는 충분하지 않다. 위빳사나에서 말하는 "있는 그대로 보는 것"에 대한 잘못된 견해는 잘못된 마음챙김으로 이어질 가능성이 높다. 마찬가지로 탐욕(로바lobha), 증오(도사dosa), 무지(모하moha)의 잘못된 정동과 행위도 잘못된 마음챙김으로 이어질 것이다. 마지막으로 정신 치료는 붓다 가르침의 근본인 연기, 사성제, 팔정도를 경시할 뿐만 아니라, 적절하고 효과적으로 평정과 마음챙김 명상을 결합한 수행의 중요성을 완전히 배제함으로써 마음챙김 명상의 통합된 수행 방식을 훼손한다.

18장 고전적인 마음챙김 명상:
그 이론과 임상적 응용의 가능성

롭상 랍게이(Lobsang Rapgay)

서론

지난 20년 동안 광범위한 심리적, 의학적 상태에 대한 치료적 개입과 일반적 웰빙 향상을 위한 수단으로서 마음챙김 명상에 대한 관심이 증가하고 있다. 마음챙김 명상은 이른바 인지 행동 치료라는 "제3의 물결"의 중요한 한 부분을 형성하고 있다.(CBT: Hayes, Strosahl, & Wilson, 1999) 마음챙김 명상이 중요하게 부각된 주된 이유는 비판단적 수용이라는 대안적인 치료법을 제시함으로써 비기능적인 사고, 감정, 행동을 조절하는 기존의 서구적 정신 치료에 도전장을 내밀었다는 점이다. 예비 연구에 따르면 불안과 같은 정신병리학적 상태를 조절하려고 노력하는 것이 실제로는 일탈 상황을 강화하는 반면, 비판단적인 태도로 불안 경험을 수용하면서 조절을 포기하는 것이 불안을 줄이는 데 도움이 된다. 마음챙김 명상 효과에 대한 예비적 연구 결과가 부상하면서 마음챙김을 심리학화하고 세속화하려는 연구자와 임상가의 시도가 나타나기 시작했다. 지지자들은 다음의 두 가지 조건을 강조한다. (1) 결과를 평가하기 위해 마음챙김 명상은 반드시 연구 패러다임에 적합하게 만들어져야 한다. (2) 마음챙김 명상이 서구적 사고방식의 문화적 요구를 충족시키는 것이라면, 불교의 가르침(다르마)과 연관된 것은 제거되어야 한다. 불교적 입장에서 보면 그렇게 접근하는 방식은 치러야 하는 대가가 크다. 다르마를 현대의 임상적 마음챙김 명상과 분리하게 되면 지각과 인지의 바탕을 이루고 있는 불교 이론은 심하게 무시된다. 마음챙김 명상에 대한 불교적 개념을 깊이 이해하지 않고는 정신 치료에서 마음챙김 명상을 정확하게 번역하고 올바르게 수행하고 효과적으로 적용할 수 있는 방법이 없다. 이것은 인지 치료의 이론적 토대를 이해하거나 동의하지 않고 인지 치료를 적용하는 것과 비슷하다. 어떤 사람이 프로이트 이론을 모르고 정신분석을 하고 있다고 정직하게 말할 수 있겠는가?

점점 더 많은 주요 불교학자와 불교 관련 치료자들이 마음챙김의 본래 가르침을 잘못 표현하거나 축소해서 설명하게 되어 발생할 수 있는 피해에 대해 우려를 표명했다. 그러나 아직까지 대부분의 사람들은 공개적으로 임상 및 연구 공동체와 직면하는 것을 꺼려한다. 그 결과 잘못된 개념이 도전받지 않고 그대로 남아 마음챙김(사띠빳타나 Satipatthana)이 통찰명상(위빳사나)과 동일하며, 마음챙김은 평정 명상(싸마타)과 아무런 관련이 없다는 생각을 만연케 했다. 상좌부 관점을 주창하는 빠알리 학자인 아날라요(2003)는 마음챙김 명상과 집중/평정 사이의 강한 관련성을 확인해 주고 있다. 필자는 마음챙김의 원래 불교 버전을 탐색하고 명확히 하여 마음챙김 명상의 임상적

응용을 풍부하게 할 것이다. 또한 마음챙김 기반 스트레스 감소법으로서 고전적인 마음챙김 명상(Classical Mindfulness, CM)이라고 불리는 방법을 제시할 것이다. 아래에서는 CM의 이론적 개념화, 임상적 치료, 마음챙김 기반 스트레스 감소법(MBSR)과의 차이를 언급할 것이다. 또한 MBSR과 전반성 불안 장애(Generalized Anxiety Disorder, GAD)의 CBT 치료를 비판적으로 살펴볼 것이다. 임상 사례 연구는 CM이 MBSR 및 CBT가 실패한 특정 불안 증상을 치료하는 방법과 CM이 유리한 결과를 촉진하는 방법을 보여줄 것이다

CM의 배경

불교 문헌에 따르면 명상의 초기 목표는 높은 자각 상태에 도달하기 위해 신뢰할 수 있고 명징한 내적 상태를 계발하여 정교한 앎에 도달하는 것이다. 상좌부 문헌에서는 앎에 대해 두 가지 길을 설명하고 있다.(Analayo, 2003) (1) 지각과 관련된 직접적인 경험, (2) 인지와 관련된 차별적 관찰/분석이 그것이다. 평정(싸마타)을 성취하는 주요한 방법인 집중은 직접적인 경험을 성취하는 것이고, 차별적 관찰/분석은 통찰(위빳사나)을 획득하는 것이다. 직접 경험을 통해 일차적으로 획득된 앎은 앎에 감각적 성질을 부여하는 것이다. 이것은 한 걸음 떨어져서 이루어진 관찰이나 추상적 분석을 통해 얻은 앎과는 다르다. 직접적인 감각 경험은 다양한 수준의 개선을 통해 획득할 수 있으며 훈련을 통해 유지할 수 있다. 감각 인식 훈련을 통해 눈앞에 있는 대상의 신선함과 순수함, 즉 투사된 내용이 제거된 경험을 할

수 있다.(Thera, 1973) 예를 들어 세련된 직접 경험은 거리에서 일련의 다양한 진동 감각으로 귀에 쾅 하는 소리를 들을 수 있게 한다. 이는 소리를 즉시 교통사고로 해석하는 습관적인 경향과 극명한 대조를 이룬다. 우리는 습관적으로 편향된 방식으로 (외부 및 내부) 자극에 습관적으로 반응하는 경향이 있기 때문에, 직접 자극을 경험하기 위해 평가 과정을 억제하는 방법을 배우는 것이 중요하다. 반면에 분별적 관찰은 사건이 전개되는 것을 지켜보고 사건의 본질에 대한 통찰력을 얻기 위해 관찰된 것을 평가하는 것과 관련된다. 차별적 분석은 불안과 그에 수반된 행동을 유발하는 상호 연관된 선행 유발 요소와 같이 개념적으로 추상적인 현상을 아는 적절한 방법이다.

붓다 입멸 후 일부 추종자 그룹은 마음챙김의 통합적 수행을 주로 통찰 지향적 접근 방식으로 전환하여 결국 마음챙김 명상/사띠빳타나가 통찰/위빳사나와 동의어가 되었다. 그러나 경전에서 마음챙김과 통찰을 동등화하는 실질적 증거는 없다.(Sujato, 2003) 경전에서는 마음챙김을 주로 평정/싸마타와 연관시키고, 마음챙김을 통해 획득한 선정(자나 Jhanas) 상태에 반복적으로 연결함으로써 입증되는 두 가지의 통합을 싸마타 수행으로 연계시킨다. 붓다는 자신을 아는 다양한 방법 가운데 무엇을 주로 연관시켰는지 물었을 때, 통찰과 관련된 분별적 관찰/분석보다는 집중과 관련된 직접적인 경험이라고 답했다.(Analayo, 2003) 마음챙김을 집중과 연관시키는 것보다 통찰과 연관시키는 담론에 더 많은 증거가 있다. 팔정도에서 말하는 마음챙김은 통찰이 아니라 집중에 포함된다.

불교 경전(**니까야**와 **아함경**)을 연구하는 학자는 마음챙김이 싸마타

(평정)과 위빳사나(통찰)의 결합이라는 관점을 공유하면서 마음챙김이 평정과 통찰의 통합이라는 가르침을 보여주는 몇몇 참고문헌을 인용한다. 그들은 계속해서 모든 실제적인 목적을 위해 두 명상이 원래 두 가지 별개의 수행을 분리 되지 않았다고 말한다.(Sujato, 2003) 마음챙김을 니까야의 **사띠빳따나** 텍스트에 기반을 둔 수행으로 정의하는 것은 중요하다. 거기에서 마음챙김은 지각 및 인지 기법의 세련된 수준을 계발하기 위해 호흡법을 사용하는 수행이며 여기서 마음챙김의 네 가지 토대(신身, 수受, 심心, 법法)를 이해할 수 있다. 이 네 가지 토대는 여러 미세한 수준에서 대상에 주의를 기울이는 것을 포함하기 때문에 대상을 지각하고 인지하는데 다양한 마음상태가 필요함을 의미한다. 따라서 마음챙김은 네 가지 토대에 접근하고 이해하기 위해 감각적 지각(직접 경험)과 차별적 인식(관찰/분석)을 모두 계발하는 데 사용된다.

이런 관점은 마음챙김이 단지 위빳사나 수행이라고 주장하는 현대의 많은 학자와 또한 싸마타가 마음챙김과 완전히 다른 수행이라는 주장에 대한 직접적인 도전이다. 더욱이 분별력 있는 싸마타와 위빳사나를 구별한다고 해서 마음챙김을 싸마타와 다르다고 말해서는 안된다.(Sujato, 2003)

CM과 MBSR 사이의 몇 가지 기본적인 차이점

지난 10년 동안 연구자와 임상가가 MBSR을 세속화하고 단순화하려는 노력은 마음챙김을 마음챙김 자체의 기능, 즉 주의를 기울이고 경험의 매 순간을 인식하는 행위와 동일시하는 결과를 낳았다.(Roemer & Orsillo, 2002) 그러나 마음챙김을 단순히 매 경험에 대해 알아차리는 상태로 이해하는 것은 경전에서 제시된 수행의 전통적인 복잡성과 잠재적 효과를 최소화할 위험이 있다. 따라서 MBSR 유형의 마음챙김 과 CM 기법 및 수행 간의 주요 차이점을 이해하는 것이 중요하다. 전통 문헌에서 마음챙김은 단순히 주의를 기울이고 관찰하는 기법으로만 묘사되는 것이 아니다. 그것은 각각 특정 기능과 목적을 가진 여러 과정 측면에서 훨씬 더 깊고 광범위하게 정의된다.(Thanissaro, 1997) 따라서 마음챙김을 주의와 마음챙김 수행으로 정의하는 것은 오해의 소지가 있다. 마음챙김은 그 자체가 목적이 아니고 수행자가 장단기 목표를 달성하기 위해 점점 더 복잡한 정신 과정을 수행할 수 있도록 하는 지각 기술 수준을 습득하는 수단이다.

반대로 MBSR은 마음챙김을 비판단적인 방식으로 현재 순간에 일어나는 모든 것을 알아차리는 과정으로 정의한다. 현재 순간에 대한 비판단적 자각이 수행의 본질이라고 주장함으로써 마음챙김 수행자가 노력해야 할 목표가 있다는 생각은 거부된다.(Baer, 2003; Roemer & Orsillo, 2003) 비판단적인 방식으로 전개되는 사건을 관찰하는 것은 그 과정이 습관적이고 반응적인 반응 방식의 대안이기 때문에 확실히 유익하다. 그러나 불교심리학에 따르면 변화는 역기능적인 생각, 감정, 행동이 감소하고 그에 상응하는 기능이 증가할 때만 일어날 수 있다. 비판단적 인식은 그러한 인식이 부정적인 사고, 감정, 행동을 어느 정도 완화할 수 있지만 깊이 뿌리박힌 사고, 감정, 및 행동을 변경하는 메커니즘을 가지고 있지 않다. 불교도는 비판단적인 마음챙김을 휴식 및 긍정적인 마음을 갖는 것과 매우 유사한 인식으로 간주한다. 그러나 이것들이 일종의 제한된 치료 효과를 발휘할지는 몰라도 정신병리를 유지하는 근본적인 왜곡된 생각과 신념을 바꿀 수 있는 능력은 확실히 지니고 있지 않다.

현대의 마음챙김과 고전적 마음챙김은 마음챙김의 성질에서도 다르다. 현대의 버전은 마음챙김 수행을 인지 및 정동적 기능과 연관시킨다. 몇몇 저자는 마음챙김을 수용과 동일시하는 반면, 다른 저자는 이를 메타 인지 과정으로 설명한다.(Wells, 2002) 이 버전에서 피험자는 음악을 기분 좋은 소리로만, 생각은 생각으로만 받아들이고 사실이 아닌 인지 과정으로 여기라고 지시받는다.(Brown & Ryan, 2004) 반면에 CM은 주로 상위의 자각을 향한 마음챙김 과정이다. 지각은 사건에 대한 순수한 경험을 포함한다. 따라서 경찰 사이렌은 그 소리가 시끄럽거나 위협적이거나 경찰차에서 나오는 소리와 연관시키고 한정하지 않는 단순한 소리이다. 인지과정이 지각 과정으로서 주의와 마음챙김을 발전시키려는 노력을 억제하기 때문에 "그것은 단지 생각일 뿐, 사실이 아니다."와 같은 마음챙김과 관련된 모든 형태의 인지 과정은 권장되지 않는다. 생각과 느낌(정동, 정서, 감각)을 반복적으로 관찰하면 "생각은 사실이 아니다", 또는 "내가 나쁜 사람이라는 느낌은 단순한 생각일 뿐" 등과 같은 인지적 통찰로 이어질 것이라는 불교적 입장은 있을 수 없다. 그러한 인식은 기껏해야 긍정적인 언명의 유익함이 있을 수 있지만 뿌리 깊은 비기능적 신념, 예를 들어 생각이 사실이 아님을 변화시킬 수 없는 지적 이해이다. 불교심리학에 따르면 생각이 사실이 아님을 진정으로 확신하기 위해서는 생각이 사실이 아니라는 간단한 언명을 반복함으로써 변하지 않을 것 같은 근본적인 신념에 도전해야 한다.

현대판 마음챙김에 관한 CBT 문헌은 주의와 마음챙김 사이에 명확한 구분이 없으며 이로 인해 마음챙김의 본질에 대해 상당한 혼란을 초래했다. 연구자들은 주의와 마음챙김에 대한 명확한 정의를 제공하지 못했을 뿐만 아니라 이 둘을 서로 바꾸어 사용할 수도 있다.(Baer, 2004; Bishop, Lau, Shapiro, Carlson, Anderson 등, 2004) 마음챙김을 정의하려는 노력에서 저자 그룹은 마음챙김을 어떤 경우에 집중된 주의라고 설명하고 다른 경우에는 의식 분야에서 발생하는 모든 경험에 대한 초대 및 마음챙김으로 설명한다. 브라운과 리안(Brown and Ryan)은 초대받은 동안 호흡에 전적으로 주의집중하면서 동시에 불필요한 생각과 감정을 알아차리는 것이 불가능함을 올바르게 지적했다.

전통 불교 문헌에서 주의란 하나의 기능으로서 일정 시간 동안 다른 경험을 배제하고 선택된 대상에만 집중하는 행위를 의미한다. 하나의 상태로서 그것은 좁고 집중되어 있다. 기능으로서의 마음챙김은 관찰하는 행위인 반면, 상태로서의 그것은 넉넉히 담아낼 수 있는 포괄적이고 확장적인 것이다.(Rabten, 1992) 티즈데일, 시걸, 웰스(Teasdale, Segal, Wells)와 같은 현대 연구자 및 임상가는 마음챙김을 메타 인지 기능 및 상태로 정의한다. 그러나 브라운과 리안(2004)은 마음챙김이 메타 인지 과정, 즉 다른 생각에 대한 인지나 사고로 간주될 수 있는지에 대한 의문을 제기했다. 그들은 마음챙김이 지각 과정이라고 주장한다. 고전 불교 문헌에 따르면 마음챙김의 초기 단계는 주로 지각 상태이지 메타 인지 상태는 아니다. 그러나 마음챙김의 첫 번째 단계를 통해 획득된 경험을 부호화하기 위해 브라운과 리안(2004)이 제안한 것과는 반대로 후기 단계의 CM은 메타 인지 과정을 복원한다. 마음챙김의 통합적 부분으로서 메타 인지 또는 분리된 차별적 관찰의 필요성은 사띠빳타나 문헌에서 언급된 마음챙 김의 네 번째 토대에서 분명해진다. 네 번째 토대(마음의 내용물)는 이전 토대(마음, 신체적 감정, 신체)보다 더 미세하고 추상적이기 때문에 지각적이거나 직접적인 경험을 통해서는 알 수 없으며, 따라서 차별적 과정이라는 수단을 통해 접근할 수 있다.

 MBSR 마음챙김과 CM의 주요 차이는 마음챙김의 특징 또는 기능으 로 받아들여지는 것에 관한 것이다. 마음챙김에 대한 MBSR의 정의, 예를 들어 비숍(Bishop, 2004) 등이 제안한 대로 수용(acceptance)을 마음챙김의 두 가지 핵심 특징 및 기능 중 하나로 가정할 수 있다. 이 구상은 고전적이지 않다. 수용은 마음챙김의 첫 번째 목표인 직접적 인 지각 경험의 배양을 방해하는 선입견이기 때문에 마음챙김의 전통 이론 및 실천에 위배된다. 당연하게도, 주의 및 마음챙김과는 별개의 별도 구성물로서 마음챙김에서 수용의 중심성은 도전을 받아왔다. 요인분석에 따르면 수용은 주의와 마음챙김에 대해 별도의 이점을 제공하지 않으므로 마음챙김에서 기능적으로 중복되는 것으로 보인 다.(Brown & Ryan, 2004)

 상좌부 불교에서 마음챙김은 주의 대상에 대한 **직접적 경험**을 성취 하는 능력으로 특징지어진다.(Analayo, 2003) 이것은 순수한 경험을 방해하는 어떤 선입관, 사고, 태도, 감정적 톤 없이 대상이나 사건을 경험하는 것이다. 수용 및 MBSR의 비판단과 같은 모든 선입견을 지닌 가치는 대상에 대한 순수하고 온전한 경험에 참여하는 능력을 방해한다. 마음챙김 수행은 사람들이 **순수한 주의집중**(여기서는 직접적 경험과 동의어로 사용된다)을 계발할 수 있게 하여 이러한 모든 선입견이 대상 경험에서 제거되도록 한다. 경찰차의 "순수한" 소리를 경험하기 위해서는 그 소리에서 위협으로 주어진 의미를 제거해야 한다. 그래서 **마음챙김은 모든 선입견에서 벗어난다.** 마찬가지로 혐오감과 같은 부정적인 것을 경험하려면 그 감각을 있는 그대로 경험하기 위해 모든 투사를 제거해야 한다. 따라서 감각을 받아들이려는 의도도 그 순간에 있는 그대로의 감각 경험을 방해하기 때문에 억제되어야 한다.

MBSR의 기능으로 의식에서 발생하는 모든 경험에 개방적으로 되는 것 또한 CM 수행 지침과는 대조를 이룬다. 타닛사로(Thanissaro, 2002)는 판단과 반응 없이 일어나는 모든 경험에 대해 마음을 여는 능력은 마음챙김 훈련에서 훨씬 나중에 달성되므로 초기 훈련 단계에서 내담자는 기능적 대 비기능적 사고, 감정, 행동에 대해 자각적이어야만 한다고 말한다. 또한 개방성과 호기심은 주의집중과 마음챙김 기법의 계발을 방해할 수 있는 위험성이 있다. 마음챙김의 목표는 외부 자극에 대한 민감성을 줄이는 방법을 배우는 것이기 때문에 의식적 인식에서는 종종 접근할 수 없는 내부 자극에 접근하여 호기심을 자극하고 경험을 불러들이는 것은 마음챙김에서 극복하려고 하는 사고와 감정의 내용물에 대한 집착을 증가시킬 가능성이 높다.

베어(Baer, 2003)와 같은 연구자들은 마음챙김은 특별한 목표 없이 노력하지 않는 상태라고 제안한다. 그녀는 그러한 접근 방식의 치료적

이점이 목표를 향해 노력하는 습관적인 과정과 요구에 대한 대안이라고 주장한다. 그러나 CM은 마음챙김 수행의 다양한 단계에서 구체적인 목표를 가지고 있다.(Bodhi, 2006) 모든 불교의 가르침은 불선함(사고, 감정, 행위)을 제거하고 건전한 것으로 대체한다는 명시적인 전반적 목표를 갖고 있다. 결과적으로 마음챙김의 모든 주요 측면에는 특정 목표, 이를 달성하기 위한 수단 및 결과를 평가하는 방법을 식별하는 것이 포함된다.

MBSR과 다른 형태의 서구식 마음챙김은 현 순간 경험의 중심성을 강조한다. 뢰머와 오실로(Roemer & Orsillo, 2002)는 심지어 마음챙김 명상을 하는 동안 과거의 기억과 미래의 두려움을 피해야 한다고 제안하기까지 한다. 수행자는 호흡이 주의집중과 마음챙김을 계발하는 닻으로 사용되는 동안 모든 과거, 현재, 미래의 경험은 방해물로 취급한다. 이로써 그러한 경험을 찾아내고 이름을 붙인 다음 호흡의 주의집중과 마음챙김으로 돌아간다. 반면에 CM은 현재, 과거, 미래의 경험에 대한 마음챙김을 포함한다. CM에서 현재 순간에 현존한다는 것은 호흡에 대한 주의와 마음챙김 중에 일어나는 모든 내용을 알아차리는 것으로 이해된다. 사실 억누르려고 해도 과거와 미래의 경험은 저자들이 제거하려는 바로 그 문제인 불안을 오히려 부정적으로 강화하는 것으로 작용할 수 있다.

현대의 저자들은 마음챙김이 정서적 경험과 조절을 촉진한다고 제안했다. 헤이즈와 펠드만(Heyes & Feldman, 2004)은 마음챙김을 기분을 조절하고 정동의 명료성을 증강하는 균형 잡힌 정서적 기법으로 간주한다. 그들은 그것을 극복하는 방법으로 정서의 완전한 힘을 느끼기 위해 마음챙김이 어떻게 사용될 수 있는지 설명하고자 쇠드론 (Chödron, 2001)과 같은 교사들의 말을 인용한다. 카밧-진(2000)과 마찬가지로 리네한(Linehan, 1993)은 마음챙김이 자애와 같은 정동과 관련된 수행이라고 암시한다. 그러나 불교 문헌에서 자비와 같은 정동적 상태를 탐구하는 것은 마음챙김 기법이 계발된 후에야 도입되는 완전히 별개의 수행이다.(Pabongka, 1997) 온 힘을 다해 강렬한 감정을 체험하고자 마음챙김을 활용하는 것은 금기사항이다. 이는 마음챙김의 기본 목표인 지속적인 주의집중과 계발을 방해할 수 있다는 단순한 이유 때문이다. CM에서 정동이 일어나면 관찰되고 즉시 느낌으로 표시된다. 그 후에 내담자는 호흡을 경험하는 주요 과제로 돌아간다. 목표는 감정의 발생을 관찰하고 감정을 자극한 요인과 후속 결과를 즉시 식별하는 것이다. 이렇게 정서적 유발 요인과 결과에 대해 얻은 경험적 통찰력은 습관적인 반응 패턴을 새롭게 조절하고 적응적 반응 방식을 증가시키는 데 도움이 된다.

CM에 대한 소개

지난 몇 년 동안 마음챙김을 조작적으로 정의하기 위한 공동 노력의 일환으로 마음챙김을 측정하는 많은 도구가 생겨났다. 그들 중 일부는 복잡한 개념과 마음챙김 수행에 대한 지식이 거의 없는 사람에 의해 만들어졌다.(Grossman, 2008) 그들 대부분은 마음챙김이 주의집중과 매우 유사한 구조라고 가정한다. 그러나 마음챙김을 정신적 구조나 기능으로 취급하는 것은 오해 이상의 결과를 초래한다. 마음챙김을 한층 잘 이해하기 위해서는 원래 불교 경전에서 마음챙김이 사용되고 이해되는 다양한 맥락을 정리하는 것이 중요하다. 상기 (recall)나 기억(retention)의 기능으로서, 마음챙김(사띠 sati)은 주의 의 정신적 구조물과 매우 유사한 정신적 구성물로 이해된다.(Rabten, 1992) 반면에 경에서 네 가지 토대의 맥락에서 마음챙김(사띠)을 설명 할 때 마음챙김은 집중의 도움으로 직접적인 경험을 산출하기 위해 호흡 기술을 사용하는 수행으로 설명한다. 이것은 한편으로는 직접 적인 경험에 익숙한 초기 토대를 알고 다른 한편으로는 후속 토대를 이해하기 위해 차별적 관찰/분석의 도움으로 통찰을 계발하는 것이 다.(Thanissaro, 2000) 수행으로서 마음챙김은 그 다양한 구성물과 과정을 제외하고는 정신분석이나 CBT처럼 조작적으로 운용될 수 없다.

직접적인 경험은 일상적인 일이고 우리 모두 매일 반복적으로 경험하지만, 너무 덧없는 경험이기 때문에 우리는 그 경험을 알아차리 지 못한다. 마음챙김은 수행자가 경험에 주의를 기울이고 직접 경험을 알아차려서 비적응적인 사고, 감정, 행위를 적응적인 것으로 수정하 게끔 훈련하도록 설계되었다. 분별적 관찰도 일반적인 경험이다. 그러나 일반적으로 우리의 차별적 관찰은 인지 편향으로 심하게 물들 어 있다. 마음챙김의 통찰적 측면은 관찰 기술을 개선하는 방법을 가르치기 위해 고안되었다. 이를 위해서는 평가 과정을 억제하고 사건 전개를 분별력 있게 관찰하며 동일한 과정이 반복해서 일어날 때 결론을 내리는 능력이 필요하다. 어떤 사람이 비판적인 발언을 했기 때문에 누군가를 비판적이라고 즉각 결론짓는 대신, 의견을 형성하기 전에 추가적 증거를 차별적으로 관찰하는 법을 배운다.

임상 경험을 바탕으로 저자는 마음챙김의 적용을 비특정 개입보다는 기술 기반 개입(a skill-based intervention)으로 권장한다. 본 저자는 CM과 연관된 몇 가지 과정을 제안한다. 즉 주의, 마음챙김, 이름 붙이기, 노출, 위협적 자극과 거리두기, 차별적 관찰/분석이 그것이다. 첫 다섯 가지 기술은 직접적인 경험을 계발하기 위해 주의와 마음챙김을 사용하는 첫 번째 단계와 관련이 있는 반면, 나머지 기법은 통찰을 계발하는 것과 연관되어 있다. 환자는 숙련/기술(mastery/skill) 수준을 획득할 때까지 각 과정에서 훈련을 받는다. 일단 기술을 습득하면 이것을 목표 증상에 적용할 수 있게 훈련한다. 이러한 기법의 장점은 습득하자마자 기술을 사용하지 않아도 된다는 점이다. 환자는 이제 자신의 특정한 필요와 성향에 가장 적합한 방식으로 기술을 적용할 수 있는 유연성과 적응성을 갖게 되었다.

기법 기반 마음챙김의 또 다른 장점은 특정 기술을 특정 임상 증상과 일치시키고 측정하여 그 효과를 결정할 수 있다는 것이다. 예를 들어 위협적인 자극에서 멀어지는 기법은 위협적 자극에 대한 선택적 주의를 줄이기 위해 적용될 수 있으며 "스트룹(Stroop)" 검사와 "도트 프로브(Dot Probe)" 검사로 평가할 수 있다. 마찬가지로 위협적인 자극에 대한 습관화 기술은 위협적 자극을 회피하는 강도를 줄이는 데 사용되고, "활동 및 수용 척도(Action and Acceptance Scale)"로 측정할 수 있다.

CM에 관한 여섯 가지 과정과 기술

CM 과정과 관련된 여섯 가지 과정 및 기술은 주의집중, 마음챙김, 이름 붙이기, 개방적 노출, 위협적 자극과 거리두기, 차별적인 관찰/분석이다.

1. **주의집중**: 주의집중은 다른 모든 것을 배제하고 단일 대상에 집중하는 훈련이다. 목표는 장기간에 걸쳐 대상 물체 전체에 집중할 수 있는 능력을 증가시키면서 점차 다른 자극에 대한 산만함을 줄이는 것이다. 그 목적은 주의 대상 전체에 대한 전면적 참여를 촉진하기 위해 지속적인 관심을 적용하는 기술을 계발하는 것이다. 직접적인 경험, 즉 대상의 총체성에 관여하는 것은 대상의 특정 실제 또는 인식된 특징이나 특성에 대한 선택적 주의를 줄이는 데 도움이 된다. 예를 들어 불안증 환자는 위협 발생 가능성이 매우 낮음에도 불구하고 상황의 위협적인 측면에 즉각 선택적으로 집중하는 경향이 있다. 지속적인 주의력을 사용하여 자극의 총체성에 관여하는 반복 훈련은 환자가 경험의 총체성을 경험하는 맥락에서 위협적인 측면을 경험하는 데 도움이 될 것이다.

2. **마음챙김**: 상태로서의 마음챙김은 확장된 넓이, 즉 의식의 능력을 경험하는 것을 말한다. 마음챙김 훈련은 공간의 외부 및 내부 영역을 발생시킨다. 여기에는 정신적 유연성과 적응성을 촉진하는 수용 능력이 포함된다. 이러한 상태는 환자가 혐오하는 자극을 즉시 배척하는 습관적인 패턴에 의존하기보다는 혐오스러운 경험을 포함한 경험을 담아내는 데 도움이 된다. 경험을 담아내고 유지할 수

없다면 처리가 불가능하다. 현미경 아래 슬라이드에 안정적으로 위치시켜야 하는 혈액샘플처럼, 검사를 가능하게 하려면 불안을 자각해야 한다. 배척해 버린 불안한 생각 또는 감정은 접근하거나 처리할 수 없다. 그것은 먼저 의식 속에서 안정적으로 붙잡고 있어야 할 필요가 있다.

3. **이름 붙이기**: 주의력과 인식을 유지하기 위한 훈련 중에 산만함이 발생하면 그에 따라 이름이 지정된다. 그러나 사고와 감정 내용에는 이름을 붙이지 않고 그 내용을 만들어내는 정신적 과정에 이름을 붙인다. 따라서 불안한 사고의 내용에 "나는 실패할거야."라는 이름표를 붙이는 대신, "생각"이라는 생각을 생성하는 과정에 이름표를 붙인다. 사고, 느낌, 정서, 감지, 행위 등과 같은 정신적 과정에 이름을 붙임으로써 내담자는 내용을 생성하는 것이 정신적 과정이라는 것을 인식하는 법을 배우고, 생각과 느낌을 바꿈으로써 사고와 감정 내용이 바뀐다는 것을 깨닫는다. 반면에 "나는 실패할거야."와 같은 내용을 실패에 대한 생각으로 표시하는 것은 연상적 사고를 생성할 가능성이 높다. 즉 "다음에 무슨 일이 일어날까?" 또는 "내가 거절당할까?" 등의 반응을 보이면서 부적응적 사고와 감정에 점점 더 집착하게 된다.

4. **개방적 노출**: 마음챙김의 주변 영역에서 2차적 위협의 존재를 용인하는 법을 배우면서 위협적인 자극 전체와 반복적으로 직접 관여하게 되면 습관화를 계발하는 데 도움이 된다. 개방적 노출은 유연한 과정이다. 환자가 위협에 대한 지속적 노출을 시도하는 동안 주의를 산만하게 하는 일이 발생하면, 그는 주 위협으로 돌아가기 전에 그

어떤 산만한 일에라도 관여하여 그에 따라 이름붙이기를 해야 한다. 마음챙김 노출은 두려움을 없애려고 하기보다 내담자를 1차 및 2차 위협 자극에 익숙해지게 한다. 실제로 이것은 위협적인 자극이 있을 때 방해받지 않고 주요 작업에 주의를 기울이는 학습 과정이다.

5. **위협적 자극과 거리두기**: 내담자가 위협적인 자극 전체에 직접 관여하도록 도와줌으로써 내담자는 1차적 위협과 다른 2차적 위협에 익숙해지게 된다. 습관화는 차례로 위협적인 자극과 이로 인한 후속적 경험의 간섭으로부터 멀어지게끔 도와준다. 이전 자극에서 멀어지는 것이 가능해지면 새로운 자극에 완전히 적응하는 데 도움이 되며, 이전의 위협적인 자극이 활동을 방해할 가능성을 줄임으로써 완전히 참여하는 데 도움이 된다.

6. **차별적 관찰/분석**: 불안을 알기 위한 방법으로 직접 경험에 참여한 환자는 직접 경험을 통해 불안에 대해 배운 것을 차별적으로 관찰하고 분석하는 평가 과정을 복원한다. 직접적인 경험에서 얻은 지식은 학습 내용에 대한 개념을 계발할 수 있는 차별적 관찰과 분석을 필요로 한다. 직접적인 경험적 지식을 개념으로 부호화하면 이를 다른 관련 개념과 결합하여 성장을 촉진하고, 이는 시행착오의 "행동 실험"으로 검증할 수 있는 개념의 공식화로 이어진다.

정기적인 마음챙김 수행을 통해 이 여섯 가지 과정이 기법으로 다듬어진다. 환자에게 기대되는 숙달 수준은 비임상 개인에게서 기대되는 수준과 유의미하게 달라야 한다. 필요에 따라 직접 경험과 통찰의 두 단계를 임상적으로 적용하는 순서는 임상 상황에서 뒤바뀔 수 있다. 일부 환자의 경우 직접 경험을 도입하기 전에 장애에 대한 차별적 관찰/분석을 적용하는 방법을 가르쳐야 할 수도 있다. 또한 공원 산책과 같은 일상적인 개별 활동에 참여할 때뿐만 아니라 다른 사람과 상호작용하면서 대인 활동에 참여할 때도 차별적 관찰이 적용될 수 있다.

CBT와 대인관계 정신 치료에 의한 GAD 치료: 간략한 검토

"마음챙김 기반" 접근 방식과 같은 좁은 범위의 "수입된" 치료에 의존하는 대신, 마음챙김을 적용하는 전통적인 불교 방식도 증거 기반 연구의 틀에서 체계적으로 평가하게 되면 GAD(범불안 장애, Generalized Anxiety Disorder) 치료를 위한 마음챙김 적용이 진전될 것이다. CBT를 보완하기 위해 설계된 CM 전략은 GAD 증상을 목표로 삼을 수 있는 강력한 이론적 잠재력을 지니고 있으며 MBSR 접근 방식과 대조를 이룬다. 사례 연구는 CM의 구체적인 방법을 보여준다. 저자는 이것이 GAD를 치료하기 위해 CM 및 CBT 통합 접근 방식을 소개하는 첫 시도라고 생각한다. CM은 지금까지 적절하게 제어되지 않았던 GAD의 기능을 잘 관리하기 때문에 잠재적으로 유익한 방법이다.

지난 20년 동안의 연구 결과에 따르면 GAD에 대한 CBT는 여러 개발 단계를 거쳐 점진적으로 발전해 GAD의 유발인자와 지속요인을 더 잘 이해할 수 있게 되었다. 초기 단계에서 GAD는 원래 임상적 우울증을 치료하기 위해 고안된 벡(Beck)의 인지 요법으로 치료하게끔 고안되었다. 치료가 GAD에 특정적인 것은 아니다.(Leahy, 2004) 보코벡, 로빈슨, 프루진스키, 드프레(Borkovec, Robinson, Pruzinsky, and DePree, 1983)는 GAD에 특화된 CBT 프로토콜을 최초로 개발한 사람들 가운데 하나였다. 그들은 GAD의 핵심적인 증상인 과도하고, 통제할 수 없고 만연한 범발성 근심을 찾아냈고 특별히 GAD 증상을 목표로 하는 일반 CBT 접근법을 변형 고안했다. 여기에는 실제 정서적 괴로움과 미래로 향한 위협 사건을 회피하는 전략이 포함되었다. 그러나 제어할 수 없는 근심을 줄이고 규제하는 CBT의 가치는 한정적인 것으로 밝혀졌다. GAD 환자는 끊임없이 근심의 대양을 발견한다.(Dugas, 2000) 웰스(Wells, 1995)는 GAD에 대한 CBT의 빈약한 결과는 CBT가 소위 "I 유형 근심"인 근심의 내용만을 목표로 하고, 소위 "II 유형 근심"인 "근심에 대한 근심"과 같은 메타 인지적 신념을 다루지 못한 결과라고 제안했다. 메타 인지적 신념과 수반되는 행동을 바꾸는 것은 CBT 효과에 매우 중요하다. 그에 따르면 근심에 대한 부정적인 메타 신념으로 이끄는 것은 환자가 근심을 위협적인 사고, 감정, 행위를 회피하기 위한 대처전략으로 습관적으로 사용하는 것이다. 계획과 문제 해결을 통해 "I 유형 근심"을 해결하는 데 실패하면 결과적으로 정서적 고통과 처리 문제를 야기하여 근심에 대한 근심을 촉발한다. 그 결과 불안을 강조하는 위협 평가가 증가한다. 환자는 불안을 해소하는 수단으로 "I 유형 근심"으로 되돌아감으로써 근심을 강화하는 피드백 루프를 창출한다. 예비 연구에 따르면 메타 인지 평가 및 신념을 목표로 하는 것이 범불안 장애 치료에 효과적이다.

두가스, 개그논, 라두서(Dugas, Gagnon, Ladouceur, 1998)는 조절할 수 없는 근심의 원인을 치료하는 것이 GAD의 성공적인 치료에 핵심적이라고 주장한다. 웰스가 설명한 바와 같은 근심의 유지 요인에 초점을 맞추는 대신 그들은 "불확실성을 인내하지 못함"이 조절할 수 없는 불안의 핵심적 원인이라고 제시한다. 만성 환자는 미래의 위협에 대한 불확실성에 직면하기보다는 부정적인 결과를 경험하는 것을 선호한다. 따라서 그들은 확실성과 예측 가능성에 대한 환상을 만든다. 모든 GAD 환자와 마찬가지로 이 환자들은 사건을 피함으로써 위협이 발생하지 않는 전술을 사용한다. 또한 그것을 근심이 위협을 방지하는 데 도움이 되는 증거로 간주한다. CBT 개입이 GAD 환자가 인지 재구축과 노출을 통해 두려운 결과에 대한 보다 현실적인 확률값을 높이는 데 도움이 되지만 이러한 인과 요인을 다루는 것은 성공적인 치료에 핵심적이다.

정서적 처리와 대인관계 갈등이 GAD와 관련이 있다는 증거가 증가하고 있다. 연구에 따르면 GAD 환자는 대인관계 문제를 근심의 주요 원인으로 평가한다.(Borkovec 등, 1983) 또 다른 연구에서 GAD 환자는 GAD가 없는 환자보다 1차 양육자에게 더 불안정한 애착을 보고했다.(Lichtenstein & Cassidy, 1991) 다른 연구에서는 GAD 환자가 GAD가 없는 환자에 비해 주로 친구 및 가족과의 초기 트라우마 경험을 연관시킨다는 증거를 보여준다. (Molina, Roemer, Borkovec, & Posa, 1992) 이러한 자료를 기반으로 임상가는 세 가지 주요 방향으로 분기되는 GAD에 대한 대인관계 정신 치료를 개발했다. 첫 번째는 GAD에 대한 표준화된 대인관계 지향 정신 역동 치료 모델의 연구이다.(Crits-Christoph, Gibbons, & Crits-Christoph, 2004) 두 번째는 대인관계, 정신 역동 및 CBT 통합 치료 프로토콜의 표준화된 모델이다. (Newman, Castonguay, Borkovec, & Molnar, 2004) 세 번째는 CBT 정서처리 개입이다.(Moses & Barlow, 2006) 첫 두 모델은 유아기의 애착 패턴을 질환의 원인으로 추적하면서 GAD 이해를 자신과 타인의 개인적 핵심 관점의 기초 역할을 하는 대인관계 관점에 둔다.

첫 **번째 모델**의 가정은 다음과 같다. 즉 GAD는 어린 시절의 위협에 뿌리를 두고 있고 이것이 자신과 타인에 대한 기본적인 소망, 기대, 신념, 감정의 형성으로 이어지는 경험을 갖는다. 이것은 안전, 신뢰, 안정, 사랑의 욕구와 연관성을 지닌다. 그러나 환자가 이러한 욕구와 연관될 때 (거부, 방기, 학대에 대한) 공포가 활성화되어 과정이 중단된다. 공포가 너무 격심해서 위협을 촉발하는 불안뿐만 아니라 고통스러운 것으로 경험되는 충족되지 못한 긍정적인 욕구도 피한다. 이러한 역동적 도식은 환자의 미래 인간관계의 본보기가 된다. 두 **번째 모델**은 CBT와 정신 역동 원리 및 치료를 통합한 것이다. 여기서는 기능적 분석을 통해 위험의 감정적, 대인 관계적 원인과 학습된 회피를 식별한다. 이것들은 이후 소크라테스식 질문, 정서적 노출, 모델링과 기법 훈련을 포함하는 치료 전략에 의해 체계적 목표로 설정되며, 연구를 촉진하기 위해 대인관계 및 CBT 개입의 시퀀스에 적용된다. 단독 CBT 패키지에 비해 정신 역동적 구성요소와 함께 도입된 CBT는 훨씬 더 유의미한 결과를 가져왔다.(Newman 등, 2004; Newman, Castonguagy, & Borkovec, 1999) 이러한 초기 연구 결과를 확정하기 위해서는 한층 더 광범위한 연구가 필요하다. 세 **번째 모델**은 CBT와 일치한다. 모세스와 발로우(Moses and Barlow, 2006)는 GAD를 구조화된 방식으로 다루면서 정서적 조절장애가 기능에 영향을 미칠 뿐만 아니라 GAD와도 관련이 있다는 것을 시사하고 있다. 이것은 정서적 억압과 부적응 방식이 종종 부정적 결과를 낳는다는 것을 보여주는 연구와 일치한다. 저자들에 따르면 표준적인 정서 조절 접근법은 다양한 정서 장애를 치료하는 데 사용될 수 있다. 그들은 치료의 세 가지 단계를 식별한다. (1) 왜곡된 인지 평가의 재구성, (2) 정서적 조절 장애에 기반을 둔 행위 식별 및 치료, (3) 정서적 표현과 처리를 촉진하기 위해 노출에 대한 정서적 회피를 목표로 설정하는 것이다.

초기 정신분석 문헌에서는 불안에 대해 다양한 설명을 한다. 프로이트의 초기 설명은 유아기의 성적 억압을 탐구하고 있고 이후 불안의 신호 이론이 뒤따른다. 후속 분석가들은 불안의 정신 역동적 기반에 대해 더 자세히 설명했다. 호나이(Homey, 1950), 설리반(Sullivan, 1953), 프롬-라이히만(Fromm-Reichmann, 1955)은 불안에 대한 대인 관계 관점을 제시했다. 페어베인(Fairbain, 1952)과 같은 대상관계학파 임상가에게 불안은 유아기의 의존(삼켜지는 것에 대한 공포)과 정체성의 두려운 상실감 사이의 분리 갈등에 뿌리를 두고 있다. 반면 클라인(Klein, 1975)은 불안의 뿌리가 1차 돌보미의 애정을 불러일으키지 못해 생기는 박해받는 느낌과 이로 인해 손상된 관계를 회복할 능력이 없다는 느낌에 있다고 제시했다. 정신 역동적 관점에서 GAD가 애착 문제에 뿌리를 둔 정서적 조절장애의 기본 가정 위에서 치료될 수 있을지 의심스럽다. 정신 역동 진단 매뉴얼(2006)에 따르면 GAD는 장애의 중증 정도에 따라 신호, 분리, 도덕 및 소멸 요인을 포함하는 복합적 상태이다. CBT와 대인관계 전략에만 전적으로 의존하는 것은 불안과 관련된 근본 요인을 해결하는 데 적합하지 않을 수 있다.

요약하면, 광범위한 CBT-GAD 연구에서 분명하게 여러 주요 고려 사항이 나타난다. 우선 인지적, 언어 기반 및 재구조화 전략은 GAD의 주요증상인 통제할 수 없는 근심을 감소시키는 데 한계가 있는 것으로 보인다. 둘째, 불안을 지속시키는 불확실성에 대한 인내 상실, 불안 경험 회피, 위협적 자극과 거리두기는 이용 가능한 전략으로 적절하게 다루어지지 않고 있다. 셋째, 애착 문제와 관련된 대인관계 요인은 GAD의 포괄적 치료에서 다루어야 할 중요한 것으로 보인다.

GAD 치료에서 마음챙김 내용 연구 검토 및 고려사항

마음챙김을 치료 패키지의 구성요소로 사용하는 가장 널리 알려지고 연구된 형태는 MBSR이다.(Kabat-Zinn, 1990) MBSR은 서양식 사고방식에 맞게 수정된 형태의 통찰(위빳사나) 수행을 사용한다. 다양한 연구에서 광범위한 의학적, 정신과적 상태에 대한 MBSR의 효능이 나타났다.(예를 들어 Segal, Williams & Tesdale, 2002; Bishop 등, 2004) GAD를 포함한 다양한 불안 장애에 대한 MBSR의 효과에 대한 첫 연구에서 카밧-진, 메션, 크리스텔러, 페터슨, 플레쳐(Kabat-Zinn, Massion, Kristeller, Peterson, Fletcher 외, 1992)는 22명 환자를 대상으로 비대조군 연구를 시행했다. 그 결과 그들은 치료 후와 3개월 추적 검사(모두 불안증상을 컴퓨터를 이용한 가상으로 진행함)를 통해 (거의 모든 보고된 불안 증상에 대해) 불안과 우울증의 몇 가지 표준 척도에서 유의미한 개선을 보였다. 동일 참가자에 대한 3년 후 추적 검사 연구에서도 치료 효과가 유지되었음을 보여주었다.(Miller, Fletcher

& Kabat-Zinn, 1995) 그러나 GAD에 대한 결과는 다른 장애만큼 유의미한 결과를 보이지 않았으며 연구에는 능동적 대조군 그룹에 대한 통제가 부족했다. 실험 설계의 제약으로 인해 치료 결과가 MBSR에 기인한 것인지는 문제로 남는다. 더욱이 건선(乾癬, psoriasis) 연구에서 불안과 우울증에 대한 MBSR의 상호작용 효과를 결정하기 위해 능동적 대조군이 포함되었을 때도 유의미한 결과를 보이지 않았다.(Toneatto & Nguyen, 2007; Kabat-Zinn, Wheeler, Light, Skillings, Scharf 등 1998)

4명의 GAD 환자에서 마음챙김과 CBT를 결합한 연구(Roemer, Orisollo, & Barlow 2003)는 치료 전후에 유의미한 결과를 보여주었다. 그런데도 그 자료는 환자들이 치료 후에도 개별적으로 중간 수준의 GAD 증상을 계속해서 경험했음을 나타낸다. 이러한 점은 사용된 마음챙김이 GAD에 대해서 CBT의 부분적 감소와 관련된 어떤 것을 추가했는지 여부에 대한 의문을 제기한다. 뢰머 등(Roemer, et al., 2003)은 회피가 GAD의 근본적 문제이며 GAD의 핵심적 다른 주요 증상을 최소화하거나 무시한다는 점에서 다음과 같은 점을 포함한다. (a) 근심의 과도하고 만연하며 통제할 수 없는 특성, (b) 근심과 불안의 유지 요인, 예를 들어 근심의 역할에 대한 긍정적이고 부정적인 신념과 가정, (c) 위협적인 자극에 대한 선택적인 주의, (d) 양면성과 불확실성에 대한 인내 부족, (e) GAD의 바탕을 이루는 정서적 조절 장애와 대인관계 갈등에 대한 증거의 증대.

불안의 수용을 극명하게 강조하는 수정된 버전의 MBSR을 통합한 수용 및 전념 치료(Acceptance and Commitment Therapy; ACT)는 여러 결과 측정에서 유의미한 개선점을 보였다. 그렇지만 GAD에서 마음챙김의 효과를 확증하기 위해서는 더 많은 연구가 필요하다는 결론이다.(Hayes, Strosahl, & Wilson, 1999) GAD를 치료하는 데 있어 마음챙김의 잠재력을 감안할 때, 많은 불안 연구자들은 GAD의 기본 과정이 ACT와 MBSR에 의해 증상 감소에 이르게 될 것이라고 이론화했다.(Roemer & Orsillo, 2002; Wells, 2002; Hayes & Feldman, 2004) GAD에 대한 마음챙김 치료의 주요 이점은 다음 네 가지 범주로 요약된다. (a) 수용, (b) 주의집중과 마음챙김, (c) 인지 변화, (d) 현 순간의 경험. GAD 치료 관련, 마음챙김에 관한 기존 문헌 비평은 다음과 같다.

마음챙김의 주요 치료 수단으로 확인된 수용은 현 순간 경험에 대한 경험적 개방성을 보이는 비판단적, 비평가적인 상태를 말한다.(Hayes, 2002; Bishop, 2004 등) 환자에게 어떤 특별한 훈련 없이 이러한 개방적인 상태를 받아들이게끔 지도함으로써 마음챙김은 인지 또는 자기대화 전략이 된다. 뢰머 등(Roemer, et al., 2003)은 수용과 마음챙김을 결합하여 GAD 증상의 1차군 증상, 즉 경험적 회피를 대상으로 하는 CBT 프로토콜을 만들었다. 수용은 ACT 이론(내적 경험을 통제하려는 습관성 시도가 GAD의 주요 원인임)에 기초하여, 회피 패턴을 유지하는 불안을 탈피하고 대체할 가능성이 있는 부정적 경험과의 즉각적인 접촉을 촉진하는 대안적 반응으로 개념화된다. 좋고 나쁨이 아닌 위협을 있는 그대로 경험하려는 의지를 기르면 환자는 위협적인 사건을 견디는 법을 배운다. 견디는 힘이 향상되면 될수록 환자는 가치 있는 행동을 추구하고 참여하기가 더 용이해진다.(Roemer, et al., 2003) 그러나 수용이 공포와 미래로 정향된 위협과 구분이 될 수 있게 하는지에 대해서는 결론적인 증거가 없다. GAD와 연관하여 위협적인 정보에 대한 선택적인 주의집중을 연구한 결과를 보면 위협은 종종 자각 외부에서 작동하는 것을 알 수 있다.(Martin, Williams, & Clark, 191) 그러나 수용이 뿌리 깊은 신념과 의식적 회상에 접근할 수 없는 도식과 같은 불안 측면에 적절하게 접근하고 처리할 가능성은 거의 없다.

GAD 치료에서 수용의 개념적 기반은 크라스케(Craske)와 해즐렛-스티븐스(Hazlett-Stevens, 2002)에 의해 비판을 받았다. 그들은 GAD에 내재된 위협과 위험 신호를 단순히 받아들이는 것은 두려움을 위험에 대한 보호로 평가하는 인간의 성향과 충돌한다고 지적했다. 그들은 또한 수용이 뢰머(Roemer)와 오실로(Orsillo, 2002)의 전제, 즉 정신병리는 내적 경험을 통제하려는 시도에 뿌리를 두고 있다는 주장에 도전하는 또 다른 미묘한 형태의 통제가 될 수 있음을 제기한다. 불안 장애 치료에 있어 CBT 치료의 성공은 주로 통제에 기반한다. 뢰머와 오실로는 또한 마음챙김이 경직된 반응 방식을 한층 유연한 방식(단서, 반응 및 우발 상황에 대해 유연함)으로 대체한다고 제안한다. 또 다른 관점은 불안과 근심에 적용되는 정신적 유연성으로 인해 사고와 감정이 세련되어지고 이를 통해 이차적 과정을 억제하여 인지 경직성의 패턴을 줄이는 데 도움이 된다(Wells, 2002)는 것이다. 웰스, 마틴스(Wells, Martins) 및 기타 학자는 마음챙김을 통해 얻은 자각이 환자가 부정적이고 위협적인 자극에 반응하는 습관적 방식에서 벗어나도록 돕는다고 제안한다. 이러한 자각은 생각을 사실이라고 받아들이는 것보다 처리해야 할 정신적 사건이라고 보는 메타 인지 양태를 계발하는 데 도움이 된다. 그러나 그들은 습관적인 경험에서 벗어나는 방법을 익히는 것이 과도하고 만연하며 통제할 수 없는 근심과 불안을 줄이기 위해 어떻게 도움이 되는지 설명하지 않는다. GAD의 근심과 불안의 특성을 감안할 때 분리된 방식으로 관찰하는 것을 배우는 것이 일시적으로는 위안을 주지만 이완과 긍정적 인정의 효과와 비교해서 견고한 왜곡을 해체할 수 있는 것 같지는 않다.

다른 많은 저자들과 마찬가지로 오실로와 뢰머(2003)는 현 순간 경험에 대한 마음챙김이 미래로 향하는 위협의 불안을 감소시킨다고 주장한다. 현재 순간의 경험을 알아차리게끔 GAD 환자를 훈련하게 되면 미래의 두려운 사건에 대해 생각하지 않게 된다. 이는 (두려움을 불러일으키는 경직되고, 언어적이며 규칙 지배적인 인지과정과 달리) 환경 우발 상황에 유연하게 대응하는 방식을 개발함으로써 창출된다. 그러나 그들은 현 순간 경험에 집중하는 것이 어떻게 GAD 사고와 감정을 멈출 수 있는지 설명하지 않았다. 불안의 성질을 감안할 때 현재 순간 경험에 집중하고 미래로 향한 경험에 관여하는 것을 회피하는 것은 불안의 부정적 강화를 초래할 수 있다.

GAD에 대한 마음챙김의 치료적 이점에 대한 위의 비판은 마음챙김 접근법의 범위를 더 탐구하여 그 치료 잠재력이 완전히 실현될 수 있도록 해야 할 필요성을 강조한다. 그렇지만 아직까지 MBSR의 어떤 기능이 치료 효과를 나타내는지는 설명되고 있지 않다. 이것이 필자가 CM를 제시하는 이유이다. CM은 MBSR이나 CBT에서 검증된 다른 마음챙김 접근법을 대체하기 위한 것이 아니라 마음챙김을 확장하여 모든 불교 교리를 포함하도록 하려는 것이다.

GAD 증상 목표물 삼기

CM의 특정 방법인 CM 기법 훈련은 단독 또는 조합한 MBSR 또는 CBT보다 GAD를 효과적으로 완화할 수 있는 본질적으로 더 강력한 이론적 잠재력을 지니고 있다. 예를 들어 GAD의 주요 양상 중 하나는 통제할 수 없는 과도한 근심을 지속하게끔 하는 과도한 자기 언어화와 사고이다.(Freeston, Dugas, & Ladouceur, 1996) 논리적, 실증적 논쟁, 문제 해결 및 노출과 같은 CBT 전략은 환자가 다른 많은 위협 발생 가능성을 탐색함으로써 무심코 계속 근심하게끔 조장할 수 있다. 목표 자극에 지속적으로 참여하는 기술은 경험에 이름을 붙이는 경향을 억제하여 자기 언어화를 줄이는 데 도움이 될 수 있다. 경험의 총체성에 전적으로 참여하는 것은 과도한 자기 언어화를 억제한다. 뇌 영상 연구를 보면 과도한 언어화는 GAD를 지속시키는 주요 요인임을 확인할 수 있다. 이 연구들은 GAD 환자에서 좌측 하부 전두엽피질과 언어 영역의 과도한 활성화를 보여준다. 뇌 활동 감소는 CBT와 약물 치료 모두에 의해 일어날 수 있다. CBT에서 다루지 않는 GAD 기능은 중립적이고 유쾌한 자극을 배제하고 위협적 자극에 대한 주의를 제한하는 협소하고 수축되고 경직된 불안 상태이다. CBT 전략은 불안 상태가 경직되고 선택적 주의집중(위협적 자극)에 국한될 때 GAD 환자의 근심과 불안을 줄이는 데 특별히 효과적이지 않은 것으로 보인다. CM에는 마음을 개방적이고 확장적이며 유연한 상태로 확장하여 기능적, 역기능적 생각과 감정을 모두 담아낼 수 있는 학습을 포함하는 마음챙김 훈련이 있다. 그러한 기법을 훈련하면 결국 좁고 경직된 불안 상태가 한층 열려 있고 유연한 마음으로 전환된다. 이로써 위협적인 자극으로 인한 간섭이 감소하면서 중립적이고 유쾌한 자극에 관여할 수 있는 상태가 될 수 있게 한다. 연구에 따르면 경계심과 위협적인 자극에서 멀어지는 문제가 불안 장애의 기제이다.(Koster, Geert, Verschurer, & Houwer, 2004) 위험에 대한 선택적 주의는 위험 및 위험에 대한 과대평가를 지속시켜 결국 사고와 정서적 반응을 조절하는 환자의 정신적 능력을 약화시킨다. 따라서 환자는 위협과 관련된 단서와 신호에 지나치게 민감해진다.(Matthews & Mackintosh, 1998) 경계를 줄이고 위협적인 자극에서 벗어나도록 환자를 훈련하기 위해서는 환자가 전면적으로 위협적인 자극 전체에 참여하는 방법을 배우도록 돕는 것이 필요하다. 위협적인 자극의 총체성을 유지하는 이 능력은 위협에 대한 습관화된 힘을 계발하는 데 도움이 된다. 위협적인 자극으로부터 효과적인 거리두기는 위협적이지 않은 새로운 자극으로 방향을 돌리고 완전히 관여하는 것을 용이하게 한다. GAD의 또 다른 주요 임상 특징인 경험적 회피는 통상적인 CBT 노출에도 반응하지 않았다. 오히려 CM의 습관화 기반 노출이 더욱더 적절하고 유익한 개입으로 보인다. 왜 그럴까? 그것은 GAD 유발자의 파악을 목표로 하는 통상적 노출을 통해 드러나는 주요 문제 중 하나가 그런 유발자 중 많은 수가 내부적이며 종종 의식에 즉시 나타나지 않기 때문이다. 통상적인 노출은 공포 유발 요인이 제한적이고 유형적(예: 높은 곳, 엘리베이터, 또는 거미)이기 때문에 공포증과 같은 다른 불안 장애에서 잘 작동한다. CM은 위협적인 자극을 직접 소멸시키는 대신 습관화를 계발하여 노출의 대안적 형태를 제시한다. 습관화는 자극의 위협적인 측면에만 주의를 기울이기보다는 주요 자극의 전체성에 주의를 기울이도록 마음을 반복적으로 훈련함으로써 달성된다. CM 기법은 주변 경험 영역에서 2차 위협을 동시에 인식하는 학습과 관련된다. 습관화는 1차 및 2차 위협에 반복적으로 열린 마음으로 노출됨으로써 획득된다.

통합적 CBT와 CM 통합: 예시적 사례 연구

통합 CBT(ICBT)는 CBT의 다양한 치료를 통합한 것이다. 이것은 CBT와 CM 전략을 적용하는 임상적 접근방식이며 임상 장애를 설명하기 위한 일부 정신 역동적 통찰도 포함한다. ICBT는 특정 증상을 대상으로 하는 데 가장 적절하고 효과적인 개입으로 구성된다. 15회기로 구성된 다음 사례 연구는 ICBT의 틀에서 CM 치료를 보여준다.

환자 사례: 환자는 30대 중반의 이혼한 백인 여성으로 어머니와 함께 생활하며 생계를 꾸려가고 있다. 그녀의 아버지는 약 2년 전에 돌아가셨고 그녀는 아버지의 죽음에서 회복되었다고 주장한다. 그녀는 자신의 짧은 결혼 생활 기간에 남편이 언어적, 정서적으로 그녀를 학대했다고 회상했다. 그러나 그녀는 남편을 떠날 용기를 낼 수 없었다. 결국 남편은 그녀를 떠났다. 그녀는 어린 시절 불안했고 항상 가족을 부양하고자 애를 썼던 것을 기억한다. 그녀는 매일 통제할 수 없는 과도한 근심, "매시간" 근심으로 시달렸다. 더욱이 그녀는

분노, 좌절, 억울함, 죄책감, 슬픔과 같은 기저 감정에 대한 현재와
미래의 많은 우려를 호소했다. 그녀의 설명에 따르면 근심은 두려운
상황에 더 잘 대비할 수 있게 해주기 때문에 유익했다. 그러나 그녀는
어머니와의 오랜 갈등에 대한 근심을 거의 통제할 수 없었다. 이러한
불안은 종종 안절부절못함, 초조감, 집중력 장애, 과민성 증가, 근육
경직, 숨 가쁨 등 추가적 증상을 동반한다. 이 고통으로 인해 출근,
업무 수행, 사교 및 많은 일상 활동 수행에 지장을 받았다. 그녀는
일을 미루는 경향이 있고 결정을 내리고 그것을 고수하는 것이 어렵다
는 것을 알게 된다. 다른 정신 질환은 없었고 불안을 유발하는 의학적
요인도 없었다. 대학 때 주요 우울증 병력이 있었지만, 투약과 정신
치료를 통해 성공적으로 치료되었다.

표 1. 1단계(세션 1-3)

1. **평가**: 간이 정신과 진단 설문지, 벡(Beck)의 불안증 목록 및 벡의 우울증
   목록
2. **심리 교육**: 환자의 심리 교육은 불안의 유발 요인과 유지 요인, 그리고
   고전적 마음챙김이 결합된 방식 및, 통합 인지 행동 치료를 통해 범불안
   장애를 치료하는 데 도움이 되는 방법에 대한 정보를 포함한다.
3. **정신-생리학적 조절**: 불안과 관련된 신체적 긴장과 각성을 줄이기 위한
   고전적 마음챙김 예비수행의 사용을 포함한다.

치료 프로토콜 I 단계(1-3회기): 평가, 정신 교육, 각성과 괴로움의
자기 조절(표 1 참조). 환자는 CM/ICBT의 15회기를 계약했고 여기에
는 일일 과제의 정기적 준수와 자기 점검표의 완성도 포함되어 있다.

그녀의 주요 과제는 일주일에 6일 동안 매일 30분씩 CM 기법을 수행하는 것이었다. 목표는 첫 6주 동안 매일 수행하면서 순차적으로 각 기법을 점진적으로 개발하는 것이었다. 그녀는 복부의 움직임과 함께 들숨과 날숨의 동시화 된 호흡을 배웠다. 목표는 그녀가 그 과정을 완전히 숙달해서 의식적인 정신적 통제를 통해서가 아니라 복부의 움직임으로 호흡을 조절할 수 있도록 과정을 마스터하는 것이 었다. 자신의 호흡을 의식적으로 생각할 필요가 없을 정도로 호흡이 느려지고 가늘어졌을 때 그녀는 들숨과 날숨을 하는 동안뿐만 아니라 들숨과 날숨의 시작, 중간, 끝에서 호흡의 변화를 느낄 수 있을 정도로 호흡 감각에 몰입하도록 배웠다. 호흡이 자동으로 일어나도록 하고 호흡에 몰입하기 위해 주의집중 자원을 활용하는 기법은 그녀가 의식 적으로 노력하지 않고도 통제력을 발달시키는 데 도움이 되었다. 그렇게 애를 쓰지 않고도 조절할 수 있는 기법을 익히게 되자 그녀는 불안으로 인해 활성화된 신체적 긴장과 싸우거나 도피하는 데 에너지 를 쓰지 않을 수 있었다.

평가: 평가에는 벡 불안 검사(BAI) 및 벡 우울 검사(BDI)뿐만 아니라 포괄적인 90분 임상 인터뷰와 함께 간이 정신과 진단 설문지의 관리가 포함되었다. 그녀의 BDI에서 치료 전 BAI 점수는 44점과 16점이었다. 두 검사지 모두 치료 결과를 평가하기 위해 치료 후 관리되었다. 또한 증상의 강도, 빈도, 기간을 정기적으로 평가했다. 그녀는 매일 20분씩 CM을 훈련하도록 지시받았다. 그 후 매일 10분씩 추가로 증상의 강도, 기간, 빈도에 대한 자기 점검표를 작성하여 GAD를 감소시키는 마음챙김의 기본 기법과 CBT 효과를 측정했다.

정신 교육과 정신 생리적 조절: 정신 교육에는 환자가 잠재적인 원인, 유발 요인, 지속 요인, 표준 치료가 효과가 없는 이유, CM이 ICBT 효과를 높이는 데 도움이 되는 방법과 이유에 대해 환자를 안내하는 것이 포함된다. 정신 교육 이후 그녀는 치료의 첫 단계에 대한 초기지침을 받았다. 여기에는 불안과 연관된 생리적 각성을 조절하기 위해 복부의 움직임과 동시화된 호흡 훈련이 포함되어 있다. 의식적인 통제를 통해서가 아니라 복부의 움직임으로 호흡을 조절할 수 있게 됨으로써 그녀는 각성이 점진적으로 감소했다고 보고했다. 동시 호흡은 점진적 근육 이완(Wolpe, 1973)과 동일한 결과를 낳았고 소요 시간은 적었던 것으로 나타났다.

II 단계(3-7회기): 환자의 주된 불만인 광범위하고 과도하며 통제할 수 없는 근심과 불안을 치료하기 위한 순차적인 CM과 CBT이다. 연구 결과에 따르면 GAD의 기반을 이루는 인지 왜곡의 재구조화가 반드시 통제할 수 없는 근심과 불안의 유의미한 감소로 이어지지는 않는다. 여기서의 가정은 다음과 같다. 즉 통제할 수 없는 근심과 불안의 현저한 감소와 관련하여 우선 관련된 우선 관련된 협소하고 경직된 의식 상태를 보다 개방적이고 적응적인 상태로 전환하지 않고 부적응적이고 불안과 연관된 사고, 가정, 신념을 재구조화하려는 시도는 중립적이고 긍정적 정보로 자발적으로 주의를 돌리는 방법을 익히지 못하게 한다. 정의상 GAD의 불안은 위협적인 자극에 대한 반사적 성향의 결과이기 때문에 그 후유증은 환자의 과도하고 통제할 수 없는 근심을 유발한다. 그러므로 인지 재구조화 및 주의와 마음챙김을 필요로 하는 다른 전략을 시작하기 전에 주의 과정에 대한 초기의 자발적 통제가 먼저 회복되어야 한다. 이것은 환자가 마음챙김 과정을 달성하기 위해 스스로 훈련하게 하고 이를 범불안 장애에 적용함으로써 달성된다. (단계 II와 III)

　예컨대 환자는 처음에 주의집중 과정의 일부 자발적 통제를 되찾는 법을 배운다. 이는 **위협적인 자극을 즉각 배척하는 자동 패턴에 의존하지 않고 이를 담아내는** 핵심 기술을 학습한 결과이다. 이러한 담아내기 기법은 광활한 내부 공간감을 생성하여 내면에 담아내는 능력과 관련된다. 이것은 수행 회기 동안 고요한 마음 상태에서 방의 외부 공간이나 원 안에 있는 감각적 경험에 주의를 집중함으로써 학습되었다. 그런 다음 그녀는 이 광활한 느낌을 마음 자체에 내면화하는 수행을 했다. 이 담아내기 기법이 잘 이루어지면 이것을 불안 경험에 적용할 수 있다. 그녀는 불안을 경험하는 동안 광활한 느낌을 생성함으로써 좁고 경직된 불안 상태를 벗어버리고 열려 있고 유연한 의식 상태를 만들 수 있었다. 그런 다음 환자는 불안을 야기하는 자극을 배척하지 않고 주요 불안 유발 자극에 참여할 수 있게 되었고, 이로써 자동적으로 위협으로 향하는 GAD의 주의 과정을 벗어나게 되었다. 따라서 그녀는 주요 위협 자극의 다른 측면에 주의를 기울이는 데 사용할 수 있는 더 큰 자발적 주의력 자원을 얻었다. 몇 차례의 치료 회기 동안 환자는 산만한 생각과 감정, 내용에 대한 지나친 근심이 그것에 대한 집착을 증가시키고 그녀가 달성한 개방적이고 유연하며 확장된 마음 상태를 산산조각 낸다는 것을 배웠다. 광활한 공간감을 상실하게 되면 위협의 2차적인 전반적 의미가 반향하면서 다시 유발적 사건에 사로잡히는 결과를 낳았다.

위협적인 자극을 즉각적으로 배척하는 습관적인 패턴에 의존하지 않고 초기에 위협적인 자극을 담아내는 능력을 계발한 환자는 담아내기 기법을 강화하기 위해 이를 반복해서 훈련하는 두 번째 단계를 밟았다. 일단 이런 능력이 강화되자 그녀는 지나친 근심을 야기하는 주요 위협 자극에 대해 전반적인 이름 붙이기와 같은 평가적이고 반응적인 반응을 형성하는 경향을 억제하는 능력을 가졌다. 이후 더 많은 훈련을 통해 그녀는 모든 불안 관련 형태의 산만함(주요 위협 및 자동으로 유발되는 2차적 과도한 근심)을 광활한 인식 영역의 사건으로 담아내는 방법을 배웠다. 그녀는 불안, 산만함, 근심이 광활한 들판에서 일어나고 더 이상 노력하지 않아도 스스로 일어나고 사라진다는 것을 발견하기 시작했다. 그녀는 자극의 위협적 측면에 자동적 선택 반응하게끔 사로잡히기보다는 자극의 다른 특징과 기능에 주의력 자원을 집중시키는 반복 훈련을 함으로써 직접 자극을 경험하게 되었다. 왜냐하면 직접적 경험에 자극의 위협적 측면과 전반적인 이름 붙이기가 사라졌기 때문이다.

환자가 담아내기의 마음챙김 기법을 효과적으로 적용하기 시작하여 인지적 왜곡이 줄어들고 자신의 주의력에 대한 자발적 통제 능력을 회복했을 때 GAD의 1차적 인지 왜곡과 관련된 CBT 재구조화 전략을 소개받았다. 이 전략은 미래의 위험을 평가하는 오래된 방식 대신에, 두려운 사건이 발생할 가능성에 대한 증거를 찾고 대안적이고 현실적인 사고방식을 결정하기 위한 비용과 이점 분석을 하는 것이다. 그녀가 통제할 수 없는 근심과 불안에 대한 통제력을 계발하도록 돕기 위해 근심하는 시간과 근심 없는 영역을 구체적으로 설정하는 행동 전략에

의해 위험과 파국적 사고의 과대평가에 대한 인지적 재구조화가 통합
되었다.

Ⅲ 단계(7-10회기): 개방된 노출(Open ended exposure), 행위 실험,
문제 해결. CBT 기반 노출은 다른 불안 장애에 매우 효과적이지만
GAD에 대해서는 제한적인 효과만을 보여주었기 때문에 마음챙김
기반 개방형 노출을 사용하여 불안과 그 유발 요인 모두에 대한 습관화
를 개발하는 데 도움을 주었다. GAD에서 불안과 근심이 갖는 광범하
게 만연하는 성질에 상응해서 마음챙김은 다양한 유형의 불안과 그
유발 요인에 대한 개방형 노출을 할 수 있게 한다. 이 접근 방식은
두려움을 없애기 위해 눈으로 볼 수 있는 단일 유형의 행동을 목표로
하는 통상적인 CBT 노출과는 다르다. 마음챙김 노출은 주의력 자원의
80%를 불안 정동과 관련된 1차적 위협 자극 전체에 할당하고 자원의
20%를 주변부 인식 영역에 할당하도록 그녀를 반복적으로 훈련한다.
이렇듯 환자는 불안과 불안 회피를 유발하는 사고와 감정에 반복적으
로 노출되었다. (지정된 시간 동안 노출하라는 압력 없이) 스스로
일어나는 생각과 감정을 허용함으로써 그녀는 궁극적으로 위협적인
자극에 대한 친숙함과 내성을 계발할 수 있는 자유를 얻었다. 위협에
대한 공포가 줄어듦에 따라 회피 행동도 감소했다. 실제로 습관화는
반응 예방이라는 궁극적인 기능을 돕는다.

그녀는 환자로서 위협적인 자극에 더 많이 익숙해진 후, 자발적인
주의력 자원을 사용하여 위협적 자극에서 빠르게 벗어나는 마음챙김
기법을 훈련받았다. 이것은 위협적인 자극에 참여하고 중립적이고
즐거운 자극에 빠르게 방향을 잡고 참여함으로써 위협적인 자극과

거리를 두는 반복 훈련을 통해 이루어졌다. 환자는 오랜 시간 동안 전체 자극에 관여하는 기술을 개발함으로써 위협적인 자극에 대한 경계를 줄일 수 있었다. 경계감 감소는 그녀가 자극에서 벗어나는 데 도움이 되었으며, 이 과정은 주의를 다음의 새로운 경험으로 재설정함으로써 더욱더 촉진되었다. 예를 들어 어머니와의 갈등에 대한 불안한 생각에서 빠르게 벗어날 수 있을 때, 그녀는 두려움에 대한 보다 현실적이고 긍정적인 생각에 한층 쉽게 적응할 수 있었다. 환자가 위협적인 자극에서 빠르게 벗어날 수 있게 되었을 때 그녀는 특정 상황에 대한 그녀의 뿌리 깊은 두려움을 테스트하기 위해 행동 실험을 수행하도록 권고 받았다.

IV 단계(10-14회기) : 불확실성을 감내하지 못하는 근원인 근본적 정서 갈등 및 대인관계 갈등 해소하기. 다음 다섯 회기에 환자는 타인의 충족되지 못한 욕구, 타인의 실제 또는 지각된 반응, 타인에 대한 자신의 반응을 식별하는 데 전념했다. 첫 단계는 그녀의 어머니에게 고함을 지르고 흔들어 보기를 원하는 강렬하게 억압된 분노의 주요 감정을 식별하도록 돕는 것이었다. 그녀의 과거의 분노를 재현하고 되살리는 것은 그녀가 자신의 분노의 깊이, 저항, 그리고 그것이 활성화시킨 복잡한 두려움과 죄책감의 감정을 인식하는데 도움이 되었다. 불안의 근본 원인을 탐색하면서 그녀는 어머니가 까다롭고 비판적인 사람이라는 것을 경험했다. 그녀는 실망했고 이것이 곧 분노와 울화로 바뀔 수 있다는 것을 알아차렸다. 원망과 분노는 죄책감과 어머니의 보복에 대한 두려움을 활성화시켰다. 그녀의 대인관계가 갖는 양가성은 어머니가 자신을 무조건적으로 받아주기를 간절히 바라는 부분이 있다는 사실에서 나타났다.(어머니를 기쁘게 하는 일이라면 무슨 일이라도 하려는 그녀의 노력으로 입증됨) 그러나 나쁜 어머니에 대한 부정적 감정과 화난 아이로서의 자신 및 좋은 어머니에 대한 욕망과 완벽한 아이가 되고자 하는 자신 사이의 양가감정을 해결할 수 없었고 이것은 그 양가감정과 미래의 위협에 대한 불확실성을 참을 수 없게 만들었다.

그 결과 그녀는 경험의 현재 순간에 온전히 살 수 없었다. 그녀는 미래의 위협에 대해 지속적으로 경계 상태를 유지했다. 그녀는 모든 형태의 위협으로부터 자유로운 미래는 없다는 환상 속에서 살았기 때문에 그녀의 두려움을 관리하기 위한 다양한 전략을 충분히 활용할 수 없었다. 따라서 환자는 참지 못함, 양가감정, 불확실성, 대인관계 갈등의 역할에 대해 교육받았다. 정신적 경험이 시시각각 끊임없이 변화한다는 것을 그녀가 인식하도록 돕기 위해 고안된 경험적 통찰 전략에 유의할 필요가 있다. 이것은 그녀가 양가감정과 불확실성에 대해 관대해지도록 돕는 방식으로 행해졌다. 결과적으로 변화는 그 자체가 문제가 아니라 그녀가 변화를 인식하고 평가하고 반응하는 방식(근본적 요인)이었다. 불안 유발 요인에 대한 인식과 평가가 어떻게 후속 반응과 그에 따른 행동을 결정하는지에 대한 경험적 통찰을 통해 그녀는 불안 유발 요인에 대한 인식과 평가를 변화시키는 것이 어떻게 공포 반응과 후속 행동을 감소시킬 수 있는지 알게 되었다. 그녀는 사건에 귀속된 의미가 불안의 기반이 된다는 것을 인식하고 나서, 그런 의미가 능동적으로 귀속되지 않으면 그 사건이 스스로 광활함으로 용해되는 의식의 장에서 일어나는 사건으로 경험된다는 것도 인식했다.

V 단계(15회기): 재발 방지. 15회기가 끝날 때 시행한 그녀의 치료 후 BAI 점수는 17점이었고 BDI 점수는 10점이었다. 그녀는 GAD 증상이 유의미하게 개선되었고 이를 조절하는 능력이 고양되었다고 보고했다. 그러나 여러 상황에서 몇 가지 문제는 여전히 존재했다. 예를 들어 유발 인자가 적으면 불안 반응도 많지 않았다. 그녀는 어머니와 독립해서 살아가는 데 자신감을 갖게 되었고 새로운 직업과 새로운 대인관계를 희망했다. 그녀는 불안한 생각과 우려가 발생했을 때 훨씬 더 강렬한 신체적 긴장과 증상으로 반응한다고 보고했다. 그녀는 또한 자신이 배운 전략을 적용하여 대부분의 시간 동안 통제되지 않는 근심을 예방할 수 있었다. 대인관계에서 그녀는 어머니에 대한 반응을 더 잘 조절할 수 있었고, 따라서 그녀의 근심뿐만 아니라 욕구도 어머니에게 직접 말로 표현할 수 있게 되었다. 더욱이 그녀는 불안이 여전히 지속될 수 있음을 인식해야 함을 주지 받았지만 이제 그것에 대처할 수 있는 도구를 가지고 있어서 끊임없는 두려움 속에서 살 필요가 없었다. 그녀는 주요 스트레스 사건이 있는 동안 괴로움과 혼란의 정도가 증가할 것을 예상할 수 있고 적시에 자신의 기법을 적용할 수 있다는 것을 상기했다.

마치며

CM/ICBT는 GAD를 치료하기 위해 마음챙김을 적용하는 대안적인 방법을 제공한다. 그 강점은 역기능적인 생각, 감정, 행위를 기능적인 것으로 대체하기 위해 마음챙김의 도움으로 인식하고 평가하는 두 가지 방법을 개선하는 기법을 환자에게 가르친다는 데 있다. 그러나 임상 및 연구 공동체에서 CM에 대해서는 알려진 바가 거의 없다. 불안 장애에 대한 CM/ICBT의 UCLA 임상 연구 프로그램은 아마도 CM를 탐구, 개발, 연구하기 위한 최초의 학문적 노력일 것이다. 이 프로그램은 GAD와 강박 장애에 대한 지침을 개발했으며 현재 그 지침을 표준화하기 위해 노력하고 있다. 필자는 CM이 지속적으로 도움이 될 수 있는지 여부를 결정하기 위해 추가적인 실증 조사가 필요하다고 생각한다. 전문가 집단에 CM을 소개하는 것은 증거 기반 연구의 요구 사항을 준수해야 하는 지속적인 과정이며 다른 연구자들도 앞으로 환자를 괴로움에서 치유하고 해방시키는 데 도움이 될 수 있도록 CM을 더 연구하고 그 잠재성을 탐구하기를 바란다.

19장 다르마(Dharma) 치료:
마음챙김을 핵심 구성요소 중 하나로 하는 개입 프로그램

힌홍 식(Hinhung Sik)

배경

최근 몇 년 간 심리학과 정신 치료에 불교의 가르침을 연관시키는 데 대한 학계와 많은 저명 학자들의 관심이 높아지고 있다. 이러한 주제와 관련된 연구와 탐색의 범위는 경전 문헌에 제시된 불교심리학 연구(Kalupahana, 1987)에서 신경과학적 연구 및 티베트 라마승의 행복 수준에 이르기까지 다양하다. 최근에 흥미롭고 고무적인 결과가 나타났다.(Davidson, Kabat-Zinn, Schmacher, Rosenkranz, Muller 등, 2003) 여기에는 카밧-진(Kabat-Zinn, 1982, 1990) 및 이 선구적으로 제안한 스트레스와 만성 통증 치료를 위한 마음챙김 명상의 사용과 시걸(Segal), 티즈데일(Teasdale), 윌리엄스(Williams)가 처음 사용한 우울증 치료를 위한 마음챙김 기반 인지 치료(Mindfulness-Based Cognitive Therapy, MBCT)도 있다.(Teasdale, 2003)

치료 개입으로서 마음챙김 훈련에 관한 문헌을 요약한 리뷰에서 베어(Baer, 2003)는 치료 개입으로서 마음챙김 훈련의 사용빈도가 증가하고 있으며 그 인기가 급속도로 늘어나고 있는 것으로 보인다고 지적하고 있다. 1997년 현재 미국과 해외의 240개가 넘는 병원과 클리닉에서 "마음챙김 훈련"에 기초한 스트레스 감소 프로그램을 제공하고 있다.(Salmon, 1998) 카밧-진(2003)은 마음챙김 연구와 그 임상 응용에 대한 관심은 주로 새로운 차원의 치료 효과와 심신 상호작용에 대한 새로운 통찰력을 얻을 수 있다는 깨달음에 의해 주도되고 있다고 제시한다. 그러나 같은 논문에서 그는 다음과 같이 경고했다.

전문적인 관심과 열정을 가지고 이 분야에 오는 사람들이 마음챙김의 고유한 특성과 특징을 명상 수행으로 인식하는 것이 매우 중요해졌다. 따라서 마음챙김을 향후 유망한 인지 행동 기법이나 훈련으로 탈맥락화해서 손상된 것을 바람직한 방향으로 돌리거나 고치는 것을 목표로 단순히 행동주의 패러다임 속으로 "집어넣어서는" 안 된다.(p.145)

또한 카밧-진(2003)은 1979년에 마음챙김 기반 스트레스 감소(MBSR)를 개발하려는 의도를 강조하면서 다음과 같이 덧붙였다.

치료 개입인 MBSR은 마음챙김의 불교적 기원과 관련된 문화적, 종교적, 이데올로기적 요인에서 벗어날 필요는 〔있지만〕 … 이 프로그램은 앞에서 지적한 바와 같이 마음챙김의 가장 핵심에

있는 보편적인 다르마 차원의 정신과 본질에 충실할 필요가 있
다.(Kabat-Zinn, 2003, p.149)

『임상 심리학: 과학과 치료(Clinical Psychology: Science & Practice)』
의 같은 호에서 시걸, 티즈데일, 윌리엄스(2003)도 다음과 같은 점을
지적했다.

… 마음챙김은 항상 훨씬 더 넓은 개입 또는 수행 자체의 여러
구성요소 중 하나로만 사용되어 왔으며, 그 자체가 목적이라기보
다는 괴로움의 기원과 소멸에 대한 명확한 정형구에 근거를 두고
있다.

괴로움을 소멸시키기 위한 이 수행의 개별 구성요소는 전체 수행의
영향이 부분의 합보다 더 강력해지도록 하는 방식으로 통합하고 상호
작용한다. 이러한 추론을 바탕으로 티즈데일과 동료들(2003)은 다음
과 같이 제시한다.

… 마음챙김 훈련에 대한 현대의 임상 적용이 한층 광범위한
치료 개입 내에서 이론적 통합을 통해 유사한 방식으로 유익함을
얻게 될 것이다.

이 논문에서는 카밧-진과 티즈데일 그리고 그의 동료들의 요청에
따라 보편적 다르마를 이론적 기초로 적용하고 마음챙김을 원래 위치

로 되돌리는 치료법인 다르마 치료를 구성하여 제시할 것이다. 보편적인 다르마에서 마음챙김은 여러 핵심 구성요소 중 하나의 역할을 한다. 필자의 바람은 임상가에게 친숙한 언어로 다르마 치료의 이론적 토대를 제시함으로써 붓다가 발견한 괴로움 소멸 모델을 서구의 치료자와 연구자가 더 쉽게 이해하고 더 적절하게 동화될 수 있게 하는 것이다. 더욱이 마음챙김 명상을 그것이 유래한 본래의 맥락으로 되돌리고 수행의 모든 요소가 일관성 있게 상호작용할 수 있기 때문에, 다르마 치료는 본래 맥락에서 벗어나 마음챙김만을 사용하는 방법보다 훨씬 더 효과적인 개입이 될 것을 약속한다.

다르마 치료: 이론적 토대

다르마는 산스크리트어로 (1) 붓다의 가르침, (2) 모든 것이 연기한다는 개념을 포함하여 많은 의미를 지닌다. 따라서 다르마 치료는 붓다의 가르침에 기반한 치료 모델을 의미한다. 연기법은 불교의 가르침에서 당연한 명제가 아니라 경험적 차원에서 발견해야 할 가정인 연기에 기반한 치료 모델을 의미할 수도 있다. 붓다에 따르면 그의 가르침은 그가 보리수 아래에서 명상하는 동안 경험한 연기에 기반한 "괴로움 제거 모델"이다. 붓다가 괴로움을 근절할 수 있는 포괄적인 가르침을 제안할 수 있게 한 것은, 바로 이 연기의 발견이다.

　다르마 치료라는 작업에 더 들어가기 전에 붓다가 보리수 아래에서 깨달은 경험을 요약하고 연기의 개념을 자세히 설명할 필요가 있다. 왜냐하면 이것이 다르마 치료의 이론적 기반이기 때문이다.

붓다의 깨달음 체험과 '연기'의 개념

붓다의 깨달음 체험은 붓다를 속인과 뚜렷하게 구별하는 결정적인 요소이며, 붓다는 이 체험에서 연기의 개념과 괴로움을 소멸하는 길을 발견했다. 다음은 붓다가 깨닫기 위해 취한 단계에 대한 간략한 설명이다.

1단계와 2단계: 현재 상황의 괴로움과 불만족스러운 상태를 자각하고 괴로움에서 해방되고자 하는 욕망을 계발한다. 깨닫기 직전 보리수 나무 아래 앉아 있을 때 붓다 마음에 다음과 같은 의문이 떠올랐다.

> 이 세상은 괴로움으로 차 있다. 태어나고 늙고 죽고 사라지고 다시 태어나지만, 이 괴로움에서 벗어날 길을 알지 못하기 때문이다. 이제 언제 이 괴로움에서 벗어날 수 있겠는가?(Bodhi, 2000, p.601)

성공적인 정신 치료 상담과 마찬가지로, 회복과 치유의 길은 구도자가 상황의 불만족스러운 상태를 보고 괴로움에서 벗어나고자 하는 욕구를 계발하는 데서 시작한다. 그의 민감성과 마음챙김 관찰로 인해 붓다의 괴로움에 대한 이해는 보통 사람들보다 훨씬 더 깊었다. 그는 존재와 재생의 끝없는 과정이 자신이 받아들일 수 없는 괴로움의 덩어리임을 알았다. 그러므로 붓다에게 진정한 해탈은 끝없는 재생 과정의 속박이 끊어질 때만 올 수 있었다.

3단계: 괴로움의 원인에 의문을 제기하고 탐구한다. 괴로움에서 벗어나고자 하는 이러한 열망을 염두에 두고 붓다는 이렇게 질문했다. "존재하는 것이 늙고 죽는 것은 언제인가? 늙고 죽는 것은 무엇에 의해 조건 지어지는가?" 이러한 탐구적인 마음가짐으로 붓다는 늙고 죽는 괴로움으로 이끄는 조건이 무엇인지 알고자 했다.

> 면밀한 집중을 통해 나에게 지혜의 돌파구가 일어났다. "태어남이 있을 때 늙고 죽는 것이 있다. 늙고 죽는 것은 태어남을 조건으로 갖는다."(Bodhi, 2000, p.601)

붓다가 알아차린 것은 현상이 조건적으로 발생한다는 것, 즉 한 현상이 생기면 다음 현상이 일어난다는 것이다. 태어남이 있는 한 늙음과 죽음은 피할 수 없다. 현상의 연기에 대한 이러한 자각은 모든 불교 가르침의 이론적 기반이다. 더욱이 붓다는 그가 현상이 갖는 연기적 성질을 깨닫게 된 것은 바로 "지혜의 돌파구"라고 지적했다.

4단계: 괴로움과 괴로움의 원인에 주의를 기울여 관찰하고 배우라. 붓다는 태어남과 괴로움이 어떻게 발생하는지에 대한 심화 관찰 탐구를 진행하면서 삶이 12개의 연결 고리로 이어진 순환적 존재의 과정이라는 것을 명확하게 보았다. 이러한 12가지 고리 속에서 하나는 다음 것의 발생으로 이어지고 궁극적으로는 서로 의존하고 있다. 삶과 죽음의 이 순환적 존재의 12가지 고리는 다음과 같다. 즉 늙음과 죽음, 태어남, 존재, 집착, 애착, 느낌, 접촉, 감각 영역, 마음과 물질, 의식, 의지적 행위, 무지이다.

5단계: 괴로움과 괴로움의 원인에 대한 통찰과 지혜를 계발하라. 붓다는 이 12가지 고리 중, 태어남에서 늙음과 죽음이 생기고, 존재에서 태어남이 생기고, 집착에서 존재가 발생하고, 애착에서 집착이 생겨나고, 느낌에서 애착이 일어나고, 접촉에서 느낌이 생기고, 감각 영역에서 접촉이 일어나고, 마음과 물질에서 감각 영역이 일어나고, 의식에서 마음과 물질이 발생하고, 의도적 행위에서 의식이 발생하며, 무지에서 의지적 행동이 일어나게 된다는 것을 명확히 보았다. 12가지 고리의 인과관계를 이렇게 관찰함으로써 붓다는 갈애, 집착, 업의 충동이 무지의 영향 아래 작용하여 이 속박과 괴로움 더미의 연료가 된다는 것을 깨달았다.

6단계: 통찰과 지혜로 괴로움을 소멸시키기 위해 필요한 단계를 밟아라. 다른 한편 붓다는 무지의 소멸로 무지에 의존하는 모든 요소 또한 마찬가지로 소멸하며, 이 모든 속박과 괴로움은 더 이상 없을 것이라고 말한다. 이것은 삶과 죽음의 상호 의존적 인과관계의 역순이다. 그러므로 괴로움을 소멸하는 열쇠는 불교의 지식과 지혜를 계발하여 무지를 제거하는 것이다. "참된" 지식과 지혜가 있을 때 괴로움은 소멸할 것이다. 괴로움의 원인에 관한 붓다의 탐구를 서술하는 이 간략한 설명은 괴로움의 원인에 대한 불교의 병리학적 설명과 그것을 다루는 치료법을 열거한다. 붓다는 무지가 괴로움의 근원이며 지식과 지혜를 계발하여 무지를 제거하는 것이 괴로움을 없애는 치료법이라고 했다.

"연기" 개념에 대한 더 깊은 이해: "마음과 물질"과 "의식"의 상호 의존적 삼각형

12가지 고리에 의해 뒷받침되는 순환적 존재의 과정에 대한 이해를 심화시키기 위해 붓다는 12가지 고리 중에서 "마음과 물질"과 "의식"의 상호 의존적 삼각형이 존재와 괴로움의 일어남과 생겨남을 이해하는 데 가장 독특하고 중요하다는 것을 알아차렸다. 이 상호 의존적 삼각형의 작동방식을 설명하기 위해서는 먼저 인간에 대한 불교적 이해를 설명할 필요가 있다. 다르마에서는 사람을 오온, 즉 형체, 느낌, 사고, 의지적 행동, 의식으로 구성되어 있다고 본다. 형체는 물질, 육체이다. 느낌, 사고, 의지적 행동, 의식은 사람의 심리적 기능이다. 인간의 신체적, 심리적 측면을 나타내는 것 외에도 오온은 또 다른 관점, 의식과 의식의 대상, 즉 나머지 네 가지 오온인 물질, 느낌, 사고, 의지 행동으로 나누어 이들 간의 상호 의존 현상으로 이해할 수 있다. 그러므로 마음, 물질, 의식의 상호 의존적 삼각형은 오온을 포함하고 인간을 형성한다.

『상윳따 니까야』에서 붓다는 삼각형의 상호 의존적 특성에 대한 자신의 관찰을 다음과 같이 설명했다.(Bodhi, 2001, p.601)

의식이 있을 때 마음과 물질이 생긴다. 마음과 물질은 그 조건으로 의식을 갖는다.

---

1 마음과 물질: 이것은 종종 정신적 요소(이름)와 물질적 요소(형체: 名色)로 번역된다.

반면에

마음과 물질이 있을 때 의식이 생긴다. 의식은 마음과 물질을
조건으로 한다.

이 관찰에서 붓다는 다음과 같이 결론짓는다.

이 의식은 다시 돌아온다. 마음과 물질보다 더 멀리 가지 않는다.
이러한 한에서 사람은 태어나고 늙고 죽고, 다시 태어난다.

의식 없이는 사람이 어떤 것의 어떤 측면도 알아차리고 개념화할
방법이 없다는 것을 쉽게 알 수 있다. 다른 한편으로 마음-몸에서
물질 그리고/또는 마음의 개념(들)이 일어나지 않고는 의식할 것이
없기에 의식이 일어날 수 없다. 의식이 일어나기 위해서는 적어도
의식해야 할 것에 대한 개념 인식이 필요하다. 이것이 다음에서 붓다가
의미하는 바이다.

이 의식은 다시 돌아온다. 마음과 물질보다 더 멀리 가지 않는다.

붓다가 독립적인 의식이나 모든 현상을 초월하는 보편적인 의식
존재의 가능성을 배제한 것은 바로 이 특별한 관찰에 기초하고 있다.
더욱이 괴로움 문제에 대한 치료를 찾기 위한 붓다의 실제적이고
경험적인 접근 방식으로 인해 붓다의 가르침은 경험적 관찰에 근거를

두고 있으며, 따라서 형이상학적 논의를 즐기지 않는다고 말할 수 있다. 많은 불교 가르침에서 마음, 물질과 의식의 이 상호 의존적인 삼각형은 상호 의존성을 설명하기 위해 서로 기대어 서 있는 갈대다발에 자주 비유된다.[2] 마음과 물질이 있어야만 의식이 있을 수 있다. 마음과 물질과 의식의 삼각형이 생길 때 괴로움과 연기의 12가지 고리가 뒷받침하는 순환하는 존재 전체의 끝없는 과정도 생긴다.

이러한 앎으로 붓다는 다음과 같이 선언했다.

"일어남, 일어남"- 이전에 들어보지 못한 일들이 나에게서 비전, 지식, 지혜, 참된 지식, 빛으로 발생한다.(Bodhi, 2000, p.601)

바로 이 시점에서 붓다는 연기를 깨달았는데, 이후 붓다는 이를 다음과 같이 요약했다.

이것이 있을 때 저것이 생긴다. 이것이 일어날 때 저것이 일어난다. 이것이 없을 때 저것도 생겨나지 않는다. 이것이 소멸하면 저것도 소멸한다.(Nanamoli, 1995, p.655)

붓다는 이런 새로운 통찰과 지혜로써 자신이 괴로움을 종식하는 길을 찾았다는 것을 깨달았다. 즉 마음과 물질 및 의식의 상호 의존적

---

2 『상윳따 니까야』의 한역에서는 세 개의 갈대 다발의 비유를 말하고 있다. 그러나 이에 상응하는 빠알리 문헌 판본인 『상윳따 니까야』 II 112쪽에서는 두 개의 다발이 예시로 사용되었다.

특성에 대한 직접적 이해를 통해서 마음과 물질 또는 의식의 형태로 독립적이고 영원한 자아가 존재한다는 집착이 소멸한다는 사실을 깨달았다. 더욱이 마음과 물질의 소멸과 함께 의식의 소멸이 온다. 의식의 소멸과 함께 마음과 물질의 소멸이 온다. 마음과 물질의 소멸과 함께 괴로움의 전체 무더기가 소멸한다. 붓다는 순환적 존재의 12가지 고리를 관찰함으로써 무지와 의지적 행동이 소멸할 때 의식도 소멸한다는 것을 깨달았다. 그러므로 연기를 이해하는 것과 순환적 존재의 12가지 고리의 작동에서 생긴 지혜와 지식으로 붓다는 무지를 제거하고 그 결과 무지에 의존하는 모든 요소가 사라졌다. 그러므로 붓다는 모든 괴로움의 소멸을 이루었다.

붓다의 각성 경험에 대한 위의 설명에서 우리는 괴로움에서 종국적인 해탈을 성취하기 위해 붓다가 취한 6단계를 파악할 수 있다.

(1) 현재 상황의 괴로움과 불만족스러운 상황을 알아차린다.
(2) 괴로움에서 벗어나고자 하는 욕구를 계발한다.
(3) 괴로움의 원인에 의문을 제기하고 탐구한다.
(4) 괴로움과 괴로움의 원인에 주의를 기울여 관찰하고 배운다.
(5) 괴로움과 괴로움의 원인에 대한 통찰과 지혜를 계발한다.
(6) 통찰과 지혜로 괴로움을 소멸하기 위해 필요한 조치를 취한다.

붓다가 취한 해탈을 위한 이 6단계는 기본적으로 그가 제자들에게 가르친 교설 내용의 틀과 일치한다. 다르마 치료에서 우리는 내담자가 삶과 죽음의 궁극적인 속박을 제거하도록 돕지는 않지만 붓다가 괴로움을 제거하기 위해 취한 이 6단계는 내담자가 현 세상의 문제와 괴로움을 치료하는 데 도움이 되는 유효한 모델일 수 있다. 따라서 이 6단계는 다르마 치료의 기본 모델로 채택된다. 정신 치료 환경에서 그 내용과 적용은 이 글 후반부에서 자세히 설명하겠다.

"연기"의 의미와 파생적 함의: 무아, "업", "중도"

연기의 의미와 그 치료적 함의를 이해하기 위해서 우리는 연기라는 개념 자체와 연기가 형성한 조건에서 발생하는 현상의 성질과 특성을 별도로 연구하고 분석해야 한다. 연기와 일어나는 현상 간의 관계는 다음과 같다. 연기는 현상이 일어나고 사라지는 과정의 일반화된 공식 또는 원리이다. 연기법을 공부하면 개념적 수준에서만 현상의 성질과 특성을 이해하고 볼 수 있다. 연기를 진정으로 이해하려면, 즉 경험적 수준에서 연기를 이해하기 위해서는 경험적으로 관찰하고 현상의 작동에 주의를 기울여야 한다. 그렇게 되면 연기에 대한 직접적인 통찰과 이해를 얻게 될 것이다. 연기에 대한 붓다의 발견은 순환적 존재의 12가지 고리에 설명된 것과 같이 괴로움의 발생과 소멸과 관련된 실제 현상에 대해 깊고 세밀한 주의를 기울이는 데서 생겨났다.

"연기"의 통찰

위에서 언급한 붓다의 깨달음 체험에서 연기는 붓다의 창조물이 아니라는 것이 분명하다. 붓다는 단지 괴로움의 발생과 소멸을 관찰하고, 깊고 세밀하게 주의를 기울임으로써 연기를 "발견"한 것일 뿐이다. 사실 붓다는 자신이 있거나 없거나 자신의 출현 이전이나 이후에나 연기는 지속되고 모든 시대에 늘 적용된다고 지적했다. 더욱이 연기는 모든 상황에서 모든 사물을 지배하고 적용할 수 있는 것이다. 붓다는 단지 그것을 직접 깨닫고 선언하고 가르치고 제시했을 뿐이다. 그는 그것을 드러내고 설명하고 명료하게 하고, 다음과 같이 선언했다.

　보라! 태어남을 조건으로 늙고 죽음이 온다.(Bodhi, 2000, p.551)

연기는 특정 과학계의 신봉자들이 그 타당성을 공유하는 자연법칙과 유사하다. 연기를 통해 사람이 어떻게 태어났는지, 또는 사람의 정신이 어떻게 기능하는지와 같은 다양한 추상 수준에서 세계의 현상을 설명할 수 있다. 이것이 연기가 다르마 치료의 기초인 이유이다. 연기법은 처음에는 이해하기 쉬워 보이지만, 그 의미와 함의는 깊고 심오하다. 추정컨대 붓다 자신도 연기는 심오하고 보기 어렵다고 말했다.(Walshe, 1987) 더욱이 붓다는 연기를 보는 사람은 다르마를 본다고 선언했다. 다르마는 붓다 및 승가와 함께 삼보를 이룬다. 삼보는 모든 불교도가 귀의하는 곳이다.

현상: 무상과 무아

이미 지적했듯이 연기는 세상의 모든 현상의 발생과 소멸을 설명한다.

따라서 모든 현상은 연기법의 영향으로 설명할 수 있는 공통된 성질과 특성을 공유한다. 연기를 이해하면 모든 현상에 공통적인 성질과 특성을 보는 데 도움이 될 것이다. 나나몰리(Nanamoli, 1995, p.655)에 따르면 붓다는 연기를 다음과 같이 언급했다. "이것이 있으면 저것이 있다. 이것이 일어나면 저것이 일어난다." 원인과 필요조건이 있으면 현상이 생긴다. 붓다가 만물의 궁극적 창조자가 있다는 사실을 받아들이지 않은 것은 바로 이 관찰 때문이다. 현상은 "창조"될 수 없기 때문에 창조자가 설 자리가 없다. 일단 원인이 있으면 현상의 발생을 촉진하는 데 필요한 조건에서만 작동할 수 있다. 원인과 조건이 무르익으면 현상이 나타난다. 예를 들어 우리는 꽃을 만들 수는 없지만, 씨앗을 심고 물, 비옥한 토양, 충분한 햇빛 등과 같은 필요한 조건을 가하면 성장을 촉진할 수 있다. 씨앗과 필요한 조건이 갖추어지면 꽃은 저절로 핀다. 연기에 따르면, 비록 우리가 심리적 수준에서 행복을 만들 수는 없지만 감사와 감성 지능을 계발하고 대인관계를 개선하는 방법 등을 배울 수 있다. 즉 행복은 원인과 필요조건이 있을 때 저절로 찾아온다.

또한 현상은 원인과 조건의 "단순한" 결합체이기 때문에 현상이 일어났을 때 새롭거나 실질적인 것이 생성되지 않는다는 점을 지적할 가치가 있다. 원인과 조건을 제외하면 "사물 자체"라는 것은 없다. 예를 들어 "내 다리, 눈, 기억, 느낌, 생각 등은 모두 나에게 속한다."라고 말할 수 있지만, 궁극적인 "사물" 그리고 진정한 "나"인 그것을 특정할 수는 없다. 환상이나 망상에서 비롯된 감정적, 정서적 애착을 통해서가 아니라, 우리가 "나" 또는 "대상적 나"라고 정확히 지적할 수 있는 실체적이고 독립적인 것의 존재를 식별할 수 없다는 이러한 실상이야말로 붓다가 그 본성상 본질적으로 공한 현상, 즉 자아의 공함, "무아"라고 지적한 이유이다. 따라서 불교의 명제는 현상이란 자성(self-nature)이 공하다는 것이다. "무아"라는 개념이 위압적으로 들릴 수 있지만, 무아는 해방의 개념이다. 삶의 현상과 사건에 "무아"가 있을 때 사태가 더 나은 방향으로 바뀔 수 있다는 희망이 있다. 삶의 아픔과 괴로움은 원인과 조건에서 오는 것이다. 조건이 사라지면 괴로움과 아픔은 마침표를 찍을 것이다.

"업"과 "중도"

선행 사건이 시간이 지남에 따라 결과나 '효과'를 결정할 수 있는 잠재적인 힘이 있는 경우, 흔히 "인과적" 요인이라고 말한다. 따라서 해바라기 씨앗만이 해바라기를 꽃 피울 수 있다. 필요한 조건이 마련되면 이러한 조건은 해바라기 씨앗의 건강한 성장을 촉진하여 원인을 지원한다. 한편 조건은 해바라기의 개화에 부정적인 영향을 미침으로써 효과를 발휘하는 원인을 방해할 수도 있다. 씨앗과 꽃이나 열매의 관계, 즉 원인과 결과의 관계가 업의 기본 사상이며 연기 개념의 귀결이라고 할 수 있다. 무언가를 만들기 위한 아이디어가 떠오를 때 우리는 아이디어와 제품 사이의 관계를 씨앗과 그 열매 사이의 관계와 유사하게 볼 수 있다. 예를 들어 특정 그림을 그리겠다고 생각하면 우리는 필요한 물감, 붓, 종이를 준비하여 그림에 대한 구상을 실제의 현실적인 것으로 만들어낸다. 그림은 우리 마음의 생각과 상상에 따라 배열된 색 물감에 지나지 않는다. 추가로 생성된 것도 없고 파괴된 것도 없다. 변화한 것은 생각과 아이디어의 영향을 반영하여 물감이 이제 특정 방식으로 재정렬되었다는 것이다. 그러나 씨앗이나 그 열매와는 달리 우리는 그림을 우리의 창조물이라고 부르기를 좋아하고 그것에 애착을 갖게 된다. 창의적인 아이디어는 그림과 같지 않고 창작된 그림은 아이디어와 같지 않다. 그러나 아이디어(씨앗)를 떠나 새로운 그림(열매)이 나올 가능성은 없다. 씨앗은 열매와 같지도 않고 씨로부터 독립되어 있지도 않다.

씨앗과 열매의 이 "같지도, 다르지도 않은" 관계는 모든 경우에 성립하며 연기법의 가장 중요한 파생적 의미 중 하나인 중도의 더 깊은 의미이다. 중도를 올바르게 이해하면 극단에 빠지는 것을 피할 수 있다. 더 중요한 것은 "확실히 존재한다." 또는 "확실히 존재하지 않는다."와 같은 이원성 개념에 대한 엄격한 집착을 피하는 것이다. 연기는 위에서 설명한 것처럼 모든 현상이 상대적으로 상호 의존적으로만 존재한다는 것을 의미한다.

치료에서 불교 가르침의 함의와 적용

다르마 치료의 이론적 토대를 설명하였으므로 이제 정신 치료 환경에서 그 함의와 적용을 살펴보기로 하자. 붓다가 발견한 괴로움 제거 모델을 심리 사회학 분야에 친숙하고 적용 가능한 방식으로 제시하려는 시도와 별개로, 이것은 수행을 원래 맥락과 이론적 토대로 되돌림으로써 마음챙김의 전체적 사용을 제시하려는 시도이기도 하다. 따라서 여기서는 마음챙김 수행의 "방법"과 "이유"에 대한 구체적 세부 사항은 자세히 논의하지 않고 통합된 청사진을 보이기 위해 다르마 치료의 주요 단계가 갖는 보다 일반적인 틀을 제시할 것이다. 더욱이 카밧-진(1990), 티즈데일과 동료들(2003), 및 많은 다른 명상 대가들은 임상 환경에서 마음챙김의 사용과 응용에 대해 명확하고 폭넓게 언급하고 있다. 독자들은 마음챙김에 대한 지식을 보완하기 위해 그들의 선구자적인 저술을 공부해 보길 권한다. MBSR과 MBCT의 훈련받은 치료자는 스스로 마음챙김을 수행한다. 또 다르마 치료자가 되고자 하는 치료자도 마음챙김의 수행자가 되어야 한다. 치료자가 개인적으로 마음챙김을 훈련하지 않으면 다르마 치료의 주요 구성 부분인 마음챙김 학습 과정을 통해 내담자를 지도하는 기술과 경험이 부족하게 될 것이다.

앞에서 언급한 바와 같이 다르마 치료는 붓다가 괴로움에서 해탈하기 위해 취한 6단계에 기반을 두고 있으며, 아래 논의에서 6단계로 나뉜다. 그러나 이러한 단계 외에도 치료자와 내담자 사이에 소통과 신뢰를 확립하고 다르마 치료 심리학을 소개하며, 내담자가 다르마 치료에 참여하기를 원할 때, 기대하는 바를 알리기 위해 소개 및 예비 회기(introduction and preparation session)가 필요하다. 이러한 소개 및 예비 회기 동안 마음챙김 수행도 내담자에게 알려야 한다.

소개 및 예비 회기

각각의 잠재 내담자와의 소개 및 예비 회기는 개별적으로 또는 그룹 환경에서 소규모 팀으로 진행할 수 있다. 이러한 회기를 갖는 세 가지 주요 목적이 있다.

(1) **내담자 – 치료자의 관계를 명확히 한다**: 다르마 치료에서 치료자는 교사이자 자애로운 친구의 역할을 한다. 교사로서 치료자는 치료 과정을 통해 내담자를 인도하고 가능성과 잠재력을 알아차리도록 조언한다. 자애로운 친구로서 치료자는 치료 중 어려운 시기에 내담자를 격려하고 함께한다. 그러나 내담자는 업 때문에 우리 모두 자기 생각과 행동에 책임을 져야 한다는 것을 알아야 한다. 그러므로 치유와 변화를 위한 궁극적 동기와 책임은 우리 자신에게서 나와야 한다. 여기서 강조해야 할 점은 다른 유형의 치료와 마찬가지로 다르마 치료에도 한계가 있으며 일부 내담자, 특히 집중에 심각한 어려움이 있거나 논리적이고 정합적으로 사고할 수 없는 사람에게는 적용되지 않을 수 있다는 점이다.

(2) **내담자에게 다르마 치료의 이론적 토대를 설명하고 그들 역시 변화와 치유의 잠재력을 가지고 있음을 안심시켜 믿음과 동기를 계발하도록 인도한다**: 내담자가 믿음과 동기를 계발하도록 돕기 위해 치료자는 내담자에게 사성제로 알려진 붓다의 가르침에서 지적하는 바와 같이, 내담자가 직면하고 있는 괴로움이 아무리 현실적이고 힘들다 해도 삶에서 어려움을 갖는 것이 정상적이고 평범한 일이라는 것을 설명해야 한다. 더욱이 세상의 모든 현상이 그렇듯 괴로움도 원인과 조건으로 인해 생긴다. 그러한 원인과 조건이 특정한 방식으로 변할 때 괴로움은 사라질 것이다. 괴로움 또한 우주의 모든 현상이 그렇듯이 본질적으로 무상하고 공하다. 종종 그렇게 느낄 수 있지만 아무도

영원한 괴로움을 겪도록 정죄 받지도, 정죄 받을 수도 없다. 더 나은 미래에 대한 희망은 항상 존재한다. 다르마 치료의 목표는 내담자가 괴로움과 싸우거나 거부함으로써 추가적인 괴로움을 일으키는 대신 먼저 자신의 괴로움을 이해하고 평화로운 관계를 발전시키도록 돕는 것이다. 이러한 이해로부터 그리고 평화로운 관계를 발전시킴으로써 내담자는 새로 익힌 마음챙김 기술을 사용하여 괴로움의 원인과 조건을 조사하고 이해할 수 있다. 그러나 치료의 이 시점에서 내담자가 괴로움의 원인과 조건을 즉시 탐색하도록 이끄는 것은 바람직하지 않다. 내담자는 치료의 이 시점에서 아직 이에 대한 준비가 되어 있지 않을 수 있다.

(3) 내담자가 마음챙김 수행을 통해 자기 정서를 이해하고 처리하는 기반으로 활용할 수 있는 "영적 오아시스"를 구축하도록 돕는다: 정서에는 항상 그와 관련된 긴박감과 중요성이 있다. 정서가 강렬할수록 그 사람은 그런 정서가 이끄는 방향에 따라 무언가를 해야 할 필요성이 더 절박하고 중요한 것처럼 느낀다. 정서는 동기를 부여하는 욕동을 생성하는 것 외에도 세계와 우리 자신에 대한 인식에 영향을 미치고 왜곡한다. 사람이 특정 감정에 압도되면 뇌의 뉴런에 벌레가 들어간 것 같고 그 벌레는 정서가 이끄는 방향에 따라 선입관을 갖고 모든 것을 지각하게끔 영향을 미친다. 예를 들어 어떤 사람이 깊게, 그리고 서로 간에 사랑에 빠지면 자존감이 향상되고 세상이 더 나은 곳으로 보일 수 있다. 그러나 사랑에 상처받게 되면 정반대의 결과가 나타날 가능성이 높다.

정서는 여러 가지 방식으로 우리에게 영향을 미치기 때문에 해로운 부작용이 발생하지 않도록 적절하게 처리해야 한다. 더욱이 이러한 부작용이 우리 마음의 습관이 된다면 그 피해는 훨씬 더 커질 수 있다. 일련의 상처받은 마음은 습관적으로 비관적인 방식으로 생각하도록 마음을 유도해 결국 우울증으로 이어지고 당사자의 자존감을 내리누를 수 있다. 위에서 지적한 바와 같이 붓다는 무명이 괴로움의 근원이며 지식과 지혜의 계발을 통해 무지를 제거하는 것이 괴로움을 제거하는 치료법이라고 했다. 따라서 정서를 지혜로이 다루기 위해서는 정서에 세심한 주의를 기울여 필요한 지식과 지혜를 계발해야 한다. 골만(Goleman, 1997)은 그의 책,『정서 지능』에서 감성 지능을 향상하는 데 가장 중요한 요소는 마음챙김이라고 지적했다. 우리가 어떤 것의 실재를 더 많이 알수록 그것에 대처하는 우리의 능력은 적절하고 비례적으로 증가할 것이다. 예를 들어 우리가 사고와 정서의 환영적 특성을 날카롭게 알아차릴 수 있고 그 양상이 조건적이며 변화할 수 있음을 이해할 수 있다면, 우리를 그런 정서에 "귀 기울이게 끔" 추동하는 중요성과 긴급성은 크게 줄어들 것이다. 이러한 까닭으로 마음챙김 수행은 우리 마음 작용에 대한 인식, 통찰, 지혜를 계발하는 수단으로써 다르마 치료에서 핵심적인 요소가 된다.

마음챙김 훈련은 내담자에게 마음의 습관에 대한 인식과 통찰을 계발하고 정서를 관리하고 변화시키는 도구로 가장 잘 소개된다. 내담자는 집중, 인식, 명료함이 있는 "영적 오아시스"를 계발하기 위해 마음챙김 수행법을 배운다. 이 "영적 오아시스"를 플랫폼으로 사용하면 통찰을 계발하고 문제를 처리하는 내담자의 능력이 크게 향상될 수 있다. 내담자에게 가르치는 마음챙김의 정확한 방법과 노하우는 치료자 자신의 훈련에 달려 있다. 그러나 이러한 소개 회기 동안 내담자는 평화롭게 호흡하고 스스로 호흡을 즐기고 마음챙김 하는 법을 배운다. 평화롭게 숨을 쉬고 자신의 호흡을 즐길 수 있다는 것은 매우 중요하다. 평화와 즐거움 없이는 영적 오아시스를 구축할 수 없기 때문이다.[3]

I. 현재 상황에서 괴로움과 불만족스러운 상태 알아차리기

이것은 치료자와 내담자가 내담자의 현재 불만족스러운 문제 상황을 함께 탐색하는 단계이다. 또한 치료자가 내담자가 직면하고 있는 문제에 대한 데이터와 배경 정보를 수집하는 기회이기도 하다. 탐색의 목적은 문제를 처리하거나 치유하는 것이 아니라 상황을 평가하고 내담자가 현재 상황을 성찰하게 하여 해결책을 찾으려는 동기부여가 빠르게 진행되도록 하기 위한 것이다. 이미 많은 스트레스나 괴로움에 직면해 있는 내담자의 경우, 성찰 과정이 너무 복잡할 필요는 없다. 이 단계의 주된 목적은 내담자가 진정한 동기를 계발하기 위한 수단으로 괴로움을 보고 사용하게끔 도와주는 것이기 때문이다. 그러나 자신이 가지고 있는 괴로움이나 문제, 또는 다른 사람에게 가하는 괴로움이나 문제를 인식하지 못하는 내담자의 경우 문제를 해결하기 위해 강력한 결심을 계발해야 한다.

치료자는 마음챙김의 분위기에서 진행되는 치료 회기의 무대를

---

3 MBSR 프로그램 및 MBCT 치료자와 마찬가지로, 다르마 치료자는 그들 스스로 마음챙김을 향유하는 수행자가 될 필요가 있다.

설정하기 위해 내담자와 마음챙김 호흡을 5분간 행하면서 모든 회기를 시작한다. 이 시점에서 치료자는 내담자에게 두 가지 괴로움의 화살에 대한 불교 이야기를 들려주어(Bodhi, 2000, p.1263) 내담자가 자신이 겪고 있는 괴로움의 유형을 명확하게 볼 수 있게 해준다. 두 개의 화살의 가르침에서 붓다는 "가르침을 잘 받은 고귀한 제자"와 "가르침을 받지 못한 범부"가 감각을 통해 자극에 접했을 때 양자 모두 기본적 상태에서 즐겁거나, 괴롭거나, 중립적인 느낌을 경험할 것이라고 설명했다. 그러나 가르침을 받지 못한 범부가 괴로운 느낌을 경험하면 "걱정하고 슬퍼하며 한탄하고 가슴을 치며 울고 괴로워한다." 따라서 그는 육체적 느낌과 정신적 느낌의 두 종류의 느낌을 경험한다. 그것은 마치 어떤 사람이 화살을 맞을 때 첫 번째 화살에 이어 두 번째 화살에 맞은 것과 같다. 그러나 가르침을 잘 받은 고귀한 제자의 경우, 괴로운 느낌에 접촉할 때 "걱정하지 않고 슬퍼하지 않으며 애통하지 않고 가슴을 치며 통곡하지 않으며 근심하지 않을" 것이다. 그는 한 종류의 느낌, 즉 육체적인 느낌은 갖지만 정신적 느낌은 갖지 않는다. 그것은 마치 어떤 사람이 한 화살에 맞았지만 두 번째 화살에는 맞지 않는 것과 같다. 두 개의 화살에 대한 이러한 가르침을 통해 치료자는 내담자가 어떤 종류의 괴로움을 겪고 있는지 알 수 있도록 안내할 수 있다.

인생에는 선택의 여지가 없이, 함께 살아야만 하는 괴로운 사건이 많이 있다. 이미 발생한 질병, 노화, 죽음, 고통스러운 경험과 같은 사건이 그러한 것들이다. 우리는 추가적인 정신적 고통(두 번째 화살)을 일으키지 않도록 그것들과 함께 살아가는 법을 배워야 한다. 그러나 두 번째 화살의 특성을 갖는 또 다른 형태의 괴로움이 있는데, 이것은 괴로운 상황(첫 번째 화살)을 보다 건설적인 방식으로 재해석하거나 첫 번째 화살을 더욱더 깊이 이해하는 것을 배움으로써 피할 수 있다. 이 간단한 2단계 분류를 통해 내담자는 상황에 대한 더 나은 이해와 통찰을 계발함으로써 제거할 수 있는 괴로움을 더 잘 성찰할 수 있고 고통과 함께 사는 법을 배울 수 있다.

II. 괴로움에서 해방되고 싶은 욕망을 함양하기

다음의 통찰을 함양하는 것이 괴로움에서 벗어나고자 하는 진지한 소망을 발전시키는 데 도움이 된다.

(1) **괴로움 없는 삶이 더 좋은 대안임을 아는 것**: 표면적으로는 이러한 통찰을 갖는 것이 충분히 손쉬워 보인다. 그러나 매우 자주 사람들은 괴로움 뒤에 숨거나 복잡하고 깊은 이유로 인해 괴로움 속에서 안전한 피난처를 찾기도 한다. 괴로움에서 벗어나고자 하는 진정한 열망을 발전시키기 위해 이 단계에서 이러한 깊은 이유를 즉시 탐구할 필요는 없다. 대신 내담자는 자신이 겪고 있는 괴로움을 더 잘 이해하고 알아차리는 법을 배우려는 한층 일반적이고 전체적인 결단력을 갖도록 도움을 받는다.

(2) **자신에게 자비로운 태도와 괴로움이 제거될 수 있다는 이해를 계발한다**: 자비는 누군가를 아픔과 괴로움에서 해방하려는 소망이나 바람이며 중요한 불교 수행이다. 정신 치료 환경에서 내담자는 종종 자신의 구제를 위해 열심히 노력하고자 하는 진지한 소망을 갖기

위해 자신에 대한 이해와 자비심을 함양할 필요가 있다. 이것은 간단한 작업처럼 보이지만 자신에 대해 매우 비판적이고 냉담한 태도를 가진 내담자에게 자신에 대한 이해와 자비를 기르는 것은 상당히 어렵다. 자비심을 함양하기 위해서는 스스로 괴로움을 알아차리는 법을 배워야 한다. 괴로움의 자각은 자비와 공감을 불러일으킬 수 있다. 내담자에게 우리 모두는 행복하고 뛰어나며 궁극적으로 붓다가 될 수 있는 잠재력을 가지고 있다는 의미에서 평등하다는 불교적 가치를 알려주어야 한다. 우리가 자신을 가혹하게 대하고 스스로 아픔과 괴로움을 가해야 할 이유가 없다. 또한 이러한 자각은 내담자가 마음챙김을 수행하여 감정에서 벗어나는 것이 자신이 이 순간 경험하고 있는 격렬한 감정 그 이상임을 알 수 있도록 도와줄 것이다. 거리두기와 마음챙김은 정서를 지혜롭게 처리하기 위해 자신감과 자기 효능감을 계발한다.

(3) **괴로움을 제거하는 것이 성취할 수 있는 가치 있는 목표임을 깨닫기**: 괴로움 역시 연기적으로 생겨나고 그것이 생기도록 촉진하는 조건에 의존한다. 그것 또한 공한 특성을 지닌다. 그러므로 괴로움은 생길 수 있지만, 더 중요한 것은 확실히 사라질 수도 있다. 괴로움의 두 화살의 가르침에서 지적한 바와 같이 우리가 함께 살아가야 할 괴로움의 유형이 있지만, 우리가 매일 겪는 괴로움 중 대부분은 제거될 수 있다. 마음챙김 수행이 더욱 강해진다면 우리가 선택하지 않은 괴로움과 함께 사는 법을 배워야 하는 괴로움은 우리의 스승이 되어 더 잘할 수 있다는 동기를 북돋을 수 있다. 다르마에서 흔히 말하는 것처럼 연꽃은 고지대와 단단한 땅에서 자라지 않고 오직 누추하고

진흙투성인 땅에서만 핀다. 오늘의 쓰레기에는 내일 꽃의 퇴비와 거름이 들어 있다.

III. 괴로움의 원인에 대한 의문과 탐색

우리의 괴로움에 대해 무언가를 하려는 욕구를 키우게 되면 자동으로 발생하는 다음 질문은 "내가 무엇을 할 수 있고 어떻게 문제를 해결해야 하는가?"이다. 이 시점에서 일부 내담자의 마음에 운명과 숙명에 대한 생각이 일어날 수 있다. "이 괴로움이 내 운명인가?", 또는 "저는 정죄를 받았습니다. 탈출구가 없네요!"와 같은 의문과 믿음이 발생할 수 있다. 그러나 어떤 사람이 다르마를 진정으로 이해한다면 이러한 의문은 운명과 숙명 개념과 같은 형태로 일어나지 않을 것이다. 운명과 숙명이라는 개념은 "궁극적인 창조자"에 의해 미리 결정된 것들이 삶의 사건으로 일어난다고 잘못 해석하는 것이다. 연기로 인해 붓다는 신의 가능성을 배제하였다.

『소금덩이 경(Discourse of the salt crystal)』(Thanissaro, 1998)에서 지적했듯이, 사람의 삶의 과정은 과거 업에 의해 **전적으로** 지배받지 않는다. 붓다는 만약 두 사람이 유사한 불건전한 행위를 했다 하더라도 한 사람은 지옥을 경험할 수 있지만 다른 사람은 거의 영향을 받지 않을 수 있다고 설명했다. 지옥 같은 감정에 빠지는 사람의 특징은 다음과 같다.

몸을 〔관찰하는 것을〕 계발하지 않고, 덕을 계발하지 않고, 마음을 계발하지 않고, 분별력을 계발하지 않고. 또한 제한되고, 마음이 좁고, 괴로움에 사는 사람이다.(Thanissaro, 1998, AN III 99, p.250)

그러나 다음과 같은 사람에게는

몸을 〔명상하는 것을〕 계발하고 덕을 계발하며 마음을 계발하고 분별력을 계발하는 사람들에게는 제한이 없고 마음이 넓으며 무량심에 거하는 사람이다.(Thanissaro, 1998, AN III 99, p.250)

그 행동의 영향은 아주 적을 수 있다. 붓다는 두 사람의 차이를 보여주기 위해 작은 컵에 소금 덩어리를 넣고 같은 양의 소금 덩어리를 갠지스강에 넣는 비유를 사용했다. 컵에 담긴 물은 너무 짜서 마실 수 없을 것이다. 반면에 갠지스강에 넣은 소금 덩어리는 갠지스강과 별 차이가 없을 것이다. 이상의 설명이 원인과 결과 간의 관계를 배제하지 않는다는 점을 여기서 지적해야 한다. 붓다가 우리에게 말한 것은 원인과 결과 사이에 조건의 영향이 있다는 것이다. 공식은 "원인＋조건＝결과"여야 한다. 사소한 원인도 유리한 조건으로 자양분을 얻으면 큰 결과를 초래할 수 있다. 반면에 중요한 원인도 불리한 조건을 가지면 최소한의 영향만 미칠 수 있다. 이 담론은 우리가 과거에 무엇을 했든 좋은 씨앗이 번성할 수 있는 조건을 개선하고 나쁜 씨앗이 자라기 어려운 조건을 만들기 위해 여전히 부지런히 일할 수 있다는 분명한 메시지를 준다.

소개 회기에서 내담자는 업에 따라 우리 모두가 자신의 사고와 행동에 책임이 있음을 알 수 있도록 교육을 받아야 한다. 그러므로 우리는 우리 자신의 괴로움이 우리 자신의 것이기 때문에 우리 자신의 고통을 돌보는 우리 책임을 타인에게 떠넘길 수 없다. 유명한 『담마빠다(Dhammapada)』에서 붓다는 사람의 생각과 행동이 그 사람의 미래를 형성하는 원인과 조건이라고 설명했다.

> 마음은 모든 것의 근본이 된다. 마음이 으뜸이 되어 모든 일을 이루니 만일 어떤 이가 오염된 마음으로 말하고 행동하면 괴로움이 그를 따르리라. 마치 수레바퀴가 수레를 끄는 황소의 발굽을 따르듯이. 마음은 모든 것의 근본이 된다. 마음이 으뜸이 되어 모든 일을 이루니 선한 마음으로 말하고 행동하면 즐거움이 그를 따르리라. 마치 그림자가 형체를 따르듯이.

이상의 몇 구절에서 붓다는 우리의 마음과 안녕(well-being) 사이의 관계를 명확하게 설명했다. 만일 어떤 사람이 미혹된 마음, 탐욕과 성냄과 무지에 미혹된 마음으로 말하고 행하면 괴로움이 따르게 된다. 반면 순수한 마음으로 말하고 행동하면 행복도 따라온다. 우리의 마음과 행동은 우리의 안녕에 영향을 미치고 결정한다. 이것이 업의 기본 가르침이다. 의지적인 행동은 업 에너지를 생성하여 미래에 그것이 결실하게끔 배양하는 데 필요한 조건이 존재할 때 나타날 것이다.

우리의 마음과 행동이 자신의 괴로움에 책임이 있다는 것을 받아들인다면 다음 문제는 우리가 정확히 무엇을 잘못했고 문제의 근원이 무엇인지 알아내는 것이다. 대부분 상황에서 우리는 자기 마음에 무슨 일이 일어났는지, 어떤 종류의 업의 씨앗이 우리 의식에 심어졌는지에 대해 알아차리지 못한다. 그러므로 우리는 자신의 고통을 변화시키는 데 필요한 통찰과 지혜를 계발하기 위해 마음의 습관, 집착, 반응 등 자기 마음에서 일어나는 일을 조사하고 주의를 기울이고 알아차려야 한다.

IV. 괴로움과 괴로움의 원인에 주의를 기울여 관찰하고 배우기

모든 생명체는 일종의 의식을 지니고 있다. 그들을 차이 나게 하는 것은 인식, 통찰력, 지혜이다. 이러한 속성은 세상의 모든 차이를 만든다. 예를 들어 고양이는 텔레비전 앞에 앉아 별로 많은 감정을 느끼지 않고 화면에서 공포 영화의 이미지를 볼 수 있다. 그러나 어린아이들이 동일한 공포 영화를 본다면 TV 화면의 이미지가 실제처럼 경험되기 때문에 매우 무서워할 수 있다. 또는 TV 기술자가 동일한 공포 프로그램을 시청하고 있다면 화면의 이미지는 환영에 불과하다는 것을 통찰하고 자각하기 때문에 무서운 이미지에 현혹되지 않을 것이다. 결과적으로 그는 공포 이미지를 다루는 데 훨씬 더 많은 자유를 누릴 것이다. 그는 전체 프로그램을 시청하거나 TV를 끄거나 화면에서 움직이는 전자들의 경이로움을 찬탄할 수 있다. 세 가지 예에서 다른 점은 TV 화면에 나타나는 것이 아니라 시청자 각자의 인식, 통찰, 지혜이다.

마음챙김, 통찰, 지혜는 종종 "면밀한 주의(careful attention)"로 번역되는 올바른 마음챙김 수행을 통해 계발될 수 있다. 그러나 "마음챙김"이라는 용어는 인식, 통찰, 지혜를 개발하는 데 필요한 마음가짐을 설명하는 데 더 적합하다. 예를 들어 TV에서 공포 영화를 본 아이는 화면에 주의를 기울이고 있지만 마음챙김에 필요하다고 간주되는 성찰적인 조절의 힘은 결여되어 있다. 이것이 다르마 치료에서 마음챙김 수행이 중요한 핵심 요소가 되어야 하는 주된 이유이다. 마음챙김 수행을 통해 내담자는 올바르게 주의를 기울여 관찰하고 익히는 방법을 배운다.[4]

마음챙김의 네 가지 토대에 관한 붓다의 설법인 『대념처경(Mahasa-tipatthana Sutta)』에서 붓다는 마음챙김 수행의 필수 요소를 설명했다. 붓다는 이와 관련하여 다음과 같이 말한다.

> [비구는] 몸을 몸으로 관찰하며 머문다. 세상에 대한 동경과 조바심을 제쳐두고 열렬하고, 명료하게 깨어서, 알아차리면서 머문다.(Walshe, 1987, p.335)

이 짧은 문장에서 붓다는 마음챙김을 수행하는 데 필요한 마음가짐과 조건을 보여주고 있다. 이 주제에 대해 더 자세히 설명하기 위해 "관찰하면서 머문다.", "몸으로서 몸을", "열렬하고", "명료하게 깨어

---

4 카밧-진(Kabat-Zinn, 1994, p.4)에 따르면 마음챙김의 정의는 "특정한 방식으로 주의를 기울이는 것, 즉 의도적으로, 현재 순간에, 판단하지 않고" 하는 것이다. 몸을 몸 그대로 관찰하는 것, 또는 대상을 대상 그대로 관찰하는 것이 카밧-진이 의미한 것일 수 있다. "… 현재 순간에, 그리고 비판단적으로."

서", "알아차리면서"라는 아래 다섯 글귀를 더 자세히 논의해 보기로
하자.

"관찰하면서 머문다."란 수행자가 마음챙김 대상에 편안하게 임해
야만 한다는 뜻을 의미한다. 마음이 흔들려서는 안 되고 집중해야
한다. 집중하지 않으면 이해력과 통찰력을 키우기 어렵다. "몸으로서
의 몸"이란 몸(또는 감정이나 마음)을 관찰할 때 관찰되고 이해된 것을
구별하거나 주관적인 의미나 해석을 추가하지 않아야 함을 의미한다.
이것이 쉽게 들릴지 모르지만 실제로는 마음챙김 수행 없이는 이렇게
할 수 있는 사람이 많지 않다. 우리는 너무나 자주 우리가 무엇을
하고 있고 우리 마음에서 어떤 것이 일어나고 있는지에 대해 무심하다.
우리가 감각을 통해 감정을 알아차릴 수 있다 하더라도 대개는 오래된
습관적 사고 패턴, 충동, 과거 경험 등과 함께 섞여서 그 감정을
"나는 매우 행복하다." 또는 "나는 매우 속상하다."라는 혼란스러운
문구로 변환한다. 그렇기 때문에 붓다는 우리가 마음챙김을 수행을
하는 동안 "나의 몸", "당신의 몸"이라는 개념과 좋은 것, 나쁜 것,
욕망하는 것, 혐오스러운 것 등의 느낌에 꼬리표를 붙이지 말고 관찰해
야 한다고 강조했다. "열렬함"은 마음챙김을 행할 때 지녀야 하는
태도이다. 즉 마음이 방황하지 않도록 부지런하고 열성적으로 마음챙
김을 수행해야 하며, 불건전하고 산만한 생각이 마음챙김을 방해하지
않도록 침착하되 적극적으로 생각을 모니터링할 수 있다. 수행 하는
동안 매우 자주 기쁨과 황홀감이 일어난다. 이러한 감정은 수행자가
마음챙김 수행에 열성적으로 남아 있도록 도울 수 있다. "명료하게"는
지식, 통찰력 및 지혜의 계발과 관련된다. 마음챙김을 수행할 때

집중을 계발하는 것과는 별개로 마음챙김 대상의 본성과 특성에 대한 마음챙김과 이해의 계발도 있다. 이러한 인식과 이해력의 발달은 지식, 지혜 및 통찰력의 발달을 촉진한다.

현상을 명료하게 이해하기 위해서는 대상과 대상 관찰자의 관계를 포함하여 그 모든 측면을 볼 필요가 있다. 『상윳따 니까야』(상응부)에 서는 앎(지식)에 대해 다음과 같이 말하고 있다.(Bodhi, 2000, p.1281)

비구들이여, 나에게는 '이것이 느낌이다'라는… 전에 들어보지 못한 법에 대한 눈(眼)이 생겼다. 지혜(智)가 생겼다. 혜慧가 생겼 다. 명지(明)가 생겼다. 광명(光)이 생겼다.

나에게는 '이것이 느낌의 일어남이다'라는… 전에 들어보지 못한 법들에 대한 눈(眼)이 생겼다. 지혜(智)가 생겼다. 혜慧가 생겼다. 명지(明)가 생겼다. 광명(光)이 생겼다.

나에게는 '이것이 느낌의 일어남에 이르는 길이다'라는… 전에 들어보지 못한 법들에 대한 눈(眼)이 생겼다. 지혜(智)가 생겼다. 혜慧가 생겼다. 명지(明)가 생겼다. 광명(光)이 생겼다.

나에게는 '이것이 느낌의 소멸이다'라는… 전에 들어보지 못한 법들에 대한 눈(眼)이 생겼다. 지혜(智)가 생겼다. 혜慧가 생겼다. 명지(明)가 생겼다. 광명(光)이 생겼다.

나에게는 '이것이 느낌의 소멸에 이르는 길이다'라는… 전에 들어 보지 못한 법들에 대한 눈이 생겼다. 지혜가 생겼다. 혜가 생겼다. 명지가 생겼다. 광명이 생겼다.

비구들이여, 나에게는 '이것이 느낌의 맛이다'라는… 전에 들어보지 못한 법들에 대한 눈이 생겼다. 지혜가 생겼다. 혜가 생겼다.
명지가 생겼다. 광명이 생겼다.

나에게는 '이것이 느낌의 잘못됨이다'라는… 비구들이여, 나에게
는 '이것이 느낌에서 벗어남이다'라는, 전에 들어보지 못한 법들에
대한 눈이 생겼다. 지혜가 생겼다. 혜가 생겼다. 명지가 생겼다.
광명이 생겼다."〔*『초전법륜경』(S 56:11)〕

위 경전 구절에서 우리는 붓다가 느낌을 알아차릴 때 느낌을 느낌으
로 보았고, 느낌의 여러 측면, 즉 그 기원, 느낌의 기원으로 가는
방식, 그 소멸, 느낌의 소멸로 가는 길, 그리고 그 만족, 위험 및
느낌으로부터의 도피 등도 보았다는 것을 알 수 있다. 이러한 느낌의
특성을 이해하지 못하면 우리는 경험한 느낌의 노예가 된다. 그러나
우리가 느낌의 이러한 특성을 알아차리면 느낌을 다루는 데 더 나은
위치에 있게 된다. 위에서 논의한 모든 자질 또는 마음챙김과는 별도로
"알아차리고 있음", 또는 마음챙김, 빠알리어로 **사띠**(sati)는 문자대로
해석하면 "기억하기"라는 뜻이다. 무언가가 우리의 의식을 지나쳐
갈 때 그것은 매우 빈번하게 인상을 남기지 않고 마음에서 스쳐지나가
버린다. 그러나 우리가 무언가를 알아차릴 때 우리의 의식을 지나가는
것은 인상을 남기고 분명히 기록된다. 마음챙김의 이러한 특질은
우리의 마음챙김 경험으로부터 마음이 배우고 기억할 수 있게 하며,
그 결과 진정으로 유익하고 능숙한 것과 궁극적으로 해롭고 능숙하지
않은 것을 구별하고 식별할 수 있게 한다.

V. 괴로움과 괴로움의 원인에 대한 통찰과 지혜 계발하기

사람은 먼저 마음챙김을 통해 대상을 배우고 그 마음챙김에서 느낌과 개념이 발달한다. 느낌과 개념이 함께 작동하고 서로를 지지하면서 여러 다른 주관적인 생각과 느낌이 일어난다. 이러한 주관적인 생각과 느낌의 영향으로 대상을 객관적으로 이해하는 능력을 상실하게 된다. 이런 생각과 느낌에 실제로 붙잡히게 되면 자신이 만들어놓은 세상에 사는 것이다. 따라서 이 환상의 세계에서 더 많은 생각과 느낌을 가질 것이고, 그 사람은 실제 세상과 다른 현실로 인해 확실히 괴로움을 겪을 것이다. 괴로움의 경고 신호가 그 사람을 깨우지 못하고 자신이 만든 세계에 계속 머무르면 괴로움의 스트레스와 두 세계 간의 갈등은 곧 심리적 문제로 이어질 것이다.

따라서 다르마 치료의 목적은 내담자가 지식, 통찰, 지혜를 계발하도록 도와주는 것이고, 그 가운데 하나는 현실을 받아들이고 직시하는 능력을 향상하고, 합병증을 분류하고, 삶의 어려운 상황을 처리하는 능력을 증강하고 스트레스를 줄이는 능력을 고양하는 것이다. 위에서 살펴본 『상윳따 니까야』의 내용은 붓다가 느낌과 느낌의 여러 측면을 관찰하는 모든 경우에 비전, 지식, 지혜, 잠다운 지식 및 "빛"을 계발했음을 보여준다. 아래에서 다시 자세히 논의되는 지각과 통찰의 이 다섯 가지 특성은 정신건강의 토대이다.

비전

시각은 대상을 알아차리고 인식할 수 있는 기능이다. 그것은 또한 지금까지 보이지 않던 대상을 비추고 알아차리고 인식하는 것을 의미한다. 평범한 사람이기 때문에 우리는 외부세계의 대상에 관심을 집중하는 데 익숙하다. 그래서 우리는 보고 듣고 냄새 맡고 접촉하는 것 등에 쉽게 영향을 받고 흔들리게 된다. 그러나 붓다는 우리가 진정한 지식, 통찰, 지혜를 계발하고자 한다면 반드시 가까이 있는 대상을 알아차려야만 한다고 가르쳤다. 『대념처경』에서 붓다는 슬픔과 괴로움을 극복하기 위해 주의를 기울이고 알아차려야 할 마음챙김의 네 가지 토대 또는 대상을 정확히 지적했다. 즉 몸, 감정, 마음, 사고이다.

다르마 치료에서 내담자에게는 항상 몸에 대한 마음챙김 수행을 시작하도록 가르쳐야 한다. 왜냐하면 우리가 호흡을 알아차리거나 걷기 명상을 수행하면서 몸에 주의를 집중할 때 우리의 초점과 인식을 단단한 것에 고정하기 때문이다. 이것은 너무 오랫동안 자기 환상 세계에서 살아온 내담자에게는 특히 중요하고 유익하다. 또한 다르마의 이론적 토대를 논할 때 지적한 바와 같이 몸과 마음과 의식은 연기로서 존재한다. 따라서 스트레스와 괴로움이 마음과 의식에 존재할 때 그것들은 어떻게든 긴장과 경직으로 반영되고 경험될 것이다. 우리가 마음챙김을 통해 몸과 접촉하게 되면 심리적 측면에도 영향을 미친다. 마음챙김으로 몸의 긴장과 경직을 이완할 수 있다면 정신적 스트레스와 괴로움도 줄어들 것이다. 몸에 대한 마음챙김 수행을 시작하는 또 다른 이점은 몸이 느낌과 의식보다 집중하기 쉽고 안정적인 대상이라는 것이다. 몸을 알아차리는 수행을 함으로써 느낌과 생각이 우리의 몸에 대한 마음챙김 수행을 흐트러뜨릴 때 그 느낌과 생각은 자동으로 더 분명해진다. 느낌과 생각이 분명해지면 우리는 마음챙김 수행의 한층 확고하고 안정된 환경에서 느낌과 생각을 알아차리는 법을 배울 수 있다.

지식

균형 잡힌 시각에서 얻은 마음챙김과 인식으로 형상과 개념이 마음에 나타날 것이다. 형상과 개념을 사용하여 단어와 문장을 만들고 할당할 수 있다. 이 모든 도구를 통해 마음은 생각하고 차별화하며 반성하고 배우는 데 필요한 것을 갖게 될 것이다. 배운 것은 지식이 될 것이다. 그렇기 때문에 시각에서 수집한 정보가 지식의 기초라고 할 수 있다. 그러나 망상과 주관성이 시각 과정을 왜곡했다면 이후 얻은 지식도 오류에 빠지게 될 것이다. 이것이 붓다가 몸에 대한 마음챙김을 수행할 때 위에서 설명한 바와 같이 몸은 몸으로, 느낌은 느낌으로 등을 관찰해야 한다고 강조한 이유이다.

내담자가 지식을 축적하고 심리적 문제를 극복할 수 있는 통찰력과 지혜를 계발하도록 돕기 위해 내담자는 다음과 같은 두 가지 다른 각도에서 자신의 느낌과 감정을 알아차리도록 가르쳐야 한다. (1) 자신의 정신적 태도(즉, 탐욕, 증오, 망상), 정서(두 번째 화살)와 실제로 일어난 일(첫 번째 화살) 사이의 관계, (2) 느낌과 감정의 공함과 환영적 특성(두 번째 화살). 내담자는 발생한 사건과 관련하여 유지되고 있는 감정과 정신적 태도의 상호 의존적 특성을 알아차리도록 안내받을 필요가 있다. 이러저러한 태도로 이러저러한 감정은 연기에 의해 자동으로 일어날 것이다. 더 나아가 이론적 토대를 설명한 절에서 설명한 바와 같이 아픔과 괴로움도 원인과 조건이 함께 작동하여 발생하는 것이다. 원인과 조건이 변화하면 세상의 모든 현상이 그렇듯 아픔과 괴로움도 줄어들 것이다. 항상 변화와 더 나은 내일의 희망이 있다. 따라서 내담자는 지금 여기에서 자신에게 영향을 미치는 원인과 조건을 변화하고 개선하는 데 집중해야 한다.

지혜

지혜는 구별하고 혼란을 분류하고 결정을 내리는 능력이다. 일반적으로 말해서 불교의 가르침에는 세 가지 유형의 지혜가 있다. 즉 교육에서 오는 지혜, 반성에서 오는 지혜, 수행에서 오는 지혜이다. "교육에서 오는 지혜"는 대화, 서적, 기타 통신 매체를 통해 다른 사람의 지혜와 경험에서 배우는 지혜이다. 어떻게 보면 간접 학습 경험이지만 학습 과정을 엄청나게 단축하기 때문에 여전히 필요하다. 치료자가 내담자에게 주는 안내와 가르침은 내담자를 위한 교육의 지혜이다.

"반성에서 오는 지혜"는 교육 및/또는 마음챙김 및 인식에서 획득한 지혜와 지식을 반성함으로써 발생한 지혜이다. 예를 들어 정서와 정신적 태도의 상호 의존적 성격을 보고 성찰함으로써 내담자는 새로운 통찰력을 계발하고 과거 사건에 대한 태도를 변화시킬 수 있다.

"수행에서 오는 지혜"는 대상을 직접 관찰하는 것처럼 직접적인 경험에서 얻은 지혜이다. 대상에 대한 이러한 직접적인 경험 및/또는 관찰은 위에서 언급한 두 가지 유형의 지혜에서 획득한 지혜에 의해 안내되어야 한다. 그러나 어법 및 인지적 추론을 사용해서는 안 된다. 테니스를 치는 것처럼 선수가 생각이나 추리 없이 공에 눈을 떼지 않는 한 여전히 능숙하고 적절하게 공을 칠 수 있다. 선수가 그렇게 할 수 있는 이유는 자신이 배운 것과 공에 주의를 기울이면서 수집한 추가 정보 사이의 상호작용 때문이다. 마찬가지로 내담자가 느낌과 생각의 환상적 특성에 대한 충분한 지식과 지혜를 얻으면 느낌과 생각에 대한 애착을 발전시키지 않고도 자신의 느낌과 생각이 일어나고 사라짐을 알아차릴 수 있다.

진정한 지식(*명지)

위에서 언급한 바와 같이 비전, 지식, 지혜의 기능은 마음챙김과 인식 중에 획득한 정보에 의존한다. 진정한 지식은 비전, 지식, 지혜의 과정에서 수집된 정보에 빛을 밝혀주고 계발을 위한 통찰로 이어진다. 예를 들어 우리가 느낌의 발생과 소멸을 알아차릴 때, 즐거운 느낌이 있을 때, 행복한 느낌이 일어나고 불쾌한 느낌이 있을 때 불행한 느낌이 일어나는 것을 본다. 즐거운 느낌이 사라지면 행복한 느낌도 사라진다. 불쾌한 느낌이 사라지면 불행한 느낌 또한 사라진다. 감각과 느낌 사이의 상호 의존적 관계를 관찰함으로써 우리는 통찰력과 지식을 계발한다. "이것이 있으면 저것이 있고, 이것이 사라지면 저것 또한 사라진다." 연기에 대한 이러한 지식은 감각과 느낌의 발생과 소멸에 대한 마음챙김과 인식에서 얻은 통찰에서 나온다. 모든 느낌, 정서, 감각은 본질적으로 무상하고 공한 것이지만 시간과 공간에 관계없이 연기의 적용 가능성을 경험할 필요가 있다. 따라서 "진정한 지식"은 경험 세계에서 현상의 작용을 알아차리는 데서 오는 통찰을 이해하고 계발할 때 발생한다.

우리가 경험 세계에서 사물과 사건의 작용과 기능을 이해하고 통찰할 수 있을 때 그것들을 관리하고 처리하는 능력이 크게 향상될 것이다. 이러한 이유로 내담자가 느낌과 정서의 작동 및 기능을 이해하고 통찰하게 되면 이것을 다루고 처리하는 능력이 크게 향상될 수 있다.

빛

빛은 비추어주는 지혜의 기능이다. 빛이 있을 때 우리는 땅 위의 바위와 물웅덩이를 볼 수 있다. 우리가 바위와 웅덩이를 볼 수 있다면 마음은 그것들을 피하려고 일부러 노력할 필요가 없으며, 여전히 안전하게 걸을 수 있다. 마찬가지로 이것은 "지혜의 빛"에도 적용된다. 우리가 느낌과 감정의 작용을 진정으로 이해하고 통찰할 수 있을 때, 의도적인 노력 없이 자동으로 탐욕, 증오, 무지의 모든 바위와 웅덩이를 헤쳐 나갈 것이다. 여기서 느낌과 정서를 알아차리는 목적은 그것들을 무시하거나 제거하기 위한 것이 아니라 그것들을 더 잘 이해하고 파악하기 위한 것임을 강조해야 한다. 이러한 이해와 파악으로 우리는 그것들을 더 잘 다룰 수 있고 결국 불건전한 감정(즉 두려움, 증오, 탐욕 등)을 자비, 공감, 사랑 같은 건전한 정동으로 변화시킬 수 있다. 느낌과 정서가 없다면 우리는 결정을 하고 삶의 의미를 찾기가 어려울 것이다. 이것이 다르마 치료가 다르마의 뿌리와 토대가 공한 마음이 아니라 자비의 바탕 위에 세워진 것이라고 강조하는 이유이다.

VI. 통찰과 지혜로 괴로움을 종식하는 데 필요한 단계 밟기

우리는 마음챙김에서 얻은 이 새로운 통찰과 지혜를 행동으로 옮기고 학습을 강화한다. 예를 들어 정신적 태도, 정서, 사건 사이의 관계를 이해하는 것에서부터 불건전한 정서를 야기하는 정신적 태도를 변화시킬 필요가 있다. 이 변화는 위에서 설명된 대로 지혜에서 발산되는 빛의 계발이 있다면 자동으로 일어날 수 있다. 이러한 일이 발생하면 내담자의 행동 변화는 보통 태도가 변화한 결과로써 자동으로 일어난다. 그러나 때로는 마음챙김의 깊이가 지혜의 빛을 계발하기에 충분하지 않을 수도 있다. 이 경우 변화를 확고히 하기 위해 의도적인 행동 및 환경의 변화가 필요할 수 있다. 이 시점에서 치료자는 필요한 변화를 찾기 위해 내담자와 함께 작업해야 한다.

결론

최근 몇 년 동안 심리 과학 연구가 상당한 진전을 이루었지만 정신 보건 관련 문제의 수가 계속 증가함에 따라 심리 문제를 관리하는 방법에 대한 새로운 각도와 관점이 계속해서 계발될 것이다. 이 장은 정신 치료 환경에 맞추어 괴로움을 다루는 불교의 방식을 제시하려는 시도이다. 괴로움을 다루는 불교의 방식은 우리의 마음과 행동이 우리의 안녕을 결정한다는 원칙에 기반 한다. 무지로 인한 망상과 기능 장애 행동은 괴로움과 괴로움의 주요 원인으로 간주된다. 다르마 치료는 내담자가 고통을 일으키는 원인과 조건에 대한 이해, 통찰,

지혜를 계발하도록 돕는 데 기반을 두고 있다. 통찰과 지혜가 있으면 무지가 없다. 더 이상 무지가 없을 때 괴로움의 원인도 없어질 것이다. 마음챙김의 적용은 무지의 횡포를 분쇄할 수 있는 도구이다. 다르마 치료는 마음챙김 수행을 그것이 파생된 이론적 토대에 재통합함으로써 상당히 까다로운 치료 접근 방식에 적합하고 편안함을 줄 수 있는 내담자에게 유망한 치료적 개입이 될 수 있다. 마음챙김 수행과 통찰과 지혜를 계발하는 과정은 원래 삶과 죽음에서 궁극적 해탈을 추구하는 진지한 수행자들을 위해 붓다가 처방한 것이지만 일상적인 심리 문제를 처리할 수 있는 통찰과 지혜를 계발하기 위해 수행하려는 평신도 또한 상당한 유익함을 얻을 수 있다. 느낌과 정서, 그리고/또는 정신적 태도, 감정 및 발생하는 사건 사이의 관계를 인식함으로써 내담자는 회고적으로 접근하더라도 이를 식별하고 이들 사이의 역동적인 관계를 볼 수 있다. 이러한 이해를 통해 마음은 감정과 정서를 더욱더 능숙하게 처리할 수 있으며 점차 더 높은 수준의 평화와 명료함에 도달하고 내담자의 전반적인 정신 보건을 향상할 수 있다.

이 장에서 필자는 다르마 치료의 이론적 토대를 제시하고 임상 환경에서 이론을 적용하는 방법에 대한 틀을 작성했다. 다르마는 붓다가 가르치고 수 세기 동안 많은 뛰어난 스승들이 수행했지만, 우리는 그 효용성을 입증하기 위해 이 치료를 임상 시험에 적용하고 발견한 내용을 문서화해야 한다. 마지막으로 이 장은 임상가가 손쉽게 접근할 수 있고 도움이 필요한 사람들에게 정신 치료 개입 접근법으로 사용할 수 있도록 다르마를 새롭게 포장하려는 시도이기도 했다.

제7부

자아 없는 대화를 통한 업 변환을 향하여

20장과 21장에서 키(Kwee)와 키-탐스(Kwee-Taams)는 업을 변환시키는 코칭 체계를 제시하고 있다. 이것은 스승/트레이너/임상가와 학생/피훈련생/내담자의 의미 있는 상호작용을 필요로 하는 협동 수행이다. 코치는 제자의 전면적인 정동적/관계적 수행력을 능숙하게 지지하고 격려하고 성숙시킨다. 양자 모두 "변환적 대화(transformative dialogue)"에 개입하여 독특한 촉진적인 대화의 만남을 형성한다. 여기서는 서로 상대방 속에서 자신을 위치지우고자 노력하고, 이로써 새로운 영역을 향해 나아가면서 개방적인 위치의 변환을 야기하는 변곡점의 위치를 발견한다. 이런 사회구성주의의 대화는 일종의 기획이고 이것이 효과적으로 변화한 결과는 발전하는 실재의 상호 긍정에 달려 있고, 이에 따라 실재의 새롭고 전면적인 이야기를 창출한다. 이런 대화에 들어가기 위해서는 말해진 것(내용)과 말해지는 방식(관계적 의미)의 함의에 귀를 기울이는 커뮤니케이션 기법이 필요하다.

포스트모던 사회구성주의 심리학, 협동 수행, 변환적 대화는 경험적 연구를 배제하지 않는다. 그러나 양적 연구와 그 가능성의 위치에 대해서는 주요한 재조정이 있다. 자족적 마음(자아, 정서, 정동, 인지, 지각, 동기, 신념, 태도)의 현상을 연구하고자 하는 근대의 시도는 단기간의 사회적 구성물을 다룬다. 역사가 우리의 안내자라고 하면 축적된 지식의 이상理想은 하나의 소설이다.(Gergen, 1996) 그렇지만 전통적 경험 연구는 인간의 반복되는 여러 행동 패턴을 예측하는 힘을 가지고 있기 때문에 통계적 가치를 갖는다. 그 가운데 여러 사회지표(예컨대 사고)와 건강지표(예컨대 비만)와 같이 신뢰할 만한 것들이 있다. 그 통계적 가치의 잠재력에는 인지 행동 기법의 결과 연구가 포함되며 이것은 독특한 행동에 실용적인 증거를 제공하여 "해결되지 않는" 문제에 대한 기초로 작용한다. 경험적 연구의 효용성은 과학 지향적 문화에서 통용되는 벤치마크이고 일반적으로 마술이나 미신에 근거를 둔 비이성적인 행동보다 더 선호된다. 증거 기반 과정을 사용한다고 해서 인간이 로봇이라는 의미를 함축하는 것은 아니다. 그리고 정신기술(psychotechnology)은 단지 조화로운 관계적 매치에서만 강력한 힘을 가진다.

오스틴(Austin)의 22장은 명상이 갖는 신경학적 기반을 다룸으로써 이 책에 빛을 더해 주고 있다. 그의 논의는 이 책의 주제인 사회적-구성적-임상적-신경학적-불교적-심리학적인 내용을 완성해 준다. "인간" 존재의 비-신비주의(non-esotericism)를 분명히 하면서 그는 통찰-지혜의 흥미롭고 영감에 찬 교훈적인 내용을 이 책의 개념에 맞게 제시해 주고 있다. 내면적인 참회의 가속화와 더불어 무아의 자각과 깨달음은 신경학적 회로와 연관되어 있는데, 이것은 결국 우리가 신체/언어/마음이라는 것을 흥미진진하게 상기시켜 준다. 저자의 "뇌-선(neuro-Zen)"이라는 음식은 첨부된 그림과 전문용어 해설로 인해 독자들이 섭취하기 편하게 되어 있다. 뇌영상(brain imaging)은 자아에 대해 뇌의 어떤 부위가 활성화되는지, 자아-중심적 관점에서는 우선 뇌의 회백질이 어떻게 반응하는지, 이것이 외부세계의 다른 사물과 관계를 맺을 때 어떻게 다르게 반응하는지를 보여주고 있다. 독자들은 무아를 명상하는 경우 이런 "의식 여행의 뇌-기반 흐름"이 자아의 개별적 사고를 탈락시킬 뿐만 아니라 연기의 관점에서 자아와 주변 환경을 구별 짓는 장벽을 제거하는 데 도움이 되는지 어떤지를 스스로 판단하게 된다. 이런 흐름에 들어가기 위한 마음의 조율에는 노력이 필요하고 또한 마음으로 마음을 텅 비게 하는 하나의 시도로서 고요하고 사심 없는 마음으로 이 논문을 읽는 데 집중하게 된다.

20장 업 변환의 협동 수행:
주기적 정서 에피소드와 그 순차적 재생

모리츠 키와 마르야 키-탐스(Maurits G.T. Kwee & Marja K. Kwee-Taams)

서론

다르마가 한 세기 이상 심리학으로서 그 자격을 인정받았지만 불교의 가르침과 인지 행동 치료(CBT)와의 특별한 관계가 명확하게 된 것은 단지 미쿠라스(Mikulas, 1978), 드 실바(De Silva, 1984), 키(Kwee, 1990)의 선구자적인 작업 이후에서부터이다. 실제로 다르마를 행동 치료 및 인지 치료의 증거 기반 치료와 연결하는 의미 있는 공통성이 존재한다. 이 공통성은 고전적(Pavlov), 조건적(Skinner), 대리 조건화 원리를 통해서 S-O-R 심리학의 실험적 패러다임과 학습의 사회 인지적 해석에 근거를 둔 것이다.(Bandura, 2001) **사회구성주의 관점에서 볼 때, 이 실증주의적 기반은 정확성이나 실체에 관한 것이 아니라 행동 저장소를 여는 잠재력에 관한 것이다. 즉 인지 행동 개념은 인간 행동을 변환시키는 행동을 안내하기 위한 미시적 추상화 수준의 잠정적 내러티브 및 은유로 간주된다.**

자극 유기체 반응 모델의 기계적 은유를 화려하게 표현하면, **자극**은 이후에 반응을 방출하도록 선택하는 유기체에 영향을 미친다. 이 중개 모델은 O 부분을 직접 관찰할 수 없기 때문에 연구에 부적하다고 편리하게 폐기한 행동주의 S - R 모델에서 나왔다. 왜냐하면 이것은 직접 관찰될 수 없기 때문에 연구에 적절하지 않다고 보기 때문이다. 그러나 인지 혁명(Newell & Simon, 1956) 이후 블랙박스에 담긴 과정에 대한 연구는 체계적 조사 방법과 함께 복귀하여 내적으로 주관적으로 지각된 것을 객관적으로 측정하고 있다. 예를 들어 감각 입력에서 "최소 식별 차이"에 대한 분트의 연구(Wundt, 1874)는 다음과 같은 사실을 보여주고 있다. 즉 촛불은 30미터 거리에서 맑고 어두운 밤에도 볼 수 있다는 것, 또는 단맛이 2갤런의 물에 한 스푼의 설탕을 넣어도 맛볼 수 있다는 것이다. 이 신중한 탐구는 2,600년 전에 붓다가 전파한 절차인 마음의 내면을 보고 또한 마음의 대상을 면밀히 조사하는 도구로서의 마음챙김 명상과 어느 정도 유사하다. 불교심리학의 씨앗은 붓다의 설법에까지 거슬러 올라갈 수 있다.

CBT와 불교심리학의 연쇄적 융합은 **아비담마**(Abhidhamma)〔붓다의 설법인 **니까야**(Nikayas)의 추상적 이론을 담고 있는 상좌부 경전의 세 번째를 말함〕에서 언급된 "흐름의 과정(street sequence)"(**위티** vithi)에서 극적으로 표면화된다. 『**자따까**(Jataka)』 이야기에서 유래된 편집된 예화는 이런 점을 명확하게 하는 데 도움이 될 수 있다.

한번은 숲속에서 산토끼가 우지끈하는 소음을 들었다. 세상의 종말을 알리는 신호라고 믿고 산토끼는 달리기 시작했다. 다른 동물들도 산토끼처럼 생각하여 달리기 시작하였다. 사슴 또한 그렇게 생각하여 질주의 대열에 동참했고, 이어서 다른 동물들도 합류하여 결국 모든 동물은 미친 듯이 죽음으로 이어지는 달리기를 시작했다. 그들이 엄청나게 당황하는 것을 보고 붓다가 그들에게 물었다. "왜 그렇게 달리는가?" "세상이 끝나기 때문에."라고 그들은 말했다. 붓다가 말씀하시기를 "그럴 리가 없어. … 왜 그렇게 생각하는지 알아보자." 하면서 계속 질문을 하다 보니 결국은 달리기를 시작한 토끼에까지 이르렀다. "그것이 세상의 끝이라고 생각했을 때 너는 어디서 무엇을 하고 있었는가?" 토끼는 말하였다. "망고나무 밑에서 자고 있었어요." 붓다가 말씀하셨다. "너는 아마도 망고가 떨어지는 소리를 들었을 것이다. … 너를 놀라게 한 것은 이것이다(충격의 자극). 너는 그것이 세상의 끝이라고 생각했다(유기체의 옳지 않은/비합리적인 믿음). 너는 놀라고(감정적 반응) 그리고 달렸다(행동적 반응). … 다시 저 나무로 돌아가자. … 잘못되었다." … 그리하여 붓다가 동물의 왕국을 구했다.

이 예화에서 알 수 있는 바와 같이 마음에 대한 붓다의 모델은 마음의 CBT 모델과 유사하다. **아비담마**는 마음을 개별적 순간(찟따 cittas)의 흐름으로 간주하고 그 하나의 순간은 "손가락 튕기는 순간의 1/64"의 시간이라고 한다. 다른 말로 하면 마음은 순간적이고 믿을 수 없는 속도로 변화하고 있다는 것이다. 그런데도 S-O-R 모델에서 마음을 살펴보면 마음의 연속이나 정서적 삽화에서 어떤 일정함과 안정감이 있다.〔『꿀덩어리 경(Honeyball sutta)』 참조〕 1910년 노벨 수상자인 러더포드(Rutherford)가 언급한 바와 같이 원자와 세포의 99%는 실제로 조용한 텅 빈 공간임이 분명하다. 300억 개의 신경세포와 100조 개의 신경 연결은 우리가 생각할 때마다 반짝인다. 국립과학재단⟨www.hvacprofitboosters.com⟩의 그리어(Greer)에 따르면 우리는 아마도 한 시간에 약 1,000개의 생각을 하고 하루에 16,000개의 생각 또는 그 이상을 한다. 이들 중 85%는 수정이 필요한 부정적이고 고약한 생각이라고 한다.

하나의 식별 가능한 사건은 (1) 특정 자극과의 신체적 접촉(루빠-스빠르사rupa-sparsa)으로 시작하며 이는 마음챙김 중에 생겨난 대상에 대한 단순한 감각적 지각(봄, 들음, 냄새, 맛, 접촉, '다르마', 마음의 대상)이다. 접촉은 '순수한' 감각적 지각이다. 이것은 다섯 가지 감각기관의 외적 지각과 뇌의 내적 지각, 즉 의식에 나타나고 사회구성주의 은유로 1장에서 설명한 "마음의 눈"의 이미지, 개념, 기억과 꿈이다. 바로 이어서 일어나는 접촉은 (2) **느낌**(feeling, vedana)인데 이는 주의의 장에 들어와서 접촉을 즐겁거나 괴롭거나 중립적인 것으로 감각적으로 확인하여 결과를 아는 방향으로 작동한다. 느낌 다음으로 (3) **생각**(conceiving, samjna)이 유기체에서 일어난다. 이것은 기억에 저장된 방대한 양의 데이터를 배경으로 접촉과 느낌 경험을 지속적으로 해석한다. 이것은 사용 가능한 정보 네트워크에 적합한가? 인식할 수 있는가? 이전 경험과 어떻게 연결되는가? 이름을 붙일 수 있는가? 따라서 경험은 분류-범주화되어 기억에 저장되고 이해할 수 있는 세계의 다음 구성요소가 된다. 생각 다음에 (4) **의도**(conation, samskara)는 자극의 접촉과 느낌, **유기체**의 반응으로 표면화된다. 이는 대상에 접근하거나 피하거나 무관심하게 하는 의지, 정동 또는 정서의 역할을 하는 것으로 보인다. 본능적, 직관적, 잠재의식 또는 무의식일 수 있는 의지를 항상 자각하는 것은 아니지만 늘 만족에 굶주려 있어서 만족을 위해 세심하게 살펴본다.

과정이 진행됨에 따라 (5) 의식(awareness, vijnana), 성찰, 경험적 작의(maniskara)가 일어나며, 이는 주의/집중뿐만 아니라 차별적 인식이 정서적 괴로움을 끝내기 위한 장기적 목표가 달성될지 여부를 파악하는 역할을 한다. 이것은 지혜(panna)와 선함(kusala)을 계발하기 위해 이성과 주의 작의(yoniso-manisakara)로써 건전하고 올바르고 적절한 방식으로 수행되는 능숙하고 통찰력 있는 반성적 탐구이다.

아비담마는 극미인 마음 찰나(cittas)의 17단계의 시퀀스를 더 자세히 설명한다.

> 하나의 자극이 있다(예: 망고가 떨어지는 것): 1 기저의식(예: 깊은 수면)~ 2 진동~입력(하나의 소리)~ 3 중단(각성)~ 4 (감각기관에) 주의를 돌림~ 5 지각(예: 시각 의식)~ 6 마음챙김을 받아들이고/ 주시하고–참여함~ 7 저장된 기억에 맞는지 조사함~ 8 유기체를 해석하는 확정적 인식~ 9~10~11~12~13~14~15 지각 후 충동 인식 찰나들, 감정/사고 과정, 과거 업의 (불)선한 경험, 의도적으로 행동하거나 하지 않는 의도적 선택을 반영하여 정동적/ 행위적–상호작용적 결과 또는 반응 16~17 최종적으로 깨닫지 않은 자에게는 타인과 분리되어 있다는 환상과 갈애의 재생으로 이어지는 나–나에 대한–나의 것/자아 정체감의 잠재

의식 저장 및 유지[1]

이 인식론적 순서는 지각과 설명의 낮은 수준에서 시작하여 해석과 평가의 높은 수준으로 옮겨가는 추상화의 사다리와 놀랄 정도로 일치한다.(Korzybski, 1933) 마찬가지로 이 추상화의 사다리는 스스로 성찰의 합리성을 찬찬히 살펴보게 해준다. 더욱이 그 강조점은 우리 모두가 불가분하게 상호 연결되어 있다는 사회구성주의적 관점 또는 거겐식 용어로, 자아는 여러 관계의 교차점이라는 사회구성주의 관점과 일치한다. 이 견해는 붓다의 인과 가설인 연기(*pratityasamutpada*)를 뒷받침하기 때문에 불교심리학 관점에서 매력적이다. 역설적으로 그것은 스키너의 블랙박스를 반복하지만 매우 다른 근거와 의미를 갖고 있다. 사회구성주의의 "새로운" 불교심리학은 정신생활의 관계적 개념을 제안한다. 모든 심리적 내면은 자신이 받아들이는 이론적 전제로 구성되어 있다. 관계로 내장되어 있지 않은 모든 존재는 사라질 것이다.

정서적 사건에서 업의 흐름

CBT 정서 사건의 구조와 마음 찰나의 인식 과정의 흐름은 필연적인

---

[1] 유의할 것. 6~7~8은 지각 후와 개념 전의 통각을 말한다. 9~17은 감정적 홍분의 소멸인 열반을 얻기 위해 불선한 마음을 소거할 수 있는 마음챙김을 나타낸다. 홍미롭게도 소거(extinction)라는 용어는 CBT와 다르마에서 같은 방식으로 사용된다.

대응을 보여준다. 또한 불교의 연속적 흐름은 업을 (의미 있는) 의도적 (상호작용)으로 정의하는 두 가지 필수 요소인 의도적 동기(intentional motivation)와 행위적 행동(behavioural action)에 초점을 맞춤으로서 인지와 행동을 강조한다. CBT의 순차적 중심 주제는 벡(Beck)의 인지 치료에 사용되는 S-O-R 패러다임이며 여기서는 ABC로 번역된다. 하지만 여기서는 엘리스(Ellis)가 주장한 REBT의 ABC 포맷 및 라자루스(Lazarus)의 다중 모드 평가의 BASIC-I.D.를 설명할 것이다. REBT의 A는 외부적이거나 내부적일 수 있는 활성 사건(또는 자극)을 나타내고, B는 비합리적이거나 합리적일 수 있는 신념(유기체)을 나타내며, C는 정서적이고 행동적일 수 있는 결과(반응)를 나타낸다. BASIC-I.D.는 다음의 앞 문자를 모은 것이다. 즉 Behaviour(행동, 활동), Affect(정서, 느낌), Sensation(지각, 느낌), Imagery(시각화, 사고), Cognition(개념, 사고), Interpersonal relations(상호작용, 활동) 및 Neurogenetic Drives(신경발생적 욕동), 즉 음식, 성행위, 의복, 주거장소, 의료에 대한 필요성과 같은 생물학적 동기 요인, 기본적 의도의 원천인, 신경에서 발생한 욕구 추동 요인이다. 최근의 연구는 없지만 흥미롭게도 미국 심리학회 회원인 800명의 상담자와 임상심리학자를 대상으로 한 설문조사(Smith, 1982)에서 엘리스, 라자루스, 벡(Ellis, Lazarus, Beck)을 각각 2, 5, 7 조사 진행 당시 가장 영향력 있는 치료사로 선정했다.

흥미롭게도 의도적 행동의 개념은 불교의 업에 대한 정의를 알지 못하였음에도 불구하고 최근 긍정심리학과 행복(Lyubomirsky, 2008)에 관한 문헌에서 발견되었다. 불교 전승에서 행복은 다르마를 수행하면서 역경 속에서도 흐름의 경험과 연관된 목표이고 의미를 추구하는 데에서 오는 부수현상이다. 연구 결과(예를 들어 Lyubomirsky, Sheldon, & Schkade, 2005), 지속가능한 행복이 유전적 설정점(50%), 환경적 요인(10%), 의도적 활동(40%) 세 가지 요인에 의해 결정된다고 제안한다. 사회구성주의의 관점에서 볼 때 행복할 기회의 창문은 반드시 관계 속에 있다. 인간 존재는 몸무게 또는 키의 설정점처럼 행복을 위한 특유의 유전적 설정점으로 장착되어 있다. 몸무게 또는 키의 설정점(set-point)은 변화하기 어렵다. 행복의 설정점이 높은 사람은 행복해지기 쉬운 반면 낮은 사람은 유사한 환경에서도 행복을 성취하고 유지하기 위해 더 열심히 노력해야 한다. 장기적인 전반적 환경에는 연령, 건강, 교육, 금전, 국적, 종교 결혼 상태와 같이 우리와 상관성이 있는 '인구통계'가 포함된다. 이러한 요소는 중요하지만 행복의 작은 비율만 결정한다. 이것들이 지속적인 행복에 영향을 미칠 것이라는 잘못된 희망은 인간이 갖는 쾌락적 적응만을 보기 때문이다. 인간은 감각적이거나 생리적 변화에 빠르게 적응하여 단기간에 단기적인 행복감을 높인다. 행복한 사람은 그저 앉아서 행복해지는 것이 아니다. 그들은 행복을 만들어낸다. 이 행복을 만들어내는 활동의 부산물로 생기는 것이 행복이고 이것은 유전적 범위와 삶의 환경 너머에 있다.

표 1. 붓다의 업 흐름과 같이 하는 정서적 사건의 CBT와 불교의 중심 항목(S-O-R/ABC/BASIC-I.D.)

CBT/REBT 모델 (S-O-R/ABC)	BASIC-I.D. 다중 모드 & 삼중모드 평가	붓다의 업 흐름
자극(활성사건) 차별적 일반적	감각(느낌)	6감각을 통한 마음챙김, 느낌: +/0/-(웨다나/지각)
유기체 인지적(신념) 신체적	이미지(사고) 인지(사고)	무지: 착각(자아)/ 망상(신) (삼즈나: 개념/의도)
반응(결과) 정서적 행동적	정동(느낌) 행동(활동)	갈망: 탐욕-파지, 증오-집착(삼스까라: 인지/동기/행위)
연관성 강화 처벌	상호작용(활동) 욕동/생물학	신체/언어/마음: 마음챙김 상태(위즈나나/의식)

S-O-R/ABC와 BASIC-I.D. 모델과 불교의 업 흐름이 서로 어떻게 병행하고 있는가를 〈표 1〉에서 정리해 두었다. 업 흐름은 상대적으로 긍정적, 중립적, 부정적으로 등록되는 여섯 가지 감각의 입구 중 하나를 통해 감각 지각을 느끼는 것으로 시작한다. 이러한 자격은 감각적 느낌과 **자극**에 의해 촉발된 활성화 사건의 입력 수준에 달려 있다. 그 자극의 질은 차별적으로 새롭거나 습관적으로 일반화된 것으로 파악될 수 있다. 이에 계속해서 무지의 처리 과정은 **유기체** 내에서 자아의 환상, 신(들)의 망상, 그 뿐만 아니라 유익하지 않은 의도, 사고-인지/이미지, 비합리적인 신념을 초래할 가능성이 높다.

이러한 의도는 정동과 정서를 해로운 행동으로 강화함으로써 동기부여를 유도한다. 즉 탐욕-파지와 증오-집착과 같은 **반응**이다. 이모든 것은 대인관계 맥락에서 신체/언어/마음에서 나오는 마음챙김에서 발생한다. 또 업의 활동은 조건화된 학습의 연관 형태 및 다른형태, 예를 들어 강화에 의해 증강되거나 약화될 수 있다. 계기적인정서적 사건은 다른 사건의 선행 및 후행되는 연쇄의 일부이며 악순환또는 가상적 순환을 형성하기도 한다.

불교 경전의 여러 구절은 이런 분석을 뒷받침한다. 업 흐름과 CBT를투명하게 연결하는 적절한 인용문 중 하나는 세계 문학의 보석에속하는 소책자 『담마빠다』(423구절로 된 붓다의 설법)이다. 여기 첫구절을 인용해 본다.(Byrom〔2001〕의 번역)

우리는 우리가 **생각하는** 것이다. 우리의 모든 것은 우리의 **생각**과함께 생겨난다. 우리는 **생각**으로 세계를 만든다. 불순한 마음으로**말하거나 행동하면** 수레를 끄는 소를 수레바퀴가 따라가듯 괴로움이 뒤따를 것이다. 우리는 우리가 **생각하는** 것이다. 우리의 모든것은 우리의 **생각**과 함께 생겨난다. 우리는 **생각**으로 세계를 만든다. 순수한 마음으로 **말하거나 행동하면** 행복은 당신의 그림자처럼 흔들림 없이 당신을 따라갈 것이다. … "그가 어떻게 나를학대하고, 다치게 하고, 넘어뜨리고 강탈하였는지 보라." 이런**생각**을 가지고 살면 당신은 미움 속에서 살 것이다. "그가 어떻게나를 학대하고, 다치게 하고 내던지는지 보자. 이런 **생각**을 버리고**자비** 속에서 살아라. 이 세상에서 **미움**은 아직껏 **미움**을 쫓아내지

못했다. 오직 **자비**만이 **미움**을 내쫓는다. 이것은 오래되고 무궁무
진한 법칙이다. … 아무리 많은 성언을 읽고, 아무리 많이 **말하더라**
도, 그에 따라 **행동**하지 않는다면 그것들은 당신에게 어떤 도움이
되었을까?

강조 표시에서 알 수 있듯이 붓다는 생각, 행동, 감정의 주요 양태를
미묘하게 드러냈다. 붓다의 인지 행동적 입장에 대한 또 다른 예는
다음에서 찾을 수 있다.(마찬가지로 『담마빠다』)

스스로 [불건전한 일을] 행하고, 스스로 괴로움을 받으며, 스스로
악을 풀고, 스스로 정화되며, 청정과 불청정이 자신에게 달렸으니,
아무도 다른 사람을 정화할 수 없다.(Humphreys, 1987, p.93)

인지 행동 입장은 심리적 문제를 분석하는 데 한정되지 않는다.
또한 우선 인지적 통찰과 행동-기반적 개입에 의해 감정-행동-사고
를 변형시키는 데 관심을 가진다. 붓다가 숙제를 통해 인지 행동
개입을 풍부하게 한 방법의 실례로는 다음 구절을 참조할 수 있다.(『담
마빠다』 287)

키사 고타미(Kisa Gotami)는 두 살 된 아들이 뱀에게 물려 죽은
것을 애도했다. 그 사실을 받아들이지 못한 그녀는 오랫동안 슬픔
에 잠겨 있었다. 그녀는 필사적으로 부처님께 갔다. "내 아들을
어떻게 고칠 수 있겠습니까?" 붓다가 답했다. "오직 한 가지 방법만

이 당신과 당신의 아이를 도울 수 있다. 죽은 사람이 없는 집에서 나온 검은 겨자씨를 찾으라. 그리고 죽은 친척이 없는 사람이 그대에게 주어야 한다." 키사 고타미는 죽은 아들과 함께 떠났다. 한 집에서 다음 집으로 찾아다녔지만 그런 씨앗은 찾을 수 없었다. 마침내 그녀는 임무의 의미를 깨닫고 아들을 묻고 치유되었다.

정서적 장애는 병적 정서 사건의 업 흐름의 중심에 있다. 또 관계적 조화의 뿌리에 있는 독 즉 탐욕과 증오에 기반한다. 탐욕은 애도-슬픔(이별의 슬픔)과 공황-두려움(누군가를 잃는 것)을, 증오는 분노(타인을 비난함)와 우울(자신을 비난함)을 포함한다.

붓다: 유사 이래 첫 심리학자?

과학으로서의 심리학은 종교와 철학에서 탄생했고 17세기 데카르트의 인위적인 이원론적 정신-신체 구분 이후 강화되었다. 심리학이라는 단어는 1590년 고크레니우스(Goclenius)가 처음 사용했지만 과학으로서 처음 공식적 출발을 한 것은 분트(Wundt)가 독일 라이프찌히에서 최초의 심리학 실험실을 연 데서 비롯된다. 여기 다르마의 현재 상태에 대한 흥미로운 비유가 있다. 대체로 다르마는 종교이자 형이상학적 또는 윤리적 철학으로 간주되며 기껏해야 철학적 심리학으로 간주된다. 분트의 실험실 이전과 마찬가지로 오늘날 많은 심리학자는 다르마를 현대 심리학으로 변형시키고 있다. 이러한 변형은 불교의 **선교방편**(善巧方便, upayakaushalya)으로 가능해졌다. 이것은 다르마를 시대와 문화에 걸쳐 변화하는 사고방식에 적응할 수 있도록 하는 능숙한 수단이다.

자아라는 주제는 심리학의 핵심이다. 붓다도 자아를 다루었지만 오히려 비아를 상세히 다루었다. 서구에서 볼 수 있는 자아심리학의 만연과는 달리 붓다의 심리학은 오직 비아 심리학이다. 이것은 현대 관점에서 보면 사회구성주의의 관계적 자아관과 매우 흡사하다. 비아는 물리학, 화학, 생물과 같은 엄밀 과학에서 세운 기초와 유사하게 하나의 통일된 심리과학으로서 심리학의 기반을 잘 형성할 수 있다. 비아가 심리학에서 말 그대로 통합자(unifier)로 판명될지는 좀 더 지켜보아야 한다. "삼법인三法印"이라는 붓다의 요약된 가르침에서 붓다는 세상의 무상과 불완전함에서 발생하는 어려움인 괴로움(둑카) 이 있고, 특히 갈애, 움켜쥠, 애착이 나-나를-나의 것(I-me-mine) 또는 영혼의 영원한 존재를 초래하는 환상과 완벽한 신이라는 망상적 소망을 불러일으킨다고 말한다. 붓다의 권고는 잘못된 견해를 버리고 존재하지 않는 자아, 예를 들어 이름과 같은 것에 대한 잘못된 동일화에서 벗어나라고 하는 것이다. 궁극적인 비아와 관계적 상호존재(Relational Interbeing)라는 깨달음의 '아하(aha)' 경험을 얻으려면 I.D.-카드(I.D.-card)에 있는 잠정적 자아의 공함을 꿰뚫어볼 필요가 있다. 경험적이고, 관습적인, 세대주의 자아라고도 부르는 잠정적 자아를 유지하는 것은 일상생활 기능을 위한 것이다. 붓다는 궁극적인 자아의 존재를 부인했다. 왜냐하면,

(1) 나-나를-나의 것/자아(I-me-mine/self)는 무상한 세계에

서 우주 흐름의 다음 순간에 정확히 동일할 수 없다.

(2) 나–나를–나의 것/자아(I-me-mine/self)는 가시적으로 존재하지 않는 구체화되고 추상적이며 공허한 개념 외에는 다른 것이 될 수 없으며,

(3) 나–나를–나의 것/자아(I-me-mine/self)는 그것이 원자적 개체인 것처럼 연구될 수 있지만 유아론적으로 존재할 수 없다. 행동한다는 것은 **상호**작용한다는 것을 의미한다.

무아에 눈을 뜬다는 것은 목적이 없는 식물 유기체, 욕망이 전혀 없는 사심 없는 존재가 되는 것을 의미하지 않는다. 그것은 카잔차키스(Kazantzakis)의 "완전한 삶의 파국(the full catastrophe of living)"이라는 정동으로 가득 찬 삶을 살아가는 것을 의미한다. 동시에 지속하지 않는 일상의 자아가 궁극적으로 공함을 깊이 자각하는 것을 의미한다. 치료자는 즉각적으로 비아에 초점을 맞춤으로써 왜곡된 자아상이나 자아 개념으로 내담자를 혼란스럽게 하거나 내담자의 의지에 반해서 공함을 깨닫도록 유도하지 말아야 한다. 무시당하지 않는 것도 다음 『자타카』 이야기를 보면 어느 정도 위안이 되는 일이다. 다음의 『자타카』 이야기를 보자.

한때 붓다는 선술집에서 비 오는 밤을 보냈다. 여관 주인은 담마를 반대하는 사람이었다. 붓다를 시험하기 위해 그는 붓다에게 지붕이 새는 방을 주었고 붓다가 다른 방을 요구하자 그 관리인은 비꼬는 말투로 "어떻게 약간의 물이 모든 괴로움을 정복한 사람을

방해할 수 있겠습니까?"라고 말했다. 붓다는 미소 지으며 "확실히
약간의 물은 괴로움을 극복한 사람에게 아무런 의미가 없습니다.
그렇지만 저는 잠에 들고 싶을 때 수영을 하고 싶지는 않습니다."라
고 반박했다.

자아의 공함에 이르는 또 다른 불교의 길은 나가르주나(2세기)의
공(Śūnyatā)이다. 즉 생각할 수 있는 모든 것은 "지속되지 않고 모든
것은 공하다."는 이론이다.

CBT에서 엘리스(Ellis, 1976)는 대부분의 자아를 폐기한다. 자기-비
난과 자기-비판의 경향으로 인해 괴로움을 겪는 내담자들은 지나치게
일반화된 자아 평가를 특징으로 하는 전반적인 자기 평가를 전달한다.
그들은 자아를 축소하고 다음과 같이 건전한 자기 대화를 하도록
학습한다.(Lazarus, 1997, p.69)

나 자신을 나의 **전체 존재**에 해당하는 단일한 "자아"를 소유하고
있다고 보는 대신 수많은 상황에 걸쳐 있는 복수의 "자아들"에
잘 조율하는 것이 중요하다. 따라서 "나는 쓸모없다!"라고 생각하
는 것은 형제, 아들, 딸, 배우자, 부모, 친구, 친지, 동료, 영화
관람자, 테니스 선수, 굴 먹는 사람, TV 시청자, 음악 애호가
등 삶의 모든 영역에서 스스로의 가치를 제로로 만드는 자기
진술이다. 즉, 나의 "자아"를 구성하는 셀 수 없는 수많은 다른
역할을 하는 자아가 쓸모없다는 것이다….

자신의 전 존재를 위험에 빠뜨리려는 널리 퍼진 성향 대신에, 이런 간단한 훈련은 종종 그러한 불행한 경향을 상쇄할 수 있다. 그가 발표해야 할 연설에 대해 극도의 초조감을 보인 한 내담자에게는 다음과 같은 지침을 전달했다.

"나는 연설을 하고 있다."라고 말하는 대신, 당신의 "자아"를 하나의 큰 "나"가 아니라 "iiiiiiiii의" 전체 복합체라고 생각하십시오. 각각의 작은 "i"는 당신 존재의 일부 측면에 해당합니다. 그러므로 "나는 연설을 하고 있다."라고 말하는 대신, 당신이 재판을 받고 있지 않다는 사실을 고려하십시오. 이것은 전체적인 당신이 아닙니다. 대신 "i가 연설을 하고 있다."라고 생각하십시오.

이와 같은 자아를 약화시키는 전술은 공한 자아를 뚫고 들어가기 위한 작은 단계에 불과하다. 그러나 이 두 가지 심리학은 상호보완적이지만 체계적으로 서로 다른 목표를 추구한다. CBT는 정서 장애로 인한 "신경증적" 괴로움을 제거하는 것을 목표로 하지만 잠정적 자아의 틀 안에 머문다. 불교심리학은 잠정적인 자아의 경계를 넘어 공한 비아의 영역으로 나아가는 과정에서 실존적 "괴로움"으로부터 해방되는 것을 목표로 한다.

붓다가 심리 치료자였고 그의 다르마가 대화를 통한 변환 적 치유 접근법(transfornational healing process)으로 해석될 수 있음을 나타내는 또 다른 지표는 **사성제**에서 드러난 질병 은유이다. 즉 (1) 죽음, 탄생, 질병, 노화로 인한 실존적 괴로움이 있다(이해: 평가). (2) 이것은 관계적 상호존재의 연기에 대한 무지 때문이다(포기: 원인). (3) 조화로운 관계를 통한 출리(실현: 예후). (4) 이 도정은 팔정도의 협동 수행이다(함양: 치료). 즉 이해, 의도-사고, 언어-소통, 행동-행위, 생활-삶, 노력-헌신, 주의-집중, 자각-내성이라는 균형 잡힌 견해이다. 치유되어야 할 질병은 심리적 **불편함**이고 치유는 약의 처방이 아니라 의미 있는 사고/의도와 다르게 행동/행위하려는 결심으로 이루어진 명상 지침(Kwee & Holdstick, 1996)이다. 따라서 탐욕(탐), 증오(진), 무지(치)라는 3독의 극복 방법을 가르치는 붓다의 핵심은 대화를 통해 치료자가 정신-생리적 개체인 내담자의 독특한 개성에 조율하는 것과 같다고 생각하는 것이 좋다. 신체/언어/마음이라는 붓다의 전체적 관점은 인간 존재가 생물학적-심리적-사회적 체계라고 보는 세계보건기구의 관점을 인정하는 21세기 정신건강 전문가의 관점과 같다.(Engel, 1977) 불교 문헌을 통해 분명히 알 수 있는 것은 대인관계에서 인간의 고충과 업을 능숙하고 예술같이 다루어 괴로움을 종식시키고자 하는 것이 붓다의 최고 관심이었다는 점이다. 이것은 말이나 코끼리 조련사에 비유할 수 있는 실제적인 능숙한 접근법이다. 붓다가 초점을 맞춘 것은 감각-느낌-사고-행동-관계에 대한 것이고, 무엇이 업의 괴로움을 완화하고 "병든 상태"를 멈추고, "좋은 상태" 선한 의도와 행동을 견지하여 업의 고충을 줄이고, "병든 상태"를 멈추고, 건전한 의도와 행동을 유지함으로써 "좋은 상태"로 만족감을 고양하는 데 효과적인지의 여부이다.

그러므로 누군가는 붓다가 비공식적 심리학자가 아니었는지 물을 수 있다. 『살라타 숫따(Sallatha sutta)』는 명상에 의한 정신 훈련 효과에 대한 붓다의 심리적 통찰을 지적한다. 훈련되지 않은 마음은 화살에 맞으면 신체적 괴로움에 반응하여 슬퍼하고 탄식하지만 숙련된 수행자는 산란하지 않다. 훈련받지 않은 마음은 신체적 괴로움과 정신적 괴로움이라는 두 종류의 괴로움을 경험한다. 이것은 마치 두 개의 화살을 맞고 괴로움을 겪는 것과 같다. 그러나 신체적 괴로움을 느낀 숙련된 수행자는 슬퍼하지 않고 한탄하지 않는다. 그는 마치 하나의 화살만 맞은 것 같이 신체적 괴로움만 느낄 뿐이고 두 번째 화살인 정신적 괴로움을 느끼지 않는다. 독화살(탐욕, 증오, 무지)에 맞은 사람에 대한 또 다른 이야기〔『쭐라말룽끼오와다 숫따(Cula-Malunkyo-vada Sutta)』〕에서 다르마는 아무것도 하지 않는 철학이 아니라 행동 지향적인 심리학이라는 것이 분명하다. 화살을 맞은 사람을 즉시 치료하지 않고 화살 쏜 사람의 이름, 신분, 외모, 집, 화살의 종류, 사용한 활과 활대가 무엇인지 묻고 있다면 그 사람은 죽을 것이다.

업과 "온들"

업이라는 용어가 모국어 영어와 다른 많은 언어로 번역되지 않은 채 사용되고 있지만 이러한 차용은 불교의 심리적 의미를 완전히 이해하는 데 도움이 되지 않았다. 브라만교에서 업이라는 용어는 종교적 의미를 지닌다. 즉 윤회의 삶을 가로지르는 인과응보적 정의라는 영적 법칙으로 제시된다. 선한 행동은 보상을 받고 선하지 못한 행동은 처벌을 받는다는 방식으로 마치 은행 계좌처럼 작동한다. 붓다 역시 업을 중심적인 자리에 놓지만, 감정, 행동, 사고와 관계적 상호작용에 적용된 연기와 관련하여 이에 따른 의미 있는 의도적 행동과 특정 사건의 정서적 사건 개념에 세속적/비-형이상학적 의미를 부여한다. 붓다의 인과론적 관점이 갖는 가장 급진적인 측면은 "이것/저것의 조건성"에 있다. (1) 이것이 있으면 저것이 있다. (2) 이것이 일어남으로써 저것이 일어난다. (3) 이것이 없으면 저것이 없다. (4) 이것이 소멸되면 저것이 소멸된다. 이 인과관계는 선형 원리와 동시성 원리의 상호작용으로 구성되고 그 결합으로 비-선형적 패턴을 형성한다. 선형 원리는 2와 4를 취하고 비-선형은 1과 3을 취한다. 두 원리가 결합할 때 주어진 사건은 과거로부터의 (관계적) 입력과 현재로부터의 (관계적) 입력의 영향을 받는다. 상호작용은 그 결과를 복잡하게 만든다.〔『마하깜마위방가 숫따(Mahakammavibhan-ga Sutta)』〕

붓다는 연기의 정서적 사건을 개인적 경험에서 일어나는 업의 연속이라는 상호 연결된 **12연기 요소들**의 상호작용으로 설명했다. 이것은 생(1 jati)에서 **시작되고** 점차 쇠퇴하여 마침내 **소멸**-죽음으로 마친다(2 jaramarana). 정서적 사건은 무지(3 avidya)로 인해 발생하며, 이는 예컨대 부정적 언어와 같은 어떤 불선한 의도적 행동의 심리 상태(4 samskara)를 낳는다. 의식(5 vijnana)에서 깨어나는 의식은 여섯 감각(육입; 7 sadayatana)의 조건인 마음-신체(명색; 6 nama-rupa)와 결합해서만 존재하며, 주의를 기울이는 자극과 함께 감각 접촉(8 phasa)을 통해 탐욕이나 증오의 느낌(9 vedana), 갈망(10 tanha)하고 움켜쥐거나 집착할 수 있는(11 upadana) 열정의 불을 영속시키는 연료와 같이 작동한다(12 bhava). 그 후 정서적 에피소드의 (재)생이 일어나고, 이것은 결국 괴로움으로 귀착된다. 그런데 업은 "빙빙 돌고 도는" 신비화된 공식, 히말라야 식 격세유전-윤회의 운명이나 숙명 같은 것이 아니다. 그것은 역동적 항상성 과정에서 **관계적 의미에 의거, 해당 의도에 따른 능동적 선택을 암시한다**. 느낌, 행동, 사고가 상호 의존적으로 발생하고 소멸하는 것은 우울증과 같은 엔트로피(쇠퇴와 혼돈)로 발전하거나 기쁨과 같은 음의 엔트로피(성장과 질서)로 발전할 가능성이 있다. 업의 번뇌는 자아의 공함에 대한 무지가 탐욕과 증오, 집착으로 이어질 때 발생한다. 따라서 자아의 공함을 밝히고 움켜잡기와 집착의 대인 관계적 의미를 분석하는 것이 무엇보다 중요하다. 대부분의 일상적 경험과 마찬가지로 움켜쥐고 집착하는 것은 상호작용을 통해 학습되고 자동으로 발생하는 것처럼 보이는 습관적인 행동 패턴이다. 나쁜 습관은 유감스러운 업의 대부분을 형성하며 후회는 일반적으로 성찰, 숙고, 명상의 출발점이 된다.

표 2. 온縕들에 대한 불교학자의 서로 다른 해석

저자	색	수	상	행	식
Bernard-Thierry	신체성	감각	표상	형성	지식
Edgerton	물질적 형상	느낌 감각	생각/아이디어 관념	성향	실제적 지식
Gunther	표현된 표상	느낌	감각	동기부여	차별, 정신과정 정신주의
Inagaki	물질/형상	지각	관념	의지	Cs

Kalupahana	물질적 형상	느낌	지각		성향	Cs
Monier-Wiliams	신체적 형상	감각	지각		형성의 온	Cs/사유 기능
Nyanatiloka	신체성	느낌	지각		정신적 형성	Cs
Rahula	물질	느낌	지각		정신적 형성	양심, 지식
C. Rhys-Davids	**보여진-것/신체**	느낌	지각		**활동, 계획**	정신/생존자
Soothill	형상 감각적인 속성	감수 느낌, **감각**	사고/Cs/지각		행위 정신적 활동	인지
D.T. Suzuki	물질적 존재	지각, 감각	정신적 지각 아이디어		**의지 및 관련 행위**	정신의 Cs
Gethin	형상	느낌	인식		의지적 힘/ 형성	정신의 Cs
Takakusu	형상	**지각**	아이디어 관념		의지	Cs/정신

  습관은 온들의 상호작용으로 발생한다. 붓다는 악기 루트의 비유를
사용했다.(*Sigalovada Sutta*) 루트의 묘한 음악[자아의 게쉬탈트(Ge-
stalt)]은 줄, 박스, 활의 조합으로 이루어져 순간적 경험으로 가득
차 있지만 영원한 소리, 즉 실체적 자아에서는 공하다. 그 자체로
보면 구성요소 하나하나는 소리를 갖지 않는다. 전체는 부분의 합
이상이다. 2세기 나가세나 존자의 유명한 비유에서 나가세나는 밀린
다 왕에게 마음의 구성요소, 온들은 마차의 부분과 같다고 가르쳤다.
그 양태가 해체된 마음은 구성요소의 일시적인 조합에 불과한 마차처
럼 분해되는 신체로 해체된다. 특히 피어시그(Pirsig)의 저작 『선과
모터사이클 관리술(Zen and the Art of Motorcycle Maintenance, 1974)』은

동일한 주제를 다룬다. 사이클이 부품별로 나누어지면 내재적 존재, 상주하는 영혼, 또는 실체적 자아는 어디에 머무르는가? 자아는 BASIC -I.D.의 흐름 속에 인위적으로 얼어붙은 마음의 구조물에 불과하다. S-O-R 패러다임이나 온들이라는 관점은 기계 속의 자아, 영혼 또는 귀신을 주장하는 것이 아니다. 집착하는 온들이라고 알려진 온은 **신체**(rupa)와 **마음**(nama), **지각하는 것**(vedana), **생각하는 것**(sam-jna), **인지하는 것**(samskara), **의식 – 자각**(vijnana)이다. 이것은 정서적 사건의 연속적 요소이다. 새로운 불교심리학의 관점에서 보면 BASIC-I.D.이다. 양태들은 온들이 갖는 의미를 아주 충분히 반영하고 있다. 불교학자들은 〈표 2〉(Gethin, 1998 참조)에서와 같이 온에 대한 다양하고 종종 모순되는 번역, 추론 및 의미를 제공했다. 강조된 용어는 온들의 다중 모드의 관점에 따른 것이다.

업의 촛불과 도미노 조각

연기에서 업, BASIC-I.D., 온의 결집을 보기 위해 업을 설명하기 위한 두 가지 고전적 비유가 제시된다. **촛불 비유**는 갈망하는 불꽃이 탈-조건화에 의해 소거되는 비유이고, **도미노 비유**는 위에서 언급한 12가지 계기라는 조건화의 업 주기를 나타낸다. 습관적 패턴은 의도를 알아차리지 못하는 대부분의 유감스러운 행동을 형성한다. 후회는 슬픔과 반성이 시작될 수 있는 지점이다. 습관은 근본적으로 관계의 교차점으로 간주되는 자아(또는 인격)라고 부르는 잠정적 상태의 지형과 구조를 반영하는 상호 의존하는 BASIC-I.D. 양태들 간의 상호작용을 통해 발생한다. 의도적 집중의 정도에 따른 상대적 마음챙김에서 발생하는 일상적인 경험은 종종 습관적이다. 습관적 반응은 고전적, 조작적, 대리 학습의 원리에 설명된 대로 자동으로 발생한다.(Kwee & Lazarus, 1986)

사회구성주의 관점에서 보면 이러한 학습 원리는 변화를 위한 정합적 이야기를 함께 구성하는 은유이다. 협동적 대화에서 발생하는 변화는 다음과 같은 특징을 갖는다. 즉 (불변의 지식과 "그 진리"에 대한) 회의론, 특정주의(아무것도 같지 않음), 상호작용주의(지성은 상호행동에서 발생), 연결주의(우리는 서로 연결되어 연기적으로 존재하지 않을 수 없음). **자극** 상황에 대한 불충분한 반응으로서의 습관은 **유기체** 가 판별한 새롭고 충분한 반응을 요구한다. 발생한 것이 적절하고 선한 것인가는 인지적/정동적 차원의 평가에서 이루어진다. 정동은 관계적 의미에 내재되어 있고 기분, 선호, 입장, 태도, 성향에서부터 긍정적, 부정적, 중립적 성질을 가진 강한 정서적 경험에 이르기까지, 다양한 내적이고 단기적인 또는 오랜 감정일 수 있다. 부적절한 **반응**은 특정 정서적 혼란이나 불행한 느낌, 꺼져야 할 촛불과 연결되어 있다. 또한 그것은 종종 자발적인 관심의 시작이며 변화를 위해 관련된 양태에 대한 집중과 마음챙김에 미세하게 집중하는 것이다. 이것은 SICAB(Sensation-Imagery-Cognition-Affect-Behaviour)의 발화 순서에 따라 연속적으로 경험될 수 있다.

업을 자세히 설명하는 포괄적인 방법은 온을 통하는 것이다. 신체는 정신이 SICAB 연속과 같은 발화 순서를 경험할 수 있게 한다. 경험은 선택 대상에 부여된 의도적인 주의집중에 따라 마음챙김 속에서 또는 마음챙김 없이 발생할 수 있다. 안타까운 반응은 대개 몇몇 정서적 혼란이나 불행한 감정 및 관심집중을 시작하는 것과 관련이 있다. SICAB 발화 순서는 업의 연속과 조응한다. 서론에서 언급하였지만 이는 다음과 같이 체계적으로 연기 단계로 설명된다.

(1) 마음-신체 온(명색, nama-rupa): 순간적인 자극 구성이 **유기체**에 접촉하고(sparsa) 침투한다. 즉 의식이 흐르는 가운데 순간적인 자극 구성이 감지되고 의식적으로 주의를 기울이는 감각기관의 체세포 레이더 스크린에 충돌한다. 이는 외적 및/또는 내적 **다르마**의 순간적인 자극 형태 즉 경험의 가장 작은 마음 대상/단위이다.

(2) 온의 지각(수, vedana): 감각-의도적으로 주의를 기울인 후, 기억과 인식의 영향을 받고 정동에 무게를 두는, 후지각적이지만 전개념적인 작은 다르마의 지각 계기인 지각과 통각이 있다. **유기체**는 상대적으로 긍정적, 부정적 또는 중립적이라고 즉각적으로 평가되는 감각적, 감정적 느낌을 경험한다.

(3) 생각하는 온(상, samjna): 이미지/인지-자극, 즉 **다르마**는 시각화와 개념화를 통해 표상된다. 또한 유기체는 기억의 적합-부적합의 배경을 통해서 흑/백, 좋음/나쁨, 옳음/그름 등으로 이원론적으로 분류하고, 더 조합되고 증식되어 신념, 태도, 판단. 가치를 부여한다.

(4) 의욕하는 온(행, samskara): 정동/행동 - 이어서 **유기체**는 평가를 한 후, 업의 의도적 또는 의도적 행동을 동기화하는 정

서 **반응**, 자동적이고 습관적이거나 자기 대화를 통해 계획되고 준비된 업의 **반응**을 산출한다. 이것은 언어를 통해 대인관계의 맥락에서 표현되지 않는 경우가 더 많다.

(5) 의식 온(식, vijnana): 의식의 공간에서 **다르마**를 S-O-R/SICAB/온들의 연속으로만 알아차릴 수 있으며, 일반적으로 나-나를-나의 것(I-me-mine)/자아 환상과 자기중심적인 신의 망상이 자동으로 형성되고 자기방어를 위한 타인의 공격이 용인된다. 명상은 자아에 기대는 것을 우회하는 수단이다.

우리는 기쁨, 슬픔, 두려움, 분노와 같은 정서적 사건의 (재)생(기원적 발생-일어남-극에 도달함-감소-소멸) 양태의 상호작용과 발화 순서를 인식하는 방법을 배우고 발견할 수 있다. 그 갈망은 환상적 확실성을 붙잡고 집착하게 하고 결국 환상을 낳는다. 이러한 환영은 사회적 구성으로 가립될 수 있는 **다르마**, 특히 "**지각 가능한 것**(즉 보이는 것, 들을 수 있는 것, 냄새 맡을 수 있는 것, 맛볼 수 있는 및 만질 수 있는 것)"과 "알 수 있는 것", 즉 이미지, 개념뿐만 아니라 기억과 꿈과 같은 **다르마**의 감각 지각을 주의 깊은 마음챙김을 통해 벗겨낼 수 있다. 덕과 지혜를 축적하는 명상은 촛불처럼 업의 괴로움을 탈-조건화하거나 털어내고 소거시키는 수단이다. 나-나를-나의 것/자아를 우회하는 소멸을 열반이라고 부른다.

업의 도미노 은유는 도미노 조각처럼 연결된 12개의 서로 연관된 단계의 상호작용을 설명함으로써 이전의 은유보다 더 광범위하게 연기를 묘사한다.(Conze, 1980) 앞 절에서 이미 언급한 것처럼 여기서는 현세적이고 여기–지금 인식의 3단계(초기 단계, 중간 단계 및 마지막 단계)에서 12단계 과정을 S-O-R로 해석하는 주기로 다음과 같이 자세히 설명한다.

(A) 초기 다중–원인 국면: 무지와 의도적 형성의 과거 역사와 연루되어 있다.(1/2단계):

1단계: 상호 연결 모델이 업의 탐욕, 증오, 특히 무지에 관한 것임을 전달한다. 이 모델은 S-O-R/CBT 패러다임과 일치한다.

2단계: 무지에서(예를 들어 싸움과 같은) 후회스러운 업이 감각 지각에서 일어난다.

(B1) 중간 또는 현재 단계로, 현재 결과로서의 신체/언어/정신, 여섯 가지 감각, 접촉, 느낌(3/4/5/6/7단계):

3단계: 여기서 싸움에 대한 부정적 생각이 마음챙김에서 일어날 수 있다.

4단계: 생각에서 신체/언어/정신의 업이 일어난다. 예를 들어 더 많은 분노.

5단계: 신체/언어/정신을 조건으로 해서 감각기관 지각이 일어난다.

6단계: 지각에서 감각접촉이 일어난다. 예를 들어 존을 적으로 본다.

7단계: 접촉에서 감정 경험이 일어난다. 예를 들어 적개심의 화살에 의해 눈이 먼다.

(B2) 갈애, 움켜쥐기, 집착과 현재의 "다중-인과관계"로서의 생성에 대한 마음챙김을 포함하는 중간 또는 현재의 국면(8/9/10단계):

8단계: 느낌에서 갈망하는 생각이 일어난다. 예를 들어 나는 그를 죽을 때까지 때려야 한다.

9단계: 갈망에서 자아감을 성취하고 죽이고 싶은 증오에 집착함이 생긴다.

10단계: 증오에서 더 공격적인 업이 구체화되는 것으로 생각된다.

(C) 미래의 결과가 있는 마지막 단계, 즉 탄생, 노쇠, 그리고 그 결과로 슬픔과 비탄이 있는 죽음(11-12단계):

11단계: S-O-R 순환: 새로운 주기의 기원, 개념 및 (재)생.

12단계: S-O-R 순환: 노화, 소멸, 열반에서 다시 나타나거나 용해되는 업의 주기.

노화, 죽음, 재생의 은유 때문에 신실한 불교도는 이 전통적인 12단계 해석이 붓다 연기법의 마음-순간-마음-순간에서 나온 명상의 철저한 검토에서 나온 것이 아니라 윤회, 영혼, 초월적 진리에 관한 것이라고 생각하게 되었다.

정서적 각성의 소멸에 대한 약칭인 열반은 문자 그대로 죽어서 가는 그런 장소 또는 궤도 밖의 상태가 아니라 움직이지 않는 침묵의 상태, 정서적 사건의 소멸 단계이자 흔들리거나 정서적이 되는 것과 반대되는 상태이다. 열반은 인간 경험의 영역에 속하는 상태이다. 예를 들어 CBT의 노출 치료 등으로 불안 장애가 사라지거나 인지 변화로 우울증이 사라지면 일시적인 열반에 도달한다. 열반과 괴로움이 업의 중대한 결과로서 일상생활에서 반복해서 교대로 일어난다. 괴로움의 주기적 반복 상태인 윤회는 비합리적 윤회와 환생에 대한 형이상학적 관념에 영양분을 제공하는 모호한 은유로 그려진다. 비아의 세속적 가르침에서 이러한 은유는 정서적 사건의 재생이 갖는 관념을 보증하는 대신 다른-세상이라고 추측할 수 있는 뒷문을 열어둔다. 여기서는 구식 상용구대신 현대 정서 심리학이 옹호된다.

"업"의 핵심: 정동과 정서

업은 붓다의 연기를 다음과 같이 묘사한다. 즉 느낌-행동-사고의 상호작용적 심리학, 관계적 맥락에서 상호 의존적으로 발생-일어남-정점-쇠퇴-소멸이라는 양태이다. 이것은 은유적으로 불선함(엔트로피, 소멸, 혼돈) 또는 선함(부-엔트로피, 성장, 질서)을 계발할 잠재성이 있는 체계적 과정이다. 자아의 공함에 대한 무지가 탐욕, 움켜쥠과 증오, 집착으로 발전될 때 병적인 업이 생겨난다. 부정적으로 경험한 슬픔, 불안, 분노, 우울의 감정을 포함하는 탐욕과 증오의 뿌리 독은 경감시켜야 한다. 자비(친절과 연민)와 기쁨의 감정뿐만 아니라 감정의 불꽃의 소멸을 통한 침묵, 열반, 공함의 긍정적 감정은 수행을 통해 계발되어야 한다. 불교 전승에서 무량심(Brahmaviharas: 신성한 감정이 머무는 곳에 대한 은유)은 건전한 업을 확보하기 위해 자애, 공감적

자비, 함께 기뻐함, 명상적 평정과 같은 사회적 명상으로 축적되어야
한다. 자애 명상에 대한 연구에 따르면 이 수행은 시간이 지남에
따라 매일 긍정적 경험을 증가시켜 마음챙김 증가, 삶의 목적, 사회적
지지, 질병 증상 감소와 같은 개인 자원의 증대로 이어진다. 이러한
증가는 삶의 만족도 증가와 우울 증상 감소를 예측한다.(예컨대
Frederickson, Cohn, Coffey, Pek, & Finkel, 2008; Hutcherson, Seppala,
& Gross, 2008)

사회구성주의 관점에서 정서는 관계적 수행물과 특정 문화적 맥락
안에서 차용된 표현으로 간주된다. 이러한 관점을 이해하기 위해서는
본질을 찾아 속성(불교 용어로는 자성적 존재)을 구별하려는 마음이나
피질의 개별 지표로서의 전통적 정서 개념을 버리고 정서를 체화한
개인주의적 개념으로 재구성할 필요가 있다. 나아가 관계적 교환
시나리오의 복잡한 패턴에서 체화된 행동으로 재구축할 필요가 있다.
따라서 사회구성주의 관점에서 정동/정서라는 용어는 전적으로 관계
적 의미에 내재되어 있다. 이것은 불교의 연기법에 따른 것이다.
그래서 나는 누군가의 죽음을 애도하고, 상사의 해고 통지를 두려워하
고, 아이에게 화가 나고, 그녀의 거절에 슬픔을 느끼고, 그를 만나서
기뻐하고, 그녀를 사랑하고, 나의 돌아가신 어머니를 조용히 생각하
는 것이다. 정동은 사고, 감각 및/또는 행동과 대인관계에 더하여
혼합된 감정으로 해석되는 **2차적인 정동적 감정**을 나타낼 수 있다.
따라서 조용히 어머니를 생각할 뿐만 아니라 느끼거나 무덤을 방문할
수도 있다. "기본 정서"라는 용어는 공동 작업에서 나침반으로 사용되
는 기본적이지만 이해하기 어려운 경험인 **1차적인 정동적 감정**을

나타내기 위해 준비되어 있다. 이것은 기본요소라고 가정되지만, 협동 수행에서 잣대로 사용하기에는 모호한 경험이다. 기본 정서의 숫자에 대해서는 합의된 것이 없다. 왜냐하면 기본이라는 것이 매우 추상적인 차원이고 기본에 대한 의미와 기준이 결여되어 있기 때문이다.(Scherer, 2005) 2,000명 이상 내담자의 임상 경험에 바탕을 두고 필자는 다음의 여덟 가지 기본 범주 목록을 제시한다. 태어날 때부터 부모와의 상호작용 속에서 이미 발생하기 때문에 기본으로 간주되는 **불안, 분노, 슬픔, 기쁨, 사랑**이 있으며 목록을 완성하기 위해 **우울**과 **침묵/열반**을 일차적 정동의 특수 항목으로 추가하면 리스트가 완결된다. 요람에서 무덤에 이르는 여정 동안 대인관계는 매우 고통스러워 우울한 상태가 나타날 수 있다. 예를 들어 마음챙김 명상으로 관계를 재설정하면 열반(소멸)을 향한 정서적 불꽃을 끌 수 있다.

그림 1. 일차적 정동(기본 정서)의 다양성

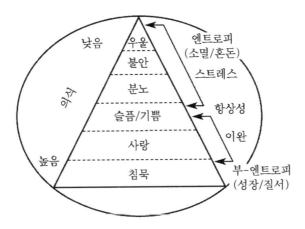

추상화의 원자적이고 기본적인 수준에서 임상 평가를 하기 위해 마련된 〈그림 1〉은 연속해서 껍질을 벗길 수 있는 양파 층으로 기본 정서를 은유적으로 묘사한다. 따라서 바깥에서 안으로 들어가면서 우울, 불안, 분노, 슬픔, 기쁨, 사랑, 침묵, 열반을 찾을 수 있다. 네 가지 중 첫 번째 그룹은 업의 불선함이 줄어드는 것이다. 두 번째 그룹은 업의 선함이 늘어나는 것이다. 이러한 정서 중 여러 가지 정도를 한 번에 경험할 수 있지만, 낮은 마음챙김의 스트레스-혼돈(엔트로피) 경험과 높은 마음챙김의 이완되고 질서 잡힌(부 엔트로피) 경험 사이에는 역동적인 항상성이 균형을 이루고 있다. 불교 용어인 빠알리어와 산스크리트어는 물론 다르마에 대한 다른 동양 언어에도 심리와 감정이라는 단어가 없다. 예를 들어 심리학의 중국어는 마음에 대한 학문을 뜻하는 심리학이며 균형 잡힌 삶을 지도한다는 은유적 의미이다. 이것은 데카르트 사상에서처럼 마음이 머리가 아닌 가슴에 '위치'한다는 불교의 견해와 일치한다. 괴로움을 끝내기 위해 "누가, 무엇을, 어디서, 언제, 어떻게"를 드러내기 위해서는 심장, 정동/정서, 마음이 반드시 필요하다. 잘못된 정서 상태(우울)와 감정이 없는 상태(침묵/열반) 사이에는 괴로움(둑카Duhkha)에서 행복(수카Sukha)에 이르는 수많은 정서적 경험의 변형이 스펙트럼 상에 있다.

불교의 관점에서 우울증은 단순히 부정적 경험이 아니다. 붓다는 절망의 상태에서 깨달음을 이루었다. 우울증이 장애에서 삶의 명상적 방식의 시작, 자기 성찰 및 공함과 상호 연결에 대한 깨달음으로 이어지는 학습 경험으로 전환된다면 긍정적인 것으로 간주될 수 있다. 우울증은 "더 슬프지만 더 현명"해지는 데 도움이 된다면 풍요로워진

다. 우울한 내담자는 실패를 자기 탓으로, 성공 원인을 외적 요인으로
돌리는 실수를 범한다. 그들의 침울함은 그들 자신, 타인, 미래에
대한 부정적 견해에 의해 더 심화된다.(Beck, 1976) 때로는 자살 충동에
휩싸이기도 한다. 그러한 죽음의 소망은 우울증과 사랑을 구별한다.
인생에서 가장 중요한 경험으로서 "**가장 위대한 일은 사랑**(magna
res est amor)"이라는 격언으로 알려진 사랑은 모든 문화에서 삶의
존재 이유로 상정되고 가장 많이 추구되는 감정이다.(Sternberg &
Barnes, 1988) 이것은 실험적 탐구로 쉽게 파악될 수 있는 개별적
상태가 아니다. 사랑에는 (열정적) 열광과 (무심한) 자비라는 두
가지 변종이 있다. 즉 자애는 이타주의의 모습으로 불교 가치 체계에서
자애와 기쁨 다음으로 주로 나타나는 가치이다. 깨달은 자애(com-
passion)는 타인의 괴로움에 공감하는 현실적 실천이며, 필자가 산소
마스크 원리라고 부르는 것과 같이 현명하게 적용되어야 한다. 비행
중에 비상사태가 발생하면 자녀에게 마스크를 씌우기 전에 자신이
먼저 마스크를 사용하여 모두 생존할 수 있는 최상의 기회를 확보하는
것이다.

위의 분류는 대인관계에 불가피한 영향을 미치는 목표에 대한
업, 의도적 사고 및 행동에 대한 감정의 기능적 관계를 면밀히 조사함으
로써 더욱더 완전히 이해할 수 있다. 정동은 의지, 의도, 의욕(sam-
skara)에 내재되어 목표를 겨냥한 의도적 행동을 유발한다. 업은 열반
에 이를 때까지 각 정서를 층층이 벗겨내어 의도한 행동 목표 측면에서
투명해진다. 따라서 만성적이고 과도한 정서적 억압의 최종 결과인
우울증에서는 추구할 가치가 있는 목표가 없다. 우울한 사람은 극도로

낙담하고 가라앉고 혼돈되고 혼란스럽고 의기소침하고 절망감을 느낀다. 그러나 우울증조차도 상황을 재평가할 가능성이 있다. 불안 속에서 의도한 목표 달성이 위협받는다. 예를 들어 감금에 대한 비합리적인 두려움인 폐쇄공포증은 억눌린 분노나 슬픔의 결과일 수 있다. 분노에서는 의도한 목표를 향한 추구가 막히고 좌절된다. 그 타오르는 열기는 일반적으로 낮은 수준의 마음챙김과 통제력 상실을 가져온다. 만성적으로 억압되면 예컨대 고혈압과 같은 심신 질환이 최종적 결과로 초래될 수 있다. 분노를 완화하는 표현은 문화와 다양한 이유에 따라 달리 나타난다. 불교의 입장에서 그것은 자애로운 주장으로 현명하게 전환된다. 누군가에게 쓰레기를 버리면 대개 상황을 더 악화시킨다. 슬픔에는 달성했거나 의도한 목표의 상실이 포함된다. 슬픔은 울음으로 표현하면 치유 효과가 있다. 슬픔과 기쁨은 동전의 양면과 같고 양자 모두 녹아드는 경험이다. 기쁨은 의도하는 목표로 연관성 있게 발전하거나 성취하는 것이다. 사랑에서는 의도된 애착의 목표와의 융합이 충족된다. 이것은 대개 완전한 수용과 굴복을 요구한다. 침묵에는 최소한의 의도만 있고 목표는 없다. 침묵은 충족적이고 심오하다. 그것은 인간의 진정한 본성인 관계적 상호존재의 상호연결성에 대한 깊은 이해에서 활기를 불어넣고 또한 열반, 공함, 사회적 봉사라는 불성으로 들어가는 문이기 때문이다.

일차적 정동(기본적 정서)의 다양성

업 변환은 느낌의 감각적 등급을 괴롭거나 즐겁거나 중립적인 것으로 평가하게 하고 사람들이 행복을 추구하고 불행을 피하게끔 지지한다. 그러나 행복은 (1) 그 자체가 목표가 아니라 의미 있는 삶을 만들기 위해 노력하는 사람들의 부수현상이며, (2) 절대적인 조건이 아니라 "의장식 행복(chaironic happiness)"〈www.meaning.ca〉이라고 부르는 삶의 피할 수 없는 역경 속에서 우연히 찾아오는 행운이라는 점을 특징으로 하는 다면적 현상이다. 이차적 정동의 수준에서 BASIC-I.D.와 유사하게 악보의 기본음에서 형성된 멜로디처럼 복잡하게 뒤섞인 정동적 복합상태를 표현하는 여러 단어가 있다. 또 다른 은유는 무지개인데 보기에는 하얀색(침묵)이지만 프리즘을 통하면 붉은색(사랑), 주황색(공포), 노란색(기쁨), 초록색(분노), 푸른색(슬픔), 자주색(우울)이 나타나고 그 사이에는 셀 수 없는 색상이 있다. 정동의 단어 목록은 거의 4,000개에 달하는 영어 단어로 구성되며 각 단어는 2차적 정동을 표현하지만 기본 정서에 포함될 수 있다. 임상 평가를 위해 작은 샘플을 묘사하는 분류법인 〈표 2〉에 설명된 대로 의미론적 분석을 행할 수 있다. 이 분류는 단어를 서술하고 영향을 미치는 이러한 관계의 작은 표본을 보여준다.

표 2. 기본 정서와 2차 정서의 의미론적 다양성

우울	불안	분노	슬픔	기쁨	사랑	침묵	열반
우중충한	근심어린	짜증스러운	측은함	즐거운	부드러움	이완된	
낙담한	걱정되는	경멸	슬픔	반가운	좋아함	신뢰성 있는	
솔직한	근심	적개심	고충	행복한	친밀	충족한	
실망한	두려움	반감	비탄	유머러스한	연민	감사한	

실의에 빠진	놀람	화남	괴로움	유쾌한	열망하는	안전한
열정이 죽은	전율	격노	비애	들뜬	성적인	고요한
멜랑콜릭한	테러	증오	애석	앙양된	친절	만족된
기분저하의	공황	분개하는	상처	만족스러운	애착	평화로운
등…	등…	등…	등…	등…	등…	등…

이러한 분류가 함축하는 바는 정확성을 기하고자 하는 것이 아니라 업 문제에 대한 "성찰적 숙고"를 통해 협상을 용이하게 하기 위함이다. 불가사의하게도 문화 시나리오 내에서 특정한 정동에 이름을 붙이면 룸펠슈틸츠킨(Rumpelstiltskin)의 동화에서처럼 "마법 주문"을 사라지게 하여 정서적 납치를 끝낼 수 있다. 이 훈련은 마음챙김 명상과 연결되어 있다.(Kwee, 1996, 1998, 2009, 2010ab)

양태 측면에서 볼 때, 대인관계 문제의 맥락에서 행동, 감각, 이미지 및/또는 인지에 의해 "오염된" 경우 정동은 부차적이다. 이 주제에 대해 언어의 혼란을 낳는 14가지 기본 정서 목록이 있으며(예를 들어 Ortony, Clore, & Collins, 1988), 그중에서 가장 관련성이 높은 것을 플루칙(Plutchik, 1994), 이자드(Izard, 1972), 프리즈다(Frijda, 1987), 에크만(Ekman, 1996)이 제시하고 있다.(Davidson, Scherer, & Goldsmith, 2003) 플루칙은 분노, 기쁨, 두려움, 슬픔, **놀람, 혐오감, 기대, 수용**을 나열했다. 이자드는 분노, 기쁨, 두려움, **놀라움, 역겨움, 경멸, 괴로움, 수치심, 죄책감, 관심**을 열거했다. 프리즈다는 분노,

기쁨, 두려움, **놀라움**, **경멸**, **괴로움**, **수치심**, **혐오감**, **욕망**, **자부심**을 들고 있다. 에크만은 분노, 즐거움, 두려움, 슬픔, **놀라움**, **혐오감**, **경멸**을 언급했다. 원자적 양태 분석에서 굵게 강조한 감정은 부차적인 것으로 간주된다. **놀라움**은 예상치 못한 사건에 대한 인지에서 신경 반사의 급작스러운 활성화에 이르기까지 다양할 수 있다.(Lazarus, 1991) **혐오감**은 이차적 경험으로서 인상을 남긴다. **기대**는 이미지와 인지, 정서로도 분류할 수 없는 신념으로 구성된다. **수용**은 주로 인지적, 행동적, 대인 관계적 특징을 가진 태도로 간주된다. **경멸**은 분노와 방어적 두려움의 성질을 갖는 인지이다. **괴로움**은 긴장되거나 화가 난 감각적 느낌에 대한 특수 용어이다. **수치심**은 대체로 이미지, 인지, 대인관계 및 감각 측면을 지닌 두려움의 변형이다. **죄책감**은 대개 인지, 대인관계 가치 및 사회적 두려움으로 구성된다. **관심**은 정서적이라기보다는 능동적이고 동기적이며 따라서 감각적(지각적, 주의적)일 뿐만 아니라 가장 인지적(의도적 및 의지적인)인 것이다. **혐오감**(라틴어 aversio는 멀리 떨어진다는 의미이다)은 감각에 기반한 싫어함이기 때문에 행위를 강조하는 것이고, **욕망**은 미래를 언급하며 결과적으로 희망의 이미지/인지를 내포한다. **자부심**은 대인 관계적 비교를 통한 즐거움과 인지적/이미지 차원에서 토대 위에 서 있음을 함의한다.(Johnson-Laird & Oatley, 1992)

1차 및 2차적 감정을 구별하는 근거는 업 변환 수행자가 적절한 개입을 실질적으로 찾고 일치시킬 수 있도록 하는 것이다. 따라서 수용, 기대, 경멸, 욕망, 죄책감은 인지적/이미지적 개입을 필요로 하고, 혐오감, 괴로움, 관심, 놀라움은 감각적 개입을 요구하며, 수치

와 자부심은 대인 관계적 개입을, 혐오감은 행동적 개입을 필요로
한다. 예를 들어 기대가 일차적이라고 하면 인지적, 이미지 자료는
자세한 조사를 위해 간과될 것이다. 또 다른 예는 죄책감이다. 죄의식
이라는 말에도 불구하고 죄책감은 두려움을 불러일으키는 자기 비난
의 인지와 이미지로 구성된다. 죄책감이 부차적인 것으로 인식되지
않으면 "인지적 재구조화"는 선택된 치료방법으로 간주되지 않을
것이다. 이에 비해 (감각적) 괴로움은 "이완 요법"에 적합하고, (대인
관계적) 수치심은 "주장 훈련"에, 그리고 혐오감(행위적)은 "체계적
노출"에 적합하다. 업 변환에 개입하기 위한 전략적 입장은 촛불의
비유에서 온들의 SICAB 연속성에만 기반한 것이 아니다. S-O-R/
CBT 작업 모델에 해당하고 발견적 이유에 호소하는 이런 "불교적"
발화 순서는 우연히도 캐논-바드(Cannon-Bard)의 발화 순서와 일치
한다. 즉 나는 곰을 지각하고(S), 나는 위험을 평가하고(I/C), 나는
공포를 느끼고(A), 나는 떨려서 도망간다(B). 그러나 제임스-랑게
(James-Lange)의 발화 순서(SICBA)와 같은 다른 발화 순서도 가능하
다. 즉 나는 곰을 지각하고(S), 나는 위험을 평가하고(I/C), 나는
떨려서 도망가고(B), 그리고 나는 공포를 느낀다(A). 다윈-플루칙
(Darwin-Plutchik)은 SBAC/I 발화 순서를 지적한다. 즉 나는 곰을
지각하고(S), 나는 떨려서 도망가고(B), 나는 공포를 느끼고(A), 그리
고 나는 위험을 평가한다.(C/I)(cf. Scherer, 2005) 다른 많은 발화
순서도 경험할 수 있다. 즉 BASIC-I.D. 변형은 7글자의 기능과 같으므
로 이론적으로 5040의 발화 순서가 가능하다. 연기법의 가정은 발화
순서를 동결하지 않으며, 실제로 『삼마딧티 숫따(Sammaditthi Sutta)』

와 『마하핫티빠도빠마 숫따(Mahahatthipadopama Sutta)』는 "이것이 일어나면 저것이 일어나고, 이것이 소멸하면 저것이 소멸한다."고 주장하며 어떤 변형의 여지도 허용한다. 더욱이 붓다 또한 이 상호 의존적 발생과 소멸을 보는 자는 다르마를 보는 것이라고 수차례 언급한 바 있다.

결론

사회구성주의 불교심리학이 붓다의 숭고한 목표인 괴로움의 소멸을 촉진하는 데 훌륭한 기여를 할 수 있을지는 두고 볼 일이다. 이를 위해서는 헌신과 노력이 필요하며, 업 변환이 특히 윤리적으로 "해야 할 일과 하지 말아야 할 일"(*Sigalovada Sutta*)과 하늘의 형이상학으로부터 더 많은 혜택을 누리고자 하는 마음 약한 사람에게는 적합하지 않은 이유이다. 그러나 스스로 결정하고 계명을 따르기보다 생각하고 취하고 선택하는 능력을 사용하려는 사람에게는 밝은 미래를 만들기 위해 협동 수행과 대화의 업 변환이 권장될 수 있다.

업에 대한 현재의 현세적 견해는 업, 온, **다르마**에 대한 비형이상학적 해석의 선구자인 달케(Dahlke, 1865~1928)의 저작을 지지한다 〈www.buddhistisches-haus.de〉. 불교심리학과 현대 심리학은 관심사가 겹치고 여러 면에서 다른 견해를 갖고 있지만 서로에게서 배울 점이 있을 것이다. 업 변환은 필요한 경우, CBT를 필두로 한 깨달음을 향한 교육을 통해 정서적 장애를 제거하기 위해 사성제와 팔정도 수행과 일치하는 다단계 접근 방식이다. CBT가 치료를 목표로 하는 반면, 업 변환의 주요 관심사는 아라한 상태(내면의 적을 제거하고 공함과 상호연계성 속에서 살아가는 사람)를 계발하여 성불하는 것이다. "깨달음"을 얻는 것은 그 자체가 목표가 아니다. 그것은 존재론적 **불행**의 "돌팔매질과 화살"로 인한 정서적 괴로움을 소멸하는 방법을 이해하기 위한 시작이자 깨달음을 위한 수단일 뿐이다. 이것은 통찰력을 얻고 업이 무엇인지 빛을 비추어 보는 능력에 달려 있으며, 종종 전문적인 지도를 요하는 멀고 먼 길이다. "업을 설하는 자(karmavadin)" 는 사람들의 업을 돌보는 동안 정서적 어려움의 장애에 참여하도록 요청받을 수 있다. 성장을 방해하는 장애물은 이론 등에 박식한 전문가의 도움이 필요하거나 결국 선한 업을 추구하기 위해 정신보건 전문가에게 의뢰하는 것이 좋다. 선한 업은 무지의 갈애, 탐욕스러운 움켜쥠, 증오에 대한 집착에서 자유롭다. 갈애, 움켜쥐려는 생각, 집착하는 행동에서 눈에 띄는 불선한 업은 족쇄이다. 선함은 무명이 지혜와 현명함으로 대체되고, 덕이 탐욕과 미움을 해소할 때 온전함을 이룬다.

의미 있는 의도가 법정에서와 같이 미래의 수행을 위한 씨앗을 형성하지만 단순한 계획과 의도가 아닌 명백한 행동과 관찰 가능한 행위만이 책임을 지고 괴로움을 소멸시킬 수 있다. 업의 작업에 마음챙김으로 주의를 기울이고 집중하며, 주의를 기울여 알아차리고 자기를 성찰하는 것은 불선한 업이 발생하는 것을 방지하고 선한 업의 빈도를 증가시킬 수 있다. 핵심은 탐욕스럽거나 혐오스러운 느낌-행동-사고에 집착하지 않기로 선택함으로써 업을 고요하게 괴롭힘 없이 유지하는 것이다. 조건적인 습관 패턴을 명상함으로써 우리는 매 순간,

마음 순간에서 마음 순간으로 신선하고 새롭게 각 순간을 경험할 수 있으며, **일상적** 삶의 사건을 탐색하면서 미답의 이전 영역으로 나아가고 깨어나서 조화로운 관계를 통해 내면의 평화를 발견한다. 비아의 공한 상호관련성은 해탈의 현세적 증거이다. 즉 일시적이든 장기간이든 공한 목표 달성자에서 조건화된 정서적 불꽃의 소멸인 열반이라는 비갈망/움켜쥐지 않음/무집착의 혜택이다. 비아는 완전히 편안하고 공동체 전반을 위해 봉사하는 데 만족하는 그런 존재 상태이다.

21장 업 기능 분석, 전략적 개입, 그리고 마음챙김 명상

모리츠 키 & 마르자 키-탐스(Maurits G.T. Kwee & Marja K. Kwee-Taams)

서론

심리학은 17세기 데카르트의 관점을 채택하여 과학적 학문으로 발달하였다. 데카르트의 관점은 신체/정신을 분리하여 '나의 생각'이 '나의 존재'의 기반이라는 정신에 대한 합리적 이해를 가능하게 했다. 이것은 학문의 중심에 개인의 정신을 두고 인간행동의 변화를 해독하는 것을 목표로 하는 것이었다. 그러나 개인의 정신에 관한 탐구가 의미 있는 행동을 이해하기에 실현 가능하고 충분한가? 엄밀 과학에서 차용한 실험 방법이 심리적 인과론적 관계를 밝히는 왕도인가? 심리 과정은 환경적 선행요인 및 행동 결과와 인과적으로 관련되어 있는가? "저 밖에 있는" 대상인 타인이 "여기에 있는" 주체에 의해 정확하게 기술되는가? 아니면 우리 각자는 관찰 내용을 지시하고 해석하는 특정 문화 배경, 개인의 역사, 텍스트 및 언어의 선先구조에 대한 명료성을 바탕으로 발언하는가?

인간의 기능에 대해 실제적이고 진실'이라고' 여기는 것이 실재와 진실에 대한 특정 공동체가 갖는 신념의 부수현상일지 모른다.(Gergen, 2001) 자신에게 익숙하지 않은 낯선 것, 예를 들어 **무아** 또는 붓다의 여섯 번째 감각과 같은 것을 이해하기 위해 자신의 전통에서 공유된 사회적 구성을 넘어서는 것은 극히 어렵다. 개별 정신을 이해하는 것은 특정 언어 이론을 활용하는 것에 달려 있는 것일지도 모른다. 실제로 경험 연구의 결과물은 가설을 검증하거나 반증할 수 있지만 이것은 자신이 선호하는 이론 범위 내에 한정되어 있다. 따라서 대부분의 증거는 그 이론에 동의하지 않는 사람에게 영향을 미치지 못한다. 심리학 이론은 언어가 "마음의 아이(child of the mind)"가 아닌 것처럼 세상의 정확한 거울이 아니다. 오히려 진행 중인 상호작용에서 의미, 서술, 설명을 도출하는 일종의 문화적 과정이다. 우리는 사회구성주의 메타 심리학에 따라 실재 또는 진리가 실제 사건을 반영하는 것이 아니라 오히려 비트겐쉬타인의 언어 게임 내에서 사람들의 참여를 반영하는 것이라고 주장한다. 불교의 언어 게임은 "말할 수 없는 것에 대해서는 침묵을 지켜야 한다(Wovon man nicht sprechen kann, darüber muβ man schweigen)."라는 비트겐쉬타인의 금언을 확증한다. 실재와 진리에 대한 공空한 개념화라는 측면에서 보면 다르마에 대한 어떤 문화적 해석(사회구성주의)도 가능하고 허용된다. 따라서 인지 행동 언어 게임을 통해 다르마를 **자극 유기체 반응** 심리학(Stimulus-Organism-Response psychology)으로 추론하는 것도 가능하다.

이것은 인간의 기능을 설명하기 위한 인지 행위적 접근으로서 다르마(붓다의 가르침)에 대해 과학자, 실무자(의료 임상의, 기업 코치, 강단 교육자) 사이에서 관심이 증가되는 사실과 연결된다.(예를 들어 Kabat-Zinn, 2005; Wallace & Shapiro, 2006; Sugamura, Haruki, & Koshi-kawa, 2007; Kelly, 2008; Whitfield, 2006; Christopher, 2003; Kwee & Ellis, 1998; Docket, Dudley-Grant, & Bankart, 2003; Germer, Siegel, & Fulton, 2005; Kwee, Gergen, & Koshikawa, 2006; Didonna, 2009; Shapiro & Carlson, 2009) 능숙한 숙련자들은 다르마가 이러한 범주〔예컨대 『사문과경(Samannaphala Sutta)』〕로 구체화될 수 있지만, 기본적으로 종교적 신념 체계나 형이상학적 이데올로기가 아니라는 것을 알고 있다. 당연히 많은 비 불교도와 불교도들은 다르마를 무신론적 구원론이라기보다는 하나의 종교로 본다. 그러나 붓다는 유신론적 영원주의(상주론)을 지지하지도 않았고 무신론적 허무주의(단멸론)를 받아들이지도 않았다. 대신에 그는 "실존적 괴로움", 즉 삶의 일상적 관계인 합리적, 정서적 문제(둑카)를 종식시키기 위해 행동하는 명상에 의한 '중도'(현세적인 변환 심리학)을 제안했다.

다르마의 핵심 요소는 명상 수행이다. 명상은 피할 수 없는 괴로움을 멈추기 위해 현실적인 삶의 예술의 토대를 마련하는 일상적인 응용이다. 경전에 의하면 붓다는 삶에 만연된 불완전함으로부터 해방되는 것을 목표로 삼았다. 괴로움과 "불만족"〔만족스럽지 않음, 스트레스(distress), 혼란〕으로 이어지는 삶의 불완전함은 피할 수 없는 삶의 쇠퇴 경향에 내재되어 있다. 태어나면서부터 (얻을 수 없는) 완벽을 갈망함에도 불구하고 인간은 세상의 무상함으로 인해 노화, 질병, 죽음이라는 곤경 속에 있다. 조만간 삶의 변천은 "실존적 노이로제",

탐욕("반드시") 및/또는 증오("반드시")에 의해 촉발된 불건전한 선택에서 발생하는 질병(**불편함**)을 드러낸다. 이것은 자아의 환상과 신의 망상을 투사하는 마음의 성향에 대한 무지에서 비롯된다. 적절하게 다루지 않으면 괴로움은 임상 우울증이나 불안 장애와 같은 정서 장애로 악순환을 겪을 수 있다. 다르마는 정신과 그에 수반되는 행동을 이해하고 그에 따라 행동하는 법을 배움으로써 무지에 맞서려는 노력이라고 말할 수 있다. 명상 수행은 붓다의 **사성제**를 스스로 확인하거나 검증하는 과정이다. 사성제는 다음과 같다. (1) 괴로움은 삶에 보편적이고 대인관계 정서에 내재되어 있다. (2) 괴로움은 불만족스럽거나 조화롭지 못한 관계에 그 원인이 있다. (3) 이러한 관계적 원인은 자애, 공감적 자비, 함께 기뻐함으로 멈출 수 있다. (4) 이 해결책은 **팔정도**라는 힘겨운 노력이다. 팔정도는 자기 관점/이해, 의도/생각, 언어/독백, 행동/행위, 삶/생활, 노력/헌신, 주의/집중, 마음챙김/내성을 변화시켜 탐욕, 증오, 무지를 제거하는 상호간의/개인 내적인 방법이다.

오랜 세월에 걸쳐 권고된 바와 같이 [의도적/의미 있는 (인지적) 행동/상호작용(행위)의] 업을 염두에 두고 다음의 네 가지 현실을 살펴보는 것이 본질적으로 중요하다. 특히 느낌(감각과 정서)이 어떻게 발생하는지 관찰함으로써 '실존적 노이로제'를 다루기 위해 우리는 업 변환을 요청한다. 그 과정은 (1) 업을 발생시키고 지속시키는 심리적 양태의 기능을 면밀히 조사하고 독특한 치료 계획을 계발하고, (2) 편리한 기능 분석 체계를 사용하여 인지 및 행동 개입의 선택을 안내하고, (3) 특정 임상/코칭 목적으로 설계된 로드맵의 틀 안에서 명상 훈련을 설정하는 것이다. 업 변환은 다음과 같이 요청한다.

(1) 업의 연기에 기여하는 기능적 요소는 무엇인가(또한 감정–행동–사고/관계의 비독립적, 상호 의존적 또는 공동 의존적 기원, 발생, 극점, 하강, 소멸인가)? (2) 심리적 괴로움을 완화하기 위해 어떤 치료를 적용할 수 있는가? 어떤 심리적 개입과 명상이 특정 정서 장애를 겪고 있는 내담자와의 공동 수행에 적용될 수 있는가?

이런 질문을 통해 우리는 **선한 것**(꾸살라kusala)이 무엇인지 알고 **불선한 것**(아꾸살라akusala)의 치료를 위한 잠정적인 로드맵과 경로를 설계할 수 있다. 이것은 다르게 느끼고 생각하고 (상호작용하며) 행동하려는 자기 탐구로 귀결된다.

"온"과 업 순환의 기능 분석

행위–정동–감각–이미지–인지의 원자론적 양태와 같은 마음의 기본 메커니즘 기능으로서의 심리학을 마음의 메커니즘으로 보는 데카르트적 관점은 개인을 요람에서 무덤까지 상호 연결되어 보다 유망한 삶을 영위하는 것으로 보는 대신 고립되어 살아가는 독립적 존재라는 잘못된 견해를 창출할 수 있다. 사회구성주의 심리학은 흔히 사적이거나 타인과 분리된 것으로 여기는 모든 것이 사실은 전반적으로 관계적이고 공동체 활동과는 분리될 수 없다고 보는 견해를 갖는다.

우리의 삶은 우리보다 오래전부터 존재했고 우리가 죽은 후에도 계속 존재할 언어(어휘, 신체 등)에 내장되어 있기 때문에 심리적 과정은 관계 내에 구성된다. 우리의 생각과 신념은 언어에 선행하는 것이 아니다. 언어와 독백이 바로 생각이나 신념 그 자체이고, 둘 다 "언어화"를 통해 협동적으로 창출된다. 동일한 원리가 느낌과 행동에도 적용된다. 따라서 태도는 정동과 행동의 결정 요인이 아니라 대화의 입장으로 간주된다. 정서는 그 자체로 자신의 문화에서 '규정된' 대인 관계 수행 또는 시나리오이다. 마찬가지로 기억은 공동체가 용납할 수 있거나 참을 수 없는 것으로 여기는 사회적 과정에 의존하며 자아는 다양한 관계를 통해 사회적 구성으로 간주된다. 과학이나 합리성으로 간주되는 것은 공동체가 그 정의와 언어 게임을 받아들일 때만 수용할 수 있다. 이것을 이해하고 마음과 신체가 근본적인 결정 요인(변인)이 없는 전체론적 메커니즘임을 지속적으로 인식하고 있다면 마음의 요소론적/이원론적 어휘를 잠정적으로 사용하는 데 반대하지 않는다.

데카르트의 이원론에서는 마음을 신체에서 분리하여 별도의 실체로 간주함으로써 연구의 한 대상이 되게끔 한다. 이러한 분리는 전체론을 옹호하면서 실용주의를 취하는 불교 관점에서는 찾아볼 수 없다. 불교의 관점에서는 지각할 수 있는 신체의 우선성을 실제적으로 인정한다고 해도 통합적인 관점에서 바라본다. 그러므로 불교에서 마음은 머리에 위치하는 것이 아니라 심장에 체현되어 온몸에 퍼져 있다. 심장을 마음의 자리로 보면서 불교 전승에서 신체/마음의 통합은 대인관계 및 개인의 언어, 사회적(언어적이면서도 비언어적일 수 있는)

언어적 차원이 신체/언어/마음의 체계에 뒤얽혀 연결되어 있다고 본다. 붓다의 신체/언어/마음 체계는 인간을 생물–정신–사회적 체계로 알려진 식별할 수 있지만 분리할 수 없는 삼분할 존재로 보는 동족 전체론적 관점과 유사한 패러다임이다.(Engel, 1977) 따라서 우리는 의학과 심리학에 적용할 수 있는 두 가지 패러다임의 융합을 목격할 수 있을 것이다. 임상가로서의 지난 20년간의 우리 경험은 서구 심리학과 불교심리학 사이에 호혜적 관계가 있음을 보여준다. 즉 두 접근법은 양립할 수 없는 것이 아니라 점차 연결되고 합류하기 시작했다.(예를 들어 Kwee, 1990; Kwee & Holdstock, 1996; Haruki & Kaku, 2000; Kwee & Taams, 2003, 2006; Kwee, Gergen, & Koshikawa, 2006)

두 심리학 모두 더 나은 방향으로 변화하기 위해 형성해야 할 요소로서 감정–사고–(상호작용) 행동을 다룬다. 우리는 느낌(감각/정동)이 사고(인지/이미지), 행동(행위/상호행동), 신체/유전적 욕동의 함수라고 주장한다.(Kwee & Lazarus, 1987; Kwee & Ellis, 1997) 약어 BASIC-I.D.로 표시되는 이러한 양태는 불교도들이 온이라고 부르는 것과 일치한다.(앞 장 참조) 신체/마음, 의식–마음챙김, 지각(S), 사고 (I/C), 의욕(A/B/I)을 포함하는 이러한 양태/온은 업의 구성요소를 이룬다. 의도적/의미 있는 (상호)행동으로서의 업에 대한 정의는 원인(사고/느낌 또는 의미 있는 의도)과 결과(행위적 상호행동) 사이의 기능적 관계를 반영하는 인지 행위적 해석을 제시할 가능성을 열어 준다.

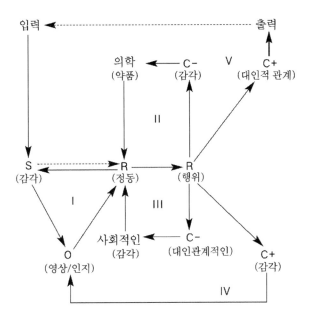

그림 1. S-O-R 및 BASIC-I.D.

업 기능 분석의 청사진에서 다섯 가지 가설적 업주기를 묘사하는 용어: 나선형은 정동적 질서(공함, 침묵, 자애, 기쁨)의 선순환 과정 또는 정동적 장애(슬픔, 분노, 불안, 우울)의 악순환 과정, 환경 입력과 개인의 행동 출력 사이에서 발생하는 과정을 영속화한다.(C+: 긍정적 결과, C-: 부정적 결과)

업이 갖는 정서 사건의 기능 분석은 다섯 가지 주요 업 주기의 **'입력-출력'** 자극-유기체-반응(S-O-R) 도식 구조를 따르는 다중 순차 템플릿(template)으로 자세히 설명된다. 이 청사진은 협동적 변화를 구현하는 과정에서 치료자/코치 및 내담자를 위한 평가 도구 및 개입 계획, 안내서이다. 〈그림 1〉은 느낌(S/A), 사고(I/C), 행동(B/I)의 습관이 주요한 순차적 영향을 따라 정동 주위를 순환하는 나선형 주기를 통해 어떻게 영속화되는지 보여준다. 이것은 가상 주기 내

양태들 간의 기능적 상호 의존 관계의 거시 분석적, 이론적 재구성이다.

주기는 훈련되지 않은 마음을 가진 사람이 독화살을 맞고 두 종류의 괴로움, 즉 하나가 아닌 두 개의 화살을 맞은 것처럼 육체적 괴로움과 심리적 괴로움을 경험한다는 『살라타 숫따(Sallatha Sutta)』의 교육적 내러티브의 추정되는 변화를 묘사하고 확장한다. 그에게 심리적으로 무슨 일이 일어났으며 이 이야기는 우리 모두에게 어떻게 적용되는가? 매일 독화살을 맞으면 우리는 언제라도 기분이 나쁘거나 화가 나거나 슬퍼지기 시작하여 병적인 소용돌이 속으로 빠질 수 있다. "업 기능 분석"은 붓다의 "이것-저것 조건"을 따르는 다섯 가지 악순환으로 구성된 이 과정의 길을 식별한다. 이 조건문은 선형 함수(a linear function; "이것이 ~있을 때/없을 때, 저것이 ~있을 때/없을 때")와 동기 함수("이것의 발생/소멸로부터, 저것의 발생/소멸")을 보여준다. 이것은 과거와 현재의 영향이 복잡한 패턴으로 상호작용하고 있음을 암시한다.〔『마하깜마위방가 숫따(Mahakammavibhanga Sutta)』〕 다음은 각 주기를 보여준다.

첫 번째 주기는 자극으로부터 시작하여 (감각기관을 관통하는 "화살") 뒤이어 **유기체**가 반응하고(우울함의 이미지, 절망의 인지, 재앙의 예감에 의해), **반응**을 야기한다(두려움-공황, 분노-격분, 또는 슬픔-우울의 정동). 예를 들어 보복하려는 혐오스러운 의도 (행위) 및 동시에 일어난 일에 대한 (대인관계상) 불만, 그리고 피드백은 SICABI.-연속을 따르는 첫 번째 "인지 중개" 주기를 마무리하면서 더 많은 정동적 불행을 유발하는 새로운 사건을 활성화한다.

두 번째 주기는 BSD.A 발화 순서를 따르며 "장기간의 내적 손실"의 나선형을 반영한다. 기능 장애 공격성(행위)의 결과로 사람은 만성 긴장(감각)을 품고 있으며, 이는 결국 만성 통증으로 바뀌거나 약물을 필요로 하는 심인성 질병을 유발하고 정서 장애(정동)를 확장한다.

세 번째 주기는 "장기적 외적 손실"의 나선형을 반영하는 BI.SA 발화 순서를 따른다. 공격성(행위)의 결과로 부정적인 사회적 반응(대인 관계적)이 야기되고, 부정적 결과로 사회적 고립의 표류로 이어지고 결국 직장 및 가족과의 접촉을 상실하여 감각이 박탈된 상태로 나아가 정동적 장애를 악화시킨다.

네 번째 주기(BSI/CA 발화 순서)는 "단기간의 내적 획득"(부정적 강화, 긴장과 같은 부정적 조건의 완화에 의한 긍정적 결과)을 말한다. 처음에는 공격성(행위)이 긴장 감소(감각)로 이어지지만, 장기적으로 보면 이 단기적인 완화는 어떤 문제도 해결하지 못한다. 우울한 생각(이미지)과 죄책감에 대한 후회(인지)가 축적되어 정서 장애(정동)를 증가시킨다.

다섯 번째 주기(BI.SA 발화 순서)는 "단기간의 외적 획득"(긍정적 강화, 상과 같은 긍정적 결과)을 나타낸다. 처음에는 공격성(행위)이 유리해 보이지만, 장기적으로 보면 (대인관계상) 걷잡을 수 없고 처참한 것(대인 관계적)으로 드러난다. 교활한 계략으로 사회적 관심을 얻거나 체면을 구하는 전술을 통해 책임에서 면제될 수 있지만 결국 이러한 반응은 역효과를 낳고 훨씬 더 스트레스가 많은 사건(감각)으로 일반화되어 정동적 장애를 한층 악화시킴으로써 개인에게 해를 입힐 수 있다.

이 청사진은 내담자를 위해 작성해야 하는 양식인 부록 1에 바로 사용할 수 있는 실습 템플릿으로 마련된 것이다. 템플릿은 임상가/코치가 내담자와의 성찰적 대화를 통해 완성하는 로드맵 또는 치료 계획이다. 이것은 악순환을 멈추고 나선형의 악순환을 깨고 선순환으로 이어지는 변곡점을 찾기 위해 언제 어디서 개입해야 하는지에 관한 전략적 단서를 제공한다.

업의 악순환 저지: CBT/REBT 개입

업의 개념은 "이것이 일어나면, 저것이 일어난다."라는 붓다의 다중 인과성 가설인 연기(pratityasammutpada)와 밀접한 연관이 있다. 연기는 다르마의 핵심이며 원인이 결과이고 결과가 원인이라는 순환성을 이룬다. 업 변환은 증오, 탐욕, 무지라는 **삼독**의 행방을 묻는다. 어떤 선행 요인과 결과 요인이 업 형성에 역할을 하며 어떤 요인이 업을 지속시키고 감퇴시키고 소멸케 하는가? 무상한 우주와 **다르마**(경험의 가장 작은 단위)의 정신 공간에서 사건은 순간적으로 번쩍이는 경험의 흐름 속에서 발생한다. 스냅샷은 잠정적으로 추론되는 발화 순서만 캡처할 수 있다. 붓다 이후 느슨하게 연결된 상관관계에서 단단하게 회로화된 연결에 이르기까지 다르마들 사이의 기능적 연관성은 상좌부의 세 번째 경전(**아비담마**)의 마지막 책에서 자세히 다루어졌다. 여기서는 24연기법의 조건(빳타나patthanas), **다르마들**이 연기하는 "상호작용적 조건과 관계"를 다루고 있다.

이용 가능한 심리적 지식에도 불구하고 "심리적 경험이 어떻게 발생하는지"의 인과관계는 아직 가설로 남아 있을 뿐만 아니라 치료 개입의 효과도 정확히 지적될 수 없다. 의미 있는 개입을 위해서는 접수 절차를 통해 자료를 수집하고 내담자의 정서적/대인관계 생활사를 면밀히 조사하여 내담자의 심리를 알아야 한다. 여기에는 가족, 교육, 직장의 맥락에서 내담자의 정서적 발달이 포함된다. 간단한 BASIC-I.D. 생각, 행동, 또는 어떤 감정 유형인지 알기 위해 프로필을 스케치할 수 있다. 이를 위해 다음 질문을 0-10 척도로 평가한다. "나는 얼마나 행동가인가?"(B), "나는 얼마나 깊게 감정적인가?"(A), "나는 내 감각에 얼마나 조응하는가?"(S), "나는 얼마나 생생하게 시각화하고/이미지로 사고하는가?"(I), "나는 얼마나 분석적인 사상가나 계획가인가?"(C), "나는 사회활동에 얼마나 참여하고 있는가?"(I), 그리고 "나는 얼마나 자주 아픈가?"(1년에 몇 번)(D) 점수는 히스토그램으로 표시할 수 있다. 현재 입장에 동의하고 개입을 선택하려면 성찰적 협상이 필요하다.

각 주기에 대한 개입은 증거를 기반으로 하는 것이 바람직하다. 따라서 **첫 번째 주기인 인지 중재**는 인지 행동 개입[예: 합리적 정서 행동 치료(Rational Emotive Behavior Therapy: REBT)에 포함되는 것들]으로 이루어질 수 있다. **두 번째 불편(distress)의 주기**에는 스트레스 예방 개입, 이완 훈련. 싸마타/평정 명상 또는 약물(예: 항우울제)이 필요할 수 있다.[1] **세 번째 박탈(deprivation) 주기**에는 사회적 기술

훈련, 자기주장 훈련 또는 의사소통 훈련과 같은 관계 활성화 및
동기부여가 필요할 수 있다. 네 번째 주기인 **내적 획득**(intrinsic gain)은
단기적인 감각 만족을 의미하며, 위빳사나 명상을 통해 얻을 수 있는
통찰력을 필요로 하는 지속 요인이다. 그리고 **외적 획득**(extrinsic
gain)**의 다섯 번째 주기**는 가족 치료, 결혼 치료, 이혼 상담이 필요한
지속 요인인 단기간의 관계 만족도를 말한다. 이러한 전략은 각 주기를
방해하는 일반적인 접근법을 제시한 것이다. 그렇지만 어느 정도
기술적으로 정밀하게 심리적 문제를 해결하는 데 유용한 것으로 입증
된 다양한 다른 치료 개입도 있다. 내담자와 작업하면서 임상 통찰력,
숙련된 기법, 독특한 기교를 훈련하는 것은 치료자의 기본이다. 이를
위해서는 기법을 절충하는 것이 필요하다.(Lazarus, 1997) 그 기법이
어디에서 시작되었는지 또는 누가 만들었는지에 관계없이 임상적
효과에 대한 증거가 있는 한 해당 기술의 사용이 보증된다. 이전
장에서 분명히 밝혔듯이 S-O-R 모델은 통찰, 불선업의 파괴, 선업의
증강을 목표로 하는 불교심리학의 인식론과 그 궤를 같이한다. "탈학
습(unlearning)"은 다양한 의미를 지닌다. 일반적 의미로는 기존의
인지 지도와 **탈 일체화한다**는 뜻이다. 행동 치료는 습관을 **탈 조건화한
다**, REBT는 필수 사항을 **"반드시"** 제거한다, 인지 치료는 기능 장애적
인 사고와 거리를 두고 **탈 자동화한다**, 변증법적 행동 치료는 극단을

---

1 예비 연구(n=19)에서 비트너, 힐만, 빅터, 월쉬(Bitner, Hilman, Victor, Walsh,
2003)는 항우울제(소위 선택적 세로토닌 재흡수 억제제)가 주요 우울증 증상을
감소시킬 뿐만 아니라 임상적 질환으로 고통받는 숙련된 명상가들의 위빳사나
명상 수행을 촉진한다고 발표했다.

완만하게 하고 수용전념 치료는 부정성을 **해소한다.** 이런 모든 것은 CBT라는 대가족에 속하지만 혁신가의 기본 이론은 서로 상충될 수 있다. 그러나 그것을 성공적으로 활용하기 위해 효과적인 기법을 촉구하는 이론에 너무 기댈 필요는 없다.

업 변환은 나–나를–나의 것 자아의 감각을 용해하고 소유하지 않고 집착하지 않으며 붙잡지 않고 갈망하지 않으며 해체함으로써 비자아와 공함을 주장한다. S-O-R 모델을 지지하는 불교심리학은 인지 행동 개입을 사용한다. 가장 흔히 적용되고 효과적인 기법을 부록 2(Lazarus로부터, 1989)에 나열되어 있다. 이것은 임의적인 혼합물이나 어중이떠중이의 모음이 아니고 합리적인 치료 계획을 전략적으로 구현하기 위한 치료자의 도구 모음이다. 업 변환과 CBT는 상당할 정도의 중복을 보인다. 우선 붓다는 "인간 존재"의 전형이며 불교 명상은 명상 범주에 포함된다. 다양한 명상이 아래에 설명되어 있다.

전략적 개입 계획은 위에서 언급한 "업 기능 거시 분석"을 구성하는 연역적 평가를 기반으로 한다. 이어서 첫 번째 주기로 한정된 "업 기능 미시 분석"을 공식화한다. 거시 분석이 순환적 인과관계를 고수한다면 미시 분석은 순환성에 포함된 선형 인과관계 형식을 따른다. 대부분의 경우 미시 분석으로 충분하다. 거시 분석은 내담자에 대한 완전한 그림을 얻기 위한 복잡한 사례에 해당한다. 전자는 REBT의 ABC 중요 항목과 같다. 여기서는 우리를 정서적으로 흔드는 것은 활성화 사건(A)이 아니라(결과, C) A에 대한 우리 자신의 비합리적 신념(B)이라고 제시한다. 미시 분석 체계는 평가 도구일 뿐만 아니라 인지 수정을 위한 작업 도구이기도 하다. ABC는 S-O-R 구조에 해당하며 아래 열거된 REBT 기술을 적용하기 위한 틀을 제공한다.

(이미지와 인지에 도전하는) 인지적 기법: 1. "반드시" 및 기타 비합리적인 신념의 능동적인 해체, 2. 합리적 대응 진술 사용, 3. 기능장애 행동의 단점 요약, 4. 모델링, 5. 주의 분산하기(예: 바이오피드백, 이완, 요가, 명상), 6. 숙제(예: 소책자, 책, 카세트)에 의한 인지 변화, 7. "끔찍함"의 밝은 면을 보고 재구성, 8. 의미론 수정(흑백논리, 자의적 추론, 과잉일반화, 절대주의 등).

(정동과 감각에 도전하는) 정서적 기법: 9. 수치심 공격 연습(상스러운 언어의 현명한 사용 포함), 10. 합리적 정서적 이미지, 11. 강력한 대응 진술, 12. 강제적인 자기 대화(테이프에서 비합리적인 신념에 대해 논박하기), 13. 유머 사용(예: 합리적인 유머러스한 노래), 14. 경험적이고 정서 자극적인 연습을 위한 그룹 과정 사용, 15. 대인관계 및 가족 과정, 16. 역할극 과정, 17. 뒤바꿈 역할극, 18. 그 외 강한 격려, 격렬한 논쟁, 자기 폭로, 유추/은유, 무조건적 수용 등의 정서적 기법.

(행동과 상호관련에 대한) 행동 기술: 19. 생체 내 탈감작화, 20. 폭발적 탈감작화, 21. 끔찍한 상황에 처한 경우, 22. 대응 방지, 23. 처벌(보상 및 기타 강화 사용 포함), 24. 투약, 25. 자기주장, 의사소통, 관계, 성적 역할을 강화하기 위한 사회기술훈련(이 기법에 대한 자세한 설명은 Kwee & Ellis, 1997을 참조할 것).

REBT 기법은 CBT 기법과 거의 80% 이상 겹친다. 특정 문제에 이런 기법을 적용하는 것은 엄격한 절차라기보다는 예술적 기교를 발견적으로 발휘하는 것이다.

현실은 인지적 표현, 기억/감정, 투사/시각화를 포함하는 지각적 구성이다. 에델만의 실험(Edelman, 1987)은 지각이 앞 단계 사고의 상관물보다 약 100~200밀리초(ms) 앞선다는 것을 보여준다. 본다는 것은 20%가 망막이고 80%가 뇌의 활동이다. 이것은 사성제로 귀결된 붓다의 깨달음 체험, 특히 결합된 조건의 그물(차연성此緣性, idappac-cayata)에 대한 붓다의 인식과 일치한다. 이는 ABC에 조응한다. 즉 "이것이 있을 때 저것이 있고, 이것이 일어나면 저것이 일어나고, 이것이 없으면 저것이 없고, 이것이 소멸하면 저것이 소멸한다."〔『성스러운 구함 경(Ariyapariyesana Sutta)』의 사성제에 대한 탐구〕 REBT 용어에서 C(감정)는 B(사고)와 A(인식)의 함수이고 A와 B는 C의 함수이다. A, B, C는 상호 의존적이고 서로 조건적이다. 그것들은 연기법에서 발생하고 소멸한다. ABC는 『세상 경』(Loka Sutta)에도 묘사되어 있다.

눈과 형상에 의존하여 안식이 일어난다. 이 세 가지의 결합은 접촉이다. 접촉을 조건으로 느낌이 있다. 느낀 것을 지각하고, 지각한 것을 생각하고, 생각한 것은 정신적으로 증식한다.

"ABC 업 연속"에서 증식은 끊임없는 마음챙김으로 독화살을 성공적으로 막아내는 검객을 대상으로 하는 궁수의 은유에서와 마찬가지로 집중이 흐트러져 치명적 손상을 입을 때까지 발생한다. 『위나야 숫따

(Vinaya Sutta)』에서와 같이 검객을 죽인 것(C)은 정신 산만(B)이 아니라 그 자신의 중단된 마음챙김(B)이다. 이 은유는 우리 모두가 끊임없이 독화살의 공격을 받고 있으며 이것을 방지할 수 있다는 것을 함축한다. 그러나 우리는 비합리적인 생각을 중단하는 것과 같은 방식으로 의도하고 행동함으로써 업을 의도적으로 수정할 수 있다. 생각의 속도 때문에 우리는 '자동적' 생각을 차단할 수 있는 선택권만 있을 뿐, 그 발생을 막을 자유는 없는 것으로 보인다.

이것은 불교 입장에서 환상인 "자유의지"의 주제를 제기한다.(그렇지 않으면 인간의 괴로움의 곤경은 존재하지 않을 것이다.) 이 제안은 실험적으로 확증되었다.(Libet, 1985) 즉 사전적인 뇌 활동파가 선택의 움직임 이전 수백 밀리 초 이전에 나타난다. 이 발견은 뇌영상 촬영법에 의해 강화되었다.(Soon, Brass, Heinze, & Haynes, 2008) 피실험자들에게 집게손가락으로 단추를 누르기로 결정할 때의 뇌를 스캔했다. "자유로운" 결정은 자각에 들어가기 최대 10초 전에 뇌활동에 의해 결정된다. 이 지연은 다가오는 결정이 의식에 들어가기 훨씬 전에 준비하기 시작하는 피질 제어 영역의 네트워크를 반영하는 듯하다. 자유로운 결정을 결정하는 무의식적 뇌 결정 요인은 "자유의지"가 아니라 "하지 않을 자유"를 시사하며, 우리가 일반적으로 사실 이후에 ABC 작업을 수행하는 이유이다. 이 "하지 않을 자유"가 나중에 "자유의지"라는 새로운 습관으로 변형될 수 있는지 여부는 아직 미해결 문제로 남아 있다.

CBT/REBT의 합리적 인식과 불교의 타당한 인식

카네만(Kahneman, 2003)은 노벨상 수상 연구에서 합리적 판단과 선택의 심리학을 제시했다. 그는 인간은 거의 합리적 결정을 내리지 않는다고 주장했다. 지각 과정은 병렬로, 자동으로, 힘들이지 않고, 연관되어 빠르게 실행되기 때문이다. 반면 추론은 천천히, 순차적으로, 통제되고, 노력이 필요하며, 규칙 지배적이고, 유연하게 실행되기 때문에 천천히 학습한다고 주장했다. 불행하게도 인간의 지각 장치는 구조적으로 약해서 우리는 자동으로 내리는 비합리적 결정의 기반이 되는 환상적인 안경을 통해 직감으로 세상을 보게 된다. 이러한 실수는 우리가 (불교에서 마야라고 하는) 환상에 이끌리는 경향이 있기 때문에 제어하기 어렵다.

놀랍게도 붓다는 『위땃까산타나 숫따(Vitakkasanthana Sutta)』에서 이러한 자동증에 대해 말하면서 이것을 "치료적으로" 수정하기 위한 합리적 전술을 제안했다.

(1) 원하지 않는 생각이 마음챙김을 침범할 때마다 반대되는 양립할 수 없는 생각으로 전환하고 대신 건전한 생각으로 바꾸고 (예: 자애 대 증오, 또는 관용 대 탐욕) 완전한 사유로 대체하라. (2) 그것이 실패하면 원치 않는 생각의 유해하고 위험하며 부정적인 장기적 영향인 괴로움을 면밀히 조사하라. 다른 활동을 피하고 주의를 분산하여 다른 곳으로 돌리고 전환하라. 그것이 갖는 많은 추한 결과를 명상하라.

(3) 그래도 실패하면 그 생각을 무시하거나/잊고 주의를 분산시키는 활동에 참여하거나 선하고/치유적인 무엇에 집중하면서 원치 않는 생각에 주의를 기울이지 말라, 예를 들어 산책을 하거나 무엇인가 다른 신체적인 활동을 함으로써.

(4) 그것이 실패하면 호흡을 하고 그것이 발생에 의문을 제기하라. 원치 않는 생각, 그 형성, 그 원인, 예를 들어 분노, 두려움, 슬픔을 자세히 들여다보라. 그 기능을 조사하여 추정되는 원인을 제거하거나 멈추는 방법을 반영하라.

(5) 그것이 실패하면 강력한 노력으로 원치 않는 생각에 저항하고 지배하고 통제하라. 즉 "그것을 붙잡고, 그것에 저항하고, 그것을 조절하고, 그것을 부순다." 엄격하고 냉혹하고 급진적이 되라. 예를 들어 이를 악물면서. 그리하여 마음의 한 부분이 다른 부분을 제어한다.

이 실용적 프로그램은 '끈질긴'(침습적이고, 원치 않으며, 지속적인) 사고를 언급하는 것 같기에, 아마 붓다는 강박관념을 다루었을 것이다. 붓다는 『삽바사와 숫따(Sabbasava Sutta)』에서 괴로움을 주는 생각(아사와asavas)을 버리기 위한 전반적인 전략을 논의했다. 본질적으로 괴로움은 마법이 아니라 현명한 성찰에 의해 해소될 수 있다. 이 전제를 바탕에 두고 과거와 현재의 성향과 능력에 대해 적절하게 의문을 품으면서 해독제의 존재에 대한 의도적인 협동적 대화를 통해 자신을 점검할 수 있게 된다.(Premasiri, 2006)

(1) 예컨대 자아와 같이, 불선한 생각이 실제 정신적 괴로움에 선행하며 감정-사고-행동에 전적으로 책임이 있다는 통찰이 있는가?

(2) 지각과 행위에 대한 반응 중에 사유 충동에 대한 자기통제가 있는가? 또 끌림과 거부에 반응하는 현명한 절제의 자기 조절이 있는가?

(3) 질병을 예방하기 위해 기본적인 필요를 충족시키는 데 합리적인 주의를 기울이고 있는가, 아니면 과식과 같은 해로운 습관에 빠지는 경향이 있는가?

(4) 정신적 염려에서 벗어나기 위해 열악한 환경 조건, 신체적 스트레스, 사회적 압력을 견딜 정도의 인내력이 축적되어 있는가?

(5/6) 해로운 장소와 친구를 인지하고 현명하게 피하며 오염되기 전에 적극적으로 제거하는가?

(7) "깨달음의 요소", 즉 알아차리고, 조사하고, 끈기 있고, 열정적이고, 고요하고, 집중하고, 균형을 잡는 요소를 함양하고 있는가?

4세기에 유식학파(Yogacara-Vijnavada)는 ABC와 명시적으로 일치하는 인식론을 옹호했다.(Anacker, 2005) 즉 오염은 '세상 밖 저기'에서 일어나는 것이 아니라 세상, 타자, '자아'에 대한 우리 자신의 옳지 않은 (환상적/망상적) 지각과 사고에 그 원인을 두고 있다는 것이다. 다르마가 인도 아대륙亞大陸에서 소멸하기(1193) 전 최후의 독창적 불교사상가인 다르마끼르띠(Dharmakirti, 7세기)는 올바른(쁘라마pra-ma) 및 올바르지 않은(아쁘라마aprama) 지각과 사고의 차이를 구별했다. 그의 통찰력은 REBT의 합리적 대 비합리적 개념/이미지와 일치한다. 명상이 잘못된 인식과 생각의 정화를 강조한다면, REBT는 비합리적인 신념을 논박하고 정서에 영향을 주는 행동을 수정함으로써 생각의 내용을 **변화시키는 것**을 목표로 한다.

　REBT에서 인지는 다음과 같은 경우 올바르지 않은 비합리적인 것으로 간주된다. (1) 알려진 사실과 논리에 맞지 않고, (2) 스스로 선택한 선한 정서/행동 목표로 이끌지 못하고, (3) 대인관계의 조화를 진전시키지 못하는 경우이다. 단지 치료적으로 비합리적 사고를 지적하는 것만으로는 부족하지만 합리적인 대안을 마련하는 것도 절대적으로 필요하다. 예를 들어 내담자는 "그는 나를 사랑해야 한다. 그렇지 않으면 나는 쓸모없는 인간이다."라고 생각할 때 우울해한다. 이 유용한 대안은 합리적인 기준을 적용하여 상호 협동적 치료로 구축되었다.

　　그런 식으로 생각하면 만족감을 느끼는 목표에 도달하지 못할 것이다. 그가 나를 사랑해야 한다는 증거도 없고 나의 가치가 그의 사랑에 달려 있다는 증거도 없다. 그가 다른 여자를 사랑한다면, 그는 나를 사랑하지 않는 것이 틀림없다. 그것은 슬프지만 이로 인해 인간으로서 나를 혐오할 이유는 없다. "나"의 가치는 판단될 수 없다. 이것을 측정할 정확한 방법이 없기 때문이다. 나의 존재 자체만으로도 나의 가치를 무조건 보증한다. 따라서 나는 괜찮다고 느끼고 나 자신과 그와의 불필요한 갈등을 피할 것이다.

ABC 형식을 적용하고 정서적–행동적 효과(E)를 대상으로 합리적 논쟁(D)을 추가하고 건전하고 합리적인 사고를 공식화함으로써 상대 주의를 해소하는 비합리성을 획득하게 되면 역경 속에서도 만족감을 얻게 된다. 우리가 불가피한 괴로움에서 도망치지 않으려면 붓다처럼 용기 있는("고귀한") 사람이 되어야 한다. 아라한은 내면의 적, 즉 스스로 선택한 유해한 업을 물리침으로써 깨달음을 성취한다. 즉 자기 선택적인 해로운 업이 합리적 자아 분석의 ABCDE 틀에서 투명해 진다.

업 변환이 REBT와 일치하는 또 다른 사례가 있다. 공통 근거는 코르집스키(Korzybski)의 "일반 의미론"(Kwee, 1982)이다. 그의 공리 는 언어(발화)가 영역이 아니라 지도(map)라는 것을 인식하는 것이다. 단어는 사실/설명, 해석/가정 및 평가/믿음의 세 가지 추상화 수준을 식별하는 추상화의 사다리를 따라 대상과 사건의 원자적 과정인 "침묵 수준"을 발화한다. 단어는 구체적인 것에서 추상적인 것, 특수한 것에서 일반적인 것에 이르는 것들을 지칭하기 때문에 추상화된 단어 는 세상에 대한 지도를 쉽게 혼란시키고 축약하게 되어 "비"차별적인 관점과 정서적 장애로 귀착될 수 있다. 우리가 말에 대해 알아차리기 위해 깨어나서 침묵 수준의 순수한 인식보다는 자신이 구성한 의미론 적 의미에 대부분 반응한다는 것을 알아야 한다. "비정상"은 추상화 사다리에서 잘못된 단계를 밟을 때 발생한다. 잘못된 의미론은 다음과 같다. 즉 죽은 수준의 추상화(예: 두려움에 대한 두려움, 분노에 대한 분노, 슬픔에 대한 슬픔 등), 선택적 추상화, 자의적 추론, 잘못된 귀속, 부정확한 이름붙이기, 이분법적 추론, 지나친 일반화, 확대, 축소, 파국화, 의인화, 나-나를-나의 것/자아-영혼과 다른 개념의 구체화 등이다. 이러한 범주는 의미론적 수정을 받아야 한다. 이것은 "정체성"에 대한 인식과 be 동사의 불건전함, 무효성, 비합리성, 또는 기능 장애에 대한 이해로 귀결된다. 따라서 알아차리게 되면 동일화할 고정된 자아가 없다는 것이 분명하다. 나는 많은 "iiiiiiiiiiiii들"로 구성되어 있다. "나는 나쁘다."라고 말하는 것보다 "나는 어제 나쁘게 행동했다."라고 말하는 편이 낫다. 이것은 "이것은 내가 아니다, 내 것이 아니다, 내 자신이 아니다."라는 불교의 비동일화 격언과 일치한다. 나는 행동, 생각 또는 감정과 동일화할 수 없고 근본적으로 공하다.

자아와 관련하여 REBT는 대부분의 자아를 제거하지만 자아를 완전히 근절하는 것은 아니다. 자아에 대한 생각은 존재의 **세 가지 경험적 표식**을 위반한다.

(1) 우주는 끊임없는 흐름 상태에 있기 때문에 나-나를-나의 것(I-me-mine)을 포함한 사물의 본성은 (본질 또는 자성적인 존재 없이) 공하다 .

(2) 나-나를-나의 것(I-me-mine) 자아는 추상, 즉 실체 없는 구체물일뿐만 아니라 무상하므로 공하며 양태의 무더기에 불과하다. 그리고

(3) 완전함에 대한 갈망/움켜쥠/집착과 존재하지 않는 실체적

영속성은 정서적/신체적 질병(**불편함**)이라는 실존적 괴로움인 둑카를 초래한다.

피할 수 없는 질병(**불편함**)으로서의 붓다의 은유를 한 단계 더 나아가, 정서적 괴로움은 원리상 자신이 부과하는 것이기 때문에 괴로움을 자신을 해하는 "자가 면역" 질환으로 비유하는 것이 전면에 등장한다. 괴로움을 존재 자체의 불만족에서 오는 괴로움이라고 추론한다면 괴로움은 정확하게 "실존적 노이로제"라고 부를 수 있다. "가망이 없지만 심각하지는 않은" 이 평범한 실존적 괴로움은 우디 알렌(Woody Allen)의 해리 파괴하기(deconstructing harry)라는 제목의 영화에 명확하게 묘사되어 있다. 괴로움은 번역하기 어려운 단어이다. 의심할여지 없이 괴로움은 삶의 무상함과 불완전함에 불가분하게 얽혀 있다. 삶의 흐름은 삶의 스트레스로 인해 순조롭게 굴러가지 못하고 꼼짝도 못하는 마차의 바퀴처럼 괴로워한다. 괴로움의 스트레스는 출생 직후부터 시작되며 노화, 질병, 죽음에 직면하면서 명백하고 분명해진다. 1930년대 셀리에(Selye)가 처음 사용한 스트레스라는 용어를 비특정 신체/언어/마음의 적응 반응을 불러일으키는 상황 및 정서 변화로 인해 개인이 짊어지는 부담으로 개념화한다면 괴로움을 표현하는 데 적합해 보인다. 지속적인 괴로움 상태는 아드레날린과 코티솔과 같은 스트레스 호르몬에 장기간 노출되어 **불편함**을 질병, 즉 신체적 질환으로 바꿀 수 있다. 스트레스로서의 괴로움은 우울증, 공황/공포증, 외상 후 스트레스 장애와 같은 심리적 질환뿐만 아니라 고혈압이나 저혈압, 심부전, 심인성 통증, 피부 소양증, 위장병과 같은 심신 이상 증후를 악화시킬 가능성이 있다. 다르마가 심리 질환을 치유하기 위한 것은 아니었지만 괴로움이라는 스트레스 정의는 스트레스 감소 명상이 이러한 유형의 장애를 개선할 수 있는지 여부를 탐색할 수 있는 문을 열어준다. 건선이 적절한 사례이다.(예를 들어 Kabat-Zinn, 2003a)

업의 악순환 억제하기: 불교 명상

마음챙김 명상은 붓다가 인류에게 자비의 선물로 준 12가지 명상을 실천하기 위해 마음을 깨끗하게 하는 일반적이고 중심적인 요소를 구성하는 포괄적 과정이다. 『마하사띠빳타나 숫따(Mahasatipatthana Sutta)』와 『사띠빳타나 숫따(Satipatthana Sutta)』는 중심 요소로서 마음챙김의 네 가지 준거 틀을 언급한다. 즉 (1) 신체, (2) 신체의 "행동"(즉 느낌: 감각과 정서), (3) 마음, (4) 마음의 "행동"(즉, 사고: 시각화와 개념)이 그것이다. 명상의 첫 여섯 가지는 신체와 신체의 느낌에 대한 마음챙김을 말하는 반면, 나머지 여섯 가지는 마음과 '두뇌의' 사고에 대한 마음챙김을 말한다. 이는 괴로움을 종식시키기 위한 붓다의 구원론적 체계에 불가분의 관계로 이러한 수행에는 다음과 같은 주제가 있다.

> (1) **호흡**: 우리는 복부 호흡의 공기가 어떻게 콧구멍을 통과하고 호흡을 닻으로 사용하여 명료함과 만족을 향해 집중하고 몰입하고 명상하는지 알아차릴 수 있는가?

(2) **행동**: 우리는 (앉기, 걷기, 서기, 눕기)와 보기, 마시기, 씹기, 맛보기, 침묵하기와 같은 다른 모든 종류의 신체 운동 행위를 알아차릴 수 있는가?

(3) **혐오**: 우리는 몸이 두 개의 구멍을 지니고 곡물, 밀, 쌀, 콩 씨앗 등으로 가득 차 있으며 피부로 둘러싸여 있고 머리카락, 손톱, 치아, 살, 신경, 뼈 등 32가지 요소로 구성된 포대라는 것을 알아차릴 수 있는가?

(4) **요소**: 우리는 정육점 칼에 의해 조각난 소의 시체와 지수화풍 이라는 신체의 구성요소를 알아차려서 마음챙김이 신체와 나– 나를–나의 것(I-me-mine) 자아와 동일시하지 않는 데 기여한 다는 것을 알아차릴 수 있는가?

(5) **해체**: 우리는 시체가 하루에서 삼일이 지나면 파랗고, 부풀 고, 곪고, 화장터에 던져지고, 까마귀, 독수리, 매, 독수리, 개, 자칼, 벌레가 먹어치워서 뼈와 먼지로 돌아간다는 것을 알아차릴 수 있는가?

(6) **감정**: 우리는 감정이 피상적인지, 진심어린 것인지 알아차 리고, 갈망이 어떻게 발생하고/소멸하는지, 움켜쥠/집착 없이, 그것이 즐거운지, 괴로운지, 중립적인지를 평가하면서 감정을 알아차릴 수 있는가?

(7) **장애**: 우리는 감각적 쾌락, 악의, 해태/혼침. 초조/걱정, 의심/근심을 알아차릴 수 있는가, 이러한 기분을 관찰하고 조용 히 무상함을 알아차리면서 장애 속에 어떤 가치 있는 가르침이 포함되어 있는지 물을 수 있는가?

(8) 온: 우리는 현재 의식(윈냐)에서 신체/언어/마음(루빠/나마), 감각(웨다나), 이미지/인지(산냐), 정동/행동(상카라)을 알아차리고 스스로에게 자아 동일화가 있는지 물을 수 있는가?

(9) **감각 기반**: 우리는 다음과 같이 알아차릴 수 있는가? 즉 감각기관(눈, 귀, 코, 혀, 피부, 뇌)과 대응하는 외적 대상(봄, 소리, 냄새, 맛, 접촉, 생각) 간의 접촉이 즐거운가, 괴로운가, 중립적인가를 알아차릴 수 있는가?

(10) **깨달음 요소**: 우리는 움켜잡지 않고, 집착을 풀고, 갈망하지 않는 상태를 유지하기 위해 알아차리고 능숙한 관찰, 탐구, 끈기, 열정, 침정, 집중 및 평정을 계발할 수 있는가?

(11) **사성제**(경험, 자료, 사실, 질문, 조사, 탐구, 가설, 가정 또는 전제) : 우리는 알아차리면서, 괴로움을 경험하고, 괴로움의 원인이 있음을 알고, 둑카에서 벗어날 길이 있음을 확신하고, 그것이 어떤 길인지 알기 시작할 수 있는가?

(12) **팔정도**: 우리는 알아차리면서, 다음과 같이 질문한다, 즉 우리의 "관점-이해, 의도-생각, 언어-의사소통, 행동-행위, 생활-습관, 노력-헌신, 주의-집중, 마음챙김-내성"이 균형을 이루고 있는가?

더 많은 명상법이 있다.[2] 잘 알려진 것은 자애/친절, 공감적 자비,

---

2 공식적인 명상은 주로 앉은 자세에서 등을 앞으로 숙이지 않고 곧게 세운 자세로 수행한다. 연구 결과에 따르면 등을 똑바로 세우는 것은 부정적이든 긍정적이든 발산되는 생각에 대한 확신을 강화하고(Brinol, Petty, & Wagner, 2009), 이 자세는

기쁨/행복 명상이다. 다르마는 **생활양식**이기 때문에 우리의 전 생애
는 명상적 방식으로 영위하는 것이 좋다. 예를 들어 일상생활의 모든
소중한 경험에 대해 공식적인 명상 연습을 할 수 있다. 웃거나, 미소
짓거나, 노래하거나, 마시거나, 먹는 것 등이 그것이다. **팔정도의**
바탕을 이루는 마음챙김은 주의-집중과 마음챙김-내성의 균형을
이루는 명상적 **생활양식**의 디딤돌이다. 마음챙김은 과정(수행) 또는
결과(자각)일 수 있으며 감각 양태에서 작동한다. 그것은 의식(변화할
수 없는 배경적 현존)을 밝히고 경험의 연기를 내성적으로 성찰할 수
있게 하는 주의(변화 가능한 전경의 현존)와 자각(변화할 수 없는 배경의
현존)을 내적으로 집중하는 것이다. 첫 번째 단계는 호흡을 4단계로
집중을 날카롭게 계발하기 위해 호흡을 닻으로 사용하는 자나/디야나
(Jhana/Dhyana) 수행을 통해 불안한 마음을 길들이는 것이다. 즉 초선
정(일념/즐거움/기쁨), 2선정(일념/기쁨/행복), 3선정(일념/만족), 4선
정(일념/평정-고요)가 그것이다. 일념 집중은 마음챙김에 근접하고
공의 깨달음에 들어가기 위한 준비이다. 〈표 2〉는 마음챙김의 사분면
을 표시한다. 이는 싸마디(Samadhi: 삼매)로 이어지는 싸마타 명상과
순야따(Sunyata, 비아/공성)으로 이어지는 위빳사나 명상을 포함한
다.(1장의 표 2 참조)

　마음챙김은 평정 상태인 싸마타의 함양으로부터 시작한다. 이 상태
는 지각 자극을 중립적으로 관찰함으로써 이완된 집중과 순수한 주의
로 상향식 수행에 맞추어진 신체/마음의 자제, 고요, 차분함, 균형,

긍정적인 분위기를 북돋우는 반면, 의심스러운 자세는 낙담한 기분을 불러일으키
거나 악화시킨다(Haruki, Homma, Umezawa, & Masaoka, 2001)고 한다.

흔들리지 않는 고요 및 평정을 특징으로 한다. 수행은 점차 이 적정 상태에서 싸마디로 이동한다. 싸마디는 수용적이고 비억압적인 안정 또는 흐름의 몰입으로서 고도로 안정된 집중 상태에서 이루어지고 **다르마**(내적 자극의 지표: "인지할 수 있는 것", "알 수 있는 것" 및 그 부수물)에 대한 완전한 현재 상태 및 명료한 이해로서 일어난다. 이것은 지속적 특성이 될 수 있는 일시적 상태인 정서 발생의 소멸(니르바나)로 귀결된다. 이렇게 오염된 정동을 다스리고 나서 위빳사나로 나아간다. 이것은 마음/신체의 하향식 수행으로서 특별한 방식으로 지각하는 것을 가능하게 하는 지각의 문을 깨끗이 하는 것이다. 즉 연기 속에서 "사물들이 **되어가는** 대로" 보는 것이다. 이 통찰은 업의 불/선함에 집중하고 주의를 기울이는 것을 상기함으로써 일어난다. 흐려지지 않은 광명 속에서 깨어 있고, 분명히 식별하고/이해하고(삼빠쟈나 sampajanna) 끊임없이 방일하지 않으면서(압빠마다appamada) 수행자는 현명하게 업을 성찰하고 점차 빛나는 "여여함" 또는 광대한 공함(순야따)이라고도 하는 **공한 비아**의 깨달음의 통찰로 옮겨간다. 그리하여 내부 은하를 망원경으로 관찰하고 내부 공간에서 **다르마와** 조우하면서 통찰은 **다르마**가 궁극적 차원에서 공하고 잠정적 차원에서 사회적으로 구성된 것이라는 통찰이 떠오른다. 주의해야 할 말, 생각 및 자기 대화는 사각형 4를 제외한 모든 사각형에서 발생한다. 사각형 1에서 4까지의 과정은 **사회적 해체**의 트랙이다. 공함의 제로 포인트는 그 자체로 목표가 아니다. 텅 빈 마음은 우리가 이미 존재하는 것, 즉 관계적 상호존재에 대한 친절, 연민, 기쁨을 구현함으로써 **사회적 재구성**의 협동 수행을 도약시키기 위한 리셋 포인트이자 비계이다.

표 2. 마음챙김 명상의 사분표

사성제와 팔정도의 맥락에서 깨어 있음을 마음챙김[3]	순수한 집중: 6 감각을 통한 **다르마들**의 지각 또한 사띠, 주의를 모으는 것	선택 없는 마음챙김: 여섯 번째 감각 다르마들의 통각(친숙함에 의한 지혜) 또한 삼빠쟈냐, 광명 속에서
대상 또는 과정에 이완된/온화한/주의집중(선에 의해)	1. 싸마타(신체/마음) 평정/고요/침정: 정적	2. 싸마디(신체/마음) 수용적 몰입/흐름–안정: 열반
불선한/선한 업의 명징한 내성	3. 위빳사나(마음/신체) **연기**의 "인과론"에 대한 통찰	4. 순야따(마음/신체) 무아/공함 리셋–포인트: (0)

---

3 사무라이와 선의 관계(즉, 죽이고 죽는 것)는 역사적 사실이고 제2차 세계대전까지 이어졌다.(Victoria, 2006) "행진하면 행진하시오, 쏘면 쏘시오, 단지 그것이고 동요하지 마시오. 깨달음은 이렇게 나타납니다." 이런 슬로건은 선승들이 그 시대의 전쟁광 지도자들과 협조하도록 협박을 받았을 때 사용한 것들이다. **팔정도** 없는 선(명상과 마음챙김)은 오염되어 다르마를 훼손할 수 있다. 발각되기를 원치 않으면서 상점에서 물건을 훔쳐보자. 눈은 뒤통수까지 자랄 것이다(eyes will grow on the back of skull). 마음챙김은 진정으로 인간의 특성일 뿐이며, 그것은 오래된 뉴스이다.(Shapiro & Carlson, 2009) 그래서 마음챙김을 사성제(허튼 소리라고?)와 분리시켜야 할 필요가 있다고 하면서 심리학자와 미생물학자는 의사가 아님에도 **사성제**를 침묵시키고 히포크라테스 선서로 대체하고 동시에 "보편적인 다르마(universal dharma: 소문자 d가 아니다)"라고 운운하는 것은 정말 놀라운 일이다. 환자와 내담자들 역시 MBSR을 역설적으로 말하면 "마음챙김 기반 저격과

사분표가 엄격한 범주를 제시하고 있다고 해도 사실상 겹친다. 싸마타와 위빳사나의 수행과 싸마디와 순야따의 경험은 상호배제적 인 것이 아니라 부분적으로 동시에 일어날 수 있다. 초기 단계에서 싸마타와 싸마디는 **환유**처럼 작동한다. 즉 "마음챙김에는 다른 길이 없다, 마음챙김이 길이다." 이것은 우리가 "이미 거기에" 있기 때문에 다른 어떤 곳으로도 가지 않을 것이며 따라서 아무것도 할 필요가 없다는 것을 깨닫는 것이다." 즉 "풀은 저절로 자랄 것이다." 수단과 목표를 포함하는 마음챙김은 노력할 목표가 없음을 의미한다. 단 목표 없음과 얻을 것 없음(선의 무소득)으로 초심자의 마음(선의 **초심자**) 의 노력 없는 노력에 의해 감각적 경험을 지각하는 것 외에는 말이다.[4] 그러나 보다 고급 단계에서 위빳사나와 순야따는 업의 변천에 대한 보다 현명한 성찰(요니소 마나시까라yoniso manasikara, 如理作意)을 목표로 하기 때문에 실제로 목적 있는 것이다. 『삽바사와경(Sabbasava

---

강간(mindfulness-based sniping and raping)"으로 전환시켜 마음챙김을 모독할 수 있다.

4 선의 은유(물의 마음, 水の心)에 들어가기 위해 우선 물과 같은 마음, 즉 흐르고 투영하고 적응하는 마음 상태를 개발해야 한다. 마음의 자연스러운 상태는 물과 같은 가장 낮은 지점으로 흘러가면서 어떤 생각이나 감정으로 막히거나 멈추지 않는다. 물은 반응하지 않고 적절히 충분하게 효과적으로 대응한다. 집중된 마음은 조각돌이 던져진 다음 비추는 거울의 상태로 다시 돌아가는 연못과 같다. 완전히 준비되어 있으면서 마음의 자연스러운 성향을 조절하는 것을 결코 상실하지 않는 것은 혼란 이후 내적인 고요함과 유연성으로 돌아가는 것이다. 물처럼 마음의 본성은 경직되지 않고 항상 어떤 용기에 담겨도 그 모습을 유지할 것이다. 완전한 깨달음을 유지하려면 엄격한 훈련이 필요하다.(shonen shozoku, 正念相續)

Sutta)』에서는 빛나는 통찰을 얻기 위해 업의 불/선함을 집중해서 성찰하고 마음챙김을 "올바르게"(방법적으로 또한 적절하게) 정착시키라고 충고한다. 더구나 "선택 없는 마음챙김"은 **다르마**를 통각할 때 신체/언어/마음의 공간에 나타나는 것에 대한 어떤 선입견, 공감, 반감도 없음을 의미한다는 데 주목하라. 통각(apperception)은 정의상 개념적이고 판단적인 선입견을 배제하는 선先-개념적 지각이다.

"마음챙김 기반" 접근법의 열광에 대해서

마음챙김은 보건종사자와 기업 코치들에게 뜨거운 주제가 되었다. 그들은 자신들의 작업이 마음챙김 기반 개입의 연구〈www.umassmed. edu/cfm/mbsr〉(예를 들어 Shapiro & Carlson, 2009)에 기반을 두고 있다고 말한다. 8주간의 외래 환자 집중 코스인 "마음챙김 기반 스트레스 감소(Mindfulness-Based Stress Reductio, MBSR)"는 바디 스캔 시각화, 하타 요가, 앉기, 걷기, CD 유도 숙제 및 자기-모니터링 훈련으로 구성된다.(Kabat-Zinn, 2003a) 마음챙김 기반 훈련은 시장에서 추종자들에게 열광적인 반응을 불러일으켰고 그 이후 나온 몇 가지를 소개하면, "마음챙김 기반 인지 치료", "마음챙김 기반 재발 방지", "마음챙김 기반 식이 자각 훈련"과 같은 것들이 있다. "마음챙김 기반 인지 치료"는 세 차례 이상의 우울 에피소드를 겪은 사람에게 60주 이상 동안 우울증의 재발을 방지하는 데 효과적이었다.(Segal, Williams, & Teasdale, 2002, Ma & Teasdale 2004, Kenny & Williams, 2007) 또한 항우울제 유지 약물의 사용을 줄일 수 있다.(Kuyken, Byford, Taylor, Watkins,

Holden 등, 2008) 이질적으로 구성된 연구 대상자에서 대기자 명단 또는 "통상 치료" 대조군보다 더 효과적인 것으로 나타난 MBSR은 미국 심리협회로부터 "효과적일 수 있는" 치료법이라고 인증을 받았고 (Baer, 2003, Grossman, Niemann, Schmidt, & Walach, 2004, Shigaki, Glass, & Schopp, 2006), 영국 국립보건 서비스에서 국립 임상 우수 인증을 받았다. 마음챙김이 정신 치료의 공통 요소라고 간주되면서 그 작용기전에 대한 연구들이 우후죽순처럼 늘어났다.⟨http://marc.ucla.edu⟩ 이 치료법을 개입시키는 것이 심리적, 신체적 증상에 유효하다는 것을 암시하는 유망한 결과에도 불구하고 아직 최종 판결은 나지 않았다. 15개의 통제된 연구에 대한 검토에서 토닛토(Toneatto)와 응구옌(Nguyen, 2007)은 MBSR이 불안과 우울증의 임상 증상에 신뢰할만한 영향을 미치지 않는다는 것을 발견했다. 최신 마음챙김 기반 기법은 임상적으로 "유용한 것"이기보다 통계적으로 "유효한" 듯이 보였다.

마음챙김에 대한 정의가 여전히 지속적인 논쟁의 대상이 되더라도 이것은 임상 치료의 중요한 요소로 받아들여진다. 카밧-진(Kabat -Zinn)(2003b, p.145)의 작업 정의는 "현재 순간에 의도적으로 주의를 기울이고 매 순간 경험의 전개에 판단하지 않고 나타나는 인식"이다. 보다 자세한 정의에는 다음과 같은 것이 포함된다. 즉 (1) 판단하지 않음, (2) 애쓰지 않음, (3) 수용, (4) 인내, (5) 신뢰, (6) 개방, (7) 내려놓음(Kabat-Zinn, 1990)이 그것이다. 또 다른 예에서(Kabat -Zinn, 2003b) 마음챙김 주의는 다음과 같은 입장을 견지한다. (8) 자비, (9) 흥미, (10) 우정, (11) 내용이 무엇이든 관찰된 경험에

대한 개방적 마음가짐이다. 그 후 (12) 비-반응성 및 (13) 지향성이
추가되었다.(Kabat-Zinn, 2005) "지향성"은 고의적이거나 노력이 없을
수 없는 마음챙김의 계발을 의미한다. 여기에 다른 것들도 추가되었
다. 즉 온화함, 관용, 공감, 감사, 자애(Shapiro, Schwartz, & Bonner,
1998), 자기-조절, 명확한 가치, 인지적, 정서적, 행동적 유연성,
노출이 그것이다.(Shapiro, Carlson, Astin & Freedman, 2006) 카밧-진의
마음챙김을 하는 사람들은 마음챙김을 의도적이고, 개방적이며, 비판
단적으로 주의를 기울이는 것으로 정의하게 되는데 그들은 '의도적'을
'의도적인 목표로', 즉 수행을 하는 개인적 이유(예: 고혈압 감소)로
유추하고, '재인식'을 변화의 메타기제(meta-mechanism)라고 믿는다.
마음챙김 기반 접근법에서 마음챙김이나 의도를 정확히 구성하는
것이 무엇인지에 대한 합의는 없다.

　합의된 패널은 다음의 두 가지 구성요소가 정의에 포함되어야
한다고 제안했다. 즉 "주의의 자기-조절이 있고 이것이 즉각적 경험에
서 유지되어 현재 순간에 일어나는 정신적 사건에 인식이 향상될
수 있는 것"… 그리고 "현재 순간에 일어나는 자기 경험에 특별한
방향성을 확립하고, 그 방향성은 호기심, 개방성, 수용성을 특징으로
하는 것"이다.(Bishop, Lau, Shapiro, Carlson, Anderson 등, 2004, p.232)
합의 패널에서는 "의도"를 사고와 감정을 관찰하는 탐구적 노력으로
인정하면서 수용을 강조한다. 시겔, 거머, 올렌즈키(Siegel, Germer,
& Olendzki, 2008)에 따르면 비판단, 자비, 수용은 사띠의 원래 의미인
주의, 지각, 기억을 임상적으로 확장한 것이다. 치료자는 문제를
변화시키기 위해 먼저 문제를 인식해야 하므로 수용 요소를 받아들인

다. 기존 설문지의 종합 연구(Baer, Smith, Hopkins, Kriete-meyer, & Toney, 2006)는 마음챙김의 다섯 가지 요소를 평가할 수 있는 심리적 잠재력을 다음과 같이 밝혔다. (1) 경험에 대한 비-반응성, (2) 내면적 경험의 관찰, (3) 마음챙김으로 행동하기, (4) 단어로서 표현하기, (5) 경험에 대한 비판단이 그것이다. 마음챙김이 상태인지 특성인지, 과정인지 결과인지, 치유인지 케어인지는 앞으로 연구 주제로 남을 것이다. 한편, 위에서 언급한 저자들이 사용한 "의도"라는 용어는 불선함/선함의 불교적 가치를 향한 업의 의도적/의미 있는 활동으로서 다르마의 의도의 의미를 반영하지 않는다고 결론지을 수 있다. 이것은 아마도 다르마의 불교적 가치를 종교로 받아들이는 대신 "보편적 가치"를 선호하는 소심함에 기인하는 듯하다. (순수한 불교적) 의도를 목적(공)이라기보다는 방향으로 선언함으로써 업(어디에서도 언급되지 않는다)은 흐려지고 다르마가 허물어졌다.(예를 들어 Shapiro & Carlson, 2009, p.9)

이러한 고찰에 비추어 볼 때, 우리는 건강분야에서 생각되고 분배되는 마음챙김이 원래의 방법에서 뿐만 아니라 슬프게도 다르마의 기본을 놓치고 있기 때문에 공언된 목적에서 표류하고 있다고 제안한다. 변증법적 행동 치료(Dialectical Behavior Therapy, DBT, M, Linehan)와 수용 및 전념 치료(Acceptance and Commitment Therpy, ACT, S. Hayes)와 같은 마음챙김 기반의 수많은 치료 방법에서 마음챙김은 핵심적인 요소이지만 의도적으로 다르마를 제외하고 있다. 그러므로 우리는 긴급하게 다음과 같이 질문한다. 즉 마음챙김은 다르마에 근거를 두지 않고 실제로 논의할 수 있는가? 전통적으로 마음챙김은 그 자체로 목표가 아니라 하나의 도구이다. 그것은 괴로움으로부터 인류를 해방시키기 위한 붓다의 기획에서 불가분의 기능을 갖고 있다. 이것은 환자의 괴로움을 '단순히' 완화시키는 것보다 더 큰 목표이다. MBSR에서는 마음챙김이 임시변통의 속효처방이 아니라고 강조하지만 불교심리학의 기반은 사실상 눈에 띄게 결여되어 있다. 이렇게 되면 수행을 안내하는 데 필수적인 다르마 이론에서 탈맥락화된 절차만이 남게 된다. 뿌리에서 이탈하여 마음챙김을 논의하게 되면 거기에서 남는 것은 내담자에게 불교로 부담을 주지 않고 주류 학계의 전문가를 거부하지 않는다는 성공적인 전략뿐이다.

마음챙김 전문가가 불교심리학을 공부할 의무는 없다.(예를 들어 Grepmair, Mitterlehner, & Nickel, 2008) 더구나 카밧-진(Kabat-Zinn, 2003b)은 다음과 같이 단정적으로 말한다.

[다르마]는 그 핵심에서 진정으로 보편적인 것이지 불교에 전적으로 국한된 것은 아니다. … **마음, 정서, 괴로움과 그 잠재적인 방출의 성질에 대한 정합적이고 현상적인 서술**… 마음챙김… 주의에 관한 것 또한 필연적으로 보편적이다. 그것에 대해 특별히 불교적인 것은 없다.(강조 부가, p.145) … 그것은 인간의 고유 능력이다. … 그것은 불교 전통 내에서 가장 명확하고 체계적으로 표현되고 발전되었다. … 비록 그 본질이 다른 고대와 현대의 중심에 있지만… 가르침도(p.146)… [MBSR]은 불교의 원천에서 자유로워질 필요가 있었다. … 그 목적은 불교를 가르치고자 하는 것이 아니라… 새로운… 방법으로… 실험하는 것이다. … 동시에

프로그램은 보편적인 다르마 차원에… 충실하게… 남을 필요가 있고 이것은 마음챙김의… 아주 중요한 핵심이다. 임무는… 명상적 내용과 맥락에서 다르마를 손상시키지 않고… 참여자의 삶 속에 옮겨놓는 것이다. … 이렇게 하기 위해서는 불교 수행 센터 또는… MBSR의 전문적인 훈련 프로그램의 명상 훈련에 개인적으로 참여하여 그 차원을 이해하는 것이 필요하다.(p.149)

우리는 다르마가 어떤 "보편적 합법성"으로 희석되어 있다는 인상을 받게 되어 당혹스럽다. 불교심리학은 성의 없는 태도로 인정받고 있다. 사실 다음 논문에서 데이빗슨(Davidson)과 카밧-진(Kabat-Zinn, 2004, pp.150~152)은 다음과 같이 말하면서 불교심리학을 완전히 일축했다. 즉 마음챙김은 순간순간 비판단적 자각을 하는 것으로 정의되면서 "불교심리학"을 언급하지 않는다. 그것은 "자아와 자아-관련성의 통찰과 이해의 함양"을 목표로 일상의 모든 활동에 걸쳐" 실행되고…, "개방된 현존의 함양이 특별히 불교와는 아무런 관계를 (갖지) 않는 "더 큰 인식, 자기-지식, 평정 및 자기-연민"을 위한 동형 번역이다." 이런 주제를 재차 다루면서 카밧-진(Kabat-Zinn, 2009, pp.xxviii-xxix)은 자신이 사용하는 마음챙김 개념을 다음과 같이 고안하여 위의 내용을 애매하게 만들고 있다.

마음챙김의 개념은 팔정도를… 그리고 다르마 그 자체를… 포괄하는 포괄적 용어이다. 우리는 마음챙김의 사용을 가장 협소한 기술적 의미로 제한하지 않는다. … 나는 조작적 정의를 제안한다.

… [이는] 마음챙김의 전면적인 차원과 영향을 갖게 된다. … 이렇게 하면 암시적이고 계속된 조사에 사용할 수 있다. … **마음챙김**이라는 단어는 다르마의 다른 필수 측면을 포함하는 포괄적이지만 암묵적인 포괄적 용어로서 이중 의무를 수행한다. [선택]은 냐나뽀니까 테라(Nyanaponika Thera)가 **불교 명상의 핵심**이라고 언급한 것을 의학의 주류로 도입하는 것을 용이하게 하고… 또 불교식 표현과 어휘보다 더 전적으로 보편적인 보다 광범한 분야로 진입하면서 촉진시키는 잠재적인 숙련된 수단으로 만들었다. … [붓다]의 포괄적이고 비-이중적 공식화는 나 자신의 명상 수행과 다르마의 직접적 체험을 신뢰하고 행동할 수 있는 타당성과 허락을 모두 제공했다. … 설사 이것이… 불교심리학을… 호도하고 있다고 하더라도… 나중에 차별화되고 명확히 될 것이라고 생각한다. 한번은….

이 정당화에 의심의 여지를 주기 위해서는 카밧-진(Kabat-Zinn)이 결코 불교심리학을 무시하지 않았다는 것을 믿을 필요가 있다. 이런 **사후** 합리화가 받아들여질 수 있다면, MBSR 및 다른 "아류 불교" 접근 방식에 대해 우려를 표명하는 불교적 배경을 가진 불만을 품은 심리학자는 안도감을 느낄 수밖에 없을 것이다.[5] 의심할 여지없이 카밧-진은 마음챙김에 대한 학문적 관심을 이끌어낸 공로를 인정받았다.

---

5 예컨대 제2회 아시아 CBT 학회, Bangkok, 2008.

마치며

여기서 개관한 불교심리학은 다양한 추상화 수준에서 몇 가지 새로운
관점을 제시한다. 우선 우리가 업 변환이라고 부르는 임상 치료는
거겐(Gergen, 2009)이 창안한 사회구성주의의 메타-심리학적 관점을
수용한다. 이 이론에 따르면 우리가 생각할 수 있는 모든 것은 언어에
내장되어 있고 대인 관계적으로 창출된 것이다. 우리는 모두 대화와
대화를 통해 의미를 만드는 일에 몰두하고 있다. 의미는 주어진 것이
아니라 담론과 협상의 공동체적 행위이다. 따라서 협동적 행위와
성찰적 의도에 참여하고 우리 활동의 관계적 원천과 영향을 인식하는
것은 연관되어 있다. 우리는 코르집스키(Korzybski)가 말한 "존재하는
것은 연관되어 있는 것"이라는 관점을 지지한다. 거겐(Gergen)의 "나
는 연결되어 있으므로 존재한다."는 것에 부가하여 "행동하는 것은
상호작용하는 것이다."와 "존재한다는 것은 상호-존재하는 것을 포함
한다."고 말한다. 이것은 치료와 코칭에서 함께 의미를 만들고 수행하
는 정해진 작업을 수행하려는 참가자의 동기를 향상시킬 공동 회의
지점을 찾는 것이 필요하다는 것을 의미한다. 사회구성주의 입장을
지지하는 것 그 자체가 심리학의 기존 모델을 동의하지 않는다는
의미는 아니다. 어떤 모델도 배제되지 않는다. 특정 모델은 공유된
언어 게임의 배후에 서있는 특정 심리학자 공동체의 목소리로 간주된
다. 따라서 정신분석자들은 인지 행동 치료자가 사용하는 상투어와는
다른 전문용어를 사용하여 서로 의사소통한다. 사회구성주의 입장은
심리학을 여러 사람의 목소리가 섞여 있는 노력의 산물로 인식하며,

따라서 어떤 모델이 다른 모델보다 더 우수하다는 전제에 동의하지 않는다. 마음의 모델은 기껏해야 특정 지역 사회에서만 유효한 실재 또는 진실에 대한 이야기이거나 은유에 불과하다. 한 모델이 다른 모델보다 더 영향력이 있을 수 있지만 어떤 모델이 보편적이라고 말할 수는 없다. 우리가 선택한 모델은 불교의 마음 모델과 일치하는 S-O-R 모델이다. 사회구성주의 이론이 불교심리학에 의미와 행동의 메타 이론 및 대인관계 관점을 제공하며, 추상화의 다음 수준은 변화의 평가와 전략에 관련되는 경우 거시 분석 수준에 있는 업 변환의 도구를 참조하고 변경 기술의 미세한 적용과 관련될 때는 미시 분석 수준에서 변화의 순간순간 기법에 관여한다. 거시-분석 차원에서 환자의 상태를 평가하는 것은 의미가 있으며, 이것은 5주기의 템플릿으로 구성된 "업 기능 분석"이라는 청사진 구조의 도움으로 수행된다. 제시하는 내담자에게 다섯 가지 주기가 모두 적용되는 경우 강조해야 할 사항에 대한 전망을 여는 협상된 전략적 행동 계획을 개발하고 사용한다. 대부분의 환자는 세밀한 거시분석이 필요하지 않다. 인식 제고를 포함한 다양한 기법을 제공하는 REBT 같은 인지 행동 치료로 충분할 수 있다. 그러나 업 변환의 주요 목표와 관심은 이타심과 상호 연관성의 이해를 함축하는 연기의 깨달음이다. 이 수행에는 불교의 **생활 방식**을 획득하는 치료와 **12가지 명상**이 포함될 수 있다. 명상의 핵심 수행은 마음챙김이다.

불교학자는 마음챙김을 정의하는 방식에 대해 만장일치로 동의하지는 않지만 마음챙김이 다르마와 불가분의 관계에 있다는 데는 만장일치로 동의한다. 이것은 MBSR 치료자가 주장하듯, 마음챙김을 보편적인 인간 능력으로 간주하는 서구적 관점과는 날카로운 대립을 이룬다. 틀린 것은 아니지만 마음챙김의 이점은, 예를 들어 자신의 신에 대한 종교적 믿음을 심화하는 것을 포함하여 깨달음 이외의 다른 목적에 사용할 수 있다. 그러나 다르마는 무신론적 체계이기 때문에 마음챙김은 수행자가 불교의 가르침도 포함해야 하는 결과를 의미하는 양날의 검이다. 오랜 전통에서 분리된 마음챙김만을 사용하는 것은 몰수나 도둑질 또는 둘 다의 행위로 비쳐진다. 다르마에 내장된 전체론적 마음챙김은 마음챙김을 하나의 알약의 상태로 환원하는 것을 거부한다. 우리는 마음챙김의 사용이 불교심리학과 동반되는 것이 바람직하다고 제안한다. 이것은 내담자를 불교 신도로 만들고자 하는 것이 아니라 온전히 정직하게 되자는 것이고, 마음챙김의 불교적 기원에 애매한 태도를 취하지 않으려는 것이다.

부록 1. 업 기능 분석의 청사진

Cycle I: SI/CA: 대인관계 치료와 함께하는 인지 중재 모델

Cycle II: BSD.A: 내적 부정적 결과 또는 장기간 일차 소득

Cycle III: BI.SA: 외적 부정적 결과 또는 장기간 이차 소득

Cycle IV: BSI/CA: 내적 긍정적 결과 또는 단기간 일차 소득

Cycle V: BI.SA: 외적 긍정적 결과 또는 단기간 이차 소득

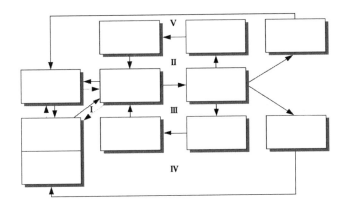

부록 2. CBT 증거기반 기법의 개요

1 분노 표현 Anger expression

2 반反-미래 쇼크 이미지 요법 Anti-future shock imagery

3 불안 조절 훈련 Anxiety management training

4 연관 이미지 요법 Associated imagery

5 혐오 이미지 요법 Aversive imagery

6 행동 리허설 Behavioural rehearsal

7 자서전 치료법 Bibliotherapy

8 바이오피드백 Biofeedback

9 소통 훈련 Communication training

10 연관 계약 Contingency contracting

11 잘못된 개념의 수정 Correcting misconceptions

12 엘리스(Ellis)의 ABCDE 논쟁 패러다임 disputation paradigm

13 감정 동일화 Feeling identification

14 주의 집중 Focusing

15 우정 훈련 Friendship training

16 목표-리허설 또는 대처 이미지 요법 Goal-rehearsal or coping imagery

17 단계적 성적 접근법 Graded sexual approaches

18 애도 치료 Grief therapy

19 최면 Hypnosis

20 명상 Meditation

21 모델링 Modelling

22 비-강화 Non-reinforcement

23 역설 전략 Paradoxical strategies

24 긍정 이미지 요법 Positive imagery

25 긍정 강화 Positive reinforcement

26 문제 해결 Problem-solving

27 녹음과 자기-모니터링 Recording & self-monitoring

28 이완/자율이완 훈련 Relaxation/Autogenic training

29 자기-지도 훈련 Self-instruction training

30 감각 집중 훈련 Sensate focus training

31 사회 기술 및 주장 훈련 Social skills & assertiveness training

32 자극 조절 Stimulus control

33 체계적 노출 Systematic exposure

34 빈 의자 기법 The empty chair

35 계단 상승 기법 The step-up technique

36 역치 훈련 Threshold training

37 시간제한 상호소통 Time limited intercommunications

38 시간 예측, 전향적 또는 후향적 Time projection, forward or backward

39 사고 봉쇄 Thought blocking

40 추적 Tracking

22장 자아 없이 명상하기

제임스 오스틴(James H. Austin)

> 비판적 검토에 가장 잘 부합하는 이론은 가장 오랜 기간 동안
> 의문의 여지가 없는 이론이다.
>
> −알프레드 노스 화이트헤드
> (Alfred North Whitehead, 1861∼1947)

서론

단세포 아메바조차도 자신과 주위 환경을 구별한다. 신경생물학은
이러한 근본적인 자아/타자 구별을 반영한다. 우리의 뇌는 우리 앞에
있는 사건에 매우 세심한 주의를 기울이도록 회로화되어 있다. 어떻게
손가락을 다치지 않고 정확하게 못의 정수리에 망치를 휘둘러 내리칠
수 있을까? 이것은 자발적인 집중 과정의 "하향식" 형태이다. 이것은
하늘의 새소리를 듣고 어떤 새가 울고 있는지 자동적으로 올려다보는
것과는 다르다.

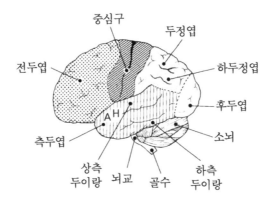

그림 1. 뇌의 좌측면을 보여주는 주요한 해부학적 장소에 대한 간단한 도식
좌측에 불룩 튀어나와 있는 표면이 **전두엽**이다. 그 바로 뒤에 있는 부위가 일차
운동 피질, 그다음이 중심구中心溝이고 그 뒤에 있는 부위가 일차 체성감각 피질이
다. **측두엽** 중 가장 위에 있는 작은 부위가 상두정소엽上頭頂小葉이다. 두정간구(頭頂
間溝: 마루 속 고랑)는 작은 상두정소엽과 그 아래의 보다 큰 하두정소엽을 분할하는
경계이다. **후두엽**은 맨 우측에 있다. 긴 측두엽이 거기서 앞으로 뻗어 있다. 문자
A와 H는 더 안쪽 깊숙이 위치하고 있는 편도체(amygdala)와 해마(hippocampus)를
가리킨다. 둘 다 측두엽의 안쪽(내측)에 자리잡고 있다. 대뇌반구 아래 **소뇌**
(cerebellum)와 **뇌간**(brainstem)이 있다. 척수는 연수에서 시작하여 아래로 쭉 뻗어
있다.

어떻게 못의 정수리를 제대로 내려치게 되는가? 하부 시각 영역의
시각 정보는 먼저 후두엽 상부를 통해 뻗어 나온다.(그림 1 참조)
그런 다음 이러한 시각 메시지는 **두정엽**을 통해 그 속도를 높이고
그 다음 전두엽 영역으로 전달된다. 이런 회로의 기능은 행동-지향적
이다. 그것들의 매트릭스(지표)는 **자아**(Self)[1]의 신체 중심축 근처에서

---

1 자아의 작동은 많은 문제를 야기할 수 있다는 것을 단순히 표시하기 위해 전체적으

발생하는 사태와 관련된 명령을 실행하는 데 도움이 된다. 이것들은 실제적이고 **자아** 중심적(egocentric)이며 자아-연관적인 역할을 한다.

멀리 있는 정보를 처리할 때는 매우 다른 경로가 작동한다. 하늘에서 오는 정보가 이 상부시야로 들어오면 먼저 후두엽 **하부**를 통해 뻗어나간다. 그 후 이 메시지는 **측두엽**을 통해 **아래로** 연결되어 **하부** 전두 영역으로 들어간다. 이런 하부 경로를 통한 시각 기능들로 인해 "저기 외부에" 멀리 있는 대상을 파악하고 이런 대상이 무엇을 **의미하는지** 해석하게 된다. 이러한 **대상** 관계적 기능(other-relational functions)에 대한 또 다른 용어는 대상 중심(allo-centric)이다. 그것은 또한 '다른'을 의미하는 희랍어 allo에서 유래되었다.

〈그림 2〉는 그 차이를 그림으로 보여준다. 더 **배측**背側 **자아-중심적** 경로(E)의 상부 경로가 먼저 **두정엽**을 통해 아치형을 이루면서 올라가는 방식에 주목하라. 이 두정엽 경로는 "**나와 관련하여 그것은 어디에 있는가?**"라는 특정한 개인적 질문에 답하도록 설계되었다. 우리의 체성 감각 및 연합 피질로 들어가는 이런 상향 궤적은 구체적인 사물을 조작하려는 우리의 즉각적인 욕구를 어떻게 충족시킬 수 있는가? 그것은 우리의 **접촉 감각**과 **고유 수용성 감각**이라는 두 가지 두정엽 자산을 이용한다. 독자들은 고유 수용성 감각의 의미와 다른 전문용어의 의미에 대해 이 장 끝에 있는 간략한 용어집을 참고하길 바란다.

로 대문자를 사용하였다

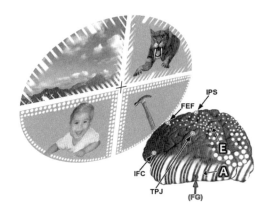

그림 2. 주의 과정 처리의 효용성에서 나타난 주요 차이점

이 그림은 배측 자아 중심적, 하향식 신경망과 복측 대상 중심적, 상향식 회로의
신경망을 대비한다. 관찰자의 위치는 좌측 반구의 뒤에 있다. 뇌는 (가상) 항목이
비율로 표시되지 않는 좌측 사분면의 풍경을 올려다보고 있는 것으로 표시된다.
위에서부터 시작해 보면 "하향식" 시각 집중을 위한 두 개의 주요한 배측 모듈은
두정간구(IPS)와 전두안구영역〔frontal eye field(FEF)〕이다. 이것은 후속 감각 처리과
정과 목표-지향적인 실행을 하기 위한 즉각적이고 예리한 선봉장의 역할을 한다.
상부 두정 → 전두 자아 중심적 (E) 회로의 중첩된 상향 궤적은 차례로 개별 모듈을
지나간다. 그림에서는 하얀 점들의 궁륵으로 표시되고 있다. 아기(왼쪽)와 망치(오른
쪽)가 포함된 **하부** 시각 사분면도 유사한 흰색 원의 행으로 둘러싸인 이유는
무엇인가? 왜냐하면 이 등쪽 주의 시스템은 우리 몸 **가까이**에 있는 중요한 물건이
하부 시각 영역에 있을 때 조심스럽게 다루는 방식에 더 효율적으로 주의를 기울이기
때문이다. 이와는 대조적으로 피질 집중을 위한 두 가지 다른 모듈은 더 아래쪽에
위치한다. 이것은 측두-두정 접합(temporo-parietal junction (TPJ))과 전두하피질
(inferior frontal cortex (IFC))이다. 이것은 무의식적으로 "상향식" 주의집중을 하는
동안-주로 **뇌의 우측**에서 활성화된다. 대각선 흰색 선의 아래쪽 밴드는 이 복부
주의 시스템에서 하부 모듈의 집중 기능이 측두와 전두 하부 영역에 있는 대상
중심 처리과정(A)의 선봉에 서 있다는 것을 시사한다. **상부** 시각 사분면에도 유사한
흰색 대각선이 표시되는 이유는 무엇인가? 여기에서 그 목적은 **복측** 측두, 전두
시스템이 전역적으로 각성되어 있을 때 가장 효율적으로 감지할 수 있다는 데

있다. 이것은 저 멀리 있는 자극이 시각(및 청각) 영역의 **상부**로 들어올 때 그 대상을 자동적으로 식별할 태세를 유지한다. 잠재적 포식자의 바스락거리는 소리를 신속하게 감지하고 그것이 자신의 몸에서 **상대적으로 멀리** 있을 때 날카로운 이빨을 가진 호랑이라고 파악하는 생존의 이점에 주목하자. 괄호 안의 FG는 V4 신경세포가 복잡한 시각 연합을 생성하는 데 도움이 되는 측두엽 피질 하부에 숨겨진 좌측 방추상회(fusiform gyrus)를 가리킨다.

하부 피질 회로의 경로가 취하는 서로 다른 함의에 주목하라. 복측, 대상 중심 경로(A)에 있는 것들은 측두엽을 통해 흐르기 전에 먼저 하향 경로를 취한다. 우리의 패턴-인식 기능은 이 하부 경로를 따라 나타난다. 이런 정교한 연합 이것은 무엇인가? 라는 다른 질문에 답해야 한다. 이것들은 시각과 청각과 같은 다양한 특수 감각에 의존한다. 우리가 보고 듣는 것은 멀리 있는 대상에서 들어오는 다른 많은 자극을 구별하는 데 도움이 된다. 종종 우리의 손이 닿지 않는 곳에 있는 이러한 대상은 아직 만질 수 없다.

기능해부학에서 이러한 배측/복측 차이는 기본적이지만 그 결과는 우리의 일상생활에서 매우 중요하다. 이것들은 우리가 주의를 어떻게 효과적으로 배치할 것인가를 결정한다. 어두운 밤에 어떻게 집 열쇠를 그 구멍에 꽂을 수 있는가? 우리는 신호등이 갑자기 노란불에서 빨간불로 바뀐 것을 깨닫기 위해 제시간에 바로 올려다볼 수 있는가? 더욱이 우리가 명상할 때 그 두 가지 기저 생리학이 다음과 같은 것을 결정하는 데 도움이 될 것이다. 즉 우리는 항상 **자아**-참조적인 방식으로 뇌의 경로를 계속 훈련시킬 것인가? 아니면 궁극적으로 더 무아적이고 **대상**-참조적인 방식으로 의식 영역을 개방하도록 허용할 것인가?

명상의 두 가지 상호보완적인 범주

좌선을 시작하는 표준적인 방법은 먼저 아래를 내려다본 다음 다소
노력을 기울이면서 다음과 같은 것을 시도하는 것이다. 즉 (a) 한
점에 초점을 맞추면서 시각적 집중을 유지하는 것과 (b) 자기 호흡이
나 신체 일부와 연관된 움직임의 들고 나는 것에 지속해서 초점을
기울이면서 앉아 있는 것이다. 이런 예들은 **집중** 명상(concentrative
meditation)이 어떻게 시작하는가를 시사한다. 우리는 여전히 중심적
작동자(central agency)이다. 우리의 과제는 "집중을 기울이는 것"이다.
집중을 하는 동안 의도적이고 마음을 기울이는 하향식 집중 처리
과정이 일어난다. 이런 **자발적인** 명상은 어떤 것이든 본질적으로
자아-참조적이다. 더욱이 의도적으로 초점을 강화하고 예리하게
할 때마다 다른 모든 대상은 배제하고 단지 하나의 작은 영역에만
집중한다는 것을 의미한다.(표 1 참조)

표 1. 명상의 집중 기법

집중 명상	수용적 명상
더 노력하고 지속적인 관심, 전적으로 집중되고 배타적임	더 노력하지 않고 지속적인 관심, 집중 되지 않고 배타적이지 않음
더 의도적이고 한 곳에 집중하는 마음 챙김	보다 개방적이고 보편적이고 순수한 집중

의지적인(*voluntary*) 하향식 처리과정 필요	비의지적인(*involuntary*) 상향식 처리 과정 표현
더 자아참조적인	더 대상참조적인
몰입으로 나아갈 수 있다	직관적이고, 통찰적인 것으로 나아갈 수 있다.
"집중함" 선택하기	순수하고, 선택 없는 마음챙김

명상의 **수용** 양태는 더 미묘하다. 그것들은 왜 그렇게 평가하기가 어려운가? 부분적으로는 이것들이 갖는 기저 생리학이 **덜** 협소하게 집중되고 **더 적은** 노력을 기울이는 데서 시작하지만 의식하지 못하는 잠재의식 자원을 건드리기 때문이다. 그리하여 수용 기법은 점차 보편적 유형의 순수 인식으로 열려나가게 된다. 이것은 무의식적으로 우리의 다양한 상향식 주의 처리 과정을 표현한다.[2] 이것은 내적으로 포괄적이고 **대상**-참조적이다. 더구나 이것이 갖는 직관의 속도는 상당히 느리기 때문에 그 미묘함을 인식하기 어렵다.

처음부터 문제를 명확하게 해 보자. 즉 명상의 두 가지 스타일이 갖는 개별적인 자산과 부채는 음양과 같이 상호보완적이다. 집중 기법은 주의 집중하여 초점을 맞추고 명료한 지각의 흔들리지 않는 명석함을 유지하는 능력을 강화하는 데 절대적으로 근본적이다. 그

---

2 주의 처리라는 두 단어가 놓인 순서를 보면 먼저 주의가 나온다는 것을 알게 된다. 개별적인 날카롭고 현저한 관심 지점은 그 대상을 꿰뚫고 후속 처리 과정을 동원하고 집중하는 데 도움을 준다. 더욱이 전前-주의 기능 또한 반복 과정이 사태를 의식적으로 지각하기 수 밀리 초 전에 사전事前-인지 처리과정을 촉진한다.

후 당신이 집중 명상 기법을 강화함에 따라 일부 사람은 피상적인 몰입 상태로 들어갈 수 있을 것이다.

수용적 명상 기법은 직관적이고 통찰력 있는 의식 모드로 전환하기 위해 더 미세한 잠재력을 사용한다. 훨씬 후에, 예측할 수 없이, 그것들은 무아 통찰 지혜라는 희귀하고 전환적 순간으로 열릴 수 있다.

통찰-지혜의 무아적 상태: 작업이설

선에서 이후에 일어나는 깨달음의 상태를 **견성** 또는 **사토리**(satori)라고 부른다. 이것은 특별한 종류의 더 발전된 "일어남"이다. 엄격한 선의 기준에서 이것은 평범한 "태동", 짧은 "발현", 또는 얕은 몰입과 혼동되지 않아야 한다고 주장한다. 진전된 어떤 깨달음은 자발적으로 발전하는 듯이 보인다. 다른 어떤 깨달음 상태에서는 촉발 자극에 즉각적으로 반응하여 일어나기도 한다. 언제? 정신적, 신체적 자아의 모든 마지막 흔적이 사라지는 그런 결정적인 순간에만 일어난다.(Austin, 1998, 2000, 2006) 이런 진전된 상태는 아주 깊은 피질하부 영역 수준에서 의식의 기본적인 전환을 나타내는 것으로 보인다. 어떤 종류의 전환인가? 이중의 능력을 가진 전환만이 일어날 수 있다. 즉,

- 주의와 지각을 **전면적인 대상 중심 처리과정**으로 전환한다.
- 동시에 **자아 중심적 처리과정**을 **제거한다.**(Austin, 2008,

pp.211~230)

이런 점을 염두에 두고 수용적 명상의 개방된 양식에는 어떤 종류의 훈련이 내포되어 있는지 고려하라. 사실 이런 기법은 집중 명상 중에 획득한 그런 집중 기술의 기초 위에 구축된다.(표 1) 그렇지만 이것들의 일반적인 접근 방식은 **내려놓기**이다. 이런 내려놓기는 **전반적 주의 능력**을 동원하기 위함이다. 내려놓기는 뇌가 **외부 세상, 저기 밖에 있는 것의 의미를 직관할 수 있도록 열어준다.** 〈그림 2〉의 장면은 이런 보다 멀리 있는 환경이 대개 신체적 자아의 즉각적 파악 너머에 있는 경향을 계속 강조한다. 또한 우리는 이런 의식의 대상 중심적 차원에 들어갈 수 있기 전에 **나 - 나를 - 나의 것**(I-Me-Mine)의 침습적이고 정서적 층과 함께하는 심적 자아를 내려놓을 필요가 있다.

이 마지막 두 문장의 단어는 기능해부학으로 어떻게 번역되는가? 신체적 자아의 파지를 넘어서라는 것은 우리의 통상적인 '자아-중심적인 후두엽? 두정엽? 전두엽 회로를 넘어서'라는 것을 의미한다. '심적 자아의 범위를 넘어서?'라는 이것이 의미하는 바는 우리가 유아기부터 자아라는 개인적인 허구에 쏟은 엄청난 투자를 넘어서야 한다는 뜻이다. 수십 년 동안 우리는 셀 수 없이 많은 일기에 우리의 과잉 조건화된 희망과 공포를 표현해 왔다. 이런 자아 참조적 서사는 아직 논의하지 않은 일부 **내측** 전두-두정 영역에 주로 나타난다. 이런 내측 피질 회로들은 두 대뇌반구 **사이**에 깊이 묻혀 있다. 〈그림 2〉는 이러한 내측 자아-중심적 회로가 아닌 뇌의 표면을 보여준다.

따라서 우리는 다음 질문에 답하기 위해 더 깊이 탐색해야 한다.

- 이 모든 내측 자아 애착이 어떻게 떨어져서 자아의 베일이 더 이상 대상-중심적 처리 과정을 가리지 않을 수 있는가?
- 그러한 자아-중심적 기능 이상이 중지된다면, 대상 중심적 처리 과정의 이 자유로운 흐름은 어떻게 경험에 들어갈 수 있는가?

우리의 신체적, 정신적 자아에 의해 부과된 제약을 넘어서는 경험 상태로 들어가는 시상(視上, thalamus)의 관문

이러한 질문에 대한 일부 답변은 정상적인 뇌의 깊은 곳에서 시작된다. 여기 시상에는 주요 핵의 2층 체계가 있다. 시상의 이러한 배측 및 복측 핵은 해당 피질에서 각각의 배측 및 복측 파트너와 핵심적인 상호작용을 하는 출입구들이다.(Austin, 2009,[3] 2010, pp.79~121) 배측 수준의 핵이 자아-중심적으로 조직되어 있음이 밝혀졌다. 무엇이 그것들의 통합적 역할을 그렇게 자아 중심적으로 만드는가? 그것은 상층에 있는 해당 핵의 상부에 다음과 같은 것이 있기 때문이다.

- **배측 시상침**(시상베개, The dorsal pulvinar), 전체 시상에서 가장 큰 핵이다. 이것은 주요한 연합 핵으로서 지각적인 역할을 한다. 밀리 초 단위로 시상침은 뇌 후방에서 피질 모자이크를 왕래하는 수많은 메시지들 중에서 적절하게 특출한 것을 잡아내

---

3 색상판 그림 4는 시상의 특정 부분과 해당 피질사이의 이러한 긴밀한 상호작용을 보여준다.

는 역할을 한다. 그것은 이러한 조용한 자아 표상 기능의 역할을 하는 보다 작은 통로를 갖고 있다.

• **측면 후핵**(The lateral posterior nucleus). 이 핵은 두정엽 피질의 가장 배측 부위인, 상두정 소엽과 상호작용한다. 이 상두정 소엽은 체성감각 연합의 주요한 피질 닻으로 작용한다. 이러한 시상-피질 상호작용은 지속적인 신체적 자아 감각을 창출하는 데 도움이 된다. 이 핵은 배측 시상의 더 앞쪽에 위치한다.

• **세 가지 변연계 핵들(외배측, 내배측, 전측)**(The three limbic nuclei, (lateral dorsal, medial dorsal, and anterior) 이런 변연계 핵들은 정서와 본능적 욕동과 연관된 편향된 메시지에 끊임없이 사로잡혀 있다. 변연계로부터 이러한 부하를 띤 공명을 수신하는 것을 보면 이런 변연계 핵들의 임무는 피질의 다른 특정 부분과 대화를 하는 것이라는 것을 알 수 있다. 그러면 해당 피질들이 **과잉** 자극을 받는 것을 발견하는 것은 놀라운 일이 아닐 것이다. 실제로 휴식 중에도 피질의 이런 부분은 과잉 활동을 보이는데, 이것은 PET 스캔과 기능성 MRI 스캔에서도 볼 수 있다. 또 앞 절에서 언급한 전두엽과 두정엽 피질의 커다란 **내측** 부분도 동일한 일이 일어나는 것을 발견하는 것도 그리 놀라운 일이 아니다. 이렇게 설계된 특정 영역들로 인해서 자아라는 지속적인 감각을 유지하게 된다. 더욱이 휴식시의 이러한 "핫 스팟"에는 두정 궁륭부의 바깥쪽에 위치한 각회(각회와 배측 시상침도 친밀한

대화를 공유함)도 포함된다.

간단히 말해서 현재 논의의 범위 내에서 복측 시상침은 대상 중심적 지각 기능을 한다고 말할 수 있다. 특히, 이런 세밀한 시각적 속성 중 많은 부분은 측두엽의 밑면에 있는 방추상회(그림 2의 FG)와 상호작용하는 방식으로 시작한다. 주의 과정의 회로는 측두엽의 나머지 부분을 통해 더 멀리까지 대상-참조적 과정을 지속한다. 이 페이지에서 독자들은 시상의 망상핵과 두 연합된 핵들의 복잡한 −그러나 핵심적인− 억제 활동을 알 필요는 없을 것이다. 다만 이것들의 강력한 억제 기능으로 인해 뇌는 시상의 이런 다섯 가지 **배측** 핵들을 **선택적으로** 억제할 수 있다는 점에 유의하라. 즉각적인 결과는 자신의 자아-중심적인 배측 네트워크들이 비활성화되는 것**이지만** 나머지 **복측** 경로를 통해 의식 경험으로 흘러들어가는 **대상 중심적 기능들은 여전히 작동하지 않는다.**

이러한 시상 억제 과정의 결과가 명상 중에 발생하는 것으로 볼 수 있는가? 앞표지(Austin, 1998)는 전체 칼라 PET 스캔이다. 이것은 명상이 실제로 그러한 눈에 보이는 변화를 일으킬 수 있음을 암시한다. 이완된 명상가는 두 시간 동안 명상을 하면서 생각을 내려놓고 순전히 복부 호흡의 움직임에 주의를 집중하고 있었다. PET 스캔에서 붉은색 정도의 차이는 그의 뇌에서 일어나는 대사 활동의 비대칭성을 드러낸다. 여기서 대상 중심적 주의 과정의 상향식 모드와 더 부합하는 차이점은 무엇인가? (1) 우뇌의 외측 피질 위가 상대적으로 활동의 정도가 더 크다는 점, (2) 좌우 내측 전전두 영역 모두에서 명백한 활동의 감소, (3) 우측 시상 활동의 감소가 그것이다. 더 자세한 내용은 오스틴(Austin, 2008, 2009, 2010)을 참조하기 바란다.

앞 절에서는 하부 후두엽 → 측두엽 → 전두엽 영역을 따라 흐르는 이 대상 중심적 경로가 시각적 자극이 상부 시각 영역에 들어갈 때 가장 효과적으로 처리되는 방법을 설명했다. 이러한 자극은 시선의 수평 위치보다 **높은** 고도에 도달한다.(그림 2) 우리의 시각적 수용력은 특히 자아의 축을 둘러싸고 있는 개인 공간영역 안에 있는 주변 항목이 아니라 더 멀리 있는 항목을 식별하고 평가하기 위해 이 상부 시각 영역에 주의를 기울인다. 더욱이 주로 그런 사전事前-주의와 주의 능력을 드러내는 것은 **우측 대뇌반구**의 하부 모듈(그림 2에서 볼 수 있는 TPJ와 IFC의 반대편에 있는 것)에 있을 것이다. 이 우측은 광범위한 네트워크 기능 및 주변의 다른 중심 기능과의 중첩 덕분에 이러한 상부 시각영역의 **양**쪽으로 들어오는 시각 자극에 신속하게 반응할 수 있다.

이런 연구 결과가 우리가 수행하는 명상 방법에 영향을 미치는가? 그렇다, 이것은 방대한 양의 공간으로 해석된다. 이 방대함은 생각 없는 수용적 명상 수행을 위해 개방되고 접근될 수 있다. 여러 상황을 고려해 보자. 이런 광대한 공간의 정도는 우리 앞의 시각적 공간뿐만 아니라 이마 바로 위의 공간을 포함할 수 있다. 그것의 정교한 청각 대응물은 청각에 조율된 더 넓은 공간영역에 맞추어져 있다. 우리는 이 한층 방대한 양 안에서 약한 청각적 자극이 우리 귀 뒤 먼 장소에서 들려오는 경우에도 희미한 외부 소리의 위치를 국소화局所化하고 식별한다. 우리는 시각적 및 청각적 자극을 레이블 형태로 좌측 단어 사고에 이름붙이기 훨씬 전에 밀리 초 단위로 해독한다.

선의 눈 및 선의 귀

일본에서 쇼도 하라다(Shodo Harada, 原田 正道) 선사는 오카야마의 쇼겐-지(Shōgen-ji, 承元寺)의 아주 존경받는 주지로 일하고 있다. 국제적으로 그는 '한 방울 선 협회(ONE DROP ZEN ASSOCIATION)'의 객원 주지이기도 하다. 이 장 전체에 걸쳐 그려지는 특징과 관련하여 그는 선 수행에서 우리의 독특한 감각인 청각과 시각이 왜 그렇게 중요한지 설명한다. "감각 특히 시각과 청각은 외부세계와 마음 활동 사이의 가장 기본적인 연결 고리를 제공한다. 이러한 개별적인 감각 입력을 좌선과 통합하는 방법을 배우지 않는 한, 우리 수행은 거의 쓸모가 없을 것이다."(Shodo Harada Roshi, 2000, p.56)[4]

코보리 난레이(Kobori Nanre, 小堀 南嶺, 1918~1992) 선사는 필자에게 교토의 선 수행을 소개했다. 첫 번째 일련의 가르침에서 그는 광대하게 둘러싼 공간을 암시하면서 다음과 같이 말하였다, "모든 우주를 들이마시고, 모든 것을 빠져나오게 하십시오."(Austin, 1998, p.65) 밀턴 문(Milton Moon, 1994, p.33과 p.36)이 후술하는 바와 같이 그는 일주일간의 교육 기간 동안 다음과 같이 초기 지침을 시작했다. "처음에는 가까운 곳에 있는 것이 아니라 약간 떨어져 있는 사물에

---

4 일반적인 설명과 집중 명상의 경로가 여러 단계를 거쳐 어떻게 명상 몰입의 일경성—境性으로 발전할 수 있는지에 대한 설명에 관해서는 '좌선에 대한 장'(pp.49~67)을 참조하길 바란다.

집중하는 것이 좋습니다. 아마도 당신이 앉아 있는 방의 반대편에 있을 것입니다." 그리고 마지막 날에는 수행자들의 기본적인 자기/타자 구분을 다음과 같은 방식으로 언급했다. 그는 수행자들에게 이런 소리를 상상하라고 권유했다. "당신의 이마 뒤에, 또는 당신의 뒤통수, 또는 당신의 왼쪽 관자놀이, 또는 왼쪽 귀, 또는 오른쪽 관자놀이나 오른쪽 귀에 접근할 수 있다. … 우리가 하는 일은 우리의 다른 의식과 자아의식을 학습하고 훈련시키는 것에 지나지 않는다."

고인이 된 현대의 선 스승 성옌(Sheng-yen, 성엄聖嚴)은 "고요한 비춤"이라고 부르는 명상 수행을 주창했다.(Sheng-yen, 2001, pp.139~158) 그것은 정신적 침묵을 장려하는 환경에서 스스로 급선무를 먼저 "내려놓고" 목표가 없어지는 단순화된 관행을 보여준다. 좌선을 하는 동안 정신적 침묵을 고무하는 것이다. 이 상태는 점차 그 자체로 "매우 직접적이고 예리하며 관통하는" 진전된 마음챙김 수준으로 발전한다. 그 과정에서 자아에 대한 어떤 개인적 생각도 환경에서 자아를 분리시켰던 이전의 장벽과 함께 떨어지는 경향이 있다.

성옌은 홍즈 경쥐에(Hongzi Zhengjue, 굉지정각宏智正覺, 1091~1157)에서 비롯된 수승한 수행 체험에 대한 몇 가지 은유적 설명을 했다. 이 송대 선사의 이미지 중 하나는 시원하고 상쾌한 가을 하늘의 이미지였다. 가을 하늘은 "이렇게 높고 이렇게 쾌청해서, 사람은 푸른 저 멀리 새들이 가볍게 날아가는 것을 볼 수 있다." 또 다른 이미지는 가을달이 하늘에서 이렇게 청명하게 빛나서 "대지의 모든 것이 그 청량하고 온화한 달빛으로 비추어진다."는 것이다.

이것은 명상할 때마다 아래로 계속 내려다보던 사람의 묘사가 아니다. 선사들은 더 이상 "원숭이 마음"의 산만한 익살에 종속되지 않는 무심無心 명상 스타일을 지적한다. 초기 단계에서 그러한 객관적 마음의 영역은 주위에서 들어올 수 있는 무엇이라도 아무 판단 없이 수용하기 위해 더 개방적이 된다. 나중 단계에서는 밝게 빛나는 통찰의 짧은 상태가 저절로 나타날 수 있다. 고요한 빛 기법은 마음속에 의도적인 목표를 염두에 두고 일부러 작업에 집중하기 위해 신체적 또는 정신적 자아라는 행위자를 촉발할 수 있는 집중 기법과는 뚜렷한 대조를 이룬다.

"족첸(sky gazing)"이라는 진전된 티베트 명상 기법

더 능숙한 티베트 명상가들은 "족첸" 수행법으로 명상하면서, 점차 안정적 형태의 수용적이고 강화된 "열린 현존" 인식을 배양하는 방법을 배운다. 이 복잡한 수행에는 위대한 미세함이 많다.(Lutz, Dunne, & Davidson, 2008[5]) 숙달된 명상가들은 열린 눈을 약간 위쪽으로 향하여 비어 있고 구름 없는 공간을 향하는 한편, 공간과 인식의 통일을 위해 열린 빈 마음을 유지하려고 노력한다. 족첸 전통에서 **릭빠**(rigpa) 라는 용어는 이 가장 깊은 경험 수준에서 구성되지 않은 공간에 대한 특정 "앎"을 의미한다. 모든 개념이 사라진 상태는 "공함과 인식의 합일"을 예시하는 것으로 간주된다.(Urgen, 1995[6])

---

5 이 장은 열린 수용성이라는 그런 수승한 세련미를 자발적, 담론적으로 함양하는 일에 능숙한 사람이라 할지라도 섬세한 문제임을 지적한다.

6 이 상태의 묵시적인 비-이원성은 선의 견성-사토리 상태와 일치한다. 족첸

의미론적 문제: 광활함; 모니터링

이 지점에서 시각적 성능의 스펙트럼과 관련된 서로 다른 다양한 조건을 구별하는 것이 중요해진다. "광활함"의 첫 번째 의미는 스스로 상상 속에서 의도적으로 스스로 창조한 것을 의미한다. 두 번째 사용법은 훨씬 더 진전된 수준과 광대한 정도를 나타낸다. "촉진(quickening)"과 이 두 번째 종류의 상태는 다소 자연스럽게 발생한다. 그 순간 수행자는 물리적 자아가 중심에 존재한다는 것을 전혀 느끼지 못하는 무한히 확장된 공간 속에서 해방감을 맛볼 수 있다. 몇 년이 지난 후에야 명상자들은 정신적 무아성의 더 높은 수준을 향한 긴 도정으로 나아가기 위해 "일 없는" 상태로 변하려는 내재적 역설을 어떻게 조화시킬 것인가를 알게 된다. (Austin, 1998, pp.495~499)

한편 은밀한 정신 상태로서 "광활함"이라는 용어는 때때로 특정한 짧은 열림, 즉 지속적 경험의 "갭(간극)"으로 해석되기도 한다. 시각적 관점이 바뀔 수 있도록 충분한 "내려놓기"가 일어나는 것은 이 몇 밀리 초 동안이다. 한 가지 예는 인공 2-D "큐브"라인의 한 세트에서 다른 버전으로 전환할 수 있도록 하는 지각 변화이다. (Arpaia & Rapgay, pp.88~109[7]) 다양한 종류와 정도의 넓이감을 배양하는 데 사용할

수행은 열린 마음을 유지하면서 눈이 텅 빈 구름 없는 공간으로 약간 위로 향하며 공간과 인식의 통일성을 깨닫는다. (pp.63-64) 이 수행에서는 실제 하늘을 "실시간으로" 응시하는 의미에서나, 또는 생생한 가상적 "재-심상화"에서 상상력을 훈련하고 참여하면서 하늘을 응시하는 기법을 활용한다는 것을 인식할 필요가 있다.

7 종이 위에 2-차원 '큐브'의 교차 선을 보면서 명백히 '3-차원'으로 보았던 첫

수 있는 그러한 "출입구(opening)"에 도달하기 위한 몇 가지 기법이 인용된다. 어떤 사람은 과거에 광대하고 열린 공간을 보았던 실제 에피소드를 재시각화하려는 의도적인 시도로 시작하기도 하는데, 이렇게 하는 동안 광활하고 개방된 공간을 보게 된다.

영어에서 "모니터링(monitoring)"이라는 단어는 어떤 능동적인 감독 기관을 의미하는 경향이 있다. 모니터링 기능은 중립적이지 않다. 그것들은 단순히 관찰하기 위해서가 아니라 경고하거나 훈계하기 위해 설정되었다. 그런 다음 그 작업은 이미 내린 특정 종류의 하향식 지능형 결정을 기반으로 능동적으로 식별하는 것이다.

이렇게 흔히 사용하는 이런 단어가 왜 혼란을 야기하는가? 그것은 우리가 오래전에 진화(우리를 대신하여 지능적으로 설계된)로 인해, 뇌간과 피질 하 신경망에 있는 다양한 회로에 주요 **상향식** 차별을 관리할 수 있는 고정 배선 기술을 부여받았다는 사실을 아직 인정하지 않기 때문이다. 이러한 은밀한 반사기능은 구(丘, collicular) → 시상침 → 편도의 경로로 온-라인상태로 유지된다. 불행하게도 그것들은 과잉 조건화될 수 있다.

무아 명상의 한 가지 전제는 분명하다. 즉 그런 무익하고 기능 장애가 있는 변연계 및 기타 하향식 주관들로부터 하위 네트워크를 해방하는 것이다. 그것들의 부정적 침투로부터 자유로워지면 내재적인 전-의식 식별력의 통로가 더 넓게 열릴 수 있다. 이로써 보다 더 객관적이고 긍정적이며 연민을 가지고 세상 안에서 "**있는 그대로**"

번째 행동에서 멀어질 때 그런 간극 이동이 일어나면서 3-차원 대신 원래의 2-차원을 보게 된다.

반응할 수 있게 된다.

비범한 의식 상태(예: 견성-사토리)를 유발하는 자연적인 야외 환경에서 발생하는 자극

수용적 명상은 일반적인 용어이다. 이 수행은 실내에서 방석에 조용히 앉아 있는 것에만 한정되지 않는다. 수용 기법은 일상생활의 모든 측면에서 알아차리면서 주의를 기울이는 행동에 개방적으로 참여할 수 있게 하는 다양한 수행을 통합한다. 4월 중순 지구의 날은 우리에게 야외로 나가 다시 깨어나는 자연 세계의 경이로움을 만끽하도록 일깨워 준다. 연구에 따르면 우리의 정상적인 생리 반응은 늘어져 있는 나무를 올려다볼 때, 특히 봄철의 밝은 녹색을 입은 나뭇잎일 때 차분해지는 것으로 나타난다.(Lohr, 2007) 중국과 일본에서는 보름달을 보기 위해 청명한 하늘을 올려다보는 10월 초의 상쾌한 밤에 달을 바라보는 집중 명상 수행을 한다고 한다.

당신이 조류 관찰자가 되어 다양하고 유연한 하향 및 상향 시선의 주의 집중 기술을 자동으로 동원한다고 가정해 보자. "조류 관찰자"들은 열린 수용력을 유지하고 먼 들판이나 숲에서 새들을 엿보거나 소리를 듣고자 정신을 바짝 차리고 새들의 선명한 이미지를 얻기 위해 쌍안경의 초점을 조정할 준비가 되어 있다. 명상가들은 야외에 있을 때마다 자연스럽게 다양한 범위의 더 넓고 실제적인 "하늘-쳐다보기" 수행을 행함으로써 문자 그대로 수평선 위로 "자기 시선을 높일" 수 있다. 선 명상가들과 관련된 몇몇 간단한 예들은 때때로 일어날 수 있는 "명징한 깨침" 사태의 종류를 잘 보여준다. 그들의 설명은 당대 자료를 바탕으로 하지만 수 세기 동안 기록된 유사한 관찰 내용을 확인시켜 준다. 시간이 지남에 따라 "각성(awakening)"과 "깨달음(enlightment)"이 세속 어휘에 들어오게 되면서 이 단어들은 종종 동의어로 사용되게 되었다.

- 견성상태가 시작되게 된 것은 바로 이런 선 수행자들이 우연히 먼 하늘을 올려다보았을 때였다.(Austin, 1998, pp.536~539)
- 다른 선 수행자는 최근 인상적인 의식 상태에 대해 설명했다. 이 에피소드는 거의 준準-신체적 투사로 시작되었다. 즉 "나는 하늘을 올려다보았고 그 경험은 거울을 보는 것과 같았다. … 마치 하늘이 제 눈을 가지고 있고 그것을 올려다보고 있는 나를 볼 수 있는 것 같은 신체적 감각이었다."(Austin, 2006, p.345)
- 창밖의 새소리는 세 번째 선 수행자에게 청각 자극으로 작용했다. 그것은 "공함"과 "하나 됨"이라는 특별한 감정 없는 상태를 촉발했다.(Austin, 2006, pp.354~355) 우연히 임제선 전통에서 익큐(Ikkyū 一休宗純, Ikkyū Sōjun, 1394~1481) 선사는 밤하늘에 머리 위로 날아가는 까마귀의 "까악까악" 하는 예기치 않은 소리를 들었을 때 홀연 깨달음을 얻었다.

자극을 유발하는 역할을 하는 시각적 또는 청각적 사건의 초기 실례

싯달타의 깨달음에 대한 전설은 또 다른 흥미로운 예를 제공한다. 그가 보리수 아래에서 밤새 명상한 후 동이 트기 전에 위를 올려다보며 지평선 위 하늘에 떠 있는 밝은 새벽별을 바라보았을 때 깨달음을 얻었다는 전설도 있다. 이것은 깨달음을 위한 싯달타의 6년 탐구의 절정이었고, 그가 붓다, 깨어난 자라고 부르는 종류의 인간적 존재로 변모하기 시작한 핵심적 순간이었다. 붓다는 말하자면 깨달은 자이다.(Austin, 2006, p.621) 고대 천문학자에게 이 빛나는 천체는 당시 동쪽 하늘에 낮게 걸려 있는 금성이었다. 그것은 그리스인들에게 "새벽의 전령사"로 알려진 방황하는 "별"과 동일했다.

시애틀 아시아 문화박물관에 있는 다색多色 조각상은 13세기 후반에서 14세기로 거슬러 올라가는 중국 작품이다. 의미심장하게도 제목은 "깨달음 순간의 승려"이다. 이 조각상은 자신의 시선을 시야의 **왼쪽** 위로 올려다보는 불교 승려를 묘사하고 있다.(Austin, 2009, p.116,[8] Mamassian & Goutcher, 2001)

최근 플로리다 대학의 헤일만(Heilman)이 이끄는 연구자들은 우리의 두 대뇌 반구가 일반적으로 다른 생리적 편향을 보인다는 추가적 증거를 보고했다. 이런 편향은 운동 능력을 테스트할 때 대뇌의 각

---

8 정상인들은 흥미롭게도 타고난 생리적 편향을 보인다. 이 시각적 편향은 확산된 광원이 외부 물체를 미묘하게 밝히는 것으로 추정하게끔 한다. 이 조명은 머리 위에서부터 뿐만 아니라 왼쪽으로 약 26도 떨어져 있는 위치에서도 발생하는 것으로 보인다.

측면이 주의를 기울이고 행동하는 방식에 영향을 미친다.(Drago, Foster, Webster 등, 2007) 정상적인 우측 대뇌반구는 이러한 편향된 민감성을 어떻게 나타내는가? 현재 논의하는 대상 중심이라는 주제와 연관시켜 보자. 그 생리적 편향으로 인해서 우측 반구는 시각적 대상이 (a) **좌측 위 시야**에 있을 때, 또한 (b) 피험자가 손을 뻗을 수 있는 범위로부터 **더 멀어질 때** 더 효율적으로 주의를 기울이고 수행할 수 있게 한다. 더욱이 일반 피험자는 연구원이 특정 작업을 수행해야 한다고 할 때만 그러한 편향을 드러내는 것이 아니다. 그들은 피험자가 2피트 정사각형 판자의 여러 구멍 중 원하는 곳에 무작위로 자유롭게 못을 박을 수 있을 때 **자동적으로** 이런 편향을 보였다. 피험자들은 자유롭게 할 수 있게 되었을 때 어떻게 못을 박았는가? 방향이 위쪽, 왼쪽으로 기울어지는 경향을 보였다.

시야의 위쪽 방향으로 들어오는 자극에 대한 몇 가지 기본적인 생리적 방향성을 보여주는 약간의 고대 유대-기독교 힌트로서 구약성서의 한 문장을 인용할 수 있다. 시편 121은 "나는 내게 도움을 주는 산을 향하여 눈을 들리라." 좀 더 최근의 표현은 비슷한 점을 분명하게 표현한다.(Richard, 2006, p.195[9]) 이 단어는 티베트 전통의 깨달은

9 이 경우 "해방"은 심적 자아(몰입 중에 일어나는 물리적 자아만이 아니라)가 부과한 모든 속박으로부터의 해방으로 해석될 수 있다. 견성-사토리 상태에 머무는 동안 보다 진전된 "중심 없는, 끝없는 자유"에 급속히 도달할 때, 그 완전한 심적 해방(해탈)은 정돈된 "심적 광활함"이라는 새로운 인상을 전달한다. 나중에 샤브카르(Shabkar)와 같은 참된 현자에게 나타나는 유사한 종류의 지속적인 정신적 자유가 예외적인 "진행 중인 깨달음의 특성 단계"와 연관된 몇 가지 특성 변화 중 한 가지 자질일 수 있다고 추측할 수 있다.(Austin이 언급한 바와

현자 샤브카르(1781~1851)로부터 유래했다.

> 나는 고개를 들어 위를 올려다보았다.
> 그리고 구름 한 점 없는 하늘을 보았다.
> 한계를 벗어난 절대 공간을 생각했고
> … 그리고 자유를 느꼈다.
> 중심도 없고 끝도 없다.

긍정적 영향력을 미칠 수 있는 보다 높은 천장

사람은 신체 외부의 공간을 뒤따르는 정신적 내용을 계속해서 재형성하는 방식으로 인식한다. 마이어스-레비(Meyers-Levy)와 주(Zhu)(2007)[10]는 164명의 라이스 대학 학생들이 천장이 높거나 낮은 방에 반응하는 방식을 연구했다. 보다 높은 천장은 (a) 자유와 연관된 생각, (b) 더 높은 수준의 추상적 관념화, (c) 이전에 자유롭게 회상할 때 본 항목을 회상하는 능력이 더 뛰어남(사전 단서가 주어진 후에만 회상된 기억과 반대되는)과 연관되었다.

같이, 1998, pp.637~641)

10 2007년 8월에 발표된 전자 논문판에는 p.13에 번호가 매겨져 있지 않다.

시선의 선택적 위치: 위 또는 아래

이후의 명상 안거(집중수행) 기간 동안 코보리(Kobori) 선사는 앞의 몇 피트 떨어진 바닥에 있는 무언가를 내려다보라는 표준 지침으로 시작할 수 있었다. 처음에는 천천히 부드럽게, 그 후 "진정으로, **진정으로**" "자신 밖의" 무언가에 초점을 유지하라는 것이다.(Moon, 1994, pp.82~83, 원문의 두 번째 "진정으로"에 강조 표시가 되어 있다) 다음 지시는 눈꺼풀을 반쯤 감은 다음 "눈 바로 위, 눈썹 사이로 집중하라"였다. 이러한 절차는 노력이 필요하지 않다. 그것은 "매우 단순하다. 당신이 하는 모든 일은 당신의 '마음의 현존', 당신의 '인식' 또는 당신의 '주의'를 **외부**에서 **내부**로 옮기는 것이다." … "그런 다음 이 이완된 자각이 아주 천천히 자기 내면으로 가라앉도록 하라. 자각을 미간의 위로 다시 가져온 다음 다시 가라앉게 하라." 외부와 내부 사이에 부드러운 주의 기울이기와 강한 주의 기울이기 간의 이러한 교대는 **유연한** 접근의 사용을 예시하여 수행자들이 실험에 개방된 상태를 유지하도록 고무하는 것이다.

정상인의 경우 위쪽 눈꺼풀이 돌출되어 위쪽 시야가 가려지지만, 아래쪽 눈이 위를 바라보는 자세는 현대의 달마대사 상에 잘 나타나 있다.(선 전통에서는 6세기에 살았던 달마를 중국 최초의 선의 조사로 여긴다.) 예술가는 뛰어난 기술로 12인치 나무 조각상을 조형했고 주목할 만한 위치에 검은 눈동자를 그려놓았다. 그 결과 선승의 눈이 45도 각도로 위를 향하고 있는 것으로 묘사된다. 거기서 두 눈은 (공동주시의) 평행 위치에 있지만 왼쪽으로 약간 편향되어 있다.[11]

자아로부터 멀어지기: 절하고 엎드리는 것의 효과

불교 수행은 절하기와 엎드리기라는 능동적인 행동에서도 체화된다. 자신의 머리를 움직이기 위한 유사한 의도적 운동 명령은 대상 중심적 준거틀로의 정신적 전환을 선호하는 것으로 밝혀졌다.(Austin, 2006, pp.201~203) 불행하게도 현재의 뇌 영상 기술은 머리와 몸의 이런 주요한 위치 변화를 측정할 수 없다. 그러나 뇌의 특정 신경 세포는 머리가 가리키는 방향에 매우 민감하다. 이 신경 세포는 변연계와 시상의 세 가지 변연 핵 중 두 가지 모두에 나타난다.(앞 절에서 바로 논의한 전측과 외측 배측 부위)(Austin, 2006, pp.172~174)

절하고 엎드리는 행동을 알아차리면서 주의를 기울일 때 상이한 생리적 수준에서 자아 감각을 감소시키는 일련의 비활성화 신경 회로를 작동시킨다고 보는 것이 타당하다.

해설

앞에서 논의한 내용은 앞으로 더 많은 논의를 자극할 것이다. 핵심은 더 넓은 범위의 보완적인 명상기법을 제안하고 어떤 명상이 경험적으

---

11 20세기 후반에 조각된 이 조각상에 관심 있는 독자는 picasa.google.com에서 "위를 바라보는 보리달마(Bodhidharma Looking Up)"라고 검색하면 찾을 수 있다. 그것도 작가의 소유물이다. 또한 통상적으로 작가는 달마를 위 눈꺼풀과 아래 눈꺼풀이 없는 것으로 묘사한다. 이렇게 되면 주위 제자들이 각도에 상관없이 달마대사의 하얀 공막을 볼 수 있게 된다.

로 유의미할 것인지에 대한 가능성을 제기하는 것이다. 어떤 것도 비교秘敎적인 것은 없다. 지향점은 인간의 뇌가 이미 잘 조율되어 있는 정상적인 기본 감수성과 세심한 처리 방식을 알아보는 것이다.

명상 전통은 이미 우리에게 혼란스러운 기술의 유산을 남겼다. 그것 중 대부분은 어느 정도의 **하향식** 주의가 필요한 기법과 관련된다. 이것들은 분명 고도의 실제적 응용성을 갖고 있다. 사실 우리는 이런 기법으로 인해서 매일 상대적으로 우리 자신의 몸과 가까운 곳에서 이루어지는 우리 몸과 개인적 목표를 돕는 많은 유용한 활동을 할 수 있게 된다. 따라서 그것들은 또한 우리가 하나 또는 다른 수준에서 침습적으로 자아-중심적이기도 하다는 것을 말해 준다.

그런 반면 모든 기법에는 트레이드오프(trade-off)가 함축되어 있다. 만약 어떤 사람이 집중 명상 기법을 적용하는 충분한 기술을 습득하면 주의와 열린 수용의 상향식 모드를 통해 **내려놓는** 방식을 배우는 데 유용하다. 대상-중심적인 과정은 명상이 성숙되어가는 도정의 후기 단계에서 더 유용할 수 있다. 그것들은 인식의 직관적 방식을 강화하고 태도를 재구성함으로써 보다 자비롭고 대상 중심적 생활 방식을 형성하는 데 도움이 된다. 보는 것과 듣는 것의 대안적 길을 여는 대상 중심적 접근 방식을 실험하면 습관적인 자아-중심적 애착을 해소하는 데 도움이 될 수 있다. 이와 관련하여 하라다-로시는 "항상 자신을 내려놓는 방법에 대해 창의적이고 혁신적으로 작업하십시오. … 우리는 자신을 내려놓고 세상을 있는 그대로 정확히 보아야 합니다."(Shodo Harada 선사, 2000, p.133)라고 조언한다.

그러나 하향식 주의의 기본 기술이 얼마나 중요한지 재강조함으로써 일반적으로 상향식 주의 과정(Austin, 1998, pp.278~281)으로 발생하는 "분출(pop-out)" 현상이 공간적 점화 신호를 사용하여 더 강화될 수 있음에 주목할 수 있다. 이런 신호는 또한 좌측 전두영역 상부에 있는 전두 시각 영역을 활성화하는 역할을 하는 공간 프라이밍 단서를 사용하여 더욱 향상될 수 있다.(O'Shea Muggleton, Cowey 등, 2007) 이 같은 논문은 장기 명상 프로그램이 어떻게 다양한 주의력을 점진적으로 훈련할 수 있는지 잘 설명하고 있다.

명상가들의 좌뇌에만 원숭이처럼 날뛰는 생각을 더 많이 하게 하는 최상위 멀티태스킹 프로그램을 추가하는 것은 역효과를 낳게 된다. 조용한 명상의 "무념" 스타일의 선 접근법은 과도한 청각적 언어로 힘든 뇌를 점차적으로 고요하게 해준다. 그렇지 않을 경우 이런 과도함은 **좌측** 측두 → 전두 네트워크를 지속적으로 불안하게 한다. 이렇게 고요함이 지속되면 그 결과 **우측의** 대상 중심적 직관 기능이 주도권을 잡게 하는 기회가 더 많이 생기게 된다.(Austin, 2009, pp.150~152)

이 작업가설은 실어증 환자 10명을 대상으로 한 예비 연구에서 지지를 받고 있다.(Etcoff, Ekman, Magee & Frank, 2000) 만성적인 좌측 뇌 손상은 언어를 이해하는 능력을 감퇴시켰다. 그들의 과제는 정서적 신호를 보이는 얼굴 비디오를 보면서 누가 거짓을 말하는지 구분하는 것이었다. 연구에 참여한 10명의 환자는 정상적인 사람(10명)이나 우측 손상을 받은 사람(10명)인 대조군보다 더 나은 의미 있는 결과를 보였다.

결론적으로, **이중적**이고 유연한 주의 훈련 프로그램이 적절한 듯이 보인다. 이중적 프로그램이 갖는 보완적 속성으로 인해서 우리의 뇌는 오래된 자아 참조적 습관을 버릴 수 있을 뿐만 아니라 잠재적으로 더 창의적인 의식의 대상 중심 모드로 열릴 수 있다.

그 동안 이런 명제가 갖는 실제적이고 발견적인 유용성이 무엇이든 간에 9세기에 언급된 논평으로 마무리하는 것이 적절해 보인다. 오래 전에 황벽(Huang-po, 황벽희운黃檗希運) 선사는 "완전한 이해는 오직 형언할 수 없는 신비를 통해서만 올 수 있다."라고 우리에게 일깨워 주었다.

용어 사전

편도체(amygdala): 본능적 공포에 일차적인 역할을 담당하는 변연계에 있는 핵심적인 핵.

각회(모 이랑, angular gyrus): 하측 측두엽 소엽의 가장 뒤에 있는 부위.

구(눈덕, collicular): 상부 뇌간의 상구(위 둔덕)와 하구(아래 둔덕)를 말한다. 이 부위는 시각과 청각 자극의 반사 반응을 생성한다.

뇌궁륭부(convexity): 휘어진 뇌의 외부 표면.

피질(겉질, cortex): 신경세포가 풍부한 뇌의 외부층.

배측기원(dorsaloriginally): 앞쪽 배가 아닌 뒤쪽 등을 의미하는 말로서 주로 배측이라고 표시한다. 뇌에서 배측은 종종 위쪽을 의미한다.

기능성 MRI(functional MRI, 기능성 자기 공명 영상장치): 순간적이고 국소적인 혈류 산소의 변화를 보여주는 신경 영상 기법이다. 이러한 변화는 국소적 뇌 부위가 간접적으로 활동하고 있다는 것을 의미한다.

외측(lateral): 외부 표면의 측면을 말한다.

변연계(limbic system): 정서, 동기, 기억, 본능적 욕동을 발생시키는 기능을 담당하는 상호작용 구조의 집합체이다. 이 시스템은 편도체. 해마. 시상하부, 격막핵 및 대상회로 이루어진다. 이것은 정신적 자아의 자산과 부담감을 형성한다.

내측(medial): 내부 표면의 내측, 정중선에 더 가까운 것을 말한다.

PET 스캔(scans): 양전자 방출 단층 촬영술(positron emission tomography)의 약자이다. 뇌의 다양한 영역에서 대사활동이 어떻게 다른지 보여주는 신경 영상 기법이다.

고유 수용 감각(proprioception): 근육, 관절, 힘줄에서 들어오는 미세한 감각들로 신체적 자아의 의식하 감각에 관여한다.

망상핵(reticular nucleus): 시상 ↔ 피질 전달을 억제하는 시상을 둘러싸고 있는 "뚜껑"이다.

시상(thalamus): 뇌 중심 깊숙이 있는 주요한 핵들의 모임이다. 우리의 모든
　　　감각(후각 제외)은 시상을 거쳐 피질로 올라간다.

복측(ventral): 원래 등이 아닌 배를 말한다. 뇌에서 복측은 종종 최하부를
　　　의미한다.

시야(visual fields): 외부세계에서 들어오는 시각적 자극에 주의를 기울이는
　　　영역을 말한다.(그림 2를 보라.)

V4 신경세포(V4 nerve cells): 시각연합피질에서 고도의 식별기능을 담당하는
　　　신경세포이다.

23장 관계 불교:
"인간 간 다중존재"와 불교의 사회적 행동

모리츠 키(Maurits G.T. Kwee)

서론

이 장에서는 "인본주의 불교"와 "참여불교"의 역사적 발전에서 시작하여 "관계 불교"의 기본 이론을 다룰 것이다. 지난 세기 후반에 개발되어 현재 **유행하는** 사회적 참여불교는 고통받는 공동체와 사회를 돕고자 하는 훌륭한 목표를 갖고 있다. 이런 사회참여는 더 많은 정치적 참여와 활동으로 이어졌지만 본질적으로 "진리"를 찾는 내용 차원에서는 다르마에 대한 혁명적 관점을 가져오지는 못했다. 미약한 실천력과 무관심을 극복하고자 하는 **브라흐마위하라**의 사회적 명상(자·비·희·사)은 항상 범-불교 구제론의 본질적인 부분이었다. 불교심리학과 사회구성주의 이론을 결합한 관계 불교는 개인의 기능이 관계에서 나온다고 본다. 관계가 개인에 선행한다고 보는 견해는 자아/비아

이분법과 자아-타자 이원론을 "인간 간 다중존재(Interhumane Multi-being)"로 이해하는 데 특히 유망해 보인다. 필자는 이런 초월적인 발전이 풍부한 불교문화 전통에서 비롯된 것이며, 미래를 위해 다양한 협력 사례를 지속적으로 적용함으로써 현실을 구성하는 다르마의 "비-실체적" 공성의 가르침이 활성화되기를 소망한다.

인본주의 불교의 배경

지난 세기 후반에서 오늘날까지 인본주의 불교(Humanistic Buddhism, HB)와 참여불교(Engaged Buddhism, EB)의 흐름이 많은 관심을 받아왔다. "인본주의"와 "참여"라는 용어는 불교계 내에서 사회운동을 가리키는 분리 가능하지만 중첩되는 개념을 반영한다. "운동"이라는 함축성 때문에 불교(Buddh-ism)라는 용어는 이러한 흐름을 인도하는 범-불교철학으로서 정당성을 인정받는다. 구루즈(Guruge, 2005)는 운동의 개혁적 특성을 지적했다. 불교의 참여와 인본주의를 연결하는 또 다른 흐름은 "행동 불교"이다. 이것은 지식, 의례, 헌신이라는 과거의 방식 바로 옆자리에 현대적인 사회 행동을 둔다.(Queen, Prebish, & Keown, 2003) 일반적으로 대중과 학계에서 이렇게 받아들이고 있음에도 불구하고(Kotler, 1996) 다르마에 대한 이런 표현이 사족인지, 아니면 일상 수행을 위한 새로운 것을 반영하는지에 대한 의문이 제기된다. 이것은 다르마를 활성화하여 21세기에 적합하게 만들 수 있는 힘을 가지고 있는가? 아니면 사회적 불교 행동주의는 기독교 사회운동의 복사판에 불과한 것인가? HB와 EB는 관계 불교, 불교심리학, 사회구성주의와는 어떤 관련이 있는가?

불광산(Fo Guang Shan, FGS, 佛光山)의 성운(Hsing Yun, 星雲, 1927~ 2023) 법사가 설명한 바와 같이 HB는 새로운 형태의 다르마가 아니라 자비희사의 지혜(사회적 명상)를 바탕으로 사회적 참여를 강조하는 붓다의 가르침이다. 성운에게 붓다의 메시지는 다음과 같다.(BLIA 소식지, 5/1998) (1) 업: 우리는 뿌린 대로 거둔다. 우리 자신의 행동이 우리 스스로의 운명을 결정한다. 우리 삶을 관장하는 신은 없다. 우리가 긍정적으로 행동할 때 긍정적인 씨앗을 뿌린다. 우리가 부정적 으로 행동할 때 부정적인 씨앗을 뿌린다. (2) 연기: 이 세상에서 원인과 조건 없이 독립적으로 존재하는 것은 없다. 우리는 생성과 소멸에서 (사회적) 상호-연관의 망에 존재한다. 극단은 중도를 위해 피해야 한다. (3) 평등(민주주의): 우월하거나 열등한 존재가 있다는 생각은 잘못된 것이다. 떠받들어 모셔할 사람은 아무도 없다. 살아있 음 자체가 우리 모두를 평등하게 만든다. 붓다와 다른 인간은 존재 상태가 다를 뿐이다. 우리는 아직 깨어나지 않았다. (4) 자아 개념의 제거: 우리는 타인과 자아를 구별하며 자아에 집착한다. 하지만 존재 의 상호관계성을 볼 때마다 이 지구상의 모든 존재는 비-이원적으로 자신을 드러낸다. 기본 입장은 세상을 피하지 않는 것이며, 이 입장은 붓다의 가르침으로 돌아가 깨어 있는 마음으로 사태를 이해하고 대처 하는 것이다.

임제종 48대 조사인 성운은 다르마가 우리 감각 세계에서 발견되는 것이지 다른 세상에서 발견되는 것이 아니라고 말한 혜능(638~713, 선의 6대조)을 언급한다. 혜능은 다르마를 찾아 이 세상을 떠나는 것은 마치 토끼 뿔을 찾는 것처럼 헛되다고 하였다.⟨http://experts.
about.com/e/h/hs/Hsing_Yun.htm⟩ 성운의 직접적인 영감은 태허(太
虛, Taixu, 1889~1947)와의 만남에서 비롯되었다. 태허는 은둔하는
수동성보다는 사회에서 활동하는 것을 강조했고 스스로 편집한 정기
간행물 『인간(Humanity)』에 당시 새로웠던 자신의 생각을 실었다.
불교 정토(지복과 행복)는 사후의 어떤 도피처가 아니라 바로 지금
열어야 할 마음 상태이다. 태허는 제2차 세계대전 이전에 유럽과
미국을 여행했으며 그가 EB라고 부른 것을 전파했다. 그는 선의
황금기였던 당나라(618~907) 불교 수행의 부흥을 목표로 삼았다.
그 시대에 승가는 무산자들에게 무이자 대출을, 노숙자들에게 거처를
제공함으로써 사회 전반에 크게 기여했다. 그와 제자들은 자신들의
구원만을 위해서 일하지 않았다. 또한 그들은 승가의 삶에 적극적으로
개입함으로써 모든 생명체들의 구제에 도움을 주었다. 당의 몰락과
함께 불교는 억압되었고 그 지도자들은 대부분 사원에서 조용히 은거
했다.

　사회 개선에 대한 이런 강조는 다르마가 사회를 포기하고 도피한
자들의 것이라는 일반적인 오해를 상쇄한다. 결국 붓다는 수행하고
깨닫고 자신의 통찰을 나누었고, 따라서 이 세상 사람이다. HB는
여섯 가지 필수 요소를 강조한다.

　　(1) 인간성: 붓다는 깨달은 "현세 지향" 감각을 지니고 가족이
　　있는 "인간적인" 존재였다. 그는 예언자도, 신성한 존재도, 신도
　　아니지만, 마음챙김의 자각을 갖고 자애, 자비, 기쁨의 실천을

통해 지혜를 얻은 인류의 모범이다.

(2) 일상생활: 붓다는 어떻게 자기 삶을 알아차리면서 살아갈 수 있는지에 대해 지침을 주었다. 그의 가르침은 걷기, 서기, 앉기, 눕기, 잠자기, 먹기, 옷 입기, 일하기, 대인관계와 사적 및 공적 영역에서 "진정한 본성"을 깨닫기 위한 삶의 방식에 대한 것이다.

(3) 이타주의: 상호 의존적인 존재로서 우리는 홀로 존재하지 않으며 고통 받는 이들을 위해 봉사할 의무가 있다.(주의: 이타주의는 깨달음의 자기 관심을 내포한다. 즉 비행기 사고에서 자기 아이를 돕기 전에 엄마가 먼저 산소마스크를 쓰는 것과 같이, 우선 자신을 돕는 것이 타인을 도울 수 있는 기반이 된다.)

(4) 기쁨: 기쁨은 존재론적 괴로움의 해독제이고 위안이다. 삶의 불완전함과 무상함에서 비롯된 불만족에서 생기는 괴로움의 소멸은 불교 가치의 정수이다. 웃는 붓다는 미래 인류를 이상적으로 몰입시키는 이러한 특성을 상징적으로 표현한 것이다.

(5) 적시성: 현재의 사회 문제를 검토하고 자애에 기반한 평화적/비-폭력적 해결책으로 "지금 여기"의 "정토"에서 일하는 것에 강조점을 둔다. 이것은 중생과 환경을 돌보는 데 헌신하고 어떤 종류의 사회적 활동에라도 참여하겠다는 약속을 의미한다.

(6) 보편성: 지혜를 기르고 깨달을 수 있는 잠재력(사물을 있는 그대로/되어가는 대로 봄)은 지위, 인종, 또는 성별에 관계없이 인간이 지닌 잠재력이다. 모든 중생을 구하려는 붓다의 정신에

따라 진보적이고 실용적인 방식으로 세계의 모든 사람에게 다가가려는 의도이다.

위의 신조에 동의하지 않는 사람은 거의 없을 것이다. 그들은 고대 원천의 2,600년 전의 역사로 돌아가며 "정토" 천상의 풍미와 함께 선/선 정신을 내뿜는다.

HB는 승가에 봉사하는 참여 수행으로서 불교 전체의 목표를 상징한다. 따라서 그것은 현대 인류의 유익을 위해 다르마를 재정의하는 통일된 헤드라인 역할을 할 수 있다.(Kimball, 2000, Santucci, 2000) 오늘날 대다수 중국인은 불교도지만 불행히 그들 대부분은 HB 관점에서 다르마에 관해 잘못된 관념을 가지고 있다. 그들은 불행하게도 다르마의 이미지를 붓다, 신, 귀신을 숭배하는 하나의 종교로 묘사하고, 반신에게 헌신적으로 호의를 구하고 죽은 자의 더 좋은 환생을 위해 기도한다. 종종 이것은 원시 민간신앙과 혼동되어 미신으로 비판받는다. 그런 비판은 많은 불교도 자신들에 의해 가속되는데, 그들은 삶의 우선순위로 내세의 순수한 불국토에서 빠른 환생을 추구하고 이로써 일반 대중에게 자기 수행이 헛되고 수동적이며 도피적인 신앙이라는 잘못된 생각을 불어넣는다. 그러나 참여하는 불교인 인간불교의 본질적 특징인 태허의 "지상 정토"는 윤리, 도덕 및 깨달음의 실천을 강조한다. 이것은 자녀, 부모, 교사, 학생, 고용주, 고용인, 남편, 아내, 또는 친구로서 다른 사람과의 상호작용에서 다양한 자기 역할에 책임을 지는 것을 의미한다. 예를 들어 충고는 다섯 가지 계율에 뿌리를 둔 10가지 덕목을 지키는 것이다. 즉 살인, 도둑질,

거짓말, 또는 유해약물을 사용하지 않는 것이다. 올바른 깨달음은 **사성제**의 수행이다. 즉 (대인관계) 생활에 대한 불만족으로 인한 괴로움이 있다, 업의 의미 있는/의도적인 (상호)작용에 기인하는 이런 불행에는 원인이 있다, 심리적 괴로움에서 빠져나가는 길이 있다, 그리고 이것이 균형 잡힌 관점, 의도, 언어, 행동, 삶의 방식, 노력, 마음챙김, 주의라는 8정도로서, 관계를 개선하는 8중의 균형 잡힌 수행이다. 정토는 열반을 향해 해탈함으로써 얻어지며, 열반은 무지와 부정적 정서 상태가 사회적 명상 수행으로 제거된 상태이다.

성운은 참여불교 수행의 살아있는 모범이다. 1950년대에 그는 문화 센터 불광사(Fo Guang Cultural Enterprise Co., Ltd.)를 세워, 책, 오디오. 비디오를 출판했다. 1960년대 그는 대만에 본부를 둔 불광산 불교 종단(Fo Guang Shan Buddhist Order)을 설립했다. 30개국에 150개가 넘는 말사가 건립되었고, 그중 가장 큰 사원은 캘리포니아, 호주, 남아프리카에 있다. 교육과 봉사를 강조하는 종단은 대학, 단과대학, 도서관, 미술관, 무료 이동 진료소, 고아원 및 양로원, 고등학교, TV 방송국을 운영한다. 성운 대사의 지도 아래 1,000명 이상의 제자들이 삭발하였는데 그들 중 많은 수가 여성이었다. 그는 다양한 불교학파를 모으기 위해 회의를 조직했으며, 100권 이상의 책을 중국어로 집필했고, 이들 중 상당수가 타 언어로 번역되었다. 승가는 개인을 초월하고 가능한 한 가장 완전한 방식으로 개인을 충족시킨다는 그의 격언에 따라 살면서, 그는 사람이 지역과 세계의 승가를 평등, 기쁨, 평화의 세계로 통합하도록 격려한다. 백만 명이 넘는 소속 회원을 지닌 "붓다의 광명 국제 협회(Buddha's Light International Association)"는 전 세계에서 활동하고 있다. 불광산은 거의 40년 동안 자본주의, 민주주의, 여성의 권리 및 효도, 임신중절, 사형제도 등과 같은 기타 현대 문제에 대한 인간불교 입장을 전파하는 영향력 있는 운동으로 발전했다.

"인본주의적"이라는 용어는 1950년대 이후 서구 심리학에서도 사용되었다. 전체론적 비전을 발전시키는 데 관심이 있는 심리학자는 인간이 된다는 것이 무엇을 의미하는지 이해하기 위해 자아-실현, 사랑, 창조성과 같은 인간의 고유 문제에 초점을 두는 협회를 창설하였다. 그것은 행동주의와 정신분석에 이어 심리학에서 "제3의 힘"이 되었다.(Bugental, 1964) 인간은 부분으로 환원될 수 없으며, 고유한 인간적 맥락(다른 사람과의 맥락에서 자신을 자각하는 의식)을 지니고 선택하고 책임을 지며 지향성을 갖는다. 인간은 의미, 가치, 창의성을 추구한다. 대표적인 주창자 매슬로우(Maslow, 1908~1970)는 인간의 욕구를 다섯 단계로 나누고 최고의 단계는 "주체"와 "객체"를 넘어선 "자아-실현"이라고 하였는데 이것은 불교에서 말하는 "무아", "참다운 자아", "열반"과 연결된다. 인간불교와 맥락을 같이 하는 인본주의 심리학은 홀로코스트와 세계 평화, 폭력 감소 및 사회 정의 증대와 같은 사회적 문제에도 관심을 기울인다. 그럼에도 불구하고 인간불교의 교리들은 "관계적 휴머니즘(relational humanism)"에 대해서는 이해가 부족한 것으로 보인다. 관계적 휴머니즘은 사회적 구성주의(Social Constructionism, SC)의 맥락에서 인간 주체에 대한 사회적 설명이다. 이 장의 관점이기도 한 사회구성주의의 관점은 광범위한 관점이다.

틱낫한의 참여불교

사회적으로나 정치적으로 참여하는 다르마는 가르침 자체에 내재되어 있는 것이 분명해 보인다. 특히 상호 의존/무아성, 자비/자애, 관대함/도움의 수행을 보면 더욱 그렇다. 그렇지만 참여불교(EB)라는 용어의 기원에 대해서는 암묵적 논란이 있는 것으로 보인다. 인간불교 그룹은 태허가 참여불교 개념을 창조했다고 주장하지만, 다른 이들은 60년대에 이 개념을 사용했던 틱낫한〔테이Thay(*베트남어로 스승이라는 뜻)〕을 지목한다.(Thich, 1967) 태허가 1947년에 사망했으므로 참여불교는 그의 유산일 가능성이 높다. 그러나 베트남 전쟁 중 사회운동가였던 테이는 개인주의적 내적 명상이라는 불교 이념을 사회적 참여로 변화시키는 데 크게 기여했다. 1980년대에 사회적으로 참여하는 불교라는 포괄적 명칭이 등장했다. 다양한 배경을 가진 여러 참여자들로 구성되고 불교적 가치에 영감을 받아 다소간 동시적으로 나타난 운동이었다. 이 운동은 초월적/영적인 진리에 초점을 맞추고 사회적/세속적·정치적·경제적 구조를 무시하는 기존의 태도 대신 사회적/세속적 현실에 참여하여 세상의 괴로움을 줄이고자 하는 것을 목표로 한다. 참여는 선거, 로비, 항의와 같은 다양한 형태를 띤다. 이것들은 억압을 통해 제도화된 괴로움의 지속에 도전하고 변화시키는 활동이다. 사회적으로 참여하는 다르마는 사적 및 공적 삶의 모든 영역을 포괄하며 생태적 관심을 포함한다.〈http://jbe.gold.ac.uk/7/yarnall001.html〉

테이(1993)가 설명했듯이, 참여불교는 정당하고 다르마의 또 다른 이름에 불과하다. 다르마는 본질적으로 참여적이다. 그것이 참여적이 아니라면 다르마가 아니다. 가족이나 승가에서 계율에 따라 다르마를 실천할 때 그것이 참여불교이다. 사실 그 근거는 사회적 명상을 강조하는 것이다. 참여불교는 다음과 같은 사람의 활동을 통해서 추진력을 얻었다. 즉 테이(Thay, 평화 만들기, 베트남), 비구 붓다다사(Buddhadasa Bhikkhu)와 수락 시바락사(Sulak Sivaraksa, 사회 정의, 태국), A.T. 아리야라트네(A. T. Ariyaratne, 사르보다야 쉬라마다나 운동 Sarvodaya Shrama-dana movement, 스리랑카), 다이사쿠 이케다(Daisaku Ikeda, 창가학회, 일본), B.R. 암베드카르(B.R. Ambedkar) 박사(고 달리트 운동 지도자, 인도), 아웅 산 수 치(Aung San Suu Kyi, 노벨 평화상 수상자이자 인권지도자, 미얀마), 아시아 전역의 많은 불교 여성 등이다. 이런 분들은 승가 생활의 다양한 영역에서 사회적, 경제적 의무를 호소하는 운동을 하고 목숨을 걸고 수백만 명의 새로운 지지자를 끌어 모았다. 이 떠오르는 흐름의 주요 지지자들은 북부와 남부 학파, 외래적이고 밀교적인 전통, 아시아와 서구에서 찾을 수 있다. 서구의 운동 가운데 상호존재 모임(The Order of Interbeing, Thay), 자유 티베트 운동(the Free Tibet Movement, 달라이 라마), 평화중재자 질서(Peacemaker Order, Bernie Glassman)가 있다. 사회참여불교는 고대 경전을 읽을 뿐만 아니라 약자, 가난하고 짓밟힌 죄수, HIV 감염자, 죽어가는 사람과 함께 평화를 위해 노력함으로써 무지를 제거한다. 따라서 여기에 무관심의 여지는 없다. 해방은 타인을 해방시키는 데 도움이 되는 데서 비롯되며, 이는 보살의 이상을 정의하는 요소와 일치한다. 붓다의 연기와 상호 조건화는 명상실 밖으로 나가 세상의 허물을 바꾸기 위해 무엇인가를 하도록 강요하여 "상호존재"의 세계에서 서로를 해방시키지 않을 수 없게 한다.

코틀러(Kotler, 1996)는 뛰어난 기법으로 인간의 일상적 관심에 대한 60개의 사회참여적 저작들을 포괄적으로 회고하는 선집에서 지난 세기말의 예술을 성찰한다. 모르간(Morgan, 2005)은 우빠야(Upaya) 또는 방편(upayakausalya, 북경어로 팡피엔 fang-pien, 일본어로 호벤ほうべん, hoben)에 주목한다. 참여하는 다르마는 사회적 상황을 다루는 불교의 능숙한 방법론에 내재되어 있다. 이 방법론으로 인해서 다르마를 삶의 방식, 철학, 형이상학, 종교로 적절하게 번역할 수 있다. 다르마에 대한 두 가지 서구적 분류는 사회 행동주의와 과학 심리학이다. 그 근본적인 동기가 변화하는 환경의 요구에 부응하기 위해 동료인 인간을 연민으로 구하기 위한 것이라면 어떤 방편이라도 용인된다.(Pye, 1978) 다르마가 본질적으로 참여적이라는 주장은 합창단의 한 목소리일 뿐이다. 모르간은 다양한 멜로디를 갖는 겹치지만 서로 다른 소리를 내는 찬송가 악보들을 구별했다. 어떤 사회운동가는 얼마 전에 불교도가 되었고, 어떤 사람은 사회적 참여는 다르마의 서구적/기독교적 식민화라고 주장했으며, 또 다른 사람은 사회참여적 다르마는 서구의 새로운 불교 사조라고 주장했고, 붓다가 가르친 것은 사회적 운동이 아니라 구원론이라는 주장까지 있다. 대부분의 사회적 참여는 정치적 좌파에 의해 이루어진다. 핵심은 사회주의 기독교인들이 행동주의를 하나의 종교적 실천으로 보기 시작했고 이러한 태도 변화가 아마도 사회주의에 영감을 받은 서구의 새로운 불교도들에게 그들의 참여를 강요했을 수 있다. 그러나 사회적으로

참여하는 다르마를 하나의 "새로운 승(new yana)"로 보기 위해 상좌부
-이후 및 대승-이후의 새로운 바퀴는 다르마에 정치적 색채를 입히는
견해라고 볼 수 있다.

다르마 자체는 사회적으로 활동적인 새로운 바퀴의 술어를 보증하
지 않는 것 같다. 예를 들어 사회적 참여에 대한 강조는 과거의 철학적,
형이상학적, 종교적 방편이 포스트모던 시대에 무아와 무신론의 실질
적 가르침을 전파하는 데 더 유용했을 것이라는 문제를 해결하지
못한다. 다르마를 하나의 종교로 주장하는 것은 서양 어휘, 관용구
및 언어학을 사용하여 심리학적 원리에 기초한 삶의 방식(막가Magga)
을 의도되지 않았던 그 무엇으로 형성하고 계속 만들어가는 것이다.
(붓다는 결코 자신을 신 또는 예언자로 주장하지 않았기 때문이다.) 붓다는
브라만들을 공격함으로써 사실상 여러 가지 형태의 (다)신론을 공격
했다. 불행하게도 형이상학과 우주론(양자 모두 공성에 근거를 두고
있지만)으로 가득 찬 대승과 금강승의 방편은 (비록 양자 모두 공함에
바탕을 두고 있음에도 불구하고) 왜곡된 견해를 불러일으켰다. 따라
서 오늘날까지 우리는 다르마가 "다른-세상의 종교적 전통"이라는
형이상학적/우주론적 맥락의 관점을 이해할 수 있지만, 그것은 잘못
된 견해이다.

다르마가 진정으로 사회적으로 행동하는 전통인지 아닌지에 대한
질문은 일상생활에서 중생에 대한 명상적 균형 속에서 자애, 연민,
기쁨의 감정을 실천하는 것보다 덜 중요하다. 이는 종교와 신학의
영역이 아닌 사회 심리학의 영역에 속한다. 또한 여기서 필요한 것은
삶에 대한 관계적 관점이다. 이는 관계적인 것이 개인적인 것에 앞서고

대체하며 자율적인 것에 의문을 제기하는 기본적 관찰에 기초한 관계
적 삶이라는 관점을 요구한다. 서구에서는 다르마의 사회적 차원
(Rahula, 1988)에 대해 알려진 바가 거의 없지만 불교가 지배적인
지역과 나라에서 사회에 미치는 다르마의 영향력은 명백하
다.(Victoria, 2006) 야르날(Yarnall, 2000)에 따르면 깨달음과 사회적
존재 사이를 분리하지 않는 불교의 전통을 이어받아 수행하는 집단이
있다. 수행자가 된다는 것은 세상의 사회적 인식〔특히 제도화된 탐욕
(예: CEO의 움켜잡는 문화)과 무지로 인한 증오(예: 전쟁과 테러, 즉
개별 주체로서의 사람)〕에서 벗어남을 의미한다. 이런 "전통주의자"은
"근대주의자"들과 병치될 수 있다. 현대주의자들은 이성, 객관성,
과학적 진리, 질서, 예측, 실험, 통제의 절대적 가치를 믿으며 과거와
의 단절을 강조한다. 불교는 초창기부터 비록 잠재적이라고 하여도
사회-정치적 참여에 대한 가르침과 실천이 있었다. 이것은 다르마가
서구의 현대 생활 방식, 특히 사회주의를 만났을 때 전면에 나타났다.
현대의 참여 다르마는 전통적 가르침의 본질적 측면을 내포하고 있지
만 본질적인 차이도 포함하고 있다. 따라서 그것은 다르마의 완전히
새로운 형태로 바라보게 된다. 그러나 이것이 보이는 것처럼 정말
새로운 모습인가? 14대 달라이 라마(Dalai Lama), 케마담모(Khema-
dhammo), 카토 쇼닌(Kato Shonin), 라훌라(Rahula), 시바락사(Siva-
raksa), 테이(Thay)와 같이 서구에서 활동하는 수행자는 전통적인
불교문화에 그 기원을 두고 있다. 일부(예를 들어 Stephen Batchelor,
Lyn Fine, Bernard Glassman, Paula Green, Patricia Hunt-Perry, Joanna
Macy, Robert Thurman)는 본래 서구 문화에서 유래했다. 모더니스트의

경우 역사적으로 불교문화를 지닌 사람은 소수에 불과하다. 주로 모더니스트는 서구 문화에 기원을 두고 있다.(예를 들어 Robert Aitken, Cynthia Eller, Nelson Foster, Richard Gombrich, Ken Jones, Joseph Kitagawa, Kenneth Kraft, Christopher Queen, Sangharakshita(영국 출신), Gary Snyder, Judith Simmer-Brown, Max Weber) 전통주의자들은 모더니스트들이 다르마의 정신을 이해하지 못하고, 불교의 정수인 사회적 명상을 놓치고 있다고 비판한다. 반면 모더니스트들은 전통주의자들이 역사를 재구성한다고 비난한다. 그들은 특히 상좌부가 사회 정치적 문제에 간접적이고 적당할 정도로만 관심을 가졌다고 주장한다. 지난 수십 년간의 불교 사회운동은 다르마의 명상적, 헌신적 전통에 거의 직접적으로 관련되지 않았다는 것을 인정해야 한다. 불교학자는 전통적으로 사회학 및 사회 심리학보다 철학을 강조했다. 사회참여(와 이 문제에 대한 사회 행동주의)가 정말로 새로운 것인지 또는 항상 본질적인 (그러나 미개척된) 영역이었는지에 대한 판단은 독자들의 몫이다.

새로운 불교심리학: 네오야나(新乘)

전통성/전근대성, 근대성, 후기 근대성(post-modernity)은 공존하며 서로를 보완한다. 포스트모더니즘의 세계관은 이성, 객관성, 과학, 질서, 예측, 실험, 통제와 같은 근대적 가치에 도전하고 이런 근대적 가치를 옹호할 수 없다는 입장을 견지함으로써 발전하는 다르마의 최선봉에 서 있다. 여기서 포스트모더니스트들은 보다 유망한 길을 모색한다. 포스트모더니즘은 매우 일반적인 용어인 반면 SC는 특정한 결과로 추론될 수 있다. 20세기 후반 이후 모더니스트 불교도는 서구 심리학과 불교심리학을 동양/서양의 융합으로 번역하고 통합하는 데 적극적인 포스트모던 불교심리학자(예를 들어 Kwee, Gergen, & Koshikawa, 2006)에게 추월당하는 듯이 보였다. 이들의 목표는 개인과 집단의 정서적 괴로움을 SC의 관계적 패러다임을 통해 니르바나적 만족으로 전환시키는 것이었다.

인간불교와 참여불교는 전적으로 다르마의 사회주의적 측면을 반영하는 반면, 다르마의 전체 그림은 신체/언어/마음의 총체적 국면에 참여하는 것으로 이루어진다. 이러한 식별 가능하지만 분리할 수 없는 양태의 전체적 기능은 사회적-임상적-신경적-심리적 용어로 표현할 수 있다. 불교와 서구, 특히 관계적 통찰을 통합한 심리학으로서의 다르마, 즉 "새로운" 불교심리학은 사회주의 다르마까지 아우를 수 있다. 이는 혁신적이고 올바르며 서구적 다르마의 모습을 제시하는 후보로 유망해 보인다. 인간불교와 참여불교가 그 초입부터 다르마의 일부였는지 아닌지에 대한 논의는 그 중요성에도 불구하고 무용한 것처럼 보인다. 왜냐하면 사회적 행동은 늘 음식, 물, 피난처의 부족으로 괴로워하고 지원을 원하는 수백만의 사람과 관련된 문제이기 때문이다. 포스트모더니즘 시대정신은 일반적으로 모든 사회에서 일어나는 공동체의 괴로움과 불행을 근절하기 위한 근대주의자들의 관념과 행동을 무시하거나 배제하는 것이 아니라 포용한다.(De Silva, 2002) 사회적 행동은 사회적 명상이 갖는 궁극적 깨달음에 의해 입증된 바와 같이, 항상 다르마의 내재적 부분이었다. 철기시대 시작부터 현재에 이르기까지 다르마는 범-불교적 교리를 유지하면서 많은 문화

적 변화를 겪었다. 붓다의 신체/언어/마음의 전체론적 모델을 패러다임으로 강조하고, 이를 생의학적-정신적-사회적으로 개념화함으로써 사회적 참여불교는 이 큰 맥락의 일부로 포함될 수 있다. 우리는 성적 교접으로 잉태된 몸이고, 태어나면서 죽는 순간까지 언어와 마음으로 타인과 상호작용하는 존재이다. 마음은 피부 아래 안구 뒤에 자족적으로 존재하는 것인가, 아니면 상호작용하는 사람 사이에 있는가?

3세기 대승불교에서 **법륜**(dharmachakra)에 대한 가르침은 다르마의 역사에서 변증법을 반영한다.(Power, 1995) 『해심밀경(Sandhini-rmocana Sutra)』에서는 방편에 대해 특정한 때의 개인과 청중에게 다르마를 알맞게 적용시켜 능숙하게 교육하는 방법이라고 밝히고 있다. 각 집단은 특정 시간에 특정 가르침을 필요로 하기 때문에 특정 기간에 특정 능력과 이해 수준을 가진 개인과 청중에게는 그 때에 맞는 적절한 가르침이 필요하다는 것이다. 경전은 다음과 같이 밝히고 있다.

(1) 첫 번째 법륜: 니까야에서와 같은 붓다의 초기 가르침(기원전 5~6세기)과 이후 추상화된 **아비담마**(5세기까지의 작업)는 궁극적 실재의 보편성 공성을 감추고 있는 잠정적 실재를 다룬다. 그것은 "이것도 아니고, 저것도 아니다."라고 선언함으로써 모든 개념적 이원성을 해소하는 인격적 비아의 중도이다.

(2) 두 번째 법륜: 나가르주나의 철학적 가르침(중관, 2세기)으로서 자아의 공함만으로 충분하지 않다는 관점이다. 긍정적인 것의

이점을 희생하여 공함의 완전한 공함을 통해 모든 현상의 궁극적 공함(무아)을 얻은 지혜는 이전 법륜의 부정에서 방치된 실질적인 잔재를 해결한다.(부정의 길 a via negativa)

(3) 세 번째 법륜(긍정의 길 a via positiva): 아상가(Asanga)와 바수반두(Vasubandhu)(요가행학파, 4세기)의 가르침은 무-아의 공함을 "무언가"로 간주하고 이원성의 "끝"인 주관-객관의 이원성을 해소하여 이 문제를 해소한다. 비이원적 마음챙김을 명상하고 현상에 끄달리지 않으면서 거울-같은 "여여함"을 드러내고, 사회적 명상을 행동으로 옮기는 것이다.

다르마는 아비담마의 오래된 불교심리학, 나가르주나의 공함, 아상가-바수반두의 비이원성, 법장法藏의 보편적 상호침투(7세기)를 관통함으로써 명상지도자(코치)와 치료자들에게 자아를 내세우지 않으면서 보다 높은 차원의 관점을 획득하도록 인도할 수 있다. 후자는 놀랍게도 SC(Gergen, 2009)와 일치한다. 이것은 실재는 공동 합의에서 파생되고 그 안에서만 발견된다고 주장하는 포스트모던 메타심리학이다.(공동체 너머에는 침묵이 있다.) 아상가의 가르침(Cittamatra)은 존재론적, 우주론적, 헌신적 수행으로 발전하여 결국 중국-일본과 히말라야 문화에 흡수되었지만 바수반두의 인식론-심리학(Vijnavada)은 상대적으로 발달하지 못했다. 바수반두의 가르침에서 실마리를 풀어내어 응용심리학과 초문화적 실천으로서 다르마를 재해석하고 살아 움직이게 할 때가 무르익은 것 같다. 이제는 대승의 교리가 그 유용성을 다하였기 때문에 새로운 시대에 걸맞은 "네오야나

(신승)"라는 술어가 등장했다. 이런 활동을 조율하기 위해서 세련된 검사 장비로 명상하는 뇌의 유의미한 변화를 관찰하고, 명상을 임상 환경에 적용하며, SC 명상의 메타 심리학에 중점을 둔다.

역설적으로 다르마는 영원한 진리의 존재에 대한 해체와 공함뿐만 아니라 상호 의존과 상호 연결성을 우선시하는 포스트모던 문화의 본질에 앞서 존재했다.

다르마는 자아가 독립적인 실체가 아니라 상호 영향을 주고받는 관계에서 비롯된다는 면에서 기타 포스트모던 통찰과 본질적으로 유사하다.

최근 상좌부와 대승/금강승의 수행-연구-이론들과 나가르주나와 바수반두의 가르침을 이해하고 수용하고 뒷받침할 수 있는 잠재력을 가진 새로운 불교심리학(New Buddhist Psychology, NBP)이 제안되었다.(Kwee & Taams, 2006) NBP는 다르마의 지혜를 갈구하는 서구 주류 심리학의 종합이다. NBP의 관점에서 불교의 현실은 SC의 렌즈를 통해서 볼 수 있는데, 이 이해의 주요 핵심은 자족적 개인의 정신이 아니라 상호작용 사이의 심리적 과정에서 찾는 것이다. 마음은 귀 사이에 있는 자족적인 것이 아니라 사람 사이의 연기에서 일어난다. SC 관점에서 볼 때 연기, 업, 열반, 자아/무-아, 공, 비-이원성, 깨달음, 의식, 마음챙김 등과 같은 범-불교의 중심 주제는 관계적 관점에서 설명될 수 있다. 이것은 다음과 같은 것을 포함하는 체계적인 실천으로의 패러다임 전환을 의미한다. 즉 이것은 서구와 불교심리학의 포괄적인 수렴뿐만 아니라 전통주의/근대주의와 포스트모더니스트 불교 수행의 융합이기도 하다. 진정한 새로운 바퀴인 네오야나가 수평선 위로 떠오르고 있다. 역사의 이 시점에서 사회–임상–신경–심리학적 통찰과 연구에 기초한 전 세계적인 흐름이 다르마를 활용하고 있다. 이것이 곧 종교적이고 형이상학적 이야기들을 심리학에서 파생된 내러티브와 은유로 대체하는 네 번째 법륜으로 곧 인식될 것이라는 큰 기대를 키운다. 따라서 네오야나는 다르마를 다양한 지류를 가진 "사회적 구성주의적 증거기반 심리학"으로 표시할 수 있다.

　SC 이론의 수용은 어떤 결과를 낳는가? 주관–객관의 이원성을 버리고, 거겐의 작업에 크게 의존하는 SC의 틀에서 주관적 경험을 재개념화하는 전환이 이루어진다.(Gergen, 1997, 2009) SC는 모든 종류의 경험이 관계적 과정의 정수(整數, integer)라는 점을 재확인한다는 점에서 혁신적이다. 개인적이라는 것은 대인 관계적이라는 것이지 그 반대는 아니기 때문이다. 개인성은 관계성에서 발생한다. 개인적인 것과 사회적인 것으로 나누는 이원성은 개인에게 사회적 과정과는 분리되어 독립적으로 작동한다는 인위적인 질적 규정을 부가함으로써 이루어진다. 경험에 대한 의미가 귀속되는 것은 협동적 실천의 대화에서 생성되고 재생성된다. 경험은 객관적인 저기–밖의–실재를 반영하는 주관적인 여기–안에–거울과 유사하지 않다. 마음이란 개인의 주관적 경험 내에 한정되는 것이 아니라 상호작용하는 관계에서 비롯된 경험이 이끌어낸 무상한 과정이다. 이러한 개별적 행위자는 제정된 관계적 과정을 통해 의미를 획득하는 관계적 정수로 간주된다. 경험은 다른 모든 행위와 다르지 않은 형태를 띤 다양한 관계적 행위이다. 즉 색인화할 수는 있지만 그 자체로 독립해 있을 수는 없다. 직접 대화에 참여하여 경험한 관계적 관점은 연기에서 발생하는 "관계적 마음"에 대한 불교적 관점과 일치한다.

경험은 연기의 **탁월한** 현상으로, 실제든 상상이든 다른 누군가와 존재하는 하나 됨의 일부로서 관계 속에 내장되고 얽혀 있다. 의식적 경험은 관계적 행동의 한 형태이며 개인의 주관성은 관계성과 연기의 표지이다. 자신이 속해 있으면서 행복이란 무엇인지 공유하는 관념에서 벗어날 수 있는 공동체 문화 밖의 행복이 존재할 수 있을까? 이 의미는 특정 문화와 그 대화 전통을 통해 연기에서 생성되고, 상호 의존의 협동 수행을 통해 이해할 수 있다. 어떤 경험이 실제인지, 행복한지, 슬픈지 여부는 역사적으로 형성되고 그 사람이 살아가는 전통과 문화에 녹아 있다. 따라서 인식에서 경험하고 지각하고 느끼는 것은 나를 통해 말하는 관계와 관련성의 연장이다. 대인관계 맥락은 공동체에서 분리되기보다는 다른 사람들이 주관적인 것을 이해할 수 있게 하는 관계적 과정에 내재된 "사전구조(事前構造, fore-structure)"를 생성한다. 나의 주관적 경험은 고립된 현상이 아니라 서로를 복제하고 복제하는 관계적 과정이다. 어떤 의미에서 나는 너이고, 너는 나이며, 우리는 서로이다. 우리의 주관적 경험은 서로의 대화를 통해 탄생하고 재탄생한다. 이해할 수 있는 행동이 된다는 것은 대인관계에서 독립적으로 생성될 수 없는 사회적 구성에 지나지 않는다. 경험의 기초로서 주체-객체 통일성을 부정함으로써 주관성이 추론되면 자기-타자 이원성이 해소된다.

대인관계 상 연계성과 마음의 연기가 분화나 인간 갈등의 종식을 보장하지 않는다. 우리가 소중히 여기는 모든 것은 관계에 빚을 지고 있기 때문에 심리적으로 고통스러운 모든 것은 관계를 통해 변화될 수 있다. 핵심은 "변환적 대화", 즉 상충하는 의미의 장벽을 허무는 대화의 교환이다.

사회구성주의에 대한 첨언

불교의 신격화 숭배와 형이상학은 다르마를 종교적 함정에 빠뜨리는 문화적 격세유전으로 각인된다. 이러한 구속은 **보리**(bodhi)에 대한 "깨달음"과 같은 19세기 식민 용어를 사용함으로써 더욱 강화된다. NBP는 이러한 옭죄는 족쇄로부터 다르마를 해방시키는 것을 목표로 하며, 네 가지 패러다임 전환을 촉발하여 깨달음을 향한 수행방식에 대한 적절하고 적당한 의미론을 제시한다. 패러다임의 전환이 우리를 현실에 더 가깝게 만들지는 못했지만(Kuhn, 1962), 현재의 변화는 사회적 궤도에서 삶을 더 잘 견딜 수 있게 만드는 실천을 제공하는 데 도움이 될 수 있다. 그 변화는 다음과 같다. (1) 다르마의 재-생: 상좌부-대승 경전과 불교 명상을 기도의 헌신적 실천이 아닌 사회적 구성주의 심리학적 실천으로 판별함으로써. (2) "경험적" 시각의 **재-구상**: 인간의 감각 범주를 비이원적 다르마에 대한 인식을 알아차리는 뇌의 능력인 마음의 눈이라고 불리는 육감으로 확장함으로써. (3) 마음의 눈으로 관찰하는 것에 대한 재개념화: 외부에서 지각하거나 표시하거나 내부에서 구상하거나 시각화하는 모든 것은 사회적 구성물이다. (4) 경험의 가장 작은 단위인 다르마를 사회적 구성물로 재정의하여 관련 공동체에서 동의하는 경우에만 "실제적인 것"으로 간주하여 사회구성으로 **재-정의하는 것**. (따라서 보편적인 공/무아를 확증함.) 또한 이런 주제는 아래와 같이 자세히 설명된다. 이러한 변화는 다르마의 포스트모던 혁신가(예컨대 Gergen & Hosking, 2006)라고 할 수 있는 케네스 J. 거겐(Kenneth J. Gergen)의 저작에서 구체화되는 NBP와 SC 간의 사랑의 결과이다. 불교의 사회적 명상은 거겐 (Gergen, 1999)의 격언인 "나는 연결되어 있다. 그러므로 나는 존재한다."라는 말과 일치한다. 우리는 자신이 살고 있는 문화의 사회적 곤경에서 벗어날 수 없기 때문에, 우리가 체계적으로 생각하는 모든 것은 고정 배선된 과학을 포함하는 다성적 내러티브이다. 영원한 진리가 없다면 모든 것은 공하며, 남은 것은 친절과 연민, 그리고 아하/하하하이다.

인간이 "생화학적, 감각적, 운동적, 사고적, 정서적, 관계적 구성물" 이라면 대개 인간은 전-이성적(어린이-같은), 비합리적(어리석은), 합리적(과학적) 수준에서 기능하지만, 사후 합리적(지혜) 수준에서 움직일 가능성은 적다. 이 후자의 수준에서는 테이(틱낫한)가 상호존재라고 부르는 것과 거겐이 "관계적 존재"라고 부르는 것이 『금강경』에서 말하는 것과 동일하다는 것을 알 수 있다. 태어날 때부터 사회적 그물에 던져진 우리는 자족할 수 없다. 우리가 생각하는 어떤 것도 간주관적 의미로 채워져 있지 않은 것은 없다. 존재한다는 것은 관계를 맺는 것이고 행동한다는 것은 상호작용하는 것이다. 사적인 세계조차도 불가분의 관계적 네트워크에 둘러싸여 있다. 우리는 종종 우리 존재가 유대 관계 속에 내재되어 있는 것을 당연하게 여기지만 상호관계는 늘 지금 여기에 있다. 이것은 "인드라의 보석망"(『화엄경』, Cleary, 1993)으로 묘사되는 네트워크화 된 세계에서 현실을 합작 투자로

보는 불교의 메타 비전과 일치한다. 이것은 일종의 매질로서 각각의
매듭에서 보석들/거울들/존재들이 서로가 서로를 **무한하게** 반사하고
상호 침투하는 것이다. 어떤 보석도 단독으로 있을 수 없다. 각 보석은
다른 모든 보석에 반사되고 반사해서 다중/다성적 상호행동의 이미지
를 창출한다. 그러한 비전에서 실재는 항상 잠정적이며 그룹에 의해
언어적으로 공동 구성되고 의미의 춤 속에서 현상된다. 같은 맥락에서
과학으로 밝혀지는 실재라고 하더라도 상호 주관적이고 상대적이며
시간과 문화에 한정되어 있다. 실재는 이후 보다 더 호소력 있는
구성과 산출물에 의해 대체될 내러티브로 인식된다. 실제로 이것은
종교에서 현대 심리학으로 이행되는 오늘날의 흐름에서 다르마와
함께 일어나고 있다.

　우리 자신과 타인에게 영향을 미치는 정서를 효과적으로 다루기
위해, 동료 인간(그러나 항상 그들의 행동일 필요는 없음)에 감사하고
그들을 받아들이는 사회구성주의 수행은 상호존재와 겹치는 관계적
존재에 대한 통찰을 기반으로 하며 유익하다. 삶에 대한 이러한 긍정적
태도는 우리가 행하고 생각하고 느끼는 것은 무엇이든지 간주관적
의미를 지니고 있다는 전제에 근거한다. 이것은 대부분 당연하게
받아들여진다. 하지만 이것을 깊이 깨달을 때 우리는 자신의 "진정한"
자아가 자아 구성요소가 아닌 관계적 요소로 구성되어 있음을 볼
수 있다. 전형적인 불교의 통찰은 자아가 없다는 것이다. 그런데도
자아가 있다고 주장할 경우, 설명할 수 있는 유일한 자아의 구성은
"관계적" 자아이다. 잠정적으로 이름을 갖는 것은 기능적이지만 그렇
다고 해서 이름을 갖는 자신과 동일화할 수 있는가? 분명히 우리는

우리의 이름도 아니고, 몸도 아니고, 마음도, 인격도 아니다. 무상성에 기초한 이러한 사회적 구성물이 영원한 실재라고 결론짓는 것은 환상이다. 우리가 지닌 유일한 실재는 시간의 흐름 속의 현재 순간인 것 같다. 과정-자연은 우리가 말하는 것이 무엇이든 그것이 그러그러 하다고 진술하도록 요구한다. 테이가 지적한 바와 같이 개별성과 상호관계성은 태양, 대지, 비와 같은 잎이나 나무가 아닌 요소들로 인해 존재하는 나뭇가지에 달린 잎사귀에 비유할 수 있다.

관계적 궤도 안에서 연기는 사회적-대인관계 및 상호행동에 대한 심층적인 이해를 필요로 한다. 이것은 한 개인의 유아론적 발명일 수 없다는 의미를 부여해 준다. 이해할 수 있는 의미를 생성하는 것은 대화를 통한 관계 내 언어적 협동이다. 공동체적 협동과 대화는 명료성을 창출하며 이 언어 과정에서 의미 자체는 부수현상이다. 우리가 사용하는 언어를 통해 우리가 관계 속에 얽혀져 있다는 것을 보려면 특별한 안목이 필요하다. 우리의 동기(우리가 원하고, 바라고, 욕구하고, 보살피고, 추구하고, 탐색하고, 노력하는 모든 것)는 어떤 내적 소유물이 아니라 대인관계 패턴 속에 얽혀져 있는 관계적 정수 (integer), 누군가의 실제 또는 상상의 현존이다. SC의 깊은 이해는 관계를 묵시적이지만 항상 우리의 모든 행동에 이미 내재된 것으로 본다. 관계됨이라는 조건에서 피할 방법은 없다. 우리의 행동에는 항상 누군가가 있다. "이전의 흐름"인 인본주의 또는 긍정 심리학과 같은 학문 전통에서는 사람을 독립적인 개체로 간주하였지만 SC는 "독립적인 개체"의 타당성에 의문을 표하고 이것을 관계적 참여와 불가분으로 본다. 개인은 지속적으로 대인관계에 의존하는 과정에 있는 하나의 행위자이다. 이러한 관점에서 볼 때 모든 개별 행동은 자신이 속한 관계망에 내장되어 있다. 이러한 관점은 신이나 독립적 발생에서 그녀/자신에 의해 결정된다고 보는 대신, 주의론(主意論, voluntarism)과 결정론(determinism)이라는 이원성을 불필요하게 보고 사회적 행동의 배후조종자이자 하늘의 창조주로서의 신이 불필요하다고 생각한다.

그러면 누가 책임을 지는가? 만약 사적인 개인이 그 행동에 대해 전적으로 책임을 진다면 그/그 자신은 불멸의 타자, 악과 선에 대해 우월한 입장을 취하는 대리인으로 위치할 것이다. 일부 인간 개체의 판단에 의존하기보다 SC는 도덕적 결정을 포함한 행동이 사회적 네트워크에서 상호관계를 맺은 결과라고 주장한다. 책임을 소유하는 대신 관계적 참여의 불가피성을 투명하게 밝혀 타자의 영향을 인식하게끔 한다. 따라서 책임은 관계적 책임이고, 비난은 관계적 비난이며, 칭찬은 관계적 칭찬이다. 이것은 붓다가 말하는 연기의 본질이기도 하다. 희망하는 바는 이러한 관계적 사고방식이 연대의 사회와 문화를 향해 필요한 사회적 행동을 촉진하는 것이다. **인간적인** 사회와 공동체의 안녕(well-being)을 창출하기 위해 금융위기와 외국인 혐오증에 시달리는 사회를 초래한 전 세계적인 탐욕과 증오의 문화에서 우리가 져야 할 몫을 밝히도록 하자. 교통 정체는 타자가 만든 것이 아니라 우리가 교통 정체의 원인이다. 우리가 사회이기 때문에 **인간적인** 사회는 거겐이 "다중존재(Multibeing: 다양한 관계적 존재와 상호존재)"라고 부른 것에 대한 깊은 이해를 통해서만 가능하고 실행 가능한 인간적 관계를 바탕으로 할 때만 가능하다. 즉 잠재성, 차이–모순, 합의–조화 등 관계의 다양성에 바탕 한 다양한 목소리의 공통 교차점으로서 개별적 주체를 바라보는 것이다. 필자는 불교의 정신을 연기법에서 우리의 관계적 다양성을 반영하는 "인간 간 다중존재(Interhumane Multibeing)"로 종합적으로 요약할 수 있다고 제안한다.

도덕성은 SC와 불교심리학이 중첩되는 또 다른 분야이다. 인간적인 사회는 문화적 전통의 뚜렷한 윤리에 기초하여 도덕적 책임을 지는 구성원들의 공동체에 기반을 두지 않을 수 없다. 윤리는 사적인 자아 없이 "비기초주의적"인 것이고, 상호행동에 기반한 관계적 도덕성이다. 사람의 행동은 그 자체로는 아무 의미가 없다. 그것은 협동적 행위를 통해 의미가 생기고 타인들에 의해 보완되면서 협동적으로 된다. 명료성은 개별 행위자가 아니라 상호행동을 통해 나타난다. 불교 용어로 말하자면, 윤리는 근본적으로 "공하며" 우리가 살아가는 전통적 상호 의존 문화 속에서 계속해서 사회적으로 구성되어야 한다. 협동적 실천 없는 한 사람의 고기가 다른 사람의 독이 된다. 절대주의와 상대주의를 넘어서 대화의 협동적 실천은 인간다움(humaneness)의 과정과 결과에서 총을 드는 것보다 우월하다. 거겐(2009)은 독자들이 무한한 도덕적 숙고를 통해 갈등, 잘못, 비난에 대한 우려를 그것들이 발생하는 근원인 관계적 책임의 네트워크로 재배치할 것을 권유한다. 관계적 존재(상호존재)는 관용에서 경직에 이르는 대립적 도덕에 대한 대화의 도전이다. 협동적 관계를 이루기 위해서는 대화가 관계 자체를 의미하는 "2차 도덕성"에 초점을 맞출 필요가 있다. "1차 도덕"은 가족이나 친구들과 같은 정합적 그룹들 간에 공유된 "선함"을 말한다. 거기에는 예컨대 혼외정사와 같은 도덕적 긴장을 유발하는 서로 다른 관계가 있을 수 있다. 더 중요한 것은 각 그룹이 자신이 선하다고 보는 대립된 관점을 주장하면 "우리"와 "그들" 사이에 갈등의 불꽃이 일어난다는 것이다. (예를 들어 자유주의자와 근본주의자와의 대립) 이것은 "2차 도덕성"을 필요로 하는데, 즉 투쟁하는 그룹들이 관계의 과정을 존중하면서 갈등의 언어를 줄이고 대화를 통해 새로운 의미와 가치를 공유하는 혁신적 관행을 창출해 나가는 것이다. 이러한 관계 윤리의 의미–만들기 관행이 사람을 분리시키기보다 연결하는 도덕으로 이어지기를 바란다.

SC 관점에서 현대 불교심리학을 연계 짓는 것은 엄청난 과제이다. 주요 걸림돌은 심리학자와 불교학자 간의 의사소통 부족이다. 그들은 자신들의 언어로 말하고 서로의 이론을 알지도 이해하지도 못한다. 심리학자는 종종 다르마의 일부만 알고서 다르마를 믿지 못할 비교秘敎의 종교로 보는 경향을 보인다. 불교 신봉자들은 자신의 **아비담마** 심리학이 시간의 황폐화 속에서 살아남았고 주류 심리학만큼 훌륭하기에 여전히 타당하다고 주장한다. 다르마의 스승들은 초보적인 지식과 과학으로서의 심리학에 대한 최소한의 이해만을 가지고 있다. 이런저런 장애에도 불구하고 서로 매력을 지니고 있는 것은 분명하다. 두 이론을 융합할 수 있는 유망한 접근방식 분야는 불교 배경을 가진 심리학자 또는 주류 심리학에 정통한 불교학자에 의해 이루어질 듯하다. 여기에는 "관계적 상호존재(Relational Interbeing)의 활동"이 필요하다. 이런 점은 이 책에서 잘 보여주고 있다.[1]

---

1 극동에 이미 존재하는 관계적 존재, 상호존재 또는 관계적 상호존재는 예를 들어 "집단적" 양심에서 나타나는 것과 같은 어두운 측면을 갖고 있다. 이것은

결론

불교는 수세기 동안 유익하게 경험해온 대인관계 관행의 낡은 패러다임에 갇힐 수 있다. 주로 내성적 전통의 닫힌 체계에 속박되어 내부에서 다르마를 혁신하고 재생하는 것은 어려워 보인다. 인간불교와 참여불교와 같은 서구적 영감을 받은 혁신은 여전히 철학적/형이상학적 및 종교적 배움에 지배되는 불교의 근본적 변화라기보다는 사회-정치적 활동의 부가물이라는 인상을 준다. 사회적 행동은 소중한 모더니스트의 노력이며 인류, 특히 일상의 최소한의 기본 생필품이 필요한 많은 사람에게 혜택을 주기 위해 꼭 필요한 실천이다. **사회주의적 다르마**는 청소년 교육 및 사회화, 범죄 및 빈곤 퇴치, 지속적인 평화 확보, 인권 및 주거지와 같은 문제에 대한 불교의 입장을 탐구한다.(Gurage, 2005) 그러나 이것은 낙태, 안락사, 자살, 또는 유전공학과 같은 생명윤리 문제에 대한 비기초주의적 공함의 가르침으로서 불교의 도덕적 입장에 지침을 제공하는가? 사회주의 불교가 아무리 칭찬할 만하고 혁명적이라 할지라도 그것은 포스트모던 시대에 다르마를 적용할 수 있는 잠재력을 갖고 있는가?

내용적인 측면에서 다르마의 마지막 변화는 4세기의 유식학파

가족, 집단, 공동체 또는 국가가 생각하는 것은 비판적 성찰 없이 맹목적으로 따르도록 제재 받는다는 것을 암시한다. 따라서 제2차 세계대전 당시 입대를 거부하는 것처럼 '자기' 양심에 따라 흐름을 역류하는 독불장군은 그런 사회에서 보기 드문 부류의 사람이 된다. 모방 행위를 강화하는 전통적 동양 문화는 독창성과 창의성을 방해하는 것처럼 보인다.

학자에 의해 이루어졌다. 그 이후로 뵌 샤마니즘(Bon Shamanism)과 결합한 티베트 금강승, 도교-유교와 결합한 선불교, 신도-사무라이 이데올로기와 결합한 일본 불교와 같이 지역 문화와의 흡습을 특징으로 하는 문화적 변이만이 이루어졌다. 반-독단적/자유주의 사상의 학파로서 다르마는 역사상 특정 시대, 장소, 인물에 따라 다른 형태와 모습을 취하는 것을 합법화하는 살아있는 교육 시스템이다. 이러한 방편은 변화하는 환경에 적응하기 위해 변증법적인 과정을 필요로 한다. 이것은 다르마가 갖는 열린 담론적 특성으로 인해 서로의 다양한 목소리에 귀를 기울이는 것을 의미한다. 이런 전통적으로 다양한 담론의 정신에서 다르마는 거의 한 세기 동안 심리학과는 관계가 없는 신화와 아이디어를 교환해 왔다.(예를 들어 Kwee & Holdstock, 1996) 다르마와 심리학의 상호작용은 지난 세기 동안 불교심리학을 재생시키는 데 다양한 노력을 해왔고, 그 결과 이제는 탄력을 받는 운동이 되었다. 사회구성주의의 노력으로 NBP는 다르마를 현대 심리학으로 재창조하는 데 도움이 될 것이다. 이것은 밑바닥에서부터 또한 내부에서만 할 수 있다. 이것은 수레로서의 **야나**의 의미와 그 **존재 이유**가 목적 그 자체가 아니라 잠정적 수단이라는 불교의 사유와도 일맥상통한다. 상좌부와 대승을 넘어 거기에서 앞으로 나아가면 여기에서 횡문화적 네오야나(transcultural Neoyana)에 대한 요청이 이루어진다. 이것은 환상, 망상, 형이상학, 종교적 신념을 버리는 사회 임상 신경심리학의 내러티브와 은유에 기반을 둔 응용되고 증거에 기반하며 통합된 붓다의 심리학이다. 이것은 SC를 다르마를 이해하는 혁신적인 방법으로 생각한다. 다르마의 역사에서 세 번째로 위대한 수레이자 네 번째 수레 역할을 하는 NBP는 무아와 상호존재에서 발생하는 사회적 행동을 적절하게 포함한다. 견해가 다르고 사람마다 다른 방식이 있을 수 있지만 명상은 붓다 이후 거의 100세대 동안 유연성과 성장을 촉진하는 기능을 유지했다. 결국 이러한 변화는 다르마를 "연기에서 횡문화적 인간 간 다중존재(transcultural interhumane multibeings in Dependent Origination)"라는 포스트모던의 공동-구성 수행으로 드러낸다. 사회적 명상이 충분히 수행되지 않는다면 NBP는 지식인들에게 하나의 선전기법, 단순한 말, 식자들의 아편이 될 것이다.

 필자는 이 책 전체에서 "영적"이라는 모호한 용어를 결과적으로 피했음을 지적하면서 결론을 맺고자 한다. 영적인 것이 대인관계 및 관계적이라는 용어로 대체되었다고 추론하는 것이 옳다. 시적 활동가에게 "사회적인 것은 충분히 영적이다." 친사회적이라는 것은 이미 구현하기가 너무 어렵기 때문에 다른 세상으로 갈 필요가 없다. 아래의 포괄적인 10가지 요약은 불교심리학과 SC가 서로를 포용하는 방식을 잘 보여준다.

 (1) 불교심리학은 정신생물학을 방기하지 않고 인간 존재의 윤곽을 몸/말/마음으로 그린다. 언어와 "관계적 상호존재"는 신체 안에 있는 것도 아니고 마음 안에 있는 것도 아니며, 대화적 만남 속에 있다.(마음을 두 귀의 사이에 있다고 보는 것이 아니라 사람 사이에 있다고 본다)
 (2) 상호작용에 초점을 두면 안-밖/자기-타자/너-나의 이원

성이 공함 속에서 무너지고 허물어진다. 또한 사회적으로 구성된 "관계적 자아"를 불러들여 필연적으로 피부 아래의 개별적 자아를 독립된 주체로서 보는 것을 거부한다.(어떻게 우리는 순수하게 사적인 것을 공하게 할 수 있을까?)

(3) 개인이 고립된 독립적 존재가 아니라 관계의 현현이라면, 관계적 상호존재는 고립된 자아들의 공함을 필요로 한다. 심지어 사적인 생각도 유아론적일 수 없으며, 그것들은 언어의 역사, 장기간 지속된 관계 및 오랜 가치에서 나온다.

(4) 방해받지 않은 상호 동일성 침투로 인해 개인은 연기에서 상호 연결된다.(붓다의 인과성 가설) 한 개인의 변화가 모든 상호 연결에서 상대적 변화를 일으키고 결과를 가져올 수 있는가?

(5) 상호 의존성의 맥락에서 사적 영역도 불가분의 관계적 네트워크 안에 포섭된다. 사회적 궤적에서 외부를 보면 우리는 내부세계의 투영을 보고, 사적 공간에서 내부를 보면 (명상에서처럼) 모든 곳에서 사회적인 것을 본다.

(6) 우리가 방에서 홀로 춤을 추고 있지만 사회적 차원은 여전히 편재하고 우리는 복잡하게 상호 연결되어 있기 때문에 사적인 것조차 사회적 구성물이며 우리 모두는 관계적이고 대인관계적인 메타-질서의 숭고함 아래 포함된다.

(7) 삶은 사회적으로 얽히고/뒤얽혀 있고 그 외의 다른 방식은 없다. 사회적 망에 존재하고 관념은 사회적 구성물이기 때문에 타자가 없는 경우에도 자족할 수 없다.(생각할 수 있는 모든 것은 상호-인간적 의미로 충전되어 있고, 심지어 우리가 결합되고 내장되어

있는 것을 당연하게 여겨도 상호관계성은 편재하고 보편적이다.)

(8) 관계적 상호존재와 국지적 실재가 되기 위해 공동체 구성원들은 춤에서와 같이 함께 움직여야 한다. 이것은 양자 모두 집단 스스로 그러하다고 믿고 있는 바대로 정의되기 때문이다. 즉 실재는 유아론적이 아니라 잠정적이며 사람이 언어적으로 공동-구성하고 의미의 춤 속에서 협상된 것이다.

(9) 과학에 의해 드러난 것이라고 할지라도 데이터는 공동체의 구성물로 남는다. 즉 "과학과 이성의 게임"은 과학자가 진리의 최종 지도가 아니라 가치의 이야기로 생각하는 시공간 및 문화에 불가분하게 연계된 것이다. 따라서 앞으로 계속해서 새로운 구성물로 대체될 것이다.

(10) 따라서 우리는 초월적 진리를 버린다. 실재, 사실, 심지어 사회구성 자체는 문화-역사적 대인관계 내러티브와 같은 관계적 맥락에서 이루어진다. 이것은 언제든지 바뀔 수 있으며 함께 하는 새로운 전망과 실천을 만들기 위해 배려하는 관계를 함께 투입해야 한다.

필자는 이것을 불교심리학과 SC, 즉 관계 불교(또는 관계적 다르마) 사이의 연애라고 부른다. 여기서 불교(깨달음-주의, Buddh-ism)라는 용어의 사용은 관계적 차원이 범-불교 가르침의 모든 측면을 가리키기 때문에 정당화된다. 이것은 초월적 진리와 몸/말/마음의 자아를 궁극적으로 공한(비기초주의적인) 것으로 보지만, 다양한 진리와 실재를 상호존재(공통 언어로 응결된 사회 집단)의 잠정적-구성적 실천으로

인식한다. 그 목표는 마음챙김의 공함, 계몽된 이기심, 타자의 이해를
비추는 명상을 통해 붓다를 이루는 것이다. 그 길은 우선 두려움을
창의와 자비로, 분노를 관심과 자애로, 슬픔을 기쁨과 평등심으로
변화시켜 인간적인 다중존재(humane multibeing)가 되고 관계적 상호
존재의 통찰을 바탕으로 사회적 명상을 통해 행복을 실천하는 것이다.

참고문헌

Ainslie, G.(2001). *Breakdown of will.* Cambridge: Cambridge University Press.

Albee, G.W.(1982). Preventing psychopathology and promoting human potential. *American Psychologist, 37,* 1043−1050.

Alexander, F.(1931). Buddhist training as an artificial catatonia. *Psychoanalytic Review, 18,* 129−45.

Allen, C.(2003). *The search for the Buddha.* New York: Carroll & Grof.

Almaas, A.H.(2004). *The inner journey home.* Boston: Shambhala.

Alston, W.P.(1967). Emotion and feeling. In P. Edwards (Ed.), *The encyclopedia of philosophy* (Vol. 2). New York: Collier Macmillan.

American Psychiatric Association (2000). *Diagnostic and Statistical Manual of mental disorders* (*DSM−IV−TR*). Washington, DC: Author.

Anacker, S.(2005). *Seven works of Vasubandhu: The Buddhist psychological doctor.* New Delhi: Motilal Banarsidass.

Analayo(2003). *Satipatthana: The direct path to realization.* Kandy, Sri Lanka: Buddhist Publication Society.

Anderson, D., & Smith, H. (Eds).(1913−1948). *Suttanipata.* London: Pali Text Society.

Andresen, J.(2000). Meditation meets behavioural medicine. *Journal of Consciousness Studies, 7,* 17−73.

Aronson, H.B.(2004). *Buddhist practice on western ground.* Boston: Shambhala.

Arpaia, J., & Rapgay, L.(2008). *Real meditation in minutes a day.* Boston, MA: Wisdom Publications.

Astin, J.A.(1997). Stress reduction through mindfulness meditation. *Psychotherapy & Psychosomatics, 66,* 97−106.

Atkinson. J.(1957). Motivational determinants of risk-taking behaviour. *Psychological Review, 64*, 359–372.

Austin, J.(1998). *Zen and the brain: Toward an understanding of meditation and consciousness.* Cambridge, MA: MIT Press.

Austin, J.(2000). Consciousness evolves when the Self dissolves. *Journal of Consciousness Studies, 7*, 209–230.

Austin, J.(2006). *Zen-brain reflections.* Cambridge, MA: MIT Press.

Austin, J.(2008). Selfless insight-wisdom: A thalamic gateway. In Sounds True (Eds.), *Measuring the immeasurable: The scientific basis of spirituality* (pp.211–230). Louisville, CO: Sounds True, Inc.

Austin, J.(2009). *Selfless insight: Zen and the meditative transformations of consciousness.* Cambridge, MA: MIT Press.

Austin, J.(2010) The thalamic gateway: How the meditative training of attention evolves toward selfless states of consciousness. In B. Bruya (Ed.) *Effortless attention: A new perspective in the cognitive science of attention and action* (pp.79–121). Cambridge, MA: MIT Press.

Averill, J.R.(1980). Emotion and anxiety: Sociocultural, biological and psychological determinants. In A. Rorty (Ed.), *Explaining emotions* (pp.37–72). Berkeley, CA: University of California Press.

Baer, R.A.(2003). Mindfulness training as a clinical intervention: A conceptual and empirical review. *Clinical Psychology: Science & Practice, 10*, 125–143.

Baer, R.A., Smith, G.T., & Allen, K.B.(2004). Assessment of mindfulness by self-report: The Kentucky Inventory of Mindfulness Skills. *Assessment, 11*, 1–16.

Baer, R.A., Hopkins, J., Krietemeyer, J., Smith, G.T., & Toney, L.(2006). Using self report assessment methods to explore facets of mindfulness. *Assessment, 13*, 27–45.

Baker, T.B., Piper, M.E., McCarthy, D.E., Majeskie, M.R., & Fiore, M.C.(2004). Addiction motivation reformulated: An affective processing model of negative reinforcement. *Psychological Review, 111*, 33-51.

Bandura, A.(2001). Social cognitive theory: An agentive perspective. *Annual Review of Psychology, 52*, 1-26.

Bankart, C.P.(1997). *Talking cures: A history of western & eastern psycho-therapies.* Pacific Grove, CA: Brooks/Cole.

Bankart, C.P., Koshikawa, F., Nedate, K., & Haruki, Y.(1992). When West meets East: Contributions of eastern traditions to the future of psycho-therapy. *Psychotherapy, 29*, 141-149.

Baumeister, R.R., & Vohs, K.D. (Eds.).(2004). *Handbook of self-regulation: Research, theory, and applications.* New York: Guilford.

Bechert, H. (Ed.).(1995). *When did the Buddha live? The controversy on the dating of the historical Buddha.* New Delhi: Sri Satguru Publications.

Beck, A.T.(1976). *Cognitive therapy and the emotional disorders.* New York: International Universities Press.

Benson, H.(1975). *The relaxation response.* New York: Morrow.

Bien, T., & Bien, B.(2002). *Mindful recovery: A spiritual path to healing from addiction.* New York: Willey.

Bitner, R., Hillman, L., Victor, B., & Walsh, R.(2003). Subjective effects of antidepressants: A pilot study of the varieties of antidepressant-induced experiences in meditators. *Journal of Nervous & Mental Disease, 11*, 660-667.

Bishop, S.R.(2002). What do we really know about mindfulness-based stress reduction? *Psychosomatic Medicine, 64*, 71-84.

Bishop, S.R., Lau, M., Shapiro, S., Carlson, L., Anderson, N.D., et al.(2004). Mindfulness: A proposed operational definition. *Clinical Psychology: Science & Practice, 11*, 230-241.

868

Blackburn, S.(1998). *Ruling passions.* New York: Oxford University Press.

Blazer, D.G., Hughes, D., George, L.K., Swartz, M., & Boyer, R.(1991). Generalized Anxiety Disorder. In L.N. Robins & D.A. Regier (Eds.), *Psychiatric disorders in America* (pp.180–203). New York: Free Press.

Bloch, S., & Singh, B.S.(2004). *Understanding troubled minds.* Melbourne University Press.

Bodhi, B. (Ed.)(1993). *A comprehensive manual of Abhidhamma.* Kandy, Sri Lanka: Buddhist Publication Society.

Bodhi, B.(2000). *The Connected Discourses of the Buddha: A new translation of the Samyutta Nikaya.* Boston, MA: Wisdom Publications.

Bodhi, B.(2002). *Connected discourses of the Buddha* (Vols. I & II). Boston, MA: Wisdom Publications.

Bodhi, B.(2006). The nature of mindfulness and its role in Buddhist meditation. A correspondence between Alan Wallace and Bhikkhu Bodhi. Unpublished.

Boorstein, S.(1997). *Clinical studies in transpersonal psychotherapy.* Albany, NY: State University of New York Press. 450 New Horizons in Buddhist Psychology

Borkovec, T.D., Ray, W.J., & Stober, J.(1998). Worry: A cognitive phenomenon intimately linked to affective. physiological, and interpersonal behavioral processes. *Cognitive Therapy & Research, 22,* 561–576.

Borkovec, T.D., Robinson, E., Pruzinsky, T., & DePree, J.A.(1983). Preliminary exploration of worry: Some characteristics and processes. *Behaviour Research & Therapy, 21,* 9–16.

Brazier, D.(1995). *Zen therapy.* New York: Wiley.

Breslin, F.C., Zack, M., & McMain, S.(2002). An information–processing analysis of mindfulness: Implications for relapse prevention in the treatment of substance abuse. *Clinical Psychology: Science & Practice, 9,* 275–299.

Brinol, P., Petty, R.E., & Wagner, B.(2009). Body posture effects on self-evaluation: a selfvalidation approach. *European Journal of Social Psychology*, *39*, 1053-1064.

Brown, K.W., & Ryan, R.M.(2003). The benefits of being present: Mindfulness and its role in psychological well-being. *Journal of Personality & Social Psychology*, *84*, 822-848.

Brown, K.W., & Ryan, R.M.(2004). Perils and promise in defining and measuring mindfulness: Observations from experience. *Clinical Psychology: Science & Practice*, *11*, 242-248.

Buddhadasa, B.(1992). *Paticcasamuppada: Practical dependent origination*. Nonthaburi, Thailand: Vuddhidhamma Fund.

Bugental, J.F.T.(1964). The third force in psychology. *Journal of Humanistic Psychology*, *4*, 9-25.

Bühler, K.E.(2005). The effect of Autogenic Training on feeling and mood of outpatients in psychotherapy. *Schweizer Archiv für Neurologie und Psychiatrie*, *156*, 247-256.

Buswell, R.E. (Ed.).(2003). *Encyclopedia of Buddhism*. New York: Macmillan.

Butler, A.C., Chapman, J.E., Forman, E.M., & Beck, A.T.(2006). The empirical status of cognitive-behavioral therapy: A review of meta-analyses. *Clinical Psychology Review*, *26*, 17-31.

Byrom, T.(Transl.).(2001). *The Dhammapada*. New York: Bell Tower.

Caldwell, C.(1996). *Getting our bodies back*. Boston, MA: Shambala.

Caplan, G.(1964). *Principles of preventive psychiatry*. New York: Basic Books.

Carey, B.(2008). Lotus Therapy. *New York Times* (online).

Carlson, L.E., Speca, M., Patel, K.D., & Goodey, E.(2003). Mindfulness-based stress reduction in relation to quality of life, mood, symptoms of stress, and immune parameters in breast and prostate cancer outpatients. *Psychosomatic Medicine*, *65*, 571-581.

Carlson, L.E., Speca, M., Faris, P., & Patel, K.D.(2007). One year pre-post intervention follow-up of psychological, immune, endocrine and blood pressure outcomes of mindfulness-based stress reduction in breast and prostate cancer outpatients. *Brain, Behavior & Immunity*, *21*, 1038–1049.

Carlson, L.E., Ursuliak, Z., Goodey, E.A.M., & Speca, M.(2001). The effects of a mindfulness meditation based stress reduction program on mood, & symptoms of stress in cancer outpatients: Six month follow-up. *Support Care in Cancer*, *9*, 112–123.

Carrithers, M.(1983). *The Buddha*. Oxford: Oxford University Press.

Carson, J.W., Carson, K.M., Gil, K.M., & Baucom, D.H.(2004). Mindfulness -basedrelationship enhancement. *Behavior Therapy*, *35*, 471–494.

Carus, P.(1904). *The gospel of the Buddha* (4th ed.). Chicago: The Open Court Publishing.

Cassel, R.N.(1995). Assessing the harmony of one's feelings in relation to culture embraced by use of biofeedback (where today is tomorrow in health care). *Education*, *116*, 251–259.

Chambless, D.L., & Gillis, M.M.(1993). Cognitive Therapy for anxiety disorders. *Journal of Consulting & Clinical Psychology*, *61*, 248–260.

Chandavimala, R.(1994). *Vancaka dharma hascittopakle adharma*. Boralesga-muwa, Sri Lanka: Prabuddha Publishers (originally published in 1952).

Chödron, P.(2001). *The places that scare you: A guide to fearlessness in difficult times*. Boston, MA: Shambhala.

Christopher, M.S.(2003). Albert Ellis and the Buddha: Rational soul mates? A comparison of Rational Emotive Behavior Therapy and Zen Buddhism. *Mental Health, Religion & Culture*, *6*, 283–293.

Clark, D. A.(2005).(Ed.). *Intrusive thoughts in clinical disorders*. New York: Guilford.

Claxton, G.(1992). *The heart of Buddhism*. London: Aquarian Press.

Claxton, G.(2000). *Hare brain, tortoise brain.* New York: Harper-Collins.

Cleary, T.(1993). *The flower ornament scripture.* Boston, MA: Shambala.

Coleman, J.(1983). *Wolfgang Luthe's cathartic Autogenic methods: A practice manual for Autogenic therapists.* London: BAFATT.

Conze, E.(1980). *A short history of Buddhism.* Oxford, UK: One World.

Cortright, B.(1997). *Psychotherapy and spirit.* Albany, NY: State University of New York Press.

Cowings, P.S.(1997). *Autogenic feedback training exercise: Methods and system.* U.S. Patent #5,964,939. USPTO Full Text and Image Database 1997. Available at ⟨www.uspto.gov/patft/index.html⟩.

Craske, M.G., & Hazlett-Stevens (2002). Facilitating symptom reduction and behavior change in GAD: The issue of control. *Clinical Psychology: Science & Practice, 9,* 69-75.

Crick, F.(1994). *The astonishing hypothesis: The scientific search for the soul.* London: Methuen.

Crits-Christoph, P., Gibbons, M.B.C., & Crits-Christoph, K.(2004). Supportive expressive psychodynamic therapy. In R.G. Heimberg, C.L. Turk, & D.S. Mennin (Eds.), *Generalized Anxiety Disorder: Advances in research and practice* (pp.320-350). New York: Guilford.

Csikszentmihalyi, M.(1990). *Flow: The psychology of optimal experience.* New York: Harper & Row.

Dalgleish, T., & Watts, F.M.(1990). Biases of attention and memory in disorders of and depression. *Clinical Psychology Review, 10,* 589-604.

Damasio, A.(1994). *Descartes' error.* New York: Putnam.

Das, S.(1997). *Awakening the Buddha within.* New York: Broadway Books.

Davidson, R.J., & Kabat-Zinn, J.(2004). Response to J.C. Smith. *Psychosomatic Medicine, 66,* 148-152.

Davidson, R.J., Scherer, K.R., & Goldsmith, H. (Eds.).(2003). *Handbook of the affective sciences*. New York: Oxford University Press.

Davidson, R.J., Kabat-Zinn, J., Schumacher, J., Rosenkranz, M., Muller, D., et al.(2003). Alteration in brain and immune function produced by mindfulness meditation. *Psychosomatic Medicine, 65*, 564–570.

Davis, B.(1993). *An Introduction to the philosophy of religion* (2ⁿᵈ ed.). Oxford: Oxford University Press.

Davis, M.(1997). Neurobiology of fear responses: The role of the amygdala. *Journal of Neuropsychiatry & Clinical Neuroscience, 9*, 382–402.

Dawkins, R.(1976). *The selfish gene*. Oxford: Oxford University Press.

DeCharms, C.(1997). *Two views of mind: Abhidhamma and brain*. Ithaca, NY: Snow Lion.

De la Vallée Poussin, L., & Thomas, E.J. (Eds.).(1916–1917). *Mahaniddesa* (2 vols.). London: Pali Text Society.

De Maria, E.P., & Mikulas, W.L.(1991). Women's awareness of their menstrual cycles. *Journal of Psychology & Human Sexuality, 4*, 71–82.

De Silva, M.W.P.(1973). *Buddhist and Freudian psychology*. Colombo: Lake House Publications.

De Silva, M.W.P.(1978/1992a). *Buddhist and Freudian psychology* (2ⁿᵈ/3ʳᵈ eds.). Singapore: National University of Singapore Press.

De Silva, M.W.P.(1992b). *Twin peaks: Compassion and insight*. Singapore: Buddhist Research Society.

De Silva, M.W.P.(1995). Theoretical perspectives on emotions in Early Buddhism. In R. Ames & J. Marks (Eds.), *Emotions in Asian thought*. Albany, NY: The State University of New York Press.

De Silva, M.W.P.(2002). *Buddhism, ethics and society*. Clayton: Monash Asia Institute.

De Silva, M.W.P.(2005). *An introduction to Buddhist psychology* (4ᵗʰ ed.). London: Palgrave-Macmillan

De Silva, P.(1984a). Buddhism and behaviour modification. *Behaviour Research & Therapy*, *22*, 661−678.

De Silva, P.(1984b). The Buddhist attitude to alcholism. In G. Edwards, A. Arif, & J. Jaffe (Eds.), *Drug use and misuse: Cultural perspectives* (pp.33−41). London: Croom Helm.

De Silva, P.(1985). Early Buddhist and modern behavioral strategies for the control of unwanted intrusive cognitions. *Psychological Record*, *35*, 437−443.

De Silva, P.(1986). Buddhism and behaviour change: Implications for therapy. In G. Claxton (Ed.), *Beyond therapy*. London: Wisdom Publications.

De Silva, P.(1990). Meditation and beyond: Buddhism and psychotherapy. In M.G.T. Kwee (Ed.), *Psychotherapy, meditation & health: A cognitive-behavioural perspective* (pp.165−182). London: East−West.

De Silva P.(1996). Buddhist psychology: Theory and therapy. In M.G.T. Kwee & T.L. Holdstock (Eds.), *Western & Buddhist psychology: Clinical perspectives* (pp.125−147). Delft, Netherlands: Eburon.

De Silva, P.(2001). A psychological analysis of the Vittakkasanthana Sutta. *Buddhist Studies Review*, *18*, 65−72.

De Silva, P.(2003). Obstacles to insight: Some reflections on an aspect of Buddhist psychology. *Constructivism in the Human Sciences*, *8*, 173−180.

De Silva, P., & Samarasinghe, D.(1998). Behaviour therapy in Sri Lanka. In T.P.S. Oei (Ed.), *Behaviour therapy and cognitive behaviour therapy in Asia* (pp.141−147). Glebe, NSW: Edumedia.

DelMonte, M.M.(1985). Meditation and anxiety reduction: A literature review. *Clinical Psychology Review*, *5*, 91−102.

De Vibe, M.(2006). Mindfulness and health intervention. In M.G.T. Kwee, K.J. Gergen, & F. Koshikawa (Eds.), *Horizons in Buddhist Psychology: Practice, research & theory* (pp.197−208). Chagrin Falls. OH: Taos

Institute Publications.

Didonna, F. (Ed.).(2009). *Clinical handbook of mindfulness.* New York: Springer.

Docket, K.H., Dudley-Grant, G.R., & Bankart, C.P.(2003). *Psychology and Buddhism: From individual to global community.* New York: Kluwer.

Drago, V., Foster, P., Webster, D., et al.(2007). Lateral and vertical attentional biases in normal individuals. *International Journal of Neuroscience, 117,* 1415–1424.

Dugas, M.J., Gagnon, F., & Ladouceur, R.(1998). Generalized Anxiety Disorder: A preliminary test of a conceptual model. *Behaviour Research & Therapy, 36,* 215–226.

Dunn, B.R., Hartigan, J.A., & Mikulas, W.L.(1999). Concentration and mindfulness meditation: Unique forms of consciousness? *Applied Psychophysiology & Biofeedback, 24,* 147–165.

Dutt, N.(1945). *Early monastic Buddhism* (Vol. II). Calcutta: Calcutta Oriental Press.

Easterbrook, J.A.(1959). The effects of emotion on cue utilization and the organization of behavior. *Psychological Review, 66,* 183–201.

Ekman, P.(2003). *Emotions revealed: Recognizing faces and feelings to improve communication and emotional life.* London: Times Books.

Ekman, P., & Friesen, W.V.(1975). *Unmasking the face: A guide to recognizin emotions from facial clues.* Englewood Cliffs, NJ: Prentice-Hall.

Ekman, P., Davidson, R., Ricard, M., & Wallace, A.(2005). Buddhist and psychological perspectives on emotions and well-being. *Current Directions in Psychological Science, 14,* 59–63.

Ellis, A.(1976). RET abolishes most of the human ego. *Psychotherapy, 13,* 343–348.

Elster, J.(1999). *Strong feelings: Emotion, addiction, and human behaviour.* Cambridge, MA: MIT Press.

Engel, G.L.(1977). The need for a new medical model: A challenge for biomedicine. *Science, 196*, 129-135.

Engler, J.(1984). Therapeutic aims in psychotherapy and meditation: Developmental stages in the representation of the self. *Journal of Transpersonal Psychology, 16*, 25-61.

Engler, J.(2003). Being somebody and being nobody: A re-examination of the understanding of self in psychoanalysis and Buddhism. In J.D. Safran (Ed.), *Psychoanalysis and Buddhism* (pp.35-79). Boston, MA: Wisdom Publications.

Epstein, M.D.(1984). On the neglect of evenly suspended attention. *Journal of Transpersonal Psychology, 16*, 193-205.

Epstein, M.D.(1996). *Thoughts without a thinker: Psychotherapy from a Buddhist perspective.* New York: Basic Books.

Fairbairn, W.R.D.(1952). *An object-relations theory of the personality.* New York: Basic Books.

Farnè, M., & Gnugnoli, D.(2002). Effects of autogenic training on emotional distress symptoms. *Stress Medicine, 16*, 259-261.

Farnè, M., & Jimenez-Muñoz, N.(2002). Personality changes induced by autogenic training practice. *Stress Medicine, 16*, 263-268.

Feer, L. (Ed.).(1884-1904). *Samyutta Nikaya* (6 vols.). London: Pali Text Society.

Flanagan, O.(2003). The colour of happiness. *New Scientist, 178*, 44.

Fleischman, P.R.(1999). *Karma and chaos: New and collected essays on Vipassana meditation.* Onalaska, WA: Paryatti.

Fleischman, P.R.(2004). *Cultivating inner peace* (2nd ed.). Onalaska, WA: Pariyatti.

Fontana, D.(1987). Self-assertion and self-negation in Buddhist psychology. *Journal of Humanistic Psychology, 27*, 175-195.

Foucher, A.(1964). *The life of the Buddha.* Connecticut, NE: Wesleyan University

Press.

Fredrickson, B.L., Cohn, M.A., Coffey, K.A., Pek, J., & Finkel, S.M.(2008). Open hearts build lives: Positive emotions, induced through loving -kindness meditation, build consequential personal resources. *Journal of Personality & Social Psychology, 95*, 1045-1062.

Freeston, M.H., Dugas, M.J., & Ladouceur, R.(1996). Thoughts, images, worry, and anxiety. *Cognitive Therapy & Research, 20*, 265-273.

Freeston, M.H., Ladouceur, R., Thibodeau, N., & Gagnon, F.(1991). Cognitive intrusions in a non-clinical population. I. Response style, subjective experience, and appraisal. *Behaviour Research & Therapy, 29*, 589-597.

Frijda, N.(1987). *The emotions.* New York: Cambridge University Press.

Fromm-Reichmann, F.(1955). Psychiatric aspects of anxiety. In C.M. Thompson, M. Mazer, & E. Witenberg (Eds.), *An outline of psychoanalysis* (pp.113-133). New York: Modern Library.

Gardner, F.L., & Moore, Z.E.(2004). A mindfulness-acceptance-commitment -based approach to athletic performance enhancement: Theoretical considerations. *Behavior Therapy 35*, 707-723

Gastaldo, G., & Ottobre, M.(1994). *Il Training Autogeno in quattro stadi: L'appuntamento con se stessi.* Roma, Italy: Armando.

Gergen, K.J.(1996) Social psychology as social construction: The emerging vision. In C. McGarty & A. Haslam (Eds), *The message of social psychology: Perspectives on mind in society.* Oxford: Blackwell

Gergen, K.J.(1997). Social theory in context: Relational humanism. In J. Greenwood (Ed.), *The mark of the social* (pp.213-230). New York: Rowman & Littlefield.

Gergen, K.J.(1999). *An invitation to Social Construction.* London: Sage.

Gergen, K.J.(2000). *The Saturated self: Dilemmas of identity in contemporary life.* New York: Basic Books.

Gergen, K.J.(2001). Psychological science in a postmodern context. *The American Psychologist, 56*, 803–813.

Gergen, K.J.(2009). *Relational Being: Beyond the individual and community.* Oxford: Oxford University Press.

Gergen, K.J.(2009a). An invitation to Social Construction (2nd ed.). London: Sage.

Gergen, K.J., & Gergen, M.(2004). *Social Construction: Entering the dialogue.* Chagrin Falls: Taos Institute Publications.

Gergen, K.J., & Hosking, D.M.(2006). If you meet Social Construction along the road: A dialogue with Buddhism. In M.G.T. Kwee, K.J. Gergen, & F. Koshikawa (Eds.), *Horizons in Buddhist Psychology: Practice, research & theory* (pp.299–314). Chagrin Falls, OH: Taos Institute Publications.

Germer, C.K., Siegel, R.D., & Fulton, P.R. (Eds.).(2005). *Mindfulness and psychotherapy.* New York: Guilford.

Gethin, R.(1998). *The foundations of Buddhism.* Oxford, UK: Oxford University Press.

Gilbert, P., & Procter, S.(2006). Compassionate mind training for people with high shame and self-criticism: Overview and pilot study of a group therapy approach. *Clinical Psychology & Psychotherapy, 13*, 353–379.

Giommi, F.(2006). Mindfulness and its challenge to cognitive-behavioral practice. In M.G.T. Kwee, K.J. Gergen, & F. Koshikawa (Eds.), *Horizons in Buddhist Psychology: Practice, research & theory* (pp.209–224). Chagrin Falls. OH: Taos Institute Publications.

Glasser, W.(1976). *Positive addiction.* New York: Harper & Row.

Gleick, J.(1988). Chaos: *Making a new science.* New York: Pantheon.

Goenka, S.N.(2004). *Fifty years of Dhamma service.* Igatpuri, India: Vipassana Research Institute.

Goldie, P.(2002). *The emotions.* Oxford: Oxford University Press.

Goldbeck, L., & Schmid, K.(2003). Effectiveness of autogenic relaxation training on children and adolescents with behavioral and emotional problems. *Journal of the American Academy of Child and Adolescent Psychiatry, 42,* 1046–1054.

Goldstein, J.(1993). *Insight meditation.* Boston: Shambhala.

Goleman, D.(1988). *The meditative mind.* Los Angeles: Tarcher.

Goleman, D. (Ed).(2003). *Destructive emotions.* New York: Bantam Dell.

Goleman, D.(1997). *Emotional intelligence.* New York: Bantam Books.

Gombrich, R.F.(1988). *Theravada Buddhism.* London: Routledge & Kegan Paul.

Gombrich, R.F.(1996). *How Buddhism began.* London: Athlone Press.

Gould, R.A., Safren, S.A., O'Neill Washington, D., & Otto, M.W.(2004). A meta analytic review of cognitive behavioral treatments. In R.G. Heimberg, C.L.Turk, & D.S. Mennin (Eds.), *Generalized Anxiety Disorder: Advances in research and practice* (pp.248–264). New York: Guilford.

Govinda, L.A.(1969). *Foundations of Tibetan mysticism.* York Beach, ME: Red Wheel.

Griffith, J.P.(1985). *On being mindless: Buddhist meditation and the mind-body problem.* La Salle, IL: Open Court.

Grepmair, L., Mitterlehner, F., & Nickel, M.(2008). Promotion of mindfulness in psychotherapists in training. *Psychiatry Research, 158,* 265.

Grossman, P., Niemann, L., Schmidt, S., & Walach, H.(2004). Mindfulness-based stress reduction and health benefits: A meta-analysis. *Journal of Psychosomatic Research, 57,* 35–43.

Grossman, P.(2008). On measuring mindfulness in psychosomatic and psychological research. *Journal of Psychosomatic Research, 64,* 405–408.

Groves P., & Farmer R.(1994). Buddhism and addictions. *Addiction Research, 2,* 183–194.

Gunaratana, H.(1993). *Mindfulness in plain English.* Boston, MA: Wisdom Publications.

Gunaratna, V.F.(1968). *The significance of the Four Noble Truths.* Kandy, Sri Lanka: Buddhist Publication Society.

Guruge, A.W.P. (Ed.).(1965). *Return to righteousness: A collection of speeches, essays and lectures of the Anagarika Dharmapala.* Colombo, Ceylon: The Government Press.

Guruge, A.W.P.(1999). *What in brief is Buddhism?* Monterey Park, CA: Mitram Books.

Guruge, A.W.P.(2005). *Buddhist answers to current issues:* Studies in socially engaged humanistic Buddhism. Bloomington, IN: House Publications.

Guttmann, G.(2002). *Conversation with Dr. Heinrich Wallnöfer, Vienna, Austria.* Unpublished video recording, transl. from the German by Tamara Callea.

Gyatso, T.(Dalai Lama) & Beck, A.T.(2006). Himalaya Buddhism meets Cognitive Therapy: The Dalai Lama and Aaron T. Beck in dialogue, narrated by Marja Kwee-Taams and Maurits G.T. Kwee. In M.G.T. Kwee, K.J. Gergen, & F. Koshikawa (Eds.), *Horizons in Buddhist Psychology: Practice, research & theory* (pp.27-48). Chagrin Falls. OH: Taos Institute Publications.

Hanson, N.R.(1958). *Patterns of discovery.* Cambridge: Cambridge University Press.

Hanson, R.(2009). *Buddha's brain: The practical neuroscience of happiness, love, and wisdom.* Oakland, CA: New Harbinger.

Hardy, E. (Ed.).(1902). *Nettippakarana.* London: Pali Text Society.

Hart, W. (Ed).(1987). *The art of living: Vipassana meditation as taught by S.N. Goenka.* San Fransisco: Harper & Row.

Haruki, Y., & Kaku, K.T. (Eds.).(2000). *Meditation as health promotion: A lifestyle modification approach.* Delft, Netherlands: Eburon.

Haruki, Y., Homma, I., Umezawa, A., & Masaoka, Y.(2001). *Respiration and emotion*. Tokyo: Springer-Verlag.

Harvey, P.(1997). Psychological aspects of Theravada Buddhist meditation training: Cultivating an I-less self. In K.L. Dhammajoti, A. Tilakaratne, & K. Abhayawansa (Eds.), *Recent researches in Buddhist studies: Essays in honour of Professor Y. Karunadasa*. Colombo, Sri Lanka: Y. Karunadasa Felicitation Committee.

Harvey, P.(2000). *An introduction to Buddhist ethics*. Cambridge: Cambridge University Press.

Hayes, A.M., & Feldman, G.(2004). Clarifying the construct of mindfulness in the context of emotion regulation and the process of change in therapy. *Clinical Psychology: Science & Practice, 11*, 255-262.

Hayes, S.C., & Smith, S.(2005). *Get out of your mind and into your life: The new acceptance and commitment therapy*. Oakland, CA: New Harbinger.

Hayes, S.C., Follette, V.M., & Linehan, M.M. (Eds.).(2004). *Mindfulness and acceptance*. New York: Guilford.

Hayes, S.C., Strosahl, K., & Wilson, K.G.(1999). *Acceptance and commitment therapy*. New York: Guilford.

Hayward, L.R.C.(1965). Reduction in stress reactivity by Autogenic Training. In W. Luthe (Ed.), *Autogenic Training: Correlationes psychosomaticae* (pp.98-110). New York: Grune & Stratton.

Hetherington, I.(2003). *Realizing change: Vipassana meditation in action*. Seattle: Vipassana Research Publications.

Higgins, E.T.(1987). Self-discrepancy: A theory relating self and affect. *Psychological Review, 94*, 319-340.

Hobson, J.A., & Pace-Schott E.F.(2002). The cognitive neuroscience of sleep: Neuronal systems, consciousness and learning, *Nature Reviews Neuroscience, 3*, 679-693.

Horney, K.(1950). *Neurosis and human growth: The struggle towards self-realization.* New York: Norton.

Horowitz, M.J.(2002). Self and relational observation. *Journal of Psychotherapy Integration, 12,* 115-127.

Hsing Yun(1998). *How I practice Humanistic Buddhism.* Taipei, Taiwan: IBTS.

Humphreys, C.(1987). *The wisdom of Buddhism.* London: Curzon.

Hutcherson, C.A., Seppala, J.M., & Gross, J.J.(2008). Loving-kindness meditation increases social connectedness. *Emotion, 8,* 720-724.

Huynh, T.V., Gotay, C., Layi, G., & Garrard, S.(2007). Mindfulness meditation and its medical and non-medical applications. *Hawaii Medical Journal, 66,* 328-330.

Ingram, R.E.(1990). Self-focused attention in clinical disorders: Review and a conceptual model. *Psychological Bulletin, 107,* 156-176.

Izard, C.E.(1972). *The face of emotion.* New York: Appleton-Century-Crofts.

Izard, C.E.(1993). Four systems for emotion activation: Cognitive and non-cognitive processes. *Psychological Review, 100,* 68-90.

Jack, B.N., W. Heller, P.A. Palmieri, & G.A. Miller(1997). Contrasting patterns of brain activity in anxious apprehension and anxious arousal. *Psychophysiology, 36,* 628-637.

Jackson, P.(1995). *Sacred hoops: Spiritual lessons of a hardwood warrior.* New York: Hyperion.

James, W.(1890). *Principles of psychology.* New York: Holt.

Jing Yin.(2002). *The Vinaya in India and China: Spirit and transformation.* Unpublished Ph.D.-thesis submitted at the School of Oriental and African Studies, University of London.

Johnson-Laird, P.N., & Oatley, K.(1992). Basic emotions, rationality, and folk theory. In N.L. Stein & K. Oatley (Eds.), *Basic emotions.* Hove, UK: Erlbaum.

Jung, C.G.(1969). *Psychology and religion: West and East* (Vol. 11) (2nd ed.). Princeton: Princeton University Press.

Kabat-Zinn, J.(1982). An outpatient program in behavioral medicine for chronic pain patients based on the practice of mindfulness meditation: Theoretical considerations and preliminary results. *General Hospital Psychiatry, 4*, 33–47.

Kabat-Zinn, J.(1990). *Full catastrophe living: Using the wisdom of your body and mind to face stress, pain, and illness.* New York: Delacourt Press.

Kabat-Zinn, J.(1994). *Wherever you go, there you are: Mindfulness meditation in everyday life.* New York: Hyperion.

Kabat-Zinn, J.(2000). Indra's net at work: The mainstreaming of Dharma practice in society. In G. Watson, S. Batchelor, & G. Claxton (Eds.), The psychology of awakening: *Buddhism, science, and our day-to-day lives* (pp. 225–249). York Beach, ME: Samuel Weiser.

Kabat-Zinn, J.(2003a). Mindfulness-Based Stress Reduction (MBSR). In M.G.T. Kwee & M.K. Taams (Eds.), Special issue: A tribute to Yutaka Haruki. *Constructivism in the Human Sciences, 2*, 73–106.

Kabat-Zinn, J.(2003b). Mindfulness-based interventions in context: Past, present and future. *Clinical Psychology: Science & Practice, 10*, 144–156.

Kabat-Zinn, J.(2005). Coming to our senses. New York: Hyperion.

Kabat-Zinn, J.(2009). Foreword. In F. Didonna (Ed.), *Clinical handbook of mindfulness* (pp. xxv–xxxiii). New York: Springer.

Kabat-Zinn, J.(2009a). Foreword. In S.L. Shapiro & L. Carlson (Eds.), *The art and science of mindfulness* (pp. ix–xii). Washington, DC: American Psychological Association.

Kabat-Zinn, J., Lipworth, L., & Burney, R.(1985). The clinical use of mindfulness meditation for the self-regulation of chronic pain. *Journal of Behavioral Medicine, 8*, 163–190.

Kabat-Zinn, J., Lipworth, L., Burney, R., & Sellers, W.(1987). Four-year follow-up of a meditation program for the self-regulation of chronic pain: Treatment outcome and compliance. *Journal of Clinical Pain, 2*, 159-173.

Kabat-Zinn, J., Massion, A.O., Kristeller, J., Peterson, L.G., Fletcher, K.E., et al.(1992). Effectiveness of a meditation-based stress reduction program in the treatment of anxiety disorders. *America Journal of Psychiatry, 149*, 936-943.

Kabat-Zinn, J., Wheeler, E., Light, T., Skillings, Z., Scharf, M.J., et al.(1998). Influence of a mindfulness-based stress reduction intervention on rates of skin clearing in patients with moderate to severe psoriasis undergoing phototherapy (UVB) and photochemotherapy (PUVA). *Psychosomatic Medicine, 50*, 625-289.

Kagan, J.(1998). *Three seductive ideas*. Cambridge, MA: Harvard University Press.

Kahneman, D.(2003). A Perspective on judgement and choice: Mapping bounded rationality. *American Psychologist, 58*, 697-720.

Kalupahana, D.J.(1987). *The principles of Buddhist psychology*. Albany, NY: State University of New York Press.

Kalupahana, D.J.(1995). *Ethics in Early Buddhism*. Honolulu: University of Hawaii Press.

Kalupahana, D.J., & Kalupahana, I.(1982). *The way of Siddhartha*, Boulder, CO: Shambhala.

Kanji, N., White, A., & Ernst, E.(2004). Autogenic Training reduces anxiety after coronary angioplasty: A randomised clinical trial. *American Heart Journal, 147*, 10, K1-K4.

Kanji. N., White, A., & Ernst, E.(2006). Autogenic Training to reduce anxiety in nursing students: Randomized controlled trial. *Journal of Advanced*

Nursing, 53, 729–735.

Katz, N.(1982). *Buddhist images of human perfection.* New Delhi: Motilal Banarsidas.

Kelly, B.D.(2008). Buddhist psychology, psychotherapy and the brain: A critical introduction. *Transcultural Psychiatry, 45*, 5–30.

Kennett, J.(2001). *Agency and responsibility.* Oxford: Oxford University Press.

Kenny, M.A., & Williams, J.M.G.(2007). Treatment‒resistant depressed patients show a good response to mindfulness‒based cognitive therapy. *Behaviour Research & Therapy, 45*, 617–625.

Keown, D.(2005). Buddhism: Morality without ethics. In G. Piyadassi, L. Perera, & R. Wijetunge (Eds.), *Buddhism in the West.* London: World Buddhist Foundation.

Kermani, K.(1990). *Autogenic Training: The effective holistic way to better health.* London: Souvenier Press.

Khema, A.(1997). *Who is my self?* Somerville, MA: Wisdom Publications.

Kimball, R.L.(2000). Humanistic Buddhism as conceived and interpreted by grand master Hsing Yun of Fo Guang Shan. *Hsi Lai Journal of Humanistic Buddhism, 1*, 1–52.

Kircher, T., Teutsch, E., Wormstall, H., Buchkremer, G., & Thimm, E.(2004). Effects of Autogenic Training in elderly patients. *Zeitschrift für Gerontologie und Geriatrie, 35*, 157–165.

Klein, M.(1975). *Envy and gratitude and other words 1946‒1963.* New York: Delacorte.

Koster, E.H.W., Verschuere, B., Geert, C., & Houwer, J.D.(2004). Selective attention to threat in the dot probe paradigm: Differentiating vigilance and difficulty to disengage. *Behaviour Research & Therapy, 42*, 1183–1192.

Kotler, A. (Ed.).(1996). *Engaged Buddhist reader: Ten years of engaged Buddhist publishing.* Berkeley, CA: Parallax Press.

Korzybski, A.(1933). *Science and sanity.* Lakeville, Connecticut: Institute of General Semantics.

Koshikawa, F. & Ishii, Y.(2006). Zen Buddhism and psychology: Some experimental findings. In M.G.T. Kwee, K.J. Gergen, & F. Koshikawa (Eds.), *Horizons in Buddhist Psychology: Practice, research & theory* (pp.175-184). Chagrin Falls, OH: Taos Institute Publications.

Krampen, G.(1999). Long-term evaluation of the effectiveness of additional autogenic training in the psychotherapy of depressive disorders. *European Psychologist, 4,* 11-18.

Kristeller, J.L., & Hallett, C.B.(1999). An exploratory study of a meditation-based intervention for binge eating disorder. *Journal of Health Psychology, 4,* 357-363.

Kristeller, J., & Jones, J.(2006). A middle way: Meditation in the treatment of compulsive eating. In M.G.T. Kwee, K.J. Gergen, & F. Koshikawa (Eds.), *Horizons in Buddhist Psychology: Practice, research & theory* (pp.85-100). Chagrin Falls, OH: Taos Institute Publications.

Kuhn, T.(1962). *The structure of scientific revolutions.* Chicago: University of Chicago Press.

Kurak, M.(2003). The relevance of the Buddhist theory of dependent co-origination to cognitive science. *Brain and Mind, 4,* 341-351.

Kuyken, W., Byford, S., Taylor, R.S., Watkins, E., Holden, E., et al.(2008). Mindfulness-Based Cognitive Therapy to prevent relapse in recurrent depression. *Journal of Consulting & Clinical Psychology, 76,* 966-978.

Kwee, M.G.T.(1982). Psychotherapy and the practice of general semantics. *Methodology & Science, 15,* 236-256.

Kwee, M.G.T.(1990). *Psychotherapy, meditation & health: A cognitive-behavioural perspective.* London: East-West.

Kwee, M.G.T.(1996). A multimodal systems view on psyche, affect and the basic emotions. In M.G.T. Kwee & T.L. Holdstock (Eds.).(1996), *Western and Buddhist Psychology: Clinical perspectives* (pp.221–268). Delft, Netherlands: Eburon.

Kwee, M.G.T.(1998). On consciousness and awareness of the BASICI.D. In M.M. DelMonte & Y. Haruki (Eds.),(1998), *The embodiment of mind* (pp.21–42). Delft, Netherlands: Eburon.

Kwee, M.G.T.(2009). A cognitive–behavioural approach to Karma Modification. In T.P.S. Oei & C.S. Tang (Eds.).(2009), *Current research & practices on cognitive behaviour therapy in Asia* (pp.89–111). Brisbane, Australia: CBT Unit Toowong Private Hospital.

Kwee, M.G.T.(2010a). Relational Buddhism: A psychological quest for meaning and sustainable happiness. In P.T.P. Wong (Ed.). *The human quest for meaning* (2nd ed.). London: Psychology Press.

Kwee, M.G.T.(2010b). Buddhist Psychology. In N.P. Azari (Ed.), *Encyclopedia of sciences and religions.* Heidelberg: Springer.

Kwee, M.G.T., & Ellis, A.(1997). Can Multimodal and Rational Emotive Behavior Therapy be reconciled? *Journal of Rational–Emotive & Cognitive–Behavior Therapy, 15,* 95–133.

Kwee, M.G.T., & Ellis, A.(1998). The interface between Rational Emotive Behavior Therapy (REBT) and Zen. *Journal of Rational–Emotive & Cognitive–Behavior Therapy, 16,* 5–44.

Kwee, M.G.T., & Holdstock, T.L. (Eds.).(1996). *Western and Buddhist psychology: Clinical perspectives. Delft,* Netherlands: Eburon.

Kwee, M.G.T., & Lazarus, A.A.(1986). Multimodal therapy: The cognitive behavioural tradition and beyond. In W. Dryden & W.L. Golden (Eds.), *Cognitive–behavioural approaches to psychotherapy* (pp.320–355). London: Harper & Row.

Kwee, M.G.T., & Taams, M.K. (Eds.).(2003). Special issue: A tribute to Yutaka Haruki. *Constructivism in the Human Sciences, 2*, 73-106.

Kwee, M.G.T., & Taams, M.K.(2005). Neozen. In M.G.T. Kwee (Ed.).(2005), *Buddhist Psychology: A transcultural bridge to innovation and reproduction.* ⟨www.inst.at/trans/16Nr/09_2/kwee_taams16.htm⟩

Kwee, M.G.T., & Taams, M.K.(2006a). A New Buddhist Psychology: Moving beyond Theravada and Mahayana. In M.G.T. Kwee, K.J. Gergen, & F. Koshikawa (Eds.), *Horizons in Buddhist Psychology: Practice, research & theory* (pp.435-478). Chagrin Falls, OH: Taos Institute Publications.

Kwee, M.G.T., & Taams, M.K.(2006b). Buddhist Psychology and Positive Psychology. In A. Delle Fave (Ed.), *Dimensions of well-being: Research and intervention* (pp.565-582). Milano, Italy: Franco Angeli.

Kwee, M.G.T., Gergen, K.J., & Koshikawa, F. (Eds.).(2006). *Horizons in Buddhist Psychology: Practice, research & theory.* Chagrin Falls, OH: Taos Institute Publications.

Ladner, L.(2004). *The lost art of compassion: Discovering the practice of happiness in the meeting of Buddhism and psychology.* New York: Harper Collins.

Lamotte, E.(1988, French original 1958). *History of Indian Buddhism from the origins to the Saka era.* Louvain-la-Neuve: Université Catholique de Louvain Institut Orientaliste.

Lancaster, B.L.(1997). On the stages of perception: Toward a synthesis of cognitive neuroscience and the Buddhist Abhidhamma tradition. *Journal of Consciousness Studies, 4*, 122-142.

Lazar, S.W., Kerr, C.E., Wasserman, R.H., Gray, J.R., Greve, D.N., et al.(2005). Meditation experience is associated with increased cortical thickness. *Neuroreport, 16*, 1893-1897.

Lazarus, A.A.(1985). Setting the record straight. *American Psychologist, 40,* 1418–1419.

Lazarus, A.A.(1989). *The practice of Multimodal Therapy.* Baltimore: Johns Hopkins University Press.

Lazarus, A.A.(1997). Brief but comprehensive psychotherapy: *The multimodal way.* New York: Springer.

Lazarus, R.S.(1991). Progress on a cognitive–motivational–relational theory of emotion. *American Psychologist, 46,* 1019–1024.

LeDoux, J.E.(1996). *The emotional brain.* New York: Simon & Schuster.

Leahy, R.L.(2004). Cognitive Behavioral Therapy. In R.G. Heimberg, C.L. Turk, & D.S. Mennin (Eds.), *Generalized Anxiety Disorder: Advances in research and practice* (pp.143–163). New York: Guilford.

Levine, M.(2000). *The positive psychology of Buddhism and yoga.* Mahwah, NJ: Erlbaum.

Levis, .D.J.(1989). The case for a return to two-factor theory of avoidance: The failure of non-fear interpretations. In S.B. Klein & R.R. Mowrer (Eds.), *Contemporary learning theories* (pp.227–278). Hillsdale, NJ: Erlbaum.

Libet, B.(1985). Unconscious cerebral initiative and the role of conscious will in voluntary action. *Behavioral & Brain Sciences, 8,* 529–566.

Libet, B.(2004). *Mind–time.* Cambridge, MA: Harvard University Press.

Linehan, M.M.(1993). *Skills Training manual for treating borderline personality disorder.* New York: Guilford.

Lodro, G.G.(1992). *Walking through walls: A presentation of Tibetan meditation.* New York: Snow Lion Publications.

Lohr, V.(2007). Benefits of nature: What we are learning about why people respond to nature. *Journal of Physiological Anthropology, 26,* 83–85.

Lusthaus, D.(2002). *Buddhist phenomenology: A philosophical investigation of Yogacara Buddhism and the Cheng Wei Shih Lun.* London: Routledge Curzon.

Luthe, W.(1983). *Lectures in Autogenic methods, delivered to the British Association for Autogenic Training and Therapy.* London: Unpublished Audiotape.

Lutz, A., Dunne, J.D., & Davidson, R.J.(2007). Meditation and the neuroscience of consciousness: An introduction (pp.499–555). In P.D. Zelazo, M. Moscovitch, & E. Thompson (Eds.), *Cambridge handbook of consciousness.* New York: Cambridge University Press.

Lyubomirsky, S.(2008). *The how of happiness: A scientific approach to getting the life you want.* New York: Penguin.

Lyubomirsky, S., King, L.A., & Diener, E.(2005). The benefits of frequent positive affect: Does happiness lead to success? *Psychological Bulletin, 131,* 803–855.

Lyubomirsky, S., Sheldon, K.M., & Schkade, D.(2005). Pursuing happiness: The architecture of sustainable change. *Review of General Psychology, 9,* 111–131.

Ma, H.S.W., & Teasdale, J.D.(2004). Mindfulness–Based Cognitive Therapy for depression: Replication and exploration of differential relapse–prevention effects. *Journal of Consulting & Clinical Psychology, 72,* 31–40.

Macy J.(1991). *Mutual causality in Buddhism and general systems theory.* Albany, NY: State University of New York Press.

Magid, B.(2005). *Ordinary mind* (2nd ed.). Boston, MA: Wisdom Publications.

Mahasi Sayadaw(1978). *The progress of insight.* Kandy, Sri Lanka: Buddhist Publication Society.

Mahasi Sayadaw(1980). *Practical insight meditation.* Kandy, Sri Lanka: Buddhist Publication Society.

Malach, R., Harel, M., Chalamish, Y., & Fish. L.(2006). *Perception without perceiver.* 〈www.weizman.ac.il〉

Mamassian, P., & Goutcher, R.(2001). Prior knowledge on the illumination position. *Cognition, 81,* B1–B9.

Margolis, J.(1989). *Text without referents: Reconciling science and narrative.* New York: Blackwell.

Marks, J., & Ames R.T.(1995). *Emotions in Asian thought.* Albany, NY: The State University of New York Press.

Marlatt, G.A.(2002). Buddhist philosophy and the treatment of addictive behaviour. *Cognitive & Behavioural Practice, 9,* 44–50.

Marlatt, G.A., & Chawla, N.(2007). Meditation and alcohol use. *Southern Medical Journal, 100,* 451–453.

Marlatt, G.A., & Kristeller, J.(1999). Mindfulness and meditation. In W.R. Miller (Ed.), *Integrating spirituality in treatment: Resources for practitioners* (pp.67–84). Washington, DC: American Psychological Association Books.

Martin, I., & Levey, A.B.(1978). Evaluative conditioning. *Advances in Behavioural Research & Theory, 1,* 57–102.

Martin, J.R.(1997). Mindfulness: A proposed common factor. *Journal of Psychotherapy Integration, 7,* 291–312.

Martin, M.W.(2007). *Everyday morality.* Belmont, CA: Thompson Wadsworth.

Martin, M., Williams, R.M., & Clark, D.M.(1991). *Behavior Research & Therapy, 29,* 147–160.

Maslow, A.H.(1968). *Toward a psychology of being.* New York: Van Nostrand.

Matthews, A., & Mackintosh, B.(1998). A cognitive model of selective processing in anxiety. *Cognitive Therapy & Research, 22,* 539–560.

Mathews, B.(1983). Craving and salvation: *A study of Buddhist soteriology.* Waterloo, Ontario: Wilfred Laurier University Press.

Maul, G., & Maul, T.(1983). *Beyond limit.* Glenview, IL: Scott Foresman.

May, R.(1967). *Psychology and the human dilemma.* New York: Van Nostrand.

McGuigan, F.J., & Lehrer, P.M.(2007). Progressive Relaxation: Origins, principles, and clinical applications. In P.M. Lehrer, R.L. Woolfolk, & W. E. Sime (Eds.), *Principles and practice of stress management* (3rd ed.) (pp.88–124). New York: Guilford.

Meichenbaum, D.(1985). *Stress inoculation training.* New York: Pergamon.

Mele, A.R.(1996). Addiction and self-control. *Behaviour & Philosophy, 24,* 99–117.

Mennin, D.S., Heimberg, R.G.., & Turk, C.L.(2004). Clinical presentation and Diagnostic Features. In R.G. Heimberg, C.L.Turk, & D.S. Mennin (Eds.), *Generalized Anxiety Disorder: Advances in research and practice* (pp.3–28). New York: Guilford.

Metzner, R.(1996). The Buddhist six-worlds model of consciousness and reality. *Journal of Transpersonal Psychology, 28,* 155–166.

Meyers-Levy, J., & Zhu R.(2007). The influence of ceiling height: the effect of priming on the type of processing that people use. *Journal of Consumer Research, 34.*

Mikulas, W.L.(1978a). *Behavior modification.* New York: Harper & Row.

Mikulas, W.L.(1978b). Four Noble Truths of Buddhism related to Behavior Therapy. *Psychological Record, 28,* 59–67.

Mikulas, W.L.(1981). Buddhism and Behavior Modification. *Psychological Record, 31,* 331–342.

Mikulas, W.L.(1983). Thailand and Behavior Modification. *Journal of Behavior Therapy & Experimental Psychiatry, 14,* 93–97.

Mikulas, W.L.(1986). Self-control: Essence and development. *Psychological Record, 36,* 297–308.

Mikulas, W.L.(1987). *The way beyond: An overview of spiritual practices.* Wheaton, IL: Theosophical Publishing Housing.

Mikulas, W.L.(1990). Mindfulness, self-control, and personal growth. In M.G.T. Kwee (Ed.), *Psychotherapy, meditation & health: A cognitive-behavioural perspective* (pp.151–164). London. East-West Publications.

Mikulas, W.L.(2000). Behaviors of the mind, meditation, and health. In Y. Haruki & K.T. Kaku (Eds.), *Meditation as health promotion* (pp.32–49). Delft, Netherlands: Eburon.

Mikulas, W.L.(2002). *The integrative helper: Convergence of eastern and western traditions.* Pacific Grove, CA: Wadsworth.

Mikulas, W.L.(2004a). Not-doing. *Constructivism in the Human Sciences, 9,* 113–120.

Mikulas, W.L.(2004b). Working with the clinging mind. In M. Blows, S. Srinivasan, J. Blows, P. Bankart, M. DelMonte, & Y. Haruki (Eds.), *The relevance of the wisdom traditions in contemporary society: The challenge to psychology* (pp.189–194). Delft, Netherlands: Eburon.

Mikulas, W.L.(2007). Buddhism and western psychology: Fundamentals of integration. *Journal of Consciousness Studies, 14,* 4–49.

Miller, G.A., Galanter, E.H., & Pribram, K.N.(1960). *Plans and the structure of behavior.* New York: Holt, Rinehart & Winston.

Miller, J.J., Fletcher, K., & Kabat-Zinn, J.(1995). Three-year follow-up and clinical implications of a mindfulness meditation-based stress reduction intervention in the treatment of anxiety disorders. *General Hospital Psychiatry, 17,* 192–200.

Molino, A. (Ed.).(1993). *The couch and the tree.* New York: North Point Press.

Molina, S., Borkovec, T.D., Peasley, C., & Person, D.(1998). Content analysis of worrisome streams of consciousness in anxious and dysphoric participants. *Cognitive Therapy & Research, 22,* 109–123.

Moon, M.(1994). *The living road.* Newtown NSW, Australia: Millennium.

Moray, N.(1969). *Attention.* New York: Academic Press.

Morgan, P.(2005). Skilful means and socially engaged Buddhism in the transplantation of Buddhism to the West. In G. Piyadassi, L. Perera, & R. Wijetunge (Eds.), *Buddhism in the West* (pp.71-88). London: World Buddhist Foundation.

Morris, R. & E. Hardy, E. (Ed.).(1922-1938). *Anguttara Nikaya* (5 vols). London: Pali Text Society.

Moses, E.B., & Barlow, D.H.(2006). A new unified treatment approach for emotional disorders based on emotion science. *Current Directions in Psychological Science, 15,* 146-150.

Murphy, M., & Donovan, S.(1997). *The physical and psychological effects of meditation* (2nd ed.). Sausalito, CA: Institute of Noetic Sciences.

Myint, A.(2007). *Theravada treatment and psychotherapy.* Western Australia: Murdoch University, Ph.D. Thesis.

Nanamoli, B.(1956). *The path of purification.* Colombo, Ceylon: A. Semage.

Nanamoli, B.(Transl.).(1975). *The path of purification (Vissuddhimagga) by Buddhaghosa.* Kandy, Sri Lanka: Buddhist Publication Society.

Nanamoli, B.(1992). *The life of the Buddha.* Onalaska, WA: Pariyatti.

Nanamoli, B., & Bodhi, B.(1995/2001). *Middle length sayings of the Buddha* (2nd ed.). Boston, MA: Wisdom Publications.

Nanavira, T.(1987). *The tragic, the comic and the personal.* Kandy, Sri Lanka: Buddhist Publication Society.

Naruse, G.(1965). Autogenic Training in Japan. In W. Luthe (Ed.), *Autogenic Training: Correlationes psychosomaticae* (pp.290-292). New York: Grune & Stratton.

Naylor, R., & Marshall, J.(2007). Autogenic Training: A key component in holistic medical practice. *Journal of Holistic Healthcare, 4,* 14-19.

Neimeyer, R.A.(1995). An invitation to constructivist psychotherapies. In R.A. Neimeyer (Ed.), *Constructivism in psychotherapy* (pp.1-8). Washington, DC: American Psychological Association.

Neu, J.(1977). *Emotion, thought, and therapy.* Berkeley, CA: University of California Press.

Newell, A., & Simon, H.A.(1956). The logic theory machine: A complex information processing system. *IRE Transactions on Information Theory, IT-2,* 61–79.

Newell, A., & Simon, H.A.(1972). *Human problem solving.* Englewood Cliffs, NJ: PrenticeHall.

Newman, M.G., Castonguagy, L.G., & Borkovec, T.D.(1999). New dimensions in the treatment of Generalized Anxiety Disorder: Interpersonal focus and emotional deepening. Paper presented at the *Annual Meeting of the Society for the Exploration of Psychotherapy Integration,* Miami, FL.

Newman, M.G., Castonguay, L.G., Borkovec, T.D., & Molnar, C.(2004). Integrative therapy for Generalized Anxiety Disorder. In R.G. Heimberg, C.L. Turk, & D.S. Mennin (Eds.), *Generalized Anxiety Disorder: Advances in research and practice* (pp.320–350). New York: Guilford.

Nicholson, P.T.(2002a). The soma code, Parts I–III: Luminous visions in the Rig Veda; soma's birth, purification, and transmutation into Indra; Visions, myths, and drugs. *Electronic Journal of Vedic Studies, 8,* 31–92.

Nicholson, P.T.(2002b). Meditation, slow wave sleep and ecstatic seizures: The etiology of kundalini visions. *Subtle Energies & Energy Medicine, 12,* 183–240.

Nicholson, P.T.(2004). Theoretical–empirical studies of meditation: Does a sleep rhythm hypothesis explain the data? *Subtle Energies & Energy Medicine, 13,* 109–130.

Norman, H.C. (Ed.).(1906–1914). *Dhammapadatthakatha* (4 vols.). London: Pali Text Society.

Nussbaum, M.(2001). *Upheavels of thought: The intelligence of emotions.* Cambridge: Cambridge University of Press.

Nyanaponika, T.(1983). *Contemplation of feelings.* Kandy, Sri Lanka Buddhist Publication Society.

Nyanaponika, T., & Bodhi, B.(Transl.).(1999). *Numerical discourses of the Buddha.* Kandy, Sri Lanka: Buddhist Publication Society.

Oldenberg, H. (Ed.).(1879–1889). *Vinaya Pitaka* (4 vols.). London: Pali Text Society.

Onda, A.(1965). Autogenic Training and Zen. In W. Luthe (Ed.), *Autogenic Training: Correlationes psychosomaticae* (pp.251–257). New York: Grune & Stratton.

Ornstein, R.E.(1986). *The psychology of consciousness* (rev. ed.). New York: Viking Penguin.

Orsillo, S.M., Roemer, L., & Barlow, D.H.(2003). Integrating acceptance and mindfulness into existing cognitive-behavioral treatment for GAD: A case study. *Cognitive & Behavioral Practice, 10,* 223–230.

Ortony, A., Clore, G.L., & Collins, A.(1988). *The cognitive structure of emotions.* New York: Cambridge University Press.

Ospina, M.B., Bond, T.K., & Karkaneh, M.(2007). *Meditation practices for health: State of the research. Evidence report/technology assessment no.155* (Prepared by the University of Alberta evidence-based practice center). Rockville, MD: E010.

Ott, M.J., Norris, R.L., & Bauer-Wu, S.M.(2006). Mindfulness meditation for oncology patients: A discussion and critical review. *Integrative Cancer Therapy, 5,* 98–108.

Pabongka, R.(1997). *Liberation in the palm of your hand.* Boston, MA: Wisdom Publications.

Pandita, S.U.(1992). *In this very life.* Boston, MA: Wisdom Publications.

Peele, S.(1998). *The meaning of addiction.* San Fransico: Jossey-Bass.

Pert, C.(1997). *The molecules of emotion.* New York: Scribner.

Pirsig, R.M.(1974). *Zen and the art of motorcycle maintenance: An inquiry into values.* New York: Bantam Books.

Plutchik, R.(1994). *The psychology and biology of emotion.* New York: Harper Collins.

Powers, J.(Transl.).(1994). *Wisdom of Buddha: The Sandhinirmocana Sutra.* Berkeley Dharma Publishing.

Pradhan, E.K.(2007). Effect of Mindfulness-Based Stress Reduction in rheumatoid arthritis patients. *Arthritis & Rheumatism, 57,* 1134–1142.

Premasiri, P.D.(2006). *Studies in Buddhist philosophy and religion.* Sri Lanka: University of Peradeniya. Psychodynamic Diagnostic Manual (2006). Silver Springs, MD: Alliance of Psychoanalytical Organizations.

Pye, M.(1978). *Skilful means.* London: Duckworth.

Queen, C., Prebish, C., & Keown, D. (Eds.).(2003). *Action Dharma: New studies in Engaged Buddhism.* London: RoutledgeCurzon.

Rabten, G.(1992). *The mind and its functions* (transl. by S. Batchelor, 2nd ed.). Mont Pelerin, Switzerland: Editions Rabten Choeling.

Rahula, W.(1967). *What the Buddha taught.* London: Gordon Fraser.

Rahula, W.(1974). Gotama Buddha. In *Encyclopaedia Britannica* (on line).

Rahula, W.(1990). *What the Buddha taught.* New York: Grove Press.

Rahula, W.(1988). The social teachings of the Buddha. In F. Eppsteiner (Ed.), *The path of compassion: Writings on socially engaged Buddhism* (pp. 103–110). Berkeley, CA: Parallax Press.

Ranty, Y.(2007). The evolution of Schultz's Autogenic Training in France. *European Journal of Autogenic & Bionomic Studies, 1,* 55–69.

Rapgay, L., & Bystritsky, A.(2008). Introduction to classical mindfulness: Its clinical application. *NYAS Special Issue on Mind Body Medicine &*

Optimal Health. New York: Academy of Sciences.

Rausch, S.M, Gramling, S.E., & Auerbach, S.M.(2006) Effects of a single session of large-group meditation and progressive muscle relaxation training on stress reduction, reactivity, and recovery. *International Journal of Stress Management, 13,* 273-290.

Reat, N.R.(1994). *Buddhism: A history.* Berkeley, CA: Asian Humanities Press.

Reibel, D.K., Greeson, J.M., Brainard, G.C., & Rosenzweiz, S.(2001). Mindfulness-based stress reduction and health-related quality of life in a heterogeneous patient hospital. *General Hospital Psychiatry, 23,* 183-192.

Rhys Davids, C.A.F.(1900). *A Buddhist manual of psychological ethics* (transl. of the Dhammasangani). London: Royal Asiatic Society.

Rhys Davids, C.A.F.(1914). *Buddhist psychology.* London: G. Bell & Sons.

Rhys Davids, C.A.F. (Ed.).(1920-1921, reprint 1975). *The Visuddhimagga* (2 vols.). London: Pali Text Society.

Rhys Davids, T.W.(1881). *The Hibbert lectures on Indian Buddhism.* London: Williams & Norgate.

Rhys Davids, T.W., & Carpenter, J.L. (Eds.).(1890-1911). *Digha Nikaya* (3 vols). London: Pali Text Society.

Rhys Davids, T.W., & Stede, W. (Eds.).(1921-1925). *Pali-English dictionary.* London: Pali Text Society.

Rhys Davids, T.W., Carpenter, J.E., & Stede, W. (Eds).(1886-1932). *Sumangala-vilasini* (3 vols.). London: Pali Text Society.

Ricard, R.(2006). *Tibet: An inner journey.* New York: Thames & Hudson.

Ridley, M.(1996). *The origin of virtue: Human instincts and the evolution of cooperation.* New York: Penguin.

Robinson, F.P., Mathews, H.L., & Witek-Janusek, L.(2003). Psycho-endocrine-immune response to mindfulness-based stress reduction in individuals infected with the human immunodeficiency virus: A quasi experimental study. *Journal of Alternative & Complementary Medicine*, *9*, 683–694.

Roemer, L., & Orsillo, S.M.(2002). Expanding our conceptualization of and treatment for generalized anxiety disorder: Integrating mindfulness/acceptance–based approaches with existing cognitive–behavioral models. *Clinical Psychology: Science & Practice*, *9*, 54–68.

Roemer, L., Orsillo, S.M., & Barlow, D.H.B.(2003). Generalized Anxiety Disorder. In D.H. Barlow (Ed.), Anxiety and its disorders: *The nature and treatment of anxiety and panic* (2nd ed.) (pp.477–515). New York: Guilford.

Rogers, C.R.(1961). *On becoming a person*. Boston: Houghton Mifflin.

Rorty, A.O.(1998). Political sources of emotions: Greed and anger. *Midwest Studies in Philosophy*, *22*, 21–33.

Rosen, H.(1996). Meaning–making narratives: Foundations for constructivist and social constructionist psychotherapies. In H. Rosen (Ed.), *Constructing realities: Meaning–making perspectives for psychotherapists* (pp.3–51). San Francisco: Jossey–Bass.

Rosenzweig, S.(2003). Mindfulness–Based Stress Reduction lowers psychological distress in medical students. *Teaching & Learning in Medicine*, *15*, 88–92.

Rosenzweig, S., Reibel, D., Greeson, J., Brainard, G., & Hojat, M.(2003). Mindfulness–Based Stress Reduction lowers psychological distress in medical students. *Teaching & Learning in Medicine*, *15*, 88–92.

Rosenzweig, S., Reibel, D., Greeson, J., Edman, J., Jasser, S., et al.(2007). Mindfulness–Based Stress Reduction is associated with improved glycemic control in type 2 diabetes mellitus: A pilot study. *Alternative Therapies in Health & Medicine*, *13*, 36–38.

Rubin, J.D.(1996). *Psychotherapy and Buddhism*. New York: Plenum.

Ruden, R.(2000). *The craving brain*. New York: Harper Collins.

Rychlak, J.F.(2000). A psychotherapist's lessons from the philosophy of science. *American Psychologist, 55*, 1126−1132.

Safran, J.D. (Ed.).(2003). *Psychoanalysis and Buddhism*. Boston, MA: Wisdom Publications.

Sakairi, Y.(2000) Psychotherapy and 'do' in Japanese culture: Self−cultivation through tackling a set task. In W. Weidong, Y. Sasaki, & Y. Haruki (Eds.).(2000). *Bodywork and psychotherapy in the East* (pp.205−212). Delft, Netherlands: Eburon.

Salmon, P.G., Santorelli, S.F., & Kabat−Zinn, J.(1998). Intervention elements promoting adherence to mindfulness−based stress reduction programs in the clinical behavioral medicine setting. In E.B.S.S.A. Shumaker, J.K. Ockene, & W.L. Bee (Eds.), *Handbook of health behavior change* (pp.239−268). New York: Springer.

Salzberg, S.(1997). *Loving kindness*. Boston, MA: Shambhala.

Santucci, J.(2000). Humanistic Buddhism in Tibetan tradition. *Hsi Lai Journal of Humanistic Buddhism, 1*, 129−138.

Schaler, J.A.(1998). *Drugs*. Amherst, NY: Prometheus Books.

Schultz, J. H.(1956). *Das Autogene Training, konzentrative Selbstentspannung: Versuch einer klinisch−praktischen Darstellung* (9th ed.). Stuttgart: Georg Thieme Verlag.

Scheepers, A.(1994). *A survey of Buddhist thought*. Amsterdam: Olive Press.

Scherer, K.(2005). What are emotions and how can they be measured? *Social Science Information, 44*, 695−729.

Schumann, H.W.(1989). *The historical Buddha*. London: Arkana Books.

Segal, S.R.(2005). Mindfulness and self−development in psychotherapy. *Journal of Transpersonal Psychology, 37*, 143−163.

Segal, Z.V., Williams, J.M.G., & Teasdale, J.D.(2002). *Mindfulness−Based*

Cognitive Therapy for depression: A new approach to preventing relapse. New York: Guilford.

Shapiro, D.(1982). Overview: Clinical and psychological comparison of meditation and other self-control strategies. *American Journal of Psychiatry, 139,* 267–274.

Shapiro, S.L., & Carlson, L.E.(2009). *The art and science of mindfulness: Integrating mindfulness into psychology and the helping professions.* Washington DC: American Psychological Association.

Shapiro, S.L., & Walsh, R.(2003). An analysis of recent meditation research and suggestions for future directions. *Humanistic Psychologist, 31,* 86–114.

Shapiro, S.L., Schwartz, G.E., & Bonner, G.(1998). Effects of mindfulness-based stress reduction on medical and premedical students. *Journal of Behavioral Medicine, 21,* 581–599.

Shapiro, S.L., Carlson, L.E. Astin, J.A., & Freedman, B.(2006). Mechanisms of mindfulness. *Journal of Psychology, 62,* 373–386.

Sheng-yen(2001). *Hoofprint of the ox: Principles of the Chan Buddhist path as taught by a modern Chinese master.* New York: Oxford University Press.

Sherwood, P.(2005). Grief and loss work in Buddhist psychotherapy, *PACAW News, 33,* 4–5.

Shodo Harada-Roshi(2000). The path to Bodhidharma. Boston, MA: Tuttle.

Shigaki, C. L., Glass, B., & Schopp, L.(2006). Mindfulness-based stress reduction in medical settings. *Journal of Clinical Psychology in Medical Settings, 13,* 209–216.

Siegel, D.J.(2007). *The mindful brain: Reflection and attunement in the cultivation of wellbeing.* New York: Norton..

Siegel, R.D., Germer, C.K., & Olendzki, A.(2008). Mindfulness: What is it?

Where does it come from? In F. Didonna (Ed.), *Clinical handbook of mindfulness* (pp.17-36). New York: Springer.

Smith, A.(1959). *The theory of the moral sentiments.* Princeton: Princeton University Press.

Smith, A.(2004). Clinical uses of mindfulness training for older people. *Behavioural & Cognitive Psychotherapy*, *32*, 423-420.

Smith, D.(1982). Trends in counseling and psychotherapy. *American Psychologist*, *37*, 802-809.

Smith, J.C.(2004). Alterations in brain and immune function produced by mindfulness meditation: Three caveats. *Psychosomatic Medicine*, *66*, 148-152.

Smith, J.E., Richardson, J., Hoffman. C, & Pilkington, K.(2005). Mindfulness-based stress reduction as supportive therapy in cancer care: A systematic review. *Journal of Advanced Nursing*, *52*, 315-327.

Smith, V.A.(1958). *The Oxford history of India*, Oxford: Clarendon Press.

Sole-Leris, A.(1986). *Tranquillity and insight.* London: Rider.

Solomon, R.C. (Ed.).(2004). *Thinking about feeling.* Oxford: Oxford University Press

Soon, C.S., Brass, M., Heinze, H.J., & Haynes, J.D.(2008). Unconscious determinants of free decisions in the human brain. *Nature Neuroscience*, *11*, 543-545.

Speca, M., Carlson, L.E., Goodey, E., & Angen, M.(2000). A randomized, wait-list controlled clinical trial: The effect of a mindfulness meditation-based stress reduction program on mood and symptoms of stress in cancer outpatients. *Psychosomatic Medicine*, *62*, 613-622.

Stein, K.F., & Markus, H.R.(1996). The role of the self in behavioral change. *Journal of Psychotherapy Integration*, *4*, 317-353.

Sternberg, R.J., & Barnes, M.L. (Eds.).(1988). *The psychology of love.* New

902

Haven: Yale University Press.

Stickgold, R.(2002). Inclusive versus exclusive approaches to sleep and dream research. *Behavior & Brain Science*, *32*, 1011.

Stocker, M.(1996). *Valuing emotions*. Cambridge: Cambridge University Press.

Stocker, M.(1979). Desiring the bad: An essay in moral psychology. *Journal of Philosophy*, *76*, 738–753.

Sugamura, G., Haruki, Y., & Koshikawa, F.(2007). Building more solid bridges between Buddhism and western psychology. *American Psychologist*, *62*, 1080–1081.

Sujato, B.(2003). *A history of mindfulness: How insight worsted tranquillity in the Satipatthana Sutta*. Taipei, Taiwan: The Corporate Body of the Buddha Educational Foundation.

Suler, J.R.(1993). *Contemporary psychoanalysis and eastern thought*. Albany, NY: State University of New York Press.

Sullivan, H.S.(1953). *The interpersonal theory of psychiatry*. New York: Norton.

Sumangala Thera, S. (Ed.).(19194). *The Dhammapada*. London: Pali Text Society.

Sutherland, G., Andersen, M.B., & Morris, T.(2005). Relaxation and health-related quality of life in multiple sclerosis: The example of Autogenic Training. *Journal of Behavioral Medicine*, *28*, 249–256.

Swaris, N.(1997). *Magga: The Buddha's way to human liberation: A socio-historical approach*. Ph.D. Dissertation, University of Utrecht, Netherlands.

Tagore, R.(1961). *The religion of man*. Boston, MA: Beacon Press.

Teasdale, J.D.(2000). Mindfulness-Based Cognitive Therapy in the prevention of relapse and recurrence in major depression. In Y. Haruki & K.T. Kaku (Eds.), *Meditation as health promotion: A lifestyle modification approach* (pp.3–18). Delft, Netherlands: Eburon.

Teasdale, J.D., Segal, Z.V., & Williams, J.M.G.(2003). Mindfulness training and problem formulation. *Clinical Psychology: Science & Practice, 10*, 157−160.

Teasdale, J.D., Moore, R.G., Hayhurst, H., Pope, M., Williams, S., & Segal, Z.V.(2002). Metacognitive awareness and prevention of relapse in depression: Empirical evidence. *Journal of Consulting & Clinical Psychology, 70*, 275−287.

Teasdale, J.D., Segal, Z.V., Williams, J.M.G., Ridgeway, V.A., Soulsby, J.M., & Lau, M. A.(2000). Prevention of relapse/recurrence in major depression by mindfulness−based cognitive therapy. *Journal of Consulting & Clinical Psychology, 68*, 615−623.

Tejaniya, S.U.(2008). *Don't look down on the defilement, they will laugh at you.* Rangoon, Burma: Shwe Oo Min Dhamma Sukha.

Thanissaro, B. (Transl.).(1998). *Lonaphala Sutta, the salt crystal. Anguttara Nikaya III 99.* London: Pali Text Society.

Thanissaro, B. (Transl.).(2000). *Mahasatipatthana Sutta, the great frames of reference (Digha Nikya 22).*

Thanissaro, B.(2002). *The agenda of mindfulness.* Transcription of the author's file.

Thera, N.(1973). *The heart of Buddhist meditation.* New York: Samuel Weiser.

Thich, N.H.(1967). *The lotus in the sea of fire.* London: SCM Press.

Thich, N.H.(1993). *Love in action: Writings on nonviolent social change.* Berkeley, CA: Parallax Press.

Thich, N.H.(1998). *Interbeing: Fourteen guidelines for engaged Buddhism.* Berkeley, CA: Parallax Press.

Thich, N. H.(1999). *The miracle of mindfulness.* Boston, MA: Beacon Press.

Tilakaratne, A.(1993). *Nirvana and ineffability: A study of the Buddhist theory of language and reality.* Colombo, Sri Lanka: Postgraduate Institute of Pali and Buddhist Studies.

Toneatto, T., & Nguyen, L.(2007). Does mindfulness meditation improve anxiety and mood symptoms? A review of the controlled research. *Canadian Journal of Psychiatry*, 52, 260–266.

Treckner, V. (Ed.).(1886). *Milindapanha*. London: Pali Text Society.

Trenkner, V., & R. Chalmers, R. (Eds.).(1888–1902, republished 1948–1951). *Majjhimanikaya* (3 vols.). London: Pali Text Society.

Twemlow, S.W.(2001). Training psychotherapists in attributes of 'mind' from Zen and psychoanalytic perspectives. *American Journal of Psychotherapy*, 55, 1–39.

Urgen, T.(1995). *Rainbow painting*. Hong Kong: Rangjung Yeshe Publications.

Ustun, T.B., & Sartorius, N. (Eds.).(1995). *Mental illness in general health care: An international study*. Chichester, UK: Wiley.

Varela, F.J., Thompson, E., & Rosch, E.(1991). *The embodied mind*. Cambridge, MA: MIT Press.

Varela, F., Lachaux, J-P., Rodriguez, E., & Martinerie, J.(2001). The brainweb: Phase synchronization and large-scale integration. *National Review of Neuroscience*, 2, 229–239.

Vasumitra (1925). Origin and doctrine of early Indian Buddhist schools (transl. of the Huanchwang version of Vasumitra's treatise). *Asia Major*, 2.

Victoria, B.(2006). Zen at war (2nd ed.). Lanham, MD: Rowman & Littlefield.

Von Hinüber, O.(1996). *Handbook of Pali literature*. Berlin: Walter de Gruyter.

Wallace, B.A., & Shapiro, S.L.(2006). Mental balance and well-being: Building bridges between Buddhism and western psychology. *American Psychologist*, 61, 690–701.

Walsh, R.N., & Vaughan, F. (Eds.).(1993). *Paths beyond ego*. Los Angeles: Tarcher.

Walshe, M.(1987). *Thus have I heard: The long discourses of the Buddha*. London: Wisdom Publications.

Watts, F.N.(1996). Are science and religion in conflict? *The Psychologist, 9*, 15-18.

Weidong, W., Sasaki, Y., & Haruki, Y. (Eds.).(2000). *Bodywork and psychotherapy in the East.* Delft, Netherlands: Eburon.

Wells, A.(1995). Meta-cognition and worry: A cognitive model of Generalized Anxiety Disorder. *Behavioral & Cognitive Psychotherapy, 23*, 301-320.

Wells, A.(2002). GAD, meta-cognition and mindfulness: an information processing analysis. *Clinical Psychology: Science & Practice, 9*, 95-100.

West, M.A. (Ed.).(1987). *The psychology of meditation.* Oxford: Clarendon Press.

Whitfield, H.J.(2006). Towards case-specific applications of mindfulness-based cognitive behavioural therapies: A mindfulness-based rational emotive behaviour therapy. *Counselling Psychology Quarterly, 2*, 205-217.

Wilber, K.(2000). *Integral psychology.* Boston: Shambhala.

Wilhelm, R.(1962). *The secret of the golden flower: A Chinese book of life.* New York: Harcourt, Brace & World.

Williams, J.M.G.(2000). Mindfulness-Based Cognitive Therapy reduces over-general autobiographical memory in formerly depressed patients. *Journal of Abnormal Psychology, 109*, 150-155.

Williams, J.M.G., Teasdale, J., Segal, Z., & Kabat-Zinn, J.(2007). *The mindful way through depression: Freeing yourself from chronic unhappiness.* New York: Guilford.

Witkiewitz, K.A., & Marlatt, G. A.(2007). *Therapist's guide to evidence-based relapse prevention.* Burlington, MA: Academic Press.

Witkiewitz, K., Marlatt, G.A., & Walker, D.D.(2005). Mindfulness-based relapse prevention for alcohol use disorders: The meditative tortoise wins the race. *Journal of Cognitive Psychotherapy, 19*, 221-228.

Wittgenstein, L.(1953). *Philosophical investigations.* New York: Macmillan.

Wolpe, J.(1973). *The practice of Behavior Therapy.* New York: Pergamon.

Woods, J.H., Horner, I.B., & Kosambi, D. (Eds.).(1922). *Papanasudani* (5 vols.). London: Pali Text Society.

Woolfolk, R.L.(1975). Psychological correlates of meditation: A review. *Archives of General Psychiatry, 32,* 1326–1373.

Wright, S., Courtney, U., & Crowther, D.(2002). A quantitative and qualitative pilot study of the perceived benefits of Autogenic Training for a group of people with cancer. *European Journal of Cancer Care, 11,* 122–130.

Wundt, W.(1874). *Grundzüge der physiologischen Psychologie.* Leipzig: Engelmann.

Yalom, I. D.(1980). *Existential psychotherapy.* New York: Basic Books.

Zsombok, T., Juhasz, G., Budavari, A., Vitrai, J., & Bagdy, G.(2004). Effect of Autogenic Training on drug consumption in patients with primary headache: An 8-month follow-up study. *Headache: The Journal of Head & Face Pain, 43,* 2

Suttas and sutras 영역본은 아래 사이트를 참고할 수 있다.

(예컨대 〈www.buddhanet.net〉, 〈www.metta.lk〉,
　　　〈www.accesstoinsight.org〉, 〈www4.bayarea.net〉)

경전의 약어는 다음과 같다.

A or AN: Anguttara Nikaya — The numerical discourses.

D or DN: Digha Nikaya — The long discourses.

K or KN: Khuddaka Nikaya — The division of short books that includes
the Suttanipata(Sn), the Dhammapada (Dhp) and the Jataka
stories.

M or MN: Majjhima Nikaya — The middle-length discourses

S or SN: Samyutta Nikaya — The grouped discourses

찾아보기

910

역자 후기

모리츠 키(Maurits G.T. Kwee)가 편집한 이 책에는 케네스 거겐(Ke-nneth J. Gergen), 마르야 키-탐스(Marja Kwee-Taams), 파드마 드 실바 (P.M.W. de Silva) 등 상좌부, 아비달마, 대승불교의 전문가들과 임상 의사, 수행 전문가 등 20여 명의 최고 권위자들의 논문 23편이 수록되어 있다. 이 책은 불교 수행을 중심으로 심리 시스템을 구축하는 것을 목표로 한다. 각 장은 경전에 나타난 심리학적 요소를 부각하며, 아비달마 기초 심리학에 근거한 개념을 사용하여 불교심리학을 심화 시켜 나간다. 모든 저자들은 다르마를 친사회적 생활 방식으로 보고, 세속적 형식과 탈 신화를 특징으로 하는 범불교심리학을 주창한다.

저자들은 붓다가 '중도' 교설을 통해 마음의 작동 원리를 설명하고, 사성제와 팔정도, 연기론 등으로 실존적 고통인 둑카에서 벗어나는 방법을 제시한 핵심 내용을 관계적 심리학의 관점에서 해석한다. 다르마(dharma)라는 붓다의 가르침은 심리적 통찰에 기반한 생활 방식, 또는 심리학으로 이해할 수 있다는 것이 그들의 주장이다.

더 나아가 저자들은 다르마를 종교나 형이상학으로만 이해하는 데서 벗어나, 최첨단 사회구성주의 심리학으로 패러다임을 전환한다. 그들이 말하는 '새로운 심리학'은 '사회-임상-신경-심리학'을 의미 하며, 이것은 붓다의 '신체/언어/마음' 패러다임과 연결된다.

사회구성주의 메타심리학은 '비아(not-self)'와 '공성(emptiness)'을 전제로 '관계적 존재(Relational Being)'를 지향하는 심리이론이라 할 수 있다. 이는 『화엄경』에서 보이는 관계적 사유와 상통한다. 사회구성주의 접근법은 다르마를 천신 종교(sky-god religion)나 '자아성(self-ness)'에 입각한 형이상학적 철학으로 보지 않는다. 이 접근법에서 '공(emptiness)'은 목표 자체가 아니라 자기를 비우고 조화롭게 관계를 맺기 위한 자비와 보살피기, 그래서 유의미한 행동 가능성에 대한 리셋 지점(reset-point)이다. 따라서 다르마는 종교와 형이상학의 영역에서 벗어나 관계의 심리학으로 전환되며, 불교심리학은 현대 응용심리학의 틀 안에서 포괄적으로 설명된다.

사회구성주의 관점에서 세계에 대한 지식은 세계에 협동적으로 참여하면서 얻은 세상에 대한 인식에 의미를 부여함으로써 얻어진다. 여기서 의미란 우리가 만들어 내는 것이다. 이 견해는 『반야심경』의 구전 전통에서 '상호존재(Interbeing)'로 알려진 관점이다. 단, 이 책에서는 다양한 전통이 융합되는 지점을 나타내기 위해 '관계적 상호존재(Relational Interbeing)'라는 용어를 사용한다.

사회구성주의는 사회 심리학 이론에서 비롯되었지만, 자아성과 초월적 진리를 거부하는 점 등을 고려하면 포스트모던 불교 가르침과 일맥상통한다고 할 수 있다. 이 접근법에서는 붓다를 기적을 행하는 전지전능한 구세주로 보지 않는다. 열반 역시 형체가 있는 낙원이나 사후 윤회를 위한 천국처럼 갈망의 대상이 되는 투사적 믿음의 결과가 아니다. 저자들은 2,600년 동안 변화해 온 불교심리학을 고대, 고전, 현대, 그리고 포스트모더니즘 단계로 분류한다. 이 구조에서 새로운 불교심리학은 초월적 진리 대신 몸과 마음이 통합된 사회 임상 신경-심리학으로서의 사회구성을 메타 비전으로 제시한다.

"불교 공감 탐구"는 인지와 행동 및 동기부여 요인 변화를 다루며 사람들이 평정 속에서 친절함과 연민 그리고 공유된 기쁨의 사회적 명상을 통해 건전함을 실현하고 반사회적 정서를 근절하게끔 한다. 이로써 "업의 변환"을 지향하는 협동 수행을 모색한다. 이처럼 새로운 불교심리학은 붓다의 가르침과 증거 기반 개입, 그리고 사회구성주의 메타 심리학을 체계적으로 통합한다. 이는 종교라는 불교의 전통적인 틀을 벗어나, 21세기에 맞는 올바른 다르마(불법)를 전파하기 위한 효율적인 수단으로 심리학을 도입하여 지속적 패러다임 변화를 강조하는 주요 움직임이다.

이 책은 일상생활에서 나타나는 실존적 고통을 다루기 위한 관계적 방식으로 붓다의 가르침에 따른 포괄적인 로드맵을 제공한다. 이는 관계 불교라고 부르는 포스트모더니즘 관점에서 불교 수행을 중심으로 한 심리 시스템 구축을 목표로 하며, 이를 통해 불교 수행과 심리학의 접점에 대한 새로운 시각을 제시한다. 이 접근법은 다르마를 생활 방식이나 관계적 심리학으로 해석한다는 점에서, 반야(해탈적 통찰)와 선정을 수행의 두 날개로 삼아 위빳사나와 싸마타를 병행하라는 붓다 가르침의 핵심을 따르고 있다.

아마도 이 책에 관심 있는 분들은 대부분 불교심리학에 깊은 흥미가 있는 분들일 것이다. 그 외에도 인간의 보편적 심리나 인문과학 또는 종교 등에 대해 전반적으로 공부하는 분들도 있을 것으로 생각된다. 하지만 일반 독자들이 직접 읽기엔 조금 어려울 수 있다.

여러 저자들이 자신의 전공 분야에서 연구한 논문을 모아놓은 이 책은, 불교와 심리학, 사회구성주의 및 다르마 치료라는 전체적인 맥락에서 구성되어 있다. 이 책은 불교의 근본 원칙과 역사적 변천에서 부터 심리학적 관점에서 본 불교, 다르마를 중심으로 한 치료법과 그 임상적 적용, 그리고 사회 참여불교까지 포괄한다.

그러나 각각의 논문을 세세히 들여다보면 이것이 단순히 기존의 붓다의 가르침과 심리학 및 사회학 이론 그리고 포스트모더니즘이 결합된 것만이 아니라는 것을 알 수 있다. 오히려 기존의 상좌부불교, 대승불교, 그리고 요즘 각광을 받고 있는 마인드풀니스(mindfulness) 식의 서구 불교의 영역을 넘어서는 새로운 불교(편저자의 표현을 빌리면 Neoyana), 즉 대승을 넘어선 새로운 수레바퀴(신승新乘)를 시도하고 있음을 알 수 있다.

불교와 심리학의 관계는 이미 수없이 많이 논의되었다. 특히 유식 불교를 대상으로 한 논문들이 많았다. 그런 논의 중 대표적인 것은 아마도 알라야식과 무의식의 비교일 것이다. 이에 대한 찬반 또는 비교 대상의 적절성에 대한 논쟁도 있었다. 또 다른 입장에서 불교와 심리학을 비교 논의하는 방식은 불교의 온·처·계 이론을 자극과 자극을 받아들이는 유기체 그리고 이에 따른 유기체의 반응이라는 심리학의 이론에 접목시키는 것이다. 이 책에서 다루고 있는 것은 부분적으로 이런 논의 내용도 포함하고 있지만 기존의 연구 관점과는 사뭇 다르다.

이 책은 근본적인 인간관의 정립, 불교의 근본 이론, 사회구성주의 이론, 불교의 핵심인 다르마를 통한 치료라는 지렛대를 통해서 불교 전체의 방향을 개혁하고자 하는 의도까지 보이고 있다. 하지만 모든 내용이 본서에서 완벽하게 다루어지고 있다고 말하기는 어렵다. 또한 의료인인 역자의 시각에서 볼 때 다르마의 심리 치료라는 부분도 현재 충분히 과학적으로 정립되어 있어 보이지는 않는다.

임상적 치료란 실제로 치료 현장에서 작동하는 것이어야 한다. 따라서 현장과의 결합이 생략된 이론만으로 이루어지는 논의는 한계가 많기 마련이다. 임상적 치료 효과는 과학적으로 평가되어야만 한다. 이런 점에서 저자들이 밝히는 바와 마찬가지로 불교 이론의 치료적 응용, 즉 다르마 임상 치료는 앞으로 연구되어야 할 숙제로 남아 있다.

그럼에도 이 책은 다음과 같은 몇 가지 점을 고민해 본다는 점에서 의의가 있다고 본다.

첫째로, 불교는 어디로 나아가야 하는가 하는 점이다. 상좌부불교, 대승불교, 티베트불교, 서양의 불교가 주요 흐름을 이루고 있는 현 상황에서 신승新乘 불교가 진정으로 불법을 드러내는 것이라고 할 수 있는가? 이것이 불교의 새로운 방향이라고 할 수 있는가?

둘째, 심리학적 측면에서 불교를 어떻게 보아야 하는가? 이전의 유식불교와 불교를 비교하는 차원이 아니라 불교의 새로운 활로를 현대의 광의적 심리학이라는 학문과 연계해서 진화할 가능성이 있는가? 심리학이라는 근대적 학문을 통해 불교의 근본적 개혁을 이루는 것이 불교의 진정한 진화에 도움이 되는 것일까?

셋째, 불교의 사회적 기능을 사회구성주의라는 이론에서 찾을 경우, 불교가 갖는 근본적인 사회적 함의가 되살아날 수 있을까? 불교 자체가 사회개혁과 불가분의 관계라는 점이 신승불교로 잘 드러날 수 있는가?

넷째, 다르마로 상징되는 불교가 갖는 치료적 함의는 무엇인가? 마인드풀니스를 기초로 하는 수많은 서구의 정신 치료가 개발되어 있지만 이것들이 진정으로 불교의 근본정신에 입각해서 임상 치료를 하고 있는지에 대해서는 여전히 의문이 존재한다. 또한 더 근본적으로 는 다르마 치료가 과연 임상적으로 적용 가능한 것인지, 가능하다면 어떤 구체적인 방법이 있는지에 대한 고민이 더욱 필요해 보인다.

그럼에도 불구하고 이 논문집은 단순히 불교를 새로운 방향으로 가야 한다고 목소리만 높여서 주장하는 것이 아니라 학문적인 뒷받침 과 다양한 이론과의 결합으로 새로운 지평을 보여주는 의미 있는 저작으로 보인다.

이 책의 번역 작업은 처음에 역자 이성동과 불교대학원대학의 윤희조 교수님과의 인연으로 기안되었다. 그렇지만 교수님의 건강상 의 이유로 김태수 교수님으로 공동 번역자가 교체되었다. 불교에 대해 늘 도움을 받는 윤희조 교수님과 공역자인 김태수 교수님에게 감사를 드린다. 그리고 이 책을 대원불교학술총서로 받아주신 불교진 흥원 관계자분들에게 고마움을 전한다. 또한 역자를 늘 도와주는 사랑하는 아내 황유선과 해인, 채인, 다인 세 딸들에게 이 역서를 바친다.

공동 역자인 김태수 역시 이 책이 완성되기까지 도움을 주신 많은 분들에게 감사드린다. 우선 운주사 김시열 사장님, 그리고 번역 원고를 꼼꼼이 교열해 주고 번역 용어 통일에 조언을 주신 백도수 교수님, 심동미, 전영숙, 박선영 선생님 등 여러 연구자 분들에게 감사를 올린다.

지은이 James H. Austin

콜로라도 대학 보건과학센터의 신경학 명예교수이다. 첫 안식년을 뉴델리의 전인도의학연구소에서 보냈다. 1974년 교토 대학 의과대학의 두 번째 안식년 동안, 임제종의 대가인 고보리 선사와 함께 선 명상 훈련을 시작하였다. 초기 연구는 임상신경학, 신경병리학, 신경화학이었다. 선의 실천가로서 그 이후 신경과학 연구가 의식의 명상적 변화를 명확히 하는 데 도움을 줄 수 있는 방법에 대해 깊은 관심을 갖게 되었다. MIT 출판사에서 *Selfless Insight*(2009), *Zen-Brain Reflections*(2006), *Zen and the Brain*(1998), *Chase, Chance, and Creativity*(2003)를 출판하였다.

지은이 Padmasiri De Silva

스리랑카 페라데니야 대학 철학 및 심리학과 명예교수를 역임하였고 호주 빅토리아 모나시 대학의 연구원이다. 그는 하와이 대학에서 비교철학 석사와 박사 학위를 받았다. 호주 소피아 칼리지에서 불교 심리치료학 고급 과정의 이수자로서 빅토리아 심리치료사 협회의 회원이다. 미국 피츠버그 대학, 싱가포르 국립대학, 뉴질랜드 와이카토 대학에서 방문 학자로서 지냈다. 출판물에는 *Introduction to Buddhist Psychology, Buddhist & Freudian Psychology, Environmental Philosophy & Ethics in Buddhism, Explorers of Inner Space*가 있다. Email: pdesilva@alplhalink.com.au

지은이 Padmal De Silva

영국의 King's College, South London and Maudsley National Health Service Trust의 컨설턴트 임상 심리학자로서 임상 및 연구 관심사는 불안장애, 섭식장애, 부부 문제, 불교심리학이다. 그는 *Obsessive-compulsive Disorders: the Facts, Obsessive-compulsive Disorders: Theory, Research and*

*Treatment*를 공동 집필하였다. 초기불교의 가르침과 인지 행동 치료에 관한 많은 논문들을 썼다.

지은이 GUANG Xing

School of Oriental and African Studies에서 박사학위를 받았다. 그는 현재 홍콩 대학교에서 불교학 조교수로 재직 중이며, 캐나다 브리티시 컬럼비아 대학교에서는 퉁린쿡유엔(Tung Lin Kok Yuen) 캐나다 재단의 방문교수로 불교와 현대사회를 연구하고 있다. 저서로는 *The Concept of the Buddha: Its Evolution from Early Buddhism to the Trikaya Theory*(2005, Routledge)가 있고, 현재 중국 불교의 효孝 문제를 연구하고 있다. Email: guangxingsu@gmail.com

지은이 Paul R. Fleischman

정신과 의사로 1993년 정신의학과 종교 분야에 대한 탁월한 공헌을 인정받아 미국정신의학협회의 오스카 피스터 상을 수상하였다. 시카고 대학의 수석 졸업생이자 알파 오메가 알파 의학 명예 협회의 회원인 그는 알버트 아인슈타인 의과대학에서 박사학위를 받았고 예일 대학에서 정신의학 훈련을 받았다. *The Healing Spirit*, *Spiritual Aspects of Psychiatric Practice*, *Karma and Chaos*, *The Buddha Taught Nonviolence, Not Pacifism, and Cultivating Inner Peace*의 저자이다. 최근 관심사는 시이다. Email: paulandsusanf@yahoo.com

지은이 David J. KALUPAHANA

미국 마노아 하와이대 철학과 명예교수로 20권 이상의 책과 100편 이상의 논문을 동료 평가지에 발표하였으며, 동서철학과 논리학의 역사와 철학 편집위원으로 활동하고 있다. 불교 백과사전과 철학 백과사전 편집자 (부록)이고, 여러 차례의 국제 방문교수 펠로우십, 보조금을 받았으며, 하버드와 와세다 대학 등에서 세계 각지의 대학에서 수많은 초청 강연을 하였다. 그는 다국어를 구사하는데, 싱할리어에 능통하고 빨리어, 산스크리트어, 프라크리트(아소칸과 북서쪽)에 능숙하며 중국어와 티베트어를 구사할 수 있다. Email: kalu@hawaii.edu

지은이 Tilak KARIYAWAASAM

1967년 스리랑카의 Sri Jewawawardanepure University를 졸업하고 1969년에 같은 대학의 강사로 임용되었으며, 영국 랭커스터 대학교에서 석사학위(1970~1973)를 취득하고 후에 박사학위를 취득하였다. 1975년 켈라니야 대학교에서 빨리 불교학과 학과장(1988~1997)과 빨리 불교대학원 원장(1998~2003)을 지냈다. 그는 현재 불교학 수석 의장으로 재직 중이다. 그는 많은 논문을 썼을 뿐만 아니라 많은 국내외 대학원 연구생들을 지도하였으며, 스리랑카의 주요 승려들에 대한 안내서인 테라파다나 상가하를 공동 편집하였다. Email: tilak.kariyawassm@gmail.com

지은이 Yakupitiyage KARUNADAASA

스리랑카의 페라데니야 대학에서 석사학위를 취득하였다. 그 후 런던 대학에서 박사학위를 취득하고, 현재 켈라니아 대학의 명예교수이자 빨리 불교연구소 대학원장을 지내고 있다. 또한 홍콩 대학교 불교학센터의 객원교수이다. 캘거리 대학교에서 불교학 객원교수로 재직하는 동안 누마타(Numata) 석좌교수로서 활동하였다. 런던 대학의 동양아프리카연구소에서 불교학 전통 교리 교수직을 맡았다. Email: karunadasahotmail.com

지은이 Maurits G. T. Kwee 박사(Em. Hon. Prof.)

임상 심리학자 및 타오 연구소 협회 회원이다. 현재 네덜란드 틸부르크 (Tilburg) 대학의 박사 후보생들을 지도하고 있다. 30년이 넘는 심리치료 사이자 일본의 임상 명상을 위한 초문화 학회의 공동 설립자인 그는 현재 프랑스 불교 심리 및 관계 불교 연구소의 회장이다. 저서 중에는 전문적인 저널과 100편 이상의 논문, 그리고 12권 이상의 책이 있다. 그의 최근 저서는 *New Horizons in Buddhist Psychology: Relational Buddhism for Collaborative Practitioners*(Taos Institute Publications, 2010)이다. 키 박사는 보로부두르 마하야나 가르침(돌에 새겨진 여섯 권의 책)에 대해 포스트모던 사회 건설의 틀이라는 관점에서 12개의 순수한 불교 명상을 포함한 2일간의 마스터 클래스를 진행한다. 언어: 네덜란드, 영어, 독일어, 프랑스어, 인도네시아어. (W: http://taos.publishpath.cm/maurits-gt-kwee-phdl & E: mauritskwee@gmail.com)

지은이 Marja K. KWEE-TAAMS

네덜란드 라이덴(Leiden) 대학을 졸업하였다. 공인 임상 심리학자이고 인지-행동 치료자로서 개업 중이다. 임상 명상의 횡문화 협회의 정식 회원이다. 또한 네덜란드의 불안과 우울 장애환자들을 지지하고 교육하고 있는 재단의 회장이다. 전문가와 일반인을 대상으로 하는 증거-기반 임상 가이드라인의 다학제 태스크 포스의 회원이기도 하다. 25년 이상 불교 명상을 공부한 연구자로서, 그녀는 *Constructivism in the Human Sciences*(2003)에서 유타카 하루키를 위한 기념 논문집(임상불교 명상에 대한 특별 호)을 공동 편집하였다. Email: marjataams@gmail.com

지은이 William L. MIKULAS

미시간 대학에서 심리학 학위를 취득한 후 그가 현재 심리학 교수로 있는 웨스트 플로리다 대학으로 갔다. "학습과 행동변화"라는 전통적 교과 외에 불교심리학과 통합심리학을 가르치기도 하는데, 후자는 건강 시스템과 지혜의 전통에서 발견되는 세계 심리학의 통합이다. 최근 학생들을 대상으로 한 연구는 이 장에서 설명한 "마음의 행동"에 초점을 맞추고 있다. 그는 이러한 주제에 대해 여러 권의 책과 많은 논문을 저술했으며, 아일랜드와 태국의 방문교수를 포함하여 세계 여러 곳을 여행하면서 일하고 있다. Email: wmikulas@uwf.edu

지은이 Aung MYINT

호주 퍼스의 머독 대학교에서 박사학위를 받았다. 웨스턴오스트레일리아 주 정부의 "교정 서비스 부서"의 선임 임상 심리학자이며 퍼스에 있는 웨스턴오스트레일리아 불교 협회의 명상 교사이다. 33년 이상 범죄 행위와 중독을 치료하는 임상 심리학자로 일하고 있다. 명상 교사, 임상 심리학 과정의 감독자로서 불교심리학을 증거 기반 심리 치료로 전환하는 것을 지지한다. 그는 알아차림 명상 수행에 대한 과학적 연구를 주장하면서 주의력 조절 훈련 자체를 마인드풀니스 심리치료로 잘못 분류하는 것에 이의를 제기한다. Email: bomyint@hotmail.com

지은이 Ruth T. NAYLOR

영국의 서리와 햄프셔 국경에서 활동하는 자율기법 치료사이다. 1976년 터프츠 대학교에서 일반 실험심리학 석사학위를 받았으며, 1979년 보스턴 대학교에서 의료 관리 MBA(Hons) 연구를 위한 미국 공중보건 서비스 펠로우십을 수여하였다. 루스는 미국, 영국, 남아프리카 공화국에서 정신건강 계획과 민간 부문 마케팅, 홍보 및 조직 개발에 많은 시간을 보냈다. 최근 스튜디오 아트에서 AA 학위를, 그리고 나서 자율 생성 훈련에서 학위를 취득하였다. 그녀는 현재 영국 캔터베리에 있는 캔터베리 크라이스트처치 대학교에서 응용 정신건강 심리학 박사 과정에 등록되어 있으며, 영국 자율 훈련법 학회의 연구 위원회에 소속되어 있다. Email:ruth@ruthnaylor.com

지은이 Pahalawattage D. PREMASIRI

스리랑카 페라데니야 대학 빨리어와 불교학부 명예교수이다. 1963년 페라데니야 대학에서 빨리어로 학사학위를, 그리고 영국 케임브리지 대학에서 철학으로 학사학위를 받았고, 미국 마노아 하와이 대학에서 비교철학으로 박사학위를 받았다. 1971년 영국 케임브리지 대학에서 인문학 석사를 취득하였다. 저서는 주로 불교윤리학과 철학에 관한 것이다. 미국, 노르웨이, 싱가포르, 말레이시아의 여러 대학 객원교수를 역임하고 있다. Email: ppremasiri@hotmail.com

지은이 Lobsang RAPGAY

임상심리학자이며, 미국 캘리포니아 대학 의학부 정신과 연구원이다. 또한 UCLA 대학의 불안장애에 대한 고전적 알아차림-기반 통합 인지행동치료(CBT) 임상 연구 프로그램의 감독관이기도 하다. 하버드 대학 부속 정신과 연구원이다. 이전 6년 동안 UCLA의 행동의학 임상프로그램의 감독관으로 근무하다가 현재는 강박장애, 범불안장애(GAD), 혼합우울불안장애의 치료방식을 다루면서 고전적 알아차림 연구의 핵심 연구원으로 일하고 있다. 전문 저널에 많은 논문을 발표하였고, GAD에 대한 고전적 알아차림-기반 통합 CBT에 관한 저서를 집필 중이다. 그는 20년 동안 티베트불교를 수행하고 있다. Email: LRapgay@mednet.ucla.edu

지은이 SIK Hin Hung

대승불교 승려이다. 주요 관심사는 불교의 가르침을 모든 사람들이 쉽게 접하게 하는 것이다. 홍콩 대학의 불교연구소 설립자 중 한 명이다. 이 대학에서 학생들을 가르치기도 한다. 승려 SIK은 홍콩 병원 관리 기관 직원들과 필요한 사람들에게 상담과 영적 지도를 해주고 있다. 불교, 정신 치료, 인격 성장에 관한 책과 논문을 많이 썼다. 그가 설립한 자각 영적 성장 센터의 모토는 "당신의 마음을 알아차려라!"이다. 현재 연구주제는 고교생과 다르마 치료를 위한 "삶의 증진 프로젝트"이다. Email: hinhung@hkucc.hku.hk

지은이 Soorakkulame PEMARATHANA

스리랑카의 페라데니야 대학의 빨리어와 불교학부의 조교수로 근무하였다. 현재는 미국 피츠버그 불교센터의 지도 원장으로 재직하면서 박사 논문을 집필 중이다. 페라데니야 대학에서 불교학 학사를, 싱가포르 국립대학에서 철학 석사를 취득하였다. 그의 연구 관심은 긍정심리학과 인지-행동 치료(CBT)의 불교적 기법이다. 이 책의 집필 논문은 2008년 방콕에서 열린 아시아 2차 CBT 컨퍼런스에서 수여한 신예 불교심리학자 수상 저술이다. 스리랑카의 상좌부에서 승려의 계를 받고 10년 이상 비구로서 수행 중이다. 개인적으로 불교 인격성장법(bhavana)을 수행하면서 상담에 임하고 있다. Email: spemaratana@yahoo.com

지은이 Asanga TILAKARATNE

스리랑카의 페라데니야 대학에서 불교철학을 주전공으로, 또 빨리어와 산스크리트어를 부전공으로 졸업하였다. 미국 마노아의 하와이 대학에서 서양철학으로 석사를, 비교철학으로 박사학위를 취득하였다. 켈라니아 대학의 빨리어와 불교학부 대학원 교수를 역임하였고, 현재 콜롬보 대학에서 불교학부 교수로 재직 중이다. 싱할리어와 영어로 불교철학/인식론/논리학, 언어철학, 종교철학, 실천윤리와 비교 사회-정치문제들에 대해 광범위하게 집필하고 있다. Email: tasanga@yahoo.com

지은이 Paul J.C.L. VAN DER VELDE

네덜란드 라이덴 대학에서 고전 타밀어와 우트레히트에서 산스크리트어, 힌디어, 빨리어를 공부하였고, 중세 힌두어와 힌두이즘으로 박사학위(1993)를 취득하였다. 그는 우트레히트 대학의 동양학과 인도학 연구소에서 힌두이즘, 힌두어, 인도의 역사를 가르쳤고, 현재 니지메겐의 라드보드 대학에서 종교학 연구교수로 일하면서 힌두이즘과 불교를 연구하고 있다. 최근 붓다의 사촌인 난다의 산스크리트 전기, 사운다라난드(Saundaranand)에 대한 집필을 마무리하였다. 나야바나(Navayana, new vehicle), 우빠야(Upaya, skilled action)의 개념과 불교 역사에 전념해서 연구하고 있다. 또한 인도, 스리랑카, 부탄, 티베트, 네팔, 중국, 몽골, 일본, 한국, 베트남, 라오스, 캄보디아, 태국, 미얀마, 인도네시아의 문화 여행 안내도 맡고 있다. Email: p.vdvelde@rs.ru.nl

지은이 YAO Zhi Hua

보스턴 대학에서 학위를 받았다. 현재 홍콩의 중국대학 철학부에서 조교수로 있으면서 불교철학과 종교철학을 전공하고 있다. 저서로는 *The Buddhist Theory of Self-Cognition*, 2005(New York: Routledge)이 있다. Email: zyao@cuhk.edu.hk

옮긴이 **이성동**

정신과 전문의로 명일엠의원 원장이다. 역서로『선과 뇌의 향연』,『선과 뇌』,『트라우마 사용설명서』,『붓다와 아인슈타인』,『불교와 과학, 진리를 논하다』,『달라이 라마, 마음이 뇌에게 묻다』,『스타벅스로 간 은둔형 외톨이』,『정신분열병의 인지-행동 치료』,『정신분열병을 어떻게 극복할 것인가?』,『카렌 호나이』,『육체의 문화사』,『호흡이 주는 선물』,『공감하는 뇌-거울뉴런과 철학』,『마인드풀니스』,『연민과 공』,『각성, 꿈 그리고 존재』,『붓다의 영적 돌봄』,『불교와 정신분석』이 있다.

옮긴이 **김태수**

중의사, 서울대학교 철학과 박사, 미주리대학 종교학과 방문교수, 대만국립정치대학 철학과, 종교연구소 겸임조교수를 거쳐 현재 대진대학교 연구교수로 있다. 연구로는 「The Meaning of Identity between Nirvāṇa and Saṃsāra in Nāgārjuna」, 「The Validity of Robinsonian Critique on Nāgārjunian Interpretation of Catuṣkoṭi」, 「『十門和諍論』〈공유화쟁문〉에 나타난 화쟁논법의 특성」, 「四句解釋에 관한 元曉 和諍論法의 특성」 등이, 역서로는『자아와 무아』등이 있다.

대원불교 학술총서 **13**	불교심리학의 새로운 지평

초판 1쇄 인쇄 2024년 1월 22일 | 초판 1쇄 발행 2024년 1월 30일

편집 모리츠 키 | 옮긴이 이성동·김태수 | 펴낸이 김시열

펴낸곳 도서출판 운주사

(02832) 서울시 성북구 동소문로 67-1 성심빌딩 3층

전화 (02) 926-8361 | 팩스 0505-115-8361

ISBN 978-89-5746-768-8 93220 값 55,000원

http://cafe.daum.net/unjubooks 〈다음카페: 도서출판 운주사〉